山西省晋城市财政局 编

晋城财政年鉴 2013

中国财政经济出版社

图书在版编目（CIP）数据

晋城财政年鉴. 2013 / 山西省晋城市财政局编. —北京：中国财政经济出版社，2013.10

ISBN 978-7-5095-4868-4

Ⅰ.①晋… Ⅱ.①山… Ⅲ.①地方财政—晋城市—2013—年鉴 Ⅳ.①F812.725.3-54

中国版本图书馆CIP数据核字（2013）第241257号

责任编辑：伍景华　　责任校对：黄　鑫　王飞飞

封面设计：李　军　李佛恩　　版式设计：王晓丽

中国财政经济出版社出版

URL：http://www.cfeph.cn

E-mail:cfeph@cfeph.cn

社址：北京市海淀区阜成路甲28号　邮政编码：100142

晋城市景潮办公用品印制有限公司

880×1230毫米　16开　40.5印张　1 500 000字

2013年10月第1版　2013年10月晋城第1次印刷

定价：268.00元

ISBN 978-7-5095-4868-4/F.3943

（图书出现印装问题，本社负责调换）

本社质量投诉电话：010-88190744

编辑委员会和编辑工作人员

编辑委员会

编辑工作人员

编 辑 说 明

一、本着为读者服务、对历史负责的编辑方针,《晋城财政年鉴(2013)》集中收录了2012年晋城全市、市本级、各县(市、区)财政数据,以及1985年建市以来重要年份的财政数据,旨在为开展财政工作提供信息,积累史料。

二、本年鉴在保持《晋城财政年鉴(2012)》首卷结构联贯、资料可比的基础上,做了部分补充和调整。表现形式仍以数据为主,辅加以文字说明,框架结构分“综述、财政大事记、全市财政工作、财政建设、重要文献”五部分。全市财政工作中1–21节为全市及市本级财政工作,内容包括“简要说明、财政数据和财政名词解释”,“简要说明”主要对财政各科室、局属机构的工作职能、执行的政策依据、数据来源等进行解释;22–28节为各县(市、区)财政工作,内容包括“综述和财政数据”。其中,第三部分“全市财政工作”中“行政政法财政财务”划分为“行政财政财务”、“政法财政财务”,新增“绩效评价、法制税收和会计管理”,第四部分由“财政组织机构”调整为“财政建设”,包括“财政队伍建设、财政信息化建设、财政监督和财政监察”等内容。

三、本年鉴中部分数据的合计数或相对数由于单位取舍不同而产生的计算误差,未作对照调整。

四、本年鉴各表格中的“空格”表示该项数据不足本表最小单位、数据不详或无该项数据。

五、在使用本年鉴过程中,如发现有差错之处,敬请批评指正。

《晋城财政年鉴》编辑部

2013年8月

目 录

CONTENTS

第一部分 综 述

综 述 …… 3

第二部分 财政大事记

财政大事记 …… 9

第三部分 全市财政工作

1. 财政预算管理
简要说明 …… 22
表 1-1 晋城市财政收入与GDP增长情况比较表(1985-2012年) …… 23
晋城市财政收入与GDP增长情况比较图(1985-2012年) …… 23
表 1-2 晋城市财政收支及人均情况表(1985-2012年) …… 24
晋城市公共财政收支及人均情况图(1985-2012年) …… 24
表 1-3 晋城市分县(市、区)财政收入情况表(1993-2012年) …… 25
晋城市分县(市、区)财政收入情况图(1993-2012年) …… 27
表 1-4 晋城市分县(市、区)财政供养人员情况表(1994-2012年) …… 28
晋城市分县(市、区)财政供养人员情况图(2012年) …… 28
表 1-5 晋城市财政体制演变情况表(1985-2012年) …… 29
表 1-6 省直管县与其他县(市、区)有关财政管理政策对比情况表 …… 30

财政名词解释 ……31

2. 财政国库管理

简要说明 ……34
表2-1 晋城市公共财政收入决算表(2012年) ……35
晋城市公共财政收入情况图(2012年) ……44
晋城市公共财政收入中税收收入情况图(2012年) ……44
表2-2 晋城市公共财政支出决算表(2012年) ……45
晋城市公共财政支出情况图(2012年) ……61
表2-3 晋城市公共财政转移性收支决算表(2012年) ……62
表2-4 晋城市公共财政收入预算变动情况表(2012年) ……63
表2-5 晋城市公共财政支出预算变动及结余、结转情况表(2012年) ……64
表2-6 晋城市政府性基金收支及结余情况表(2012年) ……74
表2-7 晋城市政府性基金转移性收支决算表(2012年) ……86
晋城市政府性基金转移性收支情况图(2012年) ……87
表2-8 晋城市政府性基金收入预算变动情况表(2012年) ……88
表2-9 晋城市政府性基金支出预算变动情况表(2012年) ……90
表2-10 晋城市预算资金年终资产负债表(2012年) ……102
表2-11 晋城市乡镇公共财政收支决算表(2012年) ……103
表2-12 晋城市乡镇政府性基金收支决算表(2012年) ……104
表2-13 晋城市社会保险基金收支决算表(2012年) ……114
表2-14 晋城市基本数字表(2012年) ……114
表2-15 晋城市乡镇基本情况表(2012年) ……126
表2-16 晋城市相关指标表(2012年) ……127
表2-17 晋城市公共财政收入决算表(1985-1997年) ……129
表2-18 晋城市公共财政收入决算表(1998-2012年) ……129
表2-19 晋城市财政收支增长表(1985-2012年) ……130
晋城市财政总收入情况图(1985-2012年) ……130
晋城市公共财政收入情况图(1985-2012年) ……131
晋城市公共财政支出情况图(1985-2012年) ……131
晋城市财政收支同比增幅情况图(1985-2012年) ……131
表2-20 晋城市分县(市、区)财政收入完成情况表(2012年) ……132
晋城市分县(市、区)财政总收入情况图(2012年) ……132
晋城市分县(市、区)公共财政收入情况图(2012年) ……132
表2-21 晋城市分县(市、区)公共财政支出完成情况表(2012年) ……133
晋城市分县(市、区)公共财政支出情况图(2012年) ……133
表2-22 晋城市各县(市、区)人均财政收支表(2012年) ……134
晋城市各县(市、区)人均财政收支图(2012年) ……134
表2-23 晋城市分县(市、区)财政收入完成预算情况表(2012年) ……135
晋城市分县(市、区)财政收入完成预算情况图(2012年) ……135
表2-24 晋城市分县(市、区)公共财政支出完成预算情况表(2012年) ……136
晋城市分县(市、区)财政收支完成预算情况图(2012年) ……136
晋城市分县(市、区)公共财政支出完成预算情况图(2012年) ……136
表2-25 山西省分市财政收入完成情况表(2012年) ……137
山西省分市财政总收入完成情况图(2012年) ……137
山西省分市公共财政收入完成情况图(2012年) ……137
表2-26 山西省分市公共财政支出完成情况表(2012年) ……138

山西省分市公共财政支出完成情况图(2012年) ……138
表2-27 晋城市分县(市、区)财政总收入情况表(1985-2012年) ……139
晋城市分县(市、区)财政总收入情况图(2012年) ……139
表2-28 晋城市分县(市、区)公共财政收入情况表(1985-2012年) ……140
晋城市分县(市、区)公共财政收入情况图(2012年) ……140
表2-29 晋城市分县(市、区)公共财政支出情况表(1985-2012年) ……141
晋城市分县(市、区)公共财政支出情况图(2012年) ……141
表2-30 山西省及各市财政总收入占GDP比重情况表(1985-2012年) ……142
表2-31 山西省各县(市、区)财政收支排序表(2012年) ……146
晋城市各县(市、区)财政总收入在山西省119个县(市、区)中排名情况图(2012年) ……152
表2-32 晋城市本级公共财政收入决算表(2012年) ……153
晋城市本级公共财政收入情况图(2012年) ……162
表2-33 晋城市本级公共财政支出决算表(2012年) ……163
晋城市本级公共财政支出情况图(2012年) ……179
表2-34 晋城市本级公共财政转移性收支决算表(2012年) ……180
表2-35 晋城市本级公共财政收入预算变动情况表(2012年) ……181
表2-36 晋城市本级公共财政支出预算变动及结余、结转情况表(2012年) ……182
表2-37 晋城市本级政府性基金收支及结余情况表(2012年) ……192
表2-38 晋城市本级政府性基金转移性收支决算表(2012年) ……204
表2-39 晋城市本级政府性基金收入预算变动情况表(2012年) ……204
表2-40 晋城市本级政府性基金支出预算变动情况表(2012年) ……206
表2-41 晋城市本级基本数字表(2012年) ……218
表2-42 晋城市本级相关指标表(2012年) ……228
表2-43 晋城市本级公共财政收入决算表(1985-1997年) ……230
表2-44 晋城市本级公共财政收入决算表(1998-2012年) ……230
表2-45 晋城市本级财政收支增长表(1985-2012年) ……231
晋城市本级财政收入同比增幅情况图(1985-2012年) ……232
晋城市本级公共财政收支同比增幅情况图(1985-2012年) ……232
财政名词解释 ……233

3. 行政财政财务

简要说明 ……236
表3-1 晋城市村级组织激励保障机制离任干部汇总表(2008年) ……237
表3-2 晋城市村级组织激励保障机制离任干部汇总表(2009年) ……237
表3-3 晋城市村级组织激励保障机制离任干部汇总表(2010年) ……238
表3-4 晋城市村级组织离任干部补贴预算资金分配表(2011年) ……238
表3-5 晋城市村级组织离任干部补贴预算资金分配表(2012年) ……239
晋城市村级组织离任干部人数分布情况图(2012年) ……240
晋城市村级组织离任干部补贴预算资金分配情况图(2012年) ……240
表3-6 晋城市宣传部文化低保情况统计表(2008-2012年) ……241
晋城市宣传部文化低保情况统计图(2008-2012年) ……241
表3-7 晋城市对老龄事业财政专项投入情况表(1999-2012年) ……242
表3-8 晋城市旅游文物资金财政投入表(2003-2011年) ……242
表3-9 晋城市旅游文物资金财政投入表(2012年) ……244
财政名词解释 ……245

4. 政法财政财务

简要说明 …… 248

表4-1 晋城市政法经费投入情况表(2012年) …… 249

晋城市政法经费投入分类情况图(2012年) …… 250

晋城市政法经费投入分类科目图(2012年) …… 250

晋城市政法经费投入情况图(2012年) …… 250

财政名词解释 …… 251

5. 教科文财政财务

简要说明 …… 254

表5-1 晋城市教科文支出情况表(2001-2012年) …… 255

晋城市教科文支出情况图(2001-2012年) …… 256

晋城市教科文支出占财政支出比重图(2012年) …… 256

晋城市本级教科文支出占财政支出比重图(2012年) …… 256

财政名词解释 …… 257

6. 经济建设财政财务

简要说明 …… 260

表6-1 晋城市经济建设支出情况表(2011-2012年) …… 261

晋城市经济建设支出同比增长情况图(2012年) …… 261

表6-2 晋城市本级经济建设支出情况表(2011-2012年) …… 262

晋城市及市本级经济建设支出情况图(2012年) …… 262

表6-3 晋城市经建重点资金支出政策情况表(2012年) …… 263

表6-4 晋城市对种粮农民财政补贴资金情况表(2004-2012年) …… 264

财政名词解释 …… 265

7. 基建投资财政财务

简要说明 …… 268

表7-1 晋城市本级基建投资项目投资情况表(2003-2012年) …… 269

晋城市本级基建投资项目投资情况图(2012年) …… 269

表7-2 煤炭基金征收情况表(2007-2012年) …… 269

表7-3 煤炭基金市、县分级情况表(2007-2012年) …… 270

财政名词解释 …… 271

8. 地方金融财政财务

简要说明 …… 274

表8-1 晋城市政策性担保企业主要财务指标汇总表(2008-2012年) …… 275

表8-2 晋城市地方金融企业(银行类)主要财务指标汇总表(2008-2012年) …… 276

表8-3 晋城市地方金融企业(农村信用社类)主要财务指标汇总表(2008-2012年) …… 277

表8-4 晋城市种植业(小麦)保险保费补贴情况表(2012年) …… 278

表8-5 晋城市种植业(玉米)保险保费补贴资金明细表(2012年) …… 278

表8-6 晋城市养殖业(能繁母猪)保险保费补贴资金明细表(2012年) …… 278

财政名词解释 …… 279

9. 农业财政财务

简要说明 …… 282
表9-1 晋城市公共财政预算支农资金投入情况表(1985-2012年) …… 283
晋城市公共财政预算支农资金投入情况图(1985-2012年) …… 283
表9-2 晋城市财政支农重点项目投入表(1985-2012年) …… 284
表9-3 晋城市本级财政支农重点项目投入表(2012年) …… 288
晋城市本级财政支农重点项目投入图(2012年) …… 288
财政名词解释 …… 289

10. 社会保障财政财务

简要说明 …… 292
表10-1 晋城市社保支出总表(1985-2012年) …… 293
晋城市社保支出情况图(1985-2012年) …… 293
表10-2 晋城市社保支出占财政支出比重表(1985-2012年) …… 294
晋城市社保支出占财政支出比重图(1985-2012年) …… 295
晋城市社保支出占财政支出比重图 …… 295
表10-3 晋城市社保支出占GDP比重情况表(1985-2012年) …… 296
晋城市社保支出占GDP比重图(1985-2012年) …… 296
表10-4 晋城市城乡居民最低生活保障资金情况统计表(1998-2012年) …… 297
表10-5 晋城市社会保险收入明细表(1987-2012年) …… 297
表10-6 晋城市社会保险支出明细表(1987-2012年) …… 298
晋城市社会保险支出明细图(2012年) …… 298
表10-7 晋城市社会保险参保人数明细表(1987-2012年) …… 299
晋城市社会保险参保人数明细图(2012年) …… 299
表10-8 晋城市医疗卫生支出明细表(1985-2012年) …… 300
表10-9 晋城市城乡医疗救助资金情况统计表(2004-2012年) …… 301
表10-10 晋城市各项社会保障标准表(2012年) …… 301
财政名词解释 …… 302

11. 企业财政财务

简要说明 …… 304
表11-1 晋城市家电下乡补贴情况表(2009-2012年) …… 305
晋城市家电下乡补贴情况图(2009-2012年) …… 305
表11-2 晋城市国有企业改革专项资金情况表(2007-2012年) …… 305
表11-3 晋城市农村便民店全覆盖工程情况表(2005-2012年) …… 306
表11-4 晋城市重要商品储备补贴情况表(2007-2012年) …… 306
表11-5 晋城市公用事业企业政策性亏损补贴情况表(1990-2011年) …… 307
晋城市公用事业企业政策性亏损补贴情况图(1990-2011年) …… 307
财政名词解释 …… 308

12. 行政事业资产财政财务

简要说明 …… 310
表12-1 晋城市资产、国有资产、固定资产总额及变动情况表(2007-2012年) …… 311
晋城市资产总额变动情况图(2007-2012年) …… 311

晋城市国有资产总额变动情况图(2007-2012年) …… 311
晋城市固定资产总额变动情况图(2007-2012年) …… 312
表12-2 晋城市本级资产、国有资产、固定资产总额及变动情况表(2007-2012年) …… 312
晋城市本级资产、国有资产、固定资产总额及变动情况图(2007-2012年) …… 312
表12-3 晋城市固定资产分布情况表(2007-2012年) …… 313
晋城市固定资产分布情况图(2012年) …… 313
财政名词解释 …… 314

13. 绩效评价

简要说明 …… 316
表13-1 项目支出绩效评价指标体系 …… 317
绩效评价工作流程图(2012年) …… 318
绩效评价基础数据审核工作流程图(2012年) …… 319
绩效评价现场工作流程图(2012年) …… 320
绩效评价资料归档流程图(2012年) …… 321
财政名词解释 …… 322

14. 法制税政

简要说明 …… 324
表14-1 税式支出测算结果上报表(2010年) …… 325
表14-2 税式支出测算结果上报表(2011年) …… 328
表14-3 税式支出测算结果上报表(2012年) …… 331
财政名词解释 …… 334

15. 涉外经济财政财务

简要说明 …… 336
表15-1 晋城市地方政府性债务负债率(1999-2012年) …… 337
晋城市地方政府性债务负债率情况图(1999-2012年) …… 337
表15-2 晋城市地方政府性债务债务率(1999-2012年) …… 338
晋城市地方政府性债务债务率情况图(1999-2012年) …… 338
表15-3 晋城市地方政府性债务构成表(截至2012年底) …… 339
表15-4 晋城市地方政府性债务资金投向表(截至2012年底) …… 339
晋城市地方政府性债务资金投向情况图(截至2012年底) …… 339
财政名词解释 …… 340

16. 财政综合

简要说明 …… 342
表16-1 晋城市非税收入完成情况表(1985-2012年) …… 343
晋城市非税收入完成情况图 (1985-2012年) …… 343
表16-2 晋城市行政事业性收费项目和政府性基金项目统计表(1995-2012年) …… 344
表16-3 晋城市国有土地使用权收入情况表(1994-2012年) …… 344
晋城市国有土地使用权收入及增长情况图(1994-2012年) …… 345
晋城市国有土地使用权收入分县(市、区)情况图(2012年) …… 345
表16-4 晋城市福利彩票及福彩公益金收入情况表(2001-2012年) …… 346

晋城市福利彩票及福彩公益金收入情况图(2001-2012年) …… 346
表16-5 晋城市住房公积金缴存情况表(1994-2012年) …… 347
晋城市住房公积金缴存额变化情况图(1994-2012年) …… 347
财政名词解释 …… 348

17. 会计管理

简要说明 …… 350
表17-1 晋城市会计专业技术资格考试合格人员统计表(1985-2012年) …… 351
晋城市会计专业技术资格考试合格人员统计图(1985-2012年) …… 351
表17-2 晋城市会计从业资格证统计表(2010-2012年) …… 352
晋城市会计从业资格证统计图(2010-2012年) …… 352
财政名词解释 …… 353

18. 国库支付

简要说明 …… 356
表18-1 晋城市本级国库集中支付预算指标统计数据表(2003-2012年) …… 357
表18-2 晋城市本级国库集中支付累计支付资金统计数据表(2003-2012年) …… 357
表18-3 晋城市本级国库集中支付财政直接支付资金统计数据表(2003-2012年) …… 358
表18-4 晋城市本级国库集中支付财政授权支付资金统计数据表(2003-2012年) …… 358
表18-5 晋城市本级国库集中支付单位数量统计数据表(2003-2012年) …… 358
表18-6 晋城市本级国库集中支付数据统计表(2003-2012年) …… 358
财政名词解释 …… 359

19. 政府采购

简要说明 …… 362
表19-1 晋城市政府采购指标总表(2002-2012年) …… 363
晋城市政府采购节约资金情况图(2002-2012年) …… 363
晋城市政府采购金额占比图(2002-2012年) …… 363
表19-2 晋城市本级政府采购指标统计表(2002-2012年) …… 364
晋城市本级政府采购指标统计图(2002-2012年) …… 364
表19-3 晋城市政府采购明细指标统计表(2002-2012年) …… 365
晋城市政府采购类别图(2002-2012年) …… 365
晋城市政府采购组织形式图(2002-2012年) …… 365
晋城市政府采购方式图(2002-2012年) …… 366
表19-4 晋城市本级政府采购明细指标统计表(2002-2012年) …… 366
财政名词解释 …… 367

20. 财政投资评审

简要说明 …… 370
表20-1 晋城市财政投资评审中心项目评审情况总表(2003-2012年) …… 371
晋城市财政投资评审中心项目评审情况图(2003-2012年) …… 371
表20-2 晋城市财政投资评审中心分季度项目评审情况表(2012年) …… 372
晋城市财政投资评审中心分季度项目评审情况图(2012年) …… 372
财政名词解释 …… 373

21. 企业担保工作

简要说明 …… 376

表21-1 晋城市担保公司企业贷款担保业务逐年情况表(2003-2012年) …… 377

晋城市担保公司企业贷款担保业务情况图(2003-2012年) …… 377

表21-2 晋城市担保公司政策性担保业务逐年情况表(2005-2012年) …… 378

表21-3 晋城市担保公司企业贷款担保业务累计情况表(2003-2012年) …… 379

表21-4 晋城市担保公司实收资本逐年增长情况统计表(2003-2012年) …… 379

财政名词解释 …… 380

22. 城区财政工作

综　述 …… 382

表22-1 晋城市城区公共财政收入决算表(1985-1997年) …… 386

表22-2 晋城市城区公共财政收入决算表(1998-2012年) …… 386

表22-3 晋城市城区财政收支增长表(1985-2012年) …… 387

晋城市城区财政收支增长情况图(1985－2012年) …… 387

表22-4 晋城市城区公共财政收入决算表(2012年) …… 388

晋城市城区公共财政收入情况图(2012年) …… 389

表22-5 晋城市城区公共财政支出决算表(2012年) …… 390

晋城市城区公共财政支出情况图(2012年) …… 395

表22-6 晋城市城区政府性基金收支及结余情况表(2012年) …… 396

表22-7 晋城市城区相关指标表(2012年) …… 410

表22-8 晋城市城区乡镇基本情况表(2012年) …… 411

23. 泽州县财政工作

综　述 …… 414

表23-1 晋城市泽州县公共财政收入决算表(1985-1997年) …… 416

表23-2 晋城市泽州县公共财政收入决算表(1998-2012年) …… 416

表23-3 晋城市泽州县财政收支增长表(1985-2012年) …… 417

晋城市泽州县财政收支增长情况图(1985-2012年) …… 417

表23-4 晋城市泽州县公共财政收入决算表(2012年) …… 418

晋城市泽州县公共财政收入情况图(2012年) …… 419

表23-5 晋城市泽州县公共财政支出决算表(2012年) …… 420

晋城市泽州县公共财政支出情况图(2012年) …… 425

表23-6 晋城市泽州县政府性基金收支及结余情况表(2012年) …… 426

表23-7 晋城市泽州县相关指标表(2012年) …… 440

表23-8 晋城市泽州县乡镇基本情况表(2012年) …… 441

24. 高平市财政工作

综　述 …… 444

表24-1 晋城市高平市公共财政收入决算表(1985-1997年) …… 446

表24-2 晋城市高平市公共财政收入决算表(1998-2012年) …… 446

表24-3 晋城市高平市财政收支增长表(1985-2012年) …… 447

晋城市高平市财政收支增长情况图(1985-2012年) …… 447

表24-4 晋城市高平市公共财政收入决算表(2012年) …… 448

晋城市高平市公共财政收入情况图(2012年) …… 449
表24-5 晋城市高平市公共财政支出决算表(2012年) …… 450
晋城市高平市公共财政支出情况图(2012年) …… 455
表24-6 晋城市高平市政府性基金收支及结余情况表(2012年) …… 456
表24-7 晋城市高平市相关指标表(2012年) …… 470
表24-8 晋城市高平市乡镇基本情况表(2012年) …… 471

25. 阳城县财政工作

综 述 …… 474
表25-1 晋城市阳城县公共财政收入决算表(1985-1997年) …… 476
表25-2 晋城市阳城县公共财政收入决算表(1998-2012年) …… 476
表25-3 晋城市阳城县财政收支增长表(1985-2012年) …… 477
晋城市阳城县财政收支增长情况图(1985-2012年) …… 477
表25-4 晋城市阳城县公共财政收入决算表(2012年) …… 478
晋城市阳城县公共财政收入情况图(2012年) …… 479
表25-5 晋城市阳城县公共财政支出决算表(2012年) …… 480
晋城市阳城县公共财政支出情况图(2012年) …… 485
表25-6 晋城市阳城县政府性基金收支及结余情况表(2012年) …… 486
表25-7 晋城市阳城县相关指标表(2012年) …… 500
表25-8 晋城市阳城县乡镇基本情况表(2012年) …… 501

26. 陵川县财政工作

综 述 …… 504
表26-1 晋城市陵川县公共财政收入决算表(1985-1997年) …… 506
表26-2 晋城市陵川县公共财政收入决算表(1998-2012年) …… 506
表26-3 晋城市陵川县财政收支增长表(1985-2012年) …… 507
晋城市陵川县财政收支增长情况图(1985-2012年) …… 507
表26-4 晋城市陵川县公共财政收入决算表(2012年) …… 508
晋城市陵川县公共财政收入情况图(2012年) …… 509
表26-5 晋城市陵川县公共财政支出决算表(2012年) …… 510
晋城市陵川县公共财政支出情况图(2012年) …… 515
表26-6 晋城市陵川县政府性基金收支及结余情况表(2012年) …… 516
表26-7 晋城市陵川县相关指标表(2012年) …… 530
表26-8 晋城市陵川县乡镇基本情况表(2012年) …… 531

27. 沁水县财政工作

综 述 …… 534
表27-1 晋城市沁水县公共财政收入决算表(1985-1997年) …… 536
表27-2 晋城市沁水县公共财政收入决算表(1998-2012年) …… 536
表27-3 晋城市沁水县财政收支增长表(1985-2012年) …… 537
晋城市沁水县财政收支增长情况图(1985-2012年) …… 537
表27-4 晋城市沁水县公共财政收入决算表(2012年) …… 538
晋城市沁水县公共财政收入情况图(2012年) …… 539
表27-5 晋城市沁水县公共财政支出决算表(2012年) …… 540

晋城市沁水县公共财政支出情况图(2012年) …… 545
表27-6　晋城市沁水县政府性基金收支及结余情况表(2012年) …… 546
表27-7　晋城市沁水县相关指标表(2012年) …… 560
表27-8　晋城市沁水县乡镇基本情况表(2012年) …… 561

28. 开发区财政工作

综　述 …… 564
表28-1　晋城市经济开发区公共财政收入决算表(2002-2012年) …… 566
表28-2　晋城市经济开发区财政收支增长表(2002-2012年) …… 566
晋城市经济开发区财政收支增长情况图(2002-2012年) …… 567
表28-3　晋城市经济开发区公共财政收入决算表(2012年) …… 567
晋城市经济开发区公共财政收入情况图(2012年) …… 568
表28-4　晋城市经济开发区公共财政支出决算表(2012年) …… 569
晋城市开发区公共财政支出情况图(2012年) …… 571
表28-5　晋城市经济开发区政府性基金收支及结余情况表(2012年) …… 572
表28-6　晋城市经济开发区相关指标表(2012年) …… 586

第四部分　财政组织机构

1. 财政队伍建设 …… 592
2. 财政信息化建设 …… 596
3. 财政监督 …… 598
4. 财政监察 …… 600

第五部分　重要文献

关于2012年全市和市本级预算执行情况与2013年全市和市本级预算草案的报告 …… 605
关于晋城市市本级2012年财政决算(草案)的报告 …… 612
晋城市人民政府办公厅关于印发《晋城市转型综改试验行动方案(2012年)》的通知 …… 615
晋城市人民政府关于调整规范市与县(市、区)财政管理体制的通知 …… 618
晋城市财政局印发《关于贯彻扩权强县试点有关财政工作的实施方案》的通知 …… 620
晋城市财政局关于印发《晋城市财政支出绩效评价管理办法》的通知 …… 622
晋城市财政局　晋城市中小企业局关于印发《晋城市中小企业发展专项资金管理办法》的通知 …… 626

JINCHENG FINANCE YEARBOOK 2013

第一部分　综述

综 述

2012年，晋城市各级财政部门围绕中心，服务大局，求真务实，攻坚克难，努力打造以民生为主导的现代财政，财政总量、结构和质量全面提升，财政管理、服务、规范持续推进，为全市各项事业健康发展提供了有力保障。

【财政运行情况】 2012年晋城市财政总收入完成213.5亿元，同比增长17.4%，增收31.7亿元，其中市本级完成49.1亿元，同比增长13.2%，增收5.8亿元；全市公共财政收入完成82.9亿元，同比增长22.1%，增收15亿元，其中市本级完成29.4亿元，同比增长26%，增收6亿元；全市公共财政支出130.4亿元，同比增长15.2%，增支17.2亿元，其中市本级支出33.5亿元，同比增长16.5%，增支4.7亿元。分征收部门看：国税部门完成107.1亿元，增长11.6%；地税部门完成85.7亿元，增长20.7%；财政部门完成21.4亿元，增长35.2%；政策性退税-0.7亿元。分县（市、区）看：按财政总收入规模排序，高平市42.3亿元、泽州县37.5亿元、沁水县32.6亿元、阳城县30.4亿元、城区11.6亿元、开发区5.7亿元、陵川县4.3亿元。

【财政运行特征】 一是全市财政收入保持平稳较快增长。2012年全市财政总收入和公共财政收入均超额完成年度工作目标，增幅分别超出山西省考核目标1.4个和6.1个百分点。全市财政总收入完成213.5亿元，增长17.4%，超出山西省平均增幅0.2个百分点，总收入规模排名由2011年的山西省第5位前移至第4位，增速排名由2011年的山西省第8位前移至第7位；公共财政收入完成82.9亿元，增长22.1%，公共财政收入规模和增幅均位居山西省第7位，与2011年一致。纵观全年，在宏观经济错综复杂下行压力加大的情况下，财政总收入增幅一季度末为33.6%，上半年年末为30.1%，三季度末为27.8%，年末为17.4%，虽逐步趋缓但始终处于平稳较快的增长区间。二是主体税种收入保持较快增长。2012年全市企业所得税完成62.9亿元，增长44.8%，增收19.5亿元，企业所得税高速增长主要原因：汇算清缴2011年企业所得税同比增长116.6%，增收9.5亿元；亚美大宁外方股东转让股权收益企业所得税入库一次性增收4.03亿元。营业税完成17.0亿元，增长26.2%，增收3.5亿元。增值税完成88.2亿元，增长2.7%，增收2.3亿元。上述三大税种共增收25.3亿元，占财政总收入增收额的79.8%，充分发挥了增收主力作用。三是民生重点支出实现快速增长。2012年市、县两级财政用于教育支出同比增长33.2%、社会保障与就业支出增长34.8%、医疗卫生支出增长20.3%、住房保障支出增长1.7倍、农林水事务支出增长18.7%，上述几项加上文化体育传媒、交通运输、城乡社区事务和节能环保等与人民群众生活直接或密切相关的支出总计78.1亿元，占公共财政市县两级财力支出的70.8%，比上年提高1.5个百分点，同比增长24.2%，高出全市公共财政支出增幅9个百分点。

【推进财政改革】 一是创新财政专项资金分配方式。对6000万元非资源类县域主导产业专项资金、33项科技项目资金、10项文化项目资金和节能项目资金实行竞争性分配，积极探索推动政府性扶持资金科学、高效分配的新办法，为山西省首创。二是调整规范市县财政体制。根据国家、山西省有关文件精神，结合晋城市实际，提出“放权强区、扩权强县”的调整规范财政体制意见，得到晋城市委市政府充分肯定。此次体制调整是在2007年体制调整的基础上，取消县级对市的递增上解，建立新的增收奖励机制，鼓励各县（市、区）多收多得，加大对各县（市、区）财力转移力度，以此调动各县(市、区)加快发展的积极性，做强做大县域经济。对城区、开发区调整实行“属地入库、比例分享”的财政收入征收分成办法，不仅在全市范围内实现财政体制政策统一、规范，而且打破按企业隶属关系划分政府间收入办法，创造了有利于企业兼并、重组等推进改革的环境。三是建立绩效评价机制。成立绩效评价科，出台《晋城市财政支出绩效评价管理办法》等4项制度规定，建立第三方中介机构评价库、专家库、项目库、预算单位基本情况数据档案库；选择城市亮化工程、村庄园林绿化等六个项目资金进行绩效评价，探索提高财政管理水平的新途径。四是深化国库集中收付制度改革。按照财政部、山西省财政厅确定的国库制度改革目标，积极推进集中支付改革、公务卡制度改革和非税收入收缴管理制度改革。原晋城市直单位会计结算中心与国库支付科进行职能整合，成立晋城市国库集中支付中心，市县两级全面完成会计集中核算转轨工作。推动市县两级所有预算单位所有财政性资金全部纳入国库集中支付管理，完成国库集中支付电子清算系统建设，实现财政资金电子清算。同时，扩大公务卡结算范围，将支出项目由8项扩大到13项，公务卡结算纳入公务卡管理系统，实现信息化管理，市级公务卡制度改革覆盖市本级所有预算单位；各县（市、区）全部启动公务卡制度改革，部分县（市、区）将改革沿至乡级。市本级非税收入收缴管理信息系统全面上线运行，县级非税收入收缴管理改革正在进行，全市国库收付制度改革取得突破性进展。五是深入推进财政资金精细化管理。按照《市级部门（单位）财政拨款结余资金管理办法》，加大清理预算单位历年滚存结余资金力度，共收回沉淀于部门（单位）的各类财政资金1亿元；及时组织清理当年预算安排因各种原因未能执行的预算指标，共收回各类财政资金4.6亿元，两项举措共收回总预算资金5.6亿元，按规定程序重新安排使用。规范政府采购工作，全年完成政府采购预算13.5亿元，实际采购额12.1亿元，节约财政资金1.4亿元，节资率10.11%，市本级采购预算8.1亿元，实际采购额7.3亿元，节约资金0.78亿元，节资率达9.73%。推进财政投资评审工作，全年评审项目334个，评审资金26.56亿元，审定投资23.74亿元，审减资金2.83亿元，审减率达到10.64%。推进资产管理与预算管理的有机结合，对资产购置、出租出借、处置等方面进行规范，促进资产配置的均衡与公平。

【强化“三项建设”】 财政基层基础建设扎实推进。坚持“人员向基层调配、技术向基层普及、经费向基层倾斜”，推动县、乡财政有机构、有队伍、有制度、有经费“四有”建设和财政管理制度化、财政业务流程化、财政工作法制化、财政手段现代化“四化”建设。对3040名乡村财会人员进行专业化培训，对全市84个乡镇（办事处）财政所进行验收，基础建设取得新进展。财政信息化建设迈上新台阶。网络建设方面：信息网络机房进行改造提升，实现机房环境远程动态监控，机房环境异常变化短信报警，应用远程改变机房环境、启动服务等现代技术；“晋城财政信息网”发布各类信息6000余条，在线访问累计21万人次，被评为“2012年度晋城市十佳网站”。网上办公方面：公文处理环节实行信息化管理，电子公文传输实现省、市、县联网，加快公文运转速度，降低行政成本，提高工作效率。财政业务平台方面：实现门户单点登录、预算指标管理、预算指标对账、结余资金管理、国库集中支付、电子清算、工资管理、公务卡管理、财政统管资金管理、银行账户管理、非税收入收缴管理、行政事业单位资产信息管理等12个管理系统全部建成整合上线，财政、预算单位、人行及代理银行实现联网运行，财政资金安全得到进一步保障。财政数据模型建设方面：积极推进《晋城财政数据字典》建设，力求通过对“经济运行分析、财政运行分析、财政收支监测、财源建设、专题分析、网站地图、自定义分析、宏观经济”的直观展现，实现数据纵横对比，为科学决策提供可靠依据。县级财政信息化建设方面：各县（市、区）相继开展机房建设、网络建设、数据安全建设等基础设施建设，完成县级应用支撑平台上线工作，实现县乡财政和预算单位的联网工作，形成上联市省、下联县乡、平联预算单位的财政业务办公网络，县级财政信息化水平明显提升。财政文化建设不断进步。一是把文化融入制度中。注重把“平等的意识、民主的精神、科学的方法、务实的作风”融入党的建设和勤政廉政善政建设中，营造出遵章守纪、奋发向上、崇尚服务、清正廉洁、依法理财的氛围，在刚性的奖惩机制中实现财政价值导向，引导和规范财政人的行为。二是把文化融入活动中。举办主题为“为合作而携手，为友谊而竞赛”的市直“一财两税”文体交流活动，全市财政系统“金财杯”第二届职工运动会，元宵节文艺汇演、全市财政系统书画摄影大赛、公文技能大赛，培养“健康向上、奋发向上、蓬勃向上”的财政文化内涵。三是把文化内化于心。创建慎之阁、清之室、勤之斋、爱之屋于一体的“和之家”职工活动中心。开展“听党课学党史、拜访老党员、赴军分区训练基地体验军事生活”等教育活动；开展以“志愿者献爱心、博爱一日捐、慈善一日捐、帮扶陵川县古郊乡东庙华村、帮助贫困大学生、争做晋城好人、财政精神提炼”等为主题的扶贫帮困和文明共建活动，初步形成人心在文化中凝聚，人才在文化中显现，事业在文化中兴旺的局面。

【提升服务水平】 一是崇尚服务，切实转变职能。推行“一般事情迅即办结、重要事情三天办结、复杂事情七天办结、疑难事项及时报告”工作法。对首办负责制、限时办结制、超时默认制、勤政廉政和监督管理等方面作出12条规定，力求环节最简、流程最优、时限最短、服务最好。制定《集中财力办大事应急保障预案》，建立快速反应机制，急事急办、特事特办、限时结办、跟踪服务。在参加全市“向人民汇报，请人民评议”行风大家谈栏目中，现场50名评议代表一致用“笑脸”牌表达对财政部门转变工作作风、提升服务水平的认可和肯定。二是服务发展，促进经济增长。积极探索财政服务科学发展新途径，对各类扶持经济发展资金的使用绩效进行评估，开展市级财政借出款项清理，暂停或整合一批风险资金、结余资金、闲置资金以及使用率较低的资金，完善专项资金管理办法，建立相关监督机制。支持农业方面，安排生产性支农资金27515万元，同比增长33.37%，重点支持乡镇所在地村庄绿化、干果经济林种植户奖补、连翘经济林育苗奖补、贫困村产业发展和基础设施建设、“一村一品”产业项目发展、日光温室大棚和春秋大棚、粮食丰收工程、“513”加工龙头等企业的贷款贴息、农田水利建设和水土保持工程建设和畜牧产业扶持。支持工业方面，安排1.3亿元专项资金用于支持中小企业发展、节能技改和产业转型。支持科技项目方面，安排资金3900万元支持289项科技项目。支持招商引资方面，安排2281万元用于“四个千亿”项目对接、233项重点工程和100项工业转型项目建设。支持服务业方面，安排1433.5万元支持服务业限额以上企业和商贸物流业项目建设。在支持创业方面，安排3867.5万元，重点支持创业人才项目孵化基地建设、创业库建设、创业培训、创业贷款、人才招募等工作。扶持社团组织方面，通过申报、审核、公示等程序，下达扶持资金340万元，对62个符合扶持条件的社团组织进行资助。融资担保方面，市级担保公司融资业务总量达5.9亿元，常规性融资担保金额5.7亿元，政策性贷款担保金额

1732万元;孵化培育一批科技含量高的特色龙头企业。三是争取资金,推进产业转型。加大争取资金力度,特别是在国家、省重点扶持的保障性住房、水利项目、农村环境整治、污水处理及管网建设等领域加大项目申报力度;完善申报项目的考察、筛选、评审程序等前期工作,建立备选项目库。加强与省直部门沟通联系,及时了解资金补助的最新动态。对争取到上级资金补助的项目,优先落实资金配套;同时对申报工作突出的部门,按照《晋城市市直部门争取上级发展资金考核奖励办法》的规定在经费上予以适当倾斜。全年共争取上级各类资金1.94亿元,同比增加1.23亿元,增长173%。

【加强财政建设】 一是强化制度建设。构建依法遵规履程制度体系,在2011年建立50多项制度基础上,出台《关于简化国库集中支付手续提高财政资金支付效率的通知》、《晋城市财政投资评审管理办法》、《晋城市市直机关接待费管理办法》、《晋城市市直机关会议费管理办法》等30多项机关工作制度和财政业务制度。二是强化廉政建设。采取灵活多样的教育形式,以廉洁自律恳谈、勤政廉政教育、整治吃拿卡要等形式进行组织教育;通过撰写个人廉政教育心得等,引导进行自我教育;赴长治武乡八路军太行纪念馆、黎城黄崖洞、凤凰山廉政教育基地参观缅怀革命先烈接受传统教育;摆放律己自警警示牌,抓好日常教育;观看《理财者之歌》、《右玉精神》、《廉政中国》、《忠诚与背叛》等先进典型专题片进行示范教育。以深化财政改革为重点,深入推进财政惩防体系2008-2012年工作规划落实,以落实党风廉政目标责任制为抓手,在层层签订目标责任制的基础上,加强对责任制目标落实的检查考核,把目标责任制考核纳入机关目标管理考核中。以科技为手段,将制度与科技融入相关的财政制度设计和财政管理流程中,创新廉政防控模式,防范廉政风险,全面推动财政反腐倡廉工作。三是强化组织建设。根据晋城市纪检委、市委组织部有关要求,结合干部工作实际,对在岗工作时间较长的23名干部进行轮岗交流,正科级轮岗面达1/3;对具有国家注册税务师、注册会计师、一级建筑师、造价工程师5名专业人才选拔到科级领导岗位;面向社会公开招聘工程造价、财经等各类专业人才17名;建立干部成长档案制度,完整记录干部学习工作情况,实行动态化管理,为选拔干部提供依据;加强机关绩效考评,从日常考勤、工作业绩和综合评价三方面对所属人员进行衡量,科学考评财政工作人员的德才表现和工作实绩。四是强化队伍建设。先后举办"青年干部业务培训班"、"财政系统干部业务轮训班"、"财政系统中层干部清华大学培训班"等各类培训16期;组织40余名专业技术干部到国内先进省市财政部门观摩学习;选派优秀高级会计师、会计师到中央财经大学等国内知名高校专题学习;组织全市财政系统726名青年干部、中层干部对《财政学》进行专题培训并统一考试。累计培训干部达1500余人次。

JINCHENG FINANCE YEARBOOK 2013

第二部分　财政大事记

财政大事记

一月

3日　晋城财政信息网在晋城市人民政府信息化管理办公室主办的“晋城市2011年十佳网站”评选活动中，被评选为“晋城市2011年十佳网站”。

5日　晋城市财政局举行财政信息网络机房启动仪式，党组成员、各科室、局属单位负责人参加。

6日　晋城市财政局郭治琛局长、局机关纪检监察人员赴山西省财政厅参加全省财政系统廉政教育专题讲座。

13日　晋城市财政局党组成员、各科室及下属单位负责人与“晋城市推进民生财政建设系统方案研究”课题组进行座谈。

晋城市财政局召开科级以上干部廉洁自律恳谈会。

晋城市财政局向市级相关单位发放《致财政服务对象的一封信》。

晋城市财政局与复旦大学经济学院联合课题组就“推进民生财政建设系统方案研究”课题与晋城市委办、市委组织部、审计局、经信委、国资委、统计局、教育局、卫生局、民政局、计生局、农委等部门座谈。

14日　晋城市财政局李建英副局长及农业科、社保科、教科文科等科室负责人与复旦大学经济学院党委书记石磊教授带队的“晋城市推进民生财政建设系统方案研究”课题组深入高平市、陵川县开展调研。

15日　晋城市财政局郭治琛局长及农业科、社保科、教科文科等科室负责人与“晋城市推进民生财政建设系统方案研究”课题组，深入城区开展调研。课题组专家与城区区委书记张玉宏、副区长李补林及城区财政局、教育局、卫生局、人社局、水利局等部门主要领导进行座谈。

16日　经晋城市财政局党组研究任命：焦永斌同志为主任科员。

17日　晋城市信息化领导组对晋城市财政局信息中心机房改造工程项目验收。

29日　晋城市财政局李建英副局长及经济建设科、财政投资评审中心相关人员深入任庄水库调水工程工地，实地了解工程进展和预算变更情况。

30日　晋城市财政局田树明副局长召集办公室、人教科、监察室及相关科室负责人，对2011年度目标责任考核工作进行安排部署。

晋城市财政局董海顺副局长召集各业务科室负责财政预决算工作人员召开“推进2011年决算及2012年预算编制工作会议”。

31日　晋城市财政局王祥生副局长召集部分科室人员传达学习全市党风廉政建设干部大会和晋城市纪委六届二次全会会议精神，安排部署2012年党风廉政建设工作。

1月29日–2月1日　晋城市财政局段志坚副调研员召集国库支付科、投资评审中心有关人员，传达学习局党组确立的2012年财政工作要点，就做好2012年投资评审工作提出具体要求；深入到相关服务对象单位、评审项目现场进行调研；主持起草《晋城市财政投资评审中心评审操作流程》、《关于明确和完善投资评审管理有关事项的意见》。

二月

2日　晋城市财政局李建英副局长及基建投资科和财政投资评审中心相关人员深入城区北石店镇晋城大医院拟征地拆迁工地实地调研。

3日　晋城市财政局董海顺副局长召集预算科、国库科、信息中心、国库支付执行机构相关人员就推进财政业务一体化信息平台建设事宜进行研究。

晋城市财政服务大厅被山西省妇女联合会授予2011年山西省“三八红旗集体”荣誉称号。

5日　晋城市财政系统新春团拜会在泽州大酒店举行。

6日　晋城市统战部副部长、调研员丁李伟组长带队的市年度目标责任考核组一行对晋城市财政局2011年度目标任务完成情况进行全面考核，市财政局班子成员，机关各科室及局属单位负责人参加考核会议。郭治琛局长就晋城市财政局2011年目标任务完成情况、财政工作推进情况、组织建设情况、党风廉政建设情况及本人工作、廉政等情况进行汇报。

8日　晋城市财政局董海顺副局长召集各县(市、区)国库科(股)长及相关人员召开国库工作座谈会。

晋城市财政局以晋城市政府办公厅文件下发《关于对畜牧业发展扶持政策进行调整暂行办法的通知》(晋市政办〔2012〕9号)。

9日　晋城市财政局被晋城市委、市政府表彰为2011年度全市“结对帮扶”先进单位。

10日　晋城市财政局召开机关干部大会，学习贯彻中共晋城市委六届二次全体会议暨全市经济工作、农村工作、扶贫开发工作会议及全市重点工作安排会议精神。晋城市财政局党组书记、局长郭治琛同志传达讲话，并对下一阶段财政工作作安排。

13日　晋城市财政局党组书记、局长郭治琛主持召开局党组会议。研究部署到各县（市、区）财政局传达全国、全省财政工作、全市经济工作以及市委、晋城市政府重点工作安排会议精神有关工作；进一步谋划2012年市级部门预算；研究确定2011年财政资金支出绩效考评工作；安排2012年干部教育培训、文化建设工作。

晋城市财政局机关食堂搬迁后正常运转。

14日　晋城市财政局李建英副局长及资产科相关人员就资产管理方面进行实地调研。

15日　晋城市财政局班子成员带领各自组员就“全省财政工作会议精神传达提纲”、“2011年全市财政工作总结及2012年工作计划”和落实晋城市委、市政府重点工作安排会议精神，深入各县（市、区）财政局进行传达，宣讲财政政策，安排重点工作，布置实施措施。

17日　晋城市财政局召开财政审计工作协调会。晋城市财政局郭治琛局长出席并讲话，晋城市审计局张如意调研员对此次财政审计相关情况进行说明。财政局班子成员、各科室、局属单位负责人参加会议。

18日　晋城市财政系统《财政学》第三期专题培训在高平市财政局开班。高平市局和各乡镇财政所100余名财政干部参加培训。

晋城市财政局被晋城市委、市政府表彰为“平安建设先进集体”。

晋城市财政局被晋城市政府授予“2010年度人口和计划生育工作综合治理先进单位”。

21日　晋城市王俊荣、陈志强等8名同志被评为全省“小金库”专项治理工作先进个人。

山西省财政厅张韬副厅长及省厅办公室、教科文处、农业综合开发办相关人员，对晋城市财政局2011年财政工作和党风廉政建设进行考核。

21-22日　晋城市财政局李建英副局长及经建科相关人员先后深入亚美大宁、蓝焰煤层气、中石油华北煤层气、中联煤层气、铭石煤层气等煤层气开采利用企业调研，实地考察并与企业主要负责人座谈交流，全面真实掌握晋城市煤层气开发利用企业经营状况，了解企业开采利用成本和财政补贴资金使用效果等情况。

23日　晋城市财政局、晋城市教育局联合召开加大教育投入工作会议。将山西省对晋城市教育投入的各项指标分解落实到县，并研究安排晋城市2012年财政教育支出占公共财政支出19.35%目标完成的具体措施。

24日　王清宪市长在晋城市财政局《2011年工作总结及2012年工作计划》上作出重要批示：“增收节支，精打细算；谋划全局，突出重点；强化服务，倾斜民生；提升队伍，善于运筹。愿财政工作再上新台阶！”

晋城市财政局郭治琛局长组织干部职工学习贯彻市领导关于财政工作的指示。

晋城市财政局召开保持党的纯洁性学习教育活动动员会议，对学习教育活动安排部署，局机关及下属单位全体党员、副科及中级职称以上干部参加会议。

晋城市财政局召开《晋城财政年鉴（2012）》编撰工作会议。介绍《晋城财政年鉴（2012）》编辑大纲的主要内容，并对各县（市、区）财政局、局内各科室、下属单位相关资料的收集整理工作进行安排。

16-24日　晋城市财政局段志坚副调研员及评审中心相关人员赴广州、杭州等地就投资评审工作学习。

25日　晋城市财政局《财政学》第四期专题培训在阳城开班。

三月

1日　晋城市财政局董海顺副局长及国库科相关人员赴陵川县财政局调研财政国库管理改革工作。

3日　晋城市财政局《财政学》第五期专题培训在沁水县开班培训。

4日　晋城市委、市政府授予晋城市财政局“2011年度服务招商引资工作先进单位”、“2011年支持重点工程建设先进单位”荣誉。

5日　晋城市财政局郭治琛局长主持召开局务会传达贯彻全市“两会”精神。

晋城市财政局郭治琛局长召集对口科室部署落实2012年市政府“方便晋城”十大工程建设资金。

8日　晋城市财政局党组成员和全局妇女干部举办座谈会庆祝三八妇女节。

9日　晋城市财政局在泽州公园开展“魅力女人、亲近自然”定向活动，局机关及下属单位全体女同志共度“三八”妇女节。

晋城市财政局被晋城市机构编制委员会授予“全市机构编制工作先进集体”称号。

10日　晋城市财政局《财政学》专题培训班最后一期在陵川县财政局开班。

13日　晋城市财政局邀请龙信数据（北京）有限公司就数据管理分析与应用及财政数据模型的可视化等内容进行系统介绍与演示。晋城市政府信息化管理办公室有关领导、财政局领导班子成员及科级以上干部参加演示会。

晋城市财政局组织召开"小金库"专项治理工作总结表彰会。晋城市、县治理"小金库"领导组办公室负责同志、市直部门获奖代表参加会议。

14日　晋城市财政局召开党组中心组(扩大)纯洁性教育专题学习会,学习胡锦涛总书记在十七届中央纪委七次全会上的重要讲话,观看警示教育短片,部署保持党的纯洁性教育有关工作。

15日　晋城市财政局李建英副局长同行政政法科人员到晋城市检察院、市看守所等重点支出单位,就2012年部门预算安排情况、需要解决的问题进行调研。

晋城市财政局被晋城市人民政府授予"2011年度全市人力资源和社会保障工作先进单位"称号。

晋城市财政局被晋城市人民政府表彰为"保护耕地先进单位"。

16日　晋城市财政局机关党支部召开保持党的纯洁性学习教育活动座谈会。传达袁纯清书记、张九萍书记在全省、晋城市党风廉政建设干部大会上的讲话精神和郭治琛局长在动员会议上的讲话精神,并就开展保持党的纯洁性学习教育活动应着重解决六方面问题进行讨论交流。

晋城市财政局郭治琛局长主持召开公开招聘专业人才工作布置会。晋城市纪检委、市人社局相关同志、局有关工作人员25人参加会议。

17日　晋城市财政局25名团员青年志愿者到城区晓庄老年公寓开展敬老活动。

18日　通过竞争上岗考试,晋城市产权交易市场主任米晋斌同志考入晋城市科学技术研究所任总工程师。

21日　晋城市财政局郭治琛局长与财政、水利部门相关人员到曹河水电站施工现场进行调研,对水电站建设情况及恢复重建事宜进行了解。

晋城市财政局李建英副局长及相关科室人员到开发区调研富士康项目配套基础设施建设情况。详细了解富士康金匠园区和A区项目2012年需配套的道路、变电站、公租房等基础设施的具体实施方案和资金需求。

18-23日　晋城市财政局面向社会公开招聘专业人才,报名及资格审查工作历时5天完成。

26日　晋城市财政局组织召开市级财政资金电子清算管理系统演示培训会。晋城市人行国库、各国库集中支付代理银行负责人及市财政局国库科和国库集中支付执行机构全体人员参加培训并就《电子清算业务管理暂行办法》进行讨论,九鼎软件公司以财政国库集中支付为例全程演示市级财政电子清算管理系统的运行及使用流程。

21-27日　晋城市财政局初步为每位干部建立个人成长档案,在设立个人基本情况、工作经历、学习培训、绩效考核、家庭成员、奖惩、健康等基本项目外,特别增设业余爱好类项目,共计6大类28小项。

27日　王清宪市长在"郭治琛同志周工作动态"上作出批示:"治琛同志的工作做得深入扎实,有自己的思路,提出有针对性的对策建议,是对工作负责的态度。请将这些调查研究和建议写成专题报告,我批转有关部门研究"。

23-28日　晋城市财政局田树明副局长及财政、文化部门相关业务干部,对无锡、苏州等四城市财政文化投入情况考察学习。

29日　晋城市财政局被晋城市人民政府表彰为"第六次全国人口普查工作先进单位"。

30日　晋城市财政局、泽州县、城区财政局240多名财政干部一同到泽州县金村镇浮山街村废弃荒山参加植树劳动,栽下465棵2米高的侧柏,开启财政干部五年植树计划。

31日　晋城市财政局党总支组织全局党员干部80多人到长治武乡八路军太行纪念馆和黎城黄崖洞参观红色教育基地,实地体验红色文化,重温党的光荣传统和奋斗历程。

晋城市财政局在晋城市中等专业学校举行公开招聘专业人才笔试。

四月

6日　晋城市财政局党组书记、局长郭治琛主持召开局党组会议。研究部署开展政府非税收入专项检查、强农惠民政策整改落实、晋城财政模型数据应用平台建设等工作,原则通过《晋城市财政局市级财政资金电子收支清算业务管理暂行办法》、《关于进一步加强市级财政基本建设项目管理有关事项的通知》、《关于进一步规范市级财政投资评审业务流程的通知》、《市级财政投资项目跟踪评审管理办法》等制度,讨论研究2011年各县(市、区)财政局目标考核表彰、人事等事项。

晋城市财政局召开党组会专题谋划2012年重点工作。

晋城市财政局组织开展2012年"博爱一日捐""慈善一日捐"活动。收到捐款30700元,并全部缴入募捐救助基金专户。

晋城市财政局出台《晋城市财政局2012年民主评议政风行风实施方案》。

9日　晋城市财政局郭治琛局长、李建英副局长、董海顺副局长及相关科室负责人到开发区就富士康项目推进、市与开发区财政体制及1-3月份开发区重点纳税企业经营情况进行调研。

王清宪市长在"郭治琛同志周工作动态"上作出批示:"治琛同志的工作扎实、深入。抓落实,我们的局长就是要走到实践中去,发现问题,作细致的调查研究,提出解决问题的方案。请办公厅将治琛同志的周工作汇报印发市政府各部门主要领导同志参考学习"。

10-11日　晋城市财政局郭治琛局长及相关科室负责人

到泽州县财政局、陵川县财政局调研，就当前财政经济工作运行中出现的新情况及应关注的重点问题深入交流。到帮扶点陵川县东庙华村调研。

12日　晋城市财政局召开党组中心组（扩大）专题学习会，班子成员分别领读《人民日报》刊登的《集中精力把两会精神贯彻好》、《牢牢把握稳中求进的总基调》、《满怀信心迎接党的十八大》3篇评论员文章，张九萍书记在市惩防体系建设领导组会议上推荐学习的《领导干部要敢于照镜子亮底子》、《乱用权就要丢帽子》、《懒政庸政误政是对责任的亵渎》3篇文章。局全体党员、副科及中级职称以上干部参加学习会，王祥生副局长主持，郭治琛局长做总结发言。

晋城市财政局召集相关业务科室、国库集中支付执行机构、九鼎软件公司、工资统发代理银行及部分预算单位就工资统发运行情况进行座谈。

9-12日　晋城市县乡三级地方政府性债务调查小组赶赴各县（市、区）督促推进地方政府性债务专项调查工作。

13日　晋城市财政局郭治琛局长及相关科室负责人到阳城县财政局和沁水县重点企业调研，就阳城财政经济运行特点和存在的主要问题及解决对策，沁水县重点企业经营、基层财政所建设和县财政运行情况进行交流。

晋城市财政局王祥生副局长主持召开政府非税收入征缴管理专项检查工作部署会。

15日　晋城市财政局在市高级技工学校举行公开招聘专业人才面试。

16日　晋城市财政局郭治琛局长及相关科室负责人深入高平市工厂、煤矿和农村就企业生产经营、煤炭市场价格、新农村建设和财政运行状况调研。随后赴城区财政局调研。详细了解城区2012年财政工作安排、一季度财政收支运行、强农惠农政策落实、财政“三项建设”等情况，就目前城区财政增减收因素和存在的主要问题与有关人员进行深入讨论。

18日　晋城市财政局会同晋城市商务局、晋城市供销社相关负责人就扶持晋城市边远、贫困乡镇建设加油站和农村市场物流配送中心有关问题进行讨论，就扶持范围等达成一致意见。

晋城市财政局举办非税收入收缴管理改革试点单位培训会，对公证处、太行日报等10家试点单位系统操作人员进行培训。

晋城市财政局被晋城市人民政府授予“2010-2011年度全市消防工作先进单位”。

16-19日　晋城市财政局配合晋城市纪检委、公车办分别到泽州、阳城、沁水、高平等县（市）就车辆清理工作督查检查。

20日　晋城市2012年度会计管理工作会议在阳城召开，各县（市、区）会计股长、分管会计工作的领导出席本次会议。李英杰总会计师出席会议并做“肯定成绩，增强信心，进一步坚定做好会计管理工作的责任感和使命感”的总结报告。

21-22日　以“为合作而携手，为友谊而竞赛”为主题的晋城市直“一财两税”文体交流活动举行。活动设置篮球、羽毛球、乒乓球、棋牌等15类45项文体项目，150多人参加竞赛。

25日　晋城市财政局郭治琛局长带队参加“向人民承诺、请人民监督”全市民主评议政风行风主题宣传月活动启动仪式。

27日　晋城市财政局召开事业单位拟招录人员座谈会，局相关职能科室及16名拟被录用人员参加座谈会，段志坚副调研员主持会议，郭治琛局长作讲话。

晋城市财政局王祥生副局长及财政、卫生相关人员到泽州县大兴、北义城乡镇卫生院对医改情况进行调研。

晋城市县域主导产业专项资金竞争性分配领导组办公室召开会议，安排部署竞争性分配工作事宜，各县（市、区）财政局及负责此项工作的相关部门领导参加会议。

28日　晋城市财政局机关及直属单位110余名干部职工到晋城市民兵综合训练基地开展“军事日”主题教育活动。

晋城市财政局荣获晋城市唯一依法治理标兵单位。山西省依法治省领导组办公室综合处武忠处长率领省、市依法治市领导组有关人员授牌。

五月

2日　晋城市财政局郭治琛局长主持召开局党组会议。讨论研究新招人员及部分科室人员岗位调整、市中小企业信用担保有限公司招聘工作人员、职工之家建设等事项。

3日　晋城市委组织部检查组一行五人莅临晋城市财政局检查指导《干部任用条例》及有关政策法规贯彻执行情况。段志坚副调研员就干部任用总体情况、学习宣传贯彻《条例》及有关政策法规情况、干部管理制度建设情况等内容进行专题汇报，特别介绍了财政局一年来选拔任用干部突出专业化品质、注重工作实绩、强调德才兼备的具体做法。

4日　晋城市财政局召开科级干部及局属单位负责人会议，安排部署加强整治吃拿卡要创优发展环境相关工作。学习山西日报刊登的《省委常委会研究部署整治吃拿卡要创优发展环境和党史研究工作》文章。

晋城市财政局团支部召开会议学习讨论郭治琛局长《致全市财政青年干部的信》。

5日　晋城市财政局组织干部职工参加“市直五单位”职工健身联谊活动，取得定点投篮第一名，拔河第二名，游泳、接力跑第三名。

8日　晋城市财政局被山西省文明办、省红十字会授予

“山西省红十字会建会百年红十字热心公益奖”。

10日　晋城市财政局特邀晋城市医院妇科专家王瑛作“女性健康和疾病预防”专题知识讲座。

11-13日　晋城市财政系统青年干部业务知识培训班在珏山宾馆举办，全市207名青年财政干部参加培训。郭治琛局长出席培训班结业仪式并作《中国特色社会主义的灵魂和精髓》专题讲座。

15日　晋城市财政局召开整治吃拿卡要问题、创优发展环境动员大会，学习《市委书记张九萍同志，市长王清宪同志对整治“吃拿卡要”问题、创优发展环境的批示》、《关于整治吃拿卡要问题、创优发展环境的工作方案》。郭治琛局长进行安排部署。

晋城市财政局郭治琛局长主持召开局党组会议。讨论研究开展专项整治吃拿卡要创优发展环境活动。成立局专项整治吃拿卡要创优发展环境活动领导组，郭治琛同志为组长，王祥生同志为第一副组长，其他党组成员为副组长。领导组下设办公室，设在局监察室。会议还对加快信息化建设及近期其他工作进行研究讨论。

16日　晋城市财政局下发《晋城市财政局关于整治吃拿卡要问题创优发展环境的工作方案》，明确专项整治的总体目标、整治的内容、方法步骤、工作要求。

晋城市财政局王祥生副局长及相关科室人员到热力公司调研。

17日　晋城市财政局郭治琛局长就“晋城市发展县域经济主导产业专项资金竞争性分配工作”答记者问。

晋城市财政局组织干部职工参加学习公文管理系统培训。

19日　晋城市县域主导产业专项资金竞争性分配领导组办公室组织召开“晋城市发展县域主导产业专项资金竞争性分配评审会”，对6000万元非资源类县域主导产业专项资金进行竞争性分配。

晋城市财政局组织全市财政系统《财政学》业务知识考试。考试按年龄分类：36岁以上干部开卷考试，35岁以下干部闭卷考试。考试设置14个考场，710余名干部参加考试。晋城市财政局班子成员带队赴各（市、区）全程监督、巡视。

20日　晋城市财政局郭治琛局长就“关于晋城市财政体制调整与改革的一些想法”报晋城市政府并王市长。

23日　晋城市财政局与农口部门召开“整治吃拿卡要服务对象对话会”。

25日　晋城市财政局李英杰总会计师会同农、林、畜牧方面的专家和农业科的同志到帮扶点东庙华村，就种养殖方面的问题与古郊乡领导、东庙华村干部和种养殖户进行交流座谈。

晋城市财政局与晋城市政府信息化管理办公室相关人员赴北京，就晋城财政数据模型建设方案具体内容与北京龙信数据公司再次沟通交流。

24-25日　晋城市财政局分期组织全市380家预算单位举办财政平台一体化管理信息系统业务培训，培训内容包括国库集中支付系统、公务卡系统、工资统发系统、非税收入管理系统、账户管理等业务操作系统。

26日　王清宪市长在晋城市财政局“关于我市县域主导产业专项资金竞争性分配评审情况的报告”上作出批示：“主导产业专项资金竞争性分配这种方式很好，既突出了市政府的事业发展方向，又做到了公开、公正、公平地使用财政资金，提高了财政资金的使用效率。财政局对这项工作的组织，科学、精细、认真、负责，具有专业化的水准，又做到了与工作部门的结合，坚持下去，不断完善评价标准，尤其要和主导产业的实际推进实地考察相结合，一定会对推动我市非资源类产业发展起到重要的作用。”

同时就此项工作对财政部门提出具体安排意见：“要把专家的评价意见反馈到各县（市、区）主要领导，并在媒体以适当形式进行报道。”

《中国财经报》6月19日刊发文章对晋城市县域主导产业专项资金竞争性分配的做法予以报道。

《山西日报》5月28日、6月13日分别刊发文章对晋城市县域主导产业专项资金竞争性分配的做法予以报道。

《山西经济日报》5月30日刊发文章对晋城市县域主导产业专项资金竞争性分配的做法予以报道。

《太行日报》5月18日、22日、6月1日分别刊发文章对晋城市县域主导产业专项资金竞争性分配的做法予以报道。

《太行晚报》5月21日刊发文章对晋城市县域主导产业专项资金竞争性分配的做法予以报道。

中国财政部网、山西省政府网、山西经济网、山西省财政厅网、晋城在线网分别刊发文章对晋城市县域主导产业专项资金竞争性分配的做法予以报道。

同时晋城市电视台、市广播电台分别就此项工作给予实时报道。

22-26日　山西省财政厅安爱根副处长一行到晋城调研村镇银行定向费用补贴情况，先后到泽州浦发村镇银行、高平太行村镇银行及扶持的项目单位进行实地察看。

28日　晋城市财政局组织各县（市、区）财政部门、市县两级政法部门相关人员进行“政法装备动态管理系统软件”业务培训。

29日　晋城市财政局公开评选2011年度先进集体及先进个人，田树明副局长宣读局党组确定的推举办法，局班子成员、局机关科室（局属各单位）负责人参加评选。

30日　经晋城市财政局党组研究，报经晋城市委组织部批准，任命：王占文同志为市产权交易市场主任，原海峰同志为市产权交易市场副主任，陈会婷同志为市产权交易市场副主任。免去：米晋斌同志市产权交易市场主任职务，王占文同志市产权交易市场副主任职务。

31日　晋城市财政局妇委会组织妇女干部十余人前往市社会福利院看望孤残儿童，向孩子们赠送价值5000余元的玩具、牛奶、饼干等物品。

晋城市财政局党总支组织60余名党员干部赴凤凰山廉政教育基地参观学习。

晋城市财政局李建英副局长到晋城市产权交易市场调研，详细了解金马甲网络竞价平台运行情况，现场观看产权交易市场资产处置网络竞价动态演示，与产权交易市场员工共同探讨行政事业单位资产通过网络竞价平台以市场竞价方式公开处置事宜。

六月

2日　晋城市财政局田树明副局长带领局35岁以下28名青年干部利用周日时间到财政义务植树基地开展养护活动。

4日　晋城市惩防体系领导组相关人员对晋城市财政局廉政风险排查工作进行检查督导，详细查看局领导、各科室和局属单位廉政风险排查的资料，及2012年惩防体系分解任务的进展情况。

5日　晋城市财政局李建英副局长及经建科人员到晋城市公交公司调研，详细了解晋城市公共交通服务网络、辐射面积人口、公交车辆、公交站点、公交场站、调度中心建设等情况。

7日　晋城市财政局李建英副局长及经建科人员深入泽州县东四义村调研，现场察看垃圾填埋场项目建设情况，听取县、乡有关负责同志的汇报。

晋城市财政局李建英副局长及经建科人员深入丹河人工湿地治理工程现场，就工程进展情况实地调研。

10日　晋城市财政局被山西省精神文明建设指导委员会授予2010-2011年度省级文明和谐单位。

晋城市财政局被晋城市委、市政府授予“老干部工作先进集体”。

晋城市财政局被晋城市委、市政府授予“2011年度目标责任考核优秀单位”。

13-15日　山西省财政厅社保处康中南副处长、山西省民政厅社会救助处李淑芬处长一行到晋城市调研城乡医疗救助情况,先后到陵川、沁水县实地察看。

15日　全市基本建设财务管理培训班在陵川县开班，各县(市、区)财政局分管局长、基本建设财务管理科(股)长及主办人员、市直各基本建设项目建设单位的项目负责人和财务会计人员近100人参加。

15-17日　晋城市财政系统干部业务轮训第二期培训班举行，市直有关单位、各县(市、区)财政局及市局相关科室、单位212名干部参加。

21日　晋城市财政局召开上半年财政运行分析会议。对前两季度财政运行情况总结分析，剖析当前财政运行中的突出问题，研究部署下半年财政工作。

晋城市政府召开调整规范市与县(市、区)财政管理体制征求意见会。晋城市委常委、常务副市长冯征主持会议并讲话。

七月

2日　晋城市纪委一行四人对晋城市财政局党风廉政建设六项重点工作进行督促检查，段志坚副调研员主持会议，局办公室、人教科、监察室相关人员参加。

晋城市财政局党总支将局机关更换下来的30台配置较高的电脑捐给陵川县古郊寄宿制小学，参加捐赠仪式的6名总支委员与该校师生代表进行座谈交流。

3日　晋城市财政局召开机关科室及局属单位负责人会议，专题学习贯彻全市服务发展创优环境汇报会精神。

晋城市财政局召开国库工作会议，传达全省财政国库管理制度改革推进会精神，安排部署下半年国库管理工作。

晋城市财政局召开科级干部廉洁自律恳谈会，局机关科室及局属单位负责人参加。

5日　晋城市财政局召开保持党的纯洁性学习教育活动暨整治吃拿卡要创优发展环境专题民主生活会。

10日　晋城市财政局组织召开《晋城市民生财政建设方案》论证会，对已形成雏形的方案课题进行专题论证。

晋城市财政局组织召开座谈会，局党组成员、相关科室与复旦大学经济学院石磊等4名专家参加座谈，双方就《晋城市民生财政建设方案》交换意见。

山西省财政厅监察室李润壁主任及相关人员来晋城市财政局检查调研，重点检查2010年以来晋城市财政局规范权力运行和廉政风险防控工作。

15日　晋城市财政局被晋城市人民政府表彰为“支持重点公路建设先进单位”。

14-20日　全市财政系统中层干部能力素质提升培训班在清华大学举办，市局及各县(市、区)财政局54名干部参加。

21日　晋城市财政局以晋城市政府办公厅文件名义下发《关于印发市级企业国有资本收益收取管理办法的通知》(晋市政办〔2012〕79号)。

晋城市财政局召开党组会，根据晋城市纪检委、市委组织部有关要求，结合干部工作实际，决定对在目前岗位工作时间较长的23名干部进行轮岗交流，其中正科级干部9名，副科级干部5名，科员9名，正科级轮岗面达1/3。

晋城市财政局根据晋城市编办文件要求组建行政科，原行政政法科更名为政法科，两科组建、职能分离由李建英副局长负责；原市直单位会计结算中心更名为国库支付中心，职能与原国库支付科合并整合，董海顺副局长兼任中心主任，负责相关筹备组建工作；组建绩效评价科，具体工作由段志坚副调研员负责。

27日　根据7月23日晋城市财政局党组会议精神，调整赵红榕到社保科工作，张晋东到企业科工作，梁素萍到行政科工作，于海军到绩效评价科工作，周静波到农业科工作，张静到行政科工作，郭洁到基建科工作，刘宁到绩效评价科工作，任杰到综合科工作，苏慧磊到预算科工作，张晋萍到政法科工作，高双鹤到政府采购管理办公室工作，刘海燕到监督科工作，杨伟伟到监察室工作。后勤服务中心由办公室代管。

晋城市财政局组织单身上灶职工座谈。讨论、交流、安排单身上灶职工到食堂帮厨学艺劳动有关事宜。

30日　晋城市遭遇特大洪水灾害，市财政局紧急安排16台抽水泵，为机关地下车库排水，消除隐患，最大限度挽回机关财产损失。

31日　晋城市财政局召开干部大会研究部署防汛减灾工作，安排成立"晋城市财政局应急小分队"，25人组成，续永福任队长，王键、焦永斌任副队长，郭治琛局长主持会议并讲话。

晋城市财政局召开专题会议，研究向上争取资金问题，局领导及各业务科室负责人参加会议。

晋城市财政局召开中心组（扩大）专题学习会议，全局42名正科级以上干部参加学习。郭治琛局长传达张九萍书记7月30日上午在市委传达贯彻"7·27"省委全委（扩大）会议讲话精神，以及张九萍书记，王清宪市长在7月30日至31日市委中心组学习会议上的讲话精神，郭治琛局长就当前财政形势谈了自己看法。

八月

3日　晋城市财政局召开干部大会专题学习胡锦涛总书记7月23日在省部级领导干部专题研讨班开班式上的讲话。局全体党员、副科及中级职称以上干部参加会议，段志坚副调研员组织学习讲话，郭治琛局长主持会议并讲话。

6日　晋城市财政局组织机关人员认真学习全国财政社保工作会议精神。

10日　山西省财政厅信息网络中心王晓山总工程师一行四人来晋城市财政局调研县级平台上线情况。调研组抽取陵川、高平、阳城三个县（市）实地调研，对县级平台上线情况进行指导。

11日　全市财政系统上半年工作总结暨务虚会召开，各县（市、区）财政局局长及办公室主任、市局各科室科长、局属各单位负责人参加会议。会上，形成财政的指导思想，即"改革创新、规范统一、公开透明"。

12日　晋城市财政局郭治琛局长及下乡住村队员到帮扶点东庙华村调研。

14日　晋城市财政局段志坚党总支副书记一行赴陵川县马圪当乡塔题掌村、任家掌村、崇文镇城东社区等地，将全体干部职工捐献的25000元爱心助学金，分别送到今年新考入西北工业大学、山西财经大学、山西大学、太原理工大学、山西农业大学的李路平等5名优秀学生手中。

晋城市财政局组织各业务科室负责人召开绩效评价工作推进会。

15日　晋城市财政局董海顺副局长及国库集中收付制度改革包县工作组及国库支付中心相关人员，赴阳城县财政局调研国库集中收付制度改革工作。

17日　晋城市财政局党总支召开"财政精神"提炼活动座谈会，各科室、单位32名代表参加会议。

晋城市财政局篮球队赴沁水县财政局参加篮球联谊比赛，分别和晋城国投公司篮球队、沁水县财政局篮球队进行练兵赛。

20日　晋城市财政局、晋城市农委组织市直有关单位和各县（市、区）财政、农业负责村级公益事业建设一事一议财政奖补工作的科（股）长40余人进行专题培训。

22日　晋城市财政局机关党支部召开新聘人员座谈会，局机关党支部成员及15名新录用人员参加座谈会，会议由局机关党支部书记续永福主持，15名新录用人员做交流发言，局机关党支部成员也分别发言。

23日　晋城市财政局郭治琛局长与晋城市人力资源和社会保障局领导一同到海外高层次人才在晋城市创办的企业调研。

山西省财政厅国库处郝振儒处长到晋城市调研指导非税收入收缴改革工作，非税收入收缴系统软件开发商九鼎软件公司王守礼总经理随行参加调研。晋城市财政局董海顺副局长向郝处长详细汇报晋城市非税收入收缴改革进展情况、存在问题和下阶段工作重点。

24日　晋城市财政局在高平召开全市财政农业工作座谈会。各县（市、区）财政局分管农业工作的领导、农业股股长和市直农口部门分管财务的局领导及财务科长参加会议，各县（市、区）和市直各单位作经验交流。晋城市财政局李英杰总会计师传达山西省财政厅2012年财政支农工作会议精神并对晋城市今后"三农"工作提出思路。

25日　经晋城市财政局党组会研究，报经晋城市委组织部批准，任命：杨彩菊同志为行政科科长，张明生同志为政法科科长，郭国湘同志为教科文科科长，孔曙晓同志为社会保障科科长，赵永明同志为企业科科长，周扬同志为资产管理科科长，韩晓红同志为绩效评价科科长，张波同志为副总经济师，张和亮同志为市财税监察大队主任，姬永红同志为市财政投资评审中心副主任，杨土生同志为市财政投资评审中心副主任，郭艳玫同志为市财政投资评审中心总经济师，吉海峰同志为市中小企业信用担保有限公司副经理，郝红梅同志为市中小企业信用担保有限公司副经理。免去：杨彩菊同志资产管理科科长职务，张明生同志行政政法科科长职务，郭国湘同志社会保障科科长职务，孔曙晓同志预算科副科长、法制税政科主任科员职务，赵永明同志办公室主任科员、市财税监察大队主任职务，周扬同志企业科科长职务，韩晓红同志国库支付科科长职务，张波同志农业科副科长、主任科员职务，焦永斌同志人事教育科主任科员职务，张和亮同志市财政局后勤服务中心主任职务，赵勇同志市财政局市直单位会计结算中心总会计师职务（正科级）。

28日　晋城市财政局段志坚副调研员及农业科、人教科有关人员深入晋城市财政局结对帮扶的“社会主义新农村建设重点推进村”泽州县北义城镇楼岭村调研。

29日　晋城市财政局完成办公区域音响的设计、安装工作，每天6次正式播放，分别是：上午7:30-8:15、10:00-10:15、11:45-12:30；下午14:00-14:45、16:00-16:15、17:45-18:30，使干部职工养成踏着高亢的乐点上班，合着明快的节拍运动，听着优雅的乐曲下班的习惯。

30日　晋城市财政局党总支召开全体党员大会，贯彻落实晋城市委、市政府、市直工委关于维护稳定促进和谐各项工作要求，全体党员庄严承诺“维护稳定，促进和谐”，晋城市财政局党总支副书记段志坚同志主持。

晋城市财政局召开专题会议贯彻落实晋城市六届人大常委会第八次会议精神，安排部署2011年度市本级预算执行和其他财政收支审计整改和2011年市级部门决算批复等事项，董海顺副局长主持会议并部署工作，局各相关科室负责人参加会议。

九月

1日　晋城市财政局与陵川县财政局篮球队举行球艺交流赛。

5日　全市财政系统干部业务轮训第三期培训班在陵川棋源山庄举行结业仪式。晋城市财政局郭治琛局长出席仪式并作题为《当前晋城市财政工作面临的形势和任务》总结发言。

8日　晋城市人民政府常务会〔2012〕18次会议，研究议定原则通过晋城市财政局提交的《关于调整规范市与县（市、区）财政管理体制的意见》。

10日　晋城市财政局机关完成办公大楼的强电、弱电及窗户的改造工程。

11日　经晋城市财政局党组会研究，报经晋城市委组织部批准，任命：牛香菊同志为企业科主任科员。免去：牛香菊同志企业科副主任科员职务。

14日　晋城市政府系统信息工作经验交流会表彰2011年度全市政府系统政务信息红旗单位、先进单位、信息工作标兵和优秀信息工作者。晋城市财政局被评为“2011年度全市政府系统信息工作红旗单位”，行政科杨彩菊获“信息工作标兵”荣誉称号。

19日　晋城市财政局召开推动工作、提升服务恳谈会，局副科级以上干部参加会议，郭治琛局长主持会议并讲话。

晋城市财政局郭治琛局长到晋城学院就工程建设情况进行调研。

21日　龙信数据（北京）有限公司对晋城财政模型建设工作进行阶段性成果演示。

22-23日　全市财政系统“金财杯”第二届职工运动会举办，晋城市财政局李建英副局长主持开、闭幕式并作讲话，田树明副局长致辞。

26日　全市财政系统干部业务轮训第四期培训班在陵川棋源山庄举行结业仪式，晋城市财政局郭治琛局长出席仪式并作总结发言。

晋城市财政局李英杰总会计师及财政、水利相关人员深入磨滩水电站工程现场实地调研。

十月

8日　晋城市财政局“和之家”正式使用，以“慎、清、勤、爱”赋予教育意义，内设慎之阁、清之室、勤之斋、爱之屋。

9日　晋城市财政局李建英副局长及政法科人员深入晋城市信访法律服务中心、市法律援助中心调研，参观信访法律服务中心的帮教宿舍、食堂以及法律援助便民服务厅，了解涉法涉诉案件专项资金、法律援助案件补贴、司法鉴定等相关经费使用情况，并就2013年部门预算编制工作征求意见。

11日　晋城市财政、人社、卫生三部门联合召开全市2013年度社会保险基金预算和2012年度社会保险基金决算布置和软件培训会议。

15日　晋城市财政局郭治琛局长主持召开局党组会议。会议安排部署2013年预算编制工作，对进一步推进财政基层基础建设、财政文化建设、财政信息化建设等进行研究。

晋城市财政局农业科召开农口重点部门预算执行及预算编制专题会议。

17日　晋城市财政局郭治琛局长主持召开全局干部大会，专题学习贯彻10月16日全市领导干部大会精神。局副科级及中级职称以上干部80余人参加会议，段志坚副调研员传达学习会议精神，郭治琛局长就如何践行“右玉精神”、如何正确看待山西省观摩检查组对晋城市的评价谈了看法，并就如何落实全市领导干部大会精神提出具体要求。

21日　晋城市财政局组织科级及中级职称以上干部50

余人参加晋城市举办的第八十九期干部教育专题讲座。

22日　晋城市财政局董海顺副局长组织召集市国税局、地税局分管领导及相关负责人，城区、泽州、开发区财政局局长进行座谈，就全市财政收入2012年预计完成及2013年收入形势进行调研。

23日　晋城市财政局党组邀请13名局退休老干部到局机关召开座谈会共度重阳佳节。先后组织参观机关“和之家”活动室、财政服务大厅和投资评审中心，体验晋城市财政数据分析与应用系统，听取信息化建设成果汇报。

24日　财政部国库司翟钢司长一行11人在山西省财政厅胡双明副厅长、国库处郝振儒处长陪同下，到晋城市调研指导预算执行工作，召开座谈会，听取市财政局郭治琛局长工作汇报。晋城市委常委、常务副市长冯征会见翟钢司长一行。

26日　晋城市委张九萍书记到晋城市财政局机关视察，对市财政局良好的工作环境、工作秩序和干部的工作状态表示肯定。

晋城市财政局王祥生副局长到城联社调研。

22-26日　晋城市财政局对各县（市、区）财政局粮食补贴工作进行考核。

30日　晋城市财政局召开未纳入非税管理系统的执收单位座谈会。

晋城市财政局董海顺副局长召集各县（市、区）分管国库工作的副局长和国库科（股）长及九鼎软件公司相关人员，召开财政国库管理制度改革落实工作会议。

30-31日　晋城市财政局李建英副局长及行政科、预算科和评审中心相关人员到晋城市博物馆、机关事务管理局和信访局等单位调研。

31日　晋城市财政局以市委、市政府办公厅文件名义下发《晋城市市直机关接待费管理办法》《晋城市市直机关会议费管理办法》（晋市办发〔2012〕33号、34号）。

10月31日-11月2日　晋城市财政局李英杰总会计师及财政、水利相关工作人员深入阳城、高平、陵川等县对水利工作进行调研。

十一月

1日　晋城市委常委（扩大）会议原则通过晋城市财政局提出的《关于调整规范市与县（市、区）财政管理体制的意见》。

2日　晋城市财政局郭治琛局长主持召开局党组会议。传达11月1日下午晋城市委常委（扩大）会议精神，讨论研究具体贯彻落实措施。

晋城市财政局被晋城市委宣传部授予“2012年度党报党刊发行工作先进单位”。

6日　晋城市财政局召开党组(扩大)会，集中学习中国共产党第十七届中央委员会第七次全体会议公报，局副科及中级职称以上党员干部80余人参加会议。晋城市财政局段志坚副调研员传达学习中国共产党第十七届中央委员会第七次全体会议公报，郭治琛局长主持会议，并作题为“深入学习、深入贯彻、深入落实”的主旨发言。

山西省财政厅常国华总会计师、教科文处处长任冻、山西省教育厅处长丁喜全到晋城市就2012年教育投入落实情况进行调研。市、县财政、教育局领导及相关人员参加调研座谈会。常国华总会计师一行参观晋城市财政局“和之家”。

8日　中国共产党第十八次全国代表大会在北京召开，晋城市财政局党总支组织党员干部120余人在局机关八楼会议室收看胡锦涛总书记在党的十八大上所作的重要报告。

晋城市财政局郭治琛局长主持召开全局党员干部大会，全体党员，副科及中级职称以上120余名干部参加会议。班子成员王祥生、李建英、段志坚等局领导畅谈收看党的十八大开幕盛况的心得体会，郭治琛局长对胡锦涛总书记在大会上所作的《报告》进行简要解读，并就下一步深入学习、深入贯彻进行动员部署。

9日　晋城市财政局郭治琛局长主持召开局党组会议。安排部署进一步深入学习宣传贯彻党的十八大精神有关事宜，对总结2012年财政工作、谋划2013年财政工作等事项进行研究讨论。

10日　山西省财政学会2011年度优秀科研成果表彰暨民生财政建设研讨会在晋城市召开。山西省财政学会会长原崇信、山西省财政厅副厅长石常明、山西省财税专科学校校长申长平、山西省农业综合开发办公室主任赵建生、太原市人大副主任梁争平、山西省财政学会秘书长李晋中及各市财政学会负责人出席本次会议。与会人员围绕晋城市民生财政建设研究课题进行专题交流探讨，并就如何完善课题相关内容，更好地将课题成果转化为实践成果提出有针对性的意见和建议。

12日　晋城市财政局机关党支部召开学习贯彻党的十八大精神座谈会。

15日　晋城市财政局被山西省妇女联合会表彰为山西省“十一五”时期实施“两纲两规”先进集体，李建英副局长荣获先进个人称号。

16日　晋城市直工委王全民副书记一行4人代表市直工委授予晋城市财政局“创环境促转型”卫生红旗单位称号。

晋城市财政局机关党支部民生组召开学习贯彻党的十八大会议精神座谈会。

晋城市财政局机关党支部管理类党小组，按照局党总支的统一部署，组织党员讨论学习党的十八大精神。

18日　晋城市财政局“财经分析室”正式启用。

20日　晋城市财政局党总支召开总支委员会议，集中学习11月19日上午晋城市委召开的学习宣传贯彻党的十八大精神部署大会精神，同时，对前段时间全局学习贯彻党的十八精神情况进行小结，对下一步如何更好的学习贯彻进行安排。

晋城市财政局下属单位党支部召集全体党员学习贯彻党的十八大会议精神座谈会。

21日　晋城市财政局同相关职能部门共同参加由晋城市纪委、市监察局与市广播电视台联合举办的“向人民汇报请人民评议”专题评议活动。晋城市财政局党组书记、局长郭治琛作了题为《崇尚服务追求卓越打造以民生财政为主导的现代财政》汇报。现场50名评议代表一致用“笑脸牌”表达对财政部门转变工作作风，提升服务水平的认可和肯定。

23日　晋城市财政局召开全市财政局长专题会议，各县（市、区）财政局局长、办公室主任、预算科长和市局各科室及局属各单位主要负责人参加会议。

27日　晋城市人民政府下发《关于调整规范市与县（市、区）财政管理体制的通知》（晋市政发〔2012〕34号），规定从2013年1月1日起执行。

29日　《晋城财政年鉴（2012）》正式出版。

30日　晋城市财政局郭治琛局长结合自身学习党的十八大精神、习近平总书记在新任政治局常委与记者见面会上的讲话、在参观《复兴之路》基本陈列时的讲话体会，立足财政工作实际，为晋城市财政局全体党员、副科及中级职称以上100余名党员干部作专题讲座。

十二月

1-2日　晋城市财政局130余名党员干部采取集中、分组等多种形式组织收看中央宣讲团成员、国务院研究室党组成员、副主任宁吉喆同志党的十八大精神报告会。

4日　山西省财政厅副巡视员祝晋英参观财政数据模型分析系统，财政信息中心机房、财政“和之家”职工文化活动中心，对晋城财政推行的财政基层基础建设、财政信息化建设、财政文化建设“三项建设”现场指导。

晋城市财政局董海顺副局长召集业务科室及局属单位负责人召开专题会议，部署迎接山西省审计厅对晋城市财政决算审计工作。

6日　由晋城市财政局领导、预算科、绩效评价科、资产科、监督科、监察室、各部门预算管理科负责人组成的局预算审核小组召开专门会议，研究部署“一下”部门预算批复工作。

13日　晋城市财政局召开2012年全市财政决算工作会议，会议传达全省财政决算工作会议精神，总结回顾2011年全市财政总决算和部门决算工作，对2011年决算工作先进单位进行表彰，布置研究2012年全市财政总决算和部门决算工作。与会人员还对2012年财政决算工作进行讨论并提出意见和建议。

晋城市财政局被财政部表彰为全国财政“六五”普法法规知识竞赛组织奖，郭卫华同志获组织工作先进个人称号。

18日　晋城市财政局郭治琛局长接受太行日报记者采访，就调整规范全市财政体制答记者问。

21日　2012年度市直部门决算工作会议在晋城市政府多功能会议厅召开，市直各预算单位的财务负责人和具体承办人参加会议。

25日　晋城市财政局机关党支部召开党员大会集中学习《新党章》，机关党支部书记续永福主持学习，50余名党员参加。大会按程序讨论并通过局机关张波、李永林、郝锴、李瑞刚和焦晋芳5名中共预备党员转正事宜。

26日　晋城市财政局郭治琛局长关于《坚持科学发展 不断改革创新 努力打造以民生为主导的现代财政》一文，获2012年度《晋城经济》刊文一等奖。

27日　晋城市财政局郭治琛局长主编的《民生财政—晋城市民生财政建设研究》一书由中国财政经济出版社正式出版。

28日　晋城市财政局李建英副局长及政法科人员深入市消防支队调研。

31日　晋城市财政局召开党组会议，讨论研究2013年度局机关及局属单位部门预算、2012年工作总结及2013年工作要点等事宜，对中央“八项规定”进行再学习。

晋城市财政局机关完成电梯的更新和改造，新电梯正式使用。

晋城市财政信息网被评为“2012年度晋城市十佳网站”。

晋城市财政局组织全体干部职工，在局机关8楼会议室，观看党的十八大献礼影片《雨中的树》。

根据晋城市纪检委、市委组织部的要求和部署，召开以“学习贯彻落实党的十八大精神坚持为民务实清廉推动转型跨越发展”为主题的专题民主生活会。

晚20点，晋城市财政局党组成员慰问在岗位上盘点账目、核对数据的170多名单位职工。

第三部分　全市财政工作

1 财政预算管理

FINANCIAL BUDGET MANAGEMENT

简要说明

本节主要内容及相关说明

财政预算管理主要内容包括预算科职能、执行的政策依据、财政数据和财政名词解释等。

预算科是管理全市财政收支计划的综合性科室，具体负责全市财政预算的管理、编报和汇总、拟定全市预算管理制度，提出和拟定市与县（市、区）财政分配政策；编制市级综合财政收支计划，审定市直各部门人员经费、公用经费支出定额标准，审核部门专项资金项目建议，并作出预算安排；建立财政专项资金投放项目库；负责全市罚没收入的管理；负责市对县（市、区）的财政转移支付工作；负责政府债务政策研究及有关协调工作；分析报告全市预算执行情况；负责研究建立财政支出绩效评价体系；审查、批复市级部门预算；统一办理预算调整事项的审核报批；审核企业一般增值税退税事项；指导各县（市、区）预算管理等。

执行的政策依据有：《中华人民共和国预算法》、《中华人民共和国预算法实施条例》、《山西省罚款、没收财物管理办法》、《罚款决定与罚款收缴分离实施办法》等。

本节数据来源：《晋城市统计年鉴》（1985-2012年）、《晋城市主要财政收支统计资料》、《晋城市财政总决算报表》（2006-2012年）、《晋城计划预算审批监督实务》等。

表 1-1

晋城市财政收入与GDP增长情况比较表(1985-2012年)

年份	地区生产总值(GDP)		财政总收入		公共财政收入	
	数额(万元)	占上年同期(%)	数额(万元)	占上年同期(%)	数额(万元)	占上年同期(%)
1985	137621		10927		10927	
1986	154993	112.62	11670	106.80	11670	106.80
1987	167473	108.05	11640	99.74	11640	99.74
1988	195179	116.54	14326	123.08	14326	123.08
1989	235786	120.81	18119	126.48	18119	126.48
1990	269458	114.28	20118	111.03	20118	111.03
1991	294188	109.18	25816	128.32	25816	128.32
1992	377739	128.40	23967	92.84	23967	92.84
1993	541304	143.30	30952	129.14	30952	129.14
1994	651540	120.36	41174	133.03	26894	86.89
1995	830580	127.48	58211	141.38	37421	139.14
1996	1007967	121.36	73463	126.20	46280	123.67
1997	1111052	110.23	89292	121.55	52087	112.55
1998	1245693	112.12	101567	113.75	61784	118.62
1999	1336030	107.25	110318	108.62	67162	108.70
2000	1462174	109.44	115512	104.71	70794	105.41
2001	1618444	110.69	139205	120.51	85943	121.40
2002	1804226	111.48	222870	160.10	80676	93.87
2003	2125995	117.83	301223	135.16	102779	127.40
2004	2683377	126.22	430941	143.06	138483	134.74
2005	3201537	119.31	616693	143.10	200454	144.75
2006	3740999	116.85	790065	128.11	264926	132.16
2007	4398210	117.57	965529	122.21	340783	128.63
2008	5632450	128.06	1131565	117.20	418641	122.85
2009	6060499	107.60	1361365	120.31	480742	114.83
2010	7305428	120.54	1532288	112.56	554890	115.42
2011	8950162	122.51	1818009	118.65	679222	122.41
2012	10116454	113.03	2134753	117.42	829056	122.06

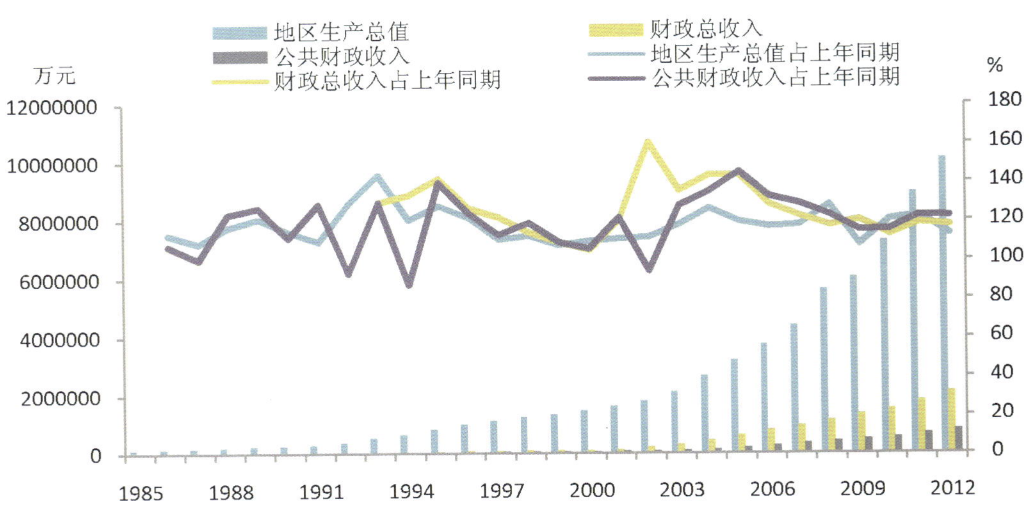

晋城市财政收入与GDP增长情况比较图(1985-2012年)

表1-2

晋城市财政收支及人均情况表(1985-2012年)

年　份	年末总人口（万人）	财政总收入		公共财政收入		公共财政支出	
		数　额（万元）	人　均（元）	数　额（万元）	人　均（元）	数　额（万元）	人　均（元）
1985	182.0	10927	60.04	10927	60.04	12764	70.13
1986	182.4	11670	63.98	11670	63.98	15189	83.27
1987	184.4	11640	63.12	11640	63.12	13933	75.56
1988	186.4	14326	76.86	14326	76.86	17248	92.53
1989	188.9	18119	95.92	18119	95.92	21975	116.33
1990	191.9	20118	104.84	20118	104.84	23924	124.67
1991	194.4	25816	132.80	25816	132.80	27701	142.49
1992	196.9	23967	121.72	23967	121.72	27252	138.41
1993	199.6	30952	155.07	30952	155.07	32562	163.14
1994	201.7	41174	204.13	26894	133.34	41608	206.29
1995	203.9	58211	285.49	37421	183.53	53141	260.62
1996	205.5	73463	357.48	46280	225.21	63945	311.17
1997	206.9	89292	431.57	52087	251.75	75295	363.92
1998	208.4	101567	487.37	61784	296.47	83039	398.46
1999	210.0	110318	525.32	67162	319.82	90456	430.74
2000	216.1	115512	534.53	70794	327.60	99029	458.26
2001	217.1	139205	641.20	85943	395.87	124602	573.94
2002	218.3	222870	1020.93	80676	369.56	153174	701.67
2003	219.0	301223	1375.45	102779	469.31	192517	879.07
2004	219.7	430941	1961.50	138483	630.33	245342	1116.71
2005	220.5	616693	2796.79	200454	909.09	313156	1420.21
2006	221.4	790065	3568.50	264926	1196.59	392581	1773.18
2007	222.3	965529	4343.36	340783	1532.99	540495	2431.38
2008	223.2	1131565	5069.74	418641	1875.63	632928	2835.70
2009	223.9	1361365	6080.24	480742	2147.13	764896	3416.24
2010	227.9	1532288	6723.51	554890	2434.80	895069	3927.46
2011	228.6	1818009	7954.54	679222	2971.87	1132373	4954.60
2012	229.1	2134753	9316.37	829056	3618.12	1298261	5665.80

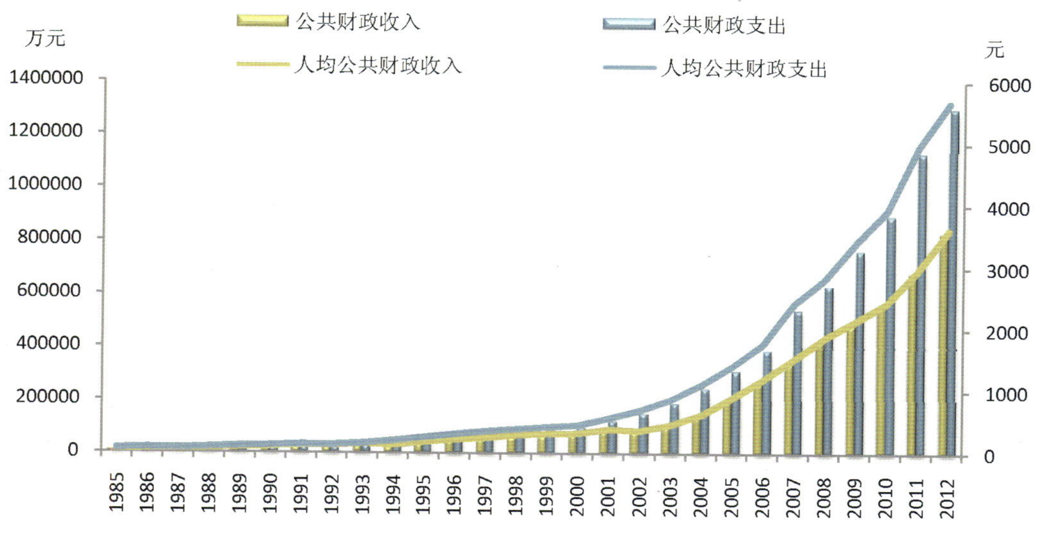

晋城市公共财政收支及人均情况图(1985-2012年)

表 1-3

晋城市分县(市、区)财政收入情况表(1993-2012年)

单位:万元

年份 \ 地区	合计	市本级	城区	泽州县	沁水县	阳城县	高平市	陵川县	开发区
财政总收入									
1993	30952	8346	2963	5888	2195	5683	4191	1686	
1994	41174	12111	3445	8109	2595	7150	5836	1928	
1995	58211	17115	4777	11810	3442	10035	8226	2806	
1996	73463	20228	5669	15657	4319	12827	10696	4067	
1997	89292	25129	6883	18901	5048	15538	12845	4948	
1998	101567	28711	7741	21456	5935	17692	14484	5548	
1999	110318	30623	8598	23800	6726	19447	15876	5248	
2000	115512	33102	9146	24293	7225	21145	15181	5420	
2001	139205	45291	10654	25251	9043	25538	17816	5612	
2002	222870	90858	13161	28713	14243	40616	26063	7589	1627
2003	301223	124662	15557	36888	20104	54254	36188	10239	3331
2004	430941	170745	20612	55211	35498	66388	61518	14364	6605
2005	616693	267851	26563	67704	51425	91688	86188	17259	8015
2006	790065	357705	33630	86518	60110	110099	113888	18113	10002
2007	965529	262635	40487	172702	113186	176128	167248	20410	12733
2008	1131565	271905	50312	207582	142540	200199	215888	23132	20007
2009	1361365	288096	56779	260362	194966	221988	288000	25377	25797
2010	1532288	323646	64317	296609	222276	250918	314288	27747	32487
2011	1818009	433323	84186	341725	260651	253438	364588	36256	43842
2012	2134753	490433	115926	375190	326275	303889	423115	42787	57138
上划中央收入									
1993	10083	3326	1072	1335	572	1867	1238	673	
1994	14280	3922	1347	2531	697	2866	2198	719	
1995	20790	4663	2036	4480	999	4198	3397	1017	
1996	27183	5995	2365	6126	1224	5580	4443	1450	
1997	34422	8342	2699	7494	1665	6848	5532	1842	
1998	39783	9723	2994	8651	1913	7951	6429	2122	
1999	43156	9764	3321	9686	2184	8975	7298	1928	
2000	44718	10383	3528	10018	2436	9578	6794	1981	
2001	53262	15949	3847	9757	3139	11085	7387	2098	
2002	114570	48704	5259	13787	7190	22144	13589	3239	658
2003	164948	70615	6204	19379	11171	32123	19631	4592	1233
2004	243658	100622	8884	30779	20182	38910	34383	6948	2950
2005	342585	149901	10922	38380	29209	55208	46825	8289	3851
2006	429113	195423	12359	46838	31358	65110	63696	8880	5449
2007	527061	133646	14382	97026	63572	106448	95473	10221	6293
2008	602487	124747	15351	114088	80204	121934	126499	11473	8191
2009	751957	140364	16262	144802	114921	135745	175790	12155	11918
2010	829754	159006	17592	163673	128409	149560	184444	12721	14349
2011	964129	217194	20543	184822	152340	140557	211875	17863	18935
2012	1095107	221929	28827	198062	189823	169922	241862	20969	23713

续表

单位:万元

地区 年份	合计	市本级	城区	泽州县	沁水县	阳城县	高平市	陵川县	开发区
					上划省级收入				
2002	27624	10790	1725	3830	1837	5261	3143	825	213
2003	33496	13117	2154	4182	2288	6006	4154	1124	471
2004	48800	18877	2771	6398	4135	7360	6875	1639	745
2005	73654	31192	3898	8124	6249	10500	10591	2113	987
2006	96026	43226	5060	11013	7634	12401	13430	2040	1222
2007	97685	27773	5169	16963	11263	16546	16535	1975	1461
2008	110437	24926	7325	19957	14224	18980	20510	2259	2256
2009	128666	27639	8007	22928	18228	20763	25835	2773	2493
2010	147644	30695	9233	26339	21054	24440	29356	3125	3402
2011	174658	41106	11642	32343	24006	23531	33383	3865	4782
2012	210590	45191	16933	34844	30613	30641	41439	4434	6495
					公共财政收入				
1993	30952	8346	2963	5888	2195	5683	4191	1686	
1994	26894	8189	2098	5578	1898	4284	3638	1209	
1995	37421	12452	2741	7330	2443	5837	4829	1789	
1996	46280	14233	3304	9531	3095	7247	6253	2617	
1997	52087	15745	3897	10925	3261	8283	6972	3004	
1998	61784	18988	4747	12805	4022	9741	8055	3426	
1999	67162	20859	5277	14114	4542	10472	8578	3320	
2000	70794	22719	5618	14275	4789	11567	8387	3439	
2001	85943	29342	6807	15494	5904	14453	10429	3514	
2002	80676	31364	6177	11096	5216	13211	9331	3525	756
2003	102779	40929	7198	13327	6645	16125	12404	4524	1627
2004	138483	51246	8957	18034	11181	20118	20260	5777	2910
2005	200454	86758	11743	21200	15967	25980	28772	6857	3177
2006	264926	119056	16211	28667	21118	32588	36762	7193	3331
2007	340783	134067	20936	50232	32720	43650	46972	7227	4979
2008	418641	160199	27636	63557	41000	49795	58624	8270	9560
2009	480742	165356	32510	81168	52703	55099	73457	9063	11386
2010	554890	186102	37492	93427	62286	64698	85810	10339	14736
2011	679222	233586	52001	108388	72302	77585	102639	12596	20125
2012	829056	294300	70166	124862	90532	88005	119094	15167	26930

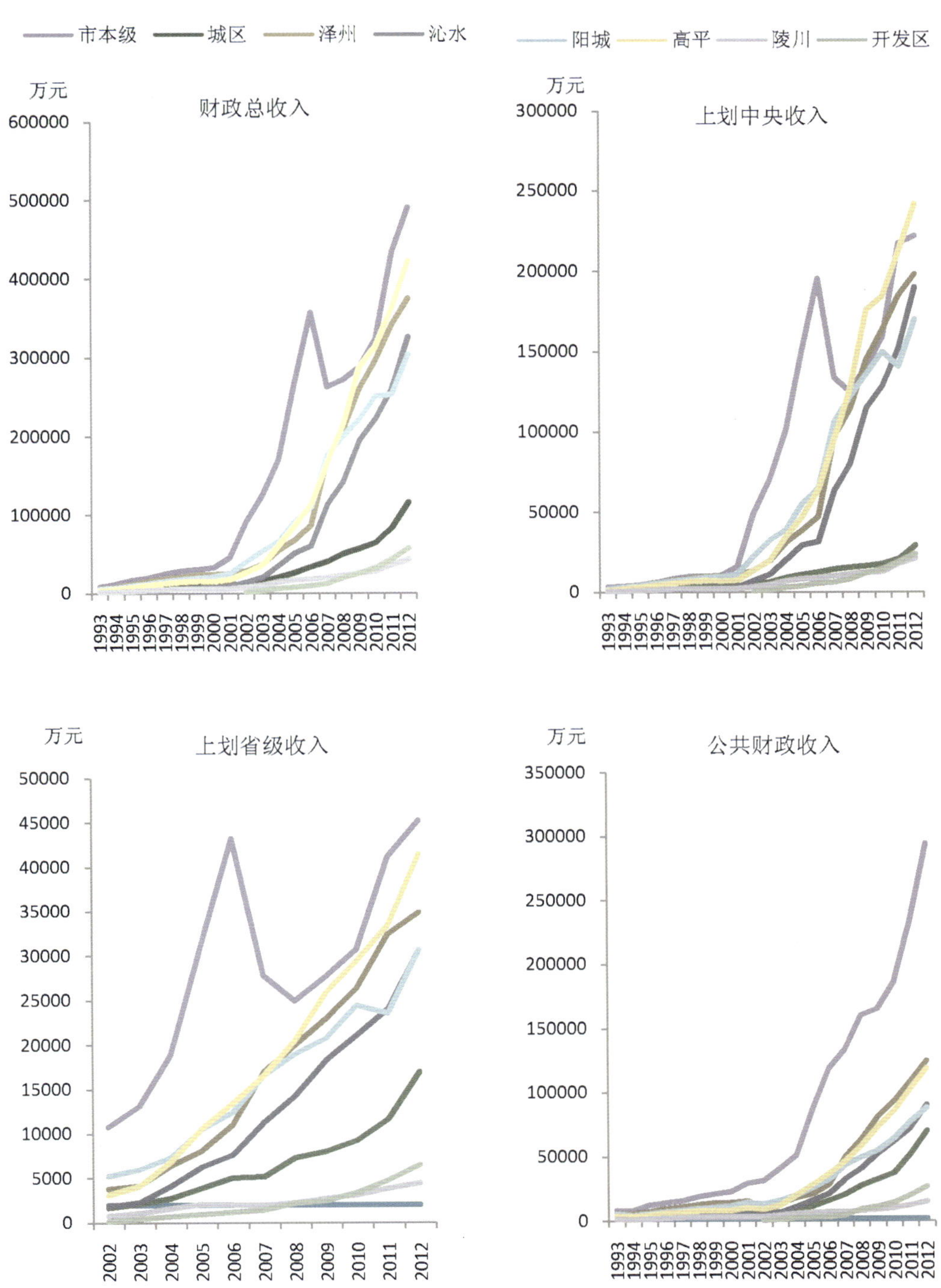

晋城市分县(市、区)财政收入情况图(1993-2012年)

表 1-4

晋城市分县(市、区)财政供养人员情况表(1994-2012年)

单位:人

年份 \ 地区	合　计	市本级	城　区	泽州县	沁水县	阳城县	高平市	陵川县	开发区
1994	56203	6835	4140	10620	7270	10405	9620	7313	
1995	57615	6845	4620	10859	7330	10766	9836	7359	
1996	59201	7301	4953	11009	7763	10827	9919	7429	
1997	60209	7163	5337	11268	7660	11136	10125	7520	
1998	61367	7163	5489	11859	7527	11572	10239	7518	
1999	63630	7943	5925	12341	7756	11591	10311	7763	
2000	64439	7990	5954	12892	7843	11581	10543	7636	
2001	66517	8005	6024	13280	8102	12578	10652	7876	
2002	68186	8096	6104	13625	8262	13198	10795	7971	135
2003	69536	8467	6275	14097	8383	13250	10825	8065	174
2004	70865	8978	6559	14519	8483	13639	10240	8272	175
2005	73454	9770	6699	14849	8512	13643	11281	8521	179
2006	75537	10702	6800	15133	8706	13902	11380	8685	229
2007	77086	11240	6903	15545	8749	14097	11628	8699	225
2008	78472	11605	8042	15588	8765	13889	11583	8743	257
2009	79994	12127	8131	15788	8940	13898	11820	9002	288
2010	80883	12548	7463	16005	9186	13950	12291	9141	299
2011	82089	12828	7726	15810	9366	14165	12545	9294	355
2012	84118	13413	8923	15375	9636	14554	12355	9476	386

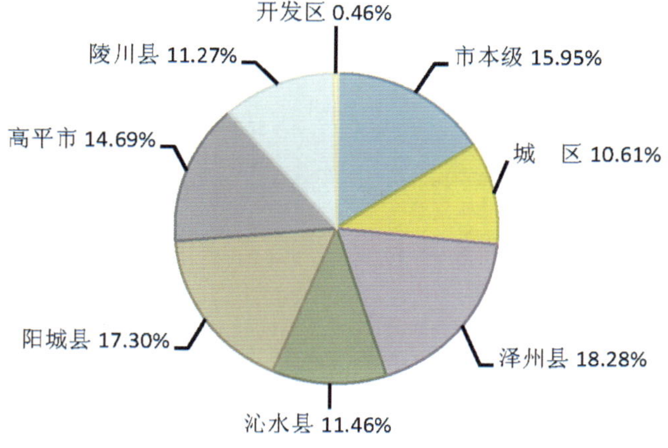

晋城市分县(市、区)财政供养人员情况图(2012年)

表 1-5

晋城市财政体制演变情况表(1985–2012 年)

项　　目	市本级	城　区	泽州县	沁水县	阳城县	高平市	陵川县	开发区
1985 年划分税种,核定收支,分级包干(总额分成)	上解20% 留成80%	上解67% 留成33%	上解7% 留成93%	定补 160万元	上解35% 留成65%	上解48% 留成52%	定补 190万元	
1988 年将 13 种小税列作地方固定收入,将中央借款打入支出基数,其余总额分成	上解20% 留成80%	上解78% 留成22%	上解14% 留成86%	定补 120.5万元	上解41% 留成59%	上解53% 留成47%	定补 140.2万元	
1989 年起实行收入递增包干,每年以上年分成收入总额按递增包干上解,为照顾财政困难县,将高平、陵川、沁水留解比例和定补额恢复到 1985 年体制。阳城从 1988 年开始综合改革试点,以 1987 年上解额为基数,每年递增5%上解	递增率3% 上解20% 留成80%	递增率14% 上解78% 留成22%	递增率10% 上解14% 留成86%	定补 160万元	递增率5% 上解41% 留成59%	递增率3% 上解48% 留成52%	定补 190万元	
1990 年起,城区、郊区商业、文教事业单位上划市级管理,收入递增包干、递增率和留解比例作了调整		递增率3% 上解60% 留成40%	递增率11% 上解11% 留成89%					
1991 年起,城区工业上划市级管理		递增率3% 上解32% 留成68%						
1994 年分税制财政体制改革:增值税中央地方共享	增值税 中央75% 市县级25%	增值税 中央75% 区25%	增值税 中央75% 县25%	增值税 中央75% 县25%	增值税 中央75% 县25%	增值税 中央75% 市25%	增值税 中央75% 县25%	
2002 年所得税体制改革:增值税、所得税中央、省、市县级共享;资源税、营业税和城镇土地使用税省、市县级共享	增值税中央75%、省级8.75%、市县级16.25%;企业所得税和个人所得税中央60%、省级14%、市、县级26%;资源税、营业税和城镇土地使用税省级35%、市、县级65%。	增值税中央75%、省级8.75%、区级16.25%;企业所得税和个人所得税中央60%、省级14%、区级26%;资源税、营业税和城镇土地使用税省级35%、区级65%。	增值税中央75%、省级8.75%、县级16.25%;企业所得税和个人所得税中央60%、省级14%、县级26%;资源税、营业税和城镇土地使用税省级35%、县级65%。	增值税中央75%、省级8.75%、县级16.25%;企业所得税和个人所得税中央60%、省级14%、县级26%;资源税、营业税和城镇土地使用税省级35%、县级65%。	增值税中央75%、省级8.75%、县级16.25%;企业所得税和个人所得税中央60%、省级14%、县级26%;资源税、营业税和城镇土地使用税省级35%、县级65%。	增值税中央75%、省级8.75%、市级16.25%;企业所得税和个人所得税中央60%、省级14%、市级26%;资源税、营业税和城镇土地使用税省级35%、市级65%。	增值税中央75%、省级8.75%、县级16.25%;企业所得税和个人所得税中央60%、省级14%、县级26%;资源税、营业税和城镇土地使用税省级35%、县级65%。	
2002 年开发区财政从市财政中单列								实行所得税体制改革适用税率。公共财政收入以 2001 年 261 万元为基数,每年增收部分市与开发区 3:7分成,对向开发区划转引起城区、泽州县收入转移,每年定额补助城区 100万元,泽州县 34万元。
2007 年调整规范市县财政体制:市级企业下放县级,城区、开发区财政体制不变	增值税中央75%、省级7.5%、市级3.75%、县级13.75%;企业所得税和个人所得税中央60%、省级12%、市级28%;资源税、营业税和城镇土地使用税省级30%、市级15%、县级55%。	增值税中央75%、省级7.5%、市级3.75%、县级13.75%;企业所得税和个人所得税中央60%、省级12%、市级6%、县级22%;资源税、营业税和城镇土地使用税省级30%、市级15%、县级55%。	增值税中央75%、省级7.5%、市级3.75%、县级13.75%;企业所得税和个人所得税中央60%、省级12%、市级6%、县级22%;资源税、营业税和城镇土地使用税省级30%、市级15%、县级55%。	增值税中央75%、省级7.5%、市级3.75%、县级13.75%;企业所得税和个人所得税中央60%、省级12%、市级6%、县级22%;资源税、营业税和城镇土地使用税省级30%、市级15%、县级55%。	增值税中央75%、省级7.5%、市级3.75%、县级13.75%;企业所得税和个人所得税中央60%、省级12%、市级6%、县级22%;资源税、营业税和城镇土地使用税省级30%、市级15%、县级55%。	增值税中央75%、省级7.5%、市级3.75%、县级13.75%;企业所得税和个人所得税中央60%、省级12%、市级6%、县级22%;资源税、营业税和城镇土地使用税省级30%、市级15%、县级55%。	增值税中央75%、省级7.5%、市级3.75%、县级13.75%;企业所得税和个人所得税中央60%、省级12%、市级6%、县级22%;资源税、营业税和城镇土地使用税省级30%、市级15%、县级55%。	

表 1-6

省直管县与其他县(市、区)有关财政管理政策对比情况表

管理事项	省直管县	其他县(市、区)	政策依据
改革试点范围	阳城县(扩权试点县)、高平市(扩权试点县)、泽州县	城区、沁水县、陵川县、开发区	山西省委办公厅、省政府办公厅《关于开展扩权强县试点工作的意见》(晋办发[2011]35号)
财政体制	省直接核定省直管县财政体制,各市不得自行调整市对扩权试点县的财政体制,确需调整的要经省财政厅报省政府同意	按照全省的统一规定,体制调整实施方案及核定各县区的有关基数应当报请省政府审批后执行	山西省政府《关于调整规范省市县的财政体制和在35个国家重点扶贫开发县实行"省直管县"财政改革试点的通知》(晋政发[2006]45号)、山西省财政厅《关于进一步完善省直管县财政体制改革试点的通知》(晋财预[2010]25号)
转移支付	一般转移支付由省财政直接测算、分配、下达省直管县,抄送市财政局;专项转移支付文件抄送市财政局作为登记指标依据,不再转发下达	省财政下达市财政后,市财政再分别下达到有关县(区)	山西省财政厅《关于进一步完善省直管县财政体制改革试点的通知》(晋财预[2010]25号)
财政预决算	财政预算在报送市财政的同时,报省财政厅备案;年度收入计划作为各市收入计划的组成部份,仍由各市统一安排。财政决算的布置、审核及汇总由各市统一安排上报省财政厅	财政预决算统一经市财政汇总上报省财政厅	山西省财政厅《关于进一步完善省直管县财政体制改革试点的通知》(晋财预[2010]25号)
资金调度	省财政直接核定直管县资金留解比例,体制基数、结算补助等资金由省财政直接拔付到县,资金调度凭证抄送市财政局作为记账依据,年终资金清算由省与直管县直接办理	市财政按规定确定各县资金留解比例,年终市财政与各县分别办理资金清算	山西省财政厅《关于进一步完善省直管县财政体制改革试点的通知》(晋财预[2010]25号)
财政结算	省财政直接对省直管县办理财政结算;市与省直管县之间的各项财政结算事项,由市财政审核后向省财政提供分县结算资料,通过省财政统一办理,省财政分市、分直管县批复决算	市财政负责对各县办理财政结算;省、市与各县之间的各项财政结算事项,由市财政审核统一办理,市财政对各县批复决算	山西省财政厅《关于进一步完善省直管县财政体制改革试点的通知》(晋财预[2010]25号)
债务管理	2009年以前省直管县的各项贷款、有偿资金等仍按原程序和渠道执行。2010年后新增债务由直管县直接向省财政办理有关手续并偿还	各项贷款、有偿资金等按原程序和渠道执行	山西省财政厅《关于进一步完善省直管县财政体制改革试点的通知》(晋财预[2010]25号)
争取省级项目补助申请	原则上仍执行先向市级申报,市级统一审核后报省的程序。特殊情况下,也可直接向省直有关部门直接报送项目申请	执行先向市级申报,市级统一审核后报省的程序	山西省财政厅《关于扩大省直管县财政管理方式改革试点范围后有关下达项目计划及办理专项补助事项的通知》(晋财预[2010]29号)
省级项目计划及补助下达	项目计划和补助直接分配、下达到省直管县。文件抄送市级有关部门	项目计划和补助资金经市财政分配、下达到非直管县	山西省财政厅《关于扩大省直管县财政管理方式改革试点范围后有关下达项目计划及办理专项补助事项的通知》(晋财预[2010]29号)
财政报表管理	财政预算执行月报、预算执行分析、各项财政统计、财政工作安排考核仍按行政管辖范围,由各市汇总和布置	仍按原规定的程序和渠道办理	山西省财政厅《关于进一步完善省直管县财政体制改革试点的通知》(晋财预[2010]25号)
市对县的财政支持责任	市对省直管县财政支持责任不变,并在改革前的基础上逐步增加	保持原来市对县财政的支持责任不变	山西省财政厅《关于进一步完善省直管县财政体制改革试点的通知》(晋财预[2010]25号)

财政名词解释

预算草案 是指未经法定程序审查和批准的政府、机关、团体、事业单位的年度收支计划，通常指未经人大批准的某一年度政府财政预算收支计划。中央各部门根据国务院的指示和财政部的部署，具体布置所属单位编制预算草案，并负责汇总，编制出本部门的预算草案，报财政部审核。财政部审核汇总中央各部门的预算草案，编制出中央预算草案。地方各级财政部门根据同级人民政府的指示和上级政府及财政部门的部署，具体布置本级各部门和下级财政部门编制预算草案，并负责审核、汇总编制本行政区域的预算草案，报同级人民政府和上一级财政部门审核。

复式预算 是指国家财政收支计划通过两个以上的表格来反映的一种预算形式，它既能反映财政预算资金的流向和流量，又能全面反映资金性质和收支结构。

零基预算 是指在编制预算时，一切从零开始，只以当时社会经济发展的实际为依据，对原有的各项开支进行重新核实，不考虑以前的财政收支状况的预算方式。

部门预算 是指市场经济国家普遍采用的预算编制方法，是由政府各部门编制，经财政部门审核后报立法机关审议通过，反映部门所有收入和支出的预算。

政府性基金预算 是指国家通过向社会征收基金、收费，以及出让土地、发行彩票等方式取得收入，并专项用于支持特定基础设施建设和社会事业发展的财政收支预算。

国有资本经营预算 是指政府以所有者身份依法取得国有资本收益，并对所得收益进行分配而发生的各项收支预算。

社会保险基金预算 是指根据国家社会保险和预算管理法律法规建立，反映各项社会保险基金收支的年度计划。晋城市自2012年开始编制社会保险基金预算，包括企业职工基本养老保险基金、失业保险基金、城镇职工基本医疗保险基金、工伤保险基金、生育保险基金、新型农村社会养老保险基金和城镇居民基本医疗保险基金。

财政总收入 是指公共财政收入、上划中央收入、上划省级收入之和，反映本地区当年组织的财政收入总规模，是计算当年地方可用财力的主要依据。与国内生产总值比较，可反映财政的集中程度。

公共财政收入 是指政府凭借国家政治权力，以社会管理者身份筹集以税收为主体的财政收入，主要用于保障和改善民生、维持国家行政职能正常运转、保障国家安全等方面。完整的政府预算体系包括公共财政预算、国有资本经营预算、政府性基金预算以及社会保障预算。为了避免与预算体系中其他预算收入混淆，从2012年起各级政府一般预算收入改称为公共财政收入，在口径上与2011年以前的“一般预算收入”相同。

地方财政收入 也称作公共财政收入，是指按照财政部规定的统一科目和口径统计的收入，包括地方固定收入以及中央与地方共享收入中地方所得部分。由于财政部按此口径统一汇总数据，因而可以直接反映、比较各地财政收入增长情况。

政府性基金收入 是指各级政府及其所属部门根据法律、行政法规和经国务院文件规定，凭借行政权力或政府信誉，向公民、法人和其他组织无偿征收的具有专项用途的财政资金。设立政府基金的目的，主要是支持某项特定产业和事业发展。其主要形式包括各种基金、资金、附加和专项收费等。

财政经常性收入 原则上包括：地方公共财政收入（剔除城市维护建设税、罚没收入、专项收入及国有资产经营收益等一次性收入）；中央核定的增值税及消费税税收返还、所得税基数返还；中央通过所得税分享改革增加的一般性转移支付收入。

财政超收收入 是指预算执行结果超过预算安排的财政收入。财政超收收入=财政收入实绩-财政收入预算。

地方财政可用财力 也称可支配财力，是指地方政府当年可支配的收入（基金除外）。地方财政可用财力=地方财政收入+中央税收返还收入+省体制结算及专项补助收入+区县（市）上解收入-市上解省支出-市对区县（市）补助支出。

可支配财力 是指国家或地方政府在一定时期内所能机动地支配使用的财政资金。按现行法规和财政体制，地方政府可支配财力由地方公共财政收入、上级税收返还收入、上级财力性转移支付补助收入，以及原体制上解中央收入或中央补助地方收入等构成。

财政收支平衡 是指年度预算执行的结果，即总收入等于总支出。若总收入大于总支出为预算结余；总支出大于总收入为预算赤字。按照《中华人民共和国预算法》的要求，我国省以下地方各级财政实行当年收支平衡，略有结余的方针，不得编制赤字预算，也不准许执行结果中出现预算赤字。预算结余是财政后备的一部分。

省直管县 是指财政管理体制改革的重要举措之一，主要内容是维持现行行政隶属关系、维持现行利益分配格局、改变原来市管县的财政管理模式，将县财政实行由省财政直接管理的办法，财政收支划分范围暂不调整，各类补助、资金调拨等由省财政直接和县财政结算。实行省直管县的财政体制，有利于进一步理顺和规范省以下财政分配关系，调动各级政府加快发展的积极性，加快财政资金流速，提高财政支出的效率等。

乡财县管 是指以乡镇为独立核算主体，实行“预算共编、账户统设、集中收付、采购统办、票据统管”的财政管理方式，由县级财政部门直接管理并监督乡镇财政收支。

2 财政国库管理

FISCAL TREASURY MANAGEMENT

简 要 说 明

本节主要内容及相关说明

财政国库管理主要内容包括国库科职能、执行的政策依据、财政数据和财政名词解释等。

2009年根据财政国库改革需要成立晋城市财政局国库科，主要职能是负责市本级预算执行，编报全市财政收支旬、月报，分析反映全市预算执行情况；办理市财政预算缴款、拨款和财政资金的测算及调度工作；贯彻国家金库管理制度，负责协调中国人民银行国库、商业银行、税务部门之间的相关工作；贯彻政府总预算会计制度，负责财政总预算会计工作，指导县（市、区）财政总预算会计工作；负责编制和汇总市本级及全市财政决算和部门决算；管理市级非税收入资金及其专户；统一管理市级财政性资金的银行账户；负责市级预算单位银行账户的开立、变更和年检等；研究和推行国库集中收付制度，负责拟订晋城市国库集中收付制度的实施办法；负责与财政审计有关的工作；办理局领导交办的其他事项。

执行的政策依据有：《中华人民共和国预算法》、《中华人民共和国国家金库条例》、《财政总预算会计制度》等。

本节数据来源：山西省财政厅国库处、《山西省财政总决算报表》（2012年）、《晋城市财政总决算报表》（2012年）、《晋城市主要财政收支统计资料》、《晋城市本级财政总决算报表》（2012年）。

表2-1

晋城市公共财政收入决算表(2012年)

单位:万元

科目名称	决算数	科目名称	决算数
公共财政收入	829056	联营企业消费税	
税收收入	614998	港澳台和外商投资企业消费税	
增值税	154221	私营企业消费税	
国内增值税	154221	成品油消费税	
国有企业增值税	6656	其他消费税	
集体企业增值税	480	消费税税款滞纳金、罚款收入	
股份制企业增值税	122550	成品油消费税退税	
联营企业增值税	17	其他消费税退税	
港澳台和外商投资企业增值税	20587	进口消费品消费税	
私营企业增值税	3456	进口成品油消费税	
其他增值税	1586	进口其他消费品消费税	
增值税税款滞纳金、罚款收入	296	进口消费品消费税税款滞纳金、罚款收入	
福利企业增值税退税	-362	进口成品油消费税退税	
软件集成电路增值税退税		进口其他消费品退消费税	
三线搬迁增值税退税		出口消费品退消费税	
民贸企业增值税退税		营业税	119171
宣传文化单位增值税退税		铁道营业税	
森工综合利用增值税退税		金融保险业营业税(中央)	
其他增值税退税	-1700	金融保险业营业税(地方)	11914
免抵调增增值税	752	交强险营业税	
成品油价格和税费改革增值税划出	-97	其他金融保险业营业税(地方)	11914
成品油价格和税费改革增值税划入		一般营业税	107150
免抵调增改征增值税		营业税税款滞纳金、罚款收入	107
进口货物增值税(项)		营业税退税	
进口货物增值税		企业所得税	176241
特定区域进口自用物资增值税		国有冶金工业所得税	
进口货物增值税税款滞纳金、罚款收入		国有有色金属工业所得税	
进口货物退增值税		国有煤炭工业所得税	1294
特定区域进口自用物资退增值税		国有电力工业所得税	
出口货物退增值税(项)		国有石油和化学工业所得税	
出口货物退增值税		国有机械工业所得税	
免抵调减增值税		国有汽车工业所得税	
改征增值税(项)		国有核工业所得税	
改征增值税		国有航空工业所得税	
改征增值税税款滞纳金、罚款收入		国有航天工业所得税	
改征增值税国内退税		国有电子工业所得税	
改征增值税出口退税(项)		国有兵器工业所得税	
改征增值税出口退税		国有船舶工业所得税	
免抵调减改征增值税		国有建筑材料工业所得税	
消费税		国有烟草企业所得税	
国内消费税		国有纺织企业所得税	
国有企业消费税		国有铁道企业所得税	
集体企业消费税		铁路运输企业所得税	
股份制企业消费税		其他国有铁道企业所得税	

续表

单位：万元

科目名称	决算数	科目名称	决算数
国有交通企业所得税	4	分支机构预缴所得税	55
国有邮政企业所得税		国有企业分支机构预缴所得税	
国有民航企业所得税		股份制企业分支机构预缴所得税	29
国有海洋石油天然气企业所得税		港澳台和外商投资企业分支机构预缴所得税	26
国有外贸企业所得税		其他企业分支机构预缴所得税	
国有银行所得税		总机构预缴所得税	6
中国进出口银行所得税		国有企业总机构预缴所得税	
中国农业发展银行所得税		股份制企业总机构预缴所得税	6
其他国有银行所得税		港澳台和外商投资企业总机构预缴所得税	
国有非银行金融企业所得税		其他企业总机构预缴所得税	
中国建银投资有限责任公司所得税		总机构汇算清缴所得税	
中国投资有限责任公司及其全资子公司所得税		国有企业总机构汇算清缴所得税	
中投公司所属其他公司所得税		股份制企业总机构汇算清缴所得税	
中国信达资产管理股份有限公司所得税		港澳台和外商投资企业总机构汇算清缴所得税	
其他国有非银行金融企业所得税		其他企业总机构汇算清缴所得税	
国有保险企业所得税		企业所得税待分配收入	
国有文教企业所得税		国有企业所得税待分配收入	
国有电影企业所得税		股份制企业所得税待分配收入	
国有出版企业所得税		港澳台和外商投资企业所得税待分配收入	
其他国有文教企业所得税		其他企业所得税待分配收入	
国有水产企业所得税		跨市县分支机构预缴所得税	1
国有森林工业企业所得税		国有企业分支机构预缴所得税	
国有电信企业所得税		股份制企业分支机构预缴所得税	
国有农垦企业所得税		港澳台和外商投资企业分支机构预缴所得税	1
其他国有企业所得税	3909	其他企业分支机构预缴所得税	
集体企业所得税	3116	跨市县总机构预缴所得税	
股份制企业所得税	135271	国有企业总机构预缴所得税	
股份制海洋石油天然气企业所得税		股份制企业总机构预缴所得税	
中国石油天然气股份有限公司所得税		港澳台和外商投资企业总机构预缴所得税	
中国石油化工股份有限公司所得税		其他企业总机构预缴所得税	
中国工商银行股份有限公司所得税		跨市县总机构汇算清缴所得税	
中国建设银行股份有限公司所得税		国有企业总机构汇算清缴所得税	
中国银行股份有限公司所得税		股份制企业总机构汇算清缴所得税	
广发银行股份有限公司所得税		港澳台和外商投资企业总机构汇算清缴所得税	
长江电力股份有限公司所得税		其他企业总机构汇算清缴所得税	
中国农业银行股份有限公司所得税		省以下企业所得税待分配收入	
国家开发银行股份有限公司所得税		国有企业所得税待分配收入	
其他股份制企业所得税	135271	股份制企业所得税待分配收入	
联营企业所得税	82	港澳台和外商投资企业所得税待分配收入	
港澳台和外商投资企业所得税	28871	其他企业所得税待分配收入	
港澳台和外商投资海上石油天然气企业所得税		企业所得税税款滞纳金、罚款、加收利息收入	764
其他港澳台和外商投资企业所得税	28871	内资企业所得税税款滞纳金、罚款、加收利息收入	764
私营企业所得税	2423	港澳台和外商投资企业所得税税款滞纳金、罚款、加收利息收入	
其他企业所得税	445	中央企业所得税税款滞纳金、罚款、加收利息收入	

续表

单位:万元

科目名称	决算数	科目名称	决算数
企业所得税退税		中国银行股份有限公司所得税退税	
国有冶金工业所得税退税		广发银行股份有限公司所得税退税	
国有有色金属工业所得税退税		中国农业银行股份有限公司所得税退税	
国有煤炭工业所得税退税		国家开发银行股份有限公司所得税退税	
国有电力工业所得税退税		其他股份制企业所得税退税	
国有石油和化学工业所得税退税		联营企业所得税退税	
国有机械工业所得税退税		私营企业所得税退税	
国有汽车工业所得税退税		跨省市总分机构企业所得税退税	
国有核工业所得税退税		国有跨省市总分机构企业所得税退税	
国有航空工业所得税退税		股份制跨省市总分机构企业所得税退税	
国有航天工业所得税退税		港澳台和外商投资跨省市总分机构企业所得税退税	
国有电子工业所得税退税		其他跨省市总分机构企业所得税退税	
国有兵器工业所得税退税		跨市县总分机构企业所得税退税	
国有船舶工业所得税退税		国有跨市县总分机构企业所得税退税	
国有建筑材料工业所得税退税		股份制跨市县总分机构企业所得税退税	
国有烟草企业所得税退税		港澳台和外商投资跨市县总分机构企业所得税退税	
国有纺织企业所得税退税		其他跨市县总分机构企业所得税退税	
国有铁道企业所得税退税		其他企业所得税退税	
国有交通企业所得税退税		个人所得税(款)	22003
国有邮政企业所得税退税		个人所得税(项)	21941
国有民航企业所得税退税		储蓄存款利息所得税	88
海洋石油天然气企业所得税退税		军队个人所得税	
国有外贸企业所得税退税		其他个人所得税	21853
国有银行所得税退税		个人所得税税款滞纳金、罚款收入	62
中国进出口银行所得税退税		资源税	19649
中国农业发展银行所得税退税		海洋石油资源税	
其他国有银行所得税退税		其他资源税	19362
国有非银行金融企业所得税退税		资源税税款滞纳金、罚款收入	287
中国投资有限责任公司所得税退税		固定资产投资方向调节税	14
中国信达资产管理股份有限公司所得税退税		国有企业固定资产投资方向调节税	
其他国有非银行金融企业所得税退税		集体企业固定资产投资方向调节税	5
国有保险企业所得税退税		股份制企业固定资产投资方向调节税	
国有文教企业所得税退税		联营企业固定资产投资方向调节税	
国有电影企业所得税退税		港澳台和外商投资企业固定资产投资方向调节税	
国有出版企业所得税退税		私营企业固定资产投资方向调节税	
其他国有文教企业所得税退税		其他固定资产投资方向调节税	
国有水产企业所得税退税		固定资产投资方向调节税税款滞纳金、罚款收入	9
国有森林工业企业所得税退税		城市维护建设税	49093
国有电信企业所得税退税		国有企业城市维护建设税	3062
其他国有企业所得税退税		集体企业城市维护建设税	411
集体企业所得税退税		股份制企业城市维护建设税	40060
股份制企业所得税退税		联营企业城市维护建设税	10
中国工商银行股份有限公司所得税退税		港澳台和外商投资企业城市维护建设税	2578
中国建设银行股份有限公司所得税退税		私营企业城市维护建设税	1924

续表

单位:万元

科目名称	决算数	科目名称	决算数
其他企业城市维护建设税	1159	车辆购置税(项)	
城市维护建设税税款滞纳金、罚款收入	74	车辆购置税税款滞纳金、罚款收入	
成品油价格和税费改革城市维护建设税划出	-185	关税(款)	
成品油价格和税费改革城市维护建设税划入		关税(项)	
房产税	13524	进口关税	
国有企业房产税	909	出口关税	
集体企业房产税	643	特定区域进口自用物资关税	
股份制企业房产税	8946	特别关税	
联营企业房产税		反倾销税	
港澳台和外商投资企业房产税		反补贴税	
私营企业房产税	614	保障措施	
其他房产税	2268	关税和特别关税税款滞纳金、罚款收入	
房产税税款滞纳金、罚款收入	144	关税退税	
印花税	9927	特定区域进口自用物资退关税	
证券交易印花税(项)		耕地占用税(款)	2388
证券交易印花税		耕地占用税(项)	2388
证券交易印花税退库		耕地占用税退税	
其他印花税	9758	耕地占用税税款滞纳金、罚款收入	
印花税税款滞纳金、罚款收入	169	契税(款)	9399
城镇土地使用税	23172	契税(项)	9399
国有企业城镇土地使用税	1362	契税税款滞纳金、罚款收入	
集体企业城镇土地使用税	472	烟叶税(款)	
股份制企业城镇土地使用税	15863	烟叶税(项)	
联营企业城镇土地使用税	1	烟叶税税款滞纳金、罚款收入	
私营企业城镇土地使用税	3447	其他税收收入	
港澳台和外商投资企业城镇土地使用税	1264	非税收入	214058
其他城镇土地使用税	349	专项收入	73936
城镇土地使用税税款滞纳金、罚款收入	414	排污费收入(项)	7327
土地增值税	8921	排污费收入	7327
国有企业土地增值税	405	海洋工程排污费收入	
集体企业土地增值税	90	水资源费收入	7759
股份制企业土地增值税	4218	三峡电站水资源费收入	
联营企业土地增值税		其他水资源费收入	7759
港澳台和外商投资企业土地增值税	41	教育费附加收入(项)	32137
私营企业土地增值税	3771	教育费附加收入	32218
其他土地增值税	395	成品油价格和税费改革教育费附加收入划出	-81
土地增值税税款滞纳金、罚款收入	1	成品油价格和税费改革教育费附加收入划入	
车船税(款)	7275	教育费附加滞纳金、罚款收入	
车船税(项)	7275	铀产品出售收入	
车船税税款滞纳金、罚款收入		三峡库区移民专项收入	
船舶吨税(款)		国家留成油上缴收入	
船舶吨税(项)		场外核应急准备收入	
船舶吨税税款滞纳金、罚款收入		草原植被恢复费收入	
车辆购置税(款)		矿产资源专项收入	25736

续表

单位:万元

科目名称	决算数	科目名称	决算数
矿产资源补偿费收入	11556	**工商行政事业性收费收入**	
探矿权、采矿权使用费收入	3	企业注册登记费	
探矿权、采矿权价款收入	14177	个体工商户注册登记费	
其他专项收入(项)	977	商标注册收费	
广告收入	977	其他缴入国库的工商行政事业性收费	
其他专项收入		**商贸行政事业性收费收入**	150
行政事业性收费收入	47788	证书工本费	
公安行政事业性收费收入	327	其他缴入国库的商贸行政事业性收费	150
外国人签证费		**财政行政事业性收费收入**	35
外国人证件费		证书工本费	3
公民出入境证件费		考试考务费	11
中国国籍申请手续费		其他缴入国库的财政行政事业性收费	21
口岸以外边防检查监护费		**税务行政事业性收费收入**	
户籍管理证件工本费	5	税务发票工本费	
居民身份证工本费	46	其他缴入国库的税务行政事业性收费	
机动车号牌工本费		**海关行政事业性收费收入**	
机动车行驶证工本费		海关监管手续费	
机动车登记证书工本费		进口货物滞报金	
机动车抵押登记费		知识产权海关保护备案费	
机动车安全技术检验费		ATA单证册调整费	
驾驶证工本费		报关员培训考试发证费	
驾驶许可考试费		货物行李物品保管费	
菲律宾船员检查费		其他缴入国库的海关行政事业性收费	
临时入境机动车号牌和行驶工本费		**审计行政事业性收费收入**	
临时机动车驾驶证工本费		考试考务费	
保安员资格考试费		其他缴入国库的审计行政事业性收费	
其他缴入国库的公安行政事业性收费	276	**人口和计划生育行政事业性收费收入**	2211
法院行政事业性收费收入	824	社会抚养费	2211
诉讼费	824	其他缴入国库的人口和计划生育行政事业性收费	
培训费、资料工本费和住宿费		**国管局行政事业性收费收入**	
其他缴入国库的法院行政事业性收费		会计从业资格考试费	
司法行政事业性收费收入	93	工人技术等级鉴定考核费	
外国律师事务所办事处申请手续费		其他缴入国库的国管局行政事业性收费	
外国律师事务所办事处年检费		**外专局行政事业性收费收入**	
公证费	93	出国培训备选人员外语考务费、考试费	
司法考试考务费		其他缴入国库的外专局行政事业性收费	
其他缴入国库的司法行政事业性收费		**保密行政事业性收费收入**	
外交行政事业性收费收入		保密证表包装材料费	
护照费		其他缴入国库的保密行政事业性收费	
认证费		**质量监督检验检疫行政事业性收费收入**	
签证费		客运索道运营审查检验和定期检验费	
驻外使领馆公证翻译费		压力管道安装审查检验和定期检验费	
代发电报收费		压力管道元件制造审查检验费	
其他缴入国库的外交行政事业性收费		特种劳动防护用品检验费	

续表

单位:万元

科目名称	决算数	科目名称	决算数
一般劳动防护用品检验费		文化行政事业性收费收入	
棉花监督检验费		摄影师预备资格考试费	
锅炉、压力容器检验费		其他缴入国库的文化行政事业性收费	
考试考务费		教育行政事业性收费收入	133
工业产品生产许可证收费		教师资格考试费	1
计量收费		普通话水平测试费	9
组织机构代码证书收费		其他缴入国库的教育行政事业性收费	123
出入境检验检疫收费		科技行政事业性收费收入	32
检疫处理等业务收费		其他缴入国库的科技行政事业性收费	32
实验室检验项目、鉴定收费		体育行政事业性收费收入	161
设备监理单位资格评审费		运动员或运动团体注册费	
滞纳金		俱乐部运动员转会手续费	
特种设备检验检测费		段位考评认定费	
产品质量监督检验费		比赛报名费	
其他缴入国库的质检行政事业性收费		运动马匹注册费	
出版行政事业性收费收入		兴奋剂检测费	
计算机软件著作权登记费		体育特殊专业招生考务费	
其他缴入国库的出版行政事业性收费		其他缴入国库的体育行政事业性收费	161
安全生产行政事业性收费收入	3578	发展与改革(物价)行政事业性收费收入	138
其他缴入国库的安全生产行政事业性收费	3578	非刑事案件财物价格鉴定费	
档案行政事业性收费收入	3	其他缴入国库的发展与改革(物价)行政事业性收费	138
档案收费	2	统计行政事业性收费收入	
其他缴入国库的档案行政事业性收费	1	统计专业技术资格考试考务费	
港澳办行政事业性收费收入		统计人员岗位培训费	
往来香港澳门通行证工本费及签注费		其他缴入国库的统计行政事业性收费	
派驻香港澳门身份证明工本费		国土资源行政事业性收费收入	12518
其他缴入国库的港澳办行政事业性收费		石油(天然气)勘查、开采登记费	
贸促会行政事业性收费收入		矿产资源勘查登记费	
ATA单证册收费		采矿登记收费	2
其他缴入国库的贸促会行政事业性收费		土地复垦费	1129
宗教行政事业性收费收入		土地闲置费	
清真食品认证费		土地登记费	46
其他缴入国库的宗教行政事业性收费		征(土)地管理费	338
人防办行政事业性收费收入	1247	耕地开垦费	10192
防空地下室易地建设费	1247	地质成果资料费	
其他缴入国库的人防办行政事业性收费		土地评估师考试考务费	
中直管理局行政事业性收费收入		其他缴入国库的国土资源行政事业性收费	811
工人培训考核费		建设行政事业性收费收入	6072
机要交通文件(物件)传递费		房屋所有权登记费	51
会计从业资格考试费		城市房屋安全鉴定费	
培训费		城市道路占用挖掘费	313
住宿费		白蚁防治费	
学费		考试考务费	
其他缴入国库的中直管理局行政事业性收费		人力资源开发中心收费	

续表

单位：万元

科目名称	决算数	科目名称	决算数
城市污水处理费	1194	油污水化验费	
其他缴入国库的建设行政事业性收费	4514	海事调解费	
知识产权行政事业性收费收入		浮油回收费	
专利收费		海岸电台无线电电报电话费	
专利代理人资格考试报名考务费		特种船舶和水上水下工程护航费	
集成电路布图设计保护收费		船舶及船用产品设施检验费	
其他缴入国库的知识产权行政事业性收费		其他缴入国库的交通运输行政事业性收费	1387
环保行政事业性收费收入	1327	**工业和信息产业行政事业性收费收入**	51
核安全技术审评费		电子工程概预算人员培训费	
化学品进口登记费		卫星转发器信道费	
城市放射性废物送贮费		无线电设备检测费	
环境监测服务费	1327	考试考务费	
考试考务费		电信网码号资源占用费	
进口废物环境保护审查登记费		烟草制品及原辅材料检验费	
其他缴入国库的环保行政事业性收费		进网许可标志工本费	
旅游行政事业性收费收入		其他缴入国库的工业和信息产业行政事业性收费	51
入境签证费		**农业行政事业性收费收入**	115
星级标牌工本费		植物新品种保护权收费	
导游人员资格考试费和等级考核费		国内植物检疫费	
工农业旅游示范点标牌工本费		畜禽及畜禽产品检疫费	87
A级旅游景区标牌工本费		水生野生动物资源保护费	
其他缴入国库的旅游行政事业性收费		农药登记费	
海洋行政事业性收费收入		新兽药审批费	
海洋废弃物收费		进口兽药注册登记审批、发证收费	
其他缴入国库的海洋行政事业性收费		《进口兽药许可证》审批费	
测绘行政事业性收费收入		生产审批费	
测绘成果成图资料收费		已生产兽药品种注册登记费	
测绘产品质量监督检验费		农业转基因生物检测费	
测绘仪器检测收费		农机监理费	28
其他缴入国库的测绘行政事业性收费		渔业资源增殖保护费	
铁路行政事业性收费收入		渔业船舶登记或变更登记费	
考试考务费		海洋渔业船舶船员考试费	
其他缴入国库的铁路行政事业性收费		农业转基因生物安全评价费	
交通运输行政事业性收费收入	1387	农机产品测试检验费	
证书工本费		新饲料添加剂质量复核检验费	
考试考务费		进口饲料添加剂质量复核检验费	
船舶电信业务岸台费		饲料及饲料添加剂委托检验费	
民用航空器国籍登记费		进口兽药质量标准复核检验费	
民用航空器权利登记费		进口兽药检验费	
航空业务权补偿费		出口兽药检验费	
适航审查费		新兽药质量复核检验费	
船舶登记费		兽药委托检验费	
船舶证明签证费		农作物委托检验费	
船舶申请安全检查复查费		海事调解费	

续表

单位:万元

科目名称	决算数	科目名称	决算数
渔业船舶和船用产品检验费		登记费	
档案使用费		造血干细胞配型费	
档案保管费		药品检验费	
工人技术等级考核或职业技能鉴定费		医疗器械、制药机械检验费	
农药实验费		其他缴入国库的卫生行政事业性收费	1249
执业兽医资格考试考务费		**民政行政事业性收费收入**	73
其他缴入国库的农业行政事业性收费		婚姻登记证书工本费	11
林业行政事业性收费收入	74	收养登记费	
野生动植物进出口管理费		学费	
森林植物检疫费	4	住宿费	
绿化费	67	殡葬收费	62
陆生野生动物资源保护管理费		其他缴入国库的民政行政事业性收费	
林权勘测费		**人力资源和社会保障行政事业性收费收入**	338
植物新品种保护权收费		职业技能鉴定费	97
林权证收费		人才流动中心收费	17
其他缴入国库的林业行政事业性收费收入	3	考试考务费	38
水利行政事业性收费收入	11187	其他缴入国库的人力资源和社会保障行政事业性收费	186
河道采砂管理费	1	**证监会行政事业性收费收入**	
河道工程修建维护管理费	4256	证券市场监管费	
水土流失防治费	4530	期货市场监管费	
水土保持设施补偿费	1733	证券、期货从业人员资格报名考试费	
长江河道砂石资源费		其他缴入国库的证监会行政事业性收费	
考试考务费		**银监会行政事业性收费收入**	
灌溉水源灌排工程补偿费收入		机构监管费	
其他缴入国库的水利行政事业性收费	667	业务监管费	
卫生行政事业性收费收入	1863	其他缴入国库的银监会行政事业性收费	
卫生监测费	99	**保监会行政事业性收费收入**	
卫生质量检验费	8	保险业务监管费	
预防性体检费	470	考试考务费	
预防接种劳务费	1	其他缴入国库的保监会行政事业性收费	
委托性卫生防疫服务费	27	**电力市场监管行政事业性收费收入**	
疫情处理费		电力监管费	
医疗事故鉴定费		其他缴入国库的电力市场监管行政事业性收费	
考试考务费		**仲裁委行政事业性收费收入**	80
预防接种异常反应鉴定费		仲裁收费	80
进口药品注册审批费		其他缴入国库的仲裁委行政事业性收费	
GMP认证费		**编办行政事业性收费收入**	3
GSP认证费	9	其他缴入国库的编办行政事业性收费	3
已生产药品登记费		**党校行政事业性收费收入**	
药品行政保护费		其他缴入国库的党校行政事业性收费	
生产药典、标准品种审批费		**监察行政事业性收费收入**	
新药审批费		培训费	
新药开发评审费		住宿费	
中药品种保护费		资料工本费	

续表

单位:万元

科目名称	决算数	科目名称	决算数
其他缴入国库的监察行政事业性收费		国有资本经营收入	17418
外文局行政事业性收费收入		利润收入	
翻译专业资格(水平)考试考务费		中国人民银行上缴收入	
其他缴入国库的外文局行政事业性收费		金融企业利润收入	
南水北调办行政事业性收费收入		其他企业利润收入	
其他缴入国库的南水北调办行政事业性收费		股利、股息收入	11918
国资委行政事业性收费收入		金融业公司股利、股息收入	
考试考务费		其他股利、股息收入	11918
其他缴入国库的国资委行政事业性收费		产权转让收入	
其他行政事业性收费收入	3768	其他产权转让收入	
其他缴入国库的行政事业性收费	3768	清算收入	
罚没收入	58593	其他清算收入	
一般罚没收入	58593	国有资本经营收入退库	
公安罚没收入	4574	国有企业计划亏损补贴	
检察院罚没收入	1259	工业企业计划亏损补贴	
法院罚没收入	488	农业企业计划亏损补贴	
工商罚没收入		其他国有企业计划亏损补贴	
新闻出版罚没收入		其他国有资本经营收入	5500
技术监督罚没收入		国有资源(资产)有偿使用收入	12193
税务部门罚没收入	124	海域使用金收入	
海关罚没收入		中央海域使用金收入	
食品药品监督罚没收入	119	地方海域使用金收入	
卫生罚没收入	57	场地和矿区使用费收入	
检验检疫罚没收入		陆上石油矿区使用费	
证监会罚没收入		海上石油矿区使用费	
保监会罚没收入		中央合资合作企业场地使用费收入	
交通罚没收入	1790	中央和地方合资合作企业场地使用费收入	
铁道罚没收入		地方合资合作企业场地使用费收入	
审计罚没收入	974	港澳台和外商独资企业场地使用费收入	
渔政罚没收入		特种矿产品出售收入	
银行监督罚没收入		专项储备物资销售收入	
民航罚没收入		利息收入	9267
电监会罚没收入		国库存款利息收入	3393
交强险罚没收入		财政专户存款利息收入	5275
物价罚没收入	937	有价证券利息收入	
其他一般罚没收入	48271	其他利息收入	599
缉私罚没收入		非经营性国有资产收入	2140
公安缉私罚没收入		行政单位国有资产出租、出借收入	1336
工商缉私罚没收入		行政单位国有资产处置收入	224
海关缉私罚没收入		事业单位国有资产处置收入	5
边防武警缉私罚没收入		其他非经营性国有资产收入	575
其他部门缉私罚没收入		出租车经营权有偿出让和转让收入	
缉毒罚没收入		无居民海岛使用金收入	
罚没收入退库		中央无居民海岛使用金收入	

续表

单位：万元

科目名称	决算数	科目名称	决算数
地方无居民海岛使用金收入		乡镇自筹和统筹收入	
其他国有资源(资产)有偿使用收入	786	免税商品特许经营费收入	
其他收入(款)	4130	基本建设收入	
捐赠收入	3348	石油特别收益金专项收入	
国外捐赠收入		石油特别收益金专项收入	
国内捐赠收入	3348	石油特别收益金退库	
汶川地震捐赠收入		动用国储盐上交财政收入	
动用国储棉、糖、油上交财政收入		差别电价收入	
动用国家储备粮油上交差价收入		成品油价格和税费改革清退补缴收入	
主管部门集中收入	95	其他收入(项)	687
国际赠款有偿使用费收入			

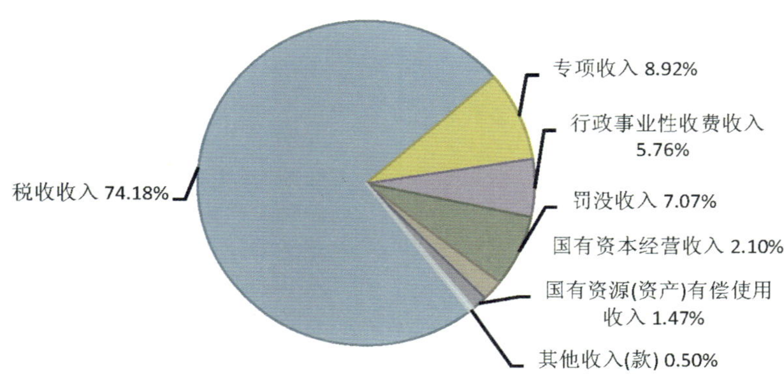

晋城市公共财政收入情况图(2012年)

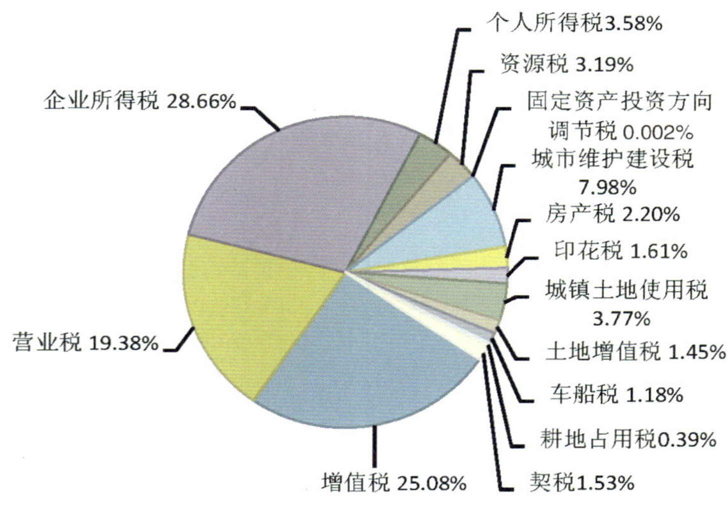

晋城市公共财政收入中税收收入情况图(2012年)

表 2-2

晋城市公共财政支出决算表（2012 年）

单位：万元

科目	决算数	科目	决算数
公共财政支出	1298261	事业运行	792
一般公共服务	145836	其他发展与改革事务支出	1054
人大事务	4769	统计信息事务	3461
行政运行	2626	行政运行	1135
一般行政管理事务	649	一般行政管理事务	379
机关服务		机关服务	
人大会议	953	信息事务	48
人大立法		专项统计业务	32
人大监督	5	统计管理	14
代表培训	188	专项普查活动	151
代表工作	92	统计抽样调查	133
人大信访工作	5	事业运行	1376
事业运行	60	其他统计信息事务支出	193
其他人大事务支出	191	财政事务	9086
政协事务	2972	行政运行	2815
行政运行	1678	一般行政管理事务	1141
一般行政管理事务	254	机关服务	
机关服务		预算改革业务	44
政协会议	667	财政国库业务	331
委员视察	50	财政监察	
参政议政		信息化建设	1736
事业运行	26	财政委托业务支出	463
其他政协事务支出	297	事业运行	903
政府办公厅(室)及相关机构事务	43877	其他财政事务支出	1653
行政运行	21383	税收事务	9331
一般行政管理事务	3595	行政运行	451
机关服务	2835	一般行政管理事务	
专项服务	5	机关服务	
专项业务活动	2313	税务办案	300
政务公开审批	1427	税务登记证及发票管理	210
法制建设	4	代扣代收代征税款手续费	
信访事务	2086	税务宣传	1020
参事事务		协税护税	220
事业运行	3230	信息化建设	9
其他政府办公厅(室)及相关机构事务支出	6999	事业运行	90
发展与改革事务	6568	其他税收事务支出	7031
行政运行	2514	审计事务	2757
一般行政管理事务	448	行政运行	1412
机关服务		一般行政管理事务	164
战略规划与实施		机关服务	
日常经济运行调节		审计业务	842
社会事业发展规划	328	审计管理	
经济体制改革研究	175	信息化建设	115
物价管理	1257	事业运行	140

续表

单位:万元

科　　目	决算数	科　　目	决算数
其他审计事务支出	84	人口出生性别比综合治理	25
海关事务		人口和计划生育服务网络建设	1408
行政运行		计划生育避孕药具经费	10
一般行政管理事务		人口和计划生育宣传教育经费	355
机关服务		流动人口计划生育管理和服务	128
收费业务		人口和计划生育目标责任制考核	82
缉私办案		其他人口与计划生育事务支出	3244
口岸电子执法系统建设与维护		**商贸事务**	5506
信息化建设		行政运行	1111
事业运行		一般行政管理事务	262
其他海关事务支出		机关服务	
人力资源事务	1338	对外贸易管理	440
行政运行	349	国际经济合作	
一般行政管理事务	11	外资管理	4
机关服务		国内贸易管理	27
政府特殊津贴	15	招商引资	1556
资助留学回国人员		事业运行	306
军队转业干部安置	31	其他商贸事务支出	1800
博士后日常经费		**知识产权事务**	
引进人才费用	100	行政运行	
公务员考核		一般行政管理事务	
公务员培训		机关服务	
公务员招考	24	专利审批	
事业运行	186	国家知识产权战略	
其他人事事务支出	622	专利试点和产业化推进	
纪检监察事务	4746	专利执法	
行政运行	2927	国际组织专项活动	
一般行政管理事务	474	知识产权宏观管理	
机关服务		事业运行	
大案要案查处		其他知识产权事务支出	
派驻派出机构		**工商行政管理事务**	671
中央巡视		行政运行	15
事业运行	564	一般行政管理事务	
其他纪检监察事务支出	781	机关服务	10
人口与计划生育事务	17872	工商行政管理专项	70
行政运行	2179	执法办案专项	
一般行政管理事务	1051	消费者权益保护	80
机关服务		信息化建设	
人口规划与发展战略研究		事业运行	35
计划生育家庭奖励	8227	其他工商行政管理事务支出	461
人口和计划生育统计及抽样调查	84	**质量技术监督与检验检疫事务**	351
人口和计划生育信息系统建设	102	行政运行	
计划生育、生殖健康促进工程	177	一般行政管理事务	
计划生育免费基本技术服务	800	机关服务	

续表

单位:万元

科　　目	决算数	科　　目	决算数
出入境检验检疫行政执法和业务管理		其他民主党派及工商联事务支出	12
出入境检验检疫技术支持		**群众团体事务**	3913
质量技术监督行政执法及业务管理	113	行政运行	1111
质量技术监督技术支持		一般行政管理事务	397
认证认可监督管理		机关服务	
标准化管理		厂务公开	10
信息化建设		工会疗养休养	
事业运行		事业运行	536
其他质量技术监督与检验检疫事务支出	238	其他群众团体事务支出	1859
民族事务	98	**党委办公厅(室)及相关机构事务**	9615
行政运行		行政运行	7296
一般行政管理事务		一般行政管理事务	334
机关服务		机关服务	
民族工作专项	80	专项业务	699
事业运行		事业运行	178
其他民族事务支出	18	其他党委办公厅(室)及相关机构事务支出	1108
宗教事务	169	**组织事务**	3801
行政运行	106	行政运行	1740
一般行政管理事务	58	一般行政管理事务	1335
机关服务		机关服务	
宗教工作专项		事业运行	
事业运行		其他组织事务支出	726
其他宗教事务支出	5	**宣传事务**	2907
港澳台侨事务	467	行政运行	1059
行政运行	301	一般行政管理事务	1353
一般行政管理事务	138	机关服务	
机关服务		事业运行	
港澳事务		其他宣传事务支出	495
台湾事务		**统战事务**	879
华侨事务	19	行政运行	552
事业运行		一般行政管理事务	203
其他港澳台侨事务支出	9	机关服务	
档案事务	552	事业运行	
行政运行	369	其他统战事务支出	124
一般行政管理事务	9	**对外联络事务**	30
机关服务		行政运行	30
档案馆	102	一般行政管理事务	
其他档案事务支出	72	机关服务	
民主党派及工商联事务	782	事业运行	
行政运行	516	其他对外联络事务支出	
一般行政管理事务	254	**其他共产党事务支出(款)**	5602
机关服务		行政运行	2126
参政议政		一般行政管理事务	2561
事业运行		机关服务	

续表

单位:万元

科目	决算数
事业运行	371
其他共产党事务支出(项)	544
其他一般公共服务支出(款)	3716
国家赔偿费用支出	
其他一般公共服务支出(项)	3716
外交	
外交管理事务	
行政运行	
一般行政管理事务	
机关服务	
专项业务	
事业运行	
其他外交管理事务支出	
驻外机构	
驻外使领馆(团、处)	
其他驻外机构支出	
对外援助	
对外成套项目援助	
对外一般物资援助	
对外科技合作援助	
对外优惠贷款援助及贴息	
对外医疗援助	
其他对外援助支出	
国际组织	
国际组织会费	
国际组织捐赠	
维和摊款	
国际组织股金及基金	
其他国际组织支出	
对外合作与交流	
出国活动	
招待活动	
在华国际会议	
其他对外合作与交流支出	
对外宣传(款)	
对外宣传(项)	
边界勘界联检	
边界勘界	
边界联检	
边界界桩维护	
其他支出	
其他外交支出(款)	
其他外交支出(项)	
国防	1486
现役部队(款)	
现役部队(项)	
预备役部队(款)	
预备役部队(项)	
民兵(款)	1272
民兵(项)	1272
国防科研事业(款)	
国防科研事业(项)	
专项工程(款)	
专项工程(项)	
国防动员	59
兵役征集	59
经济动员	
人民防空	
交通战备	
国防教育	
其他国防动员支出	
其他国防支出(款)	155
其他国防支出(项)	155
公共安全	72966
武装警察	5033
内卫	1055
边防	
消防	3913
警卫	
黄金	
森林	
水电	
交通	
其他武装警察支出	65
公安	44784
行政运行	20154
一般行政管理事务	9201
机关服务	36
治安管理	725
国内安全保卫	
刑事侦查	1101
经济犯罪侦查	23
出入境管理	
行动技术管理	
防范和处理邪教犯罪	29
禁毒管理	33
道路交通管理	7125
网络侦控管理	768

续表

单位:万元

科目	决算数	科目	决算数
反恐怖	60	司法统一考试	5
居民身份证管理	54	仲裁	
网络运行及维护	603	事业运行	65
拘押收教场所管理	671	其他司法支出	134
警犬繁育及训养		监狱	
信息化建设	10	行政运行	
事业运行	88	一般行政管理事务	
其他公安支出	4103	机关服务	
国家安全	180	犯人生活	
行政运行		犯人改造	
一般行政管理事务	180	狱政设施建设	
机关服务		事业运行	
安全业务		其他监狱支出	
事业运行		劳教	
其他国家安全支出		行政运行	
检察	9339	一般行政管理事务	
行政运行	4226	机关服务	
一般行政管理事务	3820	劳教人员生活	
机关服务	109	劳教人员教育	
查办和预防职务犯罪	37	所政设施建设	
公诉和审判监督	5	事业运行	
侦查监督		其他劳教支出	
执行监督	5	国家保密	95
控告申诉	35	行政运行	75
“两房”建设	777	一般行政管理事务	20
事业运行	32	机关服务	
其他检察支出	293	保密技术	
法院	9254	保密管理	
行政运行	4465	事业运行	
一般行政管理事务	3290	其他国家保密支出	
机关服务	17	缉私警察	
案件审判	90	行政运行	
案件执行	112	一般行政管理事务	
“两庭”建设	21	专项缉私活动支出	
事业运行	173	缉私情报	
其他法院支出	1086	禁毒及缉毒	
司法	2997	网络运行及维护	
行政运行	1424	警服购置	
一般行政管理事务	643	其他缉私警察支出	
机关服务		其他公共安全支出(款)	1284
基层司法业务	216	其他公共安全支出(项)	1284
普法宣传	174	教育	301484
律师公证管理	129	教育管理事务	6062
法律援助	207	行政运行	1479

续表

单位:万元

科目	决算数	科目	决算数
一般行政管理事务	923	城市中小学教学设施	
机关服务		中等职业学校教学设施	2622
其他教育管理事务支出	3660	其他教育费附加安排的支出	10074
普通教育	215726	**其他教育支出(款)**	7075
学前教育	13490	其他教育支出(项)	7075
小学教育	72728	**科学技术**	19185
初中教育	57148	**科学技术管理事务**	935
高中教育	32804	行政运行	614
高等教育	1142	一般行政管理事务	62
化解农村义务教育债务支出	272	机关服务	
其他普通教育支出	38142	其他科学技术管理事务支出	259
职业教育	28945	**基础研究**	3
初等职业教育		机构运行	3
中专教育	7643	重点基础研究规划	
技校教育	6430	自然科学基金	
职业高中教育	7108	重点实验室及相关设施	
高等职业教育	6392	重大科学工程	
其他职业教育支出	1372	专项基础科研	
成人教育	114	专项技术基础	
成人初等教育		其他基础研究支出	
成人中等教育	75	**应用研究**	849
成人高等教育		机构运行	844
成人广播电视教育		社会公益研究	5
其他成人教育支出	39	高技术研究	
广播电视教育	506	专项科研试制	
广播电视学校	506	其他应用研究支出	
教育电视台		**技术研究与开发**	13200
其他广播电视教育支出		机构运行	79
留学教育		应用技术研究与开发	8486
出国留学教育		产业技术研究与开发	880
来华留学教育		科技成果转化与扩散	945
其他留学教育支出		其他技术研究与开发支出	2810
特殊教育	1026	**科技条件与服务**	
特殊学校教育	1026	机构运行	
工读学校教育		技术创新服务体系	
其他特殊教育支出		科技条件专项	
教师进修及干部继续教育	7076	其他科技条件与服务支出	
教师进修	1476	**社会科学**	6
干部教育	3490	社会科学研究机构	6
其他教师进修及干部继续教育支出	2110	社会科学研究	
教育费附加安排的支出	34954	社科基金支出	
农村中小学校舍建设	9918	其他社会科学支出	
农村中小学教学设施	2803	**科学技术普及**	917
城市中小学校舍建设	9537	机构运行	747

续表

单位：万元

科　目	决算数	科　目	决算数
科普活动	58	体育竞赛	195
青少年科技活动	37	体育训练	
学术交流活动		体育场馆	138
科技馆站		群众体育	453
其他科学技术普及支出	75	体育交流与合作	
科技交流与合作		其他体育支出	306
国际交流与合作		**广播影视**	6416
重大科技合作项目		行政运行	922
其他科技交流与合作支出		一般行政管理事务	
科技重大专项(款)		机关服务	
科技重大专项(项)		广播	1829
其他科学技术支出(款)	3275	电视	2607
科技奖励		电影	600
核应急		广播电视监控	15
转制科研机构		其他广播影视支出	443
其他科学技术支出(项)	3275	**新闻出版**	3038
文化体育与传媒	29837	行政运行	287
文化	14144	一般行政管理事务	
行政运行	1523	机关服务	
一般行政管理事务	30	新闻通讯	402
机关服务	33	出版发行	1798
图书馆	211	版权管理	
文化展示及纪念机构	55	出版市场管理	
艺术表演场所	150	其他新闻出版支出	551
艺术表演团体	637	**其他文化体育与传媒支出(款)**	2142
文化活动	1587	宣传文化发展专项支出	
群众文化	2730	其他文化体育与传媒支出(项)	2142
文化交流与合作	415	**社会保障和就业**	162574
文化创作与保护	3391	**人力资源和社会保障管理事务**	12479
文化市场管理	296	行政运行	2119
其他文化支出	3086	一般行政管理事务	77
文物	2313	机关服务	91
行政运行	342	综合业务管理	217
一般行政管理事务	10	劳动保障监察	232
机关服务		就业管理事务	586
文物保护	1086	社会保险业务管理事务	
博物馆	543	金保工程	974
历史名城与古迹		社会保险经办机构	4071
其他文物支出	332	劳动关系和维权	58
体育	1784	公共就业服务和职业技能鉴定机构	733
行政运行	644	其他人力资源和社会保障管理事务支出	3321
一般行政管理事务	13	**民政管理事务**	3803
机关服务	30	行政运行	1208
运动项目管理	5	一般行政管理事务	80

续表

单位:万元

科　　目	决算数	科　　目	决算数
机关服务		在乡复员、退伍军人生活补助	1558
拥军优属	89	优抚事业单位	2611
老龄事务	72	义务兵优待	530
民间组织管理	29	其他优抚支出	4105
行政区划和地名管理	222	**退役安置**	2492
基层政权和社区建设	895	退役士兵安置	352
部队供应		军队移交政府的离退休人员安置	921
其他民政管理事务支出	1208	军队移交政府离退休干部管理机构	193
财政对社会保险基金的补助	29484	其他退役安置支出	1026
财政对基本养老保险基金的补助	6532	**社会福利**	1684
财政对失业保险基金的补助	24	儿童福利	398
财政对基本医疗保险基金的补助		老年福利	5
财政对工伤保险基金的补助	161	假肢矫形	
财政对生育保险基金的补助	127	殡葬	150
财政对新型农村社会养老保险基金的补助	20836	社会福利事业单位	971
财政对城镇居民养老保险基金的补助	1329	其他社会福利支出	160
财政对其他社会保险基金的补助	475	**残疾人事业**	2003
补充全国社会保障基金		行政运行	441
用公共财政预算补充基金		一般行政管理事务	4
行政事业单位离退休	56005	机关服务	
归口管理的行政单位离退休	14555	残疾人康复	697
事业单位离退休	37468	残疾人就业和扶贫	201
离退休人员管理机构	539	残疾人体育	5
未归口管理的行政单位离退休	1473	其他残疾人事业支出	655
其他行政事业单位离退休支出	1970	**城市居民最低生活保障(款)**	9944
企业改革补助	819	城市居民最低生活保障金支出	9759
企业关闭破产补助	574	城市居民最低生活保障对象临时补助	185
厂办大集体改革补助		**其他城市生活救助**	1420
其他企业改革发展补助	245	流浪乞讨人员救助	517
就业补助	8514	其他城市生活救助支出	903
扶持公共就业服务	10	**自然灾害生活救助**	2757
职业培训补贴		中央自然灾害生活补助	1540
职业介绍补贴		地方自然灾害生活补助	1191
社会保险补贴	200	自然灾害灾后重建补助	
公益性岗位补贴	620	其他自然灾害生活救助支出	26
小额担保贷款贴息	220	**红十字事业**	271
补充小额贷款担保基金		行政运行	148
职业技能鉴定补贴		一般行政管理事务	19
特定就业政策支出		机关服务	
就业见习补贴		其他红十字事业支出	104
其他就业补助支出	7464	**农村最低生活保障**	13937
抚恤	10465	农村最低生活保障金支出	13531
死亡抚恤	654	农村最低生活保障对象临时补助	406
伤残抚恤	1007	**其他农村生活救助**	2230

续表

单位：万元

科　　目	决算数	科　　目	决算数
农村五保供养	1678	事业单位医疗	5014
其他农村生活救助支出	552	公务员医疗补助	29
补充道路交通事故社会救助基金		优抚对象医疗补助	636
交强险营业税补助基金支出		城市医疗救助	909
交强险罚款收入补助基金支出		新型农村合作医疗	36289
其他社会保障和就业支出(款)	4267	农村医疗救助	1908
其他社会保障和就业支出(项)	4267	城镇居民基本医疗保险	3968
医疗卫生	101892	其他医疗保障支出	934
医疗卫生管理事务	4420	中医药	17
行政运行	888	中医(民族医)药专项	12
一般行政管理事务	2105	其他中医药支出	5
机关服务		食品和药品监督管理事务	3256
其他医疗卫生管理事务支出	1427	行政运行	1482
公立医院	7874	一般行政管理事务	52
综合医院	5468	机关服务	
中医(民族)医院	734	食品、药品及医疗器械检验	1039
传染病医院	685	注册审评事务	
职业病防治医院		标准事务	
精神病医院		认证事务	
妇产医院		食品药品评价	
儿童医院		药品保护	
其他专科医院	87	执法办案	10
福利医院		食品药品安全	273
行业医院		事业运行	
处理医疗欠费		其他食品和药品监督管理事务支出	400
其他公立医院支出	900	其他医疗卫生支出(款)	417
基层医疗卫生机构	15522	其他医疗卫生支出(项)	417
城市社区卫生机构	830	节能环保	49136
乡镇卫生院	7863	环境保护管理事务	3777
其他基层医疗卫生机构支出	6829	行政运行	2207
公共卫生	17953	一般行政管理事务	207
疾病预防控制机构	3519	机关服务	
卫生监督机构	1684	环境保护宣传	30
妇幼保健机构	2380	环境保护法规、规划及标准	
精神卫生机构		环境国际合作及履约	
应急救治机构	844	环境保护行政许可	
采供血机构		其他环境保护管理事务支出	1333
其他专业公共卫生机构	275	环境监测与监察	1138
基本公共卫生服务	5631	建设项目环评审查与监督	426
重大公共卫生专项	3034	核与辐射安全监督	
突发公共卫生事件应急处理	37	其他环境监测与监察支出	712
其他公共卫生支出	549	污染防治	9098
医疗保障	52433	大气	22
行政单位医疗	2746	水体	1002

续表

单位:万元

科　目	决算数	科　目	决算数
噪声	106	环境监测与信息	2672
固体废弃物与化学品	45	环境执法监察	632
放射源和放射性废物监管		减排专项支出	1261
辐射		清洁生产专项支出	
排污费安排的支出	7773	其他污染减排支出	
其他污染防治支出	150	**可再生能源(款)**	10044
自然生态保护	918	可再生能源(项)	10044
生态保护		**资源综合利用(款)**	
农村环境保护	918	资源综合利用(项)	
自然保护区		**能源管理事务**	9041
生物及物种资源保护		行政运行	
其他自然生态保护支出		一般行政管理事务	
天然林保护	838	机关服务	
森林管护	649	能源预测预警	
社会保险补助	52	能源战略规划与实施	
政策性社会性支出补助		能源科技装备	
职工分流安置		能源行业管理	9041
职工培训		能源管理	
天然林保护工程建设		石油储备发展管理	
其他天然林保护支出	137	能源调查	
退耕还林	2289	信息化建设	
粮食折现挂账贴息		事业运行	
退耕现金	1472	其他能源管理事务支出	
退耕还林粮食折现补贴	70	**其他节能环保支出(款)**	273
退耕还林粮食费用补贴		其他节能环保支出(项)	273
退耕还林工程建设		**城乡社区事务**	65471
其他退耕还林支出	747	**城乡社区管理事务**	10573
风沙荒漠治理		行政运行	3817
京津风沙源禁牧舍饲粮食折现补助		一般行政管理事务	1209
京津风沙源治理禁牧舍饲粮食折现挂账贴息		机关服务	
京津风沙源治理禁牧舍饲粮食费用补贴		城管执法	1738
京津风沙源治理工程建设		工程建设标准规范编制与监管	
其他风沙荒漠治理支出		工程建设管理	339
退牧还草		市政公用行业市场监管	
退牧还草粮食折现补贴		国家重点风景区规划与保护	
退牧还草粮食费用补贴		住宅建设与房地产市场监管	
退牧还草粮食折现挂账贴息		执业资格注册、资质审查	
退牧还草工程建设		其他城乡社区管理事务支出	3470
其他退牧还草支出		**城乡社区规划与管理(款)**	3444
已垦草原退耕还草(款)		城乡社区规划与管理(项)	3444
已垦草原退耕还草(项)		**城乡社区公共设施**	26049
能源节约利用(款)	7155	小城镇基础设施建设	907
能源节约利用(项)	7155	其他城乡社区公共设施支出	25142
污染减排	4565	**城乡社区环境卫生(款)**	18888

续表

单位:万元

科　　目	决算数	科　　目	决算数
城乡社区环境卫生(项)	18888	森林生态效益补偿	1374
建设市场管理与监督(款)	1241	林业自然保护区	
建设市场管理与监督(项)	1241	动植物保护	19
其他城乡社区事务支出(款)	5276	湿地保护	
其他城乡社区事务支出(项)	5276	林业执法与监督	23
农林水事务	166264	森林防火	864
农业	60148	林业有害生物防治	54
行政运行	3949	林业检疫检测	
一般行政管理事务	519	防沙治沙	
机关服务		林业质量安全	
事业运行	10761	林业工程与项目管理	90
农垦运行		林业对外合作与交流	
技术推广与培训	3825	林业产业化	2230
病虫害控制	941	技能培训	5
农产品质量安全	392	信息管理	
执法监管	134	林业政策制定与宣传	10
统计监测与信息服务	212	林业资金审计稽查	
农业行业业务管理	66	林区公共支出	35
对外交流与合作		林业贷款贴息	168
灾害救助	567	林业救灾	
稳定农民收入补贴		石油价格改革对林业的补贴	95
农业结构调整补贴	9010	其他林业支出	3222
农业生产资料与技术补贴	6319	水利	43171
农业生产保险补贴	2567	行政运行	1957
农业组织化与产业化经营	3343	一般行政管理事务	215
农产品加工与促销	356	机关服务	
农村公益事业	2640	水利行业业务管理	1007
综合财力补助		水利工程建设	4945
农业资源保护与利用	625	水利工程运行与维护	3130
农村道路建设	3443	长江黄河等流域管理	
农资综合补贴	60	水利前期工作	298
石油价格改革对渔业的补贴		水利执法监督	5
对高校毕业生到基层任职补助	2585	水土保持	6288
草原植被恢复费安排的支出		水资源管理与保护	125
其他农业支出	7834	水质监测	164
林业	22223	水文测报	20
行政运行	621	防汛	2876
一般行政管理事务	210	抗旱	384
机关服务		农田水利	8472
林业事业机构	2265	水利技术推广和培训	528
森林培育	10720	国际河流治理与管理	
林业技术推广	104	三峡建设管理事务	
森林资源管理	114	大中型水库移民后期扶持专项支出	142
森林资源监测		水利安全监督	35

续表

单位:万元

科　　目	决算数	科　　目	决算数
水资源费安排的支出	11181	交通运输	23959
砂石资源费支出		公路水路运输	12482
信息管理		行政运行	3229
水利建设移民支出		一般行政管理事务	257
农村人畜饮水	372	机关服务	
其他水利支出	1027	公路新建	1109
南水北调		公路改建	158
行政运行		公路养护	3171
一般行政管理事务		特大型桥梁建设	
机关服务		公路路政管理	155
南水北调工程建设		公路和运输信息化建设	
政策研究与信息管理		公路和运输安全	
工程稽查		公路还贷专项	
前期工作		公路运输管理	527
南水北调技术推广和培训		公路客货运站(场)建设	
环境、移民及水资源管理与保护		公路和运输技术标准化建设	
其他南水北调支出		港口设施	
扶贫	6521	航道维护	4
行政运行	3	安全通信	
一般行政管理事务		三峡库区通航管理	
机关服务		航务管理	
农村基础设施建设	1762	船舶检验	
生产发展	4247	救助打捞	
社会发展		内河运输	
扶贫贷款奖补和贴息		远洋运输	
“三西”农业建设专项补助		海事管理	44
扶贫事业机构	42	航标事业发展支出	
其他扶贫支出	467	水路运输管理支出	
农业综合开发	6002	口岸建设	
机构运行	418	取消政府还贷二级公路收费专项支出	108
土地治理	3955	其他公路水路运输支出	3720
产业化经营	976	铁路运输	6
科技示范	15	行政运行	
其他农业综合开发支出	638	一般行政管理事务	
农村综合改革	25290	机关服务	
对村级一事一议的补助	13747	铁路路网建设	
实施减轻农业用水负担综合改革补助		铁路还贷专项	
国有农场分离办社会职能改革补助		铁路安全	6
对村民委员会和村党支部的补助	9190	铁路专项运输	
对村集体经济组织的补助	2353	其他铁路运输支出	
其他农村综合改革支出		民用航空运输	
其他农林水事务支出(款)	2909	行政运行	
化解其他公益性乡村债务支出		一般行政管理事务	
其他农林水事务支出(项)	2909	机关服务	

续表

单位:万元

科　　目	决算数	科　　目	决算数
机场建设		医药制造业	
空管系统建设		非金属矿物制品业	
民航还贷专项支出		通信设备、计算机及其他电子设备制造业	
民用航空安全		交通运输设备制造业	
民航专项运输		电气机械及器材制造业	
民航政策性购机专项支出		工艺品及其他制造业	
其他民用航空运输支出		石油加工、炼焦及核燃料加工业	
石油价格改革对交通运输的补贴	8387	化学原料及化学制品制造业	
对城市公交的补贴	2512	黑色金属冶炼及压延加工业	
对农村道路客运的补贴	2028	有色金属冶炼及压延加工业	
对出租车的补贴	3821	其他制造业支出	
石油价格改革补贴其他支出	26	**建筑业**	36
邮政业支出		行政运行	
行政运行		一般行政管理事务	
一般行政管理事务		机关服务	
机关服务		其他建筑业支出	36
行业监管		**电力监管支出**	
邮政普遍服务与特殊服务		行政运行	
其他邮政业支出		一般行政管理事务	
车辆购置税支出	2347	机关服务	
车辆购置税用于公路等基础设施建设支出	992	电力监管	
车辆购置税用于农村公路建设支出	1140	电力稽查	
车辆购置税用于老旧汽车报废更新补贴支出	215	争议调节	
车辆购置税用于地震灾后恢复重建的支出		安全事故调查	
车辆购置税其他支出		电力市场建设	
其他交通运输支出(款)	737	电力输送改革试点	
公共交通运营补助	657	信息系统建设	
其他交通运输支出(项)	80	三峡库区移民专项支出	
资源勘探电力信息等事务	26814	农村电网建设	
资源勘探开发和服务支出	350	事业运行	
行政运行	350	其他电力监管支出	
一般行政管理事务		**工业和信息产业监管支出**	361
机关服务		行政运行	127
煤炭勘探开采和洗选		一般行政管理事务	
石油和天然气勘探开采		机关服务	
黑色金属矿勘探和采选		战备应急	
有色金属矿勘探和采选		信息安全建设	
非金属矿勘探和采选		专用通信	
其他资源勘探业支出		无线电监管	
制造业	577	工业和信息产业战略研究与标准制定	
行政运行	191	工业和信息产业支持	
一般行政管理事务	106	电子专项工程	
机关服务	280	行业监管	
纺织业		军工电子	

续表

单位:万元

科目	决算数	科目	决算数
技术基础研究		一般行政管理事务	281
其他工业和信息产业监管支出	234	机关服务	49
安全生产监管	13740	旅游宣传	2888
行政运行	6038	旅游行业业务管理	124
一般行政管理事务	31	其他旅游业管理与服务支出	1169
机关服务		**涉外发展服务支出**	1967
国务院安委会专项		行政运行	
安全监管监察专项		一般行政管理事务	204
应急救援支出	1307	机关服务	
煤炭安全	767	外商投资环境建设补助资金	
其他安全生产监管支出	5597	其他涉外发展服务支出	1763
国有资产监管	486	**其他商业服务业等事务支出(款)**	273
行政运行	238	服务业基础设施建设	
一般行政管理事务	199	其他商业服务业等事务支出(项)	273
机关服务		**金融监管等事务支出**	3283
国有企业监事会专项		**金融部门行政支出**	
中央企业专项管理		行政运行	
其他国有资产监管支出	49	一般行政管理事务	
支持中小企业发展和管理支出	8257	机关服务	
行政运行	431	安全防卫	
一般行政管理事务	379	事业运行	
机关服务		金融部门其他行政支出	
科技型中小企业技术创新基金		**金融部门监管支出**	70
中小企业发展专项	3160	货币发行	
其他支持中小企业发展和管理支出	4287	金融服务	
其他资源勘探电力信息等事务支出(款)	3007	反洗钱及反假币	
黄金事务		重点金融机构监管	
建设项目贷款贴息		金融稽查与案件处理	
技术改造支出	175	金融行业电子化建设	70
中药材扶持资金支出		从业人员资格考试	
重点产业振兴和技术改造项目贷款贴息		金融部门其他监管支出	
其他资源勘探电力信息等事务支出(项)	2832	**金融发展支出**	1700
商业服务业等事务	18744	政策性银行亏损补贴	
商业流通事务	11859	商业银行贷款贴息	
行政运行	746	补充资本金	1200
一般行政管理事务	592	风险基金补助	
机关服务		其他金融发展支出	500
食品流通安全补贴		**金融调控支出**	
市场监测及信息管理		中央银行亏损补贴	
民贸网点贷款贴息	20	其他金融调控支出	
事业运行	293	**农村金融发展支出**	1123
其他商业流通事务支出	10208	金融机构涉农贷款增量奖励支出	
旅游业管理与服务支出	4645	农村金融机构定向费用补贴支出	1123
行政运行	134	其他农村金融发展支出	

续表

单位：万元

科目	决算数
其他金融监管等事务支出(款)	390
其他金融监管等事务支出(项)	390
地震灾后恢复重建支出	
倒塌毁损民房恢复重建	
农村居民住宅恢复重建	
城镇居民住宅恢复重建	
基础设施恢复重建	
公路	
桥梁	
铁路路网	
机场	
水运港口设施	
运政设施	
邮政设施	
水利工程	
供水	
供气	
市政道路、桥梁	
排水管道	
污水处理设施	
公交设施	
其他基础设施恢复重建支出	
公益服务设施恢复重建	
学校和其他教育设施	
医院及其他医疗卫生食品药品监管设施	
科研院所科普场馆及其他科研科普设施	
文化馆图书馆及其他文化设施	
文物事业单位博物馆及其附属设施	
广播电视台(站)及其他广播影视设施	
体育场馆及其他体育设施	
儿童福利院及其他社会保障和社会福利设施	
环境保护事业单位及环保设施	
人口和计划生育事业单位及设施	
档案事业单位及设施	
地震事业单位及设施	
其他公益服务事业单位及设施	
农业林业恢复生产和重建	
农业生产资料补助	
损毁土地整理	
农田水利设施恢复重建	
规模化种养殖棚舍池恢复重建	
良种繁育设施恢复重建	
农林推广和服务设施恢复重建	
森林防火设施恢复重建	
受损林木恢复	
其他农业林业恢复生产和重建支出	
工商企业恢复生产和重建	
项目投资补助	
注入资本金	
贷款贴息	
其他工商企业恢复生产和重建支出	
党政机关恢复重建	
一般公共服务机关恢复重建支出	
公共安全机构恢复重建支出	
教育管理机构恢复重建支出	
科学技术管理机构恢复重建支出	
文化体育与传媒管理机构恢复重建支出	
社会保障和就业管理机构恢复重建支出	
医疗卫生及食品药品监督管理机构恢复重建支出	
环境保护管理机构恢复重建支出	
农林水管理机构恢复重建支出	
其他党政机关恢复重建支出	
军队武警恢复重建支出	
军队恢复重建支出	
武警恢复重建支出	
其他恢复重建支出(款)	
震后地质灾害治理支出	
其他恢复重建支出(项)	
援助其他地区支出	1375
一般公共服务	
教育	
文化体育与传媒	
医疗卫生	
节能环保	
农业	
交通运输	
住房保障	
其他支出	1375
国土资源气象等事务	72047
国土资源事务	70597
行政运行	4118
一般行政管理事务	87
机关服务	
国土资源规划及管理	460
土地资源调查	316
土地资源利用与保护	1301
国土资源社会公益服务	50
国土资源行业业务管理	300
国土资源调查	100
国土整治	186
地质灾害防治	1158
土地资源储备支出	
地质及矿产资源调查	
地质矿产资源利用与保护	474

续表

单位:万元

科　　目	决算数	科　　目	决算数
地质转产项目财政贴息		地震事业机构	75
国外风险勘查		其他地震事务支出	15
地质勘查基金(周转金)支出		**气象事务**	1056
矿产资源专项收入安排的支出	60482	行政运行	21
事业运行	1076	一般行政管理事务	
其他国土资源事务支出	489	机关服务	
海洋管理事务		气象事业机构	241
行政运行		气象技术研究应用与培训	
一般行政管理事务		气象探测	
机关服务		气象信息传输及管理	
海域使用管理		气象预报预测	1
海洋环境保护与监测		气象服务	683
海洋调查评价		气象装备保障维护	40
海洋权益维护		气象台站建设与运行保障	15
海洋执法监察		气象卫星	
海洋防灾减灾		气象法规与标准	
海洋卫星		气象资金审计稽查	
极地考察		其他气象事务支出	55
海洋矿产资源勘探研究		**其他国土资源气象等事务支出**	
海港航标维护		**住房保障支出**	15499
海域使用金支出		**保障性安居工程支出**	6612
海水淡化		廉租住房	880
海洋工程排污费支出		沉陷区治理	
无居民海岛使用金支出		棚户区改造	2007
事业运行		少数民族地区游牧民定居工程	
其他海洋管理事务支出		农村危房改造	1227
测绘事务	60	公共租赁住房	2429
行政运行		保障性住房租金补贴	
一般行政管理事务		其他保障性安居工程支出	69
机关服务		**住房改革支出**	8887
基础测绘	60	住房公积金	8473
航空摄影		提租补贴	
测绘工程建设		购房补贴	414
事业运行		**城乡社区住宅**	
其他测绘事务支出		公有住房建设和维修改造支出	
地震事务	334	其他城乡社区住宅支出	
行政运行	240	**粮油物资储备事务**	9978
一般行政管理事务	4	**粮油事务**	9601
机关服务		行政运行	689
地震台站、台网		一般行政管理事务	494
地震流动观测		机关服务	
地震信息传输及管理		粮食财务与审计支出	
震情跟踪		粮食信息统计	5
地震预报预测		粮食专项业务活动	
地震灾害预防		国家粮油差价补贴	
地震应急救援		粮食财务挂账利息补贴	3973
地震技术应用与培训		粮食财务挂账消化款	

续表

单位:万元

科目	决算数	科目	决算数
处理陈化粮补贴		**重要商品储备**	
粮食风险基金	2919	棉花储备	
粮油市场调控专项资金		食糖储备	
事业运行	435	肉类储备	
其他粮油事务支出	1086	化肥储备	
物资事务	24	农药储备	
行政运行	4	边销茶储备	
一般行政管理事务		羊毛储备	
机关服务		医药储备	
铁路专用线		食盐储备	
护库武警和民兵支出		战略物资储备	
物资保管与保养		其他重要商品储备支出	
专项贷款利息		**国债还本付息支出**	1194
物资转移		**国内债务付息**	
物资轮换		**国外债务付息**	100
仓库建设		中央向外国政府借款付息	
仓库安防		中央向国际金融组织借款付息	
事业运行		地方向外国政府借款付息	100
其他物资事务支出	20	地方向国际金融组织借款付息	
能源储备		**国内外债务发行**	
公共财政预算石油储备支出		国内债务发行费用	
国家留成油串换石油储备支出		国外债务发行费用	
天然铀能源储备		**补充还贷准备金**	
煤炭储备		**地方政府债券付息**	1094
其他能源储备		**其他支出(类)**	9237
粮油储备	353	**汶川地震捐赠支出**	
储备粮油补贴支出	124	地震灾后恢复重建捐赠支出	
储备粮油差价补贴		其他捐赠支出	
储备粮(油)库建设	229	**其他支出(款)**	9237
最低收购价政策支出		其他支出(项)	9237
其他粮油储备支出			

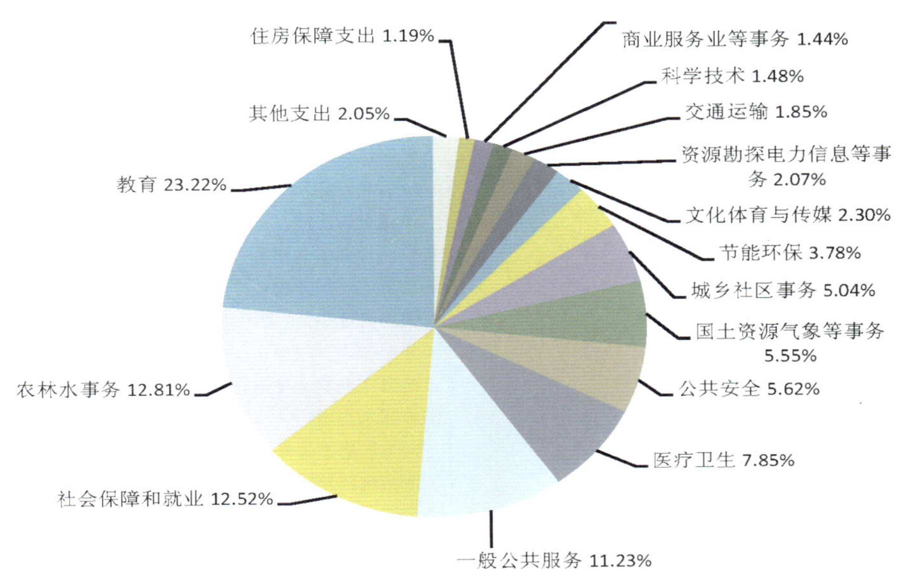

晋城市公共财政支出情况图(2012年)

表2-3

晋城市公共财政转移性收支决算表(2012年)

单位:万元

预算科目	决算数	预算科目	决算数
公共财政收入	829056	公共财政支出	1298261
上级补助收入	467100	补助下级支出	
返还性收入	36440	返还性支出	
增值税和消费税税收返还收入	28263	增值税和消费税税收返还支出	
所得税基数返还收入	6650	所得税基数返还支出	
成品油价格和税费改革税收返还收入	1527	成品油价格和税费改革税收返还支出	
其他税收返还收入		其他税收返还支出	
一般性转移支付收入	228036	一般性转移支付支出	
体制补助收入		体制补助支出	
均衡性转移支付收入	28354	均衡性转移支付支出	
民族地区转移支付补助收入		民族地区转移支付支出	
调整工资转移支付补助收入	38960	调整工资转移支付支出	
农村税费改革转移支付收入	18561	农村税费改革转移支付支出	
县级基本财力保障机制奖补资金收入	10286	县级基本财力保障机制奖补资金支出	
结算补助收入	6057	结算补助支出	
化解债务补助收入		化解债务补助支出	
资源枯竭型城市转移支付补助收入		资源枯竭型城市转移支付补助支出	
企业事业单位划转补助收入	1108	企业事业单位划转补助支出	
成品油价格和税费改革转移支付补助收入	593	成品油价格和税费改革转移支付补助支出	
工商部门停征两费转移支付收入		工商部门停征两费转移支付支出	
一般公共服务转移支付收入		一般公共服务转移支付支出	
公共安全转移支付收入	13498	公共安全转移支付支出	
教育转移支付收入	30872	教育转移支付支出	
社会保障和就业转移支付收入	35455	社会保障和就业转移支付支出	
医疗卫生转移支付收入	33175	医疗卫生转移支付支出	
农林水转移支付收入	5320	农林水转移支付支出	
产粮(油)大县奖励资金收入	1978	产粮(油)大县奖励资金支出	
重点生态功能区转移支付收入	2382	重点生态功能区转移支付支出	
其他一般性转移支付收入	1437	其他一般性转移支付支出	
专项转移支付收入	202624	专项转移支付支出	
地震灾后恢复重建补助收入		地震灾后恢复重建补助支出	
省补助计划单列市收入		计划单列市上解省支出	
下级上解收入		上解上级支出	4836
体制上解收入		体制上解支出	4604
出口退税专项上解收入		出口退税专项上解支出	
成品油价格和税费改革专项上解收入		成品油价格和税费改革专项上解支出	
专项上解收入		专项上解支出	232
计划单列市上解省收入		省补助计划单列市支出	
接受其他地区援助收入		援助其他地区支出	
接受其他省(自治区、直辖市、计划单列市)援助收入		援助其他省(自治区、直辖市、计划单列市)支出	
接受省内其他地市(区)援助收入		援助省内其他地市(区)支出	
接受市内其他县市(区)援助收入		援助市内其他县市(区)支出	
债务收入		债券还本支出	20000
地方政府债券收入		地方政府债券还本	20000
地方向国外借款收入		地方向国外借款还本	
债券转贷收入	10000	债券转贷支出	
转贷地方政府债券收入	10000	转贷地方政府债券支出	
转贷国外债务收入		转贷国外债务支出	
国债转贷收入		增设预算周转金	

续表

单位:万元

预 算 科 目	决算数	预 算 科 目	决算数
国债转贷资金上年结余		拨付国债转贷资金数	
国债转贷转补助		国债转贷资金结余	
上年结余	44677		
调入预算稳定调节基金	14000	安排预算稳定调节基金	23055
调入资金	22820	调出资金	1928
政府性基金调入	21369	年终结余	39573
国有资本经营预算调入	1000	减:结转下年的支出	40233
财政专户管理资金调入	451	净结余	-660
其他调入			
地震灾后恢复重建调入资金			
预算稳定调节基金调入			
收入总计	1387653	支出总计	1387653

表2-4

晋城市公共财政收入预算变动情况表(2012年)

单位:万元

科 目	年初预算数	变动项目				调整预算数
		上级专项调整数			增加(减少)预算指标	
		小计	企业上下划	其他		
公共财政收入	796938					796938
税收收入	633151					633151
增值税	175035					175035
消费税						
营业税	114668					114668
企业所得税	162989					162989
企业所得税退税						
个人所得税	23719					23719
资源税	21177					21177
固定资产投资方向调节税						
城市维护建设税	55880					55880
房产税	19535					19535
印花税	9924					9924
城镇土地使用税	26751					26751
土地增值税	6510					6510
车船税	7000					7000
船舶吨税						
车辆购置税						
关税						
耕地占用税	2600					2600
契税	7363					7363
烟叶税						
其他税收收入						
非税收入	163787					163787
专项收入	65038					65038
行政事业性收费收入	36100					36100
罚没收入	32140					32140
国有资本经营收入	21119					21119
国有资源(资产)有偿使用收入	6390					6390
其他收入	3000					3000

表2-5

晋城市公共财政支出预算

科目	年初预算数	变动								
		小计	专项转移支付	返还性收入	一般性转移支付	上年结转使用数	动用上年净结余	动支预备费	科目调剂	本年超、短收安排
公共财政支出	961636	376198	202624	-809	78244	36894	6783			32118
一般公共服务	117890	29149	4306	-567	4072	3160	76	2800	8220	1070
人大事务	3863	953			92	58		50	352	59
政协事务	2164	839			60	43		20	534	16
政府办公厅(室)及相关机构事务	29708	14475	57		1588	2172		1100	8111	251
发展与改革事务	4032	2582	29		300	17			714	125
统计信息事务	2564	915			50	15			138	102
财政事务	6978	2145	84		479	44			1508	1
税收事务	8570	761		-135	370			140	93	-36
审计事务	2174	606	170		20	12	6		154	74
海关事务										
人力资源事务	1646	-266	368		13	42			-689	
纪检监察事务	2529	2264	30		160	40		100	1759	175
人口与计划生育事务	12941	4983	2384		120	21		625	937	896
商贸事务	4897	732	649		115	171			-1129	69
知识产权事务										
工商行政管理事务	281	390			15			90	172	44
质量技术监督与检验检疫事务	109	242						32	59	4
民族事务	16	84	18			2			-16	
宗教事务	190	-21							-24	
港澳台侨事务	364	103							39	4
档案事务	519	33			6	4			-23	10
民主党派及工商联事务	540	242			7	4			10	
群众团体事务	2364	1601	507		120	10			953	11
党委办公厅(室)及相关机构事务	7885	1886	5		350	222		500	809	
组织事务	4470	-645		-474	60	12		100	-493	150
宣传事务	1829	1100			127	9			890	74
统战事务	759	124			20	6		43	33	22
对外联络事务	19	11							11	
其他共产党事务支出	5084	518							407	111
其他一般公共服务支出	11395	-7508	5	42		256	70		-7089	-1092
外交										
外交管理事务										
驻外机构										
对外援助										
国际组织										
对外合作与交流										
对外宣传										
边界勘界联检										
其他外交支出										
国防	366	1120	29				60	964	67	
现役部队										
预备役部队										
民兵	330	942					60	964	-82	
国防科研事业										
专项工程										

变动及结余、结转情况表（2012年）

单位：万元

项目														
债务收入	债券转贷收入	动用预算稳定调节基金	调入资金	地震灾后恢复重建调入	补助下级专款	地震灾后恢复重建补助下级	省补助计划单列市	援助其他地区支出	债券转贷支出	其他	调整预算数	决算数	预算结余	结转下年使用数
	10000	14000	22820							−26476	1337834	1298261	39573	40233
		5712	300								147039	145836	1203	1203
		342									4816	4769	47	47
		166									3003	2972	31	31
		1196									44183	43877	306	306
		1397									6614	6568	46	46
		610									3479	3461	18	18
		29									9123	9086	37	37
		329									9331	9331		
		170									2780	2757	23	23
											1380	1338	42	42
											4793	4746	47	47
											17924	17872	52	52
		857									5629	5506	123	123
		69									671	671		
		147									351	351		
		80									100	98	2	2
		3									169	169		
		60									467	467		
		36									552	552		
		221									782	782		
											3965	3913	52	52
											9771	9615	156	156
											3825	3801	24	24
											2929	2907	22	22
											883	879	4	4
											30	30		
											5602	5602		
			300								3887	3716	171	171
											1486	1486		
											1272	1272		

续表

科　　目	年初预算数	变　动								
		小计	专项转移支付	返还性收入	一般性转移支付	上年结转使用数	动用上年净结余	动支预备费	科目调剂	本年超、短收安排
国防动员	36	23	29						-6	
其他国防支出		155							155	
公共安全	60005	13541	3381		8017	971	408	1470	-1045	339
武装警察	3061	1985			371	18		10	1586	
公安	37532	7439	3097		4510	512		1460	-2140	
国家安全	265	-85							-85	
检察	6238	3139			1241	113	224		1561	
法院	5895	3395	244		1549	45	184		1034	339
司法	2462	558	40		346	10			162	
监狱										
劳教										
国家保密	98	-3							-3	
缉私警察										
其他公共安全支出	4454	-2887				273			-3160	
教育	246114	56605	8757	-11	15995	5040	3426	4776	3655	-5302
教育管理事务	11738	-5583	38		8	81			-5786	
普通教育	161733	54380	6105	-11	12909	2036	3395	3226	13028	890
职业教育	19657	9488	2514		2427	51		300	-869	
成人教育	82	32			14				18	
广播电视教育	373	133							133	
留学教育										
特殊教育	813	213			8				205	
教师进修及干部继续教育	5308	1940			200	6	31	395	-192	
教育费附加安排的支出	35482	-412	100			2832			1	-3345
其他教育支出	10928	-3586			429	34		855	-2883	-2847
科学技术	17980	1266	93		-674	93			9	1745
科学技术管理事务	924	22			92	55			-128	3
基础研究	10	-7							-7	
应用研究	725	124							124	
技术研究与开发	13014	226							100	126
科技条件与服务	15	-15							-15	
社会科学		6								6
科学技术普及	744	183	93			3			86	1
科技交流与合作										
科技重大专项										
其他科学技术支出	2548	727			-766	35			-151	1609
文化体育与传媒	23835	6406	2881		1017	204		89	1172	-350
文化	10237	3967	375		80	100		89	2106	-176
文物	1268	1051	48		745	40			218	
体育	1408	383	100			30			556	-303
广播影视	5095	1339	394		120	11			814	
新闻出版	2276	773				23			621	129
其他文化体育与传媒支出	3551	-1107	1964		72				-3143	
社会保障和就业	112212	55903	18274		19948	4089	796	7099	1269	358
人力资源和社会保障管理事务	8790	3731			323	57		42	3309	
民政管理事务	2506	1342			282	48		123	889	

单位：万元

项目											调整预算数	决算数	预算结余	结转下年使用数
债务收入	债券转贷收入	动用预算稳定调节基金	调入资金	地震灾后恢复重建调入	补助下级专款	地震灾后恢复重建补助下级	省补助计划单列市	援助其他地区支出	债券转贷支出	其他				
											59	59		
											155	155		
											73546	72966	580	580
											5046	5033	13	13
											44971	44784	187	187
											180	180		
											9377	9339	38	38
											9290	9254	36	36
											3020	2997	23	23
											95	95		
											1567	1284	283	283
			20269								302719	301484	1235	1235
			76								6155	6062	93	93
			12802								216113	215726	387	387
			5065								29145	28945	200	200
											114	114		
											506	506		
											1026	1026		
			1500								7248	7076	172	172
											35070	34954	116	116
			826								7342	7075	267	267
											19246	19185	61	61
											946	935	11	11
											3	3		
											849	849		
											13240	13200	40	40
											6	6		
											927	917	10	10
											3275	3275		
		1393									30241	29837	404	404
		1393									14204	14144	60	60
											2319	2313	6	6
											1791	1784	7	7
											6434	6416	18	18
											3049	3038	11	11
											2444	2142	302	302
		4070									168115	162574	5541	5541
											12521	12479	42	42
											3848	3803	45	45

续表

科目	年初预算数	变动								
		小计	专项转移支付	返还性收入	一般性转移支付	上年结转使用数	动用上年净结余	动支预备费	科目调剂	本年超、短收安排
财政对社会保险基金的补助	13505	16497			8684	196		4969	1597	
补充全国社会保障基金										
行政事业单位离退休	58446	-495			3089	1216		38	-4838	
企业改革补助	200	619	574						45	
就业补助	454	8749	4873		50	685		20	100	2
抚恤	2139	9691	7918		815	670		166	122	
退役安置	208	2325	1635		174	26		56	434	
社会福利	829	955	348		11	129		6	334	127
残疾人事业	963	1120	196		222	68		13	621	
城市居民最低生活保障	7555	2389			2765	294		13	-683	
其他城市生活救助	904	716	360						241	115
自然灾害生活救助	430	2327	1903		48			326	-50	100
红十字事业	203	88			60	3		2	21	2
农村最低生活保障	8451	5486			2484	674	796	740	792	
其他农村生活救助	1851	388			293	23		136	-76	12
补充道路交通事故社会救助基金										
其他社会保障和就业支出	4778	-25	467		648			449	-1589	
医疗卫生	67639	35581	15442		13496	771		641	4062	669
医疗卫生管理事务	4167	266			60	11		27	127	41
公立医院	5717	2184	935		120	20		167	442	
基层医疗卫生机构	8494	8050	4711		2281	44		172	842	
公共卫生	9542	8597	7152		120	109		24	966	226
医疗保障	33597	18907	2500		10879	262		83	5029	154
中医药		17	12					5		
食品和药品监督管理事务	2071	1194	112		36	13		27	758	248
其他医疗卫生支出	4051	-3634	20			312		136	-4102	
节能环保	22895	27934	31989		492	518		507	-5538	-34
环境保护管理事务	2800	994	140		45	6		7	796	
环境监测与监察	483	655						500	155	
污染防治	8946	1564	2140			168			-710	-34
其中:排污费安排的支出	7361	1324	1190			168				-34
自然生态保护	2017	-1099	729		447				-2275	
天然林保护	252	586	667						-81	
退耕还林	19	2326	2246			96			-16	
风沙荒漠治理										
退牧还草										
已垦草原退耕还草										
能源节约利用		7363	5621			218			1524	
污染减排	2415	2150	1361						789	
可再生能源		10044	19085						-9041	
资源综合利用										
能源管理事务		9041							9041	
其他节能环保支出	5963	-5690				30			-5720	
城乡社区事务	62122	4471	2095	-158	5453	3837	620	100	-4572	-3393
城乡社区管理事务	8145	2582	1800		151	864			1414	-1647
城乡社区规划与管理	2105	1339	295			10		100	934	

单位：万元

项目											调整预算数	决算数	预算结余	结转下年使用数
债务收入	债券转贷收入	动用预算稳定调节基金	调入资金	地震灾后恢复重建调入	补助下级专款	地震灾后恢复重建补助下级	省补助计划单列市	援助其他地区支出	债券转贷支出	其他				
		1051									30002	29484	518	518
											57951	56005	1946	1946
											819	819		
		3019									9203	8514	689	689
											11830	10465	1365	1365
											2533	2492	41	41
											1784	1684	100	100
											2083	2003	80	80
											9944	9944		
											1620	1420	200	200
											2757	2757		
											291	271	20	20
											13937	13937		
											2239	2230	9	9
											4753	4267	486	486
			500								103220	101892	1328	1328
											4433	4420	13	13
			500								7901	7874	27	27
											16544	15522	1022	1022
											18139	17953	186	186
											52504	52433	71	71
											17	17		
											3265	3256	9	9
											417	417		
											50829	49136	1693	1693
											3794	3777	17	17
											1138	1138		
											10510	9098	1412	1412
											8685	7773	912	912
											918	918		
											838	838		
											2345	2289	56	56
											7363	7155	208	208
											4565	4565		
											10044	10044		
											9041	9041		
											273	273		
			500							-11	66593	65471	1122	1122
											10727	10573	154	154
											3444	3444		

续表

科目	年初预算数	变动								
		小计	专项转移支付	返还性收入	一般性转移支付	上年结转使用数	动用上年净结余	动支预备费	科目调剂	本年超、短收安排
城乡社区公共设施	28507	-1621		-158	381	1056	620		-4101	81
城乡社区环境卫生	14831	4057			2482	15			278	1282
建设市场管理与监督	1243	-2							-28	26
其他城乡社区事务支出	7291	-1884			2439	1892			-3069	-3135
农林水事务	**112639**	**58532**	**50930**		**6291**	**3047**		**2553**	**-2283**	**-2306**
农业	43546	17040	13436		1826	395		722	387	274
林业	12921	9417	2808		1278	66		1120	3858	287
水利	25535	18831	19607		670	1622		353	-1720	-2001
其中:水资源费安排的支出	11860	-90	2531			1480				-4101
南水北调										
扶贫	3676	3083	2707		450	9			-203	120
农业综合开发	3034	3029	4349		100	19		27	42	-1508
农村综合改革	14024	12537	6693		1967	54		120	3181	522
其他农林水事务支出	9903	-5405	1330			882		211	-7828	
交通运输	**11474**	**12503**	**10833**			**959**		**930**	**-299**	**80**
公路水路运输	9967	2531	104			947		930	550	
铁路运输		6	6							
民用航空运输										
石油价格改革对交通运输的补贴		8389	8386			2			1	
邮政业支出										
车辆购置税支出		2347	2337			10				
其他交通运输支出	1507	-770							-850	80
资源勘探电力信息等事务	**20193**	**6807**	**2270**		**343**	**2023**			**2334**	**-163**
资源勘探开发和服务支出	400	-50							-50	
制造业	565	12							12	
建筑业	51	-15							-15	
电力监管支出										
其中:三峡库区移民专项支出										
工业和信息产业监管支出	183	178							178	
安全生产监管	10283	3459	88		202	1997			668	504
国有资产监管	1040	-554							-554	
支持中小企业发展和管理支出	3386	5015	1967		141	26			3448	-567
其他资源勘探电力信息等事务支出	4285	-1238	215						-1353	-100
商业服务业等事务	**5787**	**14060**	**11420**		**320**	**307**			**130**	**-166**
商业流通事务	2987	9893	9618		315	154			-479	109
旅游业管理与服务支出	1812	2835	86		5	45			1092	-266
涉外发展服务支出	500	1547	1716			108			-296	19
其他商业服务业等事务支出	488	-215							-187	-28
金融监管等事务支出	**1760**	**1524**	**1123**			**1**			**-140**	**540**
金融部门行政支出										
金融部门监管支出		70							70	
金融发展支出		1701				1			1200	500
金融调控支出										
农村金融发展支出		1123	1123							
其他金融监管等事务支出	1760	-1370							-1410	40
地震灾后恢复重建支出										

单位：万元

项目														
债务收入	债券转贷收入	动用预算稳定调节基金	调入资金	地震灾后恢复重建调入	补助下级专款	地震灾后恢复重建补助下级	省补助计划单列市	援助其他地区支出	债券转贷支出	其他	调整预算数	决算数	预算结余	结转下年使用数
			500								26886	26049	837	837
											18888	18888		
											1241	1241		
										-11	5407	5276	131	131
			300								171171	166264	4907	4907
											60586	60148	438	438
											22338	22223	115	115
			300								44366	43171	1195	1195
											11770	11181	589	589
											6759	6521	238	238
											6063	6002	61	61
											26561	25290	1271	1271
											4498	2909	1589	1589
											23977	23959	18	18
											12498	12482	16	16
											6	6		
											8389	8387	2	2
											2347	2347		
											737	737		
											27000	26814	186	186
											350	350		
											577	577		
											36	36		
											361	361		
											13742	13740	2	2
											486	486		
											8401	8257	144	144
											3047	3007	40	40
		2049									19847	18744	1103	1103
		176									12880	11859	1021	1021
		1873									4647	4645	2	2
											2047	1967	80	80
											273	273		
											3284	3283	1	1
											70	70		
											1701	1700	1	1
											1123	1123		
											390	390		

续表

科目	年初预算数	变动								
		小计	专项转移支付	返还性收入	一般性转移支付	上年结转使用数	动用上年净结余	动支预备费	科目调剂	本年超、短收安排
倒塌毁损民房恢复重建										
基础设施恢复重建										
公益服务设施恢复重建										
农业林业恢复生产和重建										
工商企业恢复生产和重建										
党政机关恢复重建										
军队武警恢复重建支出										
其他恢复重建支出										
援助其他地区支出		1375							1375	
一般公共服务										
教育										
文化体育与传媒										
医疗卫生										
节能环保										
农业										
交通运输										
住房保障										
其他支出		1375							1375	
国土资源气象等事务	22300	52877	30961		91	8766			-3809	16868
国土资源事务	20911	52811	30961		74	8749			-3800	16827
其中:矿产资源专项收入安排的支出	9840	53752	30161			7695				15896
海洋管理事务										
其中:海域使用金支出										
测绘事务	160	-100							-100	
地震事务	225	112			5	8			83	16
气象事务	904	154			12	9			108	25
其他国土资源气象等事务支出	100	-100							-100	
住房保障支出	7810	18665	7107			558			983	17
保障性安居工程支出	200	17164	6495			435			217	17
住房改革支出	7610	1501	612			123			766	
城乡社区住宅										
粮油物资储备事务	8447	1532	279		13	23			1217	
粮油事务	8317	1285	204		11	23			1047	
物资事务	30	-6			2				-8	
能源储备										
粮油储备	100	253	75						178	
重要商品储备										
预备费	22844	-22844						-22844		
国债还本付息支出	3696	-2502				1031			-1133	
国内债务付息	1000	-1000				1031			-1000	
国外债务付息		100								
国内外债务发行										
补充还贷准备金										
地方政府债券付息	2696	-1602							-133	
其他支出(类)	13628	1693	454	-73	3370	1496	1397	915	-5674	22146
年初预留										
汶川地震捐赠支出										
其他支出(款)	13628	1693	454	-73	3370	1496	1397	915	-5674	22146

单位：万元

项目											调整预算数	决算数	预算结余	结转下年使用数
债务收入	债券转贷收入	动用预算稳定调节基金	调入资金	地震灾后恢复重建调入	补助下级专款	地震灾后恢复重建补助下级	省补助计划单列市	援助其他地区支出	债券转贷支出	其他				
											1375	1375		
											1375	1375		
											75177	72047	3130	3130
											73722	70597	3125	3125
											63592	60482	3110	3110
											60	60		
											337	334	3	3
											1058	1056	2	2
	10000										26475	15499	10976	10976
	10000										17364	6612	10752	10752
											9111	8887	224	224
											9979	9978	1	1
											9602	9601	1	1
											24	24		
											353	353		
										-2400	1194	1194		
										-1031				
										100	100	100		
										-1469	1094	1094		
		776	951							-24065	15321	9237	6084	6744
		776	951							-24065	15321	9237	6084	6744

表2-6

晋城市政府性基金收支

科目	决算数	上年结余	上级补助收入	其中:地震灾后恢复重建补助收入	省补助计划单列市收入	下级上解收入	计划单列市上解省收入	调入资金
政府性基金收入	279079	284671	17842					918
贸促会收费								
证书工本费								
司法部门的涉外、涉港澳台公证书工本费								
地方教育附加收入	15032	5264	746					
核电站乏燃料处理处置基金收入								
体育部门收费								
外国团体来华登山注册费								
车手等级认定费								
文化事业建设费收入		35	20					
中央文化事业建设费收入								
地方文化事业建设费收入		35	20					
国家电影事业发展专项资金收入								
大中型水库移民后期扶持基金收入		24	906					

及结余情况表(2012年)

单位:万元

科目	决算数	补助下级支出	其中:地震灾后恢复重建补助支出	省补助计划单列市支出	上解上级支出	计划单列市上解省支出	调出资金	项目	年终结余
政府性基金支出	376113				7926		21369	**政府性基金**	177102
一般公共服务									
商贸事务									
贸促会收费安排的支出								**贸促会收费**	
								证书工本费	
公共安全									
司法									
涉外、涉港澳台公证书工本费安排的支出								**司法部门的涉外、涉港澳台公证书工本费**	
教育	746						6306		
地方教育附加安排的支出	746						6306	**地方教育附加**	13990
农村中小学校舍建设							782		
农村中小学教学设施									
城市中小学校舍建设									
城市中小学教学设施									
中等职业学校教学设施									
其他地方教育附加安排的支出	746						5524		
科学技术									
核电站乏燃料处理处置基金支出								**核电站乏燃料处理处置基金**	
乏燃料运输									
乏燃料离堆贮存									
乏燃料后处理									
高放废物的处理处置									
乏燃料后处理厂的建设、运行、改造和退役									
其他乏燃料处理处置基金支出									
文化体育与传媒	55								
体育								**体育部门收费**	
外国团体来华登山注册费安排的支出								外国团体来华登山注册费	
车手等级认定费安排的支出								车手等级认定费	
文化事业建设费安排的支出	55							**文化事业建设费**	
精神文明建设								中央文化事业建设费	
人才培训教学								地方文化事业建设费	
文化创作									
文化事业单位补助	35								
爱国主义教育基地									
其他文化事业建设费安排的支出	20								
国家电影事业发展专项资金支出								**国家电影事业发展专项资金**	
资助国产影片放映									
资助城市影院									
资助少数民族电影译制									
其他国家电影事业发展专项资金支出									
社会保障和就业	3544								
大中型水库移民后期扶持基金支出	682							**大中型水库移民后期扶持基金**	248
移民补助	427								
基础设施建设和经济发展	232								

续表

科　　目	决算数	上年结余	上级补助收入	其中:地震灾后恢复重建补助收入	省补助计划单列市收入	下级上解收入	计划单列市上解省收入	调入资金
小型水库移民扶助基金收入		206	976					
残疾人就业保障金收入	2949	3643	16					
可再生能源电价附加收入								
废弃电器电子产品处理基金收入								
国家税务局征收的废弃电器电子产品处理基金收入								
海关征收的废弃电器电子产品处理基金收入								
政府住房基金收入	36687	266						
上缴管理费用	831	166						
计提廉租住房资金	1070	100						
廉租住房租金收入	37							
公共租赁住房租金收入	37							
其他政府住房基金收入	34712							
国有土地使用权出让收入	123785	199074						
土地出让价款收入	106081	149785						
补缴的土地价款	3970	1260						
划拨土地收入	10106							
教育资金收入	7517	16520						
农田水利建设资金收入	7524	7301						
缴纳新增建设用地土地有偿使用费	-11869							
其他土地出让收入	456	24208						
城市公用事业附加收入	4074	8819	1950					

单位:万元

科目	决算数	补助下级支出	其中:地震灾后恢复重建补助支出	省补助计划单列市支出	上解上级支出	计划单列市上解省支出	调出资金	项目	年终结余
其他大中型水库移民后期扶持基金支出	23								
小型水库移民扶助基金支出	551							**小型水库移民扶助基金**	631
移民补助									
基础设施建设和经济发展									
其他小型水库移民扶助基金支出	551								
残疾人就业保障金支出	2311							**残疾人就业保障金**	4297
就业和培训	124								
职业康复	681								
扶持农村残疾人生产									
奖励残疾人就业单位									
其他残疾人就业保障金支出	1506								
节能环保									
可再生能源电价附加收入安排的支出								**可再生能源电价附加**	
风力发电补助									
太阳能发电补助									
生物质能发电补助									
其他可再生能源电价附加收入安排的支出									
废弃电器电子产品处理基金支出								**废弃电器电子产品处理基金**	
								国家税务局征收的废弃电器电子产品处理基金	
								海关征收的废弃电器电子产品处理基金	
城乡社区事务	277792				1433		15063		
政府住房基金支出	434							**政府住房基金**	36519
管理费用支出	434							上缴管理费用	563
廉租住房支出								计提廉租住房资金	1170
廉租住房维护和管理支出								廉租住房租金	37
公共租赁住房支出								公共租赁住房租金	37
公共租赁住房租金支出								其他政府住房基金	34712
其他政府住房基金支出									
国有土地使用权出让收入安排的支出	239444				1433		15063	**国有土地使用权出让**	66919
征地和拆迁补偿支出	24056							土地出让价款	31441
土地开发支出	1452							补缴的土地价款	
城市建设支出	106533							划拨土地	
农村基础设施建设支出	28159							教育资金	11987
补助被征地农民支出	4187							农田水利建设资金	10500
土地出让业务支出	4251							缴纳新增建设用地土地有偿使用费	
廉租住房支出	641							其他土地出让	12991
教育资金安排的支出							12050		
支付破产或改制企业职工安置费	4500								
棚户区改造支出	22271								
公共租赁住房支出									
农田水利建设资金安排的支出	2892				1433				
其他国有土地使用权出让收入安排的支出	40502						3013		
城市公用事业附加安排的支出	11913							**城市公用事业附加**	2930
城市公共设施	8882								

续表

科目	决算数	上年结余	上级补助收入	其中:地震灾后恢复重建补助收入	省补助计划单列市收入	下级上解收入	计划单列市上解省收入	调入资金
国有土地收益基金收入	17410	5476						
农业土地开发资金收入	1264	1944	304					
新增建设用地土地有偿使用费收入		5640	2077					
中央新增建设用地土地有偿使用费收入		21						
地方新增建设用地土地有偿使用费收入		5619	2077					
城市基础设施配套费收入	2369	4438						
新菜地开发建设基金收入								
育林基金收入	247	412	65					
中央育林基金收入								
地方育林基金收入	247	412	65					
森林植被恢复费	453	190	1018					
中央森林植被恢复费								
地方森林植被恢复费	453	190	1018					
中央水利建设基金收入			1135					

单位:万元

科　　目	决算数	补助下级支出	其中:地震灾后恢复重建补助支出	省补助计划单列市支出	上解上级支出	计划单列市上解省支出	调出资金	项　　目	年终结余
城市环境卫生	429								
公有房屋									
城市防洪									
其他城市公用事业附加安排的支出	2602								
国有土地收益基金支出	16968							**国有土地收益基金**	5918
征地和拆迁补偿支出	16474								
土地开发支出	96								
其他国有土地收益基金支出	398								
农业土地开发资金支出	304							**农业土地开发资金**	3208
新增建设用地土地有偿使用费安排的支出	4413							**新增建设用地土地有偿使用费**	3304
耕地开发专项支出								中央新增建设用地土地有偿使用费	21
基本农田建设和保护支出	2077							地方新增建设用地土地有偿使用费	3283
土地整理支出	2336								
用于地震灾后恢复重建的支出									
城市基础设施配套费安排的支出	4316							**城市基础设施配套费**	2491
城市公共设施	589								
城市环境卫生									
公有房屋									
城市防洪									
其他城市基础设施配套费安排的支出	3727								
农林水事务	5526								
新菜地开发建设基金支出								**新菜地开发建设基金**	
开发新菜地工程									
改造老菜地工程									
设备购置									
技术培训与推广									
其他新菜地开发建设基金支出									
育林基金支出	544							**育林基金**	180
森林培育	429							中央育林基金	
林业有害生物防治								地方育林基金	180
森林防火	14								
森林资源监测									
林业技术推广									
林区公共支出	31								
其他育林基金支出	70								
森林植被恢复费安排的支出	1024							**森林植被恢复费**	637
林地调查规划设计	86							中央森林植被恢复费	
林地整理								地方森林植被恢复费	637
森林培育	863								
林业有害生物防治									
森林防火	47								
森林资源管护	18								
其他森林植被恢复费安排的支出	10								
中央水利建设基金支出	1135							**中央水利建设基金**	

续表

科目	决算数	上年结余	上级补助收入	其中:地震灾后恢复重建补助收入	省补助计划单列市收入	下级上解收入	计划单列市上解省收入	调入资金
中央水利建设基金划转收入								
中央其他水利建设基金收入			1135					
地方水利建设基金收入	80	2019	772					918
地方水利建设基金划转收入		847	97					
地方其他水利建设基金收入	80	1172	675					918
大中型水库库区基金收入			259					
中央大中型水库库区基金收入								
地方大中型水库库区基金收入			259					
三峡水库库区基金收入								
南水北调工程基金收入								
国家重大水利工程建设基金收入								
南水北调工程建设资金								
三峡工程后续工作资金								
省级重大水利工程建设资金								
船舶港务费								
长江口航道维护收入								
铁路资产变现收入								
海南省高等级公路车辆通行附加费收入								
转让政府还贷道路收费权收入								
转让政府还贷公路收费权收入								
转让政府还贷城市道路收费权收入								
车辆通行费								

单位：万元

科　目	决算数	补助下级支出	其中:地震灾后恢复重建补助支出	省补助计划单列市支出	上解上级支出	计划单列市上解省支出	调出资金	项　目	年终结余
水利工程建设								中央水利建设基金划转	
水利工程维护								中央其他水利建设基金	
防洪工程含应急度汛	70								
其他中央水利建设基金支出	1065								
地方水利建设基金支出	2564							**地方水利建设基金**	1225
水利工程建设	1992							地方水利建设基金划转	777
水利工程维护	200							地方其他水利建设基金	448
水土保持	122								
城市防洪									
其他地方水利建设基金支出	250								
大中型水库库区基金支出	259							**大中型水库库区基金**	
基础设施建设和经济发展	259							中央大中型水库库区基金	
解决移民遗留问题								地方大中型水库库区基金	
库区防护工程维护									
其他大中型水库库区基金支出									
三峡水库库区基金支出								**三峡水库库区基金**	
基础设施建设和经济发展									
解决移民遗留问题									
库区维护和管理									
其他三峡水库库区基金支出									
南水北调工程基金支出								**南水北调工程基金**	
南水北调工程建设									
偿还南水北调工程贷款本息									
国家重大水利工程建设基金支出								**国家重大水利工程建设基金**	
南水北调工程建设								南水北调工程建设资金	
三峡工程后续工作								三峡工程后续工作资金	
地方重大水利工程建设								省级重大水利工程建设资金	
其他重大水利工程建设基金支出									
交通运输									
公路水路运输									
船舶港务费安排的支出								**船舶港务费**	
长江口航道维护支出								**长江口航道维护**	
铁路运输									
铁路资产变现收入安排的支出								**铁路资产变现**	
海南省高等级公路车辆通行附加费安排的支出								**海南省高等级公路车辆通行附加费**	
公路建设									
公路养护									
公路还贷									
其他海南省高等级公路车辆通行附加费安排的支出									
转让政府还贷道路收费权收入安排的支出								**转让政府还贷道路收费权**	
公路还贷								转让政府还贷公路收费权	
公路建设								转让政府还贷城市道路收费权	
其他转让政府还贷道路收费权收入安排的支出									
车辆通行费安排的支出								**车辆通行费**	

续表

科　　目	决算数	上年结余	上级补助收入	其中:地震灾后恢复重建补助收入	省补助计划单列市收入	下级上解收入	计划单列市上解省收入	调入资金
港口建设费收入								
铁路建设基金收入								
民航基础设施建设基金收入								
民航机场管理建设费收入								
船舶油污损害赔偿基金收入								
民航发展基金收入								

单位：万元

科　　目	决算数	补助下级支出	其中:地震灾后恢复重建补助支出	省补助计划单列市支出	上解上级支出	计划单列市上解省支出	调出资金	项　　目	年终结余
公路还贷									
政府还贷公路养护									
政府还贷公路管理									
其他车辆通行费安排的支出									
港口建设费安排的支出								**港口建设费**	
港口设施									
航道建设和维护									
航运保障系统建设									
其他港口建设费安排的支出									
铁路建设基金支出								**铁路建设基金**	
铁路建设投资									
购置铁路机车车辆									
铁路还贷									
建设项目铺底资金									
勘测设计									
注册资本金									
周转资金									
其他铁路建设基金支出									
民航基础设施建设基金支出								**民航基础设施建设基金**	
民航机场建设									
空管系统建设									
民航安全									
民航科教和信息									
其他民航基础设施建设基金支出									
民航机场管理建设费安排的支出								**民航机场管理建设费**	
民航机场建设									
空管系统建设									
民航安全									
民航科教和信息									
航线和机场补贴									
其他民航机场管理建设费安排的支出									
船舶油污损害赔偿基金支出								**船舶油污损害赔偿基金**	
应急处置费用									
控制清除污染									
损失补偿									
生态恢复									
监视监测									
其他船舶油污损害赔偿基金支出									
民航发展基金支出								**民航发展基金**	
民航机场建设									
空管系统建设									
民航安全									
航线和机场补贴									
民航科教和信息									

续表

科　　目	决算数	上年结余	上级补助收入	其中:地震灾后恢复重建补助收入	省补助计划单列市收入	下级上解收入	计划单列市上解省收入	调入资金
无线电频率占用费								
散装水泥专项资金收入	21							
新型墙体材料专项基金收入	67	79						
农网还贷资金收入								
中央农网还贷资金收入								
地方农网还贷资金收入								
山西省煤炭可持续发展基金收入	61687	30334	1662					
电力改革预留资产变现收入								
旅游发展基金收入			200					
中央特别国债经营基金收入								
中央特别国债经营基金财务收入								

单位：万元

科目	决算数	补助下级支出	其中：地震灾后恢复重建补助支出	省补助计划单列市支出	上解上级支出	计划单列市上解省支出	调出资金	项目	年终结余
民航节能减排									
通用航空发展									
征管经费									
其他民航发展基金支出									
资源勘探电力信息等事务	69935				6493				
工业和信息产业监管支出									
无线电频率占用费安排的支出								无线电频率占用费	
散装水泥专项资金支出	18							散装水泥专项资金	3
建设专用设施									
专用设备购置和维修									
贷款贴息									
技术研发与推广									
宣传									
其他散装水泥专项资金支出	18								
新型墙体材料专项基金支出	92							新型墙体材料专项基金	54
技改贴息和补助	47								
技术研发和推广									
示范项目补贴									
宣传和培训	7								
其他新型墙体材料专项基金支出	38								
农网还贷资金支出								农网还贷资金	
中央农网还贷资金支出								中央农网还贷资金	
地方农网还贷资金支出								地方农网还贷资金	
其他农网还贷资金支出									
山西省煤炭可持续发展基金支出	69825				6493			山西省煤炭可持续发展基金	17365
生态环境治理	28063								
资源地区转型和接替产业发展	23113								
解决社会问题	11104				6493				
其他山西省煤炭可持续发展基金支出	7545								
电力改革预留资产变现收入安排的支出								电力改革预留资产变现	
920万千瓦变现资产支出									
647万千瓦变现资产支出									
商业服务业等事务	200								
旅游发展基金支出	200							旅游发展基金	
宣传促销									
行业规划									
旅游事业补助									
地方旅游开发项目补助	200								
其他旅游发展基金支出									
金融监管等事务支出									
金融调控支出									
中央特别国债经营基金支出								中央特别国债经营基金	
中央特别国债经营基金财务支出								中央特别国债经营基金财务	
其他支出	18315								

续表

科　　目	决算数	上年结余	上级补助收入	其中:地震灾后恢复重建补助收入	省补助计划单列市收入	下级上解收入	计划单列市上解省收入	调入资金
彩票公益金收入		2310	4444					
福利彩票公益金收入		2149	4027					
体育彩票公益金收入		161	417					
其他政府性基金收入	12954	14498	1292					

表2-7

晋城市政府性基金转移性收支决算表(2012年)

单位:万元

预　算　科　目	决算数	预　算　科　目	决算数
政府性基金收入	279079	政府性基金支出	376113
政府性基金上级补助收入	17842	政府性基金补助下级支出	
其中:政府性基金地震灾后恢复重建补助收入		其中:政府性基金地震灾后恢复重建补助支出	
政府性基金省补助计划单列市收入		政府性基金计划单列市上解省支出	
政府性基金下级上解收入		政府性基金上解上级支出	7926
政府性基金计划单列市上解省收入		政府性基金省补助计划单列市支出	
政府性基金上年结余	284671	政府性基金调出资金	21369
政府性基金调入资金	918	政府性基金年终结余	177102
公共财政预算调入	918		
财政专户管理资金调入			
其他调入			
收入总计	582510	支出总计	582510

单位:万元

科　　目	决算数	补助下级支出	其中:地震灾后恢复重建补助支出	省补助计划单列市支出	上解上级支出	计划单列市上解省支出	调出资金	项　　目	年终结余
彩票公益金安排的支出	4582							**彩票公益金**	2172
用于补充全国社会保障基金的彩票公益金支出								福利彩票公益金	2128
用于社会福利的彩票公益金支出	2510							体育彩票公益金	44
用于体育事业的彩票公益金支出	534								
用于教育事业的彩票公益金支出	49								
用于红十字事业的彩票公益金支出									
用于残疾人事业的彩票公益金支出	210								
用于城市医疗救助的彩票公益金支出	79								
用于农村医疗救助的彩票公益金支出	127								
用于文化事业的彩票公益金支出	613								
用于扶贫的彩票公益金支出									
用于法律援助的彩票公益金支出									
用于其他社会公益事业的彩票公益金支出	460								
其他政府性基金支出	13733							**其他政府性基金**	15011

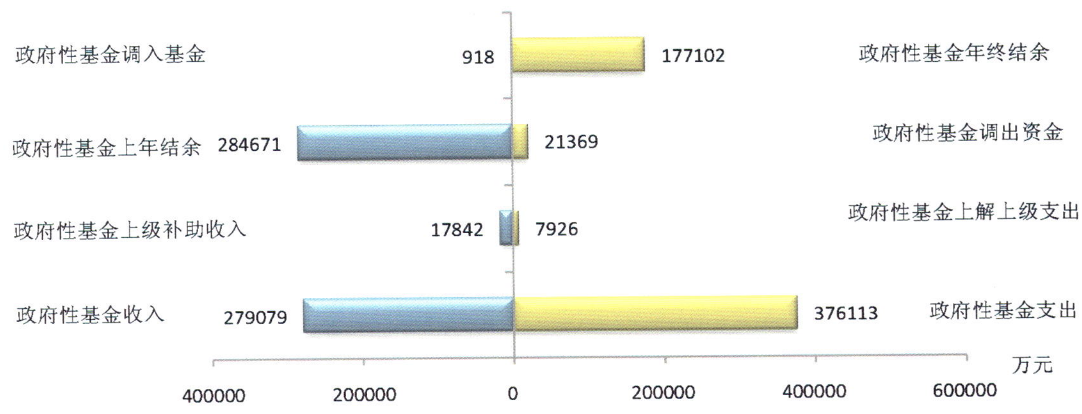

晋城市政府性基金转移性收支情况图(2012年)

表2-8

晋城市政府性基金收入预算变动情况表(2012年)

单位:万元

预算科目	年初预算数	增加(减少)预算指标	调整预算数
政府性基金收入	224028		224028
农网还贷资金收入			
中央农网还贷资金收入			
地方农网还贷资金收入			
山西省煤炭可持续发展基金收入	61500		61500
铁路建设基金收入			
民航基础设施建设基金收入			
民航机场管理建设费收入			
民航发展基金收入			
海南省高等级公路车辆通行附加费收入			
转让政府还贷道路收费权收入			
转让政府还贷公路收费权收入			
转让政府还贷城市道路收费权收入			
港口建设费收入			
散装水泥专项资金收入	20		20
新型墙体材料专项基金收入	73		73
旅游发展基金收入			
文化事业建设费收入			
中央文化事业建设费收入			
地方文化事业建设费收入			
地方教育附加收入	16399		16399
国家电影事业发展专项资金收入			
新菜地开发建设基金收入			
新增建设用地土地有偿使用费收入			
中央新增建设用地土地有偿使用费收入			
地方新增建设用地土地有偿使用费收入			
育林基金收入	210		210
中央育林基金收入			
地方育林基金收入	210		210
森林植被恢复费	230		230
中央森林植被恢复费			
地方森林植被恢复费	230		230
中央水利建设基金收入			
中央水利建设基金划转收入			
中央其他水利建设基金收入			
地方水利建设基金收入			
地方水利建设基金划转收入			
地方其他水利建设基金收入			
南水北调工程基金收入			
残疾人就业保障金收入	1946		1946
政府住房基金收入	220		220
上缴管理费用			
计提廉租住房资金			
廉租住房租金收入			
公共租赁住房租金收入			
其他政府住房基金收入	220		220

续表

单位:万元

预算科目	年初预算数	增加(减少)预算指标	调整预算数
城市公用事业附加收入	2350		2350
国有土地收益基金收入	16200		16200
农业土地开发资金收入	300		300
国有土地使用权出让收入	114300		114300
土地出让价款收入	101800		101800
补缴的土地价款	1100		1100
划拨土地收入	300		300
教育资金收入	1000		1000
农田水利建设资金收入	1000		1000
缴纳新增建设用地土地有偿使用费			
其他土地出让收入	9100		9100
大中型水库移民后期扶持基金收入			
大中型水库库区基金收入			
中央大中型水库库区基金收入			
地方大中型水库库区基金收入			
三峡水库库区基金收入			
中央特别国债经营基金收入			
中央特别国债经营基金财务收入			
彩票公益金收入			
福利彩票公益金收入			
体育彩票公益金收入			
城市基础设施配套费收入	800		800
小型水库移民扶助基金收入			
国家重大水利工程建设基金收入			
南水北调工程建设资金			
三峡工程后续工作资金			
省级重大水利工程建设资金			
车辆通行费			
船舶港务费			
体育部门收费			
外国团体来华登山注册费			
车手等级认定费			
司法部门的涉外、涉港澳台公证书工本费			
贸促会收费			
证书工本费			
核电站乏燃料处理处置基金收入			
可再生能源电价附加收入			
长江口航道维护收入			
船舶油污损害赔偿基金收入			
铁路资产变现收入			
电力改革预留资产变现收入			
无线电频率占用费			
废弃电器电子产品处理基金收入			
国家税务局征收的废弃电器电子产品处理基金收入			
海关征收的废弃电器电子产品处理基金收入			
其他政府性基金收入	9480		9480

表2-9

晋城市政府性基金支出

科目	年初预算数	变动			
		小计	专项补助	其中:地震灾后恢复重建补助	动用上年结余
政府性基金支出	215286	337929	17842		284671
一般公共服务					
商贸事务					
贸促会收费安排的支出					
公共安全					
司法					
涉外、涉港澳台公证书工本费安排的支出					
教育	16399	-1663	746		5264
地方教育附加安排的支出	16399	-1663	746		5264
农村中小学校舍建设	3250	-562			
农村中小学教学设施	2640	531			490
城市中小学校舍建设	447	-195			
城市中小学教学设施					
中等职业学校教学设施					
其他地方教育附加安排的支出	10062	-1437	746		4774
科学技术					
核电站乏燃料处理处置基金支出					
乏燃料运输					
乏燃料离堆贮存					
乏燃料后处理					
高放废物的处理处置					
乏燃料后处理厂的建设、运行、改造和退役					
其他乏燃料处理处置基金支出					
文化体育与传媒		55	20		35
体育					
外国团体来华登山注册费安排的支出					
车手等级认定费安排的支出					
文化事业建设费安排的支出		55	20		35
精神文明建设					
人才培训教学					
文化创作					
文化事业单位补助		35			
爱国主义教育基地					
其他文化事业建设费安排的支出		20	20		35
国家电影事业发展专项资金支出					
资助国产影片放映					
资助城市影院					
资助少数民族电影译制					
其他国家电影事业发展专项资金支出					
社会保障和就业	1946	6774	1898		3873
大中型水库移民后期扶持基金支出		930	906		24
移民补助		431	407		24
基础设施建设和经济发展		475	475		
其他大中型水库移民后期扶持基金支出		24	24		
小型水库移民扶助基金支出		1182	976		206
移民补助					

预算变动情况表(2012年)

单位:万元

项目					调整预算数	决算数
本年超、短收安排	调入资金	补助下级专款	其中:地震灾后恢复重建补助下级	增加(减少)预算指标		
55051	918			-20553	553215	376113
-1367				-6306	14736	746
-1367				-6306	14736	746
220				-782	2688	
41					3171	
-195					252	
-1433				-5524	8625	746
					55	55
					55	55
35					35	35
-35					20	20
1003					8720	3544
					930	682
					431	427
					475	232
					24	23
					1182	551

续表

科目	年初预算数	变动			
		小计	专项补助	其中:地震灾后恢复重建补助	动用上年结余
基础设施建设和经济发展					
其他小型水库移民扶助基金支出		1182	976		206
残疾人就业保障金支出	1946	4662	16		3643
就业和培训	115	104	11		13
职业康复	271	510			547
扶持农村残疾人生产	50				
奖励残疾人就业单位					
其他残疾人就业保障金支出	1510	4048	5		3083
节能环保					
可再生能源电价附加收入安排的支出					
风力发电补助					
太阳能发电补助					
生物质能发电补助					
其他可再生能源电价附加收入安排的支出					
废弃电器电子产品处理基金支出					
城乡社区事务	131157	267924	4331		225657
政府住房基金支出	220	36733			266
管理费用支出		997			166
廉租住房支出		1170			100
廉租住房维护和管理支出		37			
公共租赁住房支出					
公共租赁住房租金支出		37			
其他政府住房基金支出	220	34492			
国有土地使用权出让收入安排的支出	111287	195076			199074
征地和拆迁补偿支出	27246	5998			58473
土地开发支出	1889	10061			42274
城市建设支出	14466	93131			14257
农村基础设施建设支出	27498	988			902
补助被征地农民支出	4752	-141			59
土地出让业务支出	3172	1079			
廉租住房支出	900				
教育资金安排的支出	1000	10987			16520
支付破产或改制企业职工安置费	4500				
棚户区改造支出	171	22100			
公共租赁住房支出					
农田水利建设资金安排的支出	1000	12392			7301
其他国有土地使用权出让收入安排的支出	24693	38481			59288
城市公用事业附加安排的支出	2350	12493	1950		8819
城市公共设施	2100	7442			761
城市环境卫生		477			469
公有房屋					
城市防洪		59			59
其他城市公用事业附加安排的支出	250	4515	1950		7530
国有土地收益基金支出	16200	6686			5476
征地和拆迁补偿支出	15360	1264			150
土地开发支出		96			

单位:万元

项目					调整预算数	决算数
本年超、短收安排	调入资金	补助下级专款	其中:地震灾后恢复重建补助下级	增加(减少)预算指标		
					1182	551
1003					6608	2311
80					219	124
-37					781	681
					50	
960					5558	1506
51419				-13483	399081	277792
36467					36953	434
831					997	434
1070					1170	
37					37	
37					37	
34492					34712	
9485				-13483	306363	239444
-52475					33244	24056
-32213					11950	1452
78874					107597	106533
86					28486	28159
-200					4611	4187
1079					4251	4251
					900	641
6517				-12050	11987	
					4500	4500
22100					22271	22271
6524				-1433	13392	2892
-20807					63174	40502
1724					14843	11913
6681					9542	8882
8					477	429
					59	
-4965					4765	2602
1210					22886	16968
1114					16624	16474
96					96	96

续表

科目	年初预算数	变动			
		小计	专项补助	其中:地震灾后恢复重建补助	动用上年结余
其他国有土地收益基金支出	840	5326			5326
农业土地开发资金支出	300	3212	304		1944
新增建设用地土地有偿使用费安排的支出		7717	2077		5640
耕地开发专项支出					
基本农田建设和保护支出		5360	2077		5186
土地整理支出		2357			454
用于地震灾后恢复重建的支出					
城市基础设施配套费安排的支出	800	6007			4438
城市公共设施	800				
城市环境卫生					
公有房屋					
城市防洪					
其他城市基础设施配套费安排的支出		6007			4438
农林水事务	440	7128	3249		2621
新菜地开发建设基金支出					
开发新菜地工程					
改造老菜地工程					
设备购置					
技术培训与推广					
其他新菜地开发建设基金支出					
育林基金支出	210	514	65		412
森林培育	192	262			349
林业有害生物防治					
森林防火		14			
森林资源监测					
林业技术推广					
林区公共支出		31			
其他育林基金支出	18	207	65		63
森林植被恢复费安排的支出	230	1431	1018		190
林地调查规划设计		88	88		
林地整理					
森林培育	50	820	850		7
林业有害生物防治					
森林防火		52	52		
森林资源管护		19	18		1
其他森林植被恢复费安排的支出	180	452	10		182
中央水利建设基金支出		1135	1135		
水利工程建设					
水利工程维护					
防洪工程含应急度汛		70	70		
其他中央水利建设基金支出		1065	1065		
地方水利建设基金支出		3789	772		2019
水利工程建设		2542	650		1386
水利工程维护		440			240
水土保持		122	122		
城市防洪		10			10

单位：万元

项　　目					调整预算数	决算数
本年超、短收安排	调入资金	补助下级专款	其中：地震灾后恢复重建补助下级	增加(减少)预算指标		
					6166	398
964					3512	304
					7717	4413
-1903					5360	2077
1903					2357	2336
1569					6807	4316
					800	589
1569					6007	3727
340	918				7568	5526
37					724	544
-87					454	429
14					14	14
31					31	31
79					225	70
223					1661	1024
					88	86
-37					870	863
					52	47
					19	18
260					632	10
					1135	1135
					70	70
					1065	1065
80	918				3789	2564
46	460				2542	1992
	200				440	200
					122	122
					10	

续表

科目	年初预算数	变动			
		小计	专项补助	其中:地震灾后恢复重建补助	动用上年结余
其他地方水利建设基金支出		675			383
大中型水库库区基金支出		259	259		
基础设施建设和经济发展		259	259		
解决移民遗留问题					
库区防护工程维护					
其他大中型水库库区基金支出					
三峡水库库区基金支出					
基础设施建设和经济发展					
解决移民遗留问题					
库区维护和管理					
其他三峡水库库区基金支出					
南水北调工程基金支出					
南水北调工程建设					
偿还南水北调工程贷款本息					
国家重大水利工程建设基金支出					
南水北调工程建设					
三峡工程后续工作					
地方重大水利工程建设					
其他重大水利工程建设基金支出					
交通运输					
公路水路运输					
船舶港务费安排的支出					
长江口航道维护支出					
铁路运输					
铁路资产变现收入安排的支出					
海南省高等级公路车辆通行附加费安排的支出					
公路建设					
公路养护					
公路还贷					
其他海南省高等级公路车辆通行附加费安排的支出					
转让政府还贷道路收费权收入安排的支出					
公路还贷					
公路建设					
其他转让政府还贷道路收费权收入安排的支出					
车辆通行费安排的支出					
公路还贷					
政府还贷公路养护					
政府还贷公路管理					
其他车辆通行费安排的支出					
港口建设费安排的支出					
港口设施					
航道建设和维护					
航运保障系统建设					
其他港口建设费安排的支出					
铁路建设基金支出					
铁路建设投资					

单位:万元

项　目						
本年超、短收安排	调入资金	补助下级专款	其中:地震灾后恢复重建补助下级	增加(减少)预算指标	调整预算数	决算数
34	258				675	250
					259	259
					259	259

续表

科目	年初预算数	变动			
		小计	专项补助	其中:地震灾后恢复重建补助	动用上年结余
购置铁路机车车辆					
铁路还贷					
建设项目铺底资金					
勘测设计					
注册资本金					
周转资金					
其他铁路建设基金支出					
民航基础设施建设基金支出					
民航机场建设					
空管系统建设					
民航安全					
民航科教和信息					
其他民航基础设施建设基金支出					
民航机场管理建设费安排的支出					
民航机场建设					
空管系统建设					
民航安全					
民航科教和信息					
航线和机场补贴					
其他民航机场管理建设费安排的支出					
船舶油污损害赔偿基金支出					
应急处置费用					
控制清除污染					
损失补偿					
生态恢复					
监视监测					
其他船舶油污损害赔偿基金支出					
民航发展基金支出					
民航机场建设					
空管系统建设					
民航安全					
航线和机场补贴					
民航科教和信息					
民航节能减排					
通用航空发展					
征管经费					
其他民航发展基金支出					
资源勘探电力信息等事务	55864	31493	1662		30413
工业和信息产业监管支出					
无线电频率占用费安排的支出					
散装水泥专项资金支出	20	1			
建设专用设施					
专用设备购置和维修					
贷款贴息					
技术研发与推广					
宣传					

单位:万元

项目					调整预算数	决算数
本年超、短收安排	调入资金	补助下级专款	其中:地震灾后恢复重建补助下级	增加(减少)预算指标		
182				-764	87357	69935
1					21	18

续表

科　　目	年初预算数	变　　动			
		小计	专项补助	其中:地震灾后恢复重建补助	动用上年结余
其他散装水泥专项资金支出	20	1			
新型墙体材料专项基金支出	73	73			79
技改贴息和补助	50	-3			2
技术研发和推广					
示范项目补贴					
宣传和培训		7			
其他新型墙体材料专项基金支出	23	69			77
农网还贷资金支出					
中央农网还贷资金支出					
地方农网还贷资金支出					
其他农网还贷资金支出					
山西省煤炭可持续发展基金支出	55771	31419	1662		30334
生态环境治理	26050	7992	1120		3730
资源地区转型和接替产业发展	15880	10411			2647
解决社会问题	6071	8603	305		6189
其他山西省煤炭可持续发展基金支出	7770	4413	237		17768
电力改革预留资产变现收入安排的支出					
920万千瓦变现资产支出					
647万千瓦变现资产支出					
商业服务业等事务		200	200		
旅游发展基金支出		200	200		
宣传促销					
行业规划					
旅游事业补助					
地方旅游开发项目补助		200	200		
其他旅游发展基金支出					
金融监管等事务支出					
金融调控支出					
中央特别国债经营基金支出					
中央特别国债经营基金财务支出					
其他支出	9480	26018	5736		16808
彩票公益金安排的支出		6754	4444		2310
用于补充全国社会保障基金的彩票公益金支出					
用于社会福利的彩票公益金支出		4621	2806		2174
用于体育事业的彩票公益金支出		578	417		131
用于教育事业的彩票公益金支出		52	47		5
用于红十字事业的彩票公益金支出					
用于残疾人事业的彩票公益金支出		224	225		
用于城市医疗救助的彩票公益金支出		79	79		
用于农村医疗救助的彩票公益金支出		127	127		
用于文化事业的彩票公益金支出		613	613		
用于扶贫的彩票公益金支出					
用于法律援助的彩票公益金支出					
用于其他社会公益事业的彩票公益金支出		460	130		
其他政府性基金支出	9480	19264	1292		14498

项　目					调整预算数	决算数
本年超、短收安排	调入资金	补助下级专款	其中:地震灾后恢复重建补助下级	增加(减少)预算指标		
1					21	18
−6					146	92
−5					47	47
7					7	7
−8					92	38
187				−764	87190	69825
3142					34042	28063
7764					26291	23113
2873				−764	14674	11104
−13592					12183	7545
					200	200
					200	200
					200	200
3474					35498	18315
					6754	4582
−359					4621	2510
30					578	534
					52	49
−1					224	210
					79	79
					127	127
					613	613
330					460	460
3474					28744	13733

表2-10

晋城市预算资金年终资产负债表(2012年)

单位:万元

会计科目	期初数		期末数	
	合计	其中:本级	合计	其中:本级
资　产	832811	467036	994627	312244
国库存款	624610	396074	739719	200962
其他财政存款	64430	48322	10970	2425
有价证券				
在途款				
暂付款	142211	9769	242006	5592
其中:代付国债转贷资金利息				
代付地方政府债券还本				
代付地方政府债券付息				
与下级往来		12871		103265
其中:省与计划单列市往来				
预拨经费	1545		1917	
基建拨款	15		15	
负　债	484485	240046	746226	186936
暂存款	442418	197979	719908	160618
其中:国债转贷还本付息资金				
国库集中支付年终结余	245399	102638	372815	117873
代收地方政府债券还本				
代收地方政府债券付息				
与上级往来	42067	42067	26318	26318
其中:上级拨付国债转贷资金	3807	3807	2118	2118
省与计划单列市往来				
净资产	348326	226990	248401	125308
预算结余	44677	18826	39573	17629
基金预算结余	284671	189783	177102	79550
国有资本经营预算结余			3255	255
专用基金结余	2217	1981	2655	2419
预算稳定调节基金	14000	14000	23055	23055
预算周转金	2761	2400	2761	2400

表2-11

晋城市乡镇公共财政收支决算表(2012年)

单位:万元

预算科目	调整预算数	决算数	其中:地级直属乡镇	预算科目	调整预算数	决算数	其中:地级直属乡镇
税收收入	68194	86392		一般公共服务	12539	12539	
增值税	16254	27044		外交			
营业税	12793	18147		国防			
企业所得税	20735	20735		公共安全	180	180	
企业所得税退税				教育	57445	57445	
个人所得税	2505	2505		科学技术			
资源税	2872	2872		文化体育与传媒	875	875	
固定资产投资方向调节税				社会保障和就业	20102	20102	
城市维护建设税	7113	7113		医疗卫生	851	851	
房产税	710	1557		节能环保	80	80	
印花税	1021	1578		城乡社区事务	1992	1992	
城镇土地使用税	3027	3027		农林水事务	29575	29575	
土地增值税	79	450		交通运输	79	79	
车船税	300	579		资源勘探电力信息等事务	30	30	
耕地占用税	577	577		商业服务业等事务	1024	1024	
契税	208	208		金融监管等事务支出			
烟叶税				地震灾后恢复重建支出			
其他税收收入				援助其他地区支出			
非税收入				国土资源气象等事务	9045	9045	
专项收入				住房保障支出	274	274	
行政事业性收费收入				粮油物资储备事务			
罚没收入				预备费			
国有资本经营收入				国债还本付息支出			
国有资源(资产)有偿使用收入				其他支出	319	319	
其他收入							
公共财政收入	68194	86392		**公共财政支出**	134410	134410	
上级补助收入		48018		**上解上级支出**			
其中:地震灾后恢复重建补助收入							
接受其他地区援助收入				**援助其他地区支出**			
债务收入				**债券还本支出**			
债券转贷收入							
上年结余				**增设预算周转金**			
调入预算稳定调节基金				**安排预算稳定调节基金**			
调入资金				**调出资金**			
政府性基金调入							
国有资本经营预算调入							
财政专户管理资金调入							
其他调入							
地震灾后恢复重建调入资金				**年终结余**			
预算稳定调节基金调入				其中:净结余			
收入总计		134410		**支出总计**		134410	

表2-12

晋城市乡镇政府性基金

预算科目	调整预算数	决算数	其中: 地级直属乡镇
贸促会收费			
证书工本费			
地方教育附加收入			
体育部门收费			
外国团体来华登山注册费			
文化事业建设费收入			
中央文化事业建设费收入			
地方文化事业建设费收入			
国家电影事业发展专项资金收入			
大中型水库移民后期扶持基金收入			
小型水库移民扶助基金收入			
残疾人就业保障金收入			
可再生能源电价附加收入			

收支决算表(2012年)

单位:万元

预算科目	调整预算数	决算数	其中: 地级直属乡镇
一般公共服务			
商贸事务			
贸促会收费安排的支出			
教育			
地方教育附加安排的支出			
农村中小学校舍建设			
农村中小学教学设施			
城市中小学校舍建设			
城市中小学教学设施			
中等职业学校教学设施			
其他地方教育附加安排的支出			
文化体育与传媒			
体育			
外国团体来华登山注册费安排的支出			
文化事业建设费安排的支出			
精神文明建设			
人才培训教学			
文化创作			
文化事业单位补助			
爱国主义教育基地			
其他文化事业建设费安排的支出			
国家电影事业发展专项资金支出			
资助国产影片放映			
资助城市影院			
资助少数民族电影译制			
其他国家电影事业发展专项资金支出			
社会保障和就业			
大中型水库移民后期扶持基金支出			
移民补助			
基础设施建设和经济发展			
其他大中型水库移民后期扶持基金支出			
小型水库移民扶助基金支出			
移民补助			
基础设施建设和经济发展			
其他小型水库移民扶助基金支出			
残疾人就业保障金支出			
就业和培训			
职业康复			
扶持农村残疾人生产			
奖励残疾人就业单位			
其他残疾人就业保障金支出			
节能环保			
可再生能源电价附加收入安排的支出			
风力发电补助			
太阳能发电补助			
生物质能发电补助			
其他可再生能源电价附加收入安排的支出			

续表

预算科目	调整预算数	决算数	其中: 地级直属乡镇
政府住房基金收入			
上缴管理费用			
计提廉租住房资金			
廉租住房租金收入			
公共租赁住房租金收入			
其他政府住房基金收入			
国有土地使用权出让收入			
土地出让价款收入			
补缴的土地价款			
划拨土地收入			
教育资金收入			
农田水利建设资金收入			
缴纳新增建设用地土地有偿使用费			
其他土地出让收入			
城市公用事业附加收入			
国有土地收益基金收入			
农业土地开发资金收入			
新增建设用地土地有偿使用费收入			
中央新增建设用地土地有偿使用费收入			
地方新增建设用地土地有偿使用费收入			
城市基础设施配套费收入			
新菜地开发建设基金收入			

单位:万元

预算科目	调整预算数	决算数	其中: 地级直属乡镇
城乡社区事务	8107	8107	
政府住房基金支出			
管理费用支出			
廉租住房支出			
廉租住房维护和管理支出			
公共租赁住房支出			
公共租赁住房租金支出			
其他政府住房基金支出			
国有土地使用权出让收入安排的支出	8107	8107	
征地和拆迁补偿支出	302	302	
土地开发支出			
城市建设支出	300	300	
农村基础设施建设支出	7055	7055	
补助被征地农民支出			
土地出让业务支出	400	400	
廉租住房支出			
教育资金安排的支出			
支付破产或改制企业职工安置费			
棚户区改造支出			
公共租赁住房支出			
农田水利建设资金安排的支出	50	50	
其他国有土地使用权出让收入安排的支出			
城市公用事业附加安排的支出			
城市公共设施			
城市环境卫生			
公有房屋			
城市防洪			
其他城市公用事业附加安排的支出			
国有土地收益基金支出			
征地和拆迁补偿支出			
土地开发支出			
其他国有土地收益基金支出			
农业土地开发资金支出			
新增建设用地土地有偿使用费安排的支出			
耕地开发专项支出			
基本农田建设和保护支出			
土地整理支出			
用于地震灾后恢复重建的支出			
城市基础设施配套费安排的支出			
城市公共设施			
城市环境卫生			
公有房屋			
城市防洪			
其他城市基础设施配套费安排的支出			
农林水事务			
新菜地开发建设基金支出			
开发新菜地工程			
改造老菜地工程			

续表

预算科目	调整预算数	决算数	其中: 地级直属乡镇
育林基金收入			
地方育林基金收入			
森林植被恢复费			
中央森林植被恢复费			
地方森林植被恢复费			
中央水利建设基金收入			
中央水利建设基金划转收入			
中央其他水利建设基金收入			
地方水利建设基金收入			
地方水利建设基金划转收入			
地方其他水利建设基金收入			
大中型水库库区基金收入			
中央大中型水库库区基金收入			
地方大中型水库库区基金收入			
三峡水库库区基金收入			
南水北调工程基金收入			
国家重大水利工程建设基金收入			
南水北调工程建设资金			
三峡工程后续工作资金			
省级重大水利工程建设资金			

单位：万元

预算科目	调整预算数	决算数	其中: 地级直属乡镇
设备购置			
技术培训与推广			
其他新菜地开发建设基金支出			
育林基金支出			
森林培育			
林业有害生物防治			
森林防火			
森林资源监测			
林业技术推广			
林区公共支出			
其他育林基金支出			
森林植被恢复费安排的支出			
林地调查规划设计			
林地整理			
森林培育			
林业有害生物防治			
森林防火			
森林资源管护			
其他森林植被恢复费安排的支出			
中央水利建设基金支出			
水利工程建设			
水利工程维护			
防洪工程含应急度汛			
其他中央水利建设基金支出			
地方水利建设基金支出			
水利工程建设			
水利工程维护			
水土保持			
城市防洪			
其他地方水利建设基金支出			
大中型水库库区基金支出			
基础设施建设和经济发展			
解决移民遗留问题			
库区防护工程维护			
其他大中型水库库区基金支出			
三峡水库库区基金支出			
基础设施建设和经济发展			
解决移民遗留问题			
库区维护和管理			
其他三峡水库库区基金支出			
南水北调工程基金支出			
南水北调工程建设			
偿还南水北调工程贷款本息			
国家重大水利工程建设基金支出			
南水北调工程建设			
三峡工程后续工作			
地方重大水利工程建设			
其他重大水利工程建设基金支出			

续表

预算科目	调整预算数	决算数	其中: 地级直属乡镇
船舶港务费			
海南省高等级公路车辆通行附加费收入			
转让政府还贷道路收费权收入			
转让政府还贷公路收费权收入			
转让政府还贷城市道路收费权收入			
车辆通行费			
港口建设费收入			
民航机场管理建设费收入			
民航发展基金收入			
无线电频率占用费			
散装水泥专项资金收入			

单位：万元

预算科目	调整预算数	决算数	其中：地级直属乡镇
交通运输			
公路水路运输			
船舶港务费安排的支出			
海南省高等级公路车辆通行附加费安排的支出			
公路建设			
公路养护			
公路还贷			
其他海南省高等级公路车辆通行附加费安排的支出			
转让政府还贷道路收费权收入安排的支出			
公路还贷			
公路建设			
其他转让政府还贷道路收费权收入安排的支出			
车辆通行费安排的支出			
公路还贷			
政府还贷公路养护			
政府还贷公路管理			
其他车辆通行费安排的支出			
港口建设费安排的支出			
港口设施			
航道建设和维护			
航运保障系统建设			
其他港口建设费安排的支出			
民航机场管理建设费安排的支出			
民航机场建设			
空管系统建设			
民航安全			
民航科教和信息			
航线和机场补贴			
其他民航机场管理建设费安排的支出			
民航发展基金支出			
民航机场建设			
空管系统建设			
民航安全			
航线和机场补贴			
民航科教和信息			
民航节能减排			
通用航空发展			
征管经费			
其他民航发展基金支出			
资源勘探电力信息等事务	1396	1396	
工业和信息产业监管支出			
无线电频率占用费安排的支出			
散装水泥专项资金支出			
建设专用设施			
专用设备购置和维修			
贷款贴息			
技术研发与推广			
宣传			

续表

预算科目	调整预算数	决算数	其中:地级直属乡镇
新型墙体材料专项基金收入			
农网还贷资金收入			
地方农网还贷资金收入			
山西省煤炭可持续发展基金收入			
旅游发展基金收入			
彩票公益金收入			
福利彩票公益金收入			
体育彩票公益金收入			
其他政府性基金收入			
政府性基金收入			
上级补助收入		9896	
其中:政府性基金地震灾后恢复重建补助收入			
上年结余			
调入资金			
公共财政预算调入			
财政专户管理资金调入			
其他调入			
收 入 总 计		9896	

单位：万元

预算科目	调整预算数	决算数	其中: 地级直属乡镇
其他散装水泥专项资金支出			
新型墙体材料专项基金支出			
技改贴息和补助			
技术研发和推广			
示范项目补贴			
宣传和培训			
其他新型墙体材料专项基金支出			
农网还贷资金支出			
地方农网还贷资金支出			
其他农网还贷资金支出			
山西省煤炭可持续发展基金支出	1396	1396	
生态环境治理	496	496	
资源地区转型和接替产业发展	900	900	
解决社会问题			
其他山西省煤炭可持续发展基金支出			
商业服务业等事务			
旅游发展基金支出			
宣传促销			
行业规划			
旅游事业补助			
地方旅游开发项目补助			
其他旅游发展基金支出			
其他支出	393	393	
彩票公益金安排的支出	177	177	
用于补充全国社会保障基金的彩票公益金支出			
用于社会福利的彩票公益金支出	77	77	
用于体育事业的彩票公益金支出	20	20	
用于教育事业的彩票公益金支出	11	11	
用于红十字事业的彩票公益金支出			
用于残疾人事业的彩票公益金支出			
用于城市医疗救助的彩票公益金支出			
用于农村医疗救助的彩票公益金支出			
用于文化事业的彩票公益金支出			
用于扶贫的彩票公益金支出			
用于法律援助的彩票公益金支出			
用于其他社会公益事业的彩票公益金支出	69	69	
其他政府性基金支出	216	216	
政府性基金支出	9896	9896	
上解上级支出			
调出资金			
年终结余			
支 出 总 计		9896	

表2-13

晋城市社会保险基金

项目	本年收入		上年结余	上级补助收入	省补助计划单列市收入	下级上解收入	计划单列市上解省收入
	预算数	决算数					
社会保险基金收入	341642	467327	626519	1681		2003	
企业职工基本养老保险基金收入	175352	228648	451655	1681		2003	
失业保险基金收入	14998	23158	52693				
城镇职工基本医疗保险基金收入	51902	75082	74032				
工伤保险基金收入	10761	14875	16691				
生育保险基金收入	3541	5129	3991				
居民社会养老保险基金收入	33933	67795	10339				
居民基本医疗保险基金收入	51155	52640	17118				

表2-14

晋城市基本

科目	年末机构个数	年末人数				其中：公共预算财政拨款开支人数		
		合计	在职人员	离休人员	退休人员	小计	在职人员	离休人员
合计	1208	85279	66710	523	18046	16899	12550	248
一般公共服务	356	8734	8732		2	5938	5937	
人大事务	12	327	327			282	282	
政协事务	7	190	190			177	177	
政府办公厅(室)及相关机构事务	148	2767	2767			2061	2061	
发展与改革事务	18	608	608			306	306	
统计信息事务	8	327	327			232	232	
财政事务	23	613	613			312	312	
税收事务								
审计事务	6	230	230			175	175	
海关事务								
人力资源事务	10	172	171		1	82	81	
纪检监察事务	5	291	291			234	234	
人口与计划生育事务	14	663	663			178	178	
商贸事务	10	252	252			115	115	
知识产权事务								
工商行政管理事务	2	12	11		1			
质量技术监督与检验检疫事务								
民族事务								
宗教事务	1	13	13			13	13	
港澳台侨事务	5	41	41			29	29	
档案事务	4	80	80			52	52	

收支决算表（2012年）

单位：万元

项　　目	本年支出		补助下级支出	省补助计划单列市支出	上解上级支出	计划单列市上解省支出	按规定核减基金结余	年终结余
	预算数	决算数						
社会保险基金支出	209181	231234	1681		9398			855217
企业职工基本养老保险基金支出	95442	90602	1681		7143			584561
失业保险基金支出	6118	5512			2255			68084
城镇职工基本医疗保险基金支出	36850	53507						95607
工伤保险基金支出	7462	8054						23512
生育保险基金支出	1691	2011						7109
居民社会养老保险基金支出	16875	19261						58873
居民基本医疗保险基金支出	44743	52287						17471

数字表（2012年）

	公共预算财政补助开支人数				经费自理单位人数				年末学生人数
退休人员	小计	在职人员	离休人员	退休人员	小计	在职人员	离休人员	退休人员	
4101	66451	52382	275	13794	1929	1778		151	332331
1	2630	2629		1	166	166			
	45	45							
	13	13							
	700	700			6	6			
	302	302							
	95	95							
	285	285			16	16			
	55	55							
1	64	64			26	26			
	57	57							
	485	485							
	130	130			7	7			
	12	11		1					
	12	12							
	28	28							

续表

科目	年末机构个数	年末人数				其中：公共预算财政拨款开支人数		
		合计	在职人员	离休人员	退休人员	小计	在职人员	离休人员
民主党派及工商联事务	12	53	53			44	44	
群众团体事务	21	291	291			160	160	
党委办公厅(室)及相关机构事务	14	1028	1028			878	878	
组织事务	4	196	196			196	196	
宣传事务	5	128	128			103	103	
统战事务	4	73	73			59	59	
对外联络事务								
其他共产党事务支出	18	312	312			245	245	
其他一般公共服务支出	5	67	67			5	5	
外交								
外交管理事务								
驻外机构								
对外援助								
国际组织								
对外合作与交流								
对外宣传								
边界勘界联检								
其他外交支出								
公共安全	53	4466	4466			3844	3844	
武装警察								
公安	24	2881	2881			2538	2538	
国家安全								
检察	8	561	561			490	490	
法院	7	731	731			542	542	
司法	13	283	283			264	264	
监狱								
劳教								
国家保密	1	10	10			10	10	
缉私警察								
其他公共安全支出								
教育	206	28366	27668	2	696	145	130	
教育管理事务	10	399	384		15	84	69	
普通教育	158	25536	24879	2	655	17	17	
职业教育	16	1781	1775		6			
成人教育	1	18	18					
广播电视教育	1	70	70					
留学教育								
特殊教育	3	105	98		7			
教师进修及干部继续教育	15	444	431		13	44	44	
教育费附加安排的支出								
地方教育附加安排的支出								
其他教育支出	2	13	13					
科学技术	29	360	360			97	97	
科学技术管理事务	11	125	125			71	71	

	公共预算财政补助开支人数				经费自理单位人数				年末学生人数
退休人员	小计	在职人员	离休人员	退休人员	小计	在职人员	离休人员	退休人员	
	9	9							
	53	53			78	78			
	150	150							
	25	25							
	14	14							
	67	67							
	29	29			33	33			
	582	582			40	40			
	329	329			14	14			
	71	71							
	163	163			26	26			
	19	19							
15	28209	27526	2	681	12	12			332331
15	315	315							3531
	25519	24862	2	655					295978
	1781	1775		6					30095
	18	18							
	70	70							2328
	105	98		7					399
	388	375		13	12	12			
	13	13							
	263	263							
	54	54							

续表

科目	年末机构个数	年末人数				其中：公共预算财政拨款开支人数		
		合计	在职人员	离休人员	退休人员	小计	在职人员	离休人员
基础研究								
应用研究	9	94	94					
技术研究与开发	3	62	62					
科技条件与服务	1							
社会科学		4	4			2	2	
科学技术普及	5	75	75			24	24	
科技交流与合作								
科技重大专项								
其他科学技术支出								
文化体育与传媒	49	1805	1804		1	145	145	
文化	23	640	639		1	102	102	
文物	8	128	128					
体育	3	61	61			17	17	
广播影视	7	827	827			15	15	
新闻出版	7	145	145			7	7	
文化事业建设费安排的支出								
国家电影事业发展专项资金支出								
其他文化体育与传媒支出	1	4	4			4	4	
社会保障和就业	104	18952	1805	515	16632	4754	421	248
人力资源和社会保障管理事务	60	1031	1029		2	248	246	
民政管理事务	14	295	291		4	94	90	
行政事业单位离退休	6	17092	55	466	16571	4361	34	248
就业补助								
抚恤	3	139	139					
退役安置	2	75	10	10	55			
社会福利	4	31	31			5	5	
残疾人事业	10	190	190			32	32	
其他城市生活救助	1	11	11					
红十字事业	3	26	26			14	14	
其他农村生活救助								
大中型水库移民后期扶持基金支出								
小型水库移民扶助基金支出								
补充道路交通事故社会救助基金								
残疾人就业保障金支出	1	23	23					
其他社会保障和就业支出		39		39				
医疗卫生	177	8867	8288	5	574	284	284	
医疗卫生管理事务	20	251	251			144	144	
公立医院	16	4040	3649	4	387			
基层医疗卫生机构	102	3156	2968	1	187			
公共卫生	27	1254	1254			45	45	
医疗保障								
中医药								
食品和药品监督管理事务	11	148	148			95	95	
其他医疗卫生支出	1	18	18					

	公共预算财政补助开支人数				经费自理单位人数				年末学生人数
退休人员	小计	在职人员	离休人员	退休人员	小计	在职人员	离休人员	退休人员	
	94	94							
	62	62							
	2	2							
	51	51							
	1531	1530		1	129	129			
	508	507		1	30	30			
	128	128							
	44	44							
	713	713			99	99			
	138	138							
4085	13825	1151	267	12407	373	233		140	
2	683	683			100	100			
4	201	201							
4079	12585	15	218	12352	146	6		140	
	139	139							
	75	10	10	55					
	26	26							
	54	54			104	104			
	11	11							
	12	12							
					23	23			
	39		39						
	8390	7811	5	574	193	193			
	107	107							
	4020	3629	4	387	20	20			
	3072	2884	1	187	84	84			
	1138	1138			71	71			
	53	53							
					18	18			

续表

科目	年末机构个数	年末人数				其中：公共预算财政拨款开支人数		
		合计	在职人员	离休人员	退休人员	小计	在职人员	离休人员
节能环保	13	664	664			91	91	
环境保护管理事务	7	446	446			65	65	
环境监测与监察		44	44					
污染防治	1	19	19					
自然生态保护								
天然林保护	1	48	48					
退耕还林								
风沙荒漠治理								
退牧还草								
已垦草原退耕还草								
能源节约利用								
污染减排	3	105	105			26	26	
可再生能源								
资源综合利用								
能源管理事务								
其他节能环保支出	1	2	2					
城乡社区事务	52	3570	3469	1	100	317	317	
城乡社区管理事务	22	1068	1068			298	298	
城乡社区规划与管理	2	52	52			19	19	
城乡社区公共设施								
城乡社区环境卫生	14	2081	1980	1	100			
建设市场管理与监督	11	284	284					
政府住房基金支出	2	10	10					
国有土地使用权出让收入安排的支出								
城市公用事业附加安排的支出								
国有土地收益基金支出								
农业土地开发资金支出								
新增建设用地土地有偿使用费安排的支出								
城市基础设施配套费安排的支出		15	15					
其他城乡社区事务支出	1	60	60					
农林水事务	72	5092	5085		7	564	564	
农业	37	3211	3205		6	427	427	
林业	18	892	891		1	59	59	
水利	11	920	920			59	59	
南水北调								
扶贫	2	7	7					
农业综合开发	4	62	62			19	19	
农村综合改革								
新菜地开发建设基金支出								
育林基金支出								
森林植被恢复费安排的支出								
中央水利建设基金支出								
地方水利建设基金支出								
大中型水库库区基金支出								

退休人员	公共预算财政补助开支人数				经费自理单位人数				年末学生人数
	小计	在职人员	离休人员	退休人员	小计	在职人员	离休人员	退休人员	
	529	529			44	44			
	381	381							
					44	44			
	19	19							
	48	48							
	79	79							
	2	2							
	2969	2868	1	100	284	284			
	665	665			105	105			
	17	17			16	16			
	2057	1956	1	100	24	24			
	230	230			54	54			
					10	10			
					15	15			
					60	60			
	4448	4441		7	80	80			
	2710	2704		6	74	74			
	832	831		1	1	1			
	856	856			5	5			
	7	7							
	43	43							

续表

科目	年末机构个数	年末人数				其中：公共预算财政拨款开支人数		
		合计	在职人员	离休人员	退休人员	小计	在职人员	离休人员
三峡水库库区基金支出								
南水北调工程基金支出								
国家重大水利工程建设基金支出								
其他农林水事务支出								
交通运输	11	571	548		23	169	169	
公路水路运输	9	503	480		23	169	169	
铁路运输								
民用航空运输								
邮政业支出								
车辆购置税支出								
海南省高等级公路车辆通行附加费安排的支出								
转让政府还贷道路收费权收入安排的支出								
车辆通行费安排的支出								
港口建设费安排的支出								
民航机场管理建设费安排的支出								
民航发展基金支出								
其他交通运输支出	2	68	68					
资源勘探电力信息等事务	39	1681	1681			198	198	
资源勘探开发和服务支出	1	96	96					
制造业	2	78	78			28	28	
建筑业	1	7	7					
电力监管支出								
工业和信息产业监管支出	3	52	52					
安全生产监管	24	1143	1143			103	103	
国有资产监管	1	38	38			28	28	
支持中小企业发展和管理支出	6	226	226			39	39	
散装水泥专项资金支出								
新型墙体材料专项基金支出		3	3					
农网还贷资金支出								
山西省煤炭可持续发展基金支出								
其他资源勘探电力信息等事务支出	1	38	38					
商业服务业等事务	18	380	380			71	71	
商业流通事务	10	261	261			42	42	
旅游业管理与服务支出	7	72	72			29	29	
涉外发展服务支出	1	47	47					
旅游发展基金支出								
其他商业服务业等事务支出								
金融监管等事务支出								
金融部门行政支出								
金融部门监管支出								
金融发展支出								
金融调控支出								
农村金融发展支出								
其他金融监管等事务支出								

	公共预算财政补助开支人数				经费自理单位人数				年末学生人数
退休人员	小计	在职人员	离休人员	退休人员	小计	在职人员	离休人员	退休人员	
	273	250		23	129	129			
	205	182		23	129	129			
	68	68							
	1312	1312			171	171			
	96	96							
	50	50							
	7	7							
	52	52							
	872	872			168	168			
	10	10							
	187	187							
					3	3			
	38	38							
	297	297			12	12			
	207	207			12	12			
	43	43							
	47	47							

续表

科目	年末机构个数	年末人数				其中：公共预算财政拨款开支人数		
		合计	在职人员	离休人员	退休人员	小计	在职人员	离休人员
地震灾后恢复重建支出								
倒塌毁损民房恢复重建								
基础设施恢复重建								
公益服务设施恢复重建								
农业林业恢复生产和重建								
工商企业恢复生产和重建								
党政机关恢复重建								
军队武警恢复重建支出								
其他恢复重建支出								
援助其他地区支出								
一般公共服务								
教育								
文化体育与传媒								
医疗卫生								
节能环保								
农业								
交通运输								
住房保障								
其他支出								
国土资源气象等事务	15	1439	1428		11	197	197	
国土资源事务	10	1411	1400		11	189	189	
海洋管理事务								
测绘事务								
地震事务	4	25	25			8	8	
气象事务	1	3	3					
其他国土资源气象等事务支出								
住房保障支出								
保障性安居工程支出								
住房改革支出								
城乡社区住宅								
粮油物资储备事务	11	289	289			76	76	
粮油事务	9	273	273			76	76	
物资事务	2	14	14					
能源储备								
粮油储备		2	2					
重要商品储备								
其他支出(类)	3	43	43			9	9	
其他政府性基金支出								
汶川地震捐赠支出								
彩票发行销售机构业务费安排的支出	1	15	15					
彩票公益金安排的支出								
其他支出(款)	2	28	28			9	9	

	公共预算财政补助开支人数				经费自理单位人数				年末学生人数
退休人员	小计	在职人员	离休人员	退休人员	小计	在职人员	离休人员	退休人员	
	974	974			268	257		11	
	954	954			268	257		11	
	17	17							
	3	3							
	200	200			13	13			
	197	197							
	1	1			13	13			
	2	2							
	19	19			15	15			
					15	15			
	19	19							

表2-15

晋城市乡镇基本情况表(2012年)

项　　目	数　　额
本年乡镇数	78
其中:实行“乡财县管”的乡镇数	42
乡镇财政机构数	78
其中:财税所数	31
已建立乡镇国库的乡镇数	
税务所机构数	66
国家税务所数	23
地方税务所数	43
其中:一乡(镇)一所数	14
乡镇财政所总人数	221
行政编制实有人数	123
事业编制实有人数	87
以工代干人数	4
集体财务人员人数	7
乡镇财政供养人数	20263
公共预算财政拨款开支人数	2895
公共预算财政补助开支人数	17368
其中:教师	12023
赤字乡镇个数	
乡镇年末总人口(万人)	181
城镇人口(万人)	40
乡村人口(万人)	141
乡镇公共财政收入分档	
100万元(不含)以下的乡镇数	21
100万元(含)-500万元的乡镇数	24
500万元(含)-1000万元的乡镇数	12
1000万元(含)以上的乡镇数	21
村民委员会个数	2218

表2-16

晋城市相关指标表(2012年)

单位:万元

项目	数额	项目	数额
上划税收		年初地方政府债券	80000
上划中央税收	1095107	本年地方政府债券收入	
上划中央国内增值税	661364	本年地方政府债券转贷收入	10000
上划中央国内消费税	8922	本年地方政府债券转贷支出	
上划中央企业所得税	377670	本年地方政府债券还本支出	20000
上划中央个人所得税	47151	本年由上级代还地方政府债券	
上划省税收	210590	年末地方政府债券	70000
增值税	66137	地区间援助收支	
营业税	51071	11013接受其他地区援助收入	
企业所得税	75530	北京市	
个人所得税	9430	天津市	
资源税	8422	河北省	
固定资产投资方向调节税		山西省	
城市维护建设税		内蒙古自治区	
房产税		辽宁省	
印花税		辽宁省(不含大连对辽宁其他城市的援助收入)	
城镇土地使用税		大连市(不含省内其他城市对大连的援助收入)	
土地增值税		吉林省	
车船税		黑龙江省	
耕地占用税		上海市	
契税		江苏省	
烟叶税		浙江省	
其他税收收入		浙江省(不含宁波对浙江其他城市的援助收入)	
上划地市税收		宁波市(不含省内其他城市对宁波的援助收入)	
增值税		安徽省	
营业税		福建省	
企业所得税		福建省(不含厦门对福建其他城市的援助收入)	
个人所得税		厦门市(不含省内其他城市对厦门的援助收入)	
资源税		江西省	
固定资产投资方向调节税		山东省	
城市维护建设税		山东省(不含青岛对山东其他城市的援助收入)	
房产税		青岛市(不含省内其他城市对青岛的援助收入)	
印花税		河南省	
城镇土地使用税		湖北省	
土地增值税		湖南省	
车船税		广东省	
耕地占用税		广东省(不含深圳对广东其他城市的援助收入)	
契税		深圳市(不含省内其他城市对深圳的援助收入)	
烟叶税		广西壮族自治区	
其他税收收入		海南省	
地方政府债券		重庆市	

续表

单位:万元

项目	数额	项目	数额
四川省		重庆市	
贵州省		四川省	
云南省		贵州省	
西藏自治区		云南省	
陕西省		西藏自治区	
甘肃省		陕西省	
青海省		甘肃省	
宁夏回族自治区		青海省	
新疆维吾尔自治区		宁夏回族自治区	
23013援助其他地区支出		新疆维吾尔自治区	
北京市		**政府收支统计**	
天津市		公共财政收入、政府性基金收入、国有资本经营收入、社会保险基金收入、财政专户管理资金收入中重复计算部分	29484
河北省			
山西省		财政对社会保险基金的补助	29484
内蒙古自治区		收入中其他重复计算的部分	
辽宁省		收入中其他重复计算的部分情况说明	
辽宁省(不含省内其他城市对大连的援助支出)		公共财政支出、政府性基金支出、国有资本经营支出、社会保险基金支出、财政专户管理资金支出中重复计算部分	29484
大连市(不含大连对辽宁其他城市的援助支出)		财政对社会保险基金的补助	29484
吉林省		支出中其他重复计算的部分	
黑龙江省		支出中其他重复计算的部分情况说明	
上海市		**权责发生制及年初预算**	
江苏省		**权责发生制核算的资金期初数**	245399
浙江省		其中:公共财政预算	185045
浙江省(不含省内其他城市对宁波的援助支出)		**权责发生制核算的资金期末数**	372815
宁波市(不含宁波对浙江其他城市的援助支出)		其中:公共财政预算	284101
安徽省		**本年权责发生制核算的资金**	311868
福建省		其中:公共财政预算	240170
福建省(不含省内其他城市对厦门的援助支出)		**本年国库集中支付结余**	311868
厦门市(不含厦门对福建其他城市的援助支出)		其中:公共财政预算	240170
江西省		**公共财政预算国库集中支付年终结余期初数**	185045
山东省		**公共财政预算国库集中支付年终结余期末数**	284101
山东省(不含省内其他城市对青岛的援助支出)		**报人大的全辖公共财政支出年初预算数**	961636
青岛市(不含青岛对山东其他城市的援助支出)		**全辖公共财政支出年初预算数**	
河南省		**人大批准的公共财政支出年初预算(汇总)数**	961636
湖北省		**其他统计指标**	
湖南省		**地区生产总值**	10116000
广东省		**总人口(万人)**	229
广东省(不含省内其他城市对深圳的援助支出)		**耕地面积(公顷)**	202743
深圳市(不含深圳对广东其他城市的援助支出)		**人均耕地面积(亩)**	1.33
广西壮族自治区		**居民人均可支配收入(元)**	22565
海南省		**农民人均纯收入(元)**	8037

表 2-17

晋城市公共财政收入决算表（1985-1997 年）

单位：万元

科目＼年份	1985	1986	1987	1988	1989	1990	1991	1992	1993	1994	1995	1996	1997
公共财政收入	10927	11670	11640	14326	18119	20118	25816	23967	30952	26894	37421	46280	52087
工商税收类	11019	8824	9016	11289	14262	16848	18542	20578	25926	17729	23154	29295	36660
农牧业税和耕地占用税类		695	721	1179	1197	1350	1270	1741	2119	2157	2386	3078	2584
国企（企业）所得税		1841	1673	2210	2979	3117	3840	3973	3733	5296	5491	7440	8856
国企调节税		331	102	102	218	530	150	139	45				
国企上缴利润类		135	99	190	120	273	229	166	115	86	201	188	397
国企计划亏损补贴类		-353	-319	-766	-1071	-2521	-2176	-3453	-2690	-1985	-2456	-4013	-3770
专款收入类	43	70	95	119	228	309	548	604	970	2433	2208	2260	
其他收入类	104	127	253	378	789	1065	1058	758	1188	1266	3567	47	
国企承包收入退库类				-375	-603	-853	-591	-539	-454				
社保基金收入类							2946						
专款收入类													
企业收入	145												
企业亏损及价格补贴	-384												
排污费收入													
城市水资源费收入													
教育费附加收入													
所得税退库										-88	-35	-1	-116
煤炭城市建设附加收入													
罚没收入											2905	3776	3215
国土收入												3242	2689
行政性收费												968	1572

表 2-18

晋城市公共财政收入决算表（1998-2012 年）

单位：万元

科目＼年份	1998	1999	2000	2001	2002	2003	2004	2005	2006	2007	2008	2009	2010	2011	2012
公共财政收入	61784	67162	70794	85943	80676	102779	138483	200454	264926	340783	418641	480742	554890	679222	829056
增值税	13233	14357	14879	17715	20822	29739	39847	52402	62433	78303	97244	127785	133452	150226	154221
营业税	11403	12380	13927	14021	12400	14100	18459	24061	34444	39918	55978	63497	77976	94411	119171
企业所得税	8308	10151	12735	20489	7526	8123	19573	37589	51703	76776	71745	80922	97552	121738	176241
个人所得税	6016	5832	5985	6054	4381	3814	4445	5902	9237	12364	14741	12842	18539	23890	22003
资源税	3446	3826	4168	4728	5304	5708	7355	13516	16477	20576	17984	15175	16902	17170	19649
固定资产投资方向调节税															14
城市维护建设税	3224	3427	3158	4490	6456	7848	8991	13437	19856	22945	24517	30471	35481	45575	49093
房产税	1987	2310	2122	2209	2678	3337	2865	3631	5828	6274	6876	9975	11082	16463	13524
印花税	216	328	299	591	772	1041	1175	1819	2461	3027	4453	5970	7948	7737	9927
城镇土地使用税	535	688	736	662	868	725	951	3313	4039	6911	17991	19020	17886	23663	23172
土地增值税			24			1	12	43	91	882	1100	555	1874	6028	8921
车船税	373	380	338	327	239	497	92	314	324	761	2053	2280	5957	5450	7275
耕地占用税	148	198	136	222	368	610	513	679	839	1017	2804	1011	2151	2089	2388
契税	150	234	243	341	623	688	1453	1991	2362	3255	4750	5996	5143	6408	9399
其他税收收入	4150	3105	2787	3162	3579	2703	1645	6							
国营企业计划亏损补贴	-3997	-2745	-2579	-1960	-1621	-1580	-3380	-2718	-1451						
国有资产经营收入	863	605	868	899	949	947	1233	1371	990	4691	4348	19074	17783	24732	17418
国有资源（资产）有偿使用收入	2229	1966								2786	2702	1652	2326	7385	12193
行政事业性收费收入	1585	1446	2113	2369	3296	9176	13023	15994	16916	17741	25930	22965	21026	38009	47788
罚没收入	4878	5504	5066	5065	6669	8023	11092	12031	15299	14267	22523	19878	28254	22459	58593
专项收入	2893	3075	3769	4248	5355	6730	8340	14141	21205	28289	40839	41429	51911	62666	73936
其他收入	144	95	20	311	12	549	799	932	1873		63	245	1647	3123	4130

表2-19

晋城市财政收支增长表(1985-2012年)

年　份	财政总收入(万元)	公共财政收入(万元)	公共财政支出(万元)	同比增幅(%)		
				财政总收入	公共财政收入	公共财政支出
1985	10927	10927	12764			
1986	11670	11670	15189	6.80	6.80	19.00
1987	11640	11640	13933	-0.25	-0.26	-8.27
1988	14326	14326	17248	23.08	23.08	23.79
1989	18119	18119	21975	26.48	26.48	27.41
1990	20118	20118	23924	11.03	11.03	8.87
1991	25816	25816	27701	28.32	28.32	15.79
1992	23967	23967	27252	-7.16	-7.16	-1.62
1993	30952	30952	32562	29.14	29.14	19.48
1994	41174	26894	41608	33.03	-13.11	27.78
1995	58211	37421	53141	41.38	39.14	27.72
1996	73463	46280	63945	26.20	23.67	20.33
1997	89292	52087	75295	21.55	12.55	17.75
1998	101567	61784	83039	13.75	18.62	10.28
1999	110318	67162	90456	8.62	8.70	8.93
2000	115512	70794	99029	4.71	5.41	9.48
2001	139205	85943	124602	20.51	21.40	25.82
2002	222870	80676	153174	60.10	-6.13	22.93
2003	301223	102779	192517	35.16	27.40	25.69
2004	430941	138483	245342	43.06	34.74	27.44
2005	616693	200454	313156	43.10	44.75	27.64
2006	790065	264926	392581	28.11	32.16	25.36
2007	965526	340783	540495	22.21	28.63	37.68
2008	1131565	418641	632928	17.20	22.85	17.10
2009	1361365	480742	764896	20.31	14.83	20.85
2010	1532288	554890	895069	12.56	15.42	17.02
2011	1818009	679222	1132373	18.65	22.41	26.51
2012	2134753	829056	1298261	17.42	22.06	14.65

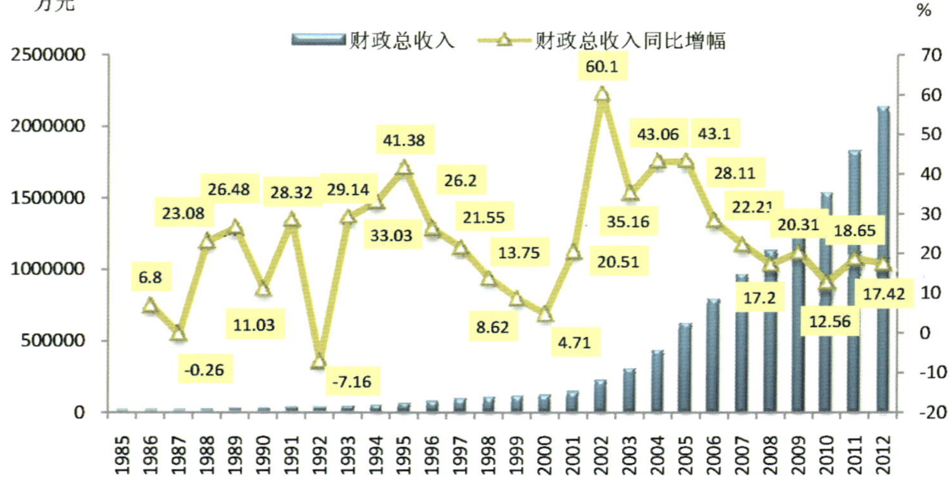

晋城市财政总收入情况图(1985-2012年)

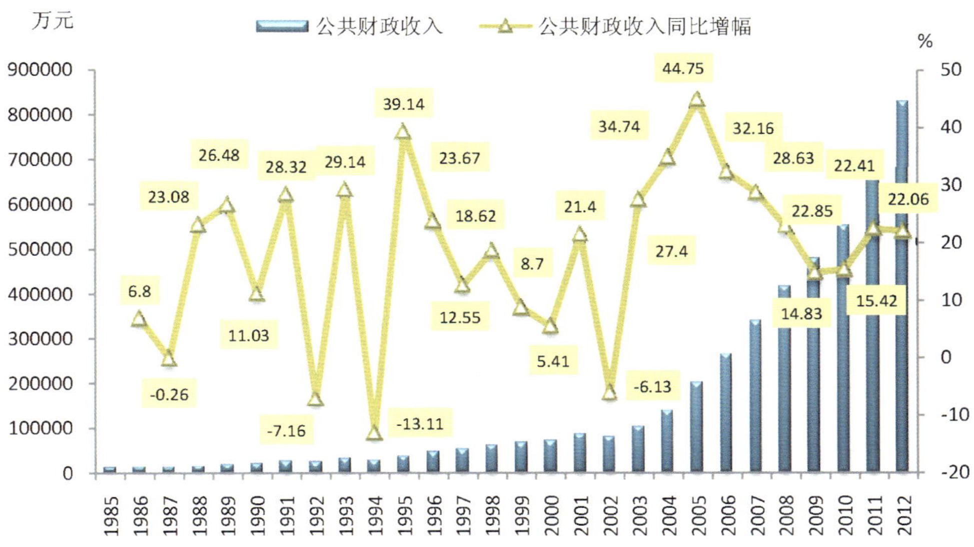

晋城市公共财政收入情况图（1985–2012年）

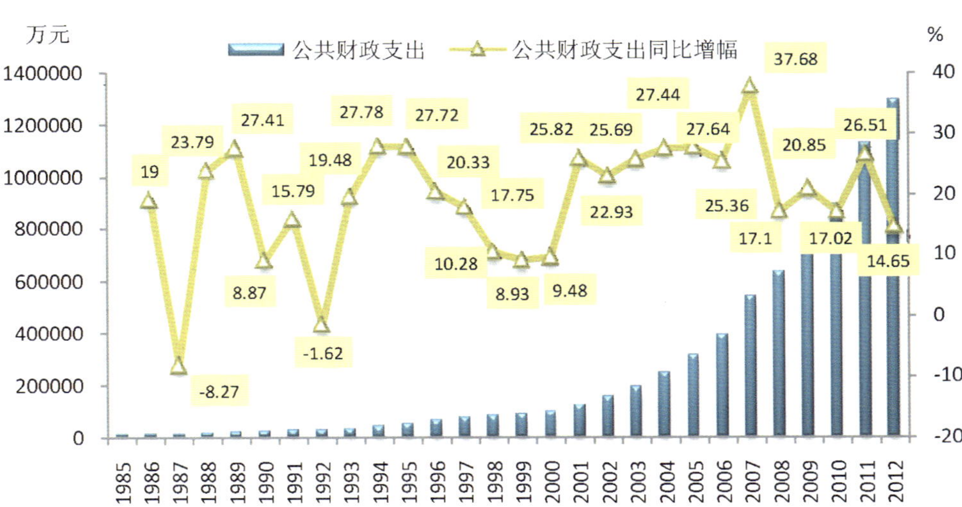

晋城市公共财政支出情况图（1985–2012年）

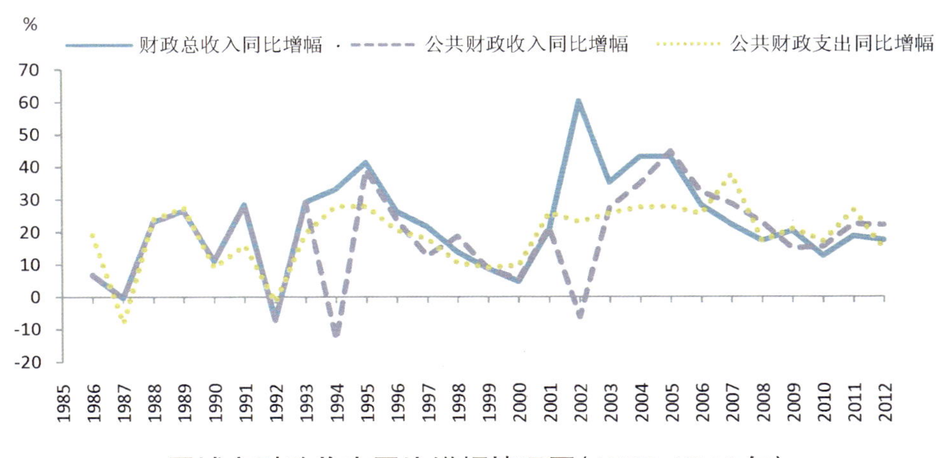

晋城市财政收支同比增幅情况图（1985–2012年）

表2-20

晋城市分县(市、区)财政收入完成情况表(2012年)

财政总收入					公共财政收入				
地　区	绝对额(亿元)	排名	同比增幅(%)	排名	地　区	绝对额(亿元)	排名	同比增幅(%)	排名
全　市	213.5		17.4		全　市	82.9		22.1	
城　区	11.6	5	37.7	1	城　区	7.0	5	34.9	1
泽州县	37.5	2	9.8	7	泽州县	12.5	1	15.2	6
高平市	42.3	1	16.1	6	高平市	11.9	2	16.0	5
阳城县	30.4	4	19.9	4	阳城县	8.8	4	13.4	7
陵川县	4.3	7	18.0	5	陵川县	1.5	7	20.4	4
沁水县	32.6	3	25.2	3	沁水县	9.1	3	25.2	3
开发区	5.7	6	30.3	2	开发区	2.7	6	33.8	2
市本级	49.1		13.2		市本级	29.4		26.0	

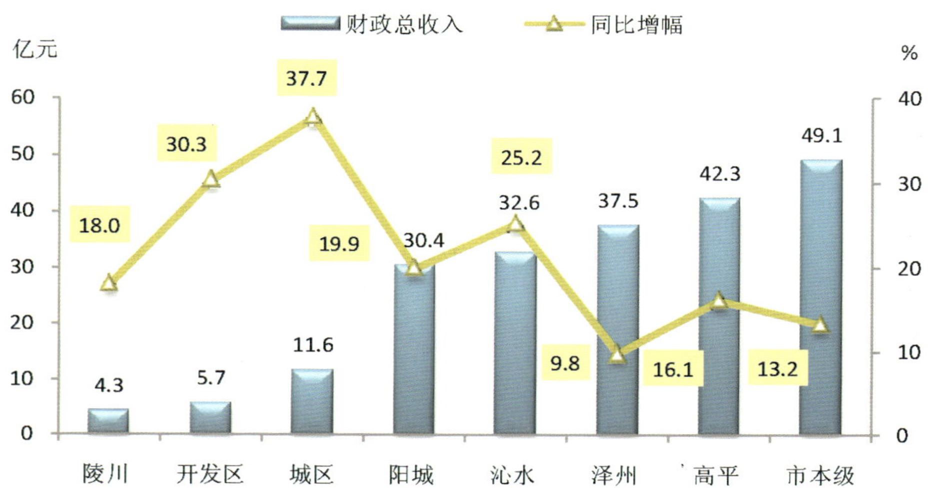

晋城市分县(市、区)财政总收入情况图(2012年)

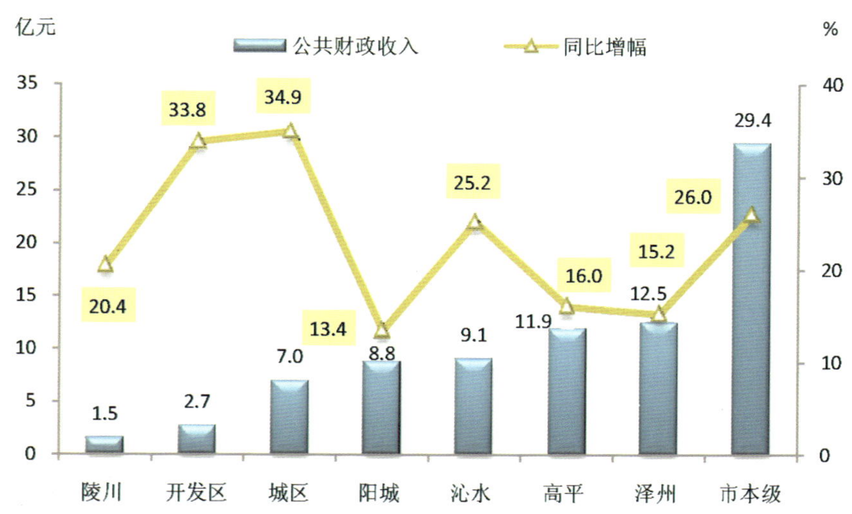

晋城市分县(市、区)公共财政收入情况图(2012年)

表 2-21

晋城市分县(市、区)公共财政支出完成情况表(2012年)

地　　区	绝对额(亿元)	排名	同比增幅(%)	排名
全　　市	129.7		14.5	
城　　区	11.0	6	25.8	1
泽 州 县	20.2	2	23.5	2
高 平 市	20.7	1	16.0	4
阳 城 县	17.3	3	12.9	6
陵 川 县	11.0	5	13.6	5
沁 水 县	14.1	4	21.9	3
开 发 区	2.3	7	-53.8	7
市 本 级	33.1		14.9	

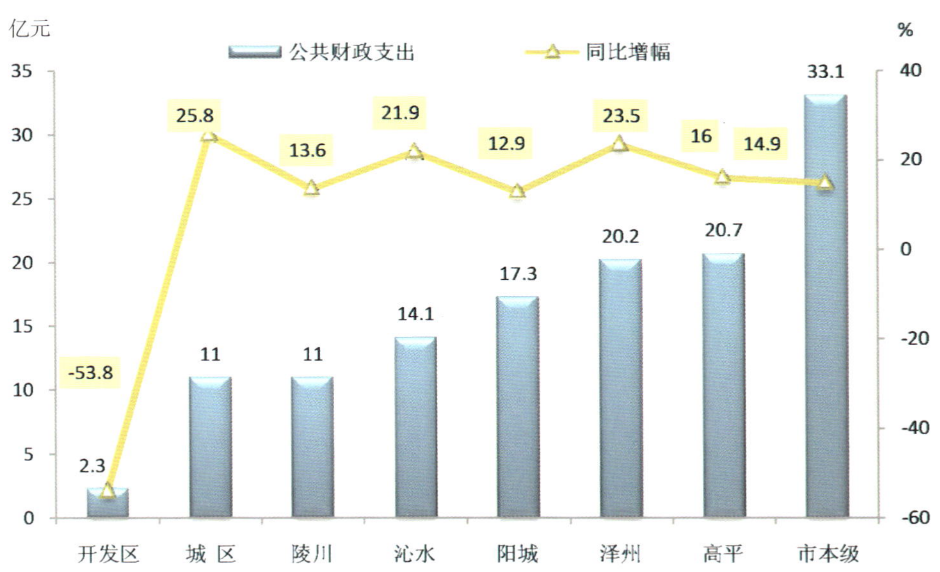

晋城市分县(市、区)公共财政支出情况图(2012年)

表2-22

晋城市各县(市、区)人均财政收支表(2012年)

单位:元/人

地　区	人口数	人均财政总收入	人均支出
城　区	380000	3052.63	2894.74
泽州县	490000	7653.06	4122.45
高平市	490000	8632.65	4224.49
阳城县	390000	7794.87	4435.90
陵川县	270000	1592.59	4074.07
沁水县	210000	15536.90	6714.29
开发区	10000	57000.00	23000.00

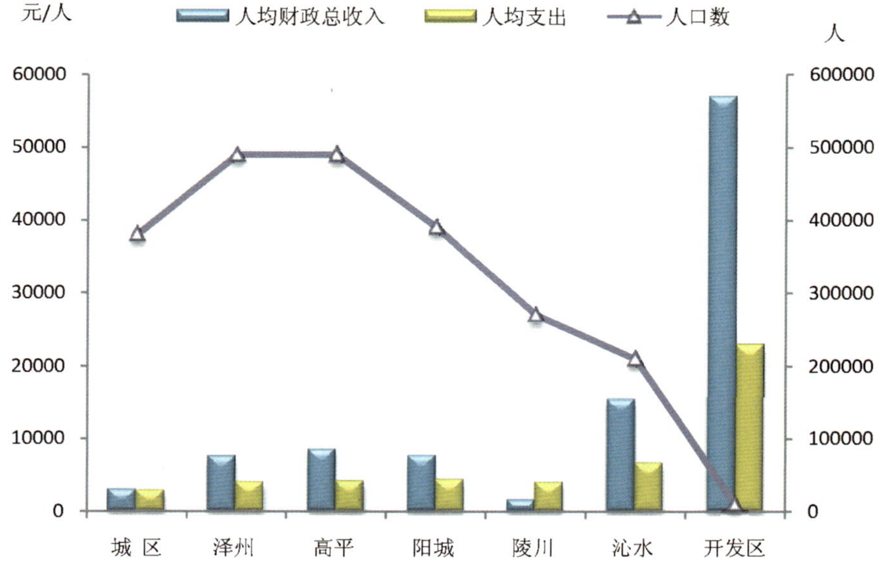

晋城市各县(市、区)人均财政收支图(2012年)

表 2-23

晋城市分县(市、区)财政收入完成预算情况表(2012年)

地　区	财政总收入			公共财政收入		
	预算数（万元）	完成数（万元）	占预算（%）	预算数（万元）	完成数（万元）	占预算（%）
城　区	98000	115926	118.29	60400	70166	116.17
泽 州 县	393000	375190	95.47	124650	124862	100.17
高 平 市	422922	423115	100.05	119060	119094	100.03
阳 城 县	316798	303889	95.93	89999	88005	97.78
陵 川 县	42100	42787	101.63	14737	15167	102.92
沁 水 县	326271	326275	100.00	90455	90532	100.09
开 发 区	56900	57138	100.42	25200	26930	106.87
市 本 级	512685	490433	95.66	272437	294300	108.02
合　计	2168676	2134753		796938	829056	

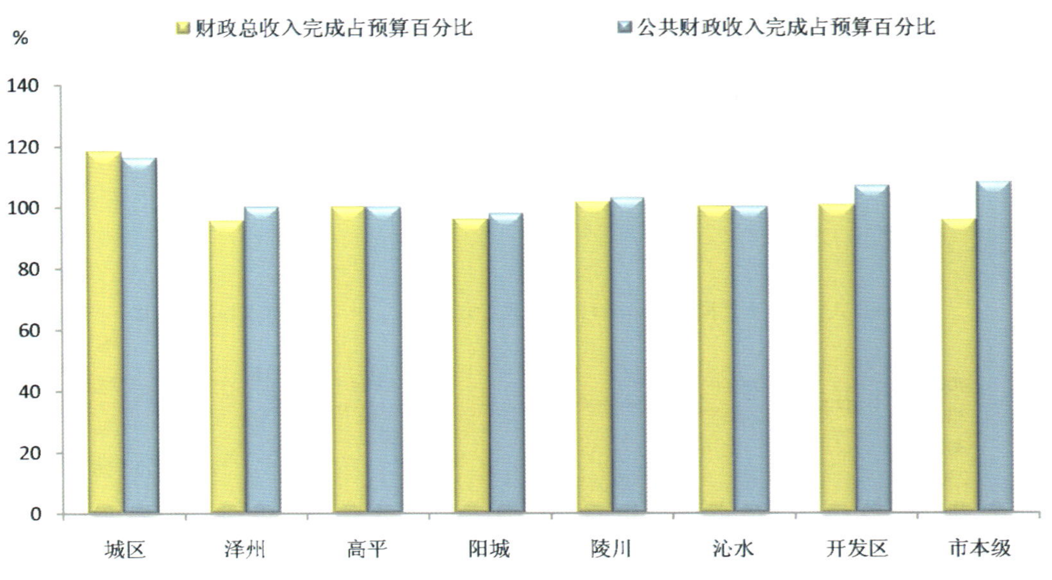

晋城市分县(市、区)财政收入完成预算情况图(2012年)

表2-24

晋城市分县(市、区)公共财政支出完成预算情况表(2012年)

地　　区	公共财政支出		
	预算数（万元）	完成数（万元）	占预算（%）
城　　区	112943	110142	97.52
泽 州 县	205371	202378	98.54
高 平 市	208844	206979	99.11
阳 城 县	174567	173222	99.23
陵 川 县	120343	110476	91.80
沁 水 县	142379	140676	98.80
开 发 区	22801	22610	99.16
市 本 级	351521	331778	94.38

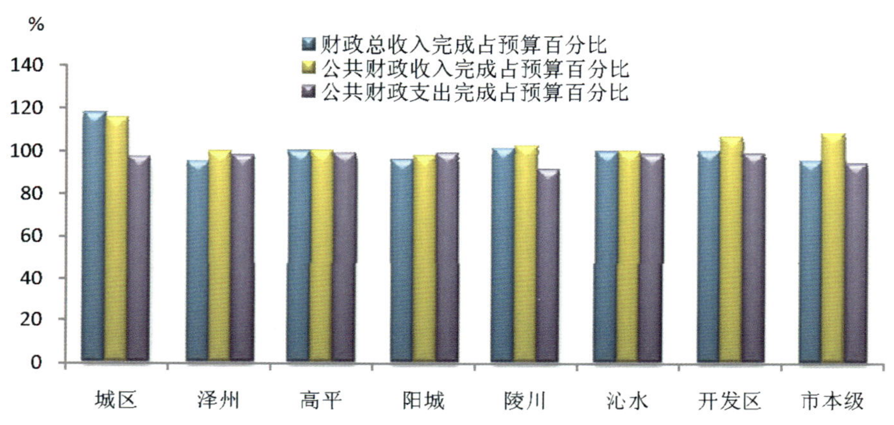

晋城市分县(市、区)财政收支完成预算情况图(2012年)

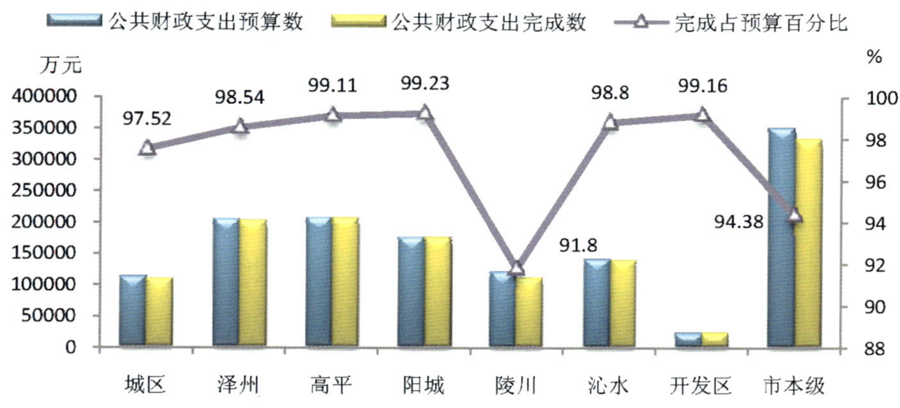

晋城市分县(市、区)公共财政支出完成预算情况图(2012年)

表 2-25

山西省分市财政收入完成情况表（2012 年）

地区	财政总收入				地区	公共财政收入			
	绝对额（亿元）	排名	同比增减（%）	排名		绝对额（亿元）	排名	同比增减（%）	排名
全省合计	2650.4		17.2		全省合计	1516.4		25.0	
太原市	454.5	1	15.6	9	太原市	215.7	1	23.4	6
吕梁市	341.7	2	23.4	1	吕梁市	141.9	2	41.2	1
长治市	302.1	3	18.2	3	长治市	133.5	3	27.9	2
晋城市	213.5	4	17.4	7	临汾市	110.8	4	24.3	4
晋中市	210.4	5	18.1	4	晋中市	99.2	5	27.2	3
朔州市	210.0	6	20.0	2	朔州市	84.3	6	18.8	10
临汾市	201.6	7	7.0	10	晋城市	82.9	7	22.1	7
大同市	190.7	8	17.6	6	大同市	80.3	8	24.2	5
忻州市	144.2	9	18.0	5	忻州市	65.2	9	21.7	9
阳泉市	141.0	10	16.1	8	阳泉市	56.9	10	22.0	8
运城市	80.1	11	-8.4	11	运城市	41.5	11	1.8	11

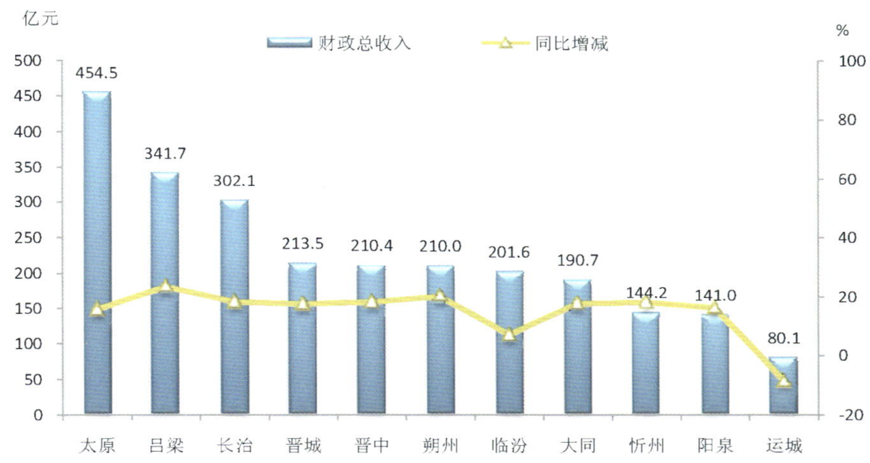

山西省分市财政总收入完成情况图（2012 年）

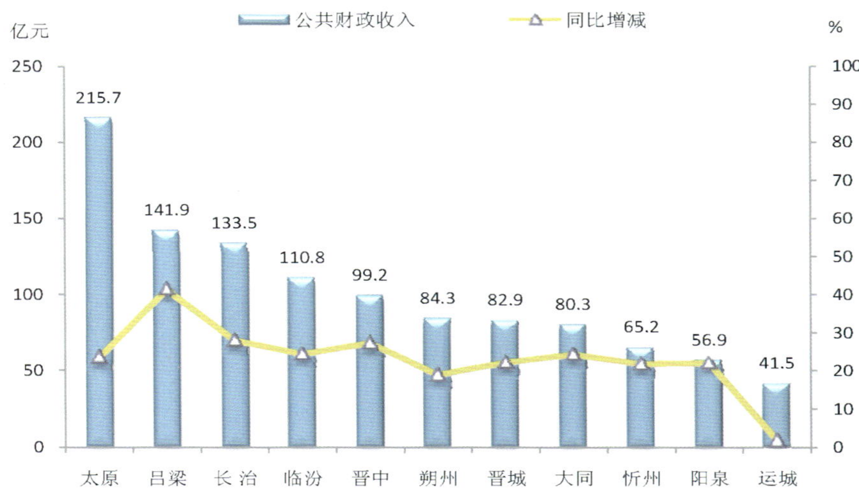

山西省分市公共财政收入完成情况图（2012 年）

表2-26

山西省分市公共财政支出完成情况表(2012年)

地　　　区	绝对额(亿元)	排　名	同比增减(%)	排　名
全省合计	2761.5		16.6	
太原市	278.1	1	16.2	7
吕梁市	244.1	2	29.0	1
临汾市	223.0	3	19.0	4
长治市	201.8	4	14.6	9
运城市	192.6	5	16.4	6
大同市	186.8	6	10.3	11
忻州市	181.6	7	19.3	3
晋中市	178.7	8	15.8	8
朔州市	140.4	9	18.7	5
晋城市	129.7	10	14.5	10
阳泉市	88.5	11	24.6	2

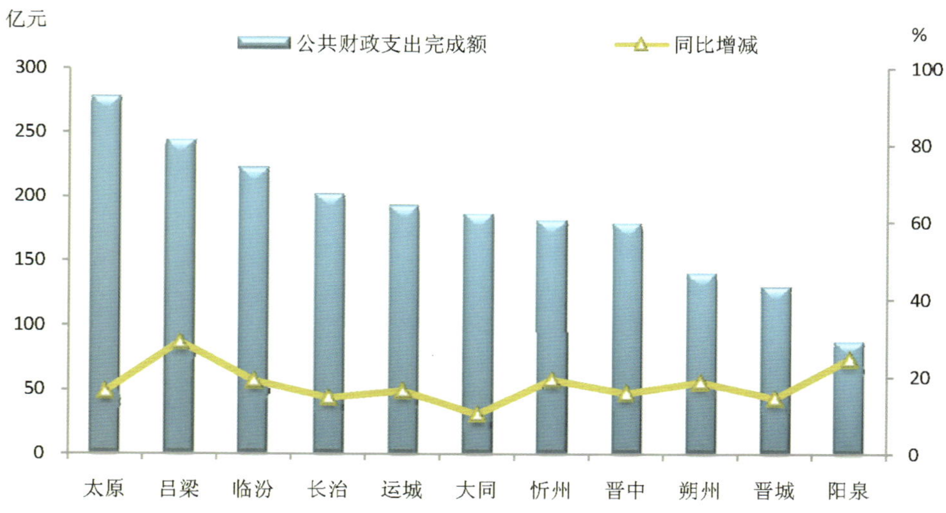

山西省分市公共财政支出完成情况图(2012年)

表 2-27

晋城市分县(市、区)财政总收入情况表(1985－2012年)

单位:万元

年份＼地区	合计	城区	泽州县	沁水县	阳城县	高平市	陵川县	开发区	市本级
1985	10927	2031	1600	576	1916	2243	626		1935
1986	11670	2205	1869	614	2062	2391	675		1854
1987	11640	2815	2008	666	2267	2036	740		1108
1988	14326	3892	2408	825	2616	2292	840		1453
1989	18119	4764	2993	1064	3313	2971	1025		1989
1990	20118	2239	3008	1191	3796	3022	1053		5809
1991	25816	2285	3799	1731	4326	3737	1280		8658
1992	23967	2266	4380	1725	4429	3353	1282		6532
1993	30952	2963	5888	2195	5683	4191	1686		8346
1994	41174	3445	8109	2595	7150	5836	1928		12111
1995	58211	4777	11810	3442	10035	8226	2806		17115
1996	73463	5669	15657	4319	12827	10696	4067		20228
1997	89292	6883	18901	5048	15538	12845	4948		25129
1998	101567	7741	21456	5935	17692	14484	5548		28711
1999	110318	8598	23800	6726	19447	15876	5248		30623
2000	115512	9146	24293	7225	21145	15181	5420		33102
2001	139205	10654	25251	9043	25538	17816	5612		45291
2002	222870	13161	28713	14243	40616	26063	7589	1627	90858
2003	301223	15557	36888	20104	54254	36188	10239	3331	124662
2004	430941	20612	55211	35498	66388	61518	14364	6605	170745
2005	616693	26563	67704	51425	91688	86188	17259	8015	267851
2006	790065	33630	86518	60110	110099	113888	18113	10002	357705
2007	965529	40487	172702	113186	176128	167248	20410	12733	262635
2008	1131565	50312	207582	142540	200199	215888	23132	20007	271905
2009	1361365	56779	260362	194966	221988	288000	25377	25797	288096
2010	1532288	64317	296609	222276	250918	314288	27747	32487	323646
2011	1818009	84186	341725	260651	253438	364588	36256	43842	433323
2012	2134753	115926	375190	326275	303889	423115	42787	57138	490433

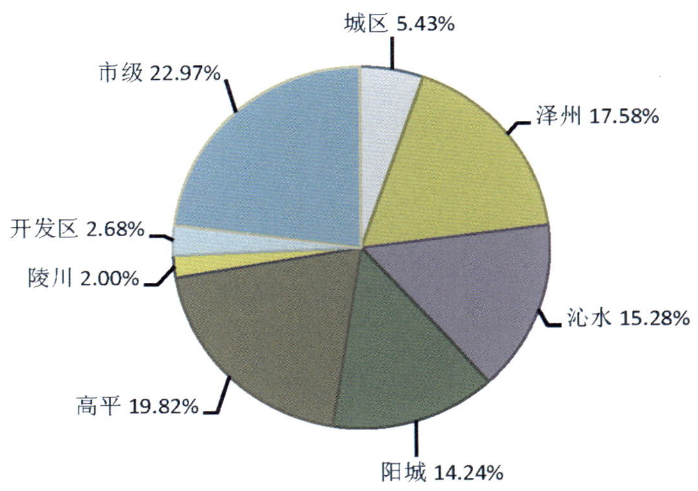

晋城市分县(市、区)财政总收入情况图(2012年)

表 2-28

晋城市分县(市、区)公共财政收入情况表(1985－2012年)

单位:万元

年份＼地区	合计	城区	泽州县	沁水县	阳城县	高平市	陵川县	开发区	市本级
1985	10927	2031	1600	576	1916	2243	626		1935
1986	11670	2205	1869	614	2062	2391	675		1854
1987	11640	2815	2008	666	2267	2036	740		1108
1988	14326	3892	2408	825	2616	2292	840		1453
1989	18119	4764	2993	1064	3313	2971	1025		1989
1990	20118	2239	3008	1191	3796	3022	1053		5809
1991	25816	2285	3799	1731	4326	3737	1280		8658
1992	23967	2266	4380	1725	4429	3353	1282		6532
1993	30952	2963	5888	2195	5683	4191	1686		8346
1994	26894	2098	5578	1898	4284	3638	1209		8189
1995	37421	2741	7330	2443	5837	4829	1789		12452
1996	46280	3304	9531	3095	7247	6253	2617		14233
1997	52087	3897	10925	3261	8283	6972	3004		15745
1998	61784	4747	12805	4022	9741	8055	3426		18988
1999	67162	5277	14114	4542	10472	8578	3320		20859
2000	70794	5618	14275	4789	11567	8387	3439		22719
2001	85943	6807	15494	5904	14453	10429	3514		29342
2002	80676	6177	11096	5216	13211	9331	3525	756	31364
2003	102779	7198	13327	6645	16125	12404	4524	1627	40929
2004	138483	8957	18034	11181	20118	20260	5777	2910	51246
2005	200454	11743	21200	15967	25980	28772	6857	3177	86758
2006	264926	16211	28667	21118	32588	36762	7193	3331	119056
2007	340783	20936	50232	32720	43650	46972	7227	4979	134067
2008	418641	27636	63557	41000	49795	58624	8270	9560	160199
2009	480742	32510	81168	52703	55099	73457	9063	11386	165356
2010	554890	37492	93427	62286	64698	85810	10339	14736	186102
2011	679222	52001	108388	72302	77585	102639	12596	20125	233586
2012	829056	70166	124862	90532	88005	119094	15167	26930	294300

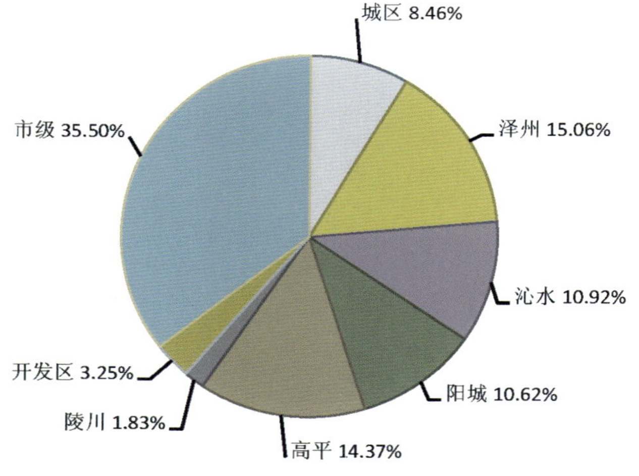

晋城市分县(市、区)公共财政收入情况图(2012年)

表 2-29

晋城市分县(市、区)公共财政支出情况表(1985－2012年)

单位:万元

年份＼地区	合计	城区	泽州县	沁水县	阳城县	高平市	陵川县	开发区	市本级
1985	12764	988	1838	1385	1645	1716	1424		3768
1986	15189	1132	2301	1555	2012	1752	1683		4754
1987	13933	1241	2290	1529	1809	1494	1403		4167
1988	17248	1921	2760	2030	2315	2149	1779		4294
1989	21975	2715	3533	2337	3066	2782	2109		5433
1990	23924	1566	3964	2489	3294	2674	2326		7611
1991	27701	1730	4097	3291	3673	3367	2623		8920
1992	27252	1899	4704	2878	3817	3410	2642		7902
1993	32562	2284	5867	3213	4902	3781	3066		9449
1994	41608	2977	7328	3693	6200	5285	3871		12254
1995	53141	3892	8410	4542	7356	6424	5704		16813
1996	63945	4385	10297	5889	9679	8228	6385		19082
1997	75295	5511	13072	6581	10861	9186	7211		22873
1998	83039	6796	13850	7041	12324	10453	7290		25285
1999	90456	6789	15910	8415	13120	11363	8186		26673
2000	99029	6987	17365	8932	15852	13471	8218		28204
2001	124602	8992	21195	11503	21536	17704	9862		33810
2002	153174	11482	25889	14704	24211	21073	11552	503	43760
2003	192517	14277	30622	18248	28839	28188	14903	4763	52677
2004	245342	16787	40001	26248	36168	36088	18870	3727	67453
2005	313156	20269	46755	32272	45685	46167	23571	2342	96095
2006	392581	27751	62626	40312	56089	58972	27741	3427	115663
2007	540495	39083	79202	52009	73526	75486	39547	3653	177989
2008	632928	45775	89114	62749	84535	100688	48728	7468	193871
2009	764896	56785	120262	79868	105462	127688	64844	8776	201211
2010	895069	67686	141522	100327	119401	143688	75004	11541	235900
2011	1132373	87501	163694	115322	153257	178266	97265	48847	288221
2012	1298261	110142	202378	140676	173222	206979	110476	22610	331778

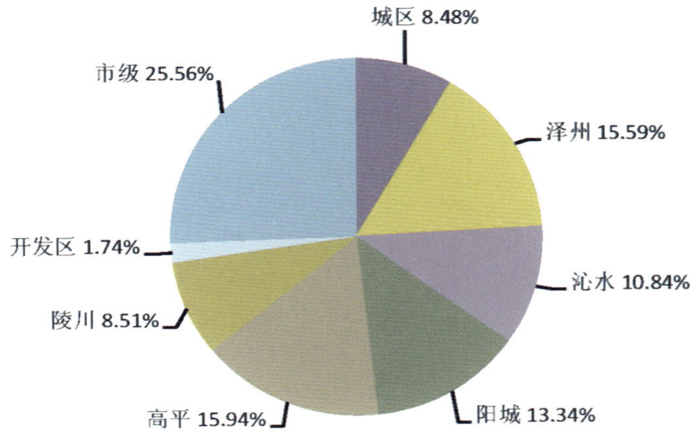

晋城市分县(市、区)公共财政支出情况图(2012年)

表2-30

山西省及各市财政总收入占

年份 \ 地区	全省	太原市	大同市	阳泉市	长治市
1985					
财政总收入	249905	50872	25273	14261	13457
GDP	2190000	442000	283000	116000	247000
收入占GDP比重(%)	11.4	11.5	8.9	12.3	5.4
1986					
财政总收入	286395	54020	28825	15622	15561
GDP	2351000	484000	327000	138000	261000
收入占GDP比重(%)	12.2	11.2	8.8	11.3	6.0
1987					
财政总收入	336124	62588	34470	16747	20060
GDP	2572000	551000	376000	153000	296000
收入占GDP比重(%)	13.1	11.4	9.2	10.9	6.8
1988					
财政总收入	390409	71623	40406	17992	25053
GDP	3167000	699000	414000	181000	352000
收入占GDP比重(%)	12.3	10.2	9.8	9.9	7.1
1989					
财政总收入	483119	88892	47587	23128	31853
GDP	3763000	842000	469000	221000	393000
收入占GDP比重(%)	12.8	10.6	10.1	10.5	8.1
1990					
财政总收入	517495	92130	52308	24726	32786
GDP	4293000	939000	568000	239000	461000
收入占GDP比重(%)	12.1	9.8	9.2	10.3	7.1
1991					
财政总收入	555904	100769	55773	26361	35845
GDP	4685000	1067000	695000	251000	536000
收入占GDP比重(%)	11.9	9.4	8.0	10.5	6.7
1992					
财政总收入	579753	100562	56938	26408	36753
GDP	5511000	1284000	783000	329000	586000
收入占GDP比重(%)	10.5	7.8	7.3	8.0	6.3
1993					
财政总收入	724196	131855	70759	35153	55376
GDP	6804000	1592000	881000	383000	653000
收入占GDP比重(%)	10.6	8.3	8.0	9.2	8.5
1994					
财政总收入	995658	159800	122035	45208	67130
GDP	8267000	1913000	1066000	489000	753000
收入占GDP比重(%)	12.0	8.4	11.4	9.2	8.9
1995					
财政总收入	1293837	387034	110338	61500	89190
GDP	10760000	2330000	1238000	651000	968000
收入占GDP比重(%)	12.0	16.6	8.9	9.4	9.2
1996					
财政总收入	1501524	409098	134507	70053	108026
GDP	12921000	2817000	1455000	739000	1186000
收入占GDP比重(%)	11.6	14.5	9.2	9.5	9.1
1997					
财政总收入	1639934	482939	145601	77984	128017
GDP	14760000	3271000	1513000	820000	1322000
收入占GDP比重(%)	11.1	14.8	9.6	9.5	9.7
1998					
财政总收入	1821668	531883	159734	81600	140106
GDP	16111000	3508000	1661000	879000	1422000
收入占GDP比重(%)	11.3	15.2	9.6	9.3	9.9

GDP比重情况表(1985-2012年)

单位:万元

晋城市	朔州市	晋中市	运城市	忻州市	临汾市	吕梁市
10927	9290	19120	15816	12958	14943	11560
138000	87000	200000	189000	108000	202000	127000
7.9	10.7	9.6	8.4	12.0	7.4	9.1
11669	10447	19815	15756	14216	16996	11920
155000	100000	221000	202000	99000	198000	144000
7.5	10.4	9.0	7.8	14.4	8.6	8.3
11640	11404	22851	19637	16444	19792	15490
167000	119000	248000	239000	119000	216000	163000
7.0	9.6	9.2	8.2	13.8	9.2	9.5
14326	14091	26356	22163	18097	23021	20590
195000	149000	298000	299000	159000	272000	188000
7.3	9.5	8.8	7.4	11.4	8.5	11.0
18119	15070	34564	26367	20248	28388	23645
236000	176000	346000	383000	190000	319000	223000
7.7	8.6	10.0	6.9	10.7	8.9	10.6
20118	18223	36561	26661	24026	30860	26636
269000	217000	377000	449000	207000	381000	265000
7.5	8.4	9.7	5.9	11.6	8.1	10.1
25816	20037	33318	30458	25835	30513	30924
294000	237000	393000	454000	238000	388000	281000
8.8	8.5	8.5	6.7	10.9	7.9	11.0
23967	21647	35463	30106	27682	33025	34630
378000	299000	420000	544000	283000	473000	340000
6.3	7.2	8.4	5.5	9.8	7.0	10.2
30952	29452	45937	39723	35585	49123	50593
541000	370000	553000	693000	371000	636000	563000
5.7	8.0	8.3	5.7	9.6	7.7	9.0
41174	39161	61084	53425	38522	59989	75279
652000	466000	750000	850000	460000	821000	690000
6.3	8.4	8.1	6.3	8.4	7.3	10.9
58211	48010	81473	77516	52191	80578	64322
831000	524000	986000	1028000	558000	993000	802000
7.0	9.2	8.3	7.5	9.4	8.1	8.0
73463	56157	100249	100016	62696	100114	106308
1008000	633000	1166000	1189000	727000	1249000	922000
7.3	8.9	8.6	8.4	8.6	8.0	11.5
89292	60852	110045	113774	70945	113221	69166
1111000	736000	1302000	1367000	768000	1479000	959000
8.0	8.3	8.5	8.3	9.2	7.7	7.2
101567	64118	115562	132913	76407	126187	77970
1246000	802000	1381000	1556000	817000	1680000	985000
8.2	8.0	8.4	8.5	9.4	7.5	7.9

续表

年份 \ 地区	全 省	太原市	大同市	阳泉市	长治市
1999					
财政总收入	1815460	507581	146257	78800	140582
GDP	16671000	3646000	1588000	915000	1566000
收入占GDP比重(%)	10.9	13.9	9.2	8.6	9.0
2000					
财政总收入	1945545	517308	149956	80566	150475
GDP	18457000	3963000	1744000	981000	1744000
收入占GDP比重(%)	10.5	13.1	8.6	8.2	8.6
2001					
财政总收入	2436878	641700	167693	89093	179127
GDP	20295000	4512000	1962000	1068000	1910000
收入占GDP比重(%)	12.0	14.2	8.5	8.3	9.4
2002					
财政总收入	2924411	725100	294395	167017	257848
GDP	23248000	5031000	2267000	1178000	2150000
收入占GDP比重(%)	12.6	14.4	13.0	14.2	12.0
2003					
财政总收入	3795930	916232	362226	204185	365187
GDP	28552000	6137000	2649000	1378000	2637000
收入占GDP比重(%)	13.3	14.9	13.7	14.8	13.8
2004					
财政总收入	5362700	1201736	456149	274518	510092
GDP	35714000	7638000	3245000	1686000	3269000
收入占GDP比重(%)	15.0	15.7	14.1	16.3	15.6
2005					
财政总收入	7581168	1630473	619888	371214	713898
GDP	41795000	8932000	3702000	2054000	3987000
收入占GDP比重(%)	18.1	18.3	16.7	18.1	17.9
2006					
财政总收入	10481656	1921901	751502	438121	1012351
GDP	47150000	10136000	4059000	2374000	4604000
收入占GDP比重(%)	22.2	19.0	18.5	18.5	22.0
2007					
财政总收入	12005356	2404002	930428	570210	1251925
GDP	57334000	12549000	4908000	2732000	5506000
收入占GDP比重(%)	20.9	19.2	19.0	20.9	22.7
2008					
财政总收入	15180200	3068770	1222776	681341	1595495
GDP	69387000	14681000	5657000	3108000	6821000
收入占GDP比重(%)	21.9	20.9	21.6	21.9	23.4
2009					
财政总收入	14692086	2795657	1209038	780894	1779090
GDP	75182000	15452000	5961000	3487000	7753000
收入占GDP比重(%)	19.5	18.1	20.3	22.4	22.9
2010					
财政总收入	17483099	3218889	1384236	1001563	1980308
GDP	89864000	17781000	6943000	4294000	9202000
收入占GDP比重(%)	19.5	18.1	19.9	23.3	21.5
2011					
财政总收入	21423865	3932657	1622558	1214645	2554718
GDP	111469000	20801000	8426000	5281000	12186000
收入占GDP比重(%)	19.2	18.9	19.3	23.0	21.0
2012					
财政总收入	26504000	4545000	1907000	1410000	3021000
GDP	121128000	23114000	9313000	6019000	13286000
收入占GDP比重(%)	21.9	19.7	20.5	23.4	22.7

单位：万元

晋城市	朔州市	晋中市	运城市	忻州市	临汾市	吕梁市
110318	61509	114466	143042	73762	133988	92388
1336000	781000	1362000	1668000	834000	1740000	922000
8.3	7.9	8.4	8.6	8.8	7.7	10.0
115512	64626	120696	151380	75593	149265	100401
1462000	848000	1488000	1879000	863000	1908000	1052000
7.9	7.6	8.1	8.1	8.8	7.8	9.5
139205	72424	138528	173952	80292	187777	117045
1618000	870000	1616000	2172000	870000	2192000	1149000
8.6	8.3	8.6	8.0	9.2	8.6	10.2
222870	124211	193541	273884	120454	260168	163285
1804000	1029000	1865000	2593000	990000	2588000	1379000
12.4	12.1	10.4	10.6	12.2	10.1	11.8
301223	147118	248571	359678	152789	372191	231916
2126000	1205000	2234000	3238000	1176000	3380000	1779000
14.2	12.2	11.1	11.1	13.0	11.0	13.0
430941	212990	354418	463237	202258	588628	376996
2683000	1477000	2817000	4071000	1454000	4487000	2410000
16.1	14.4	12.6	11.4	13.9	13.1	15.6
616693	350533	525503	556118	307868	830466	600830
3160000	1817000	3310000	4708000	1672000	5232000	3095000
19.5	19.3	15.9	11.8	18.4	15.9	19.4
790065	514210	797966	697801	397865	1021975	771241
3644000	2341000	3857000	5502000	1944000	5887000	4058000
21.7	22.0	20.7	12.7	20.5	17.4	19.0
965529	800166	880588	863957	551593	1234815	1051137
4200000	3322000	4702000	6195000	2573000	6581000	5077000
23.0	24.1	18.7	13.9	21.4	18.8	20.7
1131565	1020009	1161314	925039	718701	1409072	1643640
5275000	4204000	5678000	6802000	3112000	7496000	6296000
21.5	24.3	20.5	13.6	23.1	18.8	26.1
1361365	1100008	1255416	636502	743286	1376666	1654164
6060000	5613000	6368000	7280000	3465000	7630000	6113000
22.5	19.6	19.7	8.7	21.5	18.0	27.1
1532288	1325029	1471416	802788	901663	1902989	1961930
7305000	6701000	7638000	8270000	4354000	8921000	8455000
21.0	19.8	19.3	9.7	20.7	21.3	23.2
1818009	1750000	1781427	874393	1222070	1884053	2769335
8950000	8552000	8902000	10168000	5545000	11351000	11307000
20.3	20.5	20.0	8.6	22.0	16.6	24.5
2135000	2100000	2104000	801000	1442000	2016000	3417000
10116000	10071000	9859000	10681000	6209000	12205000	12304000
21.1	20.9	21.3	7.5	23.2	16.5	27.8

表2-31

山西省各县(市、区)财政

排序	财政总收入				公共财	
	县市区	收入数	县市区	增幅(%)	县市区	收入数
1	大同南郊区	981418	岚　县	166.3	柳林县	253529
2	柳林县	863641	长子县	79.9	孝义市	248180
3	孝义市	642582	交口县	69.7	长治县	200308
4	长治县	572786	吉　县	57.4	小店区	181783
5	高平市	423115	隰　县	56.4	襄垣县	171121
6	襄垣县	401686	兴　县	47.1	平鲁区	158743
7	泽州县	375190	永和县	46.8	乡宁县	155529
8	灵石县	366999	汾阳市	44.2	灵石县	138283
9	小店区	353333	和顺县	39.8	尧都区	130401
10	平鲁区	350088	杏花岭区	39.6	泽州县	124862
11	汾阳市	335652	晋城城区	37.7	介休市	122919
12	大同城区	329417	右玉县	37.0	杏花岭区	120210
13	尧都区	328172	万柏林区	32.8	高平市	119094
14	沁水县	326275	汾西县	32.1	沁源县	117604
15	寿阳县	314168	迎泽区	30.9	迎泽区	111468
16	长治郊区	307599	大同城区	27.2	离石区	111466
17	阳城县	303889	大同南郊区	26.8	朔城区	108880
18	长子县	302843	昔阳县	26.7	山阴县	106135
19	山阴县	300159	晋源区	26.2	清徐县	100162
20	离石区	292428	小店区	25.9	寿阳县	98523
21	介休市	280186	榆次区	25.9	榆次区	98161
22	杏花岭区	263166	沁水县	25.2	洪洞县	94635
23	乡宁县	259302	怀仁县	24.5	盂　县	92832
24	沁源县	255712	五台县	24.4	万柏林区	91748
25	兴　县	252788	山阴县	24.2	沁水县	90532
26	朔城区	251035	寿阳县	24.1	阳城县	88005
27	怀仁县	250088	阳曲县	23.7	原平市	87988
28	迎泽区	241048	繁峙县	23.4	长子县	87506
29	盂　县	231721	阳泉矿区	21.5	怀仁县	85357
30	榆次区	228358	长治郊区	21.0	大同南郊区	82538
31	洪洞县	226055	长治县	21.0	古交市	76413
32	原平市	208418	岢岚县	21.0	蒲　县	75965
33	长治城区	204838	五寨县	20.8	岚　县	73675
34	盐湖区	201340	代　县	20.2	汾阳市	73458
35	保德县	192085	平定县	20.0	兴　县	73274
36	中阳县	189306	娄烦县	19.9	霍州市	72108
37	交口县	180168	阳城县	19.9	晋城城区	70166
38	万柏林区	173066	阳泉郊区	19.9	襄汾县	70001
39	霍州市	163009	太谷县	19.9	盐湖区	66161
40	屯留县	160518	安泽县	19.8	中阳县	65577
41	河曲县	154045	柳林县	19.6	河津市	62631

收支排序表(2012年)

单位:万元

政收入		公共财政支出			
县市区	增幅（%）	县市区	支出数	县市区	增幅（%）
岚　县	307.7	孝义市	320048	岚　县	78.8
长子县	74.2	柳林县	310704	大同南郊区	57.8
右玉县	63.2	洪洞县	256238	阳泉矿区	53.7
壶关县	60.2	长治县	246414	柳林县	51.4
和顺县	58.5	朔城区	237353	娄烦县	49.7
柳林县	52.0	临　县	223150	石楼县	46.7
隰　县	50.7	尧都区	217955	大宁县	46.5
乡宁县	50.6	平鲁区	215506	兴　县	39.0
长治郊区	49.3	高平市	206771	乡宁县	38.7
襄垣县	48.5	小店区	202672	应　县	37.0
兴　县	47.3	泽州县	202164	中阳县	36.6
榆次区	46.8	清徐县	202112	交口县	36.4
灵石县	46.2	乡宁县	195916	长子县	36.3
离石区	44.7	原平市	190502	夏　县	33.6
安泽县	41.7	盐湖区	188138	平定县	33.0
静乐县	41.6	襄垣县	185605	沁源县	32.3
永和县	41.3	榆次区	184758	离石区	31.3
浑源县	39.7	山阴县	182935	晋城城区	30.8
沁源县	39.3	介休市	178832	隰　县	29.2
大同南郊区	37.0	兴　县	174904	方山县	29.2
晋源区	36.7	襄汾县	173610	定襄县	27.8
太谷县	36.6	阳城县	173032	朔城区	27.6
阳曲县	36.5	灵石县	170526	万柏林区	26.6
怀仁县	36.5	盂　县	164351	怀仁县	26.4
平定县	36.3	怀仁县	162843	交城县	26.3
浮山县	35.5	临猗县	161516	天镇县	25.7
晋城城区	34.9	离石区	160307	繁峙县	25.6
芮城县	34.2	杏花岭区	159921	榆次区	25.5
临猗县	34.1	汾阳市	159560	原平市	25.3
交城县	33.0	平遥县	159473	保德县	25.1
临　县	33.0	沁源县	157624	盂　县	25.0
吉　县	32.5	长子县	157461	河曲县	24.9
寿阳县	32.3	忻府区	147889	汾阳市	24.8
繁峙县	31.8	万柏林区	146736	代　县	24.5
大同城区	31.7	平定县	146333	洪洞县	23.9
岢岚县	31.5	寿阳县	146190	泽州县	23.5
交口县	31.4	应　县	143037	芮城县	23.4
中阳县	30.6	沁水县	140510	长治县	22.9
万柏林区	30.5	文水县	140322	蒲　县	22.5
汾阳市	29.8	五台县	140122	晋源区	22.2
汾西县	29.8	河津市	140084	阳曲县	22.1

续表

排序	财政总收入				公共财	
	县市区	收入数	县市区	增幅（%）	县市区	收入数
42	临　县	150900	河曲县	19.5	保德县	60736
43	蒲　县	150699	静乐县	19.3	临　县	59321
44	宁武县	147583	偏关县	19.0	长治郊区	59211
45	清徐县	143902	朔城区	18.9	交口县	56528
46	襄汾县	138600	祁　县	18.7	古　县	56282
47	武乡县	135214	原平市	18.7	交城县	55609
48	昔阳县	127158	忻府区	18.7	平定县	54905
49	和顺县	126778	壶关县	18.5	翼城县	54725
50	古交市	126190	天镇县	18.3	河曲县	54691
51	河津市	122203	陵川县	18.0	屯留县	54565
52	平定县	121176	离石区	17.9	平遥县	54453
53	平遥县	120467	灵石县	17.5	娄烦县	53264
54	忻府区	120379	方山县	17.5	和顺县	53152
55	阳泉郊区	120160	曲沃县	17.3	阳泉郊区	51034
56	安泽县	120058	大宁县	17.2	武乡县	50410
57	代　县	120000	沁源县	16.8	宁武县	50097
58	尖草坪区	119582	广灵县	16.7	尖草坪区	49786
59	翼城县	116966	大同县	16.6	安泽县	48562
60	晋城城区	115926	浮山县	16.5	左权县	43488
61	大同矿区	114338	平陆县	16.1	长治城区	43228
62	交城县	114058	高平市	16.1	昔阳县	41656
63	岚　县	100111	平鲁区	16.0	代　县	39270
64	古　县	100067	神池县	15.6	晋源区	38747
65	娄烦县	96556	新绛县	15.1	忻府区	36395
66	左权县	94168	阳高县	14.9	潞城市	35635
67	左云县	87463	宁武县	14.7	右玉县	35239
68	方山县	84431	垣曲县	13.7	阳曲县	34502
69	右玉县	81000	保德县	13.6	左云县	34485
70	潞城市	80068	临　县	13.4	太谷县	34246
71	曲沃县	75046	襄垣县	12.6	大同城区	33199
72	繁峙县	74168	盂　县	12.5	方山县	30398
73	太谷县	72018	翼城县	12.3	阳泉矿区	30041
74	晋源区	68372	尖草坪区	12.0	侯马市	29410
75	五寨县	64504	武乡县	11.4	繁峙县	28553
76	阳泉矿区	62071	榆社县	11.2	永济市	28190
77	永济市	60050	长治城区	9.9	阳泉城区	27020
78	侯马市	57798	泽州县	9.8	曲沃县	25320
79	阳曲县	57430	平遥县	9.4	浑源县	24722
80	文水县	56236	临猗县	8.0	祁　县	23083
81	灵丘县	55076	夏　县	7.7	五台县	22901
82	大同新荣区	51601	阳泉城区	7.5	闻喜县	21925

单位：万元

政收入		公共财政支出			
县市区	增幅（%）	县市区	支出数	县市区	增幅（%）
平遥县	28.8	古交市	139004	沁水县	22.1
广灵县	28.3	芮城县	138726	古　县	21.8
代　县	27.5	永济市	136792	偏关县	21.7
原平市	27.3	岚　县	136316	临猗县	21.3
娄烦县	27.3	迎泽区	134556	阳高县	21.3
神池县	26.5	霍州市	131659	清徐县	21.1
阳泉郊区	25.8	翼城县	131524	和顺县	20.7
沁水县	25.2	闻喜县	130716	右玉县	20.4
平陆县	24.7	大同南郊区	129956	神池县	20.1
新绛县	24.4	万荣县	126647	临　县	20.1
昔阳县	23.9	浑源县	123633	稷山县	19.8
祁　县	23.9	繁峙县	120655	吉　县	19.7
偏关县	22.5	夏　县	118782	浮山县	19.6
大同县	22.5	保德县	118480	翼城县	19.5
山阴县	22.4	新绛县	118015	阳泉城区	19.3
孝义市	22.3	壶关县	117757	新绛县	19.1
迎泽区	22.1	蒲　县	115527	阳泉郊区	19.1
古　县	21.9	交城县	115005	昔阳县	18.9
方山县	21.8	晋城城区	113157	寿阳县	18.8
尧都区	21.8	稷山县	111935	襄汾县	18.7
蒲　县	21.2	代　县	111206	霍州市	18.5
武乡县	20.9	娄烦县	110958	永济市	18.5
陵川县	20.4	宁武县	110948	文水县	18.3
天镇县	20.3	阳高县	110749	五台县	18.3
长治县	19.7	中阳县	110594	平顺县	18.1
杏花岭区	19.3	太谷县	110534	安泽县	18.0
阳泉矿区	19.2	陵川县	110452	迎泽区	17.7
宁武县	19.2	天镇县	109888	汾西县	17.7
盂　县	19.1	平陆县	109732	岢岚县	17.7
翼城县	18.9	河曲县	109122	襄垣县	17.6
五台县	18.5	屯留县	107714	忻府区	17.3
小店区	18.3	阳泉郊区	105699	平鲁区	17.0
应　县	18.1	交口县	103969	静乐县	16.9
阳高县	17.5	右玉县	103695	五寨县	16.7
朔城区	17.4	祁　县	102789	绛　县	16.3
忻府区	17.1	垣曲县	102610	灵石县	16.2
永济市	16.8	武乡县	101838	高平市	16.0
大宁县	16.75	灵丘县	101027	万荣县	15.8
灵丘县	16.7	和顺县	100886	曲沃县	15.8
高平市	16.0	大同城区	100671	祁　县	15.7
泽州县	15.2	曲沃县	98930	平陆县	15.1

续表

排序	财政总收入				公共财	
	县市区	收入数	县市区	增幅（%）	县市区	收入数
83	闻喜县	51460	尧都区	7.1	文水县	21852
84	五台县	51250	孝义市	7.1	灵丘县	21471
85	祁　县	51130	盐湖区	7.0	壶关县	20273
86	新绛县	50090	应　县	6.0	浮山县	19809
87	阳泉城区	49645	蒲　县	5.8	临猗县	18607
88	浮山县	46866	中阳县	5.5	新绛县	18176
89	浑源县	45558	乡宁县	4.6	五寨县	17809
90	陵川县	42787	屯留县	3.4	定襄县	17711
91	壶关县	40971	霍州市	3.3	静乐县	17575
92	黎城县	39458	石楼县	3.2	偏关县	16773
93	定襄县	38557	左权县	2.3	神池县	16241
94	临猗县	38120	介休市	1.9	黎城县	15955
95	稷山县	37685	定襄县	1.2	大同新荣区	15485
96	垣曲县	37484	黎城县	0.8	陵川县	15167
97	神池县	34677	交城县	−0.8	稷山县	14879
98	静乐县	34449	芮城县	−1.1	应　县	14771
99	偏关县	34260	大同新荣区	−3.0	芮城县	14259
100	大同县	34076	灵丘县	−3.3	榆社县	14239
101	岢岚县	33362	左云县	−3.7	大同县	13873
102	榆社县	32388	沁　县	−4.3	垣曲县	12136
103	应　县	29828	洪洞县	−4.9	岢岚县	11743
104	芮城县	27071	永济市	−5.7	汾西县	11517
105	平陆县	25688	襄汾县	−6.6	平陆县	10634
106	吉　县	24563	绛　县	−7.2	吉　县	10528
107	万荣县	24517	平顺县	−9.1	大同矿区	10003
108	阳高县	20564	文水县	−11.3	万荣县	9408
109	汾西县	17299	浑源县	−13.6	阳高县	8662
110	夏　县	16911	万荣县	−14.0	夏　县	8105
111	平顺县	15918	古　县	−15.5	平顺县	7204
112	广灵县	14658	大同矿区	−15.6	石楼县	6623
113	绛　县	13589	侯马市	−18.5	隰　县	6435
114	沁　县	13136	清徐县	−19.1	绛　县	6399
115	天镇县	12000	稷山县	−20.0	广灵县	6197
116	石楼县	11701	古交市	−20.8	沁　县	6132
117	隰　县	11006	闻喜县	−29.1	天镇县	5508
118	永和县	5025	潞城市	−34.9	大宁县	2802
119	大宁县	4846	河津市	−42.5	永和县	2350

单位：万元

政收入		公共财政支出			
县市区	增幅（%）	县市区	支出数	县市区	增幅（%）
河曲县	15.0	绛　县	98431	壶关县	14.7
石楼县	15.0	昔阳县	96855	宁武县	14.6
左云县	14.9	大同矿区	96466	大同县	14.0
保德县	14.1	左权县	95908	尖草坪区	13.6
襄汾县	13.7	广灵县	95867	陵川县	13.6
阳城县	13.4	尖草坪区	95106	孝义市	13.1
长治城区	12.3	定襄县	94898	杏花岭区	13.0
曲沃县	11.2	静乐县	93614	阳城县	12.9
垣曲县	10.7	阳曲县	93567	垣曲县	12.8
介休市	9.5	长治郊区	92151	广灵县	12.7
洪洞县	9.2	侯马市	90558	长治郊区	12.7
屯留县	8.9	方山县	88977	左云县	12.5
左权县	8.7	石楼县	86881	闻喜县	12.3
阳泉城区	8.5	古　县	86740	榆社县	12.2
定襄县	7.6	左云县	86292	尧都区	11.9
平鲁区	6.2	岢岚县	86029	平遥县	11.7
夏　县	6.0	沁　县	85802	浑源县	10.1
大同矿区	3.7	大同县	84202	左权县	9.6
盐湖区	3.3	五寨县	82697	太谷县	8.9
黎城县	3.0	神池县	82536	沁　县	8.9
榆社县	2.4	平顺县	81788	永和县	8.6
五寨县	2.2	偏关县	80294	盐湖区	8.4
清徐县	2.1	安泽县	79958	黎城县	7.6
霍州市	-1.1	隰　县	76736	大同城区	7.6
尖草坪区	-1.9	潞城市	73966	古交市	7.1
绛　县	-2.0	榆社县	71590	河津市	6.9
文水县	-2.2	黎城县	71543	长治城区	6.7
沁　县	-5.1	吉　县	71271	介休市	6.5
平顺县	-5.8	晋源区	69564	侯马市	6.5
万荣县	-8.2	汾西县	68556	山阴县	6.1
古交市	-11.1	浮山县	67392	小店区	4.5
侯马市	-13.7	长治城区	65000	屯留县	4.4
稷山县	-14.7	大宁县	60135	大同矿区	4.4
大同新荣区	-23.0	阳泉矿区	58187	灵丘县	3.3
潞城市	-25.1	永和县	52318	武乡县	-2.5
闻喜县	-25.7	大同新荣区	46007	大同新荣区	-4.6
河津市	-26.8	阳泉城区	45386	潞城市	-14.1

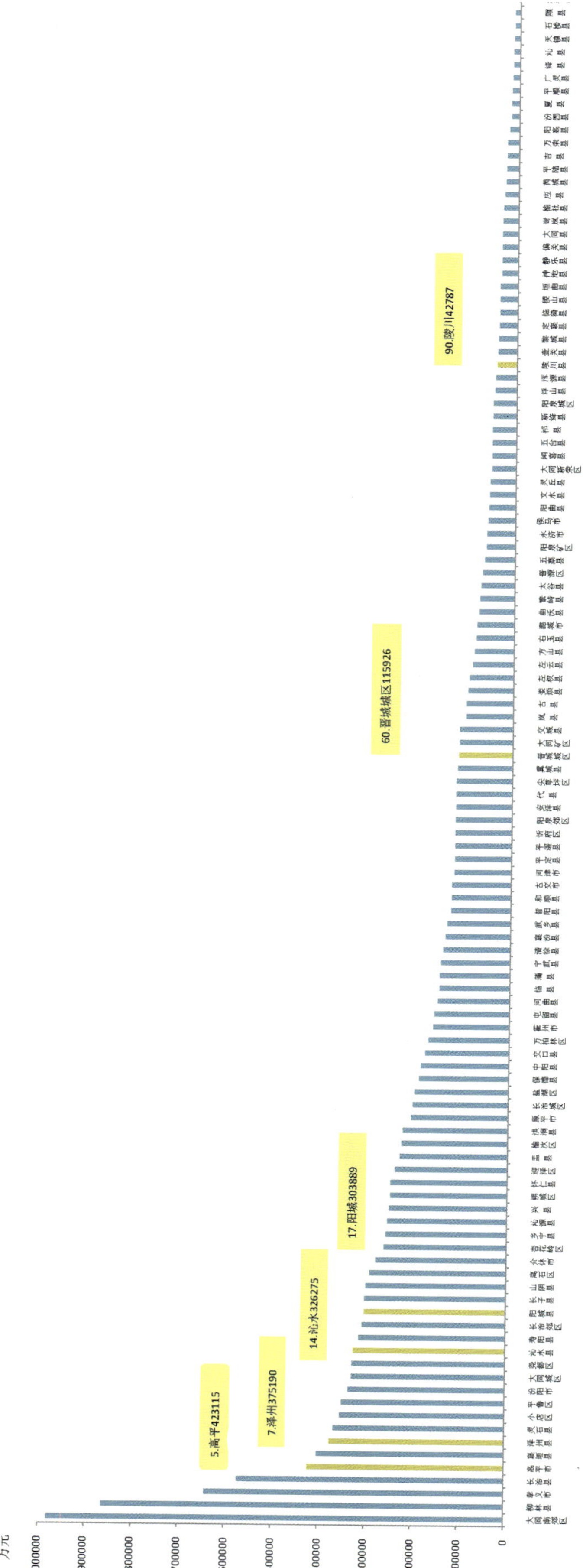

晋城市各县(市、区)财政总收入在山西省119个县(市、区)中排名情况图(2012年)

表 2–32

晋城市本级公共财政收入决算表（2012 年）

单位：万元

科　　目	决算数	科　　目	决算数
公共财政收入	294300	股份制企业消费税	
税收收入	201618	联营企业消费税	
增值税	46656	港澳台和外商投资企业消费税	
国内增值税	46656	私营企业消费税	
国有企业增值税	3004	成品油消费税	
集体企业增值税	164	其他消费税	
股份制企业增值税	38933	消费税税款滞纳金、罚款收入	
联营企业增值税	4	成品油消费税退税	
港澳台和外商投资企业增值税	4439	其他消费税退税	
私营企业增值税	436	进口消费品消费税	
其他增值税	165	进口成品油消费税	
增值税税款滞纳金、罚款收入	104	进口其他消费品消费税	
福利企业增值税退税	–229	进口消费品消费税税款滞纳金、罚款收入	
软件集成电路增值税退税		进口成品油消费税退税	
三线搬迁增值税退税		进口其他消费品退消费税	
民贸企业增值税退税		出口消费品退消费税	
宣传文化单位增值税退税		营业税	35070
森工综合利用增值税退税		铁道营业税	
其他增值税退税	–364	金融保险业营业税（中央）	
免抵调增增值税		金融保险业营业税（地方）	5102
成品油价格和税费改革增值税划出		交强险营业税	
成品油价格和税费改革增值税划入		其他金融保险业营业税（地方）	5102
免抵调增改征增值税		一般营业税	29927
进口货物增值税（项）		营业税税款滞纳金、罚款收入	41
进口货物增值税		营业税退税	
特定区域进口自用物资增值税		企业所得税	78908
进口货物增值税税款滞纳金、罚款收入		国有冶金工业所得税	
进口货物退增值税		国有有色金属工业所得税	
特定区域进口自用物资退增值税		国有煤炭工业所得税	259
出口货物退增值税（项）		国有电力工业所得税	
出口货物退增值税		国有石油和化学工业所得税	
免抵调减增值税		国有机械工业所得税	
改征增值税（项）		国有汽车工业所得税	
改征增值税		国有核工业所得税	
改征增值税税款滞纳金、罚款收入		国有航空工业所得税	
改征增值税国内退税		国有航天工业所得税	
改征增值税出口退税（项）		国有电子工业所得税	
改征增值税出口退税		国有兵器工业所得税	
免抵调减改征增值税		国有船舶工业所得税	
消费税		国有建筑材料工业所得税	
国内消费税		国有烟草企业所得税	
国有企业消费税		国有纺织企业所得税	
集体企业消费税		国有铁道企业所得税	

续表

单位:万元

科目	决算数	科目	决算数
铁路运输企业所得税		其他港澳台和外商投资企业所得税	5533
其他国有铁道企业所得税		私营企业所得税	138
国有交通企业所得税	1	其他企业所得税	262
国有邮政企业所得税		分支机构预缴所得税	10
国有民航企业所得税		国有企业分支机构预缴所得税	
国有海洋石油天然气企业所得税		股份制企业分支机构预缴所得税	10
国有外贸企业所得税		港澳台和外商投资企业分支机构预缴所得税	
国有银行所得税		其他企业分支机构预缴所得税	
中国进出口银行所得税		总机构预缴所得税	
中国农业发展银行所得税		国有企业总机构预缴所得税	
其他国有银行所得税		股份制企业总机构预缴所得税	
国有非银行金融企业所得税		港澳台和外商投资企业总机构预缴所得税	
中国建银投资有限责任公司所得税		其他企业总机构预缴所得税	
中国投资有限责任公司及其全资子公司所得税		总机构汇算清缴所得税	
中投公司所属其他公司所得税		国有企业总机构汇算清缴所得税	
中国信达资产管理股份有限公司所得税		股份制企业总机构汇算清缴所得税	
其他国有非银行金融企业所得税		港澳台和外商投资企业总机构汇算清缴所得税	
国有保险企业所得税		其他企业总机构汇算清缴所得税	
国有文教企业所得税		企业所得税待分配收入	
国有电影企业所得税		国有企业所得税待分配收入	
国有出版企业所得税		股份制企业所得税待分配收入	
其他国有文教企业所得税		港澳台和外商投资企业所得税待分配收入	
国有水产企业所得税		其他企业所得税待分配收入	
国有森林工业企业所得税		跨市县分支机构预缴所得税	
国有电信企业所得税		国有企业分支机构预缴所得税	
国有农垦企业所得税		股份制企业分支机构预缴所得税	
其他国有企业所得税	2200	港澳台和外商投资企业分支机构预缴所得税	
集体企业所得税	658	其他企业分支机构预缴所得税	
股份制企业所得税	69656	跨市县总机构预缴所得税	
股份制海洋石油天然气企业所得税		国有企业总机构预缴所得税	
中国石油天然气股份有限公司所得税		股份制企业总机构预缴所得税	
中国石油化工股份有限公司所得税		港澳台和外商投资企业总机构预缴所得税	
中国工商银行股份有限公司所得税		其他企业总机构预缴所得税	
中国建设银行股份有限公司所得税		跨市县总机构汇算清缴所得税	
中国银行股份有限公司所得税		国有企业总机构汇算清缴所得税	
广发银行股份有限公司所得税		股份制企业总机构汇算清缴所得税	
长江电力股份有限公司所得税		港澳台和外商投资企业总机构汇算清缴所得税	
中国农业银行股份有限公司所得税		其他企业总机构汇算清缴所得税	
国家开发银行股份有限公司所得税		省以下企业所得税待分配收入	
其他股份制企业所得税	69656	国有企业所得税待分配收入	
联营企业所得税	13	股份制企业所得税待分配收入	
港澳台和外商投资企业所得税	5533	港澳台和外商投资企业所得税待分配收入	
港澳台和外商投资海上石油天然气企业所得税		其他企业所得税待分配收入	

续表

单位：万元

科　　目	决算数	科　　目	决算数
企业所得税税款滞纳金、罚款、加收利息收入	178	其他国有企业所得税退税	
内资企业所得税税款滞纳金、罚款、加收利息收入	178	集体企业所得税退税	
港澳台和外商投资企业所得税税款滞纳金、罚款、加收利息收入		股份制企业所得税退税	
中央企业所得税税款滞纳金、罚款、加收利息收入		中国工商银行股份有限公司所得税退税	
企业所得税退税		中国建设银行股份有限公司所得税退税	
国有冶金工业所得税退税		中国银行股份有限公司所得税退税	
国有有色金属工业所得税退税		广发银行股份有限公司所得税退税	
国有煤炭工业所得税退税		中国农业银行股份有限公司所得税退税	
国有电力工业所得税退税		国家开发银行股份有限公司所得税退税	
国有石油和化学工业所得税退税		其他股份制企业所得税退税	
国有机械工业所得税退税		联营企业所得税退税	
国有汽车工业所得税退税		私营企业所得税退税	
国有核工业所得税退税		跨省市总分机构企业所得税退税	
国有航空工业所得税退税		国有跨省市总分机构企业所得税退税	
国有航天工业所得税退税		股份制跨省市总分机构企业所得税退税	
国有电子工业所得税退税		港澳台和外商投资跨省市总分机构企业所得税退税	
国有兵器工业所得税退税		其他跨省市总分机构企业所得税退税	
国有船舶工业所得税退税		跨市县总分机构企业所得税退税	
国有建筑材料工业所得税退税		国有跨市县总分机构企业所得税退税	
国有烟草企业所得税退税		股份制跨市县总分机构企业所得税退税	
国有纺织企业所得税退税		港澳台和外商投资跨市县总分机构企业所得税退税	
国有铁道企业所得税退税		其他跨市县总分机构企业所得税退税	
国有交通企业所得税退税		其他企业所得税退税	
国有邮政企业所得税退税		个人所得税（款）	9972
国有民航企业所得税退税		个人所得税（项）	9955
海洋石油天然气企业所得税退税		储蓄存款利息所得税	40
国有外贸企业所得税退税		军队个人所得税	
国有银行所得税退税		其他个人所得税	9915
中国进出口银行所得税退税		个人所得税税款滞纳金、罚款收入	17
中国农业发展银行所得税退税		资源税	5821
其他国有银行所得税退税		海洋石油资源税	
国有非银行金融企业所得税退税		其他资源税	5760
中国投资有限责任公司所得税退税		资源税税款滞纳金、罚款收入	61
中国信达资产管理股份有限公司所得税退税		固定资产投资方向调节税	
其他国有非银行金融企业所得税退税		国有企业固定资产投资方向调节税	
国有保险企业所得税退税		集体企业固定资产投资方向调节税	
国有文教企业所得税退税		股份制企业固定资产投资方向调节税	
国有电影企业所得税退税		联营企业固定资产投资方向调节税	
国有出版企业所得税退税		港澳台和外商投资企业固定资产投资方向调节税	
其他国有文教企业所得税退税		私营企业固定资产投资方向调节税	
国有水产企业所得税退税		其他固定资产投资方向调节税	
国有森林工业企业所得税退税		固定资产投资方向调节税税款滞纳金、罚款收入	
国有电信企业所得税退税		城市维护建设税	11291

续表

单位:万元

科目	决算数	科目	决算数
国有企业城市维护建设税	1777	车船税(款)	8
集体企业城市维护建设税	30	车船税(项)	8
股份制企业城市维护建设税	9208	车船税税款滞纳金、罚款收入	
联营企业城市维护建设税		船舶吨税(款)	
港澳台和外商投资企业城市维护建设税	168	船舶吨税(项)	
私营企业城市维护建设税	9	船舶吨税税款滞纳金、罚款收入	
其他企业城市维护建设税	95	车辆购置税(款)	
城市维护建设税税款滞纳金、罚款收入	4	车辆购置税(项)	
成品油价格和税费改革城市维护建设税划出		车辆购置税税款滞纳金、罚款收入	
成品油价格和税费改革城市维护建设税划入		关税(款)	
房产税	3109	关税(项)	
国有企业房产税	437	进口关税	
集体企业房产税	35	出口关税	
股份制企业房产税	2378	特定区域进口自用物资关税	
联营企业房产税		特别关税	
港澳台和外商投资企业房产税		反倾销税	
私营企业房产税	23	反补贴税	
其他房产税	232	保障措施	
房产税税款滞纳金、罚款收入	4	关税和特别关税税款滞纳金、罚款收入	
印花税	3433	关税退税	
证券交易印花税(项)		特定区域进口自用物资退关税	
证券交易印花税		耕地占用税(款)	
证券交易印花税退库		耕地占用税(项)	
其他印花税	3382	耕地占用税退税	
印花税税款滞纳金、罚款收入	51	耕地占用税税款滞纳金、罚款收入	
城镇土地使用税	6235	契税(款)	266
国有企业城镇土地使用税	662	契税(项)	266
集体企业城镇土地使用税	68	契税税款滞纳金、罚款收入	
股份制企业城镇土地使用税	5346	烟叶税(款)	
联营企业城镇土地使用税		烟叶税(项)	
私营企业城镇土地使用税	4	烟叶税税款滞纳金、罚款收入	
港澳台和外商投资企业城镇土地使用税	84	其他税收收入	
其他城镇土地使用税	56	非税收入	92682
城镇土地使用税税款滞纳金、罚款收入	15	专项收入	20109
土地增值税	849	排污费收入(项)	3889
国有企业土地增值税	2	排污费收入	3889
集体企业土地增值税		海洋工程排污费收入	
股份制企业土地增值税	847	水资源费收入	2566
联营企业土地增值税		三峡电站水资源费收入	
港澳台和外商投资企业土地增值税		其他水资源费收入	2566
私营企业土地增值税		教育费附加收入(项)	4368
其他土地增值税		教育费附加收入	4368
土地增值税税款滞纳金、罚款收入		成品油价格和税费改革教育费附加收入划出	

续表

单位:万元

科　　目	决算数	科　　目	决算数
成品油价格和税费改革教育费附加收入划入		司法考试考务费	
教育费附加滞纳金、罚款收入		其他缴入国库的司法行政事业性收费	
铀产品出售收入		外交行政事业性收费收入	
三峡库区移民专项收入		护照费	
国家留成油上缴收入		认证费	
场外核应急准备收入		签证费	
草原植被恢复费收入		驻外使领馆公证翻译费	
矿产资源专项收入	8739	代发电报收费	
矿产资源补偿费收入	6739	其他缴入国库的外交行政事业性收费	
探矿权、采矿权使用费收入		工商行政事业性收费收入	
探矿权、采矿权价款收入	2000	企业注册登记费	
其他专项收入(项)	547	个体工商户注册登记费	
广告收入	547	商标注册收费	
其他专项收入		其他缴入国库的工商行政事业性收费	
行政事业性收费收入	18295	商贸行政事业性收费收入	
公安行政事业性收费收入	132	证书工本费	
外国人签证费		其他缴入国库的商贸行政事业性收费	
外国人证件费		财政行政事业性收费收入	31
公民出入境证件费		证书工本费	
中国国籍申请手续费		考试考务费	11
口岸以外边防检查监护费		其他缴入国库的财政行政事业性收费	20
户籍管理证件工本费	3	税务行政事业性收费收入	
居民身份证工本费	7	税务发票工本费	
机动车号牌工本费		其他缴入国库的税务行政事业性收费	
机动车行驶证工本费		海关行政事业性收费收入	
机动车登记证书工本费		海关监管手续费	
机动车抵押登记费		进口货物滞报金	
机动车安全技术检验费		知识产权海关保护备案费	
驾驶证工本费		ATA单证册调整费	
驾驶许可考试费		报关员培训考试发证费	
菲律宾船员检查费		货物行李物品保管费	
临时入境机动车号牌和行驶工本费		其他缴入国库的海关行政事业性收费	
临时机动车驾驶证工本费		审计行政事业性收费收入	
保安员资格考试费		考试考务费	
其他缴入国库的公安行政事业性收费	122	其他缴入国库的审计行政事业性收费	
法院行政事业性收费收入	100	人口和计划生育行政事业性收费收入	
诉讼费	100	社会抚养费	
培训费、资料工本费和住宿费		其他缴入国库的人口和计划生育行政事业性收费	
其他缴入国库的法院行政事业性收费		国管局行政事业性收费收入	
司法行政事业性收费收入	23	会计从业资格考试费	
外国律师事务所办事处申请手续费		工人技术等级鉴定考核费	
外国律师事务所办事处年检费		其他缴入国库的国管局行政事业性收费	
公证费	23	外专局行政事业性收费收入	

续表

单位:万元

科　　目	决算数	科　　目	决算数
出国培训备选人员外语考务费、考试费		人防办行政事业性收费收入	705
其他缴入国库的外专局行政事业性收费		防空地下室易地建设费	705
保密行政事业性收费收入		其他缴入国库的人防办行政事业性收费	
保密证表包装材料费		中直管理局行政事业性收费收入	
其他缴入国库的保密行政事业性收费		工人培训考核费	
质量监督检验检疫行政事业性收费收入		机要交通文件(物件)传递费	
客运索道运营审查检验和定期检验费		会计从业资格考试费	
压力管道安装审查检验和定期检验费		培训费	
压力管道元件制造审查检验费		住宿费	
特种劳动防护用品检验费		学费	
一般劳动防护用品检验费		其他缴入国库的中直管理局行政事业性收费	
棉花监督检验费		文化行政事业性收费收入	
锅炉、压力容器检验费		摄影师预备资格考试费	
考试考务费		其他缴入国库的文化行政事业性收费	
工业产品生产许可证收费		教育行政事业性收费收入	133
计量收费		教师资格考试费	1
组织机构代码证书收费		普通话水平测试费	9
出入境检验检疫收费		其他缴入国库的教育行政事业性收费	123
检疫处理等业务收费		科技行政事业性收费收入	32
实验室检验项目、鉴定收费		其他缴入国库的科技行政事业性收费	32
设备监理单位资格评审费		体育行政事业性收费收入	161
滞纳金		运动员或运动团体注册费	
特种设备检验检测费		俱乐部运动员转会手续费	
产品质量监督检验费		段位考评认定费	
其他缴入国库的质检行政事业性收费		比赛报名费	
出版行政事业性收费收入		运动马匹注册费	
计算机软件著作权登记费		兴奋剂检测费	
其他缴入国库的出版行政事业性收费		体育特殊专业招生考务费	
安全生产行政事业性收费收入	560	其他缴入国库的体育行政事业性收费	161
其他缴入国库的安全生产行政事业性收费	560	发展与改革(物价)行政事业性收费收入	
档案行政事业性收费收入		非刑事案件财物价格鉴定费	
档案收费		其他缴入国库的发展与改革(物价)行政事业性收费	
其他缴入国库的档案行政事业性收费		统计行政事业性收费收入	
港澳办行政事业性收费收入		统计专业技术资格考试考务费	
往来香港澳门通行证工本费及签注费		统计人员岗位培训费	
派驻香港澳门身份证明工本费		其他缴入国库的统计行政事业性收费	
其他缴入国库的港澳办行政事业性收费		国土资源行政事业性收费收入	7704
贸促会行政事业性收费收入		石油(天然气)勘查、开采登记费	
ATA单证册收费		矿产资源勘查登记费	
其他缴入国库的贸促会行政事业性收费		采矿登记收费	1
宗教行政事业性收费收入		土地复垦费	
清真食品认证费		土地闲置费	
其他缴入国库的宗教行政事业性收费		土地登记费	4

续表

单位:万元

科　　目	决算数	科　　目	决算数
征(土)地管理费		考试考务费	
耕地开垦费	7699	其他缴入国库的铁路行政事业性收费	
地质成果资料费		交通运输行政事业性收费收入	1319
土地评估师考试考务费		证书工本费	
其他缴入国库的国土资源行政事业性收费		考试考务费	
建设行政事业性收费收入	1735	船舶电信业务岸台费	
房屋所有权登记费	27	民用航空器国籍登记费	
城市房屋安全鉴定费		民用航空器权利登记费	
城市道路占用挖掘费	288	航空业务权补偿费	
白蚁防治费		适航审查费	
考试考务费		船舶登记费	
人力资源开发中心收费		船舶证明签证费	
城市污水处理费	1194	船舶申请安全检查复查费	
其他缴入国库的建设行政事业性收费	226	油污水化验费	
知识产权行政事业性收费收入		海事调解费	
专利收费		浮油回收费	
专利代理人资格考试报名考务费		海岸电台无线电电报电话费	
集成电路布图设计保护收费		特种船舶和水上水下工程护航费	
其他缴入国库的知识产权行政事业性收费		船舶及船用产品设施检验费	
环保行政事业性收费收入	737	其他缴入国库的交通运输行政事业性收费	1319
核安全技术审评费		工业和信息产业行政事业性收费收入	51
化学品进口登记费		电子工程概预算人员培训费	
城市放射性废物送贮费		卫星转发器信道费	
环境监测服务费	737	无线电设备检测费	
考试考务费		考试考务费	
进口废物环境保护审查登记费		电信网码号资源占用费	
其他缴入国库的环保行政事业性收费		烟草制品及原辅材料检验费	
旅游行政事业性收费收入		进网许可标志工本费	
入境签证费		其他缴入国库的工业和信息产业行政事业性收费	51
星级标牌工本费		农业行政事业性收费收入	9
导游人员资格考试费和等级考核费		植物新品种保护权收费	
工农业旅游示范点标牌工本费		国内植物检疫费	
A级旅游景区标牌工本费		畜禽及畜禽产品检疫费	5
其他缴入国库的旅游行政事业性收费		水生野生动物资源保护费	
海洋行政事业性收费收入		农药登记费	
海洋废弃物收费		新兽药审批费	
其他缴入国库的海洋行政事业性收费		进口兽药注册登记审批、发证收费	
测绘行政事业性收费收入		《进口兽药许可证》审批费	
测绘成果成图资料收费		生产审批费	
测绘产品质量监督检验费		已生产兽药品种注册登记费	
测绘仪器检测收费		农业转基因生物检测费	
其他缴入国库的测绘行政事业性收费		农机监理费	4
铁路行政事业性收费收入		渔业资源增殖保护费	

续表

单位:万元

科目	决算数
渔业船舶登记或变更登记费	
海洋渔业船舶船员考试费	
农业转基因生物安全评价费	
农机产品测试检验费	
新饲料添加剂质量复核检验费	
进口饲料添加剂质量复核检验费	
饲料及饲料添加剂委托检验费	
进口兽药质量标准复核检验费	
进口兽药检验费	
出口兽药检验费	
新兽药质量复核检验费	
兽药委托检验费	
农作物委托检验费	
海事调解费	
渔业船舶和船用产品检验费	
档案使用费	
档案保管费	
工人技术等级考核或职业技能鉴定费	
农药实验费	
执业兽医资格考试考务费	
其他缴入国库的农业行政事业性收费	
林业行政事业性收费收入	1
野生动植物进出口管理费	
森林植物检疫费	1
绿化费	
陆生野生动物资源保护管理费	
林权勘测费	
植物新品种保护权收费	
林权证收费	
其他缴入国库的林业行政事业性收费收入	
水利行政事业性收费收入	3928
河道采砂管理费	
河道工程修建维护管理费	576
水土流失防治费	2880
水土保持设施补偿费	472
长江河道砂石资源费	
考试考务费	
灌溉水源灌排工程补偿费收入	
其他缴入国库的水利行政事业性收费	
卫生行政事业性收费收入	78
卫生监测费	16
卫生质量检验费	
预防性体检费	
预防接种劳务费	
委托性卫生防疫服务费	
疫情处理费	
医疗事故鉴定费	
考试考务费	
预防接种异常反应鉴定费	
进口药品注册审批费	
GMP认证费	
GSP认证费	9
已生产药品登记费	
药品行政保护费	
生产药典、标准品种审批费	
新药审批费	
新药开发评审费	
中药品种保护费	
登记费	
造血干细胞配型费	
药品检验费	
医疗器械、制药机械检验费	
其他缴入国库的卫生行政事业性收费	53
民政行政事业性收费收入	62
婚姻登记证书工本费	
收养登记费	
学费	
住宿费	
殡葬收费	62
其他缴入国库的民政行政事业性收费	
人力资源和社会保障行政事业性收费收入	219
职业技能鉴定费	97
人才流动中心收费	
考试考务费	
其他缴入国库的人力资源和社会保障行政事业性收费	122
证监会行政事业性收费收入	
证券市场监管费	
期货市场监管费	
证券、期货从业人员资格报名考试费	
其他缴入国库的证监会行政事业性收费	
银监会行政事业性收费收入	
机构监管费	
业务监管费	
其他缴入国库的银监会行政事业性收费	
保监会行政事业性收费收入	
保险业务监管费	

续表

单位：万元

科　目	决算数	科　目	决算数
考试考务费		铁道罚没收入	
其他缴入国库的保监会行政事业性收费		审计罚没收入	621
电力市场监管行政事业性收费收入		渔政罚没收入	
电力监管费		银行监督罚没收入	
其他缴入国库的电力市场监管行政事业性收费		民航罚没收入	
仲裁委行政事业性收费收入	80	电监会罚没收入	
仲裁收费	80	交强险罚没收入	
其他缴入国库的仲裁委行政事业性收费		物价罚没收入	
编办行政事业性收费收入	1	其他一般罚没收入	43800
其他缴入国库的编办行政事业性收费	1	**缉私罚没收入**	
党校行政事业性收费收入		公安缉私罚没收入	
其他缴入国库的党校行政事业性收费		工商缉私罚没收入	
监察行政事业性收费收入		海关缉私罚没收入	
培训费		边防武警缉私罚没收入	
住宿费		其他部门缉私罚没收入	
资料工本费		**缉毒罚没收入**	
其他缴入国库的监察行政事业性收费		**罚没收入退库**	
外文局行政事业性收费收入		**国有资本经营收入**	
翻译专业资格(水平)考试考务费		**利润收入**	
其他缴入国库的外文局行政事业性收费		中国人民银行上缴收入	
南水北调办行政事业性收费收入		金融企业利润收入	
其他缴入国库的南水北调办行政事业性收费		其他企业利润收入	
国资委行政事业性收费收入		**股利、股息收入**	
考试考务费		金融业公司股利、股息收入	
其他缴入国库的国资委行政事业性收费		其他股利、股息收入	
其他行政事业性收费收入	494	**产权转让收入**	
其他缴入国库的行政事业性收费	494	其他产权转让收入	
罚没收入	46299	**清算收入**	
一般罚没收入	46299	其他清算收入	
公安罚没收入	1017	**国有资本经营收入退库**	
检察院罚没收入	131	**国有企业计划亏损补贴**	
法院罚没收入	26	工业企业计划亏损补贴	
工商罚没收入		农业企业计划亏损补贴	
新闻出版罚没收入		其他国有企业计划亏损补贴	
技术监督罚没收入		**其他国有资本经营收入**	
税务部门罚没收入	16	**国有资源(资产)有偿使用收入**	4002
海关罚没收入		**海域使用金收入**	
食品药品监督罚没收入	94	中央海域使用金收入	
卫生罚没收入	4	地方海域使用金收入	
检验检疫罚没收入		**场地和矿区使用费收入**	
证监会罚没收入		陆上石油矿区使用费	
保监会罚没收入		海上石油矿区使用费	
交通罚没收入	590	中央合资合作企业场地使用费收入	

续表

单位:万元

科目	决算数	科目	决算数
中央和地方合资合作企业场地使用费收入		其他收入(款)	3977
地方合资合作企业场地使用费收入		捐赠收入	3290
港澳台和外商独资企业场地使用费收入		国外捐赠收入	
特种矿产品出售收入		国内捐赠收入	3290
专项储备物资销售收入		汶川地震捐赠收入	
利息收入	3026	动用国储棉、糖、油上交财政收入	
国库存款利息收入	1551	动用国家储备粮油上交差价收入	
财政专户存款利息收入	1470	主管部门集中收入	
有价证券利息收入		国际赠款有偿使用费收入	
其他利息收入	5	乡镇自筹和统筹收入	
非经营性国有资产收入	426	免税商品特许经营费收入	
行政单位国有资产出租、出借收入	93	基本建设收入	
行政单位国有资产处置收入	84	石油特别收益金专项收入	
事业单位国有资产处置收入	1	石油特别收益金专项收入	
其他非经营性国有资产收入	248	石油特别收益金退库	
出租车经营权有偿出让和转让收入		动用国储盐上交财政收入	
无居民海岛使用金收入		差别电价收入	
中央无居民海岛使用金收入		成品油价格和税费改革清退补缴收入	
地方无居民海岛使用金收入			
其他国有资源(资产)有偿使用收入	550	其他收入(项)	687

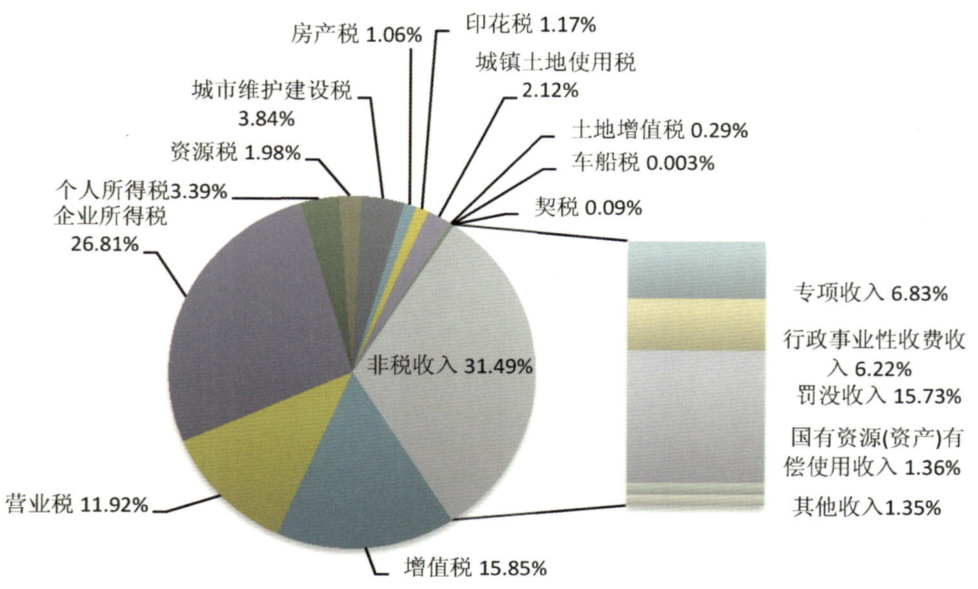

晋城市本级公共财政收入情况图(2012年)

表2-33

晋城市本级公共财政支出决算表(2012年)

单位:万元

科　目	决算数	科　目	决算数
公共财政支出	331778	事业运行	605
一般公共服务	46152	其他发展与改革事务支出	514
人大事务	1729	统计信息事务	2008
行政运行	629	行政运行	411
一般行政管理事务	625	一般行政管理事务	327
机关服务		机关服务	
人大会议	360	信息事务	18
人大立法		专项统计业务	
人大监督		统计管理	
代表培训	110	专项普查活动	75
代表工作		统计抽样调查	70
人大信访工作	5	事业运行	1107
事业运行		其他统计信息事务支出	
其他人大事务支出		财政事务	2735
政协事务	929	行政运行	592
行政运行	404	一般行政管理事务	905
一般行政管理事务	244	机关服务	
机关服务		预算改革业务	
政协会议	281	财政国库业务	
委员视察		财政监察	
参政议政		信息化建设	666
事业运行		财政委托业务支出	11
其他政协事务支出		事业运行	461
政府办公厅(室)及相关机构事务	14446	其他财政事务支出	100
行政运行	3892	税收事务	2719
一般行政管理事务	3253	行政运行	
机关服务	1632	一般行政管理事务	
专项服务		机关服务	
专项业务活动	551	税务办案	300
政务公开审批	384	税务登记证及发票管理	70
法制建设		代扣代收代征税款手续费	
信访事务	376	税务宣传	840
参事事务		协税护税	
事业运行	1940	信息化建设	
其他政府办公厅(室)及相关机构事务支出	2418	事业运行	
发展与改革事务	3058	其他税收事务支出	1509
行政运行	1274	审计事务	1298
一般行政管理事务	308	行政运行	507
机关服务		一般行政管理事务	121
战略规划与实施		机关服务	
日常经济运行调节		审计业务	620
社会事业发展规划	250	审计管理	
经济体制改革研究	100	信息化建设	50
物价管理	7	事业运行	

续表

单位：万元

科　目	决算数	科　目	决算数
其他审计事务支出		人口出生性别比综合治理	9
海关事务		人口和计划生育服务网络建设	
行政运行		计划生育避孕药具经费	5
一般行政管理事务		人口和计划生育宣传教育经费	2
机关服务		流动人口计划生育管理和服务	
收费业务		人口和计划生育目标责任制考核	5
缉私办案		其他人口与计划生育事务支出	303
口岸电子执法系统建设与维护		**商贸事务**	1226
信息化建设		行政运行	349
事业运行		一般行政管理事务	244
其他海关事务支出		机关服务	
人力资源事务	856	对外贸易管理	285
行政运行		国际经济合作	
一般行政管理事务	11	外资管理	4
机关服务		国内贸易管理	27
政府特殊津贴		招商引资	
资助留学回国人员		事业运行	
军队转业干部安置	31	其他商贸事务支出	317
博士后日常经费		**知识产权事务**	
引进人才费用	100	行政运行	
公务员考核		一般行政管理事务	
公务员培训		机关服务	
公务员招考	15	专利审批	
事业运行	126	国家知识产权战略	
其他人事事务支出	573	专利试点和产业化推进	
纪检监察事务	1040	专利执法	
行政运行	546	国际组织专项活动	
一般行政管理事务	424	知识产权宏观管理	
机关服务		事业运行	
大案要案查处		其他知识产权事务支出	
派驻派出机构		**工商行政管理事务**	200
中央巡视		行政运行	
事业运行	70	一般行政管理事务	
其他纪检监察事务支出		机关服务	
人口与计划生育事务	1408	工商行政管理专项	30
行政运行	1071	执法办案专项	
一般行政管理事务	8	消费者权益保护	40
机关服务		信息化建设	
人口规划与发展战略研究		事业运行	35
计划生育家庭奖励		其他工商行政管理事务支出	95
人口和计划生育统计及抽样调查		**质量技术监督与检验检疫事务**	147
人口和计划生育信息系统建设		行政运行	
计划生育、生殖健康促进工程		一般行政管理事务	
计划生育免费基本技术服务	5	机关服务	

续表

单位：万元

科　　目	决算数	科　　目	决算数
出入境检验检疫行政执法和业务管理		其他民主党派及工商联事务支出	
出入境检验检疫技术支持		**群众团体事务**	1522
质量技术监督行政执法及业务管理	58	行政运行	219
质量技术监督技术支持		一般行政管理事务	377
认证认可监督管理		机关服务	
标准化管理		厂务公开	10
信息化建设		工会疗养休养	
事业运行		事业运行	536
其他质量技术监督与检验检疫事务支出	89	其他群众团体事务支出	380
民族事务	80	**党委办公厅(室)及相关机构事务**	844
行政运行		行政运行	552
一般行政管理事务		一般行政管理事务	226
机关服务		机关服务	
民族工作专项	80	专项业务	
事业运行		事业运行	61
其他民族事务支出		其他党委办公厅(室)及相关机构事务支出	5
宗教事务	121	**组织事务**	1554
行政运行	63	行政运行	540
一般行政管理事务	58	一般行政管理事务	1014
机关服务		机关服务	
宗教工作专项		事业运行	
事业运行		其他组织事务支出	
其他宗教事务支出		**宣传事务**	1500
港澳台侨事务	257	行政运行	284
行政运行	123	一般行政管理事务	1165
一般行政管理事务	134	机关服务	
机关服务		事业运行	
港澳事务		其他宣传事务支出	51
台湾事务		**统战事务**	417
华侨事务		行政运行	214
事业运行		一般行政管理事务	203
其他港澳台侨事务支出		机关服务	
档案事务	212	事业运行	
行政运行	203	其他统战事务支出	
一般行政管理事务	9	**对外联络事务**	
机关服务		行政运行	
档案馆		一般行政管理事务	
其他档案事务支出		机关服务	
民主党派及工商联事务	539	事业运行	
行政运行	285	其他对外联络事务支出	
一般行政管理事务	254	**其他共产党事务支出(款)**	3974
机关服务		行政运行	959
参政议政		一般行政管理事务	2561
事业运行		机关服务	

续表

单位：万元

科　　目	决算数	科　　目	决算数
事业运行	371	现役部队(款)	
其他共产党事务支出(项)	83	现役部队(项)	
其他一般公共服务支出(款)	1333	预备役部队(款)	
国家赔偿费用支出		预备役部队(项)	
其他一般公共服务支出(项)	1333	民兵(款)	1024
外交		民兵(项)	1024
外交管理事务		国防科研事业(款)	
行政运行		国防科研事业(项)	
一般行政管理事务		专项工程(款)	
机关服务		专项工程(项)	
专项业务		国防动员	29
事业运行		兵役征集	29
其他外交管理事务支出		经济动员	
驻外机构		人民防空	
驻外使领馆(团、处)		交通战备	
其他驻外机构支出		国防教育	
对外援助		其他国防动员支出	
对外成套项目援助		其他国防支出(款)	
对外一般物资援助		其他国防支出(项)	
对外科技合作援助		公共安全	32213
对外优惠贷款援助及贴息		武装警察	3310
对外医疗援助		内卫	1045
其他对外援助支出		边防	
国际组织		消防	2265
国际组织会费		警卫	
国际组织捐赠		黄金	
维和摊款		森林	
国际组织股金及基金		水电	
其他国际组织支出		交通	
对外合作与交流		其他武装警察支出	
出国活动		公安	21228
招待活动		行政运行	8953
在华国际会议		一般行政管理事务	4393
其他对外合作与交流支出		机关服务	23
对外宣传(款)		治安管理	48
对外宣传(项)		国内安全保卫	
边界勘界联检		刑事侦查	901
边界勘界		经济犯罪侦查	
边界联检		出入境管理	
边界界桩维护		行动技术管理	
其他支出		防范和处理邪教犯罪	
其他外交支出(款)		禁毒管理	
其他外交支出(项)		道路交通管理	4792
国防	1053	网络侦控管理	768

续表

单位：万元

科　　目	决算数	科　　目	决算数
反恐怖	60	司法统一考试	5
居民身份证管理	49	仲裁	
网络运行及维护	570	事业运行	24
拘押收教场所管理	45	其他司法支出	
警犬繁育及训养		监狱	
信息化建设		行政运行	
事业运行		一般行政管理事务	
其他公安支出	626	机关服务	
国家安全	180	犯人生活	
行政运行		犯人改造	
一般行政管理事务	180	狱政设施建设	
机关服务		事业运行	
安全业务		其他监狱支出	
事业运行		劳教	
其他国家安全支出		行政运行	
检察	3513	一般行政管理事务	
行政运行	1172	机关服务	
一般行政管理事务	2296	劳教人员生活	
机关服务		劳教人员教育	
查办和预防职务犯罪		所政设施建设	
公诉和审判监督		事业运行	
侦查监督		其他劳教支出	
执行监督		国家保密	73
控告申诉		行政运行	53
“两房”建设		一般行政管理事务	20
事业运行		机关服务	
其他检察支出	45	保密技术	
法院	2731	保密管理	
行政运行	1401	事业运行	
一般行政管理事务	1176	其他国家保密支出	
机关服务		缉私警察	
案件审判		行政运行	
案件执行		一般行政管理事务	
“两庭”建设		专项缉私活动支出	
事业运行		缉私情报	
其他法院支出	154	禁毒及缉毒	
司法	866	网络运行及维护	
行政运行	246	警服购置	
一般行政管理事务	151	其他缉私警察支出	
机关服务		其他公共安全支出(款)	312
基层司法业务	110	其他公共安全支出(项)	312
普法宣传	114	教育	63946
律师公证管理	116	教育管理事务	3348
法律援助	100	行政运行	913

续表

单位：万元

科　　目	决算数
一般行政管理事务	923
机关服务	
其他教育管理事务支出	1512
普通教育	32547
学前教育	2172
小学教育	5861
初中教育	12257
高中教育	10361
高等教育	878
化解农村义务教育债务支出	222
其他普通教育支出	796
职业教育	18734
初等职业教育	
中专教育	4818
技校教育	6153
职业高中教育	204
高等职业教育	6392
其他职业教育支出	1167
成人教育	
成人初等教育	
成人中等教育	
成人高等教育	
成人广播电视教育	
其他成人教育支出	
广播电视教育	506
广播电视学校	506
教育电视台	
其他广播电视教育支出	
留学教育	
出国留学教育	
来华留学教育	
其他留学教育支出	
特殊教育	755
特殊学校教育	755
工读学校教育	
其他特殊教育支出	
教师进修及干部继续教育	3772
教师进修	200
干部教育	2134
其他教师进修及干部继续教育支出	1438
教育费附加安排的支出	4184
农村中小学校舍建设	
农村中小学教学设施	800
城市中小学校舍建设	1824
城市中小学教学设施	
中等职业学校教学设施	1560
其他教育费附加安排的支出	
其他教育支出(款)	100
其他教育支出(项)	100
科学技术	7961
科学技术管理事务	361
行政运行	151
一般行政管理事务	42
机关服务	
其他科学技术管理事务支出	168
基础研究	
机构运行	
重点基础研究规划	
自然科学基金	
重点实验室及相关设施	
重大科学工程	
专项基础科研	
专项技术基础	
其他基础研究支出	
应用研究	834
机构运行	834
社会公益研究	
高技术研究	
专项科研试制	
其他应用研究支出	
技术研究与开发	4100
机构运行	
应用技术研究与开发	3900
产业技术研究与开发	
科技成果转化与扩散	
其他技术研究与开发支出	200
科技条件与服务	
机构运行	
技术创新服务体系	
科技条件专项	
其他科技条件与服务支出	
社会科学	
社会科学研究机构	
社会科学研究	
社科基金支出	
其他社会科学支出	
科学技术普及	574
机构运行	537

续表

单位：万元

科　目	决算数	科　目	决算数
科普活动		体育竞赛	178
青少年科技活动	37	体育训练	
学术交流活动		体育场馆	80
科技馆站		群众体育	60
其他科学技术普及支出		体育交流与合作	
科技交流与合作		其他体育支出	10
国际交流与合作		**广播影视**	3073
重大科技合作项目		行政运行	
其他科技交流与合作支出		一般行政管理事务	
科技重大专项(款)		机关服务	
科技重大专项(项)		广播	703
其他科学技术支出(款)	2092	电视	1767
科技奖励		电影	498
核应急		广播电视监控	15
转制科研机构		其他广播影视支出	90
其他科学技术支出(项)	2092	**新闻出版**	2234
文化体育与传媒	13992	行政运行	10
文化	6935	一般行政管理事务	
行政运行	794	机关服务	
一般行政管理事务	30	新闻通讯	
机关服务	33	出版发行	1772
图书馆		版权管理	
文化展示及纪念机构		出版市场管理	
艺术表演场所	150	其他新闻出版支出	452
艺术表演团体	412	**其他文化体育与传媒支出(款)**	110
文化活动	927	宣传文化发展专项支出	
群众文化	1370	其他文化体育与传媒支出(项)	110
文化交流与合作	68	**社会保障和就业**	33319
文化创作与保护	2305	**人力资源和社会保障管理事务**	6791
文化市场管理	158	行政运行	920
其他文化支出	688	一般行政管理事务	77
文物	768	机关服务	
行政运行		综合业务管理	
一般行政管理事务		劳动保障监察	136
机关服务		就业管理事务	76
文物保护	180	社会保险业务管理事务	
博物馆	333	金保工程	974
历史名城与古迹		社会保险经办机构	1621
其他文物支出	255	劳动关系和维权	51
体育	872	公共就业服务和职业技能鉴定机构	629
行政运行	496	其他人力资源和社会保障管理事务支出	2307
一般行政管理事务	13	**民政管理事务**	871
机关服务	30	行政运行	540
运动项目管理	5	一般行政管理事务	49

续表

单位：万元

科　　目	决算数	科　　目	决算数
机关服务		在乡复员、退伍军人生活补助	
拥军优属		优抚事业单位	1338
老龄事务		义务兵优待	
民间组织管理	29	其他优抚支出	
行政区划和地名管理	217	**退役安置**	685
基层政权和社区建设	19	退役士兵安置	67
部队供应		军队移交政府的离退休人员安置	532
其他民政管理事务支出	17	军队移交政府离退休干部管理机构	86
财政对社会保险基金的补助	4412	其他退役安置支出	
财政对基本养老保险基金的补助	4412	**社会福利**	1179
财政对失业保险基金的补助		儿童福利	132
财政对基本医疗保险基金的补助		老年福利	
财政对工伤保险基金的补助		假肢矫形	
财政对生育保险基金的补助		殡葬	150
财政对新型农村社会养老保险基金的补助		社会福利事业单位	737
财政对城镇居民养老保险基金的补助		其他社会福利支出	160
财政对其他社会保险基金的补助		**残疾人事业**	1013
补充全国社会保障基金		行政运行	224
用公共财政预算补充基金		一般行政管理事务	4
行政事业单位离退休	9179	机关服务	
归口管理的行政单位离退休	3928	残疾人康复	595
事业单位离退休	3769	残疾人就业和扶贫	15
离退休人员管理机构		残疾人体育	5
未归口管理的行政单位离退休	316	其他残疾人事业支出	170
其他行政事业单位离退休支出	1166	**城市居民最低生活保障（款）**	
企业改革补助	45	城市居民最低生活保障金支出	
企业关闭破产补助		城市居民最低生活保障对象临时补助	
厂办大集体改革补助		**其他城市生活救助**	1260
其他企业改革发展补助	45	流浪乞讨人员救助	414
就业补助	5293	其他城市生活救助支出	846
扶持公共就业服务		**自然灾害生活救助**	
职业培训补贴		中央自然灾害生活补助	
职业介绍补贴		地方自然灾害生活补助	
社会保险补贴		自然灾害灾后重建补助	
公益性岗位补贴	200	其他自然灾害生活救助支出	
小额担保贷款贴息	67	**红十字事业**	118
补充小额贷款担保基金		行政运行	115
职业技能鉴定补贴		一般行政管理事务	3
特定就业政策支出		机关服务	
就业见习补贴		其他红十字事业支出	
其他就业补助支出	5026	**农村最低生活保障**	
抚恤	1338	农村最低生活保障金支出	
死亡抚恤		农村最低生活保障对象临时补助	
伤残抚恤		**其他农村生活救助**	

续表

单位:万元

科　　目	决算数	科　　目	决算数
农村五保供养		事业单位医疗	
其他农村生活救助支出		公务员医疗补助	
补充道路交通事故社会救助基金		优抚对象医疗补助	
交强险营业税补助基金支出		城市医疗救助	
交强险罚款收入补助基金支出		新型农村合作医疗	
其他社会保障和就业支出(款)	1135	农村医疗救助	
其他社会保障和就业支出(项)	1135	城镇居民基本医疗保险	3511
医疗卫生	16381	其他医疗保障支出	353
医疗卫生管理事务	2948	中医药	
行政运行	303	中医(民族医)药专项	
一般行政管理事务	2010	其他中医药支出	
机关服务		食品和药品监督管理事务	2441
其他医疗卫生管理事务支出	635	行政运行	1128
公立医院	1567	一般行政管理事务	36
综合医院	850	机关服务	
中医(民族)医院		食品、药品及医疗器械检验	999
传染病医院	685	注册审评事务	
职业病防治医院		标准事务	
精神病医院		认证事务	
妇产医院		食品药品评价	
儿童医院		药品保护	
其他专科医院	32	执法办案	
福利医院		食品药品安全	
行业医院		事业运行	
处理医疗欠费		其他食品和药品监督管理事务支出	278
其他公立医院支出		其他医疗卫生支出(款)	140
基层医疗卫生机构		其他医疗卫生支出(项)	140
城市社区卫生机构		节能环保	26060
乡镇卫生院		环境保护管理事务	1203
其他基层医疗卫生机构支出		行政运行	991
公共卫生	4771	一般行政管理事务	96
疾病预防控制机构	1307	机关服务	
卫生监督机构	473	环境保护宣传	
妇幼保健机构	1232	环境保护法规、规划及标准	
精神卫生机构		环境国际合作及履约	
应急救治机构	757	环境保护行政许可	
采供血机构		其他环境保护管理事务支出	116
其他专业公共卫生机构	268	环境监测与监察	119
基本公共卫生服务		建设项目环评审查与监督	
重大公共卫生专项	516	核与辐射安全监督	
突发公共卫生事件应急处理		其他环境监测与监察支出	119
其他公共卫生支出	218	污染防治	2469
医疗保障	4514	大气	
行政单位医疗	650	水体	300

续表

单位:万元

科　目	决算数	科　目	决算数
噪声		环境监测与信息	2572
固体废弃物与化学品	45	环境执法监察	582
放射源和放射性废物监管		减排专项支出	128
辐射		清洁生产专项支出	
排污费安排的支出	2124	其他污染减排支出	
其他污染防治支出		**可再生能源(款)**	7881
自然生态保护		可再生能源(项)	7881
生态保护		**资源综合利用(款)**	
农村环境保护		资源综合利用(项)	
自然保护区		**能源管理事务**	9041
生物及物种资源保护		行政运行	
其他自然生态保护支出		一般行政管理事务	
天然林保护	6	机关服务	
森林管护		能源预测预警	
社会保险补助		能源战略规划与实施	
政策性社会性支出补助		能源科技装备	
职工分流安置		能源行业管理	9041
职工培训		能源管理	
天然林保护工程建设		石油储备发展管理	
其他天然林保护支出	6	能源调查	
退耕还林	10	信息化建设	
粮食折现挂账贴息		事业运行	
退耕现金		其他能源管理事务支出	
退耕还林粮食折现补贴		**其他节能环保支出(款)**	13
退耕还林粮食费用补贴		其他节能环保支出(项)	13
退耕还林工程建设		**城乡社区事务**	27758
其他退耕还林支出	10	**城乡社区管理事务**	4698
风沙荒漠治理		行政运行	2286
京津风沙源禁牧舍饲粮食折现补助		一般行政管理事务	1209
京津风沙源治理禁牧舍饲粮食折现挂账贴息		机关服务	
京津风沙源治理禁牧舍饲粮食费用补贴		城管执法	774
京津风沙源治理工程建设		工程建设标准规范编制与监管	
其他风沙荒漠治理支出		工程建设管理	339
退牧还草		市政公用行业市场监管	
退牧还草粮食折现补贴		国家重点风景区规划与保护	
退牧还草粮食费用补贴		住宅建设与房地产市场监管	
退牧还草粮食折现挂账贴息		执业资格注册、资质审查	
退牧还草工程建设		其他城乡社区管理事务支出	90
其他退牧还草支出		**城乡社区规划与管理(款)**	2329
已垦草原退耕还草(款)		城乡社区规划与管理(项)	2329
已垦草原退耕还草(项)		**城乡社区公共设施**	12757
能源节约利用(款)	2036	小城镇基础设施建设	
能源节约利用(项)	2036	其他城乡社区公共设施支出	12757
污染减排	3282	**城乡社区环境卫生(款)**	7032

续表

单位:万元

科　　目	决算数	科　　目	决算数
城乡社区环境卫生(项)	7032	森林生态效益补偿	8
建设市场管理与监督(款)	833	林业自然保护区	
建设市场管理与监督(项)	833	动植物保护	11
其他城乡社区事务支出(款)	109	湿地保护	
其他城乡社区事务支出(项)	109	林业执法与监督	23
农林水事务	13278	森林防火	43
农业	6037	林业有害生物防治	32
行政运行	1401	林业检疫检测	
一般行政管理事务	519	防沙治沙	
机关服务		林业质量安全	
事业运行	201	林业工程与项目管理	10
农垦运行		林业对外合作与交流	
技术推广与培训	746	林业产业化	26
病虫害控制	331	技能培训	5
农产品质量安全	96	信息管理	
执法监管	104	林业政策制定与宣传	10
统计监测与信息服务	113	林业资金审计稽查	
农业行业业务管理	20	林区公共支出	5
对外交流与合作		林业贷款贴息	90
灾害救助		林业救灾	
稳定农民收入补贴		石油价格改革对林业的补贴	3
农业结构调整补贴	1606	其他林业支出	119
农业生产资料与技术补贴	256	水利	5550
农业生产保险补贴		行政运行	960
农业组织化与产业化经营	125	一般行政管理事务	107
农产品加工与促销	326	机关服务	
农村公益事业		水利行业业务管理	195
综合财力补助		水利工程建设	
农业资源保护与利用	145	水利工程运行与维护	
农村道路建设		长江黄河等流域管理	
农资综合补贴		水利前期工作	98
石油价格改革对渔业的补贴		水利执法监督	5
对高校毕业生到基层任职补助		水土保持	1205
草原植被恢复费安排的支出		水资源管理与保护	80
其他农业支出	48	水质监测	149
林业	1240	水文测报	20
行政运行	397	防汛	634
一般行政管理事务	210	抗旱	
机关服务		农田水利	612
林业事业机构	42	水利技术推广和培训	30
森林培育	133	国际河流治理与管理	
林业技术推广	71	三峡建设管理事务	
森林资源管理	2	大中型水库移民后期扶持专项支出	
森林资源监测		水利安全监督	

续表

单位:万元

科目	决算数	科目	决算数
水资源费安排的支出	1080	**交通运输**	9416
砂石资源费支出		**公路水路运输**	2770
信息管理		行政运行	1242
水利建设移民支出		一般行政管理事务	207
农村人畜饮水		机关服务	
其他水利支出	375	公路新建	
南水北调		公路改建	
行政运行		公路养护	1317
一般行政管理事务		特大型桥梁建设	
机关服务		公路路政管理	
南水北调工程建设		公路和运输信息化建设	
政策研究与信息管理		公路和运输安全	
工程稽查		公路还贷专项	
前期工作		公路运输管理	
南水北调技术推广和培训		公路客货运站(场)建设	
环境、移民及水资源管理与保护		公路和运输技术标准化建设	
其他南水北调支出		港口设施	
扶贫	133	航道维护	4
行政运行		安全通信	
一般行政管理事务		三峡库区通航管理	
机关服务		航务管理	
农村基础设施建设		船舶检验	
生产发展	10	救助打捞	
社会发展		内河运输	
扶贫贷款奖补和贴息		远洋运输	
“三西”农业建设专项补助		海事管理	
扶贫事业机构		航标事业发展支出	
其他扶贫支出	123	水路运输管理支出	
农业综合开发	251	口岸建设	
机构运行	121	取消政府还贷二级公路收费专项支出	
土地治理	54	其他公路水路运输支出	
产业化经营		**铁路运输**	6
科技示范		行政运行	
其他农业综合开发支出	76	一般行政管理事务	
农村综合改革	67	机关服务	
对村级一事一议的补助	67	铁路路网建设	
实施减轻农业用水负担综合改革补助		铁路还贷专项	
国有农场分离办社会职能改革补助		铁路安全	6
对村民委员会和村党支部的补助		铁路专项运输	
对村集体经济组织的补助		其他铁路运输支出	
其他农村综合改革支出		**民用航空运输**	
其他农林水事务支出(款)		行政运行	
化解其他公益性乡村债务支出		一般行政管理事务	
其他农林水事务支出(项)		机关服务	

续表

单位：万元

科　　目	决算数	科　　目	决算数
机场建设		医药制造业	
空管系统建设		非金属矿物制品业	
民航还贷专项支出		通信设备、计算机及其他电子设备制造业	
民用航空安全		交通运输设备制造业	
民航专项运输		电气机械及器材制造业	
民航政策性购机专项支出		工艺品及其他制造业	
其他民用航空运输支出		石油加工、炼焦及核燃料加工业	
石油价格改革对交通运输的补贴	5830	化学原料及化学制品制造业	
对城市公交的补贴	1991	黑色金属冶炼及压延加工业	
对农村道路客运的补贴	876	有色金属冶炼及压延加工业	
对出租车的补贴	2953	其他制造业支出	
石油价格改革补贴其他支出	10	**建筑业**	36
邮政业支出		行政运行	
行政运行		一般行政管理事务	
一般行政管理事务		机关服务	
机关服务		其他建筑业支出	36
行业监管		**电力监管支出**	
邮政普遍服务与特殊服务		行政运行	
其他邮政业支出		一般行政管理事务	
车辆购置税支出	215	机关服务	
车辆购置税用于公路等基础设施建设支出		电力监管	
车辆购置税用于农村公路建设支出		电力稽查	
车辆购置税用于老旧汽车报废更新补贴支出	215	争议调节	
车辆购置税用于地震灾后恢复重建的支出		安全事故调查	
车辆购置税其他支出		电力市场建设	
其他交通运输支出(款)	595	电力输送改革试点	
公共交通运营补助	595	信息系统建设	
其他交通运输支出(项)		三峡库区移民专项支出	
资源勘探电力信息等事务	8799	农村电网建设	
资源勘探开发和服务支出		事业运行	
行政运行		其他电力监管支出	
一般行政管理事务		**工业和信息产业监管支出**	
机关服务		行政运行	
煤炭勘探开采和洗选		一般行政管理事务	
石油和天然气勘探开采		机关服务	
黑色金属矿勘探和采选		战备应急	
有色金属矿勘探和采选		信息安全建设	
非金属矿勘探和采选		专用通信	
其他资源勘探业支出		无线电监管	
制造业	297	工业和信息产业战略研究与标准制定	
行政运行	191	工业和信息产业支持	
一般行政管理事务	106	电子专项工程	
机关服务		行业监管	
纺织业		军工电子	

续表

单位:万元

科　　目	决算数	科　　目	决算数
技术基础研究		一般行政管理事务	275
其他工业和信息产业监管支出		机关服务	
安全生产监管	6099	旅游宣传	2542
行政运行	2877	旅游行业业务管理	
一般行政管理事务	31	其他旅游业管理与服务支出	119
机关服务		**涉外发展服务支出**	585
国务院安委会专项		行政运行	
安全监管监察专项		一般行政管理事务	
应急救援支出	1277	机关服务	
煤炭安全	647	外商投资环境建设补助资金	
其他安全生产监管支出	1267	其他涉外发展服务支出	585
国有资产监管	486	**其他商业服务业等事务支出(款)**	
行政运行	238	服务业基础设施建设	
一般行政管理事务	199	其他商业服务业等事务支出(项)	
机关服务		**金融监管等事务支出**	1470
国有企业监事会专项		**金融部门行政支出**	
中央企业专项管理		行政运行	
其他国有资产监管支出	49	一般行政管理事务	
支持中小企业发展和管理支出	1806	机关服务	
行政运行		安全防卫	
一般行政管理事务		事业运行	
机关服务		金融部门其他行政支出	
科技型中小企业技术创新基金		**金融部门监管支出**	70
中小企业发展专项	250	货币发行	
其他支持中小企业发展和管理支出	1556	金融服务	
其他资源勘探电力信息等事务支出(款)	75	反洗钱及反假币	
黄金事务		重点金融机构监管	
建设项目贷款贴息		金融稽查与案件处理	
技术改造支出	75	金融行业电子化建设	70
中药材扶持资金支出		从业人员资格考试	
重点产业振兴和技术改造项目贷款贴息		金融部门其他监管支出	
其他资源勘探电力信息等事务支出(项)		**金融发展支出**	1200
商业服务业等事务	4522	政策性银行亏损补贴	
商业流通事务	867	商业银行贷款贴息	
行政运行	283	补充资本金	1200
一般行政管理事务	132	风险基金补助	
机关服务		其他金融发展支出	
食品流通安全补贴		**金融调控支出**	
市场监测及信息管理		中央银行亏损补贴	
民贸网点贷款贴息		其他金融调控支出	
事业运行		**农村金融发展支出**	
其他商业流通事务支出	452	金融机构涉农贷款增量奖励支出	
旅游业管理与服务支出	3070	农村金融机构定向费用补贴支出	
行政运行	134	其他农村金融发展支出	

续表

单位:万元

科　目	决算数
其他金融监管等事务支出(款)	200
其他金融监管等事务支出(项)	200
地震灾后恢复重建支出	
倒塌毁损民房恢复重建	
农村居民住宅恢复重建	
城镇居民住宅恢复重建	
基础设施恢复重建	
公路	
桥梁	
铁路路网	
机场	
水运港口设施	
运政设施	
邮政设施	
水利工程	
供水	
供气	
市政道路、桥梁	
排水管道	
污水处理设施	
公交设施	
其他基础设施恢复重建支出	
公益服务设施恢复重建	
学校和其他教育设施	
医院及其他医疗卫生食品药品监管设施	
科研院所科普场馆及其他科研科普设施	
文化馆图书馆及其他文化设施	
文物事业单位博物馆及其附属设施	
广播电视台(站)及其他广播影视设施	
体育场馆及其他体育设施	
儿童福利院及其他社会保障和社会福利设施	
环境保护事业单位及环保设施	
人口和计划生育事业单位及设施	
档案事业单位及设施	
地震事业单位及设施	
其他公益服务事业单位及设施	
农业林业恢复生产和重建	
农业生产资料补助	
损毁土地整理	
农田水利设施恢复重建	
规模化种养殖棚舍池恢复重建	
良种繁育设施恢复重建	
农林推广和服务设施恢复重建	
森林防火设施恢复重建	
受损林木恢复	
其他农业林业恢复生产和重建支出	
工商企业恢复生产和重建	
项目投资补助	
注入资本金	
贷款贴息	
其他工商企业恢复生产和重建支出	
党政机关恢复重建	
一般公共服务机关恢复重建支出	
公共安全机构恢复重建支出	
教育管理机构恢复重建支出	
科学技术管理机构恢复重建支出	
文化体育与传媒管理机构恢复重建支出	
社会保障和就业管理机构恢复重建支出	
医疗卫生及食品药品监督管理机构恢复重建支出	
环境保护管理机构恢复重建支出	
农林水管理机构恢复重建支出	
其他党政机关恢复重建支出	
军队武警恢复重建支出	
军队恢复重建支出	
武警恢复重建支出	
其他恢复重建支出(款)	
震后地质灾害治理支出	
其他恢复重建支出(项)	
援助其他地区支出	485
一般公共服务	
教育	
文化体育与传媒	
医疗卫生	
节能环保	
农业	
交通运输	
住房保障	
其他支出	485
国土资源气象等事务	8767
国土资源事务	7718
行政运行	1024
一般行政管理事务	87
机关服务	
国土资源规划及管理	
土地资源调查	
土地资源利用与保护	
国土资源社会公益服务	
国土资源行业业务管理	

续表

单位:万元

科　　目	决算数	科　　目	决算数
国土资源调查		地震流动观测	
国土整治		地震信息传输及管理	
地质灾害防治		震情跟踪	
土地资源储备支出		地震预报预测	
地质及矿产资源调查		地震灾害预防	
地质矿产资源利用与保护		地震应急救援	
地质转产项目财政贴息		地震技术应用与培训	
国外风险勘查		地震事业机构	
地质勘查基金(周转金)支出		其他地震事务支出	
矿产资源专项收入安排的支出	6454	**气象事务**	806
事业运行	153	行政运行	
其他国土资源事务支出		一般行政管理事务	
海洋管理事务		机关服务	
行政运行		气象事业机构	157
一般行政管理事务		气象技术研究应用与培训	
机关服务		气象探测	
海域使用管理		气象信息传输及管理	
海洋环境保护与监测		气象预报预测	
海洋调查评价		气象服务	629
海洋权益维护		气象装备保障维护	
海洋执法监察		气象台站建设与运行保障	15
海洋防灾减灾		气象卫星	
海洋卫星		气象法规与标准	
极地考察		气象资金审计稽查	
海洋矿产资源勘探研究		其他气象事务支出	5
海港航标维护		**其他国土资源气象等事务支出**	
海域使用金支出		**住房保障支出**	6258
海水淡化		**保障性安居工程支出**	1482
海洋工程排污费支出		廉租住房	535
无居民海岛使用金支出		沉陷区治理	
事业运行		棚户区改造	
其他海洋管理事务支出		少数民族地区游牧民定居工程	
测绘事务		农村危房改造	
行政运行		公共租赁住房	947
一般行政管理事务		保障性住房租金补贴	
机关服务		其他保障性安居工程支出	
基础测绘		**住房改革支出**	4776
航空摄影		住房公积金	4558
测绘工程建设		提租补贴	
事业运行		购房补贴	218
其他测绘事务支出		**城乡社区住宅**	
地震事务	243	公有住房建设和维修改造支出	
行政运行	240	其他城乡社区住宅支出	
一般行政管理事务	3	**粮油物资储备事务**	7951
机关服务		**粮油事务**	7911
地震台站、台网		行政运行	370

续表

单位：万元

科　　目	决算数	科　　目	决算数
一般行政管理事务	208	储备粮油差价补贴	
机关服务		储备粮(油)库建设	40
粮食财务与审计支出		最低收购价政策支出	
粮食信息统计		其他粮油储备支出	
粮食专项业务活动		**重要商品储备**	
国家粮油差价补贴		棉花储备	
粮食财务挂账利息补贴	3716	食糖储备	
粮食财务挂账消化款		肉类储备	
处理陈化粮补贴		化肥储备	
粮食风险基金	2619	农药储备	
粮油市场调控专项资金		边销茶储备	
事业运行	219	羊毛储备	
其他粮油事务支出	779	医药储备	
物资事务		食盐储备	
行政运行		战略物资储备	
一般行政管理事务		其他重要商品储备支出	
机关服务		**国债还本付息支出**	476
铁路专用线		**国内债务付息**	
护库武警和民兵支出		**国外债务付息**	100
物资保管与保养		中央向外国政府借款付息	
专项贷款利息		中央向国际金融组织借款付息	
物资转移		地方向外国政府借款付息	100
物资轮换		地方向国际金融组织借款付息	
仓库建设		**国内外债务发行**	
仓库安防		国内债务发行费用	
事业运行		国外债务发行费用	
其他物资事务支出		**补充还贷准备金**	
能源储备		**地方政府债券付息**	376
公共财政预算石油储备支出		**其他支出(类)**	1521
国家留成油串换石油储备支出		**汶川地震捐赠支出**	
天然铀能源储备		地震灾后恢复重建捐赠支出	
煤炭储备		其他捐赠支出	
其他能源储备		**其他支出(款)**	1521
粮油储备	40	其他支出(项)	1521
储备粮油补贴支出			

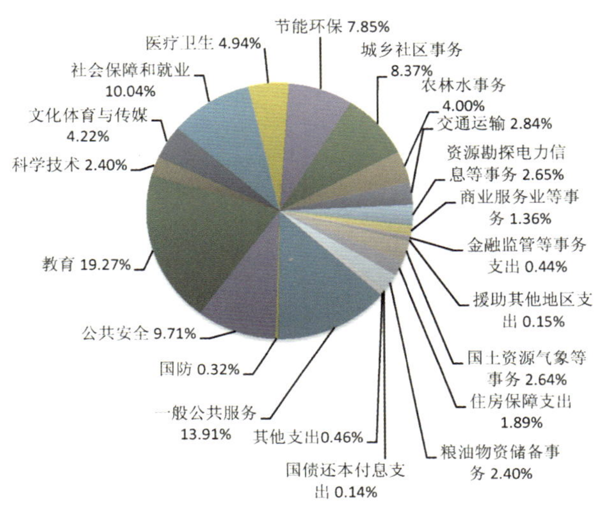

晋城市本级公共财政支出情况图(2012年)

表2-34

晋城市本级公共财政转移性收支决算表(2012年)

单位:万元

预算科目	决算数	预算科目	决算数
公共财政收入	294300	公共财政支出	331778
上级补助收入	467100	补助下级支出	436791
返还性收入	36440	返还性支出	6546
增值税和消费税税收返还收入	28263	增值税和消费税税收返还支出	19067
所得税基数返还收入	6650	所得税基数返还支出	-13516
成品油价格和税费改革税收返还收入	1527	成品油价格和税费改革税收返还支出	995
其他税收返还收入		其他税收返还支出	
一般性转移支付收入	228036	一般性转移支付支出	213005
体制补助收入		体制补助支出	350
均衡性转移支付收入	28354	均衡性转移支付支出	34597
民族地区转移支付补助收入		民族地区转移支付支出	
调整工资转移支付补助收入	38960	调整工资转移支付支出	34854
农村税费改革转移支付收入	18561	农村税费改革转移支付支出	19160
县级基本财力保障机制奖补资金收入	10286	县级基本财力保障机制奖补资金支出	10286
结算补助收入	6057	结算补助支出	422
化解债务补助收入		化解债务补助支出	
资源枯竭型城市转移支付补助收入		资源枯竭型城市转移支付补助支出	
企业事业单位划转补助收入	1108	企业事业单位划转补助支出	1108
成品油价格和税费改革转移支付补助收入	593	成品油价格和税费改革转移支付补助支出	387
工商部门停征两费转移支付收入		工商部门停征两费转移支付支出	
一般公共服务转移支付收入		一般公共服务转移支付支出	
公共安全转移支付收入	13498	公共安全转移支付支出	10068
教育转移支付收入	30872	教育转移支付支出	28276
社会保障和就业转移支付收入	35455	社会保障和就业转移支付支出	33537
医疗卫生转移支付收入	33175	医疗卫生转移支付支出	28949
农林水转移支付收入	5320	农林水转移支付支出	5320
产粮(油)大县奖励资金收入	1978	产粮(油)大县奖励资金支出	1978
重点生态功能区转移支付收入	2382	重点生态功能区转移支付支出	2382
其他一般性转移支付收入	1437	其他一般性转移支付支出	1331
专项转移支付收入	202624	专项转移支付支出	217240
地震灾后恢复重建补助收入		地震灾后恢复重建补助支出	
省补助计划单列市收入		计划单列市上解省支出	
下级上解收入	9823	上解上级支出	4836
体制上解收入	9591	体制上解支出	4604
出口退税专项上解收入		出口退税专项上解支出	
成品油价格和税费改革专项上解收入		成品油价格和税费改革专项上解支出	
专项上解收入	232	专项上解支出	232
计划单列市上解省收入		省补助计划单列市支出	
接受其他地区援助收入		援助其他地区支出	
接受其他省(自治区、直辖市、计划单列市)援助收入		援助其他省(自治区、直辖市、计划单列市)支出	
接受省内其他地市(区)援助收入		援助省内其他地市(区)支出	
接受市内其他县市(区)援助收入		援助市内其他县市(区)支出	
债务收入		债券还本支出	12000
地方政府债券收入		地方政府债券还本	12000
地方向国外借款收入		地方向国外借款还本	
债券转贷收入	10000	债券转贷支出	
转贷地方政府债券收入	10000	转贷地方政府债券支出	
转贷国外债务收入		转贷国外债务支出	
国债转贷收入		增设预算周转金	
国债转贷资金上年结余		拨付国债转贷资金数	

续表

单位：万元

预算科目	决算数	预算科目	决算数
国债转贷转补助		国债转贷资金结余	
上年结余	18826		
调入预算稳定调节基金	14000	安排预算稳定调节基金	23055
调入资金	13050	调出资金	1010
政府性基金调入	12050	年终结余	17629
国有资本经营预算调入	1000	减:结转下年的支出	19538
财政专户管理资金调入		净结余	-1909
其他调入			
地震灾后恢复重建调入资金			
预算稳定调节基金调入			
收入总计	827099	支出总计	827099

表 2-35

晋城市本级公共财政收入预算变动情况表(2012 年)

单位：万元

科　目	年初预算数	变动项目				调整预算数
		上级专项调整数			增加(减少)预算指标	
		小计	企业上下划	其他		
公共财政收入	272437					272437
税收收入	214420					214420
增值税	56866					56866
消费税						
营业税	34654					34654
企业所得税	78888					78888
企业所得税退税						
个人所得税	11063					11063
资源税	5983					5983
固定资产投资方向调节税						
城市维护建设税	11880					11880
房产税	3960					3960
印花税	2526					2526
城镇土地使用税	7050					7050
土地增值税	650					650
车船税	550					550
船舶吨税						
车辆购置税						
关税						
耕地占用税						
契税	350					350
烟叶税						
其他税收收入						
非税收入	58017					58017
专项收入	19817					19817
行政事业性收费收入	12000					12000
罚没收入	20000					20000
国有资本经营收入						
国有资源(资产)有偿使用收入	3200					3200
其他收入	3000					3000

表2-36

晋城市本级公共财政支出

科目	年初预算数	变							动			
		小计	专项转移支付	返还性收入	一般性转移支付	其中:调整工资转移支付	地震灾后恢复重建补助	接受其他地区援助	上年结转使用数	动用上年净结余	动支预备费	科目调剂
公共财政支出	301137	48270	202624	-474	9586				15670	3156		
一般公共服务	41372	4810	4306	-474	17				6			2704
人大事务	1387	342										
政协事务	763	166										
政府办公厅(室)及相关机构事务	9154	5292	57									4089
发展与改革事务	1654	1404	29									
统计信息事务	1446	562										
财政事务	2698	37	84						5			
税收事务	2390	329										
审计事务	985	313	170									
海关事务												
人力资源事务	649	207	368									-122
纪检监察事务	845	225	30									195
人口与计划生育事务	3707	-2299	2384									183
商贸事务	1103	123	649									
知识产权事务												
工商行政管理事务	131	69										
质量技术监督与检验检疫事务		147										
民族事务		80	18									
宗教事务	118	3										
港澳台侨事务	197	60										
档案事务	176	36										
民主党派及工商联事务	316	223										2
群众团体事务	1443	79	507									-83
党委办公厅(室)及相关机构事务	775	69	5						1			63
组织事务	3374	-1820		-474								-964
宣传事务	1195	305			17							288
统战事务	388	29										29
对外联络事务												
其他共产党事务支出	3678	296										296
其他一般公共服务支出	2800	-1467	5									-1272
外交												
外交管理事务												
驻外机构												
对外援助												
国际组织												
对外合作与交流												
对外宣传												
边界勘界联检												
其他外交支出												
国防		1053	29							60	964	
现役部队												
预备役部队												
民兵		1024								60	964	

预算变动及结余、结转情况表(2012年)

单位:万元

项目												调整预算数	决算数	预算结余	结转下年使用数
本年超、短收安排	债务收入	债券转贷收入	动用预算稳定调节基金	调入资金	地震灾后恢复重建调入	补助下级专款	地震灾后恢复重建补助下级	省补助计划单列市	援助其他地区支出	债券转贷支出	其他				
21863		10000	14000	13050		-217240					-23965	349407	331778	17629	19538
			5712			-7461						46182	46152	30	30
			342									1729	1729		
			166									929	929		
			1196			-50						14446	14446		
			1397			-22						3058	3058		
			610			-48						2008	2008		
			29			-81						2735	2735		
			329									2719	2719		
			170			-27						1298	1298		
						-39						856	856		
												1070	1040	30	30
						-4866						1408	1408		
			857			-1383						1226	1226		
			69									200	200		
			147									147	147		
			80			-18						80	80		
			3									121	121		
			60									257	257		
			36									212	212		
			221									539	539		
						-345						1522	1522		
												844	844		
						-382						1554	1554		
												1500	1500		
												417	417		
												3974	3974		
						-200						1333	1333		
												1053	1053		
												1024	1024		

续表

科目	年初预算数	变动										
		小计	专项转移支付	返还性收入	一般性转移支付	其中:调整工资转移支付	地震灾后恢复重建补助	接受其他地区援助	上年结转使用数	动用上年净结余	动支预备费	科目调剂
国防科研事业												
专项工程												
国防动员		29	29									
其他国防支出												
公共安全	31898	315	3381		1681				145			-3892
武装警察	2335	975										975
公安	21239	-11	3097		1079				145			-3980
国家安全	180											
检察	2488	1025			176							849
法院	1811	920	244		344							430
司法	775	91	40		82							39
监狱												
劳教												
国家保密	70	3										3
缉私警察												
其他公共安全支出	3000	-2688										-2208
教育	42831	21231	8757		4001				2618	3096	2121	1970
教育管理事务	8093	-4745	38									-4763
普通教育	12751	19796	6105		2536				162	3096	1726	7922
职业教育	11995	6739	2514		1465				24			-732
成人教育												
广播电视教育	373	133										133
留学教育												
特殊教育	663	92										92
教师进修及干部继续教育	1876	1896									395	501
教育费附加安排的支出	5697	-1397	100						2432			
其他教育支出	1383	-1283										-1183
科学技术	8150	-189	93									-189
科学技术管理事务	467	-106										-106
基础研究												
应用研究	710	124										124
技术研究与开发	4300	-200										-200
科技条件与服务												
社会科学												
科学技术普及	473	101	93									101
科技交流与合作												
科技重大专项												
其他科学技术支出	2200	-108										-108
文化体育与传媒	13692	300	2881									
文化	5740	1195	375									1160
文物	575	193	48									145
体育	500	372	100									372
广播影视	2495	578	394									219
新闻出版	1402	832										832

单位：万元

项					目							调整预算数	决算数	预算结余	结转下年使用数
本年超、短收安排	债务收入	债券转贷收入	动用预算稳定调节基金	调入资金	地震灾后恢复重建调入	补助下级专款	地震灾后恢复重建补助下级	省补助计划单列市	援助其他地区支出	债券转贷支出	其他				
												29	29		
						-1000						32213	32213		
												3310	3310		
						-352						21228	21228		
												180	180		
												3513	3513		
						-98						2731	2731		
						-70						866	866		
												73	73		
						-480						312	312		
-1329				13050		-13053						64062	63946	116	116
						-20						3348	3348		
				7550		-9301						32547	32547		
				4500		-1032						18734	18734		
												506	506		
												755	755		
				1000								3772	3772		
-1329						-2600						4300	4184	116	116
						-100						100	100		
						-93						7961	7961		
												361	361		
												834	834		
												4100	4100		
						-93						574	574		
												2092	2092		
			1393			-3974						13992	13992		
			1393			-1733						6935	6935		
												768	768		
						-100						872	872		
						-35						3073	3073		
												2234	2234		

续表

科目	年初预算数	变动										
		小计	专项转移支付	返还性收入	一般性转移支付	其中:调整工资转移支付	地震灾后恢复重建补助	接受其他地区援助	上年结转使用数	动用上年净结余	动支预备费	科目调剂
其他文化体育与传媒支出	2980	-2870	1964									-2728
社会保障和就业	24527	8792	18274		130				236		5070	5482
人力资源和社会保障管理事务	3758	3033							8			3025
民政管理事务	442	429										868
财政对社会保险基金的补助	1931	2481									4469	
补充全国社会保障基金												
行政事业单位离退休	8972	207										207
企业改革补助		45	574									45
就业补助	167	5126	4873						200			
抚恤	1141	197	7918						28			463
退役安置	78	607	1635		130							172
社会福利	725	454	348									349
残疾人事业	482	531	196									591
城市居民最低生活保障	1329	-1329										-771
其他城市生活救助	742	518	360									258
自然灾害生活救助	150	-150	1903								325	
红十字事业	97	21										21
农村最低生活保障	3213	-3213										56
其他农村生活救助	659	-659										7
补充道路交通事故社会救助基金												
其他社会保障和就业支出	641	494	467								276	191
医疗卫生	18682	-2269	15442		3757				111			-816
医疗卫生管理事务	2700	248										248
公立医院	1160	407	935									407
基层医疗卫生机构	784	-784	4711									415
公共卫生	4165	638	7152									654
医疗保障	5701	-1187	2500		3757				100			-822
中医药			12									
食品和药品监督管理事务	1672	769	112						11			662
其他医疗卫生支出	2500	-2360	20									-2380
节能环保	12030	15438	31989						160			-2227
环境保护管理事务	940	263	140									153
环境监测与监察		119										119
污染防治	4231	-354	2140						160			-186
其中:排污费安排的支出	4000	-968	1190						160			
自然生态保护			729									50
天然林保护	40	-34	667									
退耕还林	10		2246									
风沙荒漠治理												
退牧还草												
已垦草原退耕还草												
能源节约利用		2036	5621									1279
污染减排	2396	886	1361									758
可再生能源		7881	19085									-9041

单位：万元

项目												调整预算数	决算数	预算结余	结转下年使用数
本年超、短收安排	债务收入	债券转贷收入	动用预算稳定调节基金	调入资金	地震灾后恢复重建调入	补助下级专款	地震灾后恢复重建补助下级	省补助计划单列市	援助其他地区支出	债券转贷支出	其他				
						-2106						110	110		
			4070			-24470						33319	33319		
												6791	6791		
						-439						871	871		
			1051			-3039						4412	4412		
												9179	9179		
						-574						45	45		
			3019			-2966						5293	5293		
						-8212						1338	1338		
						-1330						685	685		
						-243						1179	1179		
						-256						1013	1013		
						-558									
						-100						1260	1260		
						-2378									
												118	118		
						-3269									
						-666									
						-440						1135	1135		
						-20763						16413	16381	32	32
												2948	2948		
						-935						1567	1567		
						-5910									
						-7168						4803	4771	32	32
						-6722						4514	4514		
						-12									
						-16						2441	2441		
												140	140		
-111						-14373						27468	26060	1408	1408
						-30						1203	1203		
												119	119		
-111						-2357						3877	2469	1408	1408
-111						-2207						3032	2124	908	908
						-779									
						-701						6	6		
						-2246						10	10		
						-4864						2036	2036		
						-1233						3282	3282		
						-2163						7881	7881		

续表

科目	年初预算数	变动										
		小计	专项转移支付	返还性收入	一般性转移支付	其中:调整工资转移支付	地震灾后恢复重建补助	接受其他地区援助	上年结转使用数	动用上年净结余	动支预备费	科目调剂
资源综合利用												
能源管理事务		9041										9041
其他节能环保支出	4413	-4400										-4400
城乡社区事务	26835	923	2095						1879			-956
城乡社区管理事务	4510	188	1800						677			-489
城乡社区规划与管理	1200	1129	295						10			1119
城乡社区公共设施	14184	-1427										-1427
城乡社区环境卫生	6108	924										924
建设市场管理与监督	713	120										120
其他城乡社区事务支出	120	-11							1192			-1203
农林水事务	31327	-17409	50930						234			238
农业	11012	-4929	13436						34			1043
林业	4162	-2922	2808									1722
水利	10071	-4165	19607									-3
其中:水资源费安排的支出	5000	-3564	2531									
南水北调												
扶贫	2747	-2614	2707									11
农业综合开发	535	-284	4349									110
农村综合改革		305	6693									155
其他农林水事务支出	2800	-2800	1330						200			-2800
交通运输	3930	5486	10833						11		930	211
公路水路运输	2503	267	104						1		930	1043
铁路运输		6	6									
民用航空运输												
石油价格改革对交通运输的补贴		5830	8386									
邮政业支出												
车辆购置税支出		215	2337						10			
其他交通运输支出	1427	-832										-832
资源勘探电力信息等事务	5780	3019	2270						1869			625
资源勘探开发和服务支出												
制造业	315	-18										-18
建筑业	36											
电力监管支出												
其中:三峡库区移民专项支出												
工业和信息产业监管支出												
安全生产监管	4019	2080	88						1869			135
国有资产监管	990	-504										-504
支持中小企业发展和管理支出	420	1386	1967									1012
其他资源勘探电力信息等事务支出		75	215									
商业服务业等事务	1929	3483	11420						40			77
商业流通事务	732	1025	9618						40			
旅游业管理与服务支出	797	2273	86									477
涉外发展服务支出		585	1716									
其他商业服务业等事务支出	400	-400										-400

单位：万元

项							目					调整预算数	决算数	预算结余	结转下年使用数
本年超、短收安排	债务收入	债券转贷收入	动用预算稳定调节基金	调入资金	地震灾后恢复重建调入	补助下级专款	地震灾后恢复重建补助下级	省补助计划单列市	援助其他地区支出	债券转贷支出	其他				
												9041	9041		
												13	13		
						−2095						27758	27758		
						−1800						4698	4698		
						−295						2329	2329		
												12757	12757		
												7032	7032		
												833	833		
												109	109		
−2434						−66377						13918	13278	640	640
						−19442						6083	6037	46	46
						−7452						1240	1240		
−2434						−21335						5906	5550	356	356
−2434						−3661						1436	1080	356	356
						−5332						133	133		
						−4743						251	251		
						−6543						305	67	238	238
						−1530									
						−6499						9416	9416		
						−1811						2770	2770		
												6	6		
						−2556						5830	5830		
						−2132						215	215		
												595	595		
						−1745						8799	8799		
												297	297		
												36	36		
						−12						6099	6099		
												486	486		
						−1593						1806	1806		
						−140						75	75		
		2049				−10103						5412	4522	890	890
		176				−8809						1757	867	890	890
		1873				−163						3070	3070		
						−1131						585	585		

续表

科目	年初预算数	变动										
		小计	专项转移支付	返还性收入	一般性转移支付	其中:调整工资转移支付	地震灾后恢复重建补助	接受其他地区援助	上年结转使用数	动用上年净结余	动支预备费	科目调剂
金融监管等事务支出	1200	270	1123									270
金融部门行政支出												
金融部门监管支出		70										70
金融发展支出		1200										1200
金融调控支出												
农村金融发展支出			1123									
其他金融监管等事务支出	1200	-1000										-1000
地震灾后恢复重建支出												
倒塌毁损民房恢复重建												
基础设施恢复重建												
公益服务设施恢复重建												
农业林业恢复生产和重建												
工商企业恢复生产和重建												
党政机关恢复重建												
军队武警恢复重建支出												
其他恢复重建支出												
援助其他地区支出		485										485
一般公共服务												
教育												
文化体育与传媒												
医疗卫生												
节能环保												
农业												
交通运输												
住房保障												
其他支出		485										485
国土资源气象等事务	11618	259	30961						7691			-4185
国土资源事务	10715	113	30961						7691			-4331
其中:矿产资源专项收入安排的支出	5120	4444	30161						7691			
海洋管理事务												
其中:海域使用金支出												
测绘事务												
地震事务	145	98										98
气象事务	758	48										48
其他国土资源气象等事务支出												
住房保障支出	4033	12887	7107									1005
保障性安居工程支出		12110	6495									480
住房改革支出	4033	777	612									525
城乡社区住宅												
粮油物资储备事务	6935	1016	279									772
粮油事务	6935	976	204									772
物资事务												
能源储备												
粮油储备		40	75									
重要商品储备												
预备费	10000	-10000									-10000	
国债还本付息支出	376	100										
国内债务付息												
国外债务付息		100										
国内外债务发行												
补充还贷准备金												
地方政府债券付息	376											
其他支出(类)	3992	-1730	454						670		915	-1574
年初预留												
汶川地震捐赠支出												
其他支出(款)	3992	-1730	454						670		915	-1574

单位：万元

项目												调整预算数	决算数	预算结余	结转下年使用数
本年超、短收安排	债务收入	债券转贷收入	动用预算稳定调节基金	调入资金	地震灾后恢复重建调入	补助下级专款	地震灾后恢复重建补助下级	省补助计划单列市	援助其他地区支出	债券转贷支出	其他				
						-1123						1470	1470		
												70	70		
												1200	1200		
						-1123									
												200	200		
												485	485		
												485	485		
3619						-37827						11877	8767	3110	3110
3619						-37827						10828	7718	3110	3110
3619						-37027						9564	6454	3110	3110
												243	243		
												806	806		
		10000				-5225						16920	6258	10662	10662
		10000				-4865						12110	1482	10628	10628
						-360						4810	4776	34	34
						-35						7951	7951		
												7911	7911		
						-35						40	40		
											100	476	476		
											100	100	100		
												376	376		
22118			776			-1024					-24065	2262	1521	741	2650
22118			776			-1024					-24065	2262	1521	741	2650

表2–37

晋城市本级政府性基金

科　　目	决算数	上年结余	上级补助收入	其中:地震灾后恢复重建补助收入	省补助计划单列市收入	下级上解收入	计划单列市上解省收入	调入资金
政府性基金收入	126600	189783	17842			2575		
贸促会收费								
证书工本费								
司法部门的涉外、涉港澳台公证书工本费								
地方教育附加收入	2307	534	746					
核电站乏燃料处理处置基金收入								
体育部门收费								
外国团体来华登山注册费								
车手等级认定费								
文化事业建设费收入		35	20					
中央文化事业建设费收入								
地方文化事业建设费收入		35	20					
国家电影事业发展专项资金收入								
大中型水库移民后期扶持基金收入			906					
小型水库移民扶助基金收入			976					

收支及结余情况表(2012年)

单位:万元

科　　目	决算数	补助下级支出	其中:地震灾后恢复重建补助支出	省补助计划单列市支出	上解上级支出	计划单列市上解省支出	调出资金	项　　目	年终结余
政府性基金支出	207247	30027			7926		12050	**政府性基金**	79550
一般公共服务									
商贸事务									
贸促会收费安排的支出								**贸促会收费**	
								证书工本费	
公共安全									
司法									
涉外、涉港澳台公证书工本费安排的支出								**司法部门的涉外、涉港澳台公证书工本费**	
教育		746							
地方教育附加安排的支出		746						**地方教育附加**	2841
农村中小学校舍建设									
农村中小学教学设施									
城市中小学校舍建设									
城市中小学教学设施									
中等职业学校教学设施									
其他地方教育附加安排的支出		746							
科学技术									
核电站乏燃料处理处置基金支出								**核电站乏燃料处理处置基金**	
乏燃料运输									
乏燃料离堆贮存									
乏燃料后处理									
高放废物的处理处置									
乏燃料后处理厂的建设、运行、改造和退役									
其他乏燃料处理处置基金支出									
文化体育与传媒	55								
体育								**体育部门收费**	
外国团体来华登山注册费安排的支出								外国团体来华登山注册费	
车手等级认定费安排的支出								车手等级认定费	
文化事业建设费安排的支出	55							**文化事业建设费**	
精神文明建设								中央文化事业建设费	
人才培训教学								地方文化事业建设费	
文化创作									
文化事业单位补助	35								
爱国主义教育基地									
其他文化事业建设费安排的支出	20								
国家电影事业发展专项资金支出								**国家电影事业发展专项资金**	
资助国产影片放映									
资助城市影院									
资助少数民族电影译制									
其他国家电影事业发展专项资金支出									
社会保障和就业	416	1912							
大中型水库移民后期扶持基金支出	30	876						**大中型水库移民后期扶持基金**	
移民补助		407							
基础设施建设和经济发展	20	455							
其他大中型水库移民后期扶持基金支出	10	14							
小型水库移民扶助基金支出	10	966						**小型水库移民扶助基金**	

续表

科　　目	决算数	上年结余	上级补助收入	其中:地震灾后恢复重建补助收入	省补助计划单列市收入	下级上解收入	计划单列市上解省收入	调入资金
残疾人就业保障金收入	898	1230	16					
可再生能源电价附加收入								
废弃电器电子产品处理基金收入								
国家税务局征收的废弃电器电子产品处理基金收入								
海关征收的废弃电器电子产品处理基金收入								
政府住房基金收入	30756	266						
上缴管理费用	293	166						
计提廉租住房资金	1029	100						
廉租住房租金收入								
公共租赁住房租金收入								
其他政府住房基金收入	29434							
国有土地使用权出让收入	21587	161728				882		
土地出让价款收入	10082	140057						
补缴的土地价款	895							
划拨土地收入	6345							
教育资金收入	3113	15445				882		
农田水利建设资金收入	3113	6226						
缴纳新增建设用地土地有偿使用费	-2334							
其他土地出让收入	373							
城市公用事业附加收入	3034	7525	1950					

单位：万元

科　　目	决算数	补助下级支出	其中：地震灾后恢复重建补助支出	省补助计划单列市支出	上解上级支出	计划单列市上解省支出	调出资金	项　　目	年终结余
移民补助									
基础设施建设和经济发展									
其他小型水库移民扶助基金支出	10	966							
残疾人就业保障金支出	376	70						**残疾人就业保障金**	1698
就业和培训		11							
职业康复									
扶持农村残疾人生产									
奖励残疾人就业单位									
其他残疾人就业保障金支出	376	59							
节能环保									
可再生能源电价附加收入安排的支出								**可再生能源电价附加**	
风力发电补助									
太阳能发电补助									
生物质能发电补助									
其他可再生能源电价附加收入安排的支出									
废弃电器电子产品处理基金支出								**废弃电器电子产品处理基金**	
								国家税务局征收的废弃电器电子产品处理基金	
								海关征收的废弃电器电子产品处理基金	
城乡社区事务	164649	13985			1433		12050		
政府住房基金支出	262							**政府住房基金**	30760
管理费用支出	262							上缴管理费用	197
廉租住房支出								计提廉租住房资金	1129
廉租住房维护和管理支出								廉租住房租金	
公共租赁住房支出								公共租赁住房租金	
公共租赁住房租金支出								其他政府住房基金	29434
其他政府住房基金支出									
国有土地使用权出让收入安排的支出	136537	5757			1433		12050	**国有土地使用权出让**	28420
征地和拆迁补偿支出	9834							土地出让价款	16016
土地开发支出								补缴的土地价款	
城市建设支出	82993	1782						划拨土地	
农村基础设施建设支出	20820	368						教育资金	6508
补助被征地农民支出	3952							农田水利建设资金	5896
土地出让业务支出	520							缴纳新增建设用地土地有偿使用费	
廉租住房支出								其他土地出让	
教育资金安排的支出							12050		
支付破产或改制企业职工安置费									
棚户区改造支出	171								
公共租赁住房支出									
农田水利建设资金安排的支出	20	2872			1433				
其他国有土地使用权出让收入安排的支出	18227	735							
城市公用事业附加安排的支出	9469	1785						**城市公用事业附加**	1255
城市公共设施	8776								
城市环境卫生	421								
公有房屋									
城市防洪									
其他城市公用事业附加安排的支出	272	1785							

续表

科　　目	决算数	上年结余	上级补助收入	其中:地震灾后恢复重建补助收入	省补助计划单列市收入	下级上解收入	计划单列市上解省收入	调入资金
国有土地收益基金收入	16210							
农业土地开发资金收入	744		304					
新增建设用地土地有偿使用费收入		5282	2077					
中央新增建设用地土地有偿使用费收入								
地方新增建设用地土地有偿使用费收入		5282	2077					
城市基础设施配套费收入	1756	4350						
新菜地开发建设基金收入								
育林基金收入	117	3	65					
中央育林基金收入								
地方育林基金收入	117	3	65					
森林植被恢复费		1	1018					
中央森林植被恢复费								
地方森林植被恢复费		1	1018					
中央水利建设基金收入			1135					
中央水利建设基金划转收入								
中央其他水利建设基金收入			1135					
地方水利建设基金收入		216	772					
地方水利建设基金划转收入			97					

单位：万元

科　　目	决算数	补助下级支出	其中：地震灾后恢复重建补助支出	省补助计划单列市支出	上解上级支出	计划单列市上解省支出	调出资金	项　　目	年终结余
国有土地收益基金支出	16210							**国有土地收益基金**	
征地和拆迁补偿支出	16114								
土地开发支出	96								
其他国有土地收益基金支出									
农业土地开发资金支出		304						**农业土地开发资金**	744
新增建设用地土地有偿使用费安排的支出	180	3896						**新增建设用地土地有偿使用费**	3283
耕地开发专项支出								中央新增建设用地土地有偿使用费	
基本农田建设和保护支出	180	1897						地方新增建设用地土地有偿使用费	3283
土地整理支出		1999							
用于地震灾后恢复重建的支出									
城市基础设施配套费安排的支出	1991	2243						**城市基础设施配套费**	1872
城市公共设施	589								
城市环境卫生									
公有房屋									
城市防洪									
其他城市基础设施配套费安排的支出	1402	2243							
农林水事务	423	3042							
新菜地开发建设基金支出								**新菜地开发建设基金**	
开发新菜地工程									
改造老菜地工程									
设备购置									
技术培训与推广									
其他新菜地开发建设基金支出									
育林基金支出	50	15						**育林基金**	120
森林培育								中央育林基金	
林业有害生物防治								地方育林基金	120
森林防火									
森林资源监测									
林业技术推广									
林区公共支出									
其他育林基金支出	50	15							
森林植被恢复费安排的支出	144	874						**森林植被恢复费**	1
林地调查规划设计	64	24						中央森林植被恢复费	
林地整理								地方森林植被恢复费	1
森林培育	65	785							
林业有害生物防治									
森林防火	10	42							
森林资源管护	5	13							
其他森林植被恢复费安排的支出		10							
中央水利建设基金支出		1135						**中央水利建设基金**	
水利工程建设								中央水利建设基金划转	
水利工程维护								中央其他水利建设基金	
防洪工程含应急度汛		70							
其他中央水利建设基金支出		1065							
地方水利建设基金支出	226	762						**地方水利建设基金**	
水利工程建设	226	640						地方水利建设基金划转	

续表

科　　目	决算数	上年结余	上级补助收入	其中:地震灾后恢复重建补助收入	省补助计划单列市收入	下级上解收入	计划单列市上解省收入	调入资金
地方其他水利建设基金收入		216	675					
大中型水库库区基金收入			259					
中央大中型水库库区基金收入								
地方大中型水库库区基金收入			259					
三峡水库库区基金收入								
南水北调工程基金收入								
国家重大水利工程建设基金收入								
南水北调工程建设资金								
三峡工程后续工作资金								
省级重大水利工程建设资金								
船舶港务费								
长江口航道维护收入								
铁路资产变现收入								
海南省高等级公路车辆通行附加费收入								
转让政府还贷道路收费权收入								
转让政府还贷公路收费权收入								
转让政府还贷城市道路收费权收入								
车辆通行费								
港口建设费收入								

单位:万元

科目	决算数	补助下级支出	其中:地震灾后恢复重建补助支出	省补助计划单列市支出	上解上级支出	计划单列市上解省支出	调出资金	项目	年终结余
水利工程维护								地方其他水利建设基金	
水土保持		122							
城市防洪									
其他地方水利建设基金支出									
大中型水库库区基金支出	3	256						**大中型水库库区基金**	
基础设施建设和经济发展	3	256						中央大中型水库库区基金	
解决移民遗留问题								地方大中型水库库区基金	
库区防护工程维护									
其他大中型水库库区基金支出									
三峡水库库区基金支出								**三峡水库库区基金**	
基础设施建设和经济发展									
解决移民遗留问题									
库区维护和管理									
其他三峡水库库区基金支出									
南水北调工程基金支出								**南水北调工程基金**	
南水北调工程建设									
偿还南水北调工程贷款本息									
国家重大水利工程建设基金支出								**国家重大水利工程建设基金**	
南水北调工程建设								南水北调工程建设资金	
三峡工程后续工作								三峡工程后续工作资金	
地方重大水利工程建设								省级重大水利工程建设资金	
其他重大水利工程建设基金支出									
交通运输									
公路水路运输									
船舶港务费安排的支出								**船舶港务费**	
长江口航道维护支出								**长江口航道维护**	
铁路运输									
铁路资产变现收入安排的支出								**铁路资产变现**	
海南省高等级公路车辆通行附加费安排的支出								**海南省高等级公路车辆通行附加费**	
公路建设									
公路养护									
公路还贷									
其他海南省高等级公路车辆通行附加费安排的支出									
转让政府还贷道路收费权收入安排的支出								**转让政府还贷道路收费权**	
公路还贷								转让政府还贷公路收费权	
公路建设								转让政府还贷城市道路收费权	
其他转让政府还贷道路收费权收入安排的支出									
车辆通行费安排的支出								**车辆通行费**	
公路还贷									
政府还贷公路养护									
政府还贷公路管理									
其他车辆通行费安排的支出									
港口建设费安排的支出								**港口建设费**	
港口设施									
航道建设和维护									
航运保障系统建设									

续表

科　　目	决算数	上年结余	上级补助收入	其中:地震灾后恢复重建补助收入	省补助计划单列市收入	下级上解收入	计划单列市上解省收入	调入资金
铁路建设基金收入								
民航基础设施建设基金收入								
民航机场管理建设费收入								
船舶油污损害赔偿基金收入								
民航发展基金收入								
无线电频率占用费								
散装水泥专项资金收入	21							

单位：万元

科　　目	决算数	补助下级支出	其中:地震灾后恢复重建补助支出	省补助计划单列市支出	上解上级支出	计划单列市上解省支出	调出资金	项　　目	年终结余
其他港口建设费安排的支出									
铁路建设基金支出								**铁路建设基金**	
铁路建设投资									
购置铁路机车车辆									
铁路还贷									
建设项目铺底资金									
勘测设计									
注册资本金									
周转资金									
其他铁路建设基金支出									
民航基础设施建设基金支出								**民航基础设施建设基金**	
民航机场建设									
空管系统建设									
民航安全									
民航科教和信息									
其他民航基础设施建设基金支出									
民航机场管理建设费安排的支出								**民航机场管理建设费**	
民航机场建设									
空管系统建设									
民航安全									
民航科教和信息									
航线和机场补贴									
其他民航机场管理建设费安排的支出									
船舶油污损害赔偿基金支出								**船舶油污损害赔偿基金**	
应急处置费用									
控制清除污染									
损失补偿									
生态恢复									
监视监测									
其他船舶油污损害赔偿基金支出									
民航发展基金支出								**民航发展基金**	
民航机场建设									
空管系统建设									
民航安全									
航线和机场补贴									
民航科教和信息									
民航节能减排									
通用航空发展									
征管经费									
其他民航发展基金支出									
资源勘探电力信息等事务	29884	6627			6493				
工业和信息产业监管支出									
无线电频率占用费安排的支出								**无线电频率占用费**	
散装水泥专项资金支出	18							**散装水泥专项资金**	3
建设专用设施									
专用设备购置和维修									

续表

科　　目	决算数	上年结余	上级补助收入	其中：地震灾后恢复重建补助收入	省补助计划单列市收入	下级上解收入	计划单列市上解省收入	调入资金
新型墙体材料专项基金收入	8	8						
农网还贷资金收入								
中央农网还贷资金收入								
地方农网还贷资金收入								
山西省煤炭可持续发展基金收入	42414	273	1662			1693		
电力改革预留资产变现收入								
旅游发展基金收入			200					
中央特别国债经营基金收入								
中央特别国债经营基金财务收入								
彩票公益金收入		2209	4444					
福利彩票公益金收入		2048	4027					
体育彩票公益金收入		161	417					
其他政府性基金收入	6748	6123	1292					

单位：万元

科　　目	决算数	补助下级支出	其中：地震灾后恢复重建补助支出	省补助计划单列市支出	上解上级支出	计划单列市上解省支出	调出资金	项　　目	年终结余
贷款贴息									
技术研发与推广									
宣传									
其他散装水泥专项资金支出	18								
新型墙体材料专项基金支出	11							**新型墙体材料专项基金**	5
技改贴息和补助									
技术研发和推广									
示范项目补贴									
宣传和培训	7								
其他新型墙体材料专项基金支出	4								
农网还贷资金支出								**农网还贷资金**	
中央农网还贷资金支出								中央农网还贷资金	
地方农网还贷资金支出								地方农网还贷资金	
其他农网还贷资金支出									
山西省煤炭可持续发展基金支出	29855	6627			6493			**山西省煤炭可持续发展基金**	3067
生态环境治理	14560	760							
资源地区转型和接替产业发展	9500								
解决社会问题	1650				6493				
其他山西省煤炭可持续发展基金支出	4145	5867							
电力改革预留资产变现收入安排的支出								**电力改革预留资产变现**	
920万千瓦变现资产支出									
647万千瓦变现资产支出									
商业服务业等事务		200							
旅游发展基金支出		200						**旅游发展基金**	
宣传促销									
行业规划									
旅游事业补助									
地方旅游开发项目补助		200							
其他旅游发展基金支出									
金融监管等事务支出									
金融调控支出									
中央特别国债经营基金支出								**中央特别国债经营基金**	
中央特别国债经营基金财务支出								**中央特别国债经营基金财务**	
其他支出	11820	3515							
彩票公益金安排的支出	2269	2229						**彩票公益金**	2155
用于补充全国社会保障基金的彩票公益金支出								福利彩票公益金	2111
用于社会福利的彩票公益金支出	1144	1273						体育彩票公益金	44
用于体育事业的彩票公益金支出	467	67							
用于教育事业的彩票公益金支出		44							
用于红十字事业的彩票公益金支出									
用于残疾人事业的彩票公益金支出	15	209							
用于城市医疗救助的彩票公益金支出		79							
用于农村医疗救助的彩票公益金支出		127							
用于文化事业的彩票公益金支出	613								
用于扶贫的彩票公益金支出									
用于法律援助的彩票公益金支出									
用于其他社会公益事业的彩票公益金支出	30	430							
其他政府性基金支出	9551	1286						**其他政府性基金**	3326

表2-38

晋城市本级政府性基金转移性收支决算表(2012年)

单位:万元

预算科目	决算数	预算科目	决算数
政府性基金收入	126600	政府性基金支出	207247
政府性基金上级补助收入	17842	政府性基金补助下级支出	30027
其中:政府性基金地震灾后恢复重建补助收入		其中:政府性基金地震灾后恢复重建补助支出	
政府性基金省补助计划单列市收入		政府性基金计划单列市上解省支出	
政府性基金下级上解收入	2575	政府性基金上解上级支出	7926
政府性基金计划单列市上解省收入		政府性基金省补助计划单列市支出	
政府性基金上年结余	189783	政府性基金调出资金	12050
政府性基金调入资金		政府性基金年终结余	79550
公共财政预算调入			
财政专户管理资金调入			
其他调入			
收入总计	336800	支出总计	336800

表2-39

晋城市本级政府性基金收入预算变动情况表(2012年)

单位:万元

预算科目	年初预算数	增加(减少)预算指标	调整预算数
政府性基金收入	111543		111543
农网还贷资金收入			
中央农网还贷资金收入			
地方农网还贷资金收入			
山西省煤炭可持续发展基金收入	40000		40000
铁路建设基金收入			
民航基础设施建设基金收入			
民航机场管理建设费收入			
民航发展基金收入			
海南省高等级公路车辆通行附加费收入			
转让政府还贷道路收费权收入			
转让政府还贷公路收费权收入			
转让政府还贷城市道路收费权收入			
港口建设费收入			
散装水泥专项资金收入	20		20
新型墙体材料专项基金收入	3		3
旅游发展基金收入			
文化事业建设费收入			
中央文化事业建设费收入			
地方文化事业建设费收入			
地方教育附加收入	3000		3000
国家电影事业发展专项资金收入			
新菜地开发建设基金收入			
新增建设用地土地有偿使用费收入			
中央新增建设用地土地有偿使用费收入			
地方新增建设用地土地有偿使用费收入			
育林基金收入			
中央育林基金收入			
地方育林基金收入			
森林植被恢复费			
中央森林植被恢复费			
地方森林植被恢复费			
中央水利建设基金收入			
中央水利建设基金划转收入			
中央其他水利建设基金收入			

续表

单位：万元

预算科目	年初预算数	增加(减少)预算指标	调整预算数
地方水利建设基金收入			
地方水利建设基金划转收入			
地方其他水利建设基金收入			
南水北调工程基金收入			
残疾人就业保障金收入	420		420
政府住房基金收入	200		200
上缴管理费用			
计提廉租住房资金			
廉租住房租金收入			
公共租赁住房租金收入			
其他政府住房基金收入	200		200
城市公用事业附加收入	2000		2000
国有土地收益基金收入	15000		15000
农业土地开发资金收入			
国有土地使用权出让收入	45000		45000
土地出让价款收入	45000		45000
补缴的土地价款			
划拨土地收入			
教育资金收入			
农田水利建设资金收入			
缴纳新增建设用地土地有偿使用费			
其他土地出让收入			
大中型水库移民后期扶持基金收入			
大中型水库库区基金收入			
中央大中型水库库区基金收入			
地方大中型水库库区基金收入			
三峡水库库区基金收入			
中央特别国债经营基金收入			
中央特别国债经营基金财务收入			
彩票公益金收入			
福利彩票公益金收入			
体育彩票公益金收入			
城市基础设施配套费收入	800		800
小型水库移民扶助基金收入			
国家重大水利工程建设基金收入			
南水北调工程建设资金			
三峡工程后续工作资金			
省级重大水利工程建设资金			
车辆通行费			
船舶港务费			
体育部门收费			
外国团体来华登山注册费			
车手等级认定费			
司法部门的涉外、涉港澳台公证书工本费			
贸促会收费			
证书工本费			
核电站乏燃料处理处置基金收入			
可再生能源电价附加收入			
长江口航道维护收入			
船舶油污损害赔偿基金收入			
铁路资产变现收入			
电力改革预留资产变现收入			
无线电频率占用费			
废弃电器电子产品处理基金收入			
国家税务局征收的废弃电器电子产品处理基金收入			
海关征收的废弃电器电子产品处理基金收入			
其他政府性基金收入	5100		5100

表2–40

晋城市本级政府性基金

科目	年初预算数	变动				
		小计	专项补助	其中:地震灾后恢复重建补助	动用上年结余	本年超、短收安排
政府性基金支出	107573	179224	17842		189783	15057
一般公共服务						
商贸事务						
贸促会收费安排的支出						
公共安全						
司法						
涉外、涉港澳台公证书工本费安排的支出						
教育	3000	-159	746		534	-693
地方教育附加安排的支出	3000	-159	746		534	-693
农村中小学校舍建设						
农村中小学教学设施						
城市中小学校舍建设						
城市中小学教学设施						
中等职业学校教学设施						
其他地方教育附加安排的支出	3000	-159	746		534	-693
科学技术						
核电站乏燃料处理处置基金支出						
乏燃料运输						
乏燃料离堆贮存						
乏燃料后处理						
高放废物的处理处置						
乏燃料后处理厂的建设、运行、改造和退役						
其他乏燃料处理处置基金支出						
文化体育与传媒		55	20		35	
体育						
外国团体来华登山注册费安排的支出						
车手等级认定费安排的支出						
文化事业建设费安排的支出		55	20		35	
精神文明建设						
人才培训教学						
文化创作						
文化事业单位补助		35				35
爱国主义教育基地						
其他文化事业建设费安排的支出		20	20		35	-35
国家电影事业发展专项资金支出						
资助国产影片放映						
资助城市影院						
资助少数民族电影译制						
其他国家电影事业发展专项资金支出						
社会保障和就业	420	1694	1898		1230	478
大中型水库移民后期扶持基金支出		30	906			
移民补助			407			
基础设施建设和经济发展		20	475			
其他大中型水库移民后期扶持基金支出		10	24			
小型水库移民扶助基金支出		10	976			
移民补助						

支出预算变动情况表(2012年)

单位:万元

项目				调整预算数	决算数
调入资金	补助下级专款	其中:地震灾后恢复重建补助下级	增加(减少)预算指标		
	-30027		-13431	286797	207247
	-746			2841	
	-746			2841	
	-746			2841	
				55	55
				55	55
				35	35
				20	20
	-1912			2114	416
	-876			30	30
	-407				
	-455			20	20
	-14			10	10
	-966			10	10

续表

科目	年初预算数	变动				
		小计	专项补助	其中:地震灾后恢复重建补助	动用上年结余	本年超、短收安排
基础设施建设和经济发展						
其他小型水库移民扶助基金支出		10	976			
残疾人就业保障金支出	420	1654	16		1230	478
就业和培训			11			
职业康复						
扶持农村残疾人生产						
奖励残疾人就业单位						
其他残疾人就业保障金支出	420	1654	5		1230	478
节能环保						
可再生能源电价附加收入安排的支出						
风力发电补助						
太阳能发电补助						
生物质能发电补助						
其他可再生能源电价附加收入安排的支出						
废弃电器电子产品处理基金支出						
城乡社区事务	63000	167983	4331		179151	11087
政府住房基金支出	200	30822			266	30556
管理费用支出		459			166	293
廉租住房支出		1129			100	1029
廉租住房维护和管理支出						
公共租赁住房支出						
公共租赁住房租金支出						
其他政府住房基金支出	200	29234				29234
国有土地使用权出让收入安排的支出	45000	119957			161728	-23413
征地和拆迁补偿支出		12010			54844	-42834
土地开发支出		10174			42174	-32000
城市建设支出	9552	73441			7389	67834
农村基础设施建设支出	20286	534			902	
补助被征地农民支出	3952					
土地出让业务支出	520					
廉租住房支出						
教育资金安排的支出		6508			15445	3113
支付破产或改制企业职工安置费						
棚户区改造支出	171					
公共租赁住房支出						
农田水利建设资金安排的支出		5916			6226	3113
其他国有土地使用权出让收入安排的支出	10519	11374			34748	-22639
城市公用事业附加安排的支出	2000	8724	1950		7525	1034
城市公共设施	2000	6776			195	6581
城市环境卫生		438			438	
公有房屋						
城市防洪						
其他城市公用事业附加安排的支出		1510	1950		6892	-5547
国有土地收益基金支出	15000	1210				1210
征地和拆迁补偿支出	15000	1114				1114
土地开发支出		96				96

单位：万元

项			目	调整预算数	决算数
调入资金	补助下级专款	其中：地震灾后恢复重建补助下级	增加（减少）预算指标		
	-966			10	10
	-70			2074	376
	-11				
	-59			2074	376
	-13985		-12601	230983	164649
				31022	262
				459	262
				1129	
				29434	
	-5757		-12601	164957	136537
				12010	9834
				10174	
	-1782			82993	82993
	-368			20820	20820
				3952	3952
				520	520
			-12050	6508	
				171	171
	-2872		-551	5916	20
	-735			21893	18227
	-1785			10724	9469
				8776	8776
				438	421
	-1785			1510	272
				16210	16210
				16114	16114
				96	96

续表

科　　目	年初预算数	变			动	
		小计	专项补助	其中:地震灾后恢复重建补助	动用上年结余	本年超、短收安排
其他国有土地收益基金支出						
农业土地开发资金支出		744	304			744
新增建设用地土地有偿使用费安排的支出		3463	2077		5282	
耕地开发专项支出						
基本农田建设和保护支出		3463	2077		5186	-1903
土地整理支出					96	1903
用于地震灾后恢复重建的支出						
城市基础设施配套费安排的支出	800	3063			4350	956
城市公共设施	800					
城市环境卫生						
公有房屋						
城市防洪						
其他城市基础设施配套费安排的支出		3063			4350	956
农林水事务		544	3249		220	117
新菜地开发建设基金支出						
开发新菜地工程						
改造老菜地工程						
设备购置						
技术培训与推广						
其他新菜地开发建设基金支出						
育林基金支出		170	65		3	117
森林培育		1			1	
林业有害生物防治						
森林防火						
森林资源监测						
林业技术推广						
林区公共支出						
其他育林基金支出		169	65		2	117
森林植被恢复费安排的支出		145	1018		1	
林地调查规划设计		64	88			
林地整理						
森林培育		65	850			
林业有害生物防治						
森林防火		10	52			
森林资源管护		6	18		1	
其他森林植被恢复费安排的支出			10			
中央水利建设基金支出			1135			
水利工程建设						
水利工程维护						
防洪工程含应急度汛			70			
其他中央水利建设基金支出			1065			
地方水利建设基金支出		226	772		216	
水利工程建设		226	650			216
水利工程维护						
水土保持			122			
城市防洪						

单位:万元

项	目			调整预算数	决算数
调入资金	补助下级专款	其中:地震灾后恢复重建补助下级	增加(减少)预算指标		
	-304			744	
	-3896			3463	180
	-1897			3463	180
	-1999				
	-2243			3863	1991
				800	589
	-2243			3063	1402
	-3042			544	423
	-15			170	50
				1	
	-15			169	50
	-874			145	144
	-24			64	64
	-785			65	65
	-42			10	10
	-13			6	5
	-10				
	-1135				
	-70				
	-1065				
	-762			226	226
	-640			226	226
	-122				

续表

科目	年初预算数	变动				
		小计	专项补助	其中:地震灾后恢复重建补助	动用上年结余	本年超、短收安排
其他地方水利建设基金支出					216	-216
大中型水库库区基金支出		3	259			
基础设施建设和经济发展		3	259			
解决移民遗留问题						
库区防护工程维护						
其他大中型水库库区基金支出						
三峡水库库区基金支出						
基础设施建设和经济发展						
解决移民遗留问题						
库区维护和管理						
其他三峡水库库区基金支出						
南水北调工程基金支出						
南水北调工程建设						
偿还南水北调工程贷款本息						
国家重大水利工程建设基金支出						
南水北调工程建设						
三峡工程后续工作						
地方重大水利工程建设						
其他重大水利工程建设基金支出						
交通运输						
公路水路运输						
船舶港务费安排的支出						
长江口航道维护支出						
铁路运输						
铁路资产变现收入安排的支出						
海南省高等级公路车辆通行附加费安排的支出						
公路建设						
公路养护						
公路还贷						
其他海南省高等级公路车辆通行附加费安排的支出						
转让政府还贷道路收费权收入安排的支出						
公路还贷						
公路建设						
其他转让政府还贷道路收费权收入安排的支出						
车辆通行费安排的支出						
公路还贷						
政府还贷公路养护						
政府还贷公路管理						
其他车辆通行费安排的支出						
港口建设费安排的支出						
港口设施						
航道建设和维护						
航运保障系统建设						
其他港口建设费安排的支出						
铁路建设基金支出						
铁路建设投资						

单位：万元

项	目			调整预算数	决算数
调入资金	补助下级专款	其中:地震灾后恢复重建补助下级	增加(减少)预算指标		
	-256			3	3
	-256			3	3

续表

科目	年初预算数	变动				
		小计	专项补助	其中:地震灾后恢复重建补助	动用上年结余	本年超、短收安排
购置铁路机车车辆						
铁路还贷						
建设项目铺底资金						
勘测设计						
注册资本金						
周转资金						
其他铁路建设基金支出						
民航基础设施建设基金支出						
民航机场建设						
空管系统建设						
民航安全						
民航科教和信息						
其他民航基础设施建设基金支出						
民航机场管理建设费安排的支出						
民航机场建设						
空管系统建设						
民航安全						
民航科教和信息						
航线和机场补贴						
其他民航机场管理建设费安排的支出						
船舶油污损害赔偿基金支出						
应急处置费用						
控制清除污染						
损失补偿						
生态恢复						
监视监测						
其他船舶油污损害赔偿基金支出						
民航发展基金支出						
民航机场建设						
空管系统建设						
民航安全						
航线和机场补贴						
民航科教和信息						
民航节能减排						
通用航空发展						
征管经费						
其他民航发展基金支出						
资源勘探电力信息等事务	36053	-3094	1662		281	2420
工业和信息产业监管支出						
无线电频率占用费安排的支出						
散装水泥专项资金支出	20	1				1
建设专用设施						
专用设备购置和维修						
贷款贴息						
技术研发与推广						
宣传						

单位:万元

项目				调整预算数	决算数
调入资金	补助下级专款	其中:地震灾后恢复重建补助下级	增加(减少)预算指标		
	-6627		-830	32959	29884
				21	18

续表

科目	年初预算数	变动				
		小计	专项补助	其中:地震灾后恢复重建补助	动用上年结余	本年超、短收安排
其他散装水泥专项资金支出	20	1				1
新型墙体材料专项基金支出	3	13			8	5
技改贴息和补助						
技术研发和推广						
示范项目补贴						
宣传和培训		7				7
其他新型墙体材料专项基金支出	3	6			8	-2
农网还贷资金支出						
中央农网还贷资金支出						
地方农网还贷资金支出						
其他农网还贷资金支出						
山西省煤炭可持续发展基金支出	36030	-3108	1662		273	2414
生态环境治理	15200	360	1120			
资源地区转型和接替产业发展	10200	71			71	
解决社会问题	2860	-525	305			
其他山西省煤炭可持续发展基金支出	7770	-3014	237		202	2414
电力改革预留资产变现收入安排的支出						
920万千瓦变现资产支出						
647万千瓦变现资产支出						
商业服务业等事务			200			
旅游发展基金支出			200			
宣传促销						
行业规划						
旅游事业补助						
地方旅游开发项目补助			200			
其他旅游发展基金支出						
金融监管等事务支出						
金融调控支出						
中央特别国债经营基金支出						
中央特别国债经营基金财务支出						
其他支出	5100	12201	5736		8332	1648
彩票公益金安排的支出		4424	4444		2209	
用于补充全国社会保障基金的彩票公益金支出						
用于社会福利的彩票公益金支出		3252	2806		2078	-359
用于体育事业的彩票公益金支出		511	417		131	30
用于教育事业的彩票公益金支出		3	47			
用于红十字事业的彩票公益金支出						
用于残疾人事业的彩票公益金支出		15	225			-1
用于城市医疗救助的彩票公益金支出			79			
用于农村医疗救助的彩票公益金支出			127			
用于文化事业的彩票公益金支出		613	613			
用于扶贫的彩票公益金支出						
用于法律援助的彩票公益金支出						
用于其他社会公益事业的彩票公益金支出		30	130			330
其他政府性基金支出	5100	7777	1292		6123	1648

单位:万元

项目				调整预算数	决算数
调入资金	补助下级专款	其中:地震灾后恢复重建补助下级	增加(减少)预算指标		
				21	18
				16	11
				7	7
				9	4
	-6627		-830	32922	29855
	-760			15560	14560
				10271	9500
			-830	2335	1650
	-5867			4756	4145
	-200				
	-200				
	-200				
	-3515			17301	11820
	-2229			4424	2269
	-1273			3252	1144
	-67			511	467
	-44			3	
	-209			15	15
	-79				
	-127				
				613	613
	-430			30	30
	-1286			12877	9551

表2-41

晋城市本级

预算科目	年末机构数（个）	年末人数							
		合计	在职人员	离休人员	退休人员	公共预算财政拨款开支人数			
						小计	在职人员	离休人员	退休人员
合　　计	327	13696	11325	112	2259	4906	3821	64	1021
一般公共服务	96	1819	1817		2	1275	1274		1
人大事务	1	69	69			55	55		
政协事务	1	41	41			41	41		
政府办公厅(室)及相关机构事务	29	490	490			355	355		
发展与改革事务	5	129	129			106	106		
统计信息事务	2	116	116			116	116		
财政事务	8	134	134			48	48		
税收事务									
审计事务	1	72	72			72	72		
海关事务									
人力资源事务	6	61	60		1	17	16		1
纪检监察事务	2	63	63			44	44		
人口与计划生育事务	4	49	49			21	21		
商贸事务	2	54	54			23	23		
知识产权事务									
工商行政管理事务	1	9	8		1				
质量技术监督与检验检疫事务									
民族事务									
宗教事务	1	7	7			7	7		
港澳台侨事务	2	14	14			12	12		
档案事务	1	24	24			23	23		
民主党派及工商联事务	7	19	19			15	15		
群众团体事务	5	80	80			24	24		
党委办公厅(室)及相关机构事务	3	60	60			45	45		
组织事务	1	62	62			62	62		
宣传事务	1	40	40			40	40		
统战事务	1	30	30			20	20		
对外联络事务									
其他共产党事务支出	11	170	170			129	129		
其他一般公共服务支出	1	26	26						
外交									
外交管理事务									
驻外机构									
对外援助									
国际组织									
对外合作与交流									
对外宣传									
边界勘界联检									
其他外交支出									
公共安全	21	1424	1424			1232	1232		
武装警察									
公安	13	1020	1020			922	922		
国家安全									
检察	2	137	137			128	128		
法院	1	208	208			126	126		
司法	4	52	52			49	49		

基本数字表(2012年)

其				中				年末学生人数
公共预算财政补助开支人数				经费自理人数				
小计	在职人员	离休人员	退休人员	小计	在职人员	离休人员	退休人员	
8096	6811	48	1237	694	693		1	50507
450	449		1	94	94			
14	14							
129	129			6	6			
23	23							
70	70			16	16			
18	18			26	26			
19	19							
28	28							
31	31							
9	8		1					
2	2							
1	1							
4	4							
36	36			20	20			
15	15							
10	10							
41	41							
				26	26			
152	152			40	40			
84	84			14	14			
9	9							
56	56			26	26			
3	3							

续表

预算科目	年末机构数（个）	年末人数							
						公共预算财政拨款开支人数			
		合计	在职人员	离休人员	退休人员	小计	在职人员	离休人员	退休人员
监狱									
劳教									
国家保密	1	7	7			7	7		
缉私警察									
其他公共安全支出									
教育	31	3333	3326		7	59	59		
教育管理事务	6	87	87			33	33		
普通教育	17	2010	2010						
职业教育	5	1021	1021						
成人教育									
广播电视教育	1	70	70						
留学教育									
特殊教育	1	77	70		7				
教师进修及干部继续教育	1	68	68			26	26		
教育费附加安排的支出									
地方教育附加安排的支出									
其他教育支出									
科学技术	14	162	162			15	15		
科学技术管理事务	3	27	27			15	15		
基础研究									
应用研究	9	94	94						
技术研究与开发									
科技条件与服务									
社会科学									
科学技术普及	2	41	41						
科技交流与合作									
科技重大专项									
其他科学技术支出									
文化体育与传媒	16	619	618		1	49	49		
文化	9	293	292		1	33	33		
文物	4	46	46						
体育	1	17	17			12	12		
广播影视	1	193	193			4	4		
新闻出版	1	70	70						
文化事业建设费安排的支出									
国家电影事业发展专项资金支出									
其他文化体育与传媒支出									
社会保障和就业	37	2734	477	112	2145	1248	164	64	1020
人力资源和社会保障管理事务	19	201	199		2	122	120		2
民政管理事务	5	32	32			21	21		
行政事业单位离退休		2217		106	2111	1082		64	1018
就业补助									
抚恤	2	75	75						
退役安置	1	45	7	6	32				
社会福利	4	22	22			5	5		
残疾人事业	4	124	124			11	11		
其他城市生活救助	1	11	11						

其中								年末学生人数
公共预算财政补助开支人数				经费自理人数				
小计	在职人员	离休人员	退休人员	小计	在职人员	离休人员	退休人员	
3274	3267		7					50507
54	54							
2010	2010							29313
1021	1021							18554
70	70							2328
77	70		7					312
42	42							
147	147							
12	12							
94	94							
41	41							
460	459		1	110	110			
230	229		1	30	30			
46	46							
5	5							
109	109			80	80			
70	70							
1361	189	48	1124	125	124		1	
59	59			20	20			
11	11							
1134		42	1092	1			1	
75	75							
45	7	6	32					
17	17							
9	9			104	104			
11	11							

续表

预算科目	年末机构数（个）	年末人数							
						公共预算财政拨款开支人数			
		合计	在职人员	离休人员	退休人员	小计	在职人员	离休人员	退休人员
红十字事业	1	7	7			7	7		
其他农村生活救助									
大中型水库移民后期扶持基金支出									
小型水库移民扶助基金支出									
补充道路交通事故社会救助基金									
残疾人就业保障金支出									
其他社会保障和就业支出									
医疗卫生	24	1204	1100		104	131	131		
医疗卫生管理事务	6	41	41			33	33		
公立医院	2	713	609		104				
基层医疗卫生机构									
公共卫生	9	334	334			45	45		
医疗保障									
中医药									
食品和药品监督管理事务	6	98	98			53	53		
其他医疗卫生支出	1	18	18						
节能环保	6	132	132			42	42		
环境保护管理事务	1	16	16			16	16		
环境监测与监察									
污染防治	1	9	9						
自然生态保护									
天然林保护									
退耕还林									
风沙荒漠治理									
退牧还草									
已垦草原退耕还草									
能源节约利用									
污染减排	3	105	105			26	26		
可再生能源									
资源综合利用									
能源管理事务									
其他节能环保支出	1	2	2						
城乡社区事务	29	734	734			234	234		
城乡社区管理事务	9	377	377			234	234		
城乡社区规划与管理									
城乡社区公共设施									
城乡社区环境卫生	9	150	150						
建设市场管理与监督	9	137	137						
政府住房基金支出	1	10	10						
国有土地使用权出让收入安排的支出									
城市公用事业附加安排的支出									
国有土地收益基金支出									
农业土地开发资金支出									
新增建设用地土地有偿使用费安排的支出									
城市基础设施配套费安排的支出									
其他城乡社区事务支出	1	60	60						
农林水事务	13	523	523			188	188		

其				中				年末学生人数
公共预算财政补助开支人数				经费自理人数				
小计	在职人员	离休人员	退休人员	小计	在职人员	离休人员	退休人员	
988	884		104	85	85			
8	8							
713	609		104					
222	222			67	67			
45	45							
				18	18			
90	90							
9	9							
79	79							
2	2							
314	314			186	186			
69	69			74	74			
150	150							
95	95			42	42			
				10	10			
				60	60			
335	335							

续表

预算科目	年末机构数（个）	年末人数							
		合计	在职人员	离休人员	退休人员	公共预算财政拨款开支人数			
						小计	在职人员	离休人员	退休人员
农业	7	257	257			121	121		
林业	3	64	64			25	25		
水利	2	183	183			23	23		
南水北调									
扶贫									
农业综合开发	1	19	19			19	19		
农村综合改革									
新菜地开发建设基金支出									
育林基金支出									
森林植被恢复费安排的支出									
中央水利建设基金支出									
地方水利建设基金支出									
大中型水库库区基金支出									
三峡水库库区基金支出									
南水北调工程基金支出									
国家重大水利工程建设基金支出									
其他农林水事务支出									
交通运输	3	179	179			46	46		
公路水路运输	1	111	111			46	46		
铁路运输									
民用航空运输									
邮政业支出									
车辆购置税支出									
海南省高等级公路车辆通行附加费安排的支出									
转让政府还贷道路收费权收入安排的支出									
车辆通行费安排的支出									
港口建设费安排的支出									
民航机场管理建设费安排的支出									
民航发展基金支出									
其他交通运输支出	2	68	68						
资源勘探电力信息等事务	20	401	401			136	136		
资源勘探开发和服务支出									
制造业	1	28	28			28	28		
建筑业	1	7	7						
电力监管支出									
工业和信息产业监管支出									
安全生产监管	17	328	328			80	80		
国有资产监管	1	38	38			28	28		
支持中小企业发展和管理支出									
散装水泥专项资金支出									
新型墙体材料专项基金支出									
农网还贷资金支出									
山西省煤炭可持续发展基金支出									
其他资源勘探电力信息等事务支出									
商业服务业等事务	4	67	67			58	58		
商业流通事务	1	42	42			42	42		
旅游业管理与服务支出	3	25	25			16	16		

其				中				年末学生人数
公共预算财政补助开支人数				经费自理人数				
小计	在职人员	离休人员	退休人员	小计	在职人员	离休人员	退休人员	
136	136							
39	39							
160	160							
133	133							
65	65							
68	68							
244	244			21	21			
7	7							
227	227			21	21			
10	10							
9	9							
9	9							

续表

预算科目	年末机构数（个）	年末人数							
		合计	在职人员	离休人员	退休人员	公共预算财政拨款开支人数			
						小计	在职人员	离休人员	退休人员
涉外发展服务支出									
旅游发展基金支出									
其他商业服务业等事务支出									
金融监管等事务支出									
金融部门行政支出									
金融部门监管支出									
金融发展支出									
金融调控支出									
农村金融发展支出									
其他金融监管等事务支出									
地震灾后恢复重建支出									
倒塌毁损民房恢复重建									
基础设施恢复重建									
公益服务设施恢复重建									
农业林业恢复生产和重建									
工商企业恢复生产和重建									
党政机关恢复重建									
军队武警恢复重建支出									
其他恢复重建支出									
援助其他地区支出									
一般公共服务									
教育									
文化体育与传媒									
医疗卫生									
节能环保									
农业									
交通运输									
住房保障									
其他支出									
国土资源气象等事务	6	213	213			137	137		
国土资源事务	4	199	199			129	129		
海洋管理事务									
测绘事务									
地震事务	2	14	14			8	8		
气象事务									
其他国土资源气象等事务支出									
住房保障支出									
保障性安居工程支出									
住房改革支出									
城乡社区住宅									
粮油物资储备事务	4	109	109			47	47		
粮油事务	4	109	109			47	47		
物资事务									
能源储备									
粮油储备									
重要商品储备									
其他支出（类）	3	43	43			9	9		
其他政府性基金支出									
汶川地震捐赠支出									
彩票发行销售机构业务费安排的支出	1	15	15						
彩票公益金安排的支出									
其他支出（款）	2	28	28			9	9		

其				中				年末学生人数
公共预算财政补助开支人数				经费自理人数				
小计	在职人员	离休人员	退休人员	小计	在职人员	离休人员	退休人员	
58	58			18	18			
52	52			18	18			
6	6							
62	62							
62	62							
19	19			15	15			
				15	15			
19	19							

表 2-42

晋城市本级相关指标表(2012年)

单位:万元

项　　目	数　额	项　　目	数　额
上划税收		本年地方政府债券收入	
上划中央税收	221929	本年地方政府债券转贷收入	10000
上划中央国内增值税	81509	本年地方政府债券转贷支出	
上划中央国内消费税	7333	本年地方政府债券还本支出	12000
上划中央企业所得税	117437	本年由上级代还地方政府债券	
上划中央个人所得税	15650	年末地方政府债券	16700
上划省税收	45191	**地区间援助收支**	
增值税	8151	11013接受其他地区援助收入	
营业税	9542	北京市	
企业所得税	23488	天津市	
个人所得税	3130	河北省	
资源税	880	山西省	
固定资产投资方向调节税		内蒙古自治区	
城市维护建设税		辽宁省	
房产税		辽宁省(不含大连对辽宁其他城市的援助收入)	
印花税		大连市(不含省内其他城市对大连的援助收入)	
城镇土地使用税		吉林省	
土地增值税		黑龙江省	
车船税		上海市	
耕地占用税		江苏省	
契税		浙江省	
烟叶税		浙江省(不含宁波对浙江其他城市的援助收入)	
其他税收收入		宁波市(不含省内其他城市对宁波的援助收入)	
上划地市税收		安徽省	
增值税		福建省	
营业税		福建省(不含厦门对福建其他城市的援助收入)	
企业所得税		厦门市(不含省内其他城市对厦门的援助收入)	
个人所得税		江西省	
资源税		山东省	
固定资产投资方向调节税		山东省(不含青岛对山东其他城市的援助收入)	
城市维护建设税		青岛市(不含省内其他城市对青岛的援助收入)	
房产税		河南省	
印花税		湖北省	
城镇土地使用税		湖南省	
土地增值税		广东省	
车船税		广东省(不含深圳对广东其他城市的援助收入)	
耕地占用税		深圳市(不含省内其他城市对深圳的援助收入)	
契税		广西壮族自治区	
烟叶税		海南省	
其他税收收入		重庆市	
地方政府债券		四川省	
年初地方政府债券	18700	贵州省	

续表

单位：万元

项　　目	数　　额	项　　目	数　　额
云南省		云南省	
西藏自治区		西藏自治区	
陕西省		陕西省	
甘肃省		甘肃省	
青海省		青海省	
宁夏回族自治区		宁夏回族自治区	
新疆维吾尔自治区		新疆维吾尔自治区	
23013援助其他地区支出		**政府收支统计**	
北京市		公共财政收入、政府性基金收入、国有资本经营收入、社会保险基金收入、财政专户管理资金收入中重复计算部分	4412
天津市		财政对社会保险基金的补助	4412
河北省		收入中其他重复计算的部分	
山西省		收入中其他重复计算的部分情况说明	
内蒙古自治区		公共财政支出、政府性基金支出、国有资本经营支出、社会保险基金支出、财政专户管理资金支出中重复计算部分	4412
辽宁省		财政对社会保险基金的补助	4412
辽宁省(不含省内其他城市对大连的援助支出)		支出中其他重复计算的部分	
大连市(不含大连对辽宁其他城市的援助支出)		支出中其他重复计算的部分情况说明	
吉林省		**权责发生制及年初预算**	
黑龙江省		权责发生制核算的资金期初数	102638
上海市		其中：公共财政预算	72821
江苏省		权责发生制核算的资金期末数	117873
浙江省		其中：公共财政预算	56493
浙江省(不含省内其他城市对宁波的援助支出)		本年权责发生制核算的资金	84981
宁波市(不含宁波对浙江其他城市的援助支出)		其中：公共财政预算	35488
安徽省		本年国库集中支付结余	84981
福建省		其中：公共财政预算	35488
福建省(不含省内其他城市对厦门的援助支出)		公共财政预算国库集中支付年终结余期初数	72821
厦门市(不含厦门对福建其他城市的援助支出)		公共财政预算国库集中支付年终结余期末数	56493
江西省		报人大的全辖公共财政支出年初预算数	
山东省		全辖公共财政支出年初预算数	
山东省(不含省内其他城市对青岛的援助支出)		人大批准的公共财政支出年初预算(汇总)数	301137
青岛市(不含青岛对山东其他城市的援助支出)		**其他统计指标**	
河南省		地区生产总值	
湖北省		总人口(万人)	
湖南省		耕地面积(公顷)	
广东省		人均耕地面积(亩)	
广东省(不含省内其他城市对深圳的援助支出)		居民人均可支配收入(元)	
深圳市(不含深圳对广东其他城市的援助支出)		农民人均纯收入(元)	
广西壮族自治区			
海南省			
重庆市			
四川省			
贵州省			

表 2–43

晋城市本级公共财政收入决算表（1985 – 1997 年）

单位：万元

科目 \ 年份	1985	1986	1987	1988	1989	1990	1991	1992	1993	1994	1995	1996	1997
公共财政收入	1935	1854	1108	1453	1989	5809	8658	6532	8346	8189	12452	14233	15745
工商税收类	2105	995	413	815	968	4750	5598	6168	7577	5492	6952	8679	11324
农牧业税和耕地占用税类			5	35	38	20	33	40	44	12	21	167	19
国企（企业）所得税		871	791	1094	1333	1693	2105	2182	2241		1871	3087	3565
国企调节税		300	82	73	199	525	150	139	45				
国企上缴利润类		−38	−6	33	2	33					103	122	352
国企计划亏损补贴类	−263	−221	−194	−522	−662	−1016	−1288	−1926	−1995		−1762	−3093	−3185
专款收入类					88	113	252					966	
其他收入类	18	−53	17	110	248	341	308	170	414	1896	2603	36	
国企承包收入退库类				−185	−225	−650	−320	−459	−340				
社保基金收入类							1821						
专款收入类	15							218	360				
企业收入	60									371			
排污费收入										138	240		
城市水资源费收入										33	79		
教育费附加收入										247	521		
所得税退库											−35	−1	
煤炭城市建设附加收入											338		
罚没收入											1521	1554	980
国土收入												2029	1729
行政性收费												687	961

表 2–44

晋城市本级公共财政收入决算表（1998 – 2012 年）

单位：万元

科目 \ 年份	1998	1999	2000	2001	2002	2003	2004	2005	2006	2007	2008	2009	2010	2011	2012
公共财政收入	18988	20859	22719	29342	31364	40929	51246	86758	119056	134067	160199	165356	186102	233586	294300
增值税	3233	3245	3457	5315	9284	13290	16319	22905	27960	28601	30841	38912	41887	48826	46656
营业税	4008	3895	4871	5632	4346	4718	5332	8796	12817	15426	17859	21902	25325	29469	35070
企业所得税	3177	4067	6118	6219	2362	2579	8561	16879	23987	37430	34329	38038	42347	58840	78908
个人所得税	591	726	954	1398	1440	1442	1407	2270	4776	6868	7624	6587	9197	12409	9972
资源税	331	328	407	744	2078	1918	2902	5024	8093	9332	5475	4316	5022	4933	5821
城市维护建设税	1619	1811	1646	2537	3168	3492	4187	8141	12715	9243	5892	7466	8992	10296	11291
房产税	1434	1651	1255	1461	1602	1710	1297	1974	3316	2847	2489	3337	1989	3463	3109
印花税	97	193	159	426	259	459	512	663	937	1100	1420	2230	2529	1704	3433
城镇土地使用税	300	438	448	372	532	412	537	2055	2651	3828	8189	7174	4375	6646	6235
土地增值税						1	2	4		246	220	10	246	566	849
车船税	74	65	45	96	5	246	34	189	222	165	771	116	995	5	8
耕地占用税	44	16	11	18											
契税			50	80	237	134	150	200	260	350	950	700	300	353	266
其他税收收入	876	71	−393	224	38	21	4								
国营企业计划亏损补贴	−3331	−1826	−1795	−1500	−1394	−1470	−3380	−2718	−1451						
国有资产经营收益	862	600	561	664	766	785	801	800	800	308		3066	200		
国有资源(资产)有偿使用收入	1528	1191								1358	1471	917	1337	3431	4002
行政事业性收费收入	714	700	971	1029	1955	5328	5494	8130	6478	5433	14893	7208	4884	15762	18295
罚没收入	2145	2413	2384	2522	2680	2789	3655	4697	5159	3016	10019	8600	18033	9491	46299
专项收入	1142	1183	1550	1794	2006	2710	2884	6150	9301	8516	17694	14567	16805	24269	20109
其他收入	144	92	20	311		365	548	599	1035		63	210	1639	3123	3977

表 2-45

晋城市本级财政收支增长表（1985－2012 年）

年份	财政总收入（万元）	公共财政预收入（万元）	公共财政支出（万元）	同比增幅（%）		
				财政总收入	公共财政收入	公共财政支出
1985	1935	1935	3768			
1986	1854	1854	4754	-4.19	-4.19	26.17
1987	1108	1108	4167	-40.24	-40.24	-12.35
1988	1453	1453	4294	31.14	31.14	3.05
1989	1989	1989	5433	36.89	36.89	26.53
1990	5809	5809	7611	192.06	192.06	40.09
1991	8658	8658	8920	49.04	49.04	17.20
1992	6532	6532	7902	-24.56	-24.56	-11.41
1993	8346	8346	9449	27.77	27.77	19.58
1994	12111	8189	12254	45.11	-1.88	29.69
1995	17115	12452	16813	41.32	52.06	37.20
1996	20228	14233	19082	18.19	14.30	13.50
1997	25129	15745	22873	24.23	10.62	19.87
1998	28711	18988	25285	14.25	20.60	10.55
1999	30623	20859	26673	6.66	9.85	5.49
2000	33102	22719	28204	8.10	8.92	5.74
2001	45291	29342	33810	36.82	29.15	19.88
2002	90858	31364	43760	100.61	6.89	29.43
2003	124662	40929	52677	37.21	30.50	20.38
2004	170745	51246	67453	36.97	25.21	28.05
2005	267851	86758	96095	56.87	69.30	42.46
2006	357705	119056	115663	33.55	37.23	20.36
2007	262635	134067	177989	-26.58	12.61	53.89
2008	271905	160199	193871	3.53	19.49	8.92
2009	288096	165356	201211	5.95	3.22	3.79
2010	323646	186102	235900	12.34	12.55	17.24
2011	433323	233586	288221	33.89	25.52	22.18
2012	490433	294300	331778	13.18	25.99	15.11

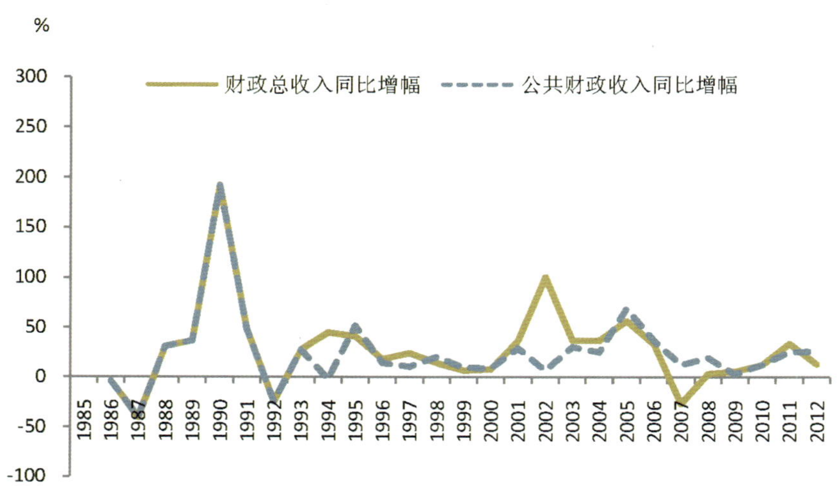

晋城市本级财政收入同比增幅情况图（1985－2012年）

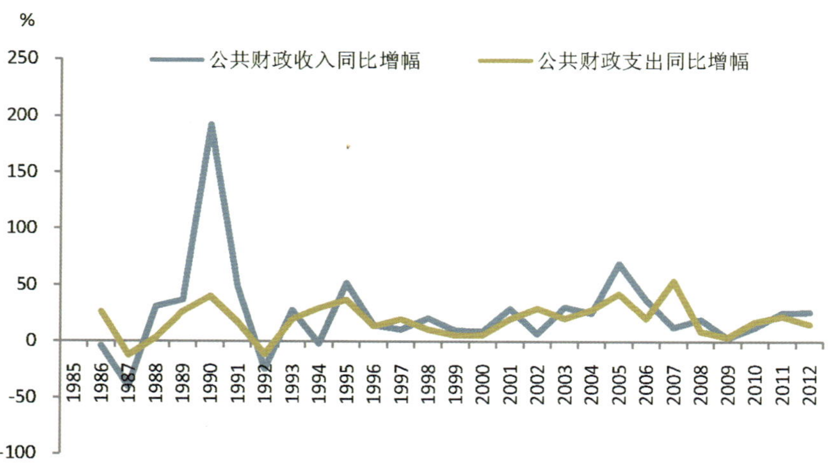

晋城市本级公共财政收支同比增幅情况图（1985－2012年）

财政名词解释

国库 是指国家金库的简称，是1985年国务院发布《中华人民共和国国家金库条例》后修改的名称，在此之前称金库。国库是负责办理国家预算收入和支出的机关，是国家预算执行工作的重要组成部分，是国家预算执行的基础。各级国库在实现国家预算收支任务中，主要起到执行、促进、监督和反映的作用。

财政总决算 是指各级政府依照法律法规和法定程序编制、经同级人民代表大会常务委员会审查批准的全面反映各级政府年度预算收支执行结果的综合报告。

预算执行情况 是指各级财政部门就经批复的年度预算组织执行的具体情况，包括期中由于各种因素变化对年初预算进行调增调减等。相对于决算而言，预算执行情况更加强调预算执行过程，是一个动态的概念，而决算更强调结果，是一个静态的概念。

预算支出执行均衡性 是指政府各部门根据已批准的预算，结合本部门的事业发展规划和项目实施进度，科学、合理、均衡地安排和使用财政资金。

国库集中收付制度 是指我国针对现行以征收机关和预算单位设立多重财政资金存款账户为基础的分级分散收付制度而实施的一项财政国库管理制度改革。这项改革是涉及财政资金收缴和拨付方式的根本性变革，改革的主要内容是建立国库单一账户体系，将所有的财政性资金都纳入国库单一账户体系管理，收入直接缴入国库或财政专户，支出通过国库单一账户体系支付到商品和劳务供应者或用款单位。

总预算会计 是指各级政府财政部门核算、反映、监督政府预算执行和财政周转金等各项财政性资金活动的专业会计。

3 行政财政财务

ADMINISTRATIVE FINANCE

简 要 说 明

本节主要内容及相关说明

行政财政财务主要内容包括行政科职能、执行的政策依据、财政数据和财政名词解释等。

为更好的服务于行政、外事、旅游等部门行政性经费的财务管理，承担行政机关的经费保障，监督项目资金使用情况，方便快捷地和山西省财政厅工作的衔接。依据晋城市编办《关于晋城市财政局调整内设机构的通知》（晋市编字〔2012〕15号）文件，于2012年2月28日成立行政科。行政科主要承担行政、外事、旅游、规划等方面的部门预算有关工作；拟定行政性经费的财务管理制度；负责监督分管部门预算的执行情况；监督项目实施中资金的管理使用和配套到位情况；制定部门、单位和项目资金使用的财务管理办法；审核分管部门和单位的年度财务决算。

执行的政策依据有：《关于在全市开展“文化低保”工程的实施意见》、《晋城市人民政府关于加强老龄工作和发展老龄事业的实施意见》、《关于在全市农村干部中推行激励保障机制的实施意见》、《晋城市人民政府办公厅关于贯彻落实山西省实施<老年人权益保障法>办法的实施意见》、《中共晋城市委、晋城市人民政府关于在全市农村干部中推行激励保障机制的实施意见》、《晋城市人民政府办公厅关于加大旅游文物业发展资金投入的通知》等。

本节数据来源：文化低保数据由市委宣传部提供，村级组织离任干部补贴数据由市委组织部提供，老龄事业专项投入数据由老龄委提供，旅游文物资金财政投入数据由旅游局提供。

表 3-1

晋城市村级组织激励保障机制离任干部汇总表（2008 年）

任支、村两委正职时间		全市人数	其中						应领补贴金额（元）	其中					
			城　区	泽州县	高平市	阳城县	陵川县	沁水县		城　区	泽州县	高平市	阳城县	陵川县	沁水县
连续任职	10–15 年	1215	39	335	192	237	221	191	972000	31200	268000	153600	189600	176800	152800
	16–20 年	602	26	201	90	109	85	91	602000	26000	201000	90000	109000	85000	91000
	21 年以上	687	34	212	94	127	127	93	824400	40800	254400	112800	152400	152400	111600
累计任职	15–20 年	261	3	66	37	42	68	45	208800	2400	52800	29600	33600	54400	36000
	21–25 年	120	4	27	15	34	20	20	120000	4000	27000	15000	34000	20000	20000
	26 年以上	91	6	25	11	12	14	23	109200	7200	30000	13200	14400	16800	27600
合　计		2976	112	866	439	561	535	463	2836400	111600	833200	414200	533000	505400	439000
按照《中共晋城市委、晋城市人民政府关于在全市农村干部中推行激励保障机制的实施意见》的规定，农村离任干部的补贴资金，市级财政负担 80%，县级财政负担 20%，其中：						市级财政负担数（元）			2269120	89280	666560	331360	426400	404320	351200
						县级财政负担数（元）			567280	22320	166640	82840	106600	101080	87800

表 3-2

晋城市村级组织激励保障机制离任干部汇总表（2009 年）

任支、村两委正职年限		全市人数	其中						应领补贴金额（元）	其中					
			城　区	泽州县	高平市	阳城县	陵川县	沁水县		城　区	泽州县	高平市	阳城县	陵川县	沁水县
连续任职	9–15 年	1460	48	439	226	259	279	209	1168000	38400	351200	180800	207200	223200	167200
	16–20 年	666	28	224	96	123	99	96	666000	28000	224000	96000	123000	99000	96000
	21 年以上	785	46	240	101	156	135	107	941880	55080	288000	121200	187200	162000	128400
累计任职	15–20 年	286	3	73	42	48	70	50	228800	2400	58400	33600	38400	56000	40000
	21–25 年	145	7	33	18	38	25	24	145000	7000	33000	18000	38000	25000	24000
	26 年以上	109	7	31	12	15	16	28	130800	8400	37200	14400	18000	19200	33600
合　计		3451	139	1040	495	639	624	514	3280480	139280	991800	464000	611800	584400	489200
按照《中共晋城市委、晋城市人民政府关于在全市农村干部中推行激励保障机制的实施意见》的规定，农村离任干部的补贴资金，市级财政负担 80%，县级财政负担 20%，其中：						市级财政负担数（元）			2624384	111424	793440	371200	489440	467520	391360
						县级财政负担数（元）			656096	27856	198360	92800	122360	116880	97840

表 3-3

晋城市村级组织激励保障机制离任干部汇总表(2010年)

任支、村两委正职时间		全市人数	其中 城区	泽州县	高平市	阳城县	陵川县	沁水县	应领补贴金额(元)	其中 城区	泽州县	高平市	阳城县	陵川县	沁水县
连续任职	9-15年	1568	48	438	249	273	322	238	1254400	38400	350400	199200	218400	257600	190400
	6-20年	690	28	222	104	126	109	101	690000	28000	222000	104000	126000	109000	101000
	1年以上	802	46	241	105	157	146	107	962280	55080	289200	126000	188400	175200	128400
累计任职	5-20年	299	3	73	49	45	71	58	239200	2400	58400	39200	36000	56800	46400
	21-25年	158	7	33	26	41	25	26	158000	7000	33000	26000	41000	25000	26000
	26年以上	117	7	31	14	22	16	27	140400	8400	37200	16800	26400	19200	32400
合计		3634	139	1038	547	664	689	557	3444280	139280	990200	511200	636200	642800	524600

表 3-4

晋城市村级组织离任干部补贴预算资金分配表(2011年)

任支、村两委正职时间		全市人数	其中 城区	泽州县	高平市	阳城县	陵川县	沁水县	应领补贴金额(元)	其中 城区	泽州县	高平市	阳城县	陵川县	沁水县
连续任职	9-15年	1672	51	470	267	283	354	247	1337600	40800	376000	213600	226400	283200	197600
	6-20年	717	26	238	105	136	113	99	717000	26000	238000	105000	136000	113000	99000
	1年以上	837	46	249	110	166	153	113	1004400	55200	298800	132000	199200	183600	135600
累计任职	5-20年	312	3	77	49	48	76	59	249600	2400	61600	39200	38400	60800	47200
	21-25年	155	5	31	27	42	24	26	155000	5000	31000	27000	42000	24000	26000
	26年以上	110	6	33	14	19	15	23	132000	7200	39600	16800	22800	18000	27600
合计		3803	137	1098	572	694	735	567	3595600	136600	1045000	533600	664800	682600	533000

表3-5

晋城市村级组织离任干部补贴预算资金分配表(2012年)

任支、村两委正职时间		全市人数	其中						应领补贴金额(元)	其中					
			城区	泽州县	高平市	阳城县	陵川县	沁水县		城区	泽州县	高平市	阳城县	陵川县	沁水县
连续任职	9-15年	1820	57	525	299	313	365	261	1456000	45600	420000	239200	250400	292000	208800
	6-20年	767	32	259	117	139	117	103	767000	32000	259000	117000	139000	117000	103000
	1年以上	860	52	261	109	168	149	121	1032000	62400	313200	130800	201600	178800	145200
累计任职	5-20年	331	3	83	57	50	75	63	264800	2400	66400	45600	40000	60000	50400
	21-25年	159	5	33	29	40	26	26	159000	5000	33000	29000	40000	26000	26000
	26年以上	117	6	35	14	21	15	26	140400	7200	42000	16800	25200	18000	31200
合计		4054	155	1196	625	731	747	600	3819200	154600	1133600	578400	696200	691800	564600

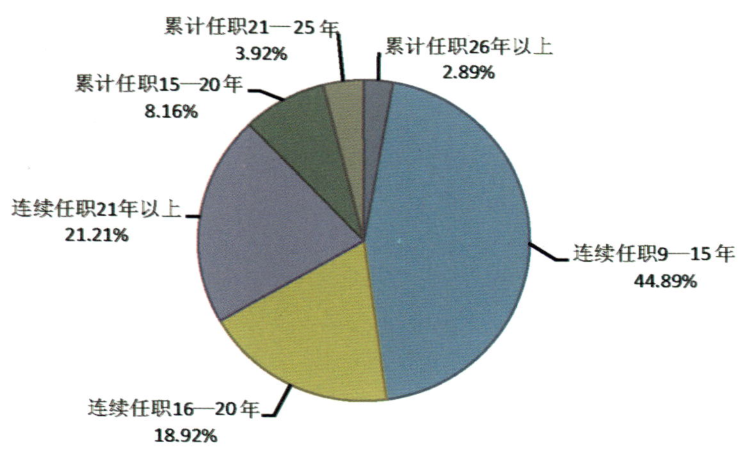

晋城市村级组织离任干部人数分布情况图（2012年）

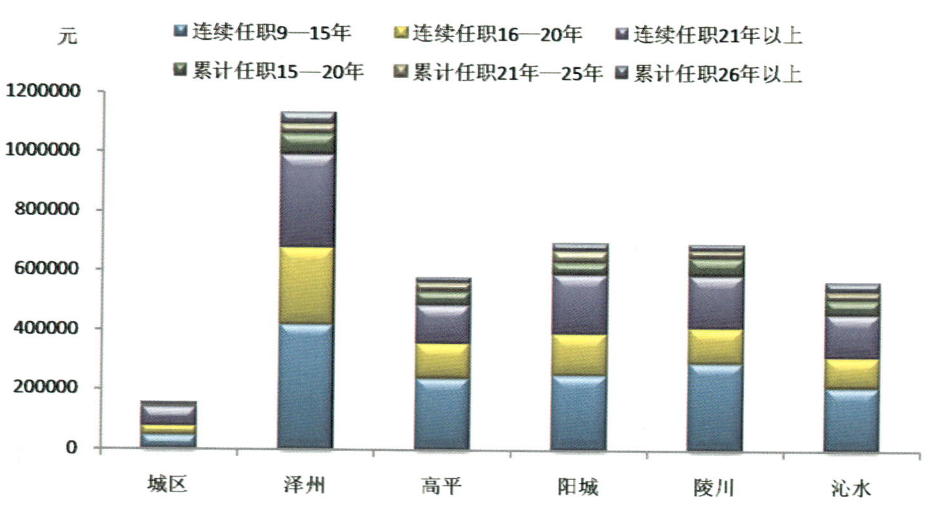

晋城市村级组织离任干部补贴预算资金分配情况图(2012年)

表 3-6

晋城市宣传部文化低保情况统计表(2008-2012 年)

项目 年份	电影放映(场)	送戏下乡(场)	图书室(个)	回收购书补助书卡(张)	农民工文化活动室(个)	市级财政(元)
2008	3600	150	35	29806	3	723796
2009	3389	277	99	20018	5	1208894
2010	6444	544	130	39462	10	2190192
2011	6444	664	12	72678	20	2726709
2012	7064	1062	12	117117	6	3900000
合 计	26941	2697	288	279081	44	10749591

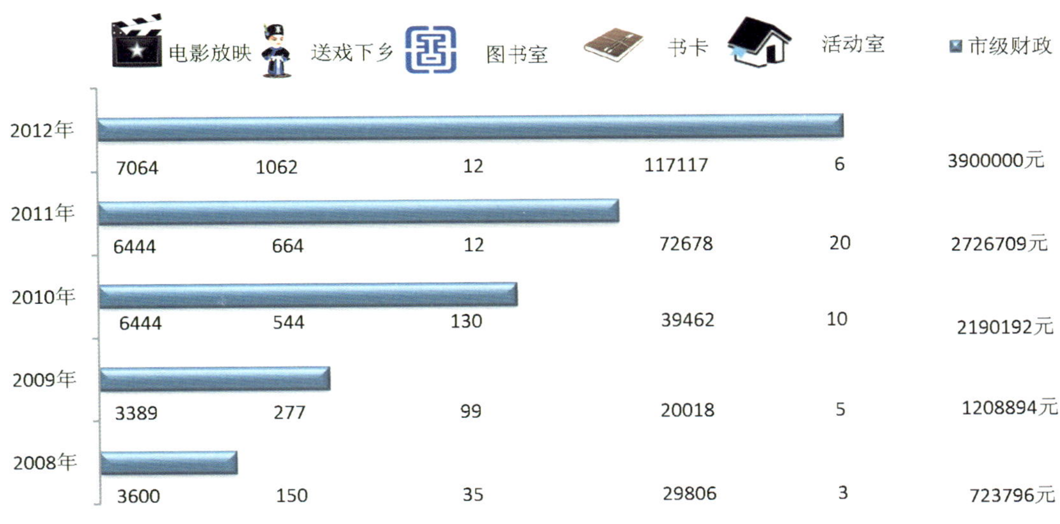

晋城市宣传部文化低保情况统计图(2008-2012 年)

表3-7

晋城市对老龄事业财政专项

项目内容	1999		2000		2001		2002		2003		2004	
	人 数	补贴(补助)金额(万元)	人 数	补贴(补助)金额(万元)	人 数	补贴(补助)金额(万元)	人 数	补贴(补助)金额(万元)	人 数	补贴(补助)金额(万元)	人 数	补贴(补助)金额(万元)
合　　计	185047	21.78	190053	22	195050	21.89	200049	41.94	215979	42.04	227818	42.28
高龄老人补贴(分年龄段)	47	1.78	53	2	50	1.89	49	1.94	53	2.04	55	2.28
其中:95-99岁	45	1.62	51	1.84	48	1.73	45	1.62	50	1.8	53	2.12
100岁以上	2	0.16	2	0.16	2	0.16	4	0.32	3	0.24	2	0.16
老年事业发展资金	185000	20	190000	20	195000	20	200000	20	205000	20	210000	20
老年特困救助资金								20	1000	20	1000	20
基层乡镇为老服务中心经费投入												
银龄行动经费投入												
老年优待证管理费									9926		16763	

表3-8

晋城市旅游文物资金

项　　目	2003			2004			2005			2006		
	国家投入	省级投入	市级投入	国家投入	省级投入	市级投入	国家投入	省级投入	市级投入	国家投入	省级投入	市级投入
合　计		125	1051.2	20	117	746.5	113.1	34.6	613.71	120	66	184.64
小　计			296.5		19	416.5		14	394.71			25.64
旅游宣传												
宣传促销经费			112.5		4	72.5		4	102.5			25.64
创优经费			184		15	224		10	292.21			
旅游月活动经费												
画册编印费												
其他宣传促销经费												
资源地区转型和接替产业发展(基金)												
旅游厕所补助						120						
旅游网站建设												
小　计		125	754.7	20	98	330	113.1	20.6	219	120	66	159
文物保护												
文物保护专项经费		125	150	20	98	100	113.1	20.6	219	120	66	159
抢救性文保专项经费												
其他文物维修费			244.7			230						
博物馆布展费			360									
第三次文物普查												

投入情况表(1999-2012年)

2005		2006		2007		2008		2009		2010		2011		2012	
人数	补贴(补助)金额(万元)	人数	补贴(补助)金额(万元)	人数	补贴(补助)金额(万元)	人数	补贴(补助)金额(万元)	人数	补贴(补助)金额(万元)	人数	补贴(补助)金额(万元)	人数	补贴(补助)金额(万元)	人数	补贴(补助)金额(万元)
213105	42.96	237765	47.44	246535	52.4	312835	84.3	277056	89.19	286474	104.12	286196	136.76	291578	150.1
71	2.96	76	6.44	77	6.4	83	10.2	105	13.44	113	14.52	131	17.16	165	21.72
69	2.76	73	5.84	75	6	81	9.72	98	11.76	105	12.6	119	14.28		
2	0.2	3	0.6	2	0.4	2	0.48	7	1.68	8	1.92	12	2.88		
200000	20	210000	21	220000	22	230000	34.5	245000	36.75	245000	50	253000	50	261900	52.38
1000	20	1000	20	1000	20	1500	30	1500	30	1500	30	1500	30	880	30
													20		26
													10		10
12034		26689		25458	4	81252	9.6	30451	9	39861	9.6	31565	9.6	28633	10

财政投入表(2003-2011年)

单位:万元

2007			2008			2009			2010			2011		
国家投入	省级投入	市级投入	国家投入	省级投入	市级投入	国家投入	省级投入	市级投入	国家投入	省级投入	市级投入	国家投入	省级投入	市级投入
852.38	114.3	225	937.4	199.67	530	1330	236.67	892.71	3325.1	146.12	708	3403.12	84.67	2298
	38	40			300			513.5			394.8			1818
	8	40			80			148.5			224.8			200
	30													
					100			150			170			305
					120			115						
								100						1263
														50
852.38	76.3	185	937.4	199.67	230	1330	236.67	379.21	3325.1	146.12	313.2	3403.12	84.67	480
852.38	76.3	150	937.4	181.67	150	1330	174.67	150	3325.1	94.67	150	3403.12	44.67	150
		20			30			30			30			30
								49.21			15			50
		15		18	50		62	150		51.45	118.2		40	250

表3-9

晋城市旅游文物资金财政投入表(2012年)

单位:万元

项　　目	2012		
	国家投入	省级投入	市级投入
旅游文物合计	522	3100.7	3110.7
旅游小计		2706	2807.7
旅游宣传		286	2807.7
旅游宣传促销经费			200
旅游标识牌制作及推介会			88.4
凤凰卫视广告投放宣传费			200.1
城市旅游形象广告及公告费			20
第四届旅游合作联盟年会			20
旅游节庆活动			300
北京推介会及《小二黑结婚》汇演			517
市级央视投放广告宣传费			647.6
全省央视投放广告宣传费			400
北交会参展经费			54.6
人民日报社宣传费			200
中央电视台广告委托保证金			160
陵川欢乐谷景区建设		100	
沁水历山原生态农耕旅游区建设		100	
青莲寺防护网修建补助		10	
孙文龙纪念馆道路、停车场补助		13	
凤凰欢乐谷步道、广场修建补助		15	
陵川武家湾规划、宣传补助		15	
高平韩王山道路补助		13	
陵川游客综合服务中心补助		20	
其他旅游业管理与服务支出		20	
省拨宣传促销经费		20	
资源地区转型和接替产业		600	
沁水历山旅游景区		300	
沁水柳氏民居景区		300	
省级煤改资金(晋市财经〔2012〕104号)		1800	
皇城相府景区等		1800	
文物小计	522	394.7	303
文物保护			180
文物保护专项经费			150
抢救性文物保护专项经费			30
博物馆			73
文物征集费			5
安防设备和消防设备日常维护			8
主楼屋面维修			60
其他文物支出	522	394.7	50
青莲寺玉皇庙安防器材设备更新			4
青莲寺玉皇庙日常维护费			6
青莲寺玉皇庙安保工作经费			40
省拨文保员经费		34.7	
省拨文物安全培训费		30	
省拨文物三普经费		10	
高平定林寺环境整治工程	400	300	
泽州县西土河关帝庙维修	30		
泽州县高都东岳庙维修	20		
沁水县柿庄乡匣石庙维修	30		
阳城县下交汤帝庙全面维修	42		
阳城县寿圣寺正殿及东配殿抢险维修		20	

财政名词解释

文化低保 是指采取政府采购、购买服务、提供补贴等形式,向基层、低收入和特殊群体提供免费文化服务,保障和实现低收入居民、残疾人、老年人和农民工的基本文化权益的一项惠民政策。

4 政法财政财务

FINACE OF POLITICAL SCIENCE AND LAW

简要说明

本节主要内容及相关说明

政法财政财务主要包括政法科职能、执行的政策依据、财政数据和财政名称解释等。

为更好的服务于政法部门的行政性经费的财务管理，承担司法体制改革政法经费保障，跟踪问效地市级政法转移支付资金的使用情况，方便快捷地和山西省财政厅工作的衔接。依据晋市编办字〔2012〕15号文件《关于晋城市财政局调整内设机构的通知》，于2012年2月28日成立政法科。政法科主要承担政法方面的部门预算有关工作，负责监督分管部门预算的执行情况，制定部门（单位）和项目资金使用的管理办法，审核分管部门（单位）的年度决算；拟定政法部门行政性经费的财务管理制度；承担司法体制改革政法经费保障方面的具体工作。

执行的政策依据有：《中华人民共和国预算法》、《中共中央办公厅〈关于加强政法经费保障工作的意见〉》、《山西省财政厅〈关于印发山西省2012年度政法经费绩效评价工作实施方案〉的通知》、《山西省政法经费分类保障办法（试行）实施细则》等。

本节数据来源：政法经费投入数据来自各县（市、区）及本科室实际业务数据。

表 4-1

晋城市政法经费投入情况表(2012 年)

单位:万元

项目	收入合计	上级财政补助	其中:		本级财政安排	其中:		
			中央及省政法转移支付办案(业务)经费	中央及省政法转移支付业务装备经费		日常运行公用经费	办案(业务)经费	业务装备经费
晋城市合计	60965.77	13612.69	5984	5890.45	47353.08	14462.2	3555.63	2768.41
晋城市公安合计	36725.97	8189.3	3334	3863.61	28536.67	8158.98	2168.3	2168.53
晋城市检察院合计	10879.23	1778.25	848	930.25	9100.98	2142.3	357.23	163.78
晋城市法院合计	10395.51	3020.47	1614	876.83	7375.04	3190.61	644.25	430.8
晋城市司法合计	2965.06	624.67	188	219.76	2340.39	970.31	385.85	5.3
晋城市本级	21744.55	3384.7	1437	1947.7	18359.85	5525.28	1537.09	2370.63
晋城市公安局	7525.56	943.3	248	695.3	6582.26	377.57	400	1324.52
晋城市公安局城区分局	5131.75	989	411	578	4142.75	3130.62	535.4	476.73
晋城市公安局经济开发区分局	552.41	120	40	80	432.41	311.29	8	92.53
晋城市公安局北石店分局	727.2	120	40	80	607.2	67.6	125.7	74.3
晋城市检察院	3127.55	288.5	136	152.5	2839.05			
晋普山检察院	675.86	140.75	45	95.75	535.11	71.28	42	31.75
晋城市法院	3273.23	678.6	466	212.6	2594.63	1488.12	149.73	370.8
晋城市司法局	730.99	104.55	51	53.55	626.44	78.8	276.26	
晋城市县级合计	39221.22	10227.99	4547	3942.75	28993.23	8936.92	2018.54	397.78
其中:城　区	2489.96	563.82	328	209.82	1926.14	478.97	196	21.56
沁水县	5706.29	1693.88	806	657.38	4012.41	608.55	57.73	8.32
阳城县	7518.02	2727.51	935	837.73	4790.51	780.3	622.19	220.45
陵川县	4437.2	1870.03	689	654.07	2567.17	1779.4		
泽州县	8602.44	1705.94	879	826.94	6896.5	2836.7	342	78.45
高平市	10467.31	1666.81	910	756.81	8800.5	2453	800.62	69

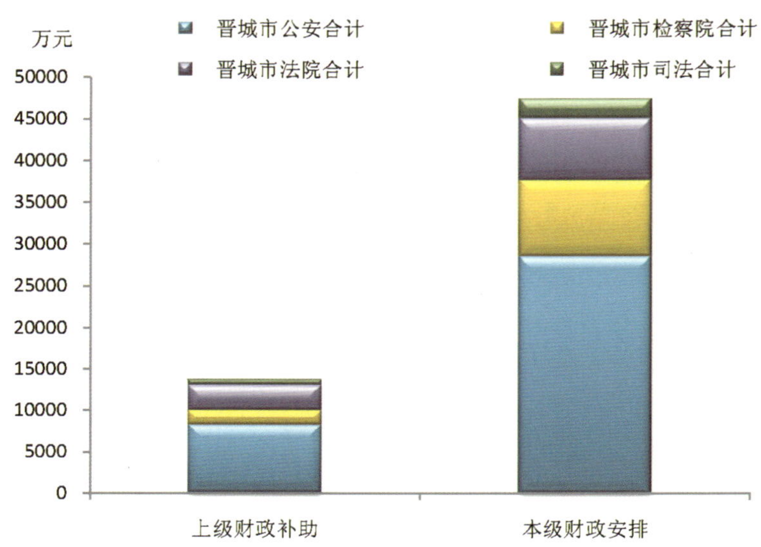

晋城市政法经费投入分类情况图(2012年)

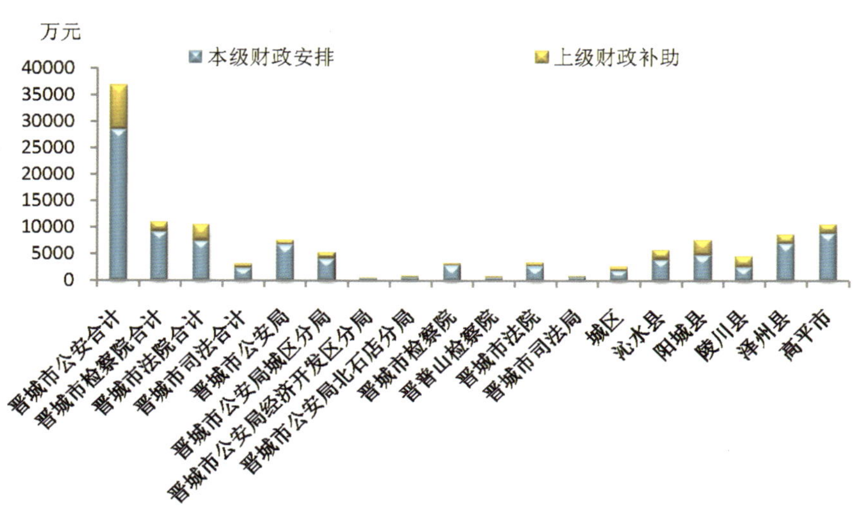

晋城市政法经费投入分类科目图(2012年)

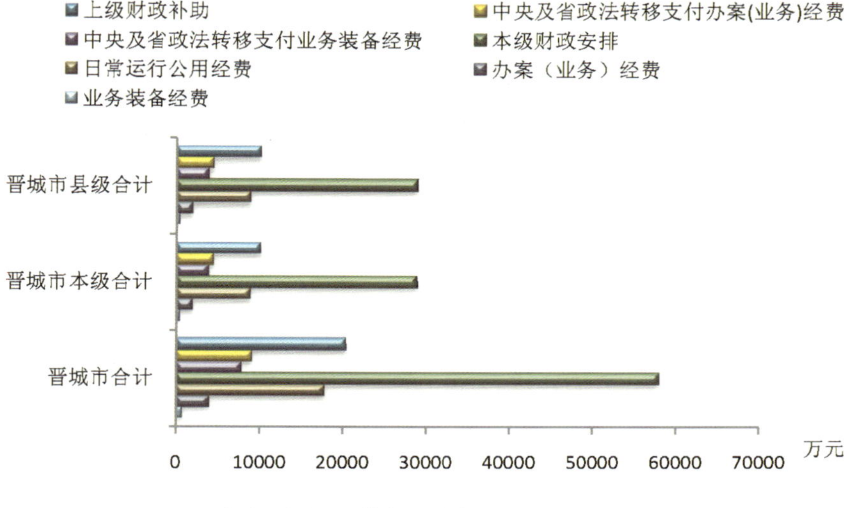

晋城市政法经费投入情况图(2012年)

财政名词解释

政法专项转移支付资金 是指为提高基层政法机关的经费保障水平，改善政法机关的办案条件，由中央和地方财政安排用于补助基层政法机关的专项资金。

5 教科文财政财务

EDUCATIONAL,SCIENTIFIC AND CULTURAL FINANCE

简要说明

本节主要内容及相关说明

教科文财政财务主要内容包括教科文科职能、执行的政策依据、财政数据和财政名词解释等。

教科文科承担教育、科技、文化、体育等方面部门预算有关工作；拟定事业经费的财务管理制度；负责监督分管部门预算的执行情况；对专项资金追踪问效、监督项目实施中资金的管理使用和配套到位情况，进行项目完成后的效益考核；制定部门、单位和项目资金使用的财务管理办法；审核对口主管部门和预算单位的年度财务决算；承担义务教育经费保障机制改革的具体工作，监督管理重大科技专项资金等。

执行的政策依据有：《国家中长期教育改革和发展规划纲要》(2010-2020年)、《中共中央国务院关于全面加强人口和计划生育工作统筹解决人口问题的决定》、《山西省农村计划生育家庭奖励扶助工作实施方案》、《关于加快我市基层文化基础设施建设的意见》、《山西省全民健身工程实施方案》(2010年)、《关于印发山西省中等职业学校农村家庭经济困难学生和涉农专业学生免学费实施方案》、《彩票公益金管理办法》等。

本节数据来源：《晋城市财政总决算报表》。

表 5-1

晋城市教科文支出情况表(2001-2012年)

单位:万元

科目	"十五"时期完成情况					"十一五"时期完成情况					"十二五"时期完成情况	
	2001	2002	2003	2004	2005	2006	2007	2008	2009	2010	2011	2012
全 市												
财政总收入	139205	222870	301223	430941	616693	790065	965526	1131565	1361365	1532288	1818009	2134753
公共财政收入	85943	80676	102779	138483	200454	264926	340783	418641	480742	554890	679222	829056
公共财政支出	124602	153174	192517	245342	313156	392581	540495	632928	764896	895069	1132373	1298261
教育	34894	41238	47946	56929	75159	94070	124911	152708	183266	188874	238221	301484
科技	1468	1678	2039	2789	3700	5146	7115	9015	10231	12768	15073	19185
科技研发	1042	1169	1525	1918	2800	3656	5089	6469	7968	9663	12306	13200
文化体育与传媒	2125	2781	3335	5086	5299	7763	9532	13599	15950	16354	23473	29837
文化	876	1228	1406	1922	2339	4118	4676	7001	9157	9180	11444	14144
体育	131	204	426	808	602	988	1104	1444	1824	2124	3546	1784
广播影视	1103	1349	1503	2356	2358	2040	3022	3599	3707	3899	5254	6416
新闻出版	15					617	730	1555	1262	1151	3229	3038
人口与计划生育事务	1245	1490	1850	2698	4230	4619	6670	8667	10911	13469	15734	17872
计划生育家庭奖励					1376	907	865	2267	4554	6510	7817	8227
市本级												
财政总收入	45291	90858	124662	170745	267815	35770	262635	271905	288096	323646	433323	490433
公共财政收入	29342	31364	40929	51246	86758	119056	134067	160199	165356	186102	233586	294300
公共财政支出	33810	43760	52677	67453	96095	115663	177989	193871	201211	235900	288221	331778
教育	4923	5711	6411	8801	17054	12154	21243	26835	27724	34053	37753	63946
科技	739	786	998	1433	1527	2203	3191	4222	4487	5228	6377	7961
科技研发	473	448	648	853	978	1360	2067	2797	3037	3250	4700	4100
文化体育与传媒	853	1295	1556	2879	2254	4110	4578	7277	8528	7422	12611	13992
文化	374	683	706	1050	1338	2336	2198	3595	4849	3807	6438	6935
体育	37	138	265	555	24	718	711	1033	1183	1547	1999	872
广播影视	427	474	585	1274	892	785	1373	1574	1795	1530	2087	3073
新闻出版	15					271	296	1075	701	538	2087	2234
人口与计划生育事务	289	390	344	467	618	709	774	1067	1156	1245	1257	1408
计划生育家庭奖励					447	228	206	609	1262	1834	2026	

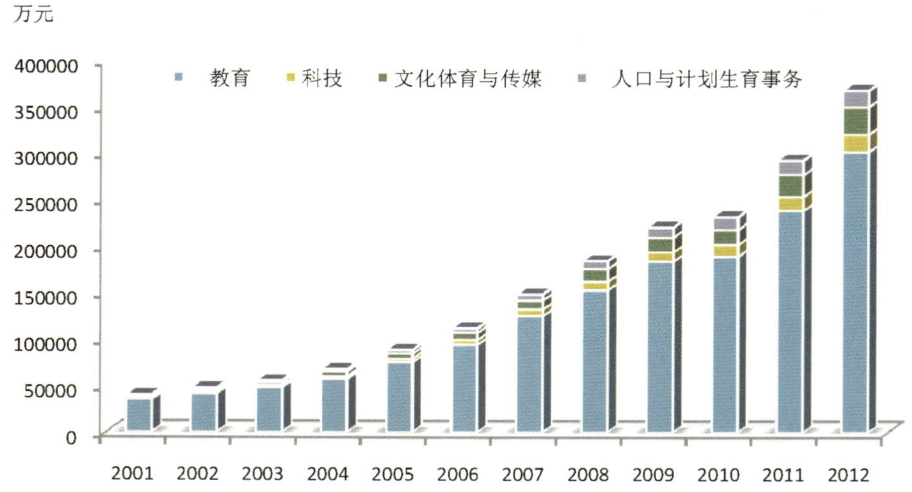

晋城市教科文支出情况图(2001-2012年)

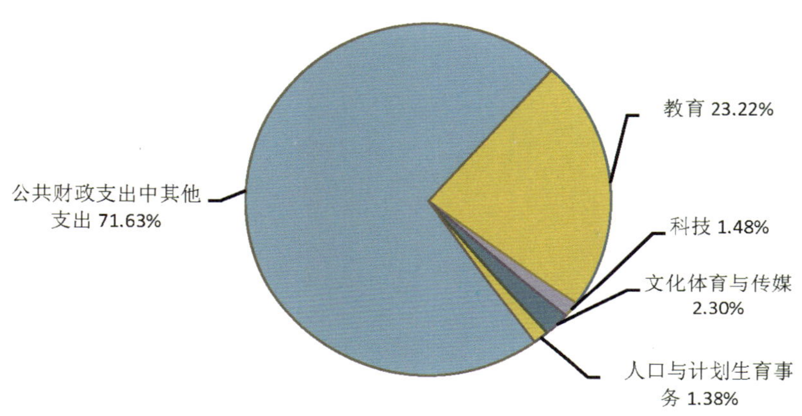

晋城市教科文支出占财政支出比重图(2012年)

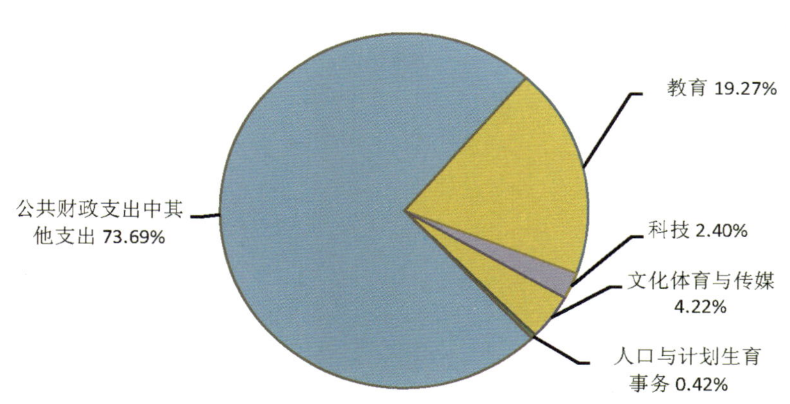

晋城市本级教科文支出占财政支出比重图(2012年)

财政名词解释

非物质文化遗产 根据联合国教科文组织通过的《保护非物质文化遗产公约》中的定义,"非物质文化遗产"指被各群体、团体、有时为个人所视为其文化遗产的各种实践、表演、表现形式、知识体系和技能及其有关的工具、实物、工艺品和文化场所。

义务教育经费保障机制改革 为强化政府对义务教育的保障责任,普及和巩固九年义务教育,按照"明确各级责任、中央地方共担、加大财政投入、提高保障水平、分步组织实施"的基本原则,逐步将义务教育全面纳入公共财政保障范围,建立中央和地方分项目、按比例分担的义务教育经费保障机制。内容包括:全部免除义务教育阶段学生杂费,提高公用经费保障水平,建立完整的家庭经济贫困学生资助体系和校舍维修长效机制。

农村中小学危房改造 是指为加快中小学危房改造步伐,国务院决定从2001年开始在全国实施"中小学危房改造工程",力争在一段时间内基本消除现存的中小学危房,使中小学生和教师在安全、整洁的教室中安心学习和教书。"工程"由教育部、国家计委、财政部和地方各级人民政府共同组织实施,中央和地方各级财政投入"工程"专款,重点补助贫困地区农村中小学危房改造。经过改造后的校舍最低使用寿命确保在50年以上。

两免一补 是指近年来我国政府对农村义务教育阶段贫困家庭学生就学实施的一项资助政策。主要内容是对农村义务教育阶段贫困家庭学生"免杂费、免书本费、逐步补助寄宿生生活费"。这项政策从2001年开始实施,其中中央财政负责提供免费教科书,地方财政负责免杂费和补助寄宿生生活费。

文化事业建设费 是指国务院为进一步完善文化经济政策,拓展文化事业资金投入渠道而对广告、娱乐行业开征的一种规费。

地方教育附加 是指各省、自治区、直辖市根据国家有关规定,为实施"科教兴省"战略,增加地方教育的资金投入,促进本省、自治区、直辖教育事业发展,开征的一项地方政府性基金。该收入主要用于各地方的教育经费的投入补充。

6 经济建设财政财务

ECONOMIC DEVELOPMENT FINANCE

简要说明

本节主要内容及相关说明

经济建设财政财务主要内容包括经济建设科职能、执行的政策依据、财政数据和财政名词解释等。

经济建设科承担国土资源、环保、住房和城乡建设、粮食等方面的部门预算有关工作，负责监督分管部门预算的执行情况，制定部门（单位）和项目资金使用的管理办法，审核分管部门（单位）的年度决算；承担有关粮油政策性补贴和专项商品储备资金财政管理工作；负责市级探矿权价款和采矿权价款的征收和相关管理工作。

执行的政策依据有：《矿产资源补偿费征收管理规定》、《山西省矿产资源补偿费使用管理办法》、《排污费征收使用管理条例》、《财政部、国家环保总局排污费资金收缴使用管理办法》、《关于印发〈晋城市市级环境保护专项资金使用管理办法〉的通知》、《关于印发〈北方采暖区既有居住建筑供热计量及节能改造奖励资金管理暂行办法〉的通知》、《关于印发〈晋城市既有居住建筑节能改造奖励资金管理暂行办法〉的通知》。

本节数据来源：经济建设支出数据来源于财政总决算报表；对种粮农民补贴资金中的“种植面积”由市农业部门提供，“补贴标准”来源于山西省政策文件；经济建设重点资金支出数据来源于山西省、晋城市政策文件。

表 6-1

晋城市经济建设支出情况表(2011-2012 年)

预算科目	2011			2012		
	支出数(万元)	同比增长(%)	占预算比重(%)	支出数(万元)	同比增长(%)	占预算比重(%)
公共财政支出合计	1132373	26.51	100.00	1298261	14.65	100.00
其中:节能环保	62279	57.70	5.50	49136	-21.10	3.78
城乡社区事务	69063	13.20	6.10	65471	-5.20	5.04
国土资源气象等事务	22387	2.97	1.98	72047	221.83	5.55
住房保障支出	45756	698.81	4.04	15499	-66.13	1.19
粮油物资管理事务	5108	42.44	0.45	9978	95.34	0.77
储备事务支出	773		0.07			

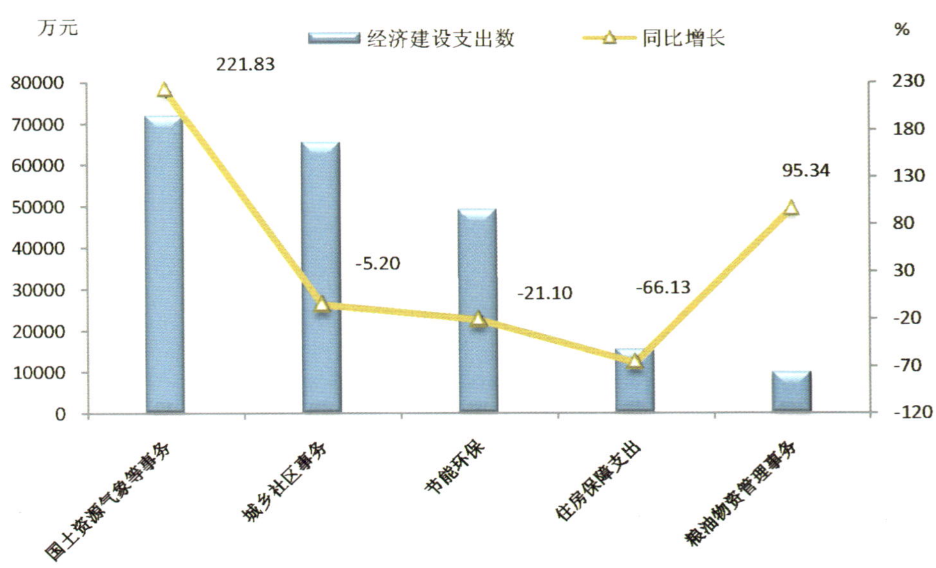

晋城市经济建设支出同比增长情况图(2012 年)

表6-2

晋城市本级经济建设支出情况表(2011-2012年)

单位:万元

预算科目	2011			2012		
	支出数(万元)	同比增长(%)	占预算比重(%)	支出数(万元)	同比增长(%)	占预算比重(%)
公共财政支出合计	288221	22.18	100.00	331778	15.11	100.00
其中:节能环保	39513	102.26	13.71	26060	-34.05	7.85
城乡社区事务	29013	14.60	10.07	27758	-4.33	8.37
国土资源气象等事务	8700	50.62	3.02	8767	0.77	2.64
住房保障支出	698	-73.78	0.24	6258	796.56	1.89
粮油物资管理事务	3468	86.45	1.20	7951	129.27	2.40
储备事务支出	189		0.07			

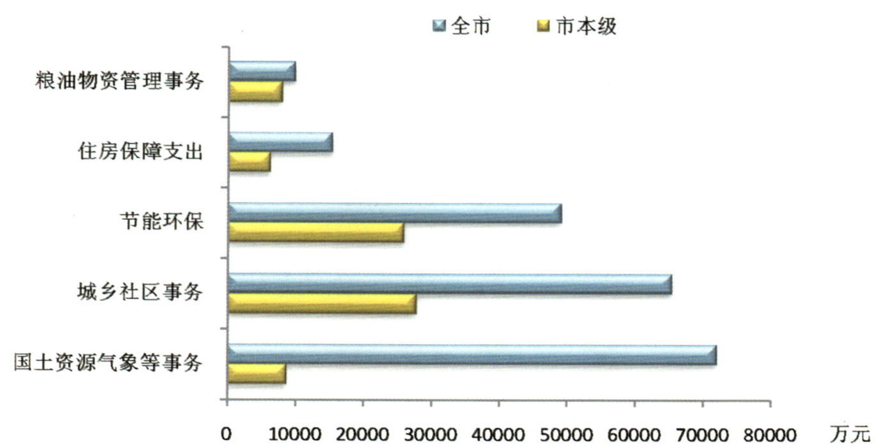

晋城市及市本级经济建设支出情况图(2012年)

表6-3

晋城市经建重点资金支出政策情况表(2012年)

单位:万元

项　目	资金来源	补助标准	补助资金				支持对象、范围
			合计	中央、省	市	县	
农村环境连片整治示范项目	中央财政补助50%,其余50%由省、市、县按4:3:3负担	原则上对单个村庄平均补助金额为60万元、补助上限为100万元,对"问题村"的补助上限为150万元	1041	729	156	156	支持对象:泽州县巴公镇13个行政村农村环境连片整治示范项目。支持范围:1.农村饮用水水源地保护;2.农村生活污水和垃圾处理;3.畜禽养殖污染治理;4.历史遗留的农村工矿污染治理;5.农业面源污染和土壤污染防治;6.其他与村庄环境质量改善密切相关的环境综合整治
既有居住建筑节能改造	中央、省、市各按每平米45元补助	补助资金额=45元/平米×[∑(单项改造内容面积×对应的单项改造权重)×70%+所实施的改造面积×节能效果系数×30%]×进度系数	预拨 5771.37	预拨 2985.37	预拨 2786		2012年改造面积77.4万平方米。资金支持范围包括:围护结构节能改造、室内供热系统计量及温度调控改造、热源及供热管网平衡改造奖励及财政部批准的与北方采暖地区既有居住建筑供热计量及节能改造相关的其他支出
农村危房改造	中央、省、市、县按比例负担	每户补助14000元,其中:中央7500元、省2600元、市1950元、县1950元	2128	1535.2	296.4	296.4	2012年改造任务1520户。支持对象为居住在危房中的农村贫困户,优先支持农村分散供养五保户、低保户、贫困残疾人家庭等贫困户危房改造
农户科学储粮工程	中央财政补助30%、省财政补助40%、市县及农户30%	每个小粮仓中央财政补助130元、省财政补助166元,县财政及农户100元,不足部分由市级财政补助	525	415.45	39.55	70	2012年完成小粮仓14000个,支持对象为自愿购买小粮仓的农户

表6-4

晋城市对种粮农民财政补贴资金情况表(2004-2012年)

年份	补贴金额合计	小麦					玉米					杂粮					薯类				
		种植面积(万亩)	直补资金		农资综合补贴资金		种植面积(万亩)	直补资金		农资综合补贴资金		种植面积(万亩)	直补资金		农资综合补贴资金		种植面积(万亩)	直补资金		农资综合补贴资金	
			补贴标准(元/亩)	补贴金额(万元)	补贴标准(元/亩)	补贴金额(万元)		补贴标准(元/亩)	补贴金额(万元)	补贴标准(元/亩)	补贴金额(万元)		补贴标准(元/亩)	补贴金额(万元)	补贴标准(元/亩)	补贴金额(万元)		补贴标准(元/亩)	补贴金额(万元)	补贴标准(元/亩)	补贴金额(万元)
2004	1430.1	99.1	10	991.1			87.8	5	439	5											
2005	1660.3	102.5	10	1025.3			127	5	635	5											
2006	1620	100	10	1000			124	5	620	5											
2007	6605	100.2	10	1002	20	2004	209	5	1045	玉米14元 杂粮10元	2554										
2008	14440.2	100.2	10	1002	51	5110.2	208.2	5	1041	35	7287										
2009	13985	93	10	930	51	4743	207.8	5	1039	35	7273										
2010	14029.4	96.4	10	964.3	51	4918	203.7	5	1018.4	35	7128.7										
2011	15584	100.9	10	1009.1	55	5550.1	209.9	5	1049.4	38	7975.4										
2012	22571.64	96.51	10	965.1	75	7238.25	136.24	5	681.19	55	7493.1	73	25	1825	55	4015	5.9	5	29.5	55	324.5

注:根据山西省财政厅《关于拨付2012年新增农资综合补贴资金的通知》(晋财建二[2012]44号)自2012年起,将薯类种植纳入补贴范围,补贴标准与玉米补贴标准一致。

财政名词解释

农村环境连片整治项目 是指为有效解决农村突出环境问题、改善农村环境质量而开展的环境污染防治设施建设和综合性污染治理项目。内容包括:农村饮用水水源地保护、农村生活污水和垃圾处理、畜禽养殖污染治理、历史遗留的农村工矿污染治理、农业面源污染和土壤污染防治及其他与村庄环境质量改善密切相关的环境综合整治。资金来源为中央补助50%,其余50%由省、市、县按4:3:3负担。

既有居住建筑节能改造资金 是指各级财政安排的专项用于奖励北方采暖地区既有居住建筑供热计量及节能改造的资金。资金使用范围:建筑围护结构节能改造、室内供热系统计量及温度调控改造、热源及供热管网热平衡改造及财政部批准的与北方采暖地区既有居住建筑供热计量及节能改造相关的其他支出。

百镇建设工程 是指为了加快推进城镇化进程,"十二五"期间山西全省建设100个重点镇。建设内容包括:"五建设两整治",即市政公用设施、公共服务设施、公园绿地、中心街市、居住社区建设和景观风貌、环境卫生整治。每个省级重点镇,由省、市、县三级财政给予2000万元的资金补助,并在用地指标、财政收入及各类建设项目及资金上享受各类"优惠待遇"。

矿产资源补偿费 是指国家作为矿产资源所有者,依法向开采矿产资源的单位和个人收取的费用。矿产资源补偿费属于政府非税收入,全额纳入财政预算管理,体现国家对矿产资源的财产权益。各级分成比例为:中央50%、省22.5%、市5.5%、县22%。使用范围:矿产资源勘查项目支出,地质灾害治理、地质环境保护支出,矿产资源保护支出,矿产资源管理支出。

排污费 是指对直接向环境排放污染物的单位和个体工商户按规定征收的排污费用。包括:污水排污费、废气排污费、固体废物及危险废物排污费、噪声超标排污费。排污费按排污的种类、数量和污染当量征收。使用范围:重点污染源防治,区域性污染防治,污染防治新技术、新工艺的推广应用,国务院规定的其他污染防治。

粮食直补 也称对种粮农民实施直接补贴,核心内容就是将国家实行保护价敞开收购农民余粮政策间接给农民的补贴转为直接补贴,即:从2004年开始,国家不再按保护价收购农民余粮,将原来通过实行保护价收购政策对农民的间接补贴,改为通过一定方式直接补给农民。

城市基础设施配套费 是指按城市总体规划要求,为筹集城市市政公用基础设施建设资金所收取的费用,它按建设项目的建筑面积计征,其专项用于城市基础设施和城市用设施建设,包括城市道路、桥梁、公共交通、供水、燃气、污水处理、集中供热、园林、绿化、路灯和环境卫生等设施的建设。

7 基建投资财政财务

INFRASTRUCTURE INVESTMENT FINANCE

简要说明

本节主要内容及相关说明

基建投资财政财务主要内容包括基建投资科职能、执行的政策依据、财政数据和财政名词解释等。

基建投资科负责煤炭可持续发展基金、煤矿转产发展资金、矿山环境恢复治理保证金和地方煤炭经销利润分成收入的征缴管理；负责市本级政府性资金投资的固定资产项目（市发展改革委员会立项的基本建设项目和工业技术改造项目）的预算、决算、监督和财政投资评审工作；拟定基本建设财务管理制度；负责与市发展改革委员会等有关部门在财政投资领域的政策协调和项目安排；检查基建建设项目实施中资金的管理使用及到位情况，进行项目的绩效评价。按照财政改革和部门预算管理的要求，从2012年7月1日起基建投资科职能进行新的调整，将地方煤炭经销利润分成收入的征缴管理工作从基建投资科调整出去，市级基建投资项目按主管部门划分，自2012年底调整到财政各业务主管科室；市发改委、市经信委、市煤炭局、市安监局、市交通局、市物价局、市总工会等7个部门（单位）的部门预算管理工作调整到基建投资科。

执行的政策依据有：《山西省煤炭可持续发展基金征收管理办法》、《山西省煤矿转产发展资金提取使用管理办法（实行）》、《山西省矿山环境恢复治理保证金提取使用管理办法（实行）》、《晋城市财政局关于印发<公开选聘中介审价机构审查工程竣工决(结)算管理办法>的通知》、《晋城市市级财政投资一般性固定资产建设管理暂行办法》等。

本节数据来源：煤炭可持续发展基金数据来源于晋城市地税局统计资料；矿山环境恢复治理保证金和煤矿转产发展资金数据来源于本科年度统计报表，市本级基建投资项目投资数据来源于晋城市发改委投资计划文件，固定资产投资决算数据来源于本科年度决算统计报表。

表 7-1

晋城市本级基建投资项目投资情况表(2003-2012 年)

单位:万元

年份	合计	农林水	教育	科技	文化	卫生	体育	民政	环保	城建	行政	公检法	军队	转型发展	其他
2003	12000	960	1025	140	1004	425	196	50	50	4620	930	350	350	1500	400
2004	12700	1100	500	100	1850	270	1800	30	150	3600	1800	200	200	900	200
2005	16870	3235	1040	225	1970	314	800		1040	4480	1750	346	70	400	1200
2006	31000	1150	7955	110	1310	960			2639	8033	236	838	1770		5999
2007	46697	4921	8420	240	980	700	334		1495	25760	400	907	340	2000	200
2008	40000	2660	4828	120	584.1	459.5	500		879	23923.5	1342.7	1960	728	1600	415.2
2009	65000	4720.2	14479.1	1049.8	1662.9	720	630	375	6474	27217	558.3	2123.7	190	4000	800
2010	65000	4411.6	10760	143.7	2780	742	200	910	2300	37105	1397.7	3180	220	550	300
2011	65000	1614	2705.2	20	5250	2815	300	195	1990	41141.1	4194.3	1530.1	798.3	1500	947
2012	90819.8	160	12771.6	540.2	7800	2700	500	90	2100	57628	2000	3320	800		410

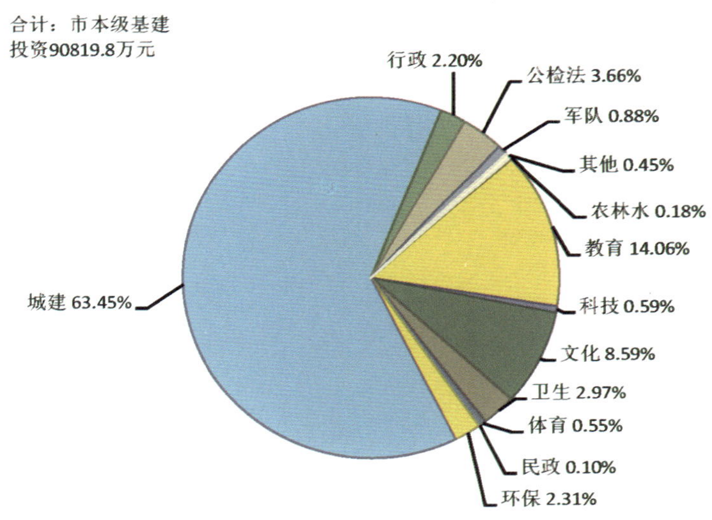

晋城市本级基建投资项目投资情况图（2012 年）

表 7-2

煤炭基金征收情况表(2007-2012 年)

单位:万元

年 份	煤炭可持续发展基金				矿山环境恢复治理保证金			煤矿转产发展资金			地方煤炭销售利润分成收入
	全市总征收	省留成	市留成	县留成	专储合计	市级专储	县专储	专储合计	市(企业)专户储存	县(企业)专户储存	
2007	131811	86284	29725	15802	1700		1700	850		850	43022
2008	210751	138460	45100	27191	33639.68	8644.46	24995.22	11072.8	4141.49	6931.31	64323
2009	230296	150790	50426	29080	31425.75	6742.64	24683.11	12083.77	3551.36	8532.41	56885
2010	225900	150089	48611	27200	26499.13	6781.23	19717.9	11924.81	3390.81	8534	46773
2011	184107	123909	40083	20116	24524.21	8186.54	16337.67	11417.65	4093.27	7324.38	42086
2012	196013	134326	42414	19273	26112.19	5900.29	20211.9	12803.43	2950.14	9853.29	

表7-3

煤炭基金市、县分级情况表(2007-2012年)

单位:万元

年份	地区	煤炭可持续发展基金	矿山环境恢复治理保证金		煤矿转产发展资金	
			应专储额	实际专储额	应专储额	实际专储额
2007	市本级	29725				
	城区	283				
	泽州县	4036				
	高平市	4411				
	阳城县	3890	1700	1700	850	850
	沁水县	2405				
	陵川县	660				
	开发区	118				
2008	市本级	45100	8644.46	8202.95	4141.49	3606.78
	城区	1157	231.43	231.43	115.72	115.72
	泽州县	6425				
	高平市	8429				
	阳城县	5700	17285.19	17285.19	64544.59	6454.59
	沁水县	4492	6646	6646		
	陵川县	909	832.6	832.6	361	361
	开发区	79				
2009	市本级	50426	6742.62	7184.13	3551.36	4086.07
	城区	1127	183.62	183.62	91.81	91.81
	泽州县	7475				
	高平市	9226	6303.58	6303.58	3151.79	3151.79
	阳城县	6090	14543.61	14543.61	5006.81	5006.81
	沁水县	3662	2829	2829		
	陵川县	1455	823.3	823.3	282	282
	开发区	45				
2010	市本级	48611	6781.23	6781.23	3390.81	3390.81
	城区	1005				
	泽州县	7495				
	高平市	9238	6792	6792	6792	3396
	阳城县	5224	9098	9098	4549	4549
	沁水县	2704	2649	2649		
	陵川县	1512	1178.9	1178.9	589	589
	开发区	7				
2011	市本级	40083	8186.54	8186.54	4093.27	4093.27
	城区	54				91.81
	泽州县	3452				
	高平市	8998	8880	8880	4440	4440
	阳城县	3860	6845.7	5289.83	2842.35	2257.38
	沁水县	2584	874.3	911.84		
	陵川县	1162	1256	1256	627	627
	开发区	6				
2012	市本级	42414	5900.29	5900.29	2950.14	2950.14
	城区	21				
	泽州县	3567	1649.3	1649.3	824.65	824.65
	高平市	9128	9807	9807	5455	5455
	阳城县	3444	6139.39	2958.55	3069.7	1306.5
	沁水县	2601	2717.91	4156.06	1448.14	1448.14
	陵川县	512	1641	1641	819	819
	开发区					

财政名词解释

煤炭可持续发展基金 是指山西省人民政府为实现煤炭产业可持续发展而设立的基金。作为国家唯一煤炭产业可持续发展试点省份，山西省设立煤炭可持续发展基金，目的是建立煤炭开采综合补偿和生态环境恢复补偿机制，弥补煤炭开采给山西造成的历史欠账，综合解决山西煤炭工业发展中存在的一系列问题，为实现山西煤炭可持续发展提供财力支持。

煤矿转产发展资金、矿山环境恢复治理保证金 简称“两金”，是指山西省为促进煤炭工业可持续发展，按照《国务院关于同意在山西省开展煤炭工业可持续发展政策措施试点意见的批复(国函〔2006〕52号)及财政部、国家发展改革委的复函，结合全省实际，制定出台的两项政策。旨在加快煤矿转产和产煤地区经济转型，加强产煤地区生态环境综合治理，建立煤炭企业转产、煤炭城市转型发展的援助机制和不欠新账、渐还旧账的生态环境恢复补偿机制，实现煤炭工业全面协调和可持续发展的有效途径。

基本建设 社会主义国民经济中投资进行建筑、购置和安装固定资产以及与此相联系的其他经济活动，是指企业、事业、性质单位以扩大生产能力或新增工程效益为主要目的的新建、续建、改扩建工程及相关工作。

一般性固定资产建设项目 是指市级财政预算安排的、经市财政投资评审中心预算评审并下达投资计划的50万元以下(不含50万元，以下同)专项用于市级行政事业单位建造、购置和安装固定资产的建设项目，包括：固定资产新建、改扩建，维修、装饰工程以及城市道路绿化、亮化、美化等工程。

工程竣工财务决算 是反映竣工项目建设成果和财务状况的总结性文件，是办理交付使用资产价值的依据，也是建设项目进行评估的依据。竣工决算的内容包括竣工财务决算说明书、竣工财务决算报表、工程竣工图和工程造价对比分析等四个部分。

固定资产投资 是反映建造和购置固定资产的经济活动，即固定资产再生产活动，包括基本建设投资、更新改造投资、房地产开发投资和其他固定资产投资。

8 地方金融财政财务

LOCAL FINANCIAL FINANCE

简要说明

本节主要内容及相关说明

地方金融财政财务管理主要内容包括地方金融科职能、执行的政策依据、财政数据和财政名词解释等。

地方金融科主要承担地方金融机构有关政策性补贴的部门预算工作；拟定地方金融机构的财务管理制度，并按规定管理政策性金融业务，对地方金融机构的财务及资产实施监管；承担中小企业信用担保机构的管理工作；承担地方金融类企业国有资产管理的有关工作；承办养殖业、种植业保险保费补贴有关工作。

执行的政策依据有：《金融企业会计制度》、《晋城市种植业保险保费补贴试点实施方案》（2010年）、《山西省养殖业保险保费补贴管理暂行办法》、《小额担保贷款财政贴息资金管理办法》、《山西省深化农村信用社改革实施方案》。

本节数据来源：地方金融企业年度决算会计报表。

表 8-1

晋城市政策性担保企业主要财务指标汇总表(2008–2012 年)

单位:万元

项目 \ 年份	2008	2009	2010	2011	2012
资产负债指标					
资产总额	20506	36906	39115	55344	62315
负债总额	6253	3650	4709	5989	10393
所有者权益合计	14253	33256	34406	49355	51742
其中:实收资本(或股本)	13635	31559	31025	41250	41250
其中:国家资本	10100	27744	29145	40350	40050
一般风险准备	17	26	662	1118	1698
利润指标					
营业收入	260	612	995	1112	1269
其中:担保业务净收入	260	612	995	1112	1269
营业支出					2072
其中:业务及管理费	509	718	1020	1206	1805
其中:人员费用	94	127	224	246	267
利润总额(亏损以“–”号填列)	133	149	303	296	650
净利润(净亏损以“–”号填列)	92	114	225	304	484
其他指标					
不良资产总额	233	496	698	1796	3361
其中:担保代偿中的不良资产	233	427	657	1654	1912
应收担保费中的不良资产					
其他应收款项中的不良资产		69	41	142	1448
不良资产总额比率(%)	1.09	1.35	1.79	3.25	5.41
计提担保准备金	1386	2003	2270	3349	4089
其中:担保赔偿准备金	1086	1580	1762	2806	4089
期初担保余额	770	33894	44915	57263	67157
本期增加担保余额	39700	13444	60862	70120	82250
本期解除担保金额		5198	46914	58770	75816
期末在保余额	40470	42144	58863	68613	73592
基本情况					
机构户数	2	7	7	7	7
期末从业人员数	16	41	62	72	70
发放工资性收入总额	37	102	128	167	276

表8-2

晋城市地方金融企业(银行类)主要财务指标汇总表(2008-2012年)

单位:万元

项目 \ 年份	2008	2009	2010	2011	2012
资产负债指标					
资产总额	1047922	1387105	2185143	2283679	3427225
其中:固定资产	13128	14713	16540	32626	35705
在建工程	67	2238	2358	2386	1678
负债总额	1012915	1343539	2058577	2138493	3136633
所有者权益合计	35007	43566	126566	145186	290592
其中:实收资本(或股本)	18393	18393	55197	55197	113415
其中:国家资本	550	550	550	550	550
法人资本	12088	12088	50489	50439	99057
个人资本	5755	5755	4707	4207	13807
一般风险准备	9934	9934	9934	15634	16794
利润指标					
营业收入	29227	33776	56206	70627	131253
其中:主营业务净收入	21863	19956	54806	66649	116957
营业支出	16129	19721	25231	32376	68640
其中:业务及管理费	9784	9675	15808	19814	40153
其中:人员费用	5122	4120	8317	7700	21072
利润总额(亏损以“-”号填列)	13166	14050	30870	38323	63488
净利润(净亏损以“-”号填列)	10300	11169	23363	28154	47692
其他指标					
年末存款余额	890041	1185718	1295250	1670556	2424012
年末贷款余额	504213	569918	711944	874536	1148928
涉农贷款	15300	14450	20290	21944	
中小企业贷款	276852	343680	421970	518127	
存贷比(%)	56.65	48.06	54.96	52.35	47.39
不良贷款总额	7053	7799	7773	7767	7519
不良贷款比率(%)	1.38	1.37	1.06	0.87	0.63
基本情况					
机构户数	1	1	1	1	4
期末从业人员数	545	606	712	900	984
发放工资性收入总额	4309	3100	6516	8329	17615

表8-3

晋城市地方金融企业（农村信用社类）主要财务指标汇总表（2008-2012年）

单位：万元

项目 \ 年份	2008	2009	2010	2011	2012
资产负债指标					
资产总额	1878739	2265477	2626007	2861725	3463614
其中：固定资产	29649	33418	14867	16044	17827
在建工程	1129	2533	3301	8367	10755
负债总额	1809623	2191669	2546922	2776232	3370216
所有者权益合计	69115	73808	79085	85493	93398
其中：实收资本（或股本）	41617	42412	45971	51922	59255
其中：国家资本				550	
法人资本	6135	6422	10194	15843	19245
个人资本	35483	35990	35777	36080	40009
一般风险准备	22628	23019	21901	22093	22178
利润指标					
营业收入	95427	83584	100059	140044	95935
其中：主营业务净收入	39895	35732	59306	73086	88671
营业支出	86259	76580	98065	137611	89995
其中：业务及管理费	24060	26112	33141	39079	48123
其中：人员费用	8566	9764	14798	15329	29292
利润总额（亏损以“-”号填列）	7026	5658	3149	3638	5935
净利润（净亏损以“-”号填列）	5307	4243	2655	2943	4394
其他指标					
年末存款余额	1673569	2004960	2322435	2660125	3111644
年末贷款余额	975349	1047071	1237548	1523499	1717498
涉农贷款	959444	1030597	1214065	1462343	
中小企业贷款	313678	348471	899629	723739	
存贷比（%）	58.28	52.24	53.29	57.27	55.19
不良贷款总额	387840	354214	290562	247067	364526
不良贷款比率（%）					20.02
基本情况					
机构户数	225	214	205	204	6
期末从业人员数	2296	2395	2371	2436	2984
发放工资性收入总额	8566	9764	14798	15329	19518

表8-4

晋城市种植业(小麦)保险保费补贴情况表(2012年)

地　区	承保数(亩)	总保费(万元)	拨付补贴			
			中央	省级	市级	合　计
城　区	2.77	41.55	16.62	10.39	4.16	31.17
高平市	8.58	128.7	51.48	32.18	12.87	96.53
阳城县	15.55	233.25	93.3	58.31	23.33	174.94
泽州县	33.61	504.15	201.66	126.04	50.42	378.12
沁水县	10.55	158.25	63.3	39.56	15.83	118.69
合　计	71.06	1065.9	426.36	266.48	106.61	799.45

表8-5

晋城市种植业(玉米)保险保费补贴资金明细表(2012年)

地　区	承保数(亩)	总保费(万元)	拨付补贴			
			中央	省级	市级	合　计
高平市	32.34	588.59	235.44	147.16	58.87	441.47
阳城县	24.23	440.98	176.39	110.25	44.09	330.73
泽州县	6.6	120.12	48.05	30.03	12.01	90.09
沁水县	20.05	364.91	145.97	91.22	36.49	273.68
合　计	83.22	1514.6	605.85	378.66	151.46	1135.97

表8-6

晋城市养殖业(能繁母猪)保险保费补贴资金明细表(2012年)

地　区	投保数量(头)	保费规模(万元)	各级财政补贴(万元)			
			中央	省级	市级	小　计
城　区	938	5.63	2.81	0.68	0.51	4
高平市	35735	214.41	107.21	25.73	19.3	152.24
阳城县	9179	55.07	27.54	6.61	4.96	39.11
泽州县	43525	261.15	130.58	31.34	23.51	185.43
沁水县	4214	25.28	12.64	3.03	2.27	17.94
陵川县	9864	59.18	29.59	7.1	5.33	42.02
合　计	103455	620.72	310.37	74.49	55.88	440.74

注:能繁母猪\奶牛地方分担比例:省、市、县(市、区)4:3:3。

财政名词解释

农村信用社营业税返还政策 2005年山西省政府《关于山西省深化农村信用社改革实施方案》规定，国家对农村信用社降低税率后仍征收的3%营业税，从2005年起至2007年底由各级财政列支，按季安排专项用于补助同级农村信用社的改革发展，此政策到期后又延续了3年，到2010年底结束。

中小企业信用担保体系 2008年山西省政府《关于加强中小企业信用担保体系建设的意见》规定，以缓解中小企业融资难、促进中小企业发展为目标，坚持政府引导、市场运作、多元投资、规范管理、多层次构建的方针，积极发展政府独资或控股的政策性担保机构，鼓励发展以法人资本、社会资本和民间资本投资设立的商业性担保机构和互助性担保机构。到"十一五"期末，在全省建成较为完善的中小企业信用担保管理体制与运行机制，形成以省级中小企业信用担保机构为龙头、市级中小企业信用担保机构为骨干、县(市、区)级中小企业信用担保机构为基础、其他中小企业信用担保机构为补充的中小企业信用担保体系。

小额担保贷款财政贴息政策 为做好促进就业工作，加强下岗失业人员小额担保贷款财政贴息资金的管理，2008年财政部出台《小额担保贷款财政贴息资金管理办法》，规定国家对符合规定条件的小额担保贷款借款人用于从事微利项目的小额担保贷款、经办银行对符合条件的劳动密集型小企业发放的小额担保贷款给予财政贴息。

种植业保险保费补贴政策 2010年山西省政府下发《关于山西省2010年种植业保险保费补贴试点实施方案的通知》，要求在全省范围内开展种植业保险保费补贴工作。补贴品种为小麦、玉米。该通知规定：小麦每亩保险金额300元，费率5%，保费15元；玉米每亩保险金额260元，费率7%，保费18.2元；中央、省、市、县财政分别按应缴保费的40%、25%、10%、10%比例进行补贴，其余15%的保费由农户自己缴纳。

养殖业保险保费补贴政策 2010年山西省政府出台《山西省养殖业保险保费补贴管理暂行办法》，要求在全省范围内开展养殖业保险保费补贴工作。规定：能繁育母猪每头按照1000元保险金额，6%费率进行投保，保费为60元，中央财政补贴保费的50%，地方财政补贴保费的30%，农户自己缴纳20%；奶牛按照每头4000元保险金额，7%费率进行投保，保费为280元，中央财政补贴保费的50%，地方财政补贴保费的25%，农户自己缴纳15%。地方财政负担部分，按照省、市、县(市、区)4:3:3的比例负担。

农业保险保费补贴 是指为支持建立农业保险制度，调动地方开展农业保险工作积极性，引导农户等参加农业保险，对农户、龙头企业、专业合作经济组织等参加特定品种的保险业务，按照保费的一定比例提供的补贴。

9 农业财政财务

AGRICULTURAL FINANCE

简要说明

本节主要内容及相关说明

农业财政财务主要内容包括农业科职能、执行的政策依据、财政数据和财政名词解释等。

农业科主要负责研究全市财政支农政策，拟定财政支农资金管理办法，并贯彻落实；负责全市农业财务方面相关政策制度的贯彻落实，并配合市级农口主管部门制定有关实施办法；指导市级农口主管部门提出编制部门预算建议，并审核其上报的预算安排建议；配合市财政局预算科审定部门预算，并批复市级农口单位部门预算；监管和分析市级农口单位的预算执行情况；审核农口单位的年度财务决算；协助市级农口主管部门建立财政支持的项目库，并组织其进行项目的可行性研究及效益分析，提出预算安排的重点和顺序；与市级农口主管部门配合下达省市财政专项指标，对市级财政扶持资金100万元以上的项目进行绩效考评；配合市农业综合局及时下达农业综合开发项目资金，并负责农业综合开发有偿资金的回收工作。

执行的政策依据有：《中华人民共和国预算法》、《中华人民共和国预算法实施条例》、《中华人民共和国农业法》、《中华人民共和国森林法》、《中华人民共和国水法》等法律法规和中央一号文件、省、市农业工作会议精神等为依据认真开展工作。

本节数据来源：公共财政预算财政支农资金投入数据来源于晋城市2012年总决算和农业科2012年部门预算，财政支农重点项目投入表数据来源于晋城市农委、市林业局、市水利局、市畜牧局、市农机局、市农业综合开发局等农口部门。

表 9-1

晋城市公共财政预算支农资金投入情况表(1985-2012年)

单位:万元

年份	公共财政预算财政支农资金			
	小计	省以上财政资金	市级财政资金	县级财政资金
1985	1339	845	104	390
1986	1729	1025	194	510
1987	1475	944	156	375
1988	2288	1285	226	777
1989	2477	1282	345	850
1990	2624	1366	350	908
1991	3036	1363	475	1198
1992	2800	1327	442	1031
1993	3191	1015	520	1656
1994	3945	1580	614	1751
1995	4824	1909	928	1987
1996	6322	2510	1359	2453
1997	7537	2684	1929	2924
1998	8478	3516	1645	3317
1999	8693	3204	1718	3771
2000	9384	3276	1858	4250
2001	11183	3986	2272	4925
2002	11806	3353	2750	5703
2003	16490	4036	4419	8035
2004	23697	5039	6185	12473
2005	29814	6446	7278	16090
2006	34683	7204	8174	19305
2007	53309	9822	11584	31903
2008	67060	13941	14035	39084
2009	86556	20474	17643	48439
2010	111409	25788	22432	63189
2011	131927	35516	26428	69983
2012	166264	50930	34284	81050

注:本表数据口径为年度预算调整数减上年结转数

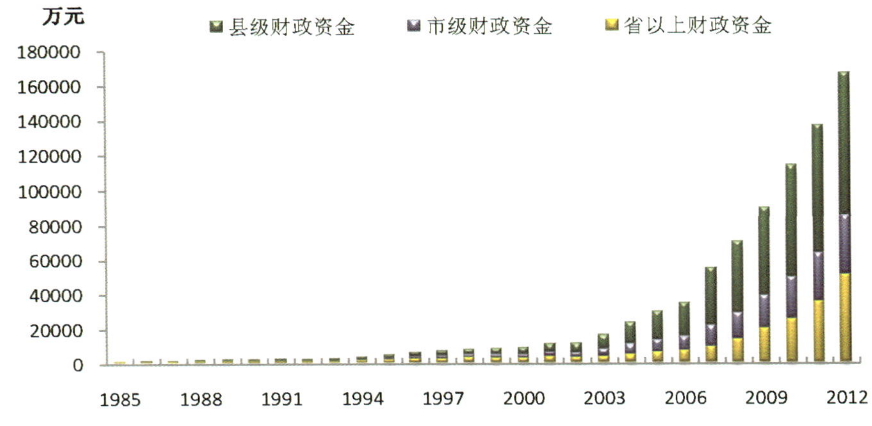

晋城市公共财政预算支农资金投入情况图(1985-2012年)

表 9-2

晋城市财政支农

项目 \ 年份	2012	2011	2010	2009	2008	2007	2006	2005	2004
良种补贴金额	2281	2269	2269	2240	1098	288	308	278	185
补贴标准(元/亩)									
其中:小麦	10	10	10	10	10	10	10	10	10
玉米	10	10	10	10	10	5	5	5	5
棉花	15	15	15	15					
小麦繁育基地	30	30	30	30	30	30	30	30	30
阳光工程农村劳动力转移培训(万元)	429	212	208	193	171	113	124	65	75
补助标准(元/人)	600/3000/100/342	342	310	310	310	250	225	100	100
培训人数	3300/50/5200/4800	5970	5900	5900	5500	4500	5500	6500	7500
雨露计划贫困地区劳动力转移培训(万元)	68	70	55	56	55	60	59		
补助标准(元/人)	500	500/460/440	350	350	350	280/260	280/260		
培训人数	1360	1400	1573	1601	1573	2249	2208		
扶贫移民搬迁(万元)	1700	750	478	520	1140	976	752	600	240
其中:省级项目(万元)	1250	600	378	420	840	646	342	420	240
补助标准(元/人)	5000	5000	4200	4200	4200	3800	3800	3000	3000
搬迁人数	2500	1400	900	1000	2000	1700	900	1400	800
其中:市级项目(万元)	450	150	100	100	300	330	410	180	
补助标准(元/人)	1000	1500	1000	1000	3000	3300	1000	3000	
搬迁人数	4500	1000	1000	1000	1000	1000	4100	600	
产业扶贫投入	1208	1480	1002	1733					
扶持项目数(个)	146	169	121	229					
农业龙头企业发展扶持(万元)	1000	786	845	940	795	853	430	130	
扶持企业个数	36	22	36	37	27	26	25	18	
农民专业合作组织扶持(万元)	219	150	100	100	50	50	50		
新发展合作组织个数	791	510	541	657	266	148	77		
农村清洁能源建设投资总额(万元)	2127	564	2081	2204	7251	14000	1014	150	0
受益户数	3200	1200	2600	12000	61500	71420	5500	1500	0
农机具购置补贴金额(万元)	3779	3263	2482	1975	740	504	269	167	53
购置量(台)	4767	5415	3907	3773	2462	2028	692	262	156
农机燃油补贴金额(万元)				133	78				
补贴机具台数				2901	900				

重点项目投入表（1985-2012年）

2003	2002	2001	2000	1999	1998	1997	1996	1995	1994	1993	1992	1991	1990	1989	1988	1987	1986	1985
450	728																	
450	728																	
3000	2000																	
1500	3641																	
163	56																	
1630	887																	

续表

项目 \ 年份	2012	2011	2010	2009	2008	2007	2006	2005	2004
促进畜牧业发展扶持项目(万元)	3185	3261	3762		2855	1125	2366	1959	
扶持户数	1713	945	1081		175	83	454	360	
牲畜头数(万头)	815	780	741		595	495	476	406	
造林绿化工程投资总额(万元)	36478	28398	20153	20213	14462	11424	5386	3929	1690
其中:通道绿化投资额		1146	908	650	639	3396	972		
公里数		122	96	120	447				
小康园林村建设投入	1800	656	270	384	468	913	336		
补助村数(个)	300	102	135	128	128	169	112		
集体林权制度改革投入(万元)	10	10	329	764	1033				
确权面积(万亩)	5001		305	201					
完成行政村数(个)	1801		776	1025					
农村饮水安全工程投资总额	4325	4461	10637	7081	4305	4459	4376	1769	1597
受益村个数	196	264	816	595	280	329	305	148	188
受益人数(万人)	9	8.5	20	15	11	10	10	5	6
病险水库除险加固	5725	4871	8309	4214	2767	1507			
维修水库个数	18	11	14						
水利重点工程建设投资总额	15178	3085	2292	12293	4970	675		400	216
项目个数	5	6	5	5	7	6	1	2	2
水土保持治理项目投资总额	797	3590	4628	5475	2278	182	348	158	28
面积(公顷)	8820	8350	9340	8820	7060	10660	10680	10670	18720
农业综合开发项目	5039	3991	5054	2604	3312	2025	2368	2007	1582
其中:产业化经营项目	1078	518	1254	696	1339	414	1086	817	219
项目个数	34	9	14	15	15	3	12	3	2
项目区人均增收(元)	720	2152	1969	1169	3033	523	1912	221	1077
其中:土地治理项目	3962	3473	3800	1908	1938	1576	1282	1180	1363
财政投入标准(元/亩)									
中低产田改造投入标准	1180	1180	1180	980	820	684	570	570	400
小流域治理投入标准	900	900	900	900	900	750	800	800	800
高标准农田投入标准	1280	1200	1200						
农民自筹比例	中央资金的10%	中央资金的10%	中央资金的40%		中央财政资金的50%			中央资金的70%	
项目个数	11	8	9	9	8	11	4	4	6
治理面积(万亩)	3	3	4	2	4	3	3	3	3
项目区人均增收(元)	508	577	683	526	325	410	215	303	322

2003	2002	2001	2000	1999	1998	1997	1996	1995	1994	1993	1992	1991	1990	1989	1988	1987	1986	1985
	728																	
2274	1891	1269	1132	971	582	87	81	146	99	65	97	109	95	96	97	114	55	68
	2000																	
	3641																	
2278	3586	1268	1327	744	756	1172	1009	1432	153	252	173	127	126	129	120	2004	236	254
220	297	332	211	95	133	289	210	268	106	143	184	174	89	59	104	111	75	37
6	11	4	5	3	4	8	9	8	2021	4	3	3	2	2	3	283	3	1
290	2	1156	954	2300	1660	1185		1800										
2	1	3	5	4	3	2												
32	47	48	57	80	111	44	58	42	37	37	36	30	26	34	32	27	33	30
9870	10510	9150	9820	10080	10440	8750	8870	9230	6370	10170	9470	7870	8100	7190	8070	7090	9250	14670
1259	800	480	407															
370	150	144																
1	1	1																
1531	1221	980																
889	650	336	407															
400	500	500	500															
400																		
中央财政资金的50%																		
4	2	1	1															
4	2	0.8	1															
284	200	260	260															

表 9-3

晋城市本级财政支农重点项目投入表(2012 年)

单位:万元

项目 / 年份	金额	其中							
		城区	泽州县	沁水县	阳城县	高平市	陵川县	开发区	市本级
村庄绿化工程	1800	100	475	160	475	460	130		
干果经济林建设项目	1000		221	182	229	180	188		
连翘经济林建设项目	1200		150	383	257		384		26
贫困村产业发展及基础设施建设项目	2820	91	833	645	366	261	584		40
"一村一品"产业发展项目	1848	98	348	194	476	330	358	24	20
日光温室及春秋大棚建设项目	1000	44	178	96	160	429	81		11
粮食丰收工程	500	7	157	58	71	63	49		95
"513"加工龙头等企业的贷款贴息项目	1000	90	270	70	120	215	145		90
水利重点建设工程	1730		331	96	71	191	221		820
重点水土保持工程	2520	46	323	369	286	196	95		1205
畜牧产业进行扶持项目	1550	74	395	187	274	99	185	25	311
市域边界乡镇维稳	260		40	60	50	40	70		
林业大镇森林管护	139		26	53	20	4	36		
合计	17367	550	3748	2553	2855	2468	2526	49	2618

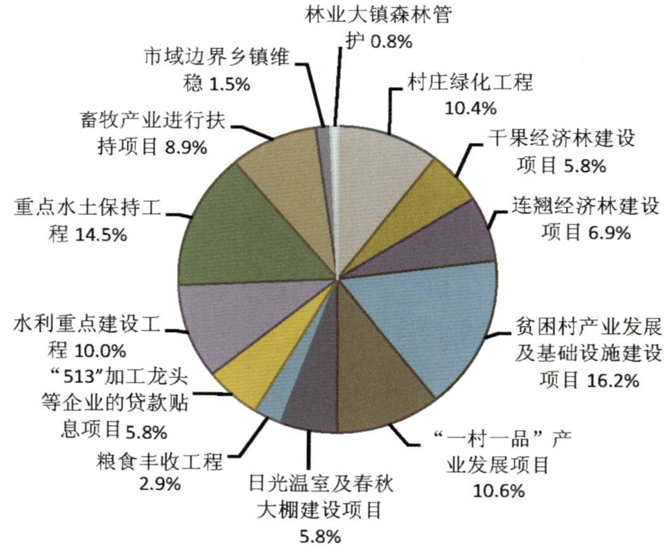

晋城市本级财政支农重点项目投入图(2012 年)

财政名词解释

退耕还林 是指在水土流失严重或粮食产量低而不稳定的坡耕地和沙化耕地,以及生态地位重要的耕地,有计划、有步骤地停止耕种,按照适地适树的原则,因地制宜的植树造林,恢复森林植被。

农业综合开发 是指中央政府为保护、支持农业发展,改善农业生产基本条件,优化农业和农村经济结构,提高农业综合生产能力和综合效益,设立专项资金对农业资源进行综合开发利用的活动。

农业产业化龙头企业 是指以农产品加工或流通为主,通过各种利益联结机制与农户相联系,带动农户进入市场,使农产品生产、加工、销售有机结合、相互促进,在规模和经营指标上达到规定标准并经政府有关部门认定的企业。

农村综合改革 是指农村税费改革取消村提留乡统筹、“两工”和农业税后,为巩固农村税费改革成果和建设社会主义新农村提供体制机制保障。主要内容是推进乡镇机构、农村义务教育和县乡财政管理体制改革;同时统筹推进粮食流通体制、征地制度和农村金融等方面的改革。目标是逐步建立精干高效的农村行政管理体制和运行机制。覆盖城乡的公共财政制度、政府保障的农村义务教育体制,以及农民增收减负的长效机制,促进农村经济社会全面协调可持续发展。

农业综合开发资金 是指农业综合开发建设项目中投入的各种物化劳动价值的货币表现,是我国社会资金总量的一个重要组成部分,主要由财政资金、自筹资金、银行贷款、引进外资和其他资金几个部分构成。

财政扶贫资金 是指国家设立的用于贫困地区、经济不发达的革命老根据地、少数民族地区、边远地区改变落后面貌,改善贫困群众生产、生活条件,提高贫困农民收入水平,促进经济和社会全面发展的专项资金。财政扶贫资金来源包括中央财政安排的资金和地方配套资金。

农业产业化 以市场为龙头,以提高经济效益为中心,按照市场牵龙头、龙头带基地、基地联农户的形式,优化配置各种生产要素,对区域性的主导产业实行区域化布局、专业化生产、系列化加工、社会化服务、企业化管理,逐步形成种养加、产供销、贸工农、经科教一体化的经营体系。

两减免三补助 “两减免”是指减征农业税和免征农业特产税。“三补贴”是指粮食直补、良种补贴和农机具购置补贴。

农业社会化服务体系 是指将社会上许多部门向农业提供的服务相互联结起来,构成一个网络或整体。

现代农业 是指广泛应用现代科学技术、现代工业提供的生产资料和科学管理方法的社会化农业。

农村综合改革 是指农村税费改革进入取消农业税的新阶段,中央为巩固农村税费改革成果和建设社会主义新农村提供体制机制保障和动力源泉所作出的一项重大决策。主要内容是推进乡镇机构、农村义务教育和县乡财政管理体制改革,进一步巩固农村税费改革成果;同时统筹推进粮食流通体制、征地制度和农村金融等方面的改革。农村综合改革涉及调整农村生产关系和上层建筑不适应生产力发展的某些环节和方面,目标是逐步建立精干高效的农村行政管理体制和运行机制、覆盖城乡的公共财政制度,以及农民增收减负的长效机制,促进农村经济社会全面协调发展。

集体林权制度改革 是党中央、国务院深化农村改革的又一重大战略决策,是农村改革的一项重点任务。2008年全国全面推进集体林权制度改革,主要内容是在坚持集体林地所有权不变的前提下,将林地使用权和林木所有权落实到农户,将由农民自主选择集体林权制度改革的方式,自主确定集体林权经营管理形式,承包经营林地的收益,归农户所有。

良种补贴 是指为加快农作物良种推广,促进农作物良种区域化种植,提高农产品品质而设立的专项资金。

农机具购置补贴 是指为集中力量支持粮食产区发展粮食产业,促进种粮农民增加收入,鼓励和支持农民使用先进适用农业机械,提高农业综合生产能力和农业机械化水平,对农民个人、农场职工、农机专业户和直接从事农业生产的农机服务组织购置和更新农业机械给予的一定补贴。

农资综合补贴 是指国家统筹考虑柴油、化肥等农业生产资料价格变动对农民种粮的增支影响,对种粮农民给予的适当补助,目的是有效保护农民种粮收益,调动农民种粮积极性。

阳光工程 是中央财政安排专项资金,重点支持粮食主产区、劳动力输出地和贫困地区,以将农村富余劳动力转移到非农领域为目标,组织农村劳动力进行职业技能培训,此项工程简称为"阳光工程"。

支农资金整合 是指立足本地实际和经济社会发展规划,以支农资金使用效益最大化为目标,以主导产业或重点项目为平台,在不改变资金性质和资金用途的前提下,把投向相近或目标一致、但来源不同的各项支农资金统筹安排,集中使用。

10 社会保障财政财务

SOCIAL SECURITY FINANCE

简要说明

本节主要内容及相关说明

社会保障财政财务主要内容包括社会保障科职能、执行的政策依据、财政数据和财政名词解释等。

社会保障科成立于1995年，承担人力资源和社会保障、民政、卫生、残联、药监、红十字会部门预算管理有关工作；参与相关部门行业发展规划,研究提出相关财政政策和制度；会同有关方面管理市级财政社会保障、再就业资金及医疗卫生等支出，对专项资金追踪问效，监督项目实施中的资金管理使用和配套到位情况；会同有关方面拟定社会保障资金（社会保障基金）财务管理制度；承担社会保险基金财政监管工作；参与编制市级社会保障预决算草案。审核全市社会保障基金预决算草案。

执行的政策依据：《关于深化企业职工养老保险制度改革的通知》、《山西省企业职工基本养老保险省级统筹基金预算管理办法（试行）》、《社会保险基金财务制度》、《新型农村社会养老保险基金财务管理暂行办法》、《失业保险条例》、《关于建立城镇职工基本医疗保险制度的决定》、《关于建立新型农村合作医疗制度的意见》、《关于建立城市医疗救助制度试点工作意见》、《关于建立农村医疗救助制度的实施意见》等。

本节数据来源：《晋城市财政总决算报表》、《晋城市社会保险基金决算报表》、业务主管部门提供的相关数据资料、2012年相关文件规定。

表 10-1

晋城市社保支出总表(1985-2012年)

单位:万元

年份 \ 项目	合计	社会保障和就业支出	医疗卫生支出	社会保险基金支出
1985	1658	810	848	
1986	1853	914	939	
1987	2481	1141	1035	305
1988	3681	1211	1185	1285
1989	4403	1354	1528	1521
1990	5134	1328	1658	2148
1991	6213	1520	1715	2978
1992	6065	1477	1936	2652
1993	6007	1542	2163	2302
1994	7829	1899	2768	3162
1995	10046	2196	3241	4609
1996	11546	2772	3767	5007
1997	14858	3905	4588	6365
1998	22294	8390	5247	8657
1999	26908	10797	5897	10214
2000	30257	13478	5507	11272
2001	38337	19907	6329	12101
2002	51629	28625	7139	15865
2003	62023	29818	10231	21974
2004	72641	33955	12319	26367
2005	92567	43443	14666	34458
2006	170031	62921	57743	49367
2007	204296	106106	30357	67833
2008	224449	88754	41944	93751
2009	282860	109884	54821	118155
2010	335884	112844	63657	159383
2011	436415	134345	94502	207568
2012	552051	163712	113923	274416
合计	2684416	989048	551653	1143715

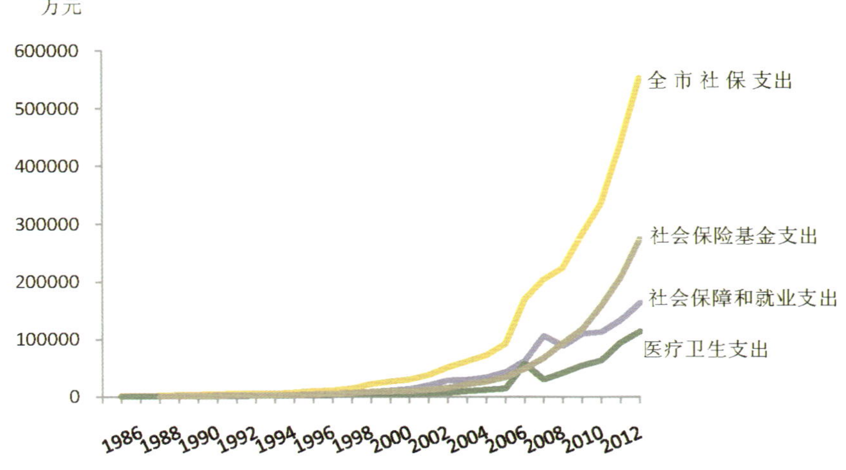

晋城市社保支出情况图(1985-2012年)

表 10-2

晋城市社保支出占财政支出比重表（1985-2012 年）

项目 年份	公共财政支出（万元）	社保总支出占比（%）	社会保障和就业支出占比（%）	医疗卫生支出占比（%）	社保基金支出占比（%）
1985	12764	12.99	6.35	6.64	
1986	15189	12.20	6.02	6.18	
1987	13933	17.81	8.19	7.43	2.19
1988	17248	21.34	7.02	6.87	7.45
1989	21975	20.04	6.16	6.95	6.92
1990	23924	21.46	5.55	6.93	8.98
1991	25385	24.48	5.99	6.76	11.73
1992	27252	22.26	5.42	7.10	9.73
1993	32562	18.45	4.74	6.64	7.07
1994	41608	18.82	4.56	6.65	7.60
1995	53141	18.90	4.13	6.10	8.67
1996	63945	18.06	4.33	5.89	7.83
1997	75747	19.62	5.16	6.06	8.40
1998	83012	26.86	10.11	6.32	10.43
1999	90456	29.75	11.94	6.52	11.29
2000	99029	30.55	13.61	5.56	11.38
2001	124602	30.77	15.98	5.08	9.71
2002	153174	33.71	18.69	4.66	10.36
2003	192517	32.22	15.49	5.31	11.41
2004	245342	29.61	13.84	5.02	10.75
2005	313156	29.56	13.87	4.68	11.00
2006	392581	43.31	16.03	14.71	12.57
2007	540495	37.80	19.63	5.62	12.55
2008	632928	35.46	14.02	6.63	14.81
2009	764892	36.98	14.37	7.17	15.45
2010	895069	37.53	12.61	7.11	17.81
2011	1132373	38.54	11.86	8.35	18.33
2012	1296886	42.57	12.62	8.78	21.16
合计	7381185	36.37	13.40	7.47	15.50

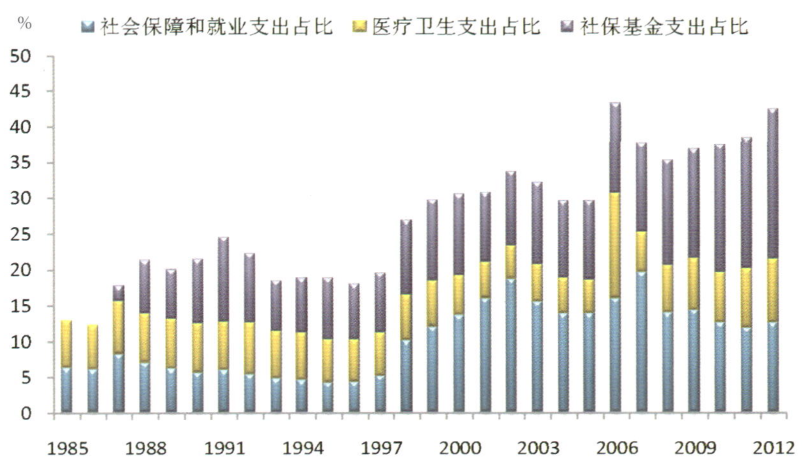

晋城市社保支出占财政支出比重图(1985-2012年)

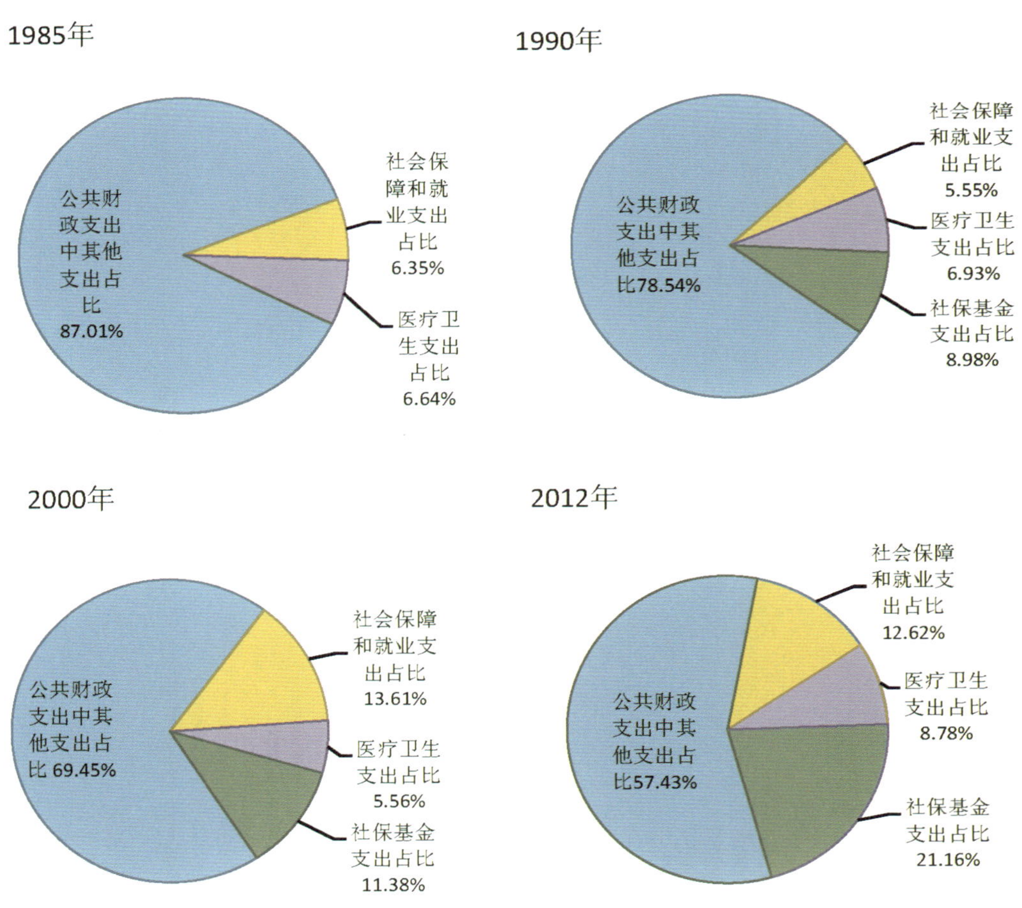

晋城市社保支出占财政支出比重图

表10-3

晋城市社保支出占GDP比重情况表(1985-2012年)

年份＼项目	GDP（万元）	社保总支出占比（%）	社会保障和就业支出占比（%）	医疗卫生支出占比（%）	社保基金支出占比（%）
1985	137621	1.20	0.59	0.62	
1986	154993	1.20	0.59	0.61	
1987	167473	1.48	0.68	0.62	0.18
1988	195179	1.89	0.62	0.61	0.66
1989	235786	1.87	0.57	0.65	0.65
1990	269458	1.91	0.49	0.62	0.80
1991	294188	2.11	0.52	0.58	1.01
1992	377739	1.61	0.39	0.51	0.70
1993	541304	1.11	0.28	0.40	0.43
1994	651540	1.20	0.29	0.42	0.49
1995	830580	1.21	0.26	0.39	0.55
1996	1007967	1.15	0.28	0.37	0.50
1997	1111052	1.34	0.35	0.41	0.57
1998	1245693	1.79	0.67	0.42	0.69
1999	1336030	2.01	0.81	0.44	0.76
2000	1462174	2.07	0.92	0.38	0.77
2001	1618444	2.37	1.23	0.39	0.75
2002	1804226	2.86	1.59	0.40	0.88
2003	2125995	2.92	1.40	0.48	1.03
2004	2683377	2.71	1.27	0.46	0.98
2005	3201537	2.89	1.36	0.46	1.08
2006	3740999	4.55	1.68	1.54	1.32
2007	4398210	4.64	2.41	0.69	1.54
2008	5632450	3.98	1.58	0.74	1.66
2009	6060499	4.67	1.81	0.90	1.95
2010	7305428	4.60	1.54	0.87	2.18
2011	8950162	4.88	1.50	1.06	2.32
2012	10116454	5.46	1.62	1.13	2.71

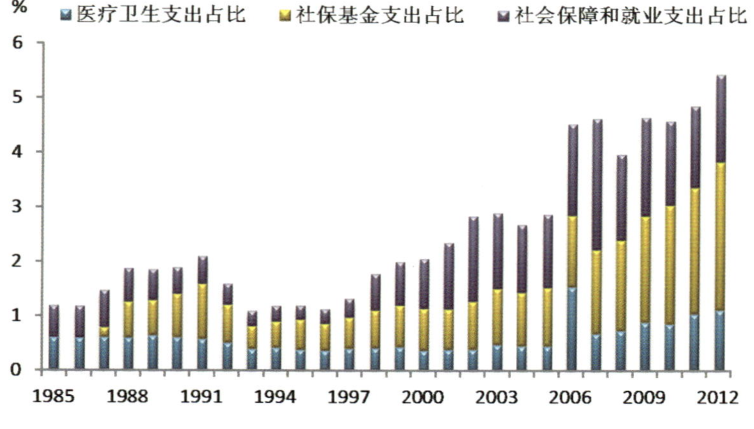

晋城市社保支出占GDP比重图（1985-2012年）

表 10-4

晋城市城乡居民最低生活保障资金情况统计表（1998-2012 年）

年份	城市居民最低生活保障			农村居民最低生活保障		
	本年收入（万元）	本年支出（万元）	城市居民最低生活保障人数	本年收入（万元）	本年支出（万元）	农村居民最低生活保障人数
1998	11					
1999	4					
2000	52	48	845			
2001	442	320	8469			
2002	1295	1338	25697	588	371	18970
2003	1660	1757	28210	441	441	23952
2004	2570	2194	32780	835	997	42795
2005	2870	2393	30890	1156	1156	44011
2006	3465	3001	31628	1463	1282	48101
2007	3613	3706	31919	2418	2284	56554
2008	5860	5628	33193	3857	3433	63920
2009	8131	5815	31888	7176	5635	77339
2010	8342	6358	31244	7305	7003	79095
2011	10503	12569	31497	12518	12369	79871
2012	10037	10819	28763	14024	13578	79880
合计	58855	55946	347023	51781	48549	614488

表 10-5

晋城市社会保险收入明细表（1987-2012 年）

单位：万元

项目 / 年份	小计	基本养老保险基金收入	失业保险基金收入	基本医疗保险基金收入	工伤保险基金收入	生育保险基金收入	新型农村合作医疗基金收入	城镇居民基本医疗保险基金收入	新型农村社会养老保险基金收入	机关事业单位养老保险基金收入	城镇居民社会养老保险基金收入
1987	482	394	88								
1988	1599	1518	81								
1989	1817	1721	96								
1990	2694	2570	124								
1991	3430	3276	154								
1992	2919	2768	151								
1993	2627	2451	176								
1994	3522	3281	227		8	6					
1995	5198	4601	413		15	6				163	
1996	6920	5363	697		125	47				688	
1997	8160	6332	674		173	70				911	
1998	9903	6703	1487	550	137	59				967	
1999	12718	9145	1214	587	189	76				1507	
2000	14821	9932	1799	471	140	75				2404	
2001	17154	11813	1438	1143	70	86				2604	
2002	24816	15817	2099	3437	206	97				3160	
2003	32843	16480	2590	6342	370	160	667			6234	
2004	43402	20982	2647	8200	1150	210	1300			8913	
2005	61746	33618	3459	11482	2289	271	628			9999	
2006	95276	55815	3672	14588	3373	425	5780			11623	
2007	131286	74173	5256	22269	4176	763	8091			16558	
2008	173611	95387	10237	26318	5829	1089	15354			19397	
2009	230766	125008	10357	31115	6378	1107	15910	2614	14057	24220	
2010	308909	175651	12972	37557	6605	1463	23267	3918	17802	29674	
2011	380412	191711	18966	55287	9760	3391	35457	5720	27957	30560	1603
2012	483432	232332	28650	75082	14875	5129	45197	7443	37092	35292	2340
合计	2060463	1108842	109724	294428	55868	14530	151651	19695	96908	204874	3943

表10-6

晋城市社会保险支出明细表(1987-2012年)

单位:万元

年份 \ 项目	小计	基本养老保险基金支出	失业保险基金支出	基本医疗保险基金支出	工伤保险基金支出	生育保险基金支出	新型农村合作医疗基金支出	城镇居民基本医疗保险基金支出	新型农村社会养老保险基金支出	机关事业单位养老保险基金支出	城镇居民社会养老保险基金支出
1987	305	283	22								
1988	1285	1263	22								
1989	1521	1498	23								
1990	2148	2106	42								
1991	2978	2950	28								
1992	2652	2538	114								
1993	2302	2220	82								
1994	3162	3055	95		7	5					
1995	4609	4448	131		16	2				12	
1996	5007	4595	304		11	17				80	
1997	6365	5624	488		18	61				174	
1998	8657	6491	1331	427	29	58				321	
1999	10214	8534	474	632	41	69				464	
2000	11272	8817	1115	238	146	88				868	
2001	12101	9302	1031	513	44	84				1127	
2002	15865	12288	749	1248	164	76				1340	
2003	21974	13404	1278	3041	187	111	253			3700	
2004	26367	14366	1138	4599	163	98	680			5323	
2005	34458	18394	1050	6568	1214	130	830			6272	
2006	49367	24885	913	9395	1613	214	4498			7849	
2007	67833	33976	1316	12456	2336	226	6562			10961	
2008	93751	42520	3565	17264	3716	545	13043			13098	
2009	118155	50920	2482	22673	4523	825	17487	217	3427	15601	
2010	159383	68970	3402	28519	4573	1136	21338	2024	7963	21458	
2011	207568	81409	7186	37741	5501	1665	31039	3617	13392	25899	119
2012	274416	99426	13260	53507	8054	2011	45710	6578	18195	26609	1066
合计	1143715	524282	41641	198821	32356	7421	141440	12436	42977	141156	1185

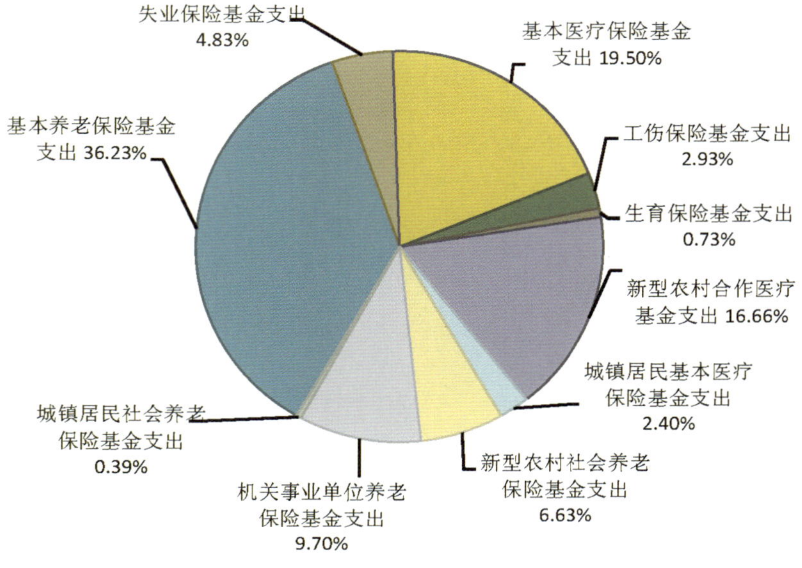

晋城市社会保险支出明细图(2012年)

表 10-7

晋城市社会保险参保人数明细表(1987-2012 年)

单位:人

项目 年份	小计	基本养老保险基金参保人数	失业保险基金参保人数	基本医疗保险基金参保人数	工伤保险基金参保人数	生育保险基金参保人数	新型农村合作医疗基金参合人数	城镇居民基本医疗保险基金参保人数	新型农村社会养老保险基金参保人数	机关事业单位养老保险基金参保人数	城镇居民社会养老保险基金参保人数
1987	159908	78506	81402								
1988	169682	81253	88429								
1989	171130	84257	86873								
1990	185593	89518	96075								
1991	200122	87122	113000								
1992	178230	61230	117000								
1993	203549	81302	122247								
1994	224175	96500	121375		2300	4000					
1995	272749	99947	114021		27200	29860				1721	
1996	352970	105680	112066		56127	56127				22970	
1997	405329	117819	109929		76434	76434				24713	
1998	408472	118980	114000	5300	75564	66466				28162	
1999	388314	112820	105000	8000	65923	65923				30648	
2000	323521	108451	104979	9000	39327	24132				37632	
2001	345632	113656	104986	25819	40730	22907				37534	
2002	482217	122912	134543	114822	35152	34971				39817	
2003	883551	129884	146824	144700	37769	37770	343306			43298	
2004	1020463	133622	152830	163875	96345	49591	379107			45093	
2005	722966	137742	171885	143571	115942	55321	52437			46068	
2006	1991282	147533	171965	169503	141170	63902	1249860			47349	
2007	2307818	154566	190686	184904	146000	81965	1499976			49721	
2008	2411622	174215	196581	202088	163706	81439	1541759			51834	
2009	3197520	181647	196663	235850	172511	132148	1542657	172565	510162	53317	
2010	3394237	193889	204566	257679	204120	155039	1548022	184060	590015	56847	
2011	3850019	223796	210700	266145	221847	193012	1535360	201620	914221	62161	21157
2012	4427934	261586	269413	374556	446477	235545	1531593	202545	1012666	60777	32776
合计	28679005	3298433	3638038	2305812	2164644	1466552	11224077	760790	3027064	739662	53933

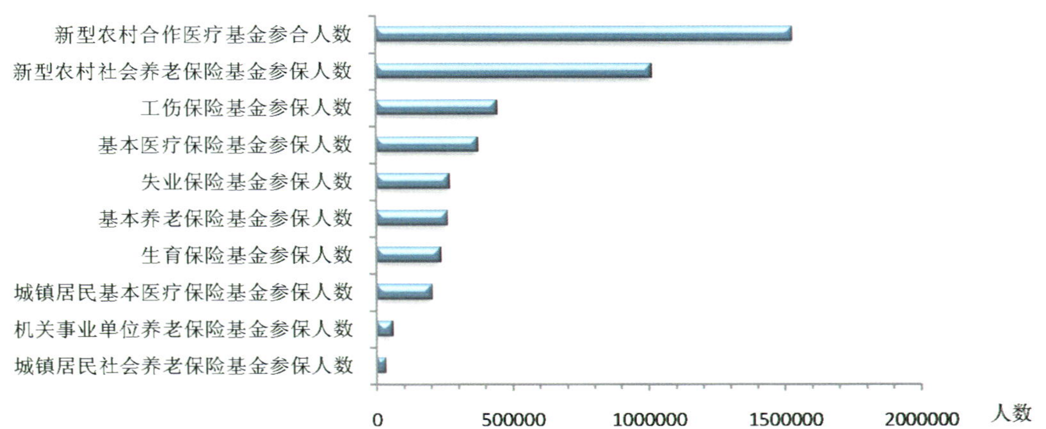

晋城市社会保险参保人数明细图(2012 年)

表10-8

晋城市医疗卫生支出明细表(1985-2012年)

单位:万元

项目/年份	小计	医疗卫生管理事务	公立医院	基层医疗卫生机构		公共卫生	医疗保障			医疗保障					中医药	食品和药品监督管理事务	其他医疗卫生支出
				城市社区卫生机构	乡镇卫生院		行政事业单位医疗	公务员医疗补助	优抚对象医疗补助	城市医疗救助	新型农村合作医疗	农村医疗救助	城镇居民基本医疗保险	其他医疗保障支出			
1985	848		162		137	310	213								26		
1986	939		181		160	293	276								29		
1987	1035		223		156	327	302								27		
1988	1185		215		180	369	360								61		
1989	1528		358		233	417	441								79		
1990	1658		426		244	449	481								58		
1991	1715		305		286	481	584								59		
1992	1936		352		321	528	666								69		
1993	2163		452		340	585	742								44		
1994	2768		548		485	811	866								58		
1995	3241		631		693	968	874								75		
1996	3767		708		740	1092	1164								63		
1997	4588		780		816	1448	1450								94		
1998	5247		881		925	1582	1768								91		
1999	5897		1130		1350	1441	1781								109	86	
2000	5507		1103		1020	1519	1726								97	42	
2001	6329		1049		1297	1750	2019								147	67	
2002	7139		1024		1533	2200	2202								112	68	
2003	10231		1571	16	1580	3763	2778				253				230	40	
2004	12319		1200	1	1780	4843	3555	2			680				203	55	
2005	14666		1480	13	2272	6145	3387			53	830	247			179	60	
2006	57743		21386	20	9892	15939	3571			142	4498	321			1895	79	
2007	30357	1944	5359	910	3531	5425	3846		486	269	6562	600		945	40	117	323
2008	41944	1988	7530	508	4131	6207	4120	51	587	565	13043	554		1108	56	83	1413
2009	54821	2411	6805	1551	3135	13009	3567	2	857	503	17487	937	217	2501	217	276	1346
2010	63657	2500	9452	617	3747	12351	4832	2	819	1228	21338	1029	2024	1142	338	1329	909
2011	94502	2791	14705	1163	5432	19002	6266	2	689	1113	31039	1404	3617	1043	35	1867	4334
2012	113923	4420	7874	830	7863	17953	7760	29	636	909	45710	1908	6578	934	17	3256	7246
合计	551653	16054	87890	5629	54279	121207	61597	88	4074	4782	141440	7000	12436	7673	4508	7425	15571

表 10-9

晋城市城乡医疗救助资金情况统计表(2004-2012 年)

单位：万元

年　份	城市医疗救助			农村医疗救助		
	本年收入	本年支出	城市医疗救助人数	本年收入	本年支出	农村医疗救助人数
2004				40		
2005	53	46	231	376	257	6243
2006	239	65	246	409	223	11991
2007	312	147	426	763	508	321944
2008	565	232	542	713	593	39383
2009	662	276	5487	1255	973	76875
2010	1410	446	27925	1148	1375	84363
2011	1224	449	20028	1532	1717	67214
2012	1046	448	19950	2058	1566	105779
合　计	5511	2109	74835	8294	7212	713792

表 10-10

晋城市各项社会保障标准表(2012 年)

项　目 ＼ 地　区	市本级	城　区	泽州县	高平市	阳城县	陵川县	沁水县
最低工资标准(人,元/月)	1125	1125	1125	1035	945	945	945
城市低保标准(人,元/月)		386	370	373	373	360	360
农村低保标准(人,元/年)		1968	1968	1808	1688	1588	1608
农村五保集中供养标准(人,元/年)		4500	4500	4500	4000	4000	4000
农村五保分散供养标准(人,元/年)		2200	2200	2100	2100	1800	2100
孤儿集中供养标准(人,元/月)	1000	1000	1000	1000	1000	1000	1000
孤儿散居供养标准(人,元/月)	600	600	600	600	600	600	600
残疾人机动车燃油补助标准(人,元/年)	260	260	260	260	260	260	260
企业养老保险缴费标准	企业缴费以职工工资总额的 20%缴纳,职工个人缴费以本人全部工资收入的 8%缴纳						
机关事业养老保险缴费标准	单位缴费以职工工资总额的 23%缴纳,职工个人按本人工资收入的 5%缴纳						
城镇居民社会养老保险缴费标准(人,元/年)		100-1000	100-1000	100-1000	100-1000	100-1000	200-1000
农村居民社会养老保险缴费标准(人,元/年)		100-1000	100-1000	200、300、400、500、1000	100-1000	100-500	200、300、400、500、1000
城镇职工基本医疗保险缴费标准	用人单位按本单位在职职工工资总额的 6%缴纳,职工个人按本人工资收入的 2%缴纳						
城镇居民基本医疗保险缴费标准(人,元/年)	财政补助标准:中央 132 元,省级 54 元,市县成年人 100 元、未成年人 20 元;个人缴纳:成年人 120 元、未成年人 20 元						
新型农村合作医疗保险缴费标准(人,元/年)	财政补助标准:中央 132 元、省级 54 元、市县 54 元、个人缴费 50 元						
工伤保险缴费标准	按照行业风险分类,确定三类行业基准费率分别为 0.5%、1%、2%,用人单位缴费基数为本单位职工工资总额与单位缴费费率之积						
失业保险缴费标准	用人单位按本单位当月职工工资总额的 2%缴纳,个人按照本人月工资的 1%缴纳						
失业保险发放标准(人,元/月)	700	700	700	640	580	580	580
生育保险缴费标准	用人单位按本单位职工工资总额的 0.8%缴纳,职工个人不缴纳生育保险费						

财政名词解释

社会保障制度 在政府管理之下，以国家为主体，依据一定的法律和规定，通过国民收入的再分配，以社会保障基金为依托，对公民在暂时或者永久性失去劳动能力以及各种原因发生困难时给予物质帮助，用以保障居民最基本的生活需要。

社会救济制度 国家通过国民收入的再分配对因自然灾害或其他经济、社会原因而无法维持最低生活水平的社会成员给予救助，以保障最低生活水平的制度。

抚恤事业 国家、社会和人民群众对革命军人、国家机关工作人员等在其牺牲、病故或因公、因战致残或生活遇到困难时，给予本人或其家属的精神抚慰和物质帮助，它包括优待和抚恤两个方面。

城镇职工基本养老保险制度 国家根据法律、法规的规定，强制建立和实施的一种社会保险制度。在这一制度下，用人单位和劳动者必须依法缴纳养老保险费，在劳动者达到国家规定的退休年龄或因其他原因而退出劳动岗位后，社会保险经办机构依法向其支付养老金等待遇，从而保障其基本生活。

新型农村(城镇居民)社会养老保险制度 以16周岁以上未满60周岁的农村(城镇非从业)居民为参保对象，通过个人缴费、集体补助、政府补贴方式等筹集资金，参保人年满60周岁起定期领取养老金的农村(城镇居民)社会养老保险制度。

城镇职工失业保险制度 国家通过立法强制实行的，由社会集中建立基金，对因失业暂时中断生活来源的劳动者提供物质帮助的制度。

城镇职工基本医疗保险制度 通过用人单位和个人缴费，建立医疗保险基金，参保人员患病就诊发生医疗费用后，由医疗保险经办机构给予一定的经济补偿，以避免或减轻劳动者因患病、治疗等所带来的经济风险的一项社会保险制度。

城镇居民基本医疗保险 具有城镇户口，不属于城镇职工基本医疗保险制度覆盖范围的学生，少年儿童和其他城镇非从业居民为参保对象，通过个人缴费和政府补助结合，重点保障参保人符合规定的住院，门诊慢性病等医疗费用的基本医疗保险制度。

新型农村合作医疗制度 政府组织、引导、支持，农民自愿参加，通过个人缴费、集体扶持和政府资助多方筹资，以大病统筹为主的农民医疗互助共济制度。

城乡医疗救助制度 通过政府拨款和社会捐助等多渠道筹资建立基金。对患大病的农村五保户、城市低保、农村低保及其他特殊困难群众，在城镇职工、城镇居民和新农合基本医疗保险报销后，个人负担仍然较重的人员给予医疗费用补助（城乡医疗救助也可以资助救助对象参加当地新型农村合作医疗和城镇居民基本医疗保险）的救助制度。

工伤保险制度 劳动者在工作中或在规定的特殊情况下，遭受意外伤害或患职业病导致暂时或永久丧失劳动能力以及死亡时，劳动者或其遗属从国家和社会获得物质帮助的一种社会保险制度。

生育保险制度 国家通过立法，在怀孕和分娩的妇女劳动者暂时中断劳动时，由国家和社会提供医疗服务、生育津贴和产假的一种社会保险制度，国家或社会对生育的职工给予必要的经济补偿和医疗保健的社会保险制度。

城市（农村）居民最低生活保障制度 持有非农业户口的城市居民（农村户口），凡共同生活的家庭成员人均收入低于当地城市（农村）居民最低生活保障标准的，均有从当地人民政府获得基本生活物质帮助的社会保障制度。

11 企业财政财务

ENTERPRISE FINANCE

简要说明

本节主要内容及相关说明

企业财政财务主要内容包括企业科职能、执行的政策依据、财政数据和财政名词解释等。

企业科承担全市企业财务管理的有关工作；拟定全市非金融类企业财务制度和财务会计报告编制办法并组织实施；承担城镇集体经济、民营经济、国有企业等管理部门的部门预算有关工作；研究企业收入分配政策和国有资本收益分配政策，承担国有资本经营预算的有关工作；研究提出支持企业改革的财政政策，负责市属国有企业改革专项资金的管理；负责市级企业亏损补贴的核拨；研究提出全市企业发展和行业促进的财政支持政策；研究提出民营企业组织专项财政扶持政策，并管理有关资金；参与制定全市产业政策；审核分管部门和单位的年度财务决算。

执行的政策依据有：《财政部、商务部、工业和信息化部关于全国推广家电下乡工作的通知》、《财政部、商务部等部门关于印发〈家电下乡操作细则〉的通知》、《晋城市人民政府办公厅转发市国资委等部门关于市属国有企业改革配套文件的通知》、《晋城市扶持民营企业发展专项资金使用管理办法》、《财政部、国家体改委、国家经贸委关于下发〈全民所有制企业政策性亏损定额补贴管理办法〉的通知》、《晋城市猪肉、食糖储备管理办法》及《晋城市生活必需品市场供应应急预案》等。

本节数据来源：家电下乡网络信息系统及实际统计情况。

表 11-1

晋城市家电下乡补贴情况表（2009-2012 年）

年份	销售量				补贴数据				补贴兑付率Ⅰ（补贴数量/补贴用户购买量）（%）	补贴兑付率Ⅱ（补贴数量/已经申报补贴量）（%）
	全部销售量		补贴用户购买		已申报补贴量（台）	已申报补贴金额（万元）	全部已补贴数量（台）	全部已补贴金额（万元）		
	销售量（台）	销售金额（万元）	销售量（台）	销售金额（万元）						
2009	37485	7948	35578	7465.54	31505	862.91	30291	827.43	85.14	96.15
2010	122351	30405.73	120325	29765.63	119681	3554.67	120620	3579.71	100.25	100.78
2011	173882	46922.27	173084	46674.08	176494	5606.75	176769	5617.19	102.13	100.16
2012	238251	66188	238139	66141.7	243187	8170.25	240988	8097.29	101.2	99.10
合计	571969	151464	567126	150046.95	570867	18194.58	568668	18121.62	100.27	99.61

注：根据财政部、商务部、工业和信息化部《关于全国推广家电下乡工作的通知》（财建〔2008〕862 号）和《家电下乡操作细则》，晋城市于 2009 年开展家电下乡工作。

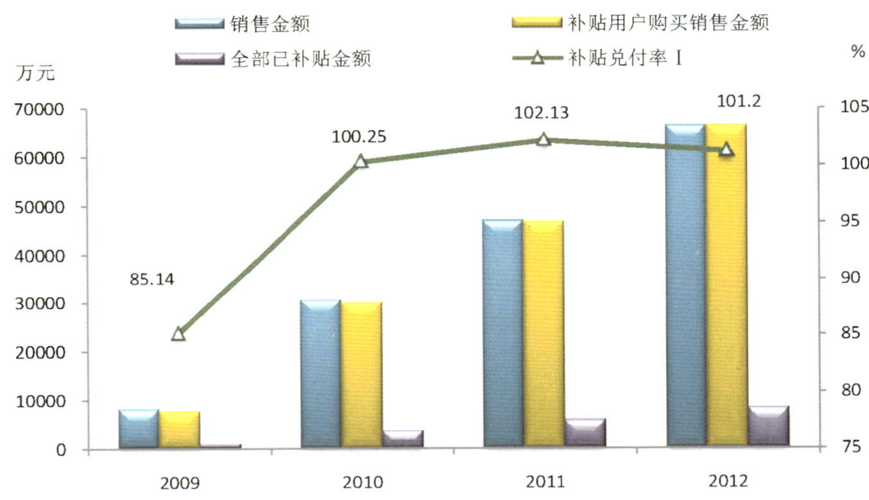

晋城市家电下乡补贴情况图（2009-2012 年）

表 11-2

晋城市国有企业改革专项资金情况表（2007-2012 年）

年份	拨付资金（万元）	涉及企业户数（个）	涉及职工人数（人次）
2007	28682.45	10	6273
2008	13724.68	19	2405
2009	4997.31	7	1118
2010	4443.55	5	841
2011	358	2	298
2012	380.94	2	369
合计	52586.93	18	11304

注：1.根据晋城市政府办公厅《转发市国资委等部门关于市属国有企业改革配套文件的通知》（晋市政办发〔2006〕115 号、116 号）设立国有企业改革专项资金；

2.由于企业改革实施时间较长，表中涉及企业户数合计数为不重复合计数。

表 11-3

晋城市农村便民店全覆盖工程情况表(2005-2012年)

年　份	合　计		万村千乡市场工程		新农村现代流通网络工程	
	补贴金额（万元）	建店数（个）	补贴金额（万元）	建店数（个）	补贴金额（万元）	建店数（个）
2005		253		253		
2006	27.1	289	27.1	271		18
2007	29.1	357	29.1	291		66
2008	27.2	315	27.2	272		43
2009	30	401	30	300		101
2010	20	250	20	200		50
2011	132.5	349	104.7	349	27.8	
2012	55.8	186	55.8	186		
合　计	321.7	2400	293.9	2122	27.8	278

注：1.万村千乡市场工程由商务部2005年2月开始启动，工程的主要内容是，通过安排财政资金，以补助或贴息的方式，引导城市连锁店和超市等流通企业向农村延伸发展“农家店”；

2.新农村现代流通网络工程是由全国供销合作总社实施的，其中一项重要的工作任务是发展以县、乡为重点的连锁超市和农家店网点；

3.全省农村便民连锁商店建设“两年全覆盖”工程，由山西省供销社牵头，山西省商务厅配合实施，在适宜建店而未建店的乡、村建设农村便民连锁商店，旨在解决全省农民群众生产、生活消费中出现的“不经济、不安全、不方便”的民生问题。

表 11-4

晋城市重要商品储备补贴情况表(2007-2012年)

年　份	补贴资金（万元）	重要商品储备品种		
		食糖（吨）	猪肉活体储备（万吨）	蔬菜（万斤）
2007	110	600	500	
2008	110	600	500	
2009	110	600	500	
2010	180	600	500	350
2011	160	600	500	350
2012	165	600	500	350
合　计	835	3600	3000	1050

注：根据《晋城市猪肉、食糖储备管理办法》和《晋城市生活必需品市场供应应急预案》安排的专项储备资金。

表 11-5

晋城市公用事业企业政策性亏损补贴情况表(1990-2011 年)

年　份	补贴企业户数（个）	当期账面亏损额		政策性亏损补贴金额	
		当期亏损额（万元）	增长率（%）	当年补贴额（万元）	增长率（%）
1990	1	10.75		4.95	
1991	1	33.33	210.05	35	607.07
1992	1	58.08	74.26	65	85.71
1993	3	394.63	579.46	282	333.85
1994	3	346.79	-12.12	312	10.64
1995	3	347.13	0.10	410	31.41
1996	3	664.25	91.35	584	42.44
1997	5	676.65	1.87	634	8.56
1998	5	871.18	28.75	965	52.21
1999	5	1097.84	26.02	873	-9.53
2000	5	1846.67	68.21	1320	51.20
2001	5	2389.6	29.40	1238	-6.21
2002	5	2030.51	-15.03	885	-28.51
2003	5	2699.46	32.94	1163	31.41
2004	5	2911.6	7.86	1490	28.12
2005	5	4091.57	40.53	2475	66.11
2006	5	4164.58	1.78	3419	38.14
2007	7	4359.78	4.69	2827	-17.32
2008	8	10605.3	143.25	4250	50.34
2009	8	9666.3	-8.85	5432	27.81
2010	7	9979.05	3.24	7903	45.49
2011	8	12375.19	24.01	8592.51	8.72
合计	103	71620.24		45159.46	

注：根据《全民所有制企业政策性亏损定额补贴管理办法》（〔1994〕财商字第 143 号）对晋城市公用事业企业政策性亏损补贴给予合理弥补。

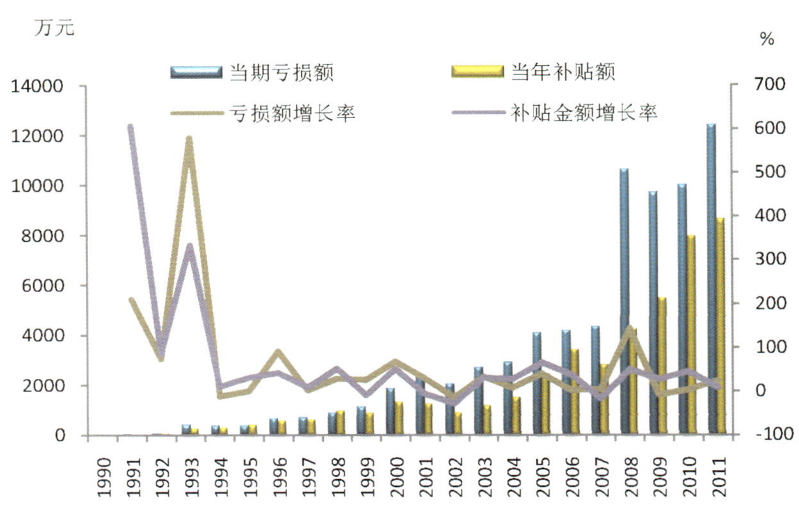

晋城市公用事业企业政策性亏损补贴情况图(1990-2011 年)

财政名词解释

国有资本经营预算 是指政府以所有者身份依法取得的资本收益，并对所得收益进行分配而发生的各项收支预算，是政府预算的重要组成部分。

家电下乡补贴政策 是指对农民购买纳入补贴范围的家电产品给予一定比例（13%或定额）的财政补贴，是一项激活农民购买能力，扩大农村消费，促进内需和外需协调发展的惠农政策。

家电以旧换新补贴政策 是指在实施家电以旧换新省份登记注册的法人或具有本省户口的个人将废弃旧家电交售到中标回收企业，并到中标销售企业购买新家电的，可以享受家电销售价格10%或定额的财政补贴的政策。

大中型水库移民后期扶持政策 为妥善解决水库移民生产生活困难，促进库区和移民安置区经济社会可持续发展，维护农村社会稳定，经国务院批准，自2006年7月1日起，对全国大中型水库农村移民实行统一的后期扶持政策，即不分水利水电工程移民、新老水库移民、中央水库和地方水库移民，均按照每人每年600元的标准，连续扶持20年。所需资金由中央财政通过电力加价统一筹集，分省安排使用。

政策性亏损补贴 是指企业为实现政府规定的社会公益目标或生产经营专项、特种商品，由于国家限价原因而产生的亏损由财政部门审核后给予合理弥补的补贴资金。

农村便民连锁商店全覆盖 山西省委、省政府确定的“五个全覆盖”之一，其中全省农村便民连锁商店建设“两年全覆盖”工程，由省供销社牵头，省商务厅配合实施，在全省未建店农村，建设便民连锁商店，旨在解决全省农民群众生产、生活消费中出现的“不经济、不安全、不方便”的民生问题。

12 行政事业资产财政财务

ADMINISTRATIVE ASSET FINANCE

简要说明

本节主要内容及相关说明

行政事业资产财政财务主要内容包括资产管理科职能、执行的政策依据、财政数据和财政名词解释释等。

资产管理科主要负责全市行政事业单位国有资产的监督与管理，包括拟订全市行政事业单位国有资产及其收益管理的规章制度，并组织实施和监督检查；拟订全市行政事业单位国有资产绩效评价管理办法，对行政事业单位国有资产实行绩效管理，并组织开展市级行政事业单位国有资产绩效评价工作；负责监督和管理市级行政事业单位国有资产，建立行政事业单位国有资产配置、整合、调剂、共享、共用机制，推进有条件的事业单位实现国有资产的市场化、社会化；会同有关科室拟订市级行政事业单位国有资产配置办法，审核市级行政事业单位年度资产购置计划，会同部门预算科对资产配置事项进行审批；负责审批市级行政事业单位国有资产处置事项；负责审批市级行政事业单位国有资产出租、出借事项；负责审批市级事业单位利用国有资产对外投资、出租、出借和担保等事项；负责事业单位脱钩改制中国有资产的清产核资、资产评估、产权界定、改制方案审批等监督管理事项；负责对市级行政事业单位国有资产收益实施监督和管理，包括投资收益、处置收益、国有资产有偿使用收益等；负责审批市级行政事业单位国有资产产权变动事项；负责组织市级行政事业单位国有资产产权登记、产权界定、产权纠纷调处及资产评估、资产统计报告、资产管理信息化建设等；负责市级行政事业单位公务用车编制的核定工作；指导全市行政事业单位清产核资工作，组织开展市级行政事业单位清产核资；指导县（市、区）财政部门的行政事业单位资产管理工作。

执行的政策依据有：《行政单位国有资产管理暂行办法》、《事业单位国有资产管理暂行办法》、《晋城市临时机构资产管理暂行办法》、《晋城市行政事业单位国有资产管理办法》、《晋城市行政事业单位国有资产处置管理暂行办法》、《明确晋城市市级行政事业单位固定资产使用年限规定的通知》、《市级行政事业单位国有资产出租出借管理暂行办法》、《晋城市市级党政机关公务用车编制核定办法》、《晋城市人民政府关于进一步规范和加强政府机关软件资产管理的通知》等。

本节数据来源：实际统计情况。

表 12-1

晋城市资产、国有资产、固定资产总额及变动情况表(2007-2012年)

年份	户数(户)	资产总额				国有资产总额				固定资产总额			
		年初(万元)	年末(万元)	净增加(万元)	增长率(%)	年初(万元)	年末(万元)	净增加(万元)	增长率(%)	年初(万元)	年末(万元)	净增加(万元)	增长率(%)
2007	1100	515264	598459	83195	16.14	372621	449285	76664	20.57	311438	380023	68585	22.02
2008	1099	595243	694423	99180	16.66	465527	545725	80198	17.23	376158	414522	38364	10.19
2009	1366	726538	842856	116318	16.01	562247	660627	98380	17.49	428681	479131	50450	11.77
2010	1347	865156	988716	123560	14.28	669583	745081	75498	11.28	501509	560744	59235	11.81
2011	1388	1075994	1206085	130091	12.09	767529	901015	133486	17.39	579853	645321	65468	11.29
2012	1415	1206085	1322472	116387	9.65	886865	1019493	132628	14.96	661282	727991	66709	10.09

注:1.表格中本年年初与上年年末数据出现不相符的情况,是由各年统计户数差异原因导致;

2.户数变动原因是由于单位新设、合并、分立所致;其中2009年数据较上年变动较大是由于统计口径改变所致。

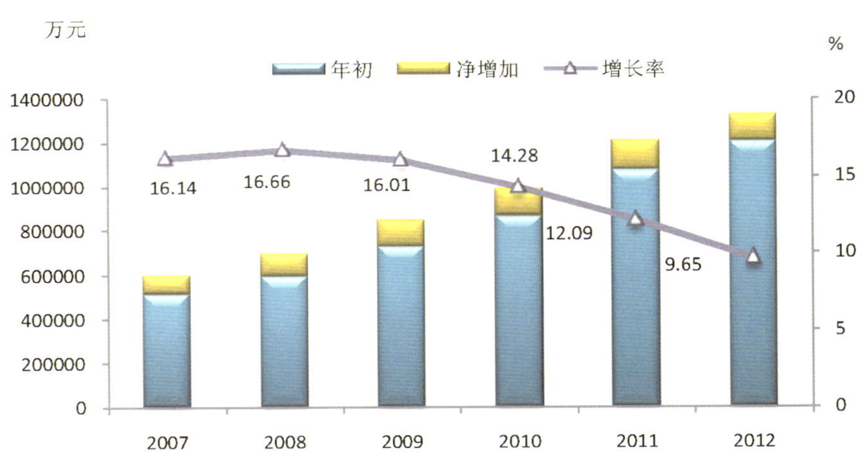

晋城市资产总额变动情况图(2007-2012年)

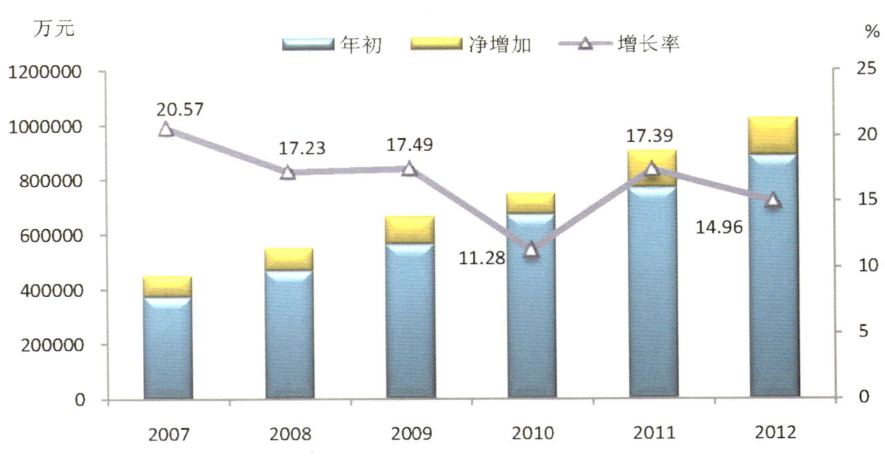

晋城市国有资产总额变动情况图(2007-2012年)

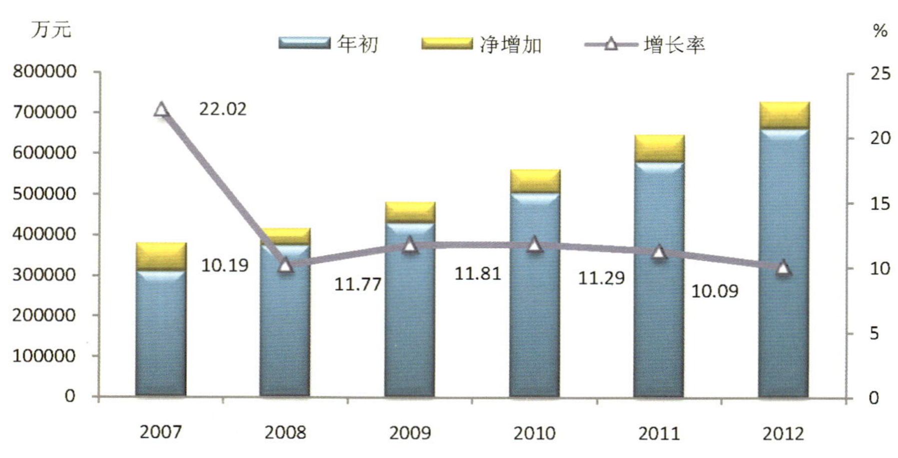

晋城市固定资产总额变动情况图(2007-2012年)

表12-2

晋城市本级资产、国有资产、固定资产总额及变动情况表(2007-2012年)

年份	户数(户)	资产总额				国有资产总额				固定资产总额			
		年初(万元)	年末(万元)	净增加(万元)	增长率(%)	年初(万元)	年末(万元)	净增加(万元)	增长率(%)	年初(万元)	年末(万元)	净增加(万元)	增长率(%)
2007	183	151859	170685	18826	12.39	127826	142199	14373	11.24	97187	107493	10306	10.6
2008	204	176855	226980	50125	28.34	156636	200513	43877	28.01	119705	151178	31473	26.29
2009	287	231736	260844	29108	12.56	214549	238563	24014	11.19	174918	195356	20438	11.68
2010	308	271835	313879	42044	15.47	249235	284217	34982	14.04	207314	236580	29266	14.12
2011	317	311870	361172	49302	15.81	290776	338115	47339	16.28	233591	275881	42290	18.11
2012	326	379595	417651	38056	10.03	347343	393133	45790	13.19	285919	314661	28742	10.16

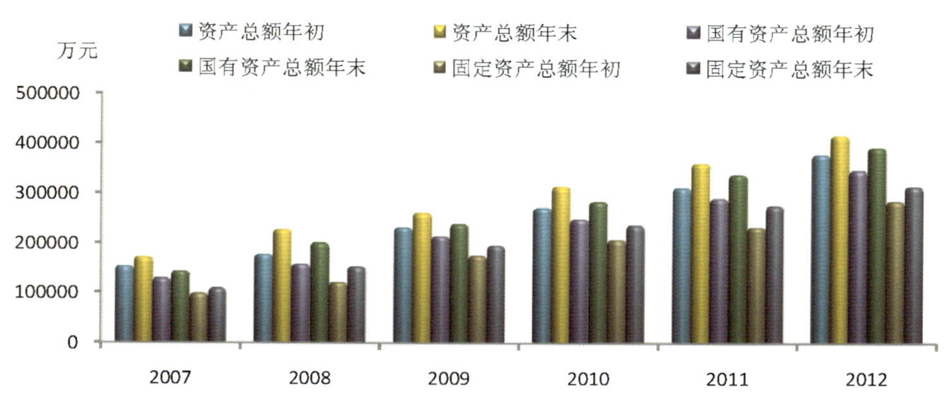

晋城市本级资产、国有资产、固定资产总额及变动情况图(2007-2012年)

表 12-3

晋城市固定资产分布情况表（2007-2012年）

类别 \ 年份	2007		2008		2009		2010		2011		2012	
	固定资产总额（万元）	占全部固定资产比重（%）	固定资产总额（万元）	占全部固定资产比重（%）	固定资产总额（万元）	占全部固定资产比重（%）	固定资产总额（万元）	占全部固定资产比重（%）	固定资产总额（万元）	占全部固定资产比重（%）	固定资产总额（万元）	占全部固定资产比重（%）
土地	8065	2.12	10024	2.42	13155	2.7	15667	2.79	15524	2.41	15902	2.18
房屋建筑物	191632	50.43	204085	49.23	226124	47.2	255837	45.62	295966	45.86	327132	44.94
通用设备	5320	1.4	6296	1.52	8381	1.7	9946	1.77	13338	2.07	14258	1.96
专用设备	48334	12.72	49463	11.93	50338	10.4	65732	11.73	78786	12.21	92922	12.76
交通运输设备	42985	11.31	49856	12.03	74625	15.6	84852	15.13	86624	13.42	93102	12.79
电气设备	3802	1	4938	1.19	6108	1.3	7127	1.27	8354	1.29	9864	1.35
电子产品及通讯设备	56431	14.85	58146	14.03	62136	13	76822	13.71	92178	14.28	110017	15.11
仪器仪表\计量标准器具	5096	1.34	6382	1.54	7928	1.7	9552	1.71	11039	1.71	14844	2.04
文艺体育设备	1120	0.29	2552	0.62	3168	0.7	3589	0.64	4851	0.75	5494	0.75
图书文物及陈列品	1960	0.52	4012	0.97	5107	1.1	5856	1.04	6825	1.06	7305	1.00
家具用具及其他类	15278	4.02	18768	4.52	22061	4.6	25764	4.59	31836	4.93	37151	5.10
合计	380023	100	414522	100	479131	100	560744	100	645321	100	727991	100.00

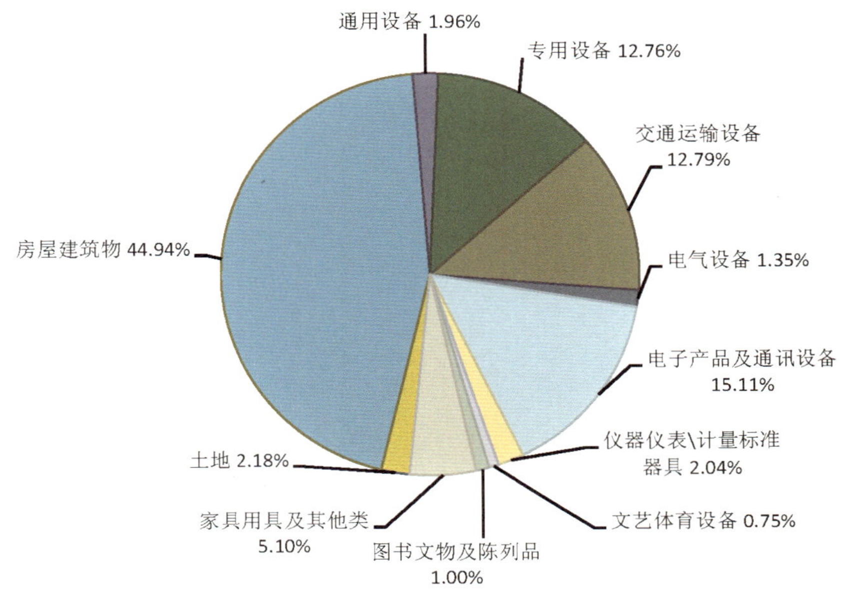

晋城市固定资产分布情况图（2012年）

财政名词解释

行政事业单位国有资产 是指由各级行政、事业单位占有、使用的，依法确认为国家所有，能以货币计量的各种经济资源的总称，即行政、事业单位的国有（公共）财产。

行政事业单位资产处置 是指行政事业单位对其占用、使用的国有资产进行产权转让及注销产权的一种行为。包括财产的调拨、变卖、报损、报废等。

行政单位国有资产 是指由各级行政单位占有、使用的，依法确认为国家所有，能以货币计量的各种经济资源的总称，即行政单位的国有（公共）财产。行政单位国有资产包括：行政单位用国家财政性资金形成的资产、国家调拨给行政单位的资产、行政单位按照国家规定组织收入形成的资产以及接受捐赠和其他经法律确认为国家所有的资产。

事业单位国有资产 是指事业单位占有、使用的，依法确认为国家所有，能以货币计量的各种经济资源的总称，即事业单位的国有（公共）财产。事业单位国有资产包括国家拨给事业单位的资产，事业单位按照国家规定运用国有资产组织收入形成的资产，以及接受捐赠和其他经法律确认为国家所有的资产，其表现形式为流动资产、固定资产、无形资产和对外投资等。各级财政部门是政府负责事业单位国有资产管理的职能部门，对事业单位的国有资产实施综合管理。

13 绩效评价

PERFORMANCE EVALUATION

简要说明

本节主要内容及相关说明

绩效评价主要内容包括绩效评价科职能、执行的政策依据、财政数据和财政名词解释等。

晋城市财政局于2012年7月23日在山西省率先成立绩效评价科，主要职能为拟订全市财政资金绩效管理政策、制度和实施办法，建立科学合理的财政资金绩效管理机制，提出年度财政绩效评价工作任务和具体实施方案；拟订财政支出绩效评价指标体系和标准体系；承担财政专项资金预算绩效目标管理工作；负责实施市级部门收支绩效评价工作。

执行的政策依据有：《中华人民共和国预算法》、财政部《财政支出绩效评价管理暂行办法》、《晋城市财政支出绩效评价管理办法》、《晋城市市级项目支出绩效目标管理办法》等。

表 13-1

项目支出绩效评价指标体系

<table>
<tr><th>指标分类</th><th>分 值</th><th>指标性质</th><th>分 值</th><th>一级指标</th><th>二级指标</th><th>分 值</th><th>三级指标</th><th>分 值</th></tr>
<tr><td rowspan="34">定量指标</td><td rowspan="34">70</td><td rowspan="26">共性指标</td><td rowspan="26">40</td><td rowspan="11">业务指标</td><td rowspan="4">目标设定情况</td><td rowspan="4">4</td><td>依据的充分性</td><td>1</td></tr>
<tr><td>目标的明确度</td><td>1</td></tr>
<tr><td>目标的合理性</td><td>1</td></tr>
<tr><td>完成的可能性</td><td>1</td></tr>
<tr><td rowspan="4">目标完成情况</td><td rowspan="4">5</td><td>目标完成率</td><td>1</td></tr>
<tr><td>目标完成质量</td><td>1</td></tr>
<tr><td>完成的及时性</td><td>1</td></tr>
<tr><td>验收的有效性</td><td>2</td></tr>
<tr><td rowspan="3">组织管理情况</td><td rowspan="3">4</td><td>管理制度保障</td><td>2</td></tr>
<tr><td>支撑条件保障</td><td>1</td></tr>
<tr><td>质量管理水平</td><td>2</td></tr>
<tr><td rowspan="15">财务指标</td><td rowspan="4">资金落实情况</td><td rowspan="4">4</td><td>资金到位率</td><td>1</td></tr>
<tr><td>配套资金到位率</td><td>1</td></tr>
<tr><td>资金到位及时性</td><td>1</td></tr>
<tr><td>财政投入乘数</td><td>1</td></tr>
<tr><td rowspan="3">实际支出情况</td><td rowspan="3">10</td><td>资金使用率</td><td>4</td></tr>
<tr><td>支出的相符性</td><td>3</td></tr>
<tr><td>支出的合规性</td><td>3</td></tr>
<tr><td rowspan="3">会计信息质量</td><td rowspan="3">7</td><td>信息的真实性</td><td>3</td></tr>
<tr><td>信息的完整性</td><td>2</td></tr>
<tr><td>信息的及时性</td><td>2</td></tr>
<tr><td rowspan="2">财务状况</td><td rowspan="2">3</td><td>制度的健全性</td><td>2</td></tr>
<tr><td>管理的有效性</td><td>1</td></tr>
<tr><td rowspan="3">资产配置与使用</td><td rowspan="3">3</td><td>制度的健全性</td><td>1</td></tr>
<tr><td>制度的有效性</td><td>1</td></tr>
<tr><td>固定资产利用率</td><td>1</td></tr>
<tr><td rowspan="8">个性指标</td><td rowspan="8">30</td><td colspan="2">经济建设支出</td><td>30</td><td rowspan="8">根据各类项目情况，对照指标体系选用本项目指标，具体确定各项指标分值。</td><td></td></tr>
<tr><td colspan="2">支农支出</td><td></td><td></td></tr>
<tr><td colspan="2">教育支出</td><td></td><td></td></tr>
<tr><td colspan="2">科技支出</td><td></td><td></td></tr>
<tr><td colspan="2">社会保障支出</td><td></td><td></td></tr>
<tr><td colspan="2">卫生支出</td><td></td><td></td></tr>
<tr><td colspan="2">政府采购支出</td><td></td><td></td></tr>
<tr><td colspan="2">政府运转支出</td><td></td><td></td></tr>
<tr><td rowspan="6">定性指标</td><td rowspan="6">30</td><td colspan="4">支出项目预定目标规划、执行情况</td><td>6</td><td></td><td></td></tr>
<tr><td colspan="4">项目单位管理人员素质</td><td>4</td><td></td><td></td></tr>
<tr><td colspan="4">支出项目的管理水平</td><td>5</td><td></td><td></td></tr>
<tr><td colspan="4">项目发展创新能力与战略</td><td>5</td><td></td><td></td></tr>
<tr><td colspan="4">服务环境与服务满意度</td><td>5</td><td></td><td></td></tr>
<tr><td colspan="4">综合社会贡献</td><td>5</td><td></td><td></td></tr>
<tr><td>总 分</td><td>100</td><td colspan="4"></td><td>100</td><td></td><td></td></tr>
</table>

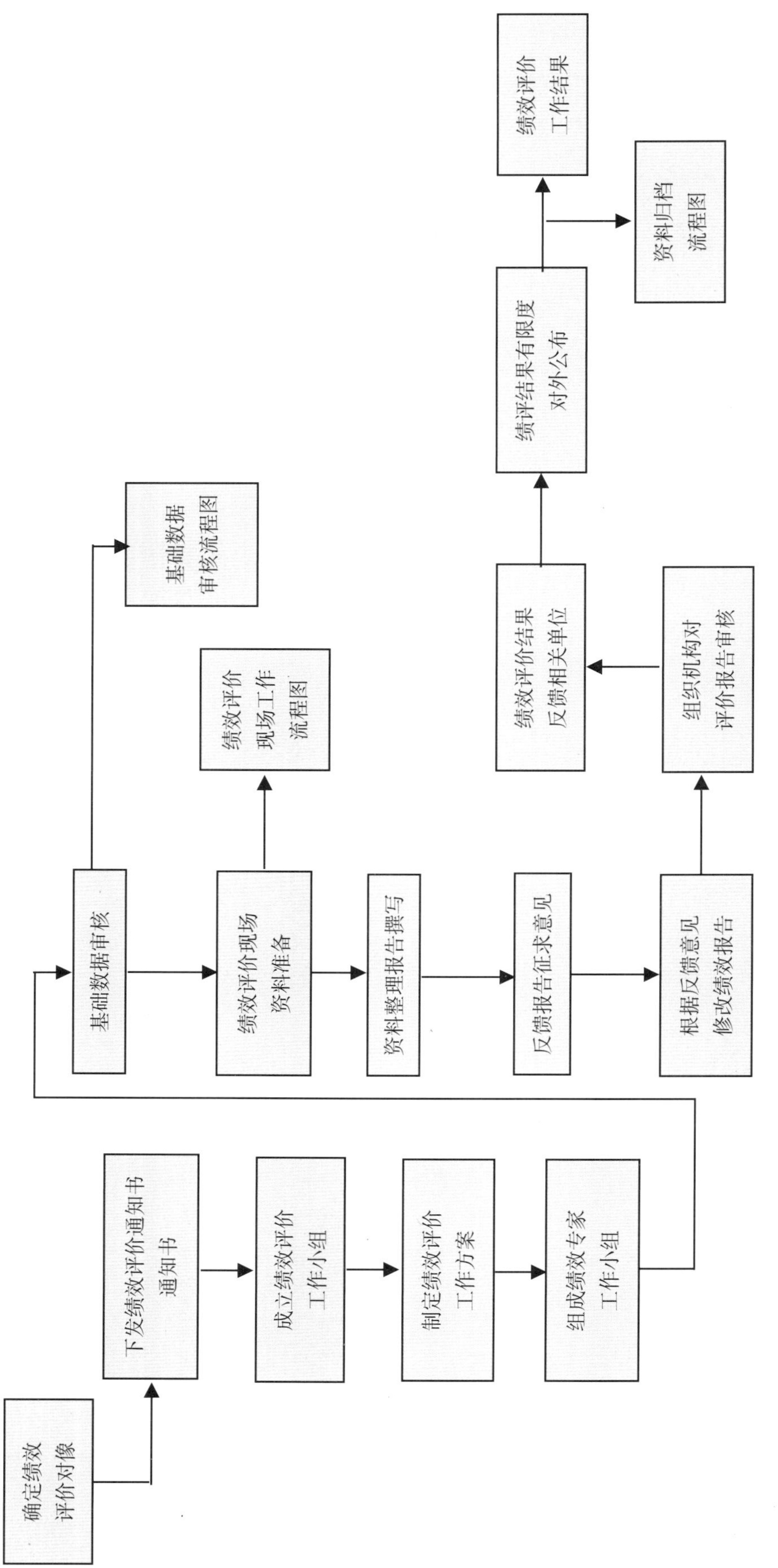

绩效评价工作流程图（2012年）

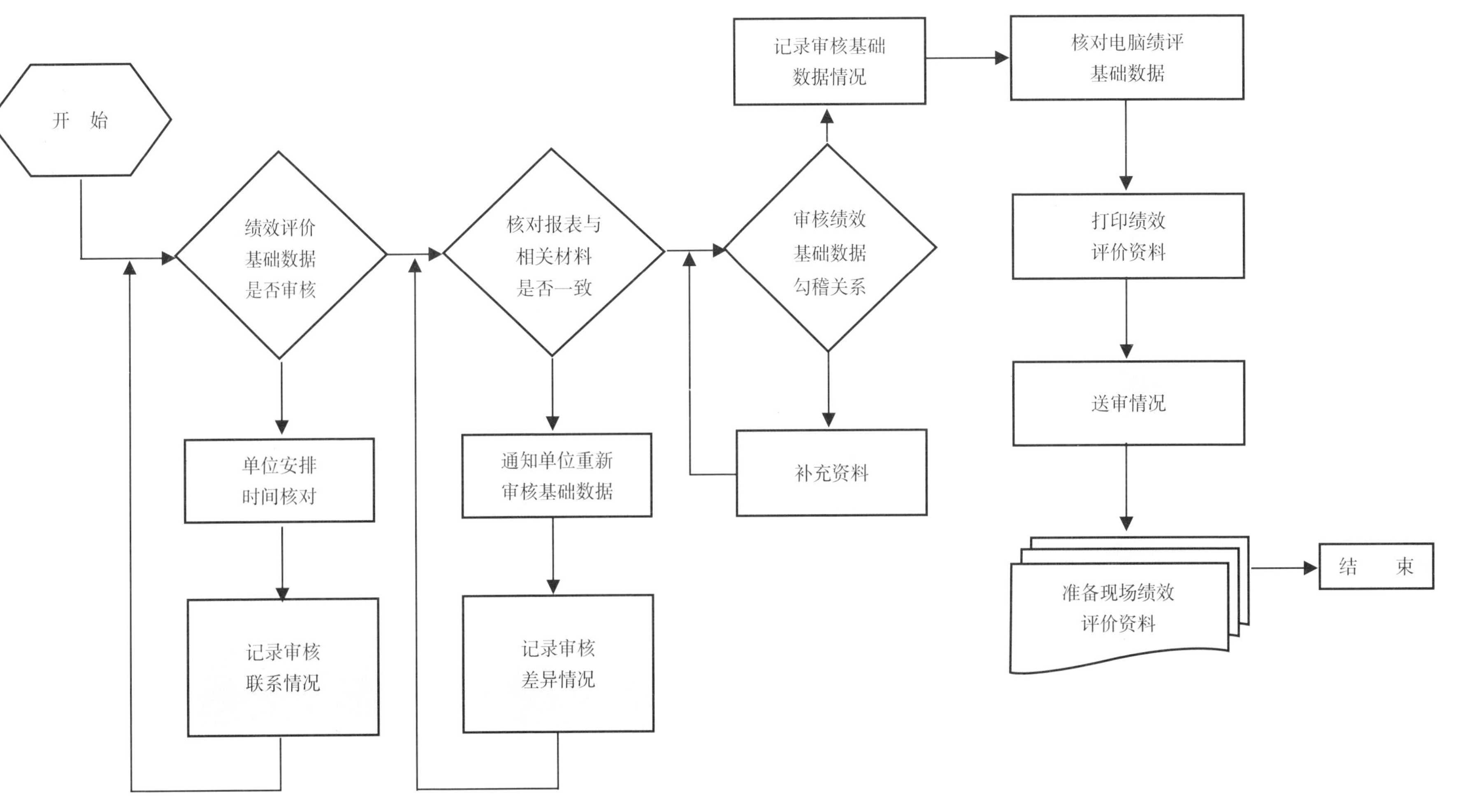

绩效评价基础数据审核工作流程图（2012年）

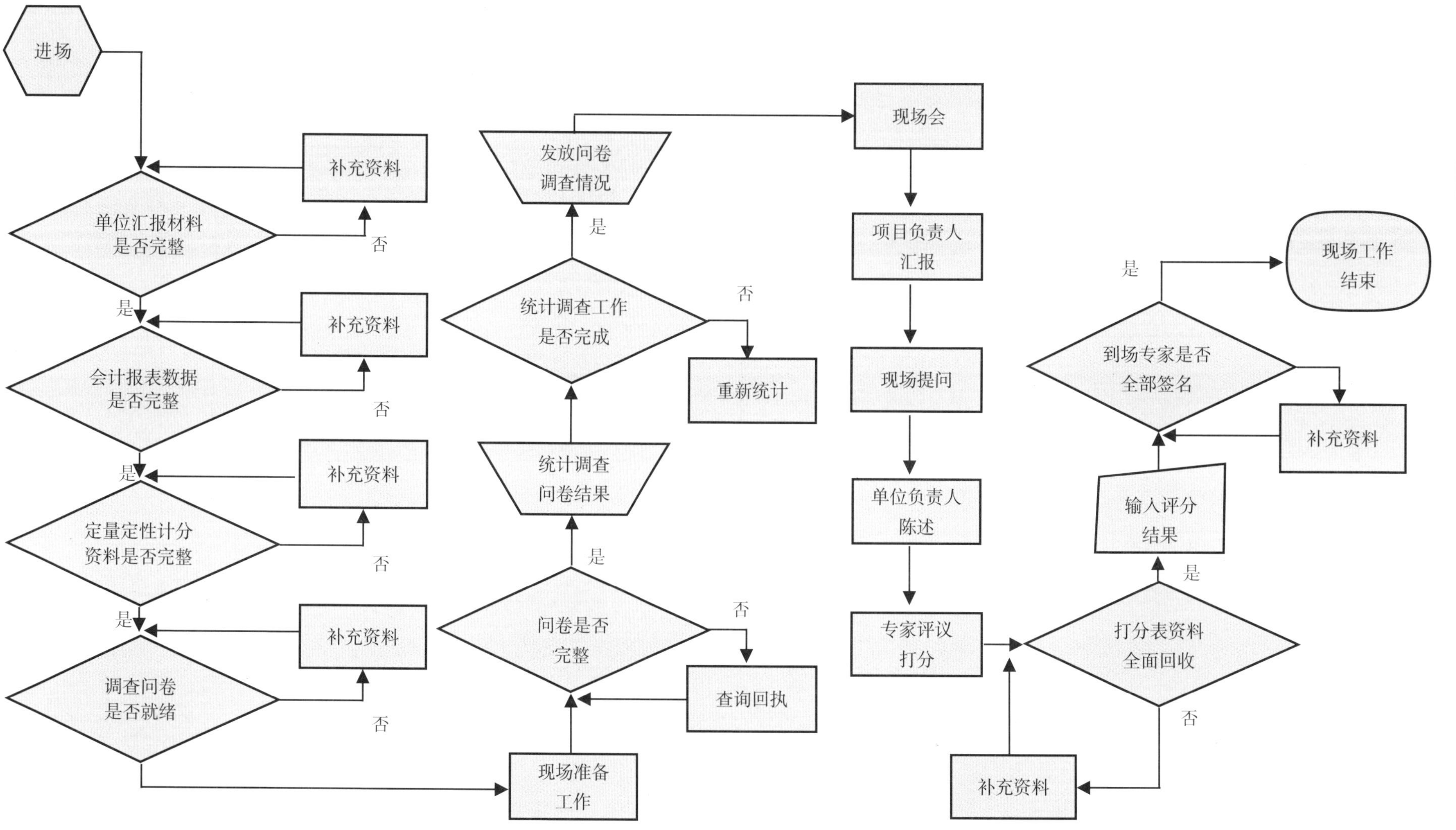

绩效评价现场工作流程图（2012年）

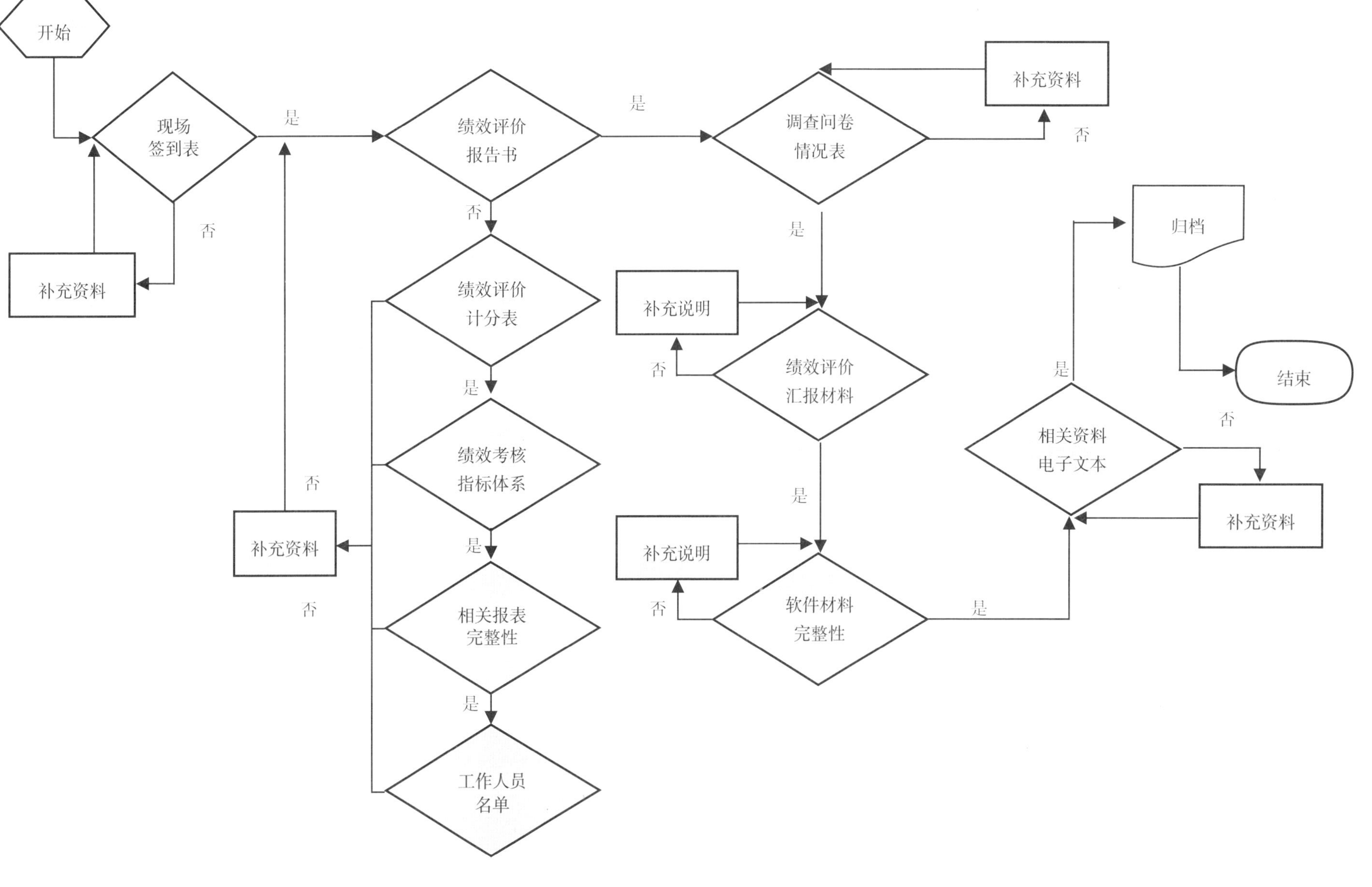

绩效评价资料归档流程图(2012年)

财政名词解释

预算绩效管理 是一种以支出结果为导向的预算管理模式。是利用预算绩效信息设定统一的绩效目标，进行财政资源配置与优先顺序的安排，以帮助管理者维持或改变既定目标计划、并且报告其结果与目标符合程度的过程。

预算绩效管理内容 是一个由绩效目标管理、绩效运行跟踪监控管理、绩效评价实施管理、绩效评价结果反馈和应用管理共同组成的综合系统。推进预算绩效管理，要将绩效理念融入预算管理全过程，使之与预算编制、预算执行、预算监督一起成为预算管理的有机组成部分，逐步建立"预算编制有目标、预算执行有监控、预算完成有评价、评价结果有反馈、反馈结果有应用"的预算绩效管理机制。

绩效目标 是指以客观的、可测量的绩效指标来表示的项目绩效水平，包括用量化的标准、数值或比率表示的使用财政资金达到的产出和效果。例：修建某公路。绩效目标为：投入：人力、物力、财力、时间。产出：修多长的路，什么质量的路。效果：和旧路相比较车流量有多大，是否缓建了交通压力，节省两地时间多少？

财政支出绩效 是指财政支出活动所取得的实际效果，它反映了政府为满足社会公共需要而进行的资源配置活动与所取得的实际效果之间的比较关系，重点研究政府配置资源的合理性和资源使用的有效性。

财政支出绩效评价 是指财政部门和预算部门（单位）根据设定的绩效目标，运用科学、合理的绩效评价指标、评价标准和评价办法，对财政支出的经济性、效率性和效益性进行客观、公正的评价。

绩效评价指标 是指衡量绩效目标实现程度的考核工具，包括定量指标和定性指标，定量指标是指可以通过数据计算分析评价内容、反映评价结果的指标，定性指标是指无法直接通过数据计算分析评价内容，需对评价对象进行客观描述和分析来反映评价结果的指标。

绩效评价标准 是用来衡量财政支出绩效目标完成程度的尺度，包括计划标准、行业标准、历史标准和其他经财政部门确认的标准。

绩效评价方法 一般采用成本效益分析法、比较法、因素分析法、最低成本法和公众（专家）评判等。

（1）比较法。是指通过对绩效目标与绩效结果、历史情况和考评期情况、不同部门和地区同类支出的比较，综合考评绩效目标完成情况和经济社会效益状况的考评方法。

（2）因素分析法。是指通过分析影响目标、结果及成本的内外因素，综合考评绩效目标完成情况和经济社会效益状况的考评方法。

（3）公众评价法。是指对无法直接用指标计量其效果的支出，通过专家评估、公众问卷及抽样调查，对各项绩效考评内容完成情况进行打分，并根据分值考评绩效目标完成情况和经济社会效益状况的考评方法。

（4）成本效益分析法。是指将一定时期内的支出与效益进行对比分析，来考评绩效目标完成情况和经济社会效益状况的考评方法。

（5）财政部门确定的其他考评方法。

14 法制税政

THE LEGAL DUTY POLITICS

简要说明

本节主要内容及相关说明

法制税政主要内容包括法税税政科职能、执行的政策依据、财政数据和财政名词解释等。

法制税政科工作职能：组织协调地方财政、税收、财务、会计管理、行政事业单位国有资产管理等政府规章制度和规范性文件的起草修订；审核上报政府规章草案；承担机关行政审批制度改革和规范性文件合法性审核工作；组织财政法制宣传教育；指导协调监督财政行政执法活动，推进本系统依法行政工作；承办国家赔偿费用管理工作；承担行政复议和行政应诉工作；研究税收发展战略，提出改善税收结构和平衡税负的建议；组织落实国家税收政策和地方税收制度，落实省厅对口处室安排的退税工作；负责关税税目税率调整意见的收集、审核和上报工作；开展税源调查分析和重点产品国际竞争力调查工作。

执行的政策依据：《中华人民共和国预算法》、《中华人民共和国会计法》、《中华人民共和国政府采购法》、《中华人民共和国注册会计师法》、《财政违法行为处罚处分条例》等相关的法律、法规和规章。

本节的数据来源：税式支出测算结果的数据来源于晋城市国税局、地税局相关统计资料；企业所得税税源调查结果的数据来源于晋城市纳税大户企业和高新技术企业；重点产品国际竞争力调查结果的数据来源于晋城市高新技术企业和出口企业。

表 14-1

税式支出测算结果上报表(2010年)

单位:万元

税种	政策代码	政策内容	数据来源	计算结果
全市合计				102299.54
增值税	小计			11220.89
	010008	对销售的自己使用过的物品免征增值税	县区地税、国税	18.19
	010057	对纳税购置税控收款机所支付的增值税税额准予抵免应纳增值税或营业税税额	县区地税、国税	0.7
	010065	对国内企业生产销售的尿素产品免征增值税	县区国税	10259.27
	010104	资源综合利用企业的增值税优惠	企业	552.13
	010116	各级组织的机关报纸和机关期刊,增值税先征后返	企业	8.18
	010119	对全国县及县以下新华书店和农村供销社在本地销售的出版物免征增值税	企业	259.3
	010123	对供热企业向居民个人供热取得的采暖费收入继续免征增值税	企业	123.12
营业税	小计			4911.64
	030002	托儿所、幼儿园、养老院、残疾人福利机构提供的育养服务,婚姻介绍,殡葬服务免征营业税	县区地税	60.22
	030004	学校和其他教育机构提供的教育劳务,学生勤工俭学提供的劳务免征营业税	县区地税	156.97
	030005	对纪念馆、博物馆、文化馆、美术馆、展览馆、书画院、图书馆、文物保护单位举办文化活动的门票收入免征营业税	县区地税	2
	030041	对改革试点地区所有农村信用社的营业税按3%的税率征收	局内科室及县区股室	1736.38
	030050	准许上海、深圳证券交易所代收的费用从其营业税计税营业额中扣除	县区地税	38
	030085	对个人出租住房,不区分用途,在3%税率的基础上减半征收营业税	县区地税	16.33
	030123	承担商品储备任务的商品储备管理公司及其直属库取得的财政补贴收入免征营业税	县区地税和局内科室	81.63
	030124	个人将购买超过5年(含5年)的普通住房对外销售的,免征营业税	县区地税	2757.59
	030125	对按照国家规定的收费标准向学生收取的高校学生公寓住宿费收入,免征营业税	县区地税	0.8
	030126	对高校学生食堂为高校师生提供餐饮服务取得的收入,免征营业税	县区地税	0.8
	030138	有线数字电视基本收视维护费免征营业税	企业	60.92
企业所得税	小计			74403.51
	040008	国家需要重点扶持的高新技术企业,减按15%的税率征收企业所得税	县区地税	287
	040013	小型微利企业减按20%的税率征收企业所得税	县区地税	72.58
	040065	对原享受企业所得税"两免三减半"、"五免五减半"等定期减免税优惠的企业予以过渡优惠	县区地税和国税	13445.36
	040074	对企事业单位购进的符合固定资产和无形资产确认条件的软件,允许缩短其折旧或摊销年限	县区地税	44
	040089	居民企业直接投资于其他居民企业取得的投资收益免征企业所得税	县区地税和国税	53706.28
	040097	资源综合利用企业取得的所得税收入,在计算应纳税所得额时,减按90%计入当年收入总额	企业	1325.88
	040098	环境保护、节能节水和安全生产专用设备,可按专用设备投资额的10%抵免当年所得税应纳税额	县区地税	2373.16
	040121	文化企业开发新技术、新产品、新工艺发生的研究开发费用,允许按国家税法规定在计算应纳税所得额时加计扣除	县区地税	248.72
	040139	金融企业涉农贷款和中小企业贷款计提的贷款损失专项准备金减征企业所得税	县区地税	2297.03
	040143	符合规定的小型微利企业,减征企业所得税	县区地税	70.99
	040151	对企业取得的财政性资金,在计算应纳税所得额时从收入总额中减除	县区地税和国税	532.51

续表

单位:万元

税种	政策代码	政策内容	数据来源	计算结果
个人所得税	小计			3644.01
	050003	对残疾、孤老人员和烈属的所得,可减征个人所得税	县区地税	3614.72
	050019	个人办理代扣代缴税款手续,按规定取得的扣缴手续费免征个人所得税	县区地税	3
	050027	对按规定报销的差旅费津贴、误餐补助免征个人所得税	县区地税	17.34
	050061	对个人出租住房取得的所得减按10%的税率征收个人所得税	县区地税	8.95
房产税	小计			3908.79
	090001	对国家机关、人民团体、由国家财政部门拨付事业经费的单位自用房产,免征房产税	局内科室及县区股室	2522.68
	090004	对个人所有非营业性用的房产免征房产税	县区地税	900
	090008	对经鉴定毁损不堪居住的房屋和危险房屋的房产免征房产税	县区地税	15
	090016	对批准从事采集、提供临床用血的血站,自用的房产,免征房产税	局内科室及县区股室	9.23
	090017	对疾病控制、妇幼保健等卫生机构和非营业性医疗机构自用的房产免征房产税	局内科室及县区股室	34.94
	090018	福利性、非营利性的老年服务机构,免征房产税	局内科室及县区股室	301.92
	090021	对主要从事应用基础研究或向社会提供公告服务的非营利性科研机构自用的房产免征房产税	局内科室及县区股室	1.3
	090026	对企业办的各类学校、托儿所和幼儿园自用的房产免征房产税	县区地税	31
	090044	对个人出租住房,不区分用途,按4%的税率征收房产税	县区地税	26.96
	090045	对企事业单位、社会团体以及其他组织按市场价格向个人出租用于居住的住房,按4%的税率征收房产税	县区地税	5.2
	090054	承担商品储备业务自用的房产免征房产税	县区地税和局内科室	11.8
	090055	对高校学生公寓免征房产税	县区地税	30
	090056	为居民供热所使用的房产及土地继续免征房产税	企业	18.76
印花税	小计			5.45
	100003	对货物运输既书立合同又开立单据的只就合同贴花,单据不再贴花	县区地税	3
	100012	对使用电话、计算机联网订货的暂免征收印花税	县区地税	2
	100042	个人出租、承租住房签订的租赁合同,免征印花税	县区地税	0.45
城镇土地使用税	小计			2518.89
	110003	对宗教寺庙、公园、名胜古迹自用的土地免征城镇土地使用税	县区地税	14.5
	110004	对市政街道、广场、绿化地带等公共用地免征城镇土地使用税	县区地税	200
	110005	对直接用于农、林、牧、渔业的生产用地免征城镇土地使用税	县区地税	600
	110006	对开山填海整治土地和改造的废弃土地免征城镇土地使用税5年至10年	县区地税	14.13
	110007	企业办的医院免征城镇土地使用税	县区地税	1234.03
	110008	企业办的学校免征城镇土地使用税	县区地税	8.25
	110015	对矿山企业的采矿场、排土场、尾矿库、炸药库的安全区、采区运矿及运岩公路、尾矿输送管道及回水系统用地,免征城镇土地使用税;对矿山企业采掘地下矿造成的塌陷地以及荒山占地,在未利用之前,暂免征收土地使用税	县区地税	1.3
	110022	对林区的有林地、运材道、防火道、防火设施用地,免征土地使用税	县区地税	2.1

续表

单位：万元

税种	政策代码	政策内容	数据来源	计算结果
城镇土地使用税	110025	对血站自用的房产和土地免征房产税和城镇土地使用税	县区地税和局内科室	8.09
	110026	对政府部门和企事业单位、社会团体以及个人等社会力量投资兴办的福利性、非营利性的老年服务机构，暂免征收企业所得税，以及老年服务机构自用房产、土地、车船的房产税、城镇土地使用税、车船使用税	县区地税和局内科室	6.5
	110027	对主要从事应用基础研究或向社会提供公告服务的非营利性科研机构自用的房产、土地，免征房产税、城镇土地使用税	局内科室及县区股室	3.6
	110032	对国家拨付事业经费和企业办的各类学校、托儿所、幼儿园自用的房产、土地，免征房产税、城镇土地使用税	县区地税	185.7
	110050	对个人出租住房，不区分用途，免征城镇土地使用税	县区地税	70.5
	110057	承担商品储备业务自用的土地免征城镇土地使用税	县区地税和局内科室	102.24
	110058	为居民供热所使用的房产及土地继续免征城镇土地使用税	企业	67.95
土地增值税	小计			26.64
	120007	投资、联营的一方以土地（房地产）作价入股进行投资或作为联营条件，将房地产转让到所投资、联营的企业中时，暂免征收土地增值税	县区地税	21.64
	120015	对个人销售住房暂免征收土地增值税	县区地税	5
车船税	小计			6.41
	130001	对农用车船免征车船税	县区地税	6.41
车辆购置税	小计			71.17
	150003	对设有固定装置的非运输车辆免税；有国务院规定予以免税或者减税的其他情形的按照规定减税或者免税	县区国税	6.6
	150016	对2010年消费者购置1.6升及以下排量乘用车，暂减按7.5%的税率征收车辆购置税	县区国税	64.57
耕地占用税	小计			765.15
	170002	学校、幼儿园占用耕地免征耕地占用税	县区地税	446.39
	170003	养老院占用耕地免征耕地占用税	县区地税	206.01
	170004	医院占用耕地免征耕地占用税	县区地税	43
	170005	对铁路线路、公路线路、飞机场跑道、停机坪、港口、航道占用耕地减免耕地占用税	县区地税	50
	170006	对农村居民、农村烈士家属、残疾军人、鳏寡孤独、生活困难的农村居民减免耕地占用税	县区地税	19.75
契税	小计			816.99
	180001	对国家机关、事业单位、社会团体、军事单位承受土地、房屋用于办公的，免征契税	县区地税	28
	180005	对事业单位承受土地、房屋用于医疗的，免征契税	县区地税	76
	180009	对个人购买自用普通住宅，暂减半征收契税	县区地税	634.92
	180030	对个人购买经济适用住房，在法定税率基础上减半征收契税	县区地税	25
	180033	对个人首次购买90平方米以下普通住房的，契税税率统一下调到1%	县区地税	53.07

表 14-2

税式支出测算结果上报表(2011年)

单位:万元

税种	政策代码	政策内容	数据来源	计算结果
全市合计				97220.35
增值税	小计			16458.16
	010008	对销售的自己使用过的物品免征增值税	县区地税、国税	0.38
	010057	对纳税购置税控收款机所支付的增值税税额准予抵免应纳增值税或营业税税额	县区地税、国税	1.29
	010065	对国内企业生产销售的尿素产品免征增值税	县区国税	15149.81
	010104	资源综合利用企业的增值税优惠	企业	920.9
	010116	各级组织的机关报纸和机关期刊,增值税先征后返	企业	11.91
	010119	对全国县及县以下新华书店和农村供销社在本地销售的出版物免征增值税	企业	215.87
	010123	对供热企业向居民个人供热取得的采暖费收入继续免征增值税	企业	158
营业税	小计			4753.29
	030002	托儿所、幼儿园、养老院、残疾人福利机构提供的育养服务,婚姻介绍,殡葬服务免征营业税	县区地税	60.5
	030004	学校和其他教育机构提供的教育劳务,学生勤工俭学提供的劳务免征营业税	县区地税	159.05
	030005	对纪念馆、博物馆、文化馆、美术馆、展览馆、书画院、图书馆、文物保护单位举办文化活动的门票收入免征营业税	县区地税	2.2
	030050	准许上海、深圳证券交易所代收的费用从其营业税计税营业额中扣除	县区地税	39
	030085	对个人出租住房,不区分用途,在3%税率的基础上减半征收营业税	县区地税	18.42
	030123	承担商品储备任务的商品储备管理公司及其直属库取得的财政补贴收入免征营业税	县区地税和局内科室	106.39
	030124	个人将购买超过5年(含5年)的普通住房对外销售的,免征营业税	县区地税	4300.76
	030125	对按照国家规定的收费标准向学生收取的高校学生公寓住宿费收入,免征营业税	县区地税	0.8
	030126	对高校学生食堂为高校师生提供餐饮服务取得的收入,免征营业税	县区地税	0.8
	030138	有线数字电视基本收视维护费免征营业税	企业	65.37
企业所得税	小计			64134.6
	040008	国家需要重点扶持的高新技术企业,减按15%的税率征收企业所得税	县区地税	146
	040013	小型微利企业减按20%的税率征收企业所得税	县区地税	63.28
	040065	对原享受企业所得税"两免三减半"、"五免五减半"等定期减免税优惠的企业予以过渡优惠	县区地税和国税	15441.73
	040074	对企事业单位购进的符合固定资产和无形资产确认条件的软件,允许缩短其折旧或摊销年限	县区地税	55
	040089	居民企业直接投资于其他居民企业取得的投资收益免征企业所得税	县区地税和国税	38698.51
	040097	资源综合利用企业取得的所得税收入,在计算应纳税所得额时,减按90%计入当年收入总额	企业	4232.58
	040098	环境保护、节能节水和安全生产专用设备,可按专用设备投资额的10%抵免当年所得税应纳税额	县区地税	2890.09
	040121	文化企业开发新技术、新产品、新工艺发生的研究开发费用,允许按国家税法规定在计算应纳税所得额时加计扣除	县区地税	450.94
	040139	金融企业涉农贷款和中小企业贷款计提的贷款损失专项准备金减征企业所得税	县区地税	2097.55
	040143	符合规定的小型微利企业,减征企业所得税	县区地税	58.92

续表

单位:万元

税种	政策代码	政策内容	数据来源	计算结果
个人所得税	小计			3544.76
	050003	对残疾、孤老人员和烈属的所得,可减征个人所得税	县区地税	3514
	050019	个人办理代扣代缴税款手续,按规定取得的扣缴手续费免征个人所得税	县区地税	3
	050027	对按规定报销的差旅费津贴、误餐补助免征个人所得税	县区地税	18.56
	050061	对个人出租住房取得的所得减按10%的税率征收个人所得税	县区地税	9.2
房产税	小计			3932.21
	090001	对国家机关、人民团体、由国家财政部门拨付事业经费的单位自用房产,免征房产税	局内科室及县区股室	2527.68
	090004	对个人所有非营业性用的房产免征房产税	县区地税	910
	090008	对经鉴定毁损不堪居住的房屋和危险房屋的房产免征房产税	县区地税	16
	090016	对批准从事采集、提供临床用血的血站,自用的房产,免征房产税	局内科室及县区股室	9.23
	090017	对疾病控制、妇幼保健等卫生机构和非营业性医疗机构自用的房产免征房产税	局内科室及县区股室	36.14
	090018	福利性、非营利性的老年服务机构,免征房产税	局内科室及县区股室	301.92
	090021	对主要从事应用基础研究或向社会提供公告服务的非营利性科研机构自用的房产免征房产税	局内科室及县区股室	1.3
	090026	对企业办的各类学校、托儿所和幼儿园自用的房产免征房产税	县区地税	31
	090044	对个人出租住房,不区分用途,按4%的税率征收房产税	县区地税	28.1
	090045	对企事业单位、社会团体以及其他组织按市场价格向个人出租用于居住的住房,按4%的税率征收房产税	县区地税	5.5
	090054	承担商品储备业务自用的房产免征房产税	县区地税和局内科室	11.8
	090055	对高校学生公寓免征房产税	县区地税	30
	090056	为居民供热所使用的房产及土地继续免征房产税	企业	23.54
印花税	小计			6.08
	100003	对货物运输既书立合同又开立单据的只就合同贴花,单据不再贴花	县区地税	3
	100012	对使用电话、计算机联网订货的暂免征收印花税	县区地税	2.5
	100042	个人出租、承租住房签订的租赁合同,免征印花税	县区地税	0.58
城镇土地使用税	小计			2565.74
	110003	对宗教寺庙、公园、名胜古迹自用的土地免征城镇土地使用税	县区地税	14.5
	110004	对市政街道、广场、绿化地带等公共用地免征城镇土地使用税	县区地税	211
	110005	对直接用于农、林、牧、渔业的生产用地免征城镇土地使用税	县区地税	610
	110006	对开山填海整治土地和改造的废弃土地免征城镇土地使用税5年至10年	县区地税	14.13
	110007	企业办的医院免征城镇土地使用税	县区地税	1235.03
	110008	企业办的学校免征城镇土地使用税	县区地税	8.75
	110015	对矿山企业的采矿场、排土场、尾矿库、炸药库的安全区、采区运矿及运岩公路、尾矿输送管道及回水系统用地,免征城镇土地使用税;对矿山企业采掘地下矿造成的塌陷地以及荒山占地,在未利用之前,暂免征收土地使用税	县区地税	1.5
	110022	对林区的有林地、运材道、防火道、防火设施用地,免征土地使用税	县区地税	2.2
	110025	对血站自用的房产和土地免征房产税和城镇土地使用税	局内科室及县区股室	8.09
	110026	对政府部门和企事业单位、社会团体以及个人等社会力量投资兴办的福利性、非营利性的老年服务机构,暂免征收企业所得税,以及老年服务机构自用房产、土地、车船的房产税、城镇土地使用税、车船使用税	局内科室及县区股室	6.7
	110027	对主要从事应用基础研究或向社会提供公告服务的非营利性科研机构自用的房产、土地,免征房产税、城镇土地使用税	局内科室及县区股室	3.6

续表

单位:万元

税种	政策代码	政策内容	数据来源	计算结果
城镇土地使用税	110032	对国家拨付事业经费和企业办的各类学校、托儿所、幼儿园自用的房产、土地,免征房产税、城镇土地使用税	县区地税	186.7
	110050	对个人出租住房,不区分用途,免征城镇土地使用税	县区地税	75
	110057	承担商品储备业务自用的土地免征城镇土地使用税	县区地税和局内科室	102.24
	110058	为居民供热所使用的房产及土地继续免征城镇土地使用税	企业	86.3
土地增值税	小计			5
	120015	对个人销售住房暂免征收土地增值税	县区地税	5
车船税	小计			0.7
	130001	对农用车船免征车船税	县区地税	0.7
车辆购置税	小计			13.3
	150003	对设有固定装置的非运输车辆免税;有国务院规定予以免税或者减税的其他情形的按照规定减税或者免税	县区国税	5.3
	150016	对2010年消费者购置1.6升及以下排量乘用车,暂减按7.5%的税率征收车辆购置税	县区国税	8
耕地占用税	小计			948.67
	170002	学校、幼儿园占用耕地免征耕地占用税	县区地税	628.91
	170003	养老院占用耕地免征耕地占用税	县区地税	206.01
	170004	医院占用耕地免征耕地占用税	县区地税	44
	170005	对铁路线路、公路线路、飞机场跑道、停机坪、港口、航道占用耕地减免耕地占用税	县区地税	50
	170006	对农村居民、农村烈士家属、残疾军人、鳏寡孤独、生活困难的农村居民减免耕地占用税	县区地税	19.75
契税	小计			857.84
	180001	对国家机关、事业单位、社会团体、军事单位承受土地、房屋用于办公的,免征契税	县区地税	28
	180005	对事业单位承受土地、房屋用于医疗的,免征契税	县区地税	76
	180009	对个人购买自用普通住宅,暂减半征收契税	县区地税	650.9
	180030	对个人购买经济适用住房,在法定税率基础上减半征收契税	县区地税	25
	180033	对个人首次购买90平米以下普通住房的,契税税率统一下调到1%	县区地税	77.94

表 14-3

税式支出测算结果上报表(2012年)

单位:万元

税种	政策代码	政策内容	数据来源	计算结果
全市合计				123981.7
增值税	小计			33122.94
	010005	对销售的自己使用过的物品减征增值税	地税、国税	1717.23
	010052	对增值税税控系统专用设备购置费和技术维护费用可抵减增值税税额	国税	34.59
	010054	对化肥生产企业生产销售的钾肥实行先征后返	国税	1608.4
	010060	对国内企业生产销售的尿素产品暂免征增值税	国税	26599.27
	010065	对供热企业向居民个人供热而取得的采暖费收入继续免征增值税	国税	572.25
	010075	对部分新华书店实行增值税免税或先征后退政策	国税	301.26
	010086	对有机肥产品免征增值税	国税	101
	010094	对资源综合利用产品免征增值税	国税	31.26
	010095	对资源综合利用产品实行增值税即征即退或先征后退	资源综合利用企业	1606.35
	010100	纳税人销售旧货,按照简易办法依照4%征收率减半征收增值税	国税	7
	010101	对动漫企业销售自主开发的动漫软件,实际税负超过3%部分即征即退	国税	10
	010117	对蔬菜流通环节免征增值税	国税	299.33
	010118	对饮水工程运营管理单位向农村居民提供生活用水取得的自来水销售收入免征增值税	国税	1
	010120	免征部分鲜活肉蛋产品流通环节增值税	国税	234
消费税	小计			739.93
	020008	对用外购或委托加工收回的已税汽油生产的乙醇汽油免税	企业	739.93
营业税	小计			1800.81
	030002	对托儿所、幼儿园、养老院、残疾人福利机构提供的育养服务,婚姻介绍,殡葬服务,免征营业税	国税、地税	6.83
	030004	对学校和其他教育机构提供的教育劳务,学生勤工俭学提供的劳务免征营业税	地税	141.87
	030005	对博物馆等文化单位规定项目免征营业税	县区	0.8
	030018	对单位和个人从事技术转让、技术开发业务和与之相关的技术咨询、技术服务业务收入,经省级税务机关批准,免征营业税	县区	92
	030040	对试点农村信用社降低营业税税率	县区	1397.74
	030051	对持《就业失业登记证》人员从事个体经营的,限额扣减营业税、城市维护建设税、教育费附加和个人所得税	县区	0.46
	030062	对高校后勤实体取得的租金、服务性收入和餐饮收入免征营业税	高校	48.3
	030070	对部分省市的有线数字电视基本收视维护费免征营业税	县区及地税	82.8
	030081	对个人出租住房,不区分用途,在3%税率的基础上减半征收营业税	县区	20
	030098	对动漫企业提供的相关劳务以及转让动漫版权交易收入减征营业税	县区	10.01
企业所得税	小计			76605.51
	040001	对企业从事农业生产经营等8项活动取得的收入免征企业所得税	县区及国税	469.24
	040002	对企业从事花卉种植、海水养殖两项活动取得的收入减半征收企业所得税	县区	14
	040008	对符合条件的高新技术企业减按15%的税率征收企业所得税	县区及地税国税	818.3
	040013	对符合条件的小型微利企业减按20%的税率征收企业所得税	县区及地税国税	105.28
	040065	对原享受企业所得税"两免三减半"、"五免五减半"等定期减免税优惠的企业予以过渡优惠	县区	1543.87

续表

单位：万元

税种	政策代码	政策内容	数据来源	计算结果
企业所得税	040086	对企业直接投资于其他企业取得的投资收益免征企业所得税	县区及国税地税	47129.86
	040087	对在中国境内设立机构场所的非居民企业取得的权益性投资免征企业所得税	地税	21111.4
	040094	对企业以目录中所列资源为主要原料，生产资源综合利用产品取得的所得税收入，在计算应纳税所得额时，减按90%计入当年收入总额	县区及国税地税	1613.58
	040095	企业购置符合条件的环境保护、节能节水和安全生产专用设备，可按专用设备投资额的10%抵免当年所得税应纳税额，当年不足抵免的，后转5年	县区及地税	2629.16
	040116	文化企业高新技术企业适用低税率企业所得税，对三新技术的研究开发费用允许加计扣除	县区及地税	833.7
	040133	金融企业对其涉农贷款和中小企业贷款进行风险分类后，计提的贷款损失转向准备金，准予在计算应纳税所得额时扣除	县区及国税	208.58
	040137	对小型微利企业减征企业所得税	县区及国税地税	128.54
个人所得税	小计			357.79
	050002	对残疾、孤老人员和烈属的所得，可减征个人所得税	县区及地税	12.89
	050018	个人的扣缴手续费免征个人所得税	县区	3.3
	050026	对按规定报销的差旅费津贴、误餐补助免征个人所得税	县区	16
	050038	对个人出租住房取得的所得减按10%的税率征收个人所得税	县区	20.1
	050039	对个人与用人单位解除劳动关系取得的一次性补偿收入免征个人所得税	县区	5.5
	050045	对拆迁补偿款，免征个人所得税	局内科室	300
城建税	小计			0.36
	080013	对再就业人员从事个体经营的予以扣减城市维护建设税	县区	0.36
房产税	小计			3269.98
	090001	对国家机关、人民团体、由国家财政部门拨付事业经费的单位自用的房产免征房产税	局内科室	2676.13
	090003	对宗教寺庙、公园、名胜古迹自用的房产免征房产税	企业	90.37
	090006	对各类学校、托儿所、幼儿园自用的房产免征房产税	县区及地税	217.65
	090016	对批准从事采集、提供临床用血的血站，自用的房产，免征房产税	局内科室	9.81
	090017	对卫生机构和非营利性医疗机构自用的房产免征房产税	局内科室	29.69
	090018	对福利性、非营利性的老年服务机构免征房产税	地税	49.87
	090020	对个人出租住房，不区分用途，按4%的税率征收房产税	县区	69.21
	090034	对供热企业为居民供热所使用的厂房免征房产税	企业	56.53
	090041	对廉租住房经营管理单位向规定保障对象出租廉租住房的租金收入，免征房产税	地税	7.08
	090042	对企事业单位、社会团体以及其他组织按市场价格向个人出租用于居住的住房，减按4%征收房产税	企业	31.6
	090050	对高校学生公寓免征房产税	高校	27
	090053	对经营公租房取得的租金收入免征房产税	住建局	5.04
印花税	小计			325.32
	100002	对托运单据免征印花税	县区	2.3
	100038	对于企业改制过程中资金帐薄、各类应税合同符合规定的免征印花税	县区	6.5
	100056	对高校学生公寓租赁合同免征印花税	高校	0.42
	100060	对个人出租、承租住房签订的租赁合同，免征印花税	县区	1.9
	100085	对金融机构与小型微型企业签订借款合同免征印花税	人民银行	314.2
城镇土地使用税	小计			3739.16
	110002	对宗教寺庙、公园、名胜古迹自用的土地免征城镇土地使用税	园林局	97.97
	110003	对市政街道、广场、绿化地带等公共用地免征城镇土地使用税	园林局	878.18
	110004	对直接用于农、林、牧、渔业的生产用地免征城镇土地使用税	地税	10

续表

单位：万元

税种	政策代码	政策内容	数据来源	计算结果
城镇土地使用税	110005	对开山填海整治的土地和改造的废弃土地免征城镇土地使用税5年至10年	县区	14
	110006	企业办的医院免征城镇土地使用税	地税	133.86
	110007	对各类学校、托儿所、幼儿园自用的土地，免征城镇土地使用税	局内科室及县区	450.09
	110009	对电力行业免征城镇土地使用税	企业	294.44
	110018	对企业符合条件的交通、安全、荒地等用地免征城镇土地使用税	县区及地税	44.81
	110021	对林业系统用地免征城镇土地使用税	林业局	766
	110022	血站自用的土地免征城镇土地使用税	局内科室	8.09
	110023	对卫生机构和非营利性医疗机构自用的土地免征城镇土地使用税	局内科室	3.15
	110024	对福利性、非营利性的老年服务机构免征城镇土地使用税	局内科室	6.5
	110025	对非营利性科研机构自用的土地免征城镇土地使用税	局内科室	3.6
	110031	对天然林保护工程的土地免征城镇土地使用税	林业局	256.61
	110038	对供热企业为居民供热所使用的土地免征城镇土地使用税	企业	771.86
土地增值税	小计			623.32
	120001	对建造普通标准住宅出售，其土地增值额未超过扣除项目金额20%的免征土地增值税	地税	500
	120002	对因国家建设需要依法征用、收回的房地产免征土地增值税	县区	20
	120013	对个人销售住房暂免征收土地增值税	县区	103.32
车船税	小计			67.6
	130001	对农用车船免征车船税	农机局	39.6
	130012	对节约能源的车船减半征收车船税	县区	28
耕地占用税	小计			398.33
	170002	对学校、幼儿园占用耕地免征耕地占用税	局内科室	90
	170003	对养老院占用耕地免征耕地占用税	县区	33.33
	170004	对医院占用耕地免征耕地占用税	县区	35
	170014	对技工院校占用耕地免征耕地占用税	局内科室	240
契税	小计			2930.65
	180001	对国家机关、事业单位、社会团体和军事单位承受土地、房屋用于办公的，免征契税	县区	28.26
	180005	对国家机关、事业单位、社会团体、军事单位承受土地、房屋用于医疗的，免征契税	县区	15
	180006	对城镇职工按规定第一次购买公有住房的，免征契税	地税	1
	180008	个人购买普通住房且该房属于家庭唯一住房的，减征契税	县区及地税	2669.21
	180040	对个人购买经济适用住房，在法定税率基础上减半征收契税	县区及地税	15.18
	180059	对房屋、土地权属由夫妻一方所有变更为夫妻双方共有免征契税	地税	2
	180061	对事业单位改制按有关规定减免契税	地税	200

财政名词解释

税式支出 是指政府为实现一定的社会经济政策目标，通过对基准税制的背离，给予纳税人的优惠安排。税式支出制度则是实现这种优惠安排的法律规定和管理制度，是对税收优惠进行科学化、系统化管理的制度创新。

企业所得税税源调查 是指为促进重点企业税源调查工作的健全和完善，保证调查样本的科学性、代表性，确保调查数据的及时性、准确性而做的工作。它是财政部门研究财税改革方案、制定财税政策、加强税政分析的基础，是财税部门的一项重要工作。

重点产品国际竞争力调查 是指为科学、准确地制定、调整关税和进口环节税收政策，对每年关税实施方案进行跟踪问效、评价，2012年重点产品国际竞争力工作调查对象为财政部所列493种重点产品的生产企业，从中选择本地重点产品的生产企业作为调查企业，深入企业逐户落实，并建立基础信息数据库，为区域贸易等双边、多边关税谈判方案提供第一手资料。

15 涉外经济财政财务

FOREIGN ECONOMIC FINANCE

简要说明

本节主要内容及相关说明

涉外经济财政财务主要内容包括外债资金管理中心职能、执行的政策依据、财政数据和财政名词解释等。

晋城市外债资金管理中心主要负责统一管理全市利用国际金融组织贷(赠)款工作;参与国际金融组织贷(赠)款的对外谈判工作;参与拟定全市利用国际金融组织贷(赠)款项目的年度计划和中长期计划;承担有关国际金融组织贷(赠)款申报、担保转贷(赠)款、偿还工作并监督资金的使用;统一管理市政府和市直各行政及国有事业单位国内各类融资性债务工作,并负责其投资项目的预算、决算和监督。业务与省财政厅国际处对口。

执行的政策依据有:《国际金融组织贷款转贷会计制度》、《山西省国债转贷资金管理办法》、《基本建设财务管理规定》、《晋城市财政性基本建设资金拨付管理暂行办法》。

本节数据来源:晋城市地方政府性债务负债率(1999-2012年)、晋城市地方政府性债务债务率数据来源于历年债务报表(截至2012年底),晋城市地方政府性债务构成、晋城市地方政府性债务资金投向数据(截至2012年底)来源于晋城市三级地方政府性债务调查报告。

表 15-1

晋城市地方政府性债务负债率(1999-2012年)

年　份	地方政府性债务余额 (万元)	当年GDP (万元)	负债率 (%)
1999	11306	1336030	0.85
2000	17165	1462174	1.17
2001	19011	1618444	1.17
2002	19870	1804226	1.10
2003	20092	2125995	0.95
2004	21748	2683377	0.81
2005	56374	3201537	1.76
2006	68670	3740999	1.84
2007	90362	4398210	2.05
2008	131563	5632450	2.34
2009	179965	6060499	2.97
2010	279280	7305428	3.82
2011	350085	8950162	3.91
2012	285928	10116000	2.83

注:地方政府负债率=地方政府债务期末余额/当地同期国内生产总值(GDP)×100%,国际公认的负债率警戒线为20%。

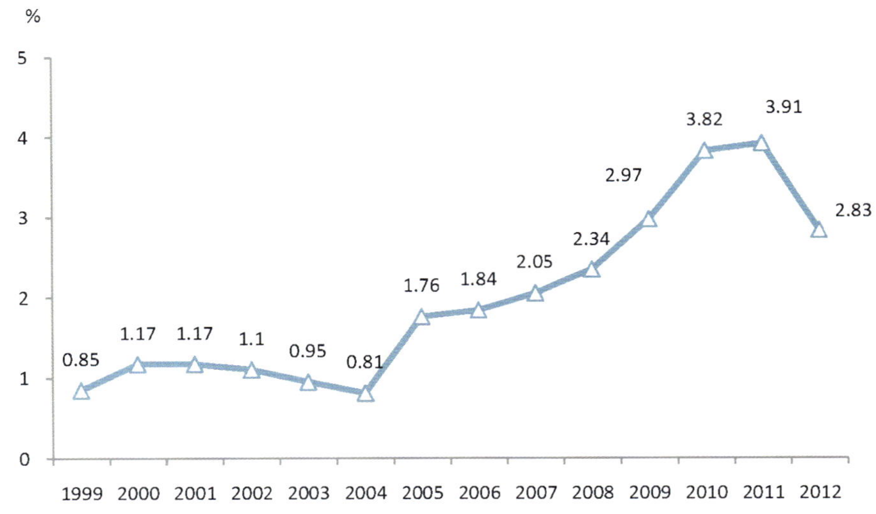

晋城市地方政府性债务负债率情况图(1999-2012年)

表 15-2

晋城市地方政府性债务债务率(1999-2012 年)

年份	地方政府性债务余额(万元)	当年地方公共财政收入(万元)	债务率(%)
1999	11306	67162	16.83
2000	17165	70794	24.25
2001	19011	85943	22.12
2002	19870	80676	24.63
2003	20092	102779	19.55
2004	21748	138483	15.70
2005	56374	200454	28.12
2006	68670	264926	25.92
2007	90362	340783	26.52
2008	131563	418641	31.43
2009	179965	480742	37.43
2010	279280	554890	50.33
2011	350085	679222	51.54
2012	285928	829056	34.49

说明:地方政府债务率=地方政府债务期末余额/同期地方公共财政收入×100%,国际公认的债务率警戒线为100%。

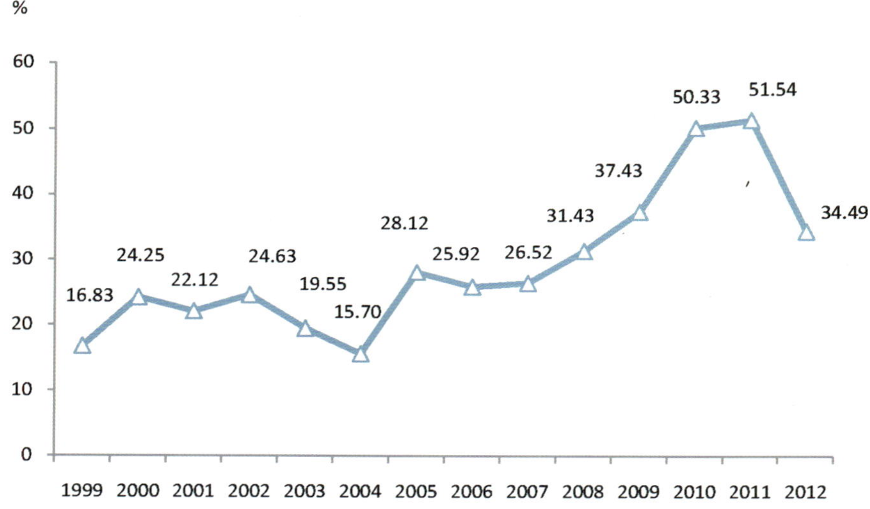

晋城市地方政府性债务债务率情况图(1999-2012 年)

表 15-3

晋城市地方政府性债务构成表(截至2012年底)

债务资金来源	债务余额（万元）	占比（%）
世界银行贷款	943	0.33
亚洲开发银行贷款	12023	4.20
国债转贷资金	2118	0.74
国家开发银行贷款	131655	46.04
地方政府债券	70000	24.48
政策性挂账	15557	5.44
其　他	53632	18.76
合　计	285928	

表 15-4

晋城市地方政府性债务资金投向表(截至2012年底)

投向领域	债务余额（万元）	占比（%）
城市基础设施建设	59360	20.76
教　育	80984	28.32
文　化	4206	1.47
生态建设和环境保护	9625	3.37
医疗卫生	14089	4.93
农林水事务	9483	3.32
住房保障	30261	10.58
乡村公路、桥梁	13980	4.89
其　他	63940	22.36
合　计	285928	

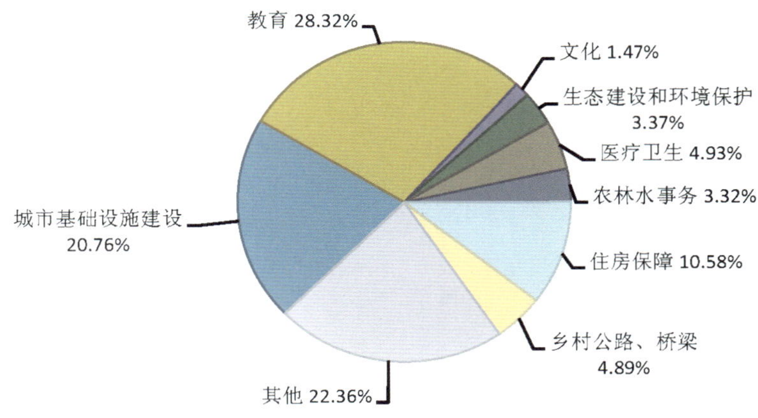

晋城市地方政府性债务资金投向情况图(截至2012年底)

财政名词解释

政府性债务 包括各级政府及其部门向外国政府或国际经济组织借款、申请国债转贷资金、上级财政周转金借款等,或者政府所属单位(含政府设立的各类投融资机构,以下简称“单位”)以所拥有的资产或权益为抵押申请贷款、发行债券等形成的债务,以及通过政府担保、承诺还款等融资形成的或有债务。建立监测政府性债务的指标,主要包括负债率、债务率、偿债率等。

负债率 反映一个地方国民经济状况与政府性债务余额相适应的关系,表明单位地区生产总值所承担的政府性债务情况。即:负债率=政府性债务余额/地区生产总值,安全线为20%。

债务率 反映一个地方当年可支配财力对政府性债务余额的比例。即:债务率=政府性债务余额/当年可支配财力,警戒线为100%。

偿债率 反映一个地方当年可支配财力所需支付当年政府性债务本息的比例。即:偿债率=当年偿还政府性债务本息额/当年可支配财力,警戒线为15%。

地方政府性直接债务 是指地方政府(含政府部门和机构)、经费补助事业单位、公用事业单位、政府融资平台公司和其他相关单位举借,确定由财政资金偿还,政府负有直接偿债责任的债务。一是地方政府债券、国债转贷、外债转贷、农业综合开发借款及其他财政转贷债务中确定由财政资金偿还的债务;二是政府融资平台公司、政府部门和机构、经费补助事业单位、公用事业单位及其他单位举借、拖欠或以回购等方式形成的债务中,确定由财政资金(不含车辆通行费、学费等收入)偿还的债务;三是地方政府粮食企业和供销企业政策性挂账。

地方政府性担保债务 是指因地方政府(含政府部门和机构)提供直接或间接担保,当债务人无法偿还债务时,政府负有连带偿债责任的债务。一是政府融资平台公司、经费补助事业单位、公用事业单位和其他单位举借,确定以债务单位事业收入、经营收入等非财政资金偿还,且地方政府(含政府部门和机构)提供直接或间接担保的债务。二是地方政府(含政府部门和机构)举借,以非财政资金偿还的债务,视同政府担保债务。

其他相关地方政府性债务 是指政府融资平台公司、经费补助事业单位和公用事业单位为公益性项目举借,由非财政资金偿还,且地方政府(含政府部门和机构)未提供担保的债务(不含拖欠其他单位和个人的债务)。政府在法律上对该类债务不承担偿债责任,但当债务人出现债务危机时,政府可能需要承担救助责任。

国债转贷 是指由国家增发一定数量的国债,通过财政部转贷给省级政府,用于地方的经济和社会发展建设项目的资金。省级人民政府根据建设项目的特点,决定和落实还款资金的来源,在本省范围内统借、统筹、统还,国债转贷资金要直接落实到具体项目。

地方政府债券 是指地方政府根据信用原则、以承担还本付息责任为前提而筹集资金的债务凭证,是指有财政收入的地方政府及地方公共机构发行的债券。地方政府债券一般用于交通、通讯、住宅、教育、医院和污水处理系统等地方性公共设施的建设。

国际金融组织贷款 是指财政部经国务院批准代表国家向世界银行、亚洲开发银行、国际农业发展基金、欧洲投资银行等国际金融组织统一筹借并形成政府外债的贷款,以及与上述贷款搭配使用的联合融资。

外国政府贷款 是指财政部经国务院批准代表国家向外国政府、北欧投资银行及日本国际协力银行等统一筹借并形成政府外债的贷款,国务院批准的参照外国政府贷款管理的其他国外贷款,以及与上述贷款搭配使用的联合融资。

地方政府融资平台 是指由地方政府及其部门和机构、所属事业单位等通过财政拨款或注入土地、股权等资产设立,具有政府公益性项目投融资功能,并拥有独立企业法人资格的经济实体,包括各类综合性投资公司,如建设投资公司、建设开发公司、投资开发公司、投资控股公司、投资发展公司、投资集团公司、国有资产运营公司、国有资本经营管理中心等。

还贷准备金 是指政府为确保按时足额偿还贷款债务而筹集、运用、存储和管理的专项资金。还贷准备金的金额至少应当满足未来一年内到期贷款债务的周转垫付需要,其占本地区贷款债务余额的比例一般不低于5%。

16 财政综合

FINANCIAL
COMPREHENSIVE

简要说明

本节主要内容及相关说明

财政综合主要内容包括综合科职能、执行的政策依据、重要政策变化情况、财政数据和财政名词解释等。

综合科主要职能：负责研究财政改革相关政策，分析预测宏观经济形势并提出相关政策建议；负责拟定社会收入分配制度改革政策，承担清理规范公务员津贴补贴的具体工作；管理住房改革预算资金；会同有关方面拟定土地、矿产资源收入等具体的非税收入管理办法；拟定政府非税收入管理制度和政策；负责审批全市及市级部门行政事业性收费项目并参与标准的确定，管理收费的立项和标准；负责提出设立政府性基金的初审意见，承担政府性基金收支预算审核工作，承担彩票市场及资金管理的有关工作；管理财政票据；研究提出全市农村综合改革工作的有关方案、重大政策和建议；组织协调拟定农村综合改革相关配套文件、措施；组织农村综合改革相关课题的调研，指导农村综合改革工作并督促检查；负责全市乡村债务的清理化解以及资金筹集和分配工作；负责全市村级公益事业建设"一事一议"财政奖补工作；负责市级自收自支事业单位部门预算管理相关工作。

执行的政策依据有：《政府性基金管理办法》、《国有土地使用权出让收支管理办法》、《村级公益事业建设一事一议财政奖补资金管理办法》、《中央廉租住房保障专项补助资金管理实施办法》、《中央补助城市棚户区改造专项资金管理办法》、《中央补助公共租赁住房专项资金管理办法》、《彩票公益金管理办法》、《违反行政事业性收费和罚没收入收支两条线管理规定行政处分暂行规定》、《住房公积金管理条例》、《山西省行政事业性收费管理条例》、《山西省行政事业性收费票据管理规定》。

重要政策变化情况：自2012年1月1日起，市政府决定对全市普通高中实行免学费、中等职业学校免住宿费。自2012年2月1日起，国家取消9项行政事业性收费项目。即：《木材经营加工许可证》工本费、文物修筑和考古钻探工程监督收费、城市消防设施配套费、地价评估费、土地使用管理费、国有资产产权登记费、矿区管理费、企业管理费、考古发掘费。

本节数据来源：国有土地使用权收入数据来源于《国土收入年报》，非税收入完成数据来源于《晋城计划预算审批监督实务》，晋城市1994-2012年住房公积金缴存数据来源于《晋城市住房公积金年报》，福利彩票及福彩公益金收入数据来源于晋城市福彩中心年报，行政事业性收费项目政府性基金项目数据来源于《晋城市财政局行政事业性收费、政府性基金目录》。

表 16-1

晋城市非税收入完成情况表(1985-2012年)

年份 \ 项目	非税收入完成(万元)	比同期增长(%)	备注
1985	-93		
1986	-21	77.4	
1987	127	604.7	
1988	-454	-257.5	
1989	-537	18.3	
1990	-1727	221.6	
1991	-2014	16.6	
1992	-2464	22.3	
1993	-871	-65.7	
1994	1712	196.6	
1995	6390	273.2	
1996	6468	1.22	
1997	3987	-38.4	
1998	8595	115.6	
1999	9947	15.7	
2000	9257	-6.9	
2001	10932	18.1	
2002	14656	34.1	
2003	23848	62.7	
2004	31108	30.4	
2005	41751	34.2	
2006	299679	617.8	征收煤矿采矿权价款
2007	67774	-77.4	
2008	96405	42.2	
2009	105243	9.2	
2010	122947	16.8	
2011	158374	28.8	
2012	214058	35.16	

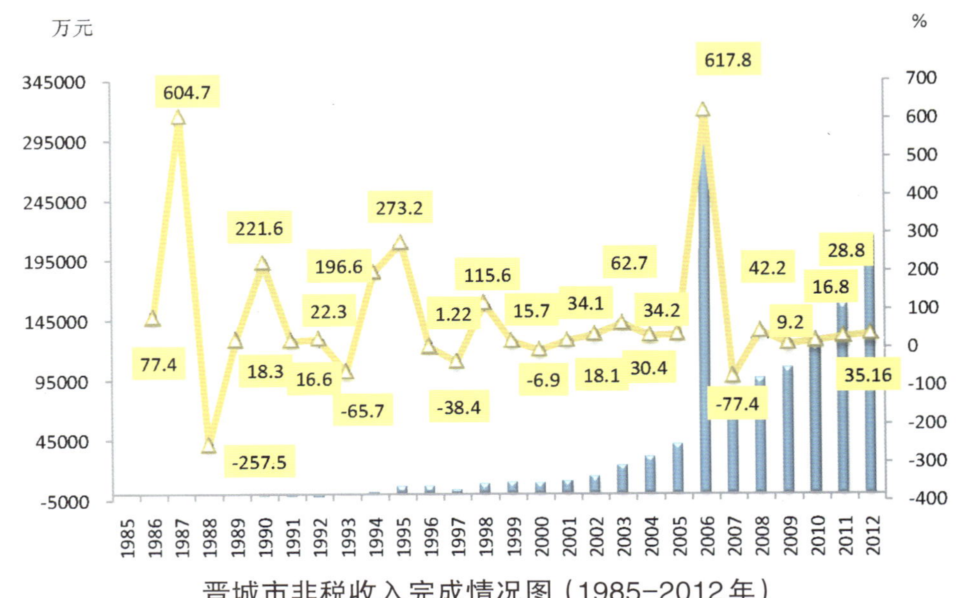

晋城市非税收入完成情况图(1985-2012年)

表16-2

晋城市行政事业性收费项目和政府性基金项目统计表(1995-2012年)

项目 年份	行政事业性收费项目数量(个)	比同期增长(%)	政府性基金项目数量(个)	比同期增长(%)
1995	541		5	
1996	567	26	5	
1997	520	-47	5	
1998	515	-5	10	5
1999	480	-35	13	3
2000	456	-24	18	5
2001	341	-115	21	3
2002	368	27	27	6
2003	370	2	20	7
2004	345	-25	21	1
2005	345		21	
2006	345		21	
2007	345		23	2
2008	345		23	
2009	292	-53	23	
2010	257	-35	22	-1
2011	237	-20	22	
2012	228	-9	22	

表16-3

晋城市国有土地使用权收入情况表(1994-2012年)

单位:万元

项目 年度	合计	比同期增长(%)	其中						
			市本级	开发区	泽州县	阳城县	沁水县	高平市	陵川县
1994	1						1		
1995	3195	31.9	3011				108		76
1996	2760	-13.6	2088				163	446	63
1997	2991	8.4	1758		454	416	108	192	63
1998	2871	-4.1	1785		473	300	105	144	63
1999	2213	-23	1350		218	256	180	146	63
2000	2320	4.8	1352		175	177	227	303	86
2001	3209	38.3	1636		175	260	333	727	78
2002	11242	250.3	5751	1214	150	235	2453	1150	289
2003	21093	87.6	8115	3851	2040	1400	983	4218	486
2004	34103	61.7	11344	7816	1659	3000	2403	7357	524
2005	26764	-21.7	10081		2728	3400	3518	6635	402
2006	40164	50.1	13780	1687	8019	5000	3520	7329	829
2007	65475	63	15258		13845	12231	11386	10374	2381
2008	85190	30.1	43943	458	5071	9800	13746	10527	1645
2009	101305	18.9	40493	10190	7620	18402	10232	11342	3026
2010	191972	89.5	76375	3717	6338	19195	11040	72778	2528
2011	297394	54.9	210251	28549	5626	8044	8167	32705	4052
2012	189114	-36.41	70309	35386	16004	14630	12433	38471	1881

注:1.国土收入自1995年5月1日起由财政收缴;2.1995至2007年为纯收益入库;3.2008年起按国家规定实行毛收入入库。

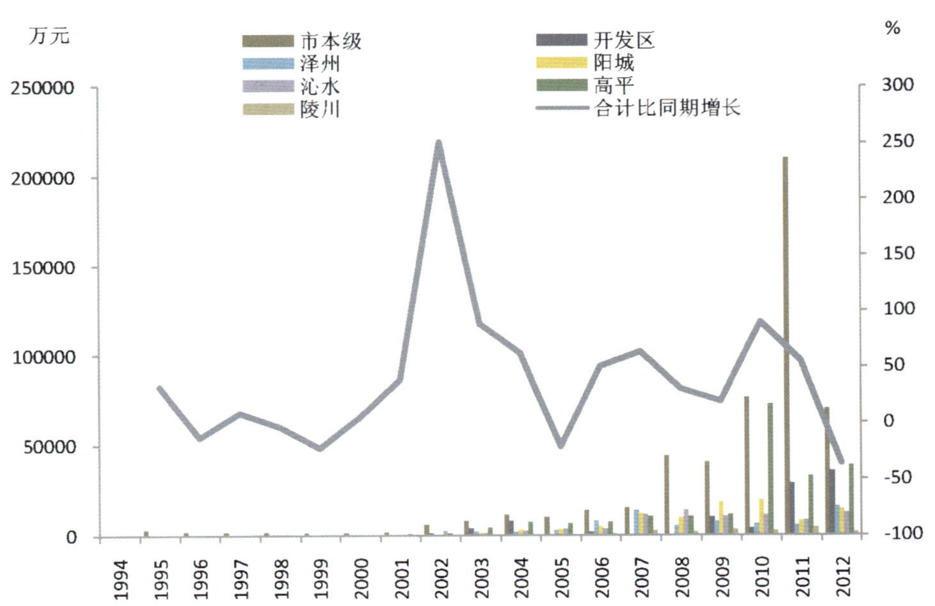

晋城市国有土地使用权收入及增长情况图(1994-2012年)

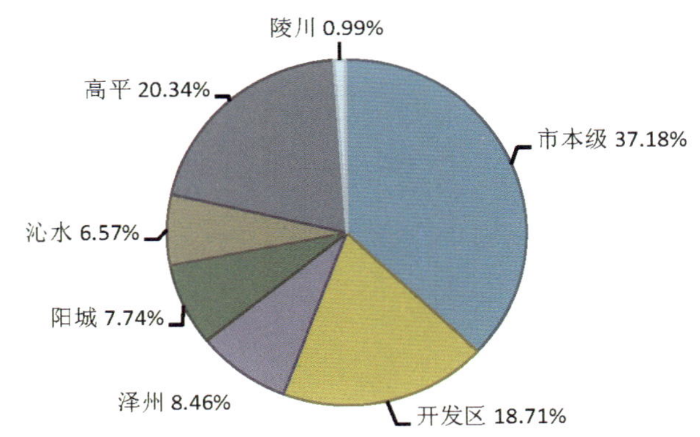

晋城市国有土地使用权收入分县(市、区)情况图(2012年)

表 16-4

晋城市福利彩票及福彩公益金收入情况表(2001-2012 年)

年份 \ 项目	福利彩票销售量(万元)	比同期增长(%)	提供福彩公益金收入(万元)	比同期增长(%)
2001	2400		840	
2002	2000	-16.7	700	-16.7
2003	1500	-25	525	-25
2004	4400	193.3	1540	193.3
2005	6600	50	2310	50
2006	14800	124.2	5180	124.2
2007	11900	-19.6	4165	-19.6
2008	9400	-21.1	3290	-21.1
2009	9700	3.2	3395	3.2
2010	11900	22.7	4165	22.7
2011	15800	32.8	5530	32.8
2012	19000	20.25	6650	20.25

注:晋城市福利彩票从 2001 年开始销售。

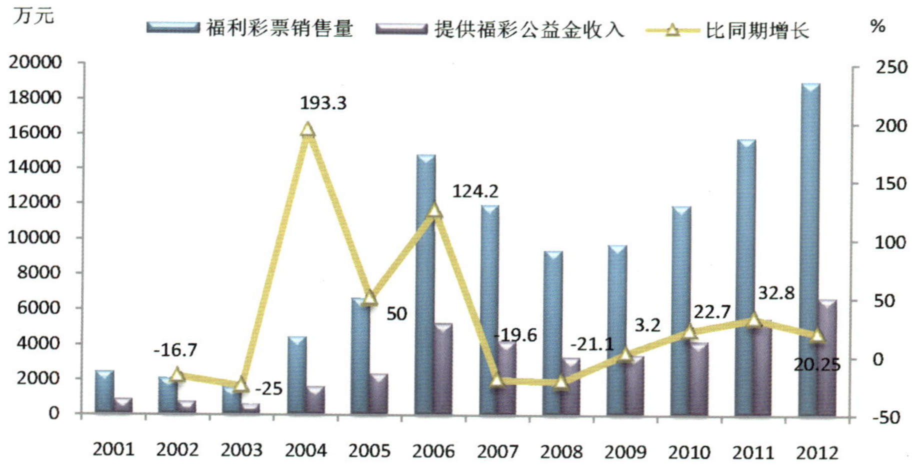

晋城市福利彩票及福彩公益金收入情况图(2001-2012 年)

表16-5

晋城市住房公积金缴存情况表(1994-2012年)

项目 年份	住房公积金缴存额(万元)	比同期增长(%)	住房公积金增值收益(万元)	比同期增长(%)
1994	160			
1995	278	73.7	11	
1996	566	103.89	0.32	-97.17
1997	662	16.81	148	46062.5
1998	842	27.24	53	-63.98
1999	1306	55.09	236	344.73
2000	1777	36.03	204	-13.71
2001	2604	46.54	206	1.08
2002	3218	23.57	242	17.49
2003	3610	12.16	27	-88.98
2004	3979	10.24	42	57.76
2005	6126	53.96	31	-24.89
2006	8005	30.68	153	385.89
2007	11674	45.83	159	4.12
2008	16002	37.07	144	-9.42
2009	20175	26.08	1327	822.44
2010	30185	49.61	1035	-22.02
2011	37536	24.35	199	-80.77
2012	49910	32.96	2543	1178.28

注:1.此款系市级缴存数;
2.住房公积金自1994年6月1日起施行。

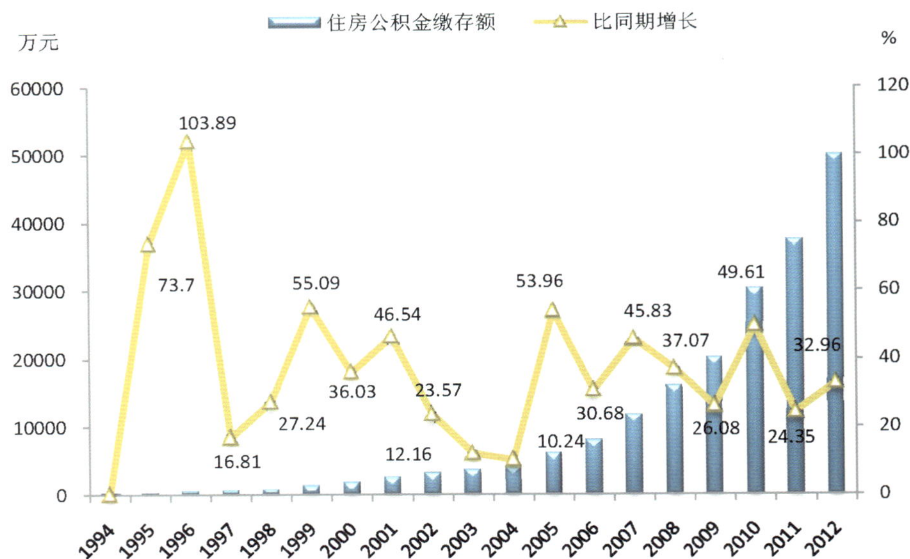

晋城市住房公积金缴存额变化情况图(1994-2012年)

财政名词解释

非税收入 是指除税收以外，由各级政府、国家机关、事业单位、代行政府职能的社会团体及其他组织依法利用政府权力、政府信誉、国家资源、国有资产或提供特定公共服务、准公共服务取得的财政资金，是政府财政收入的重要组成部分。政府非税收入管理范围主要包括：行政事业性收费、政府性基金、彩票公益金、国有资产有偿使用收入、国有资本经营收益、罚没收入、以政府名义接受的捐赠收入、主管部门集中收入、政府财政资金产生的利息收入等。

政府性基金 是指各级政府及其所属部门根据法律、行政法规和经国务院文件规定为支持特定公共基础设施建设和公共事业发展，向公民、法人和其他组织无偿征收的具有专项用途的财政资金。

行政事业性收费 是指依据法律、行政法规、国家有关规定、国务院财政部门会同价格主管部门共同发布的规章或者规定，以及省、自治区、直辖市的地方法规、政府规章或者规定，省、自治区、直辖市人民政府财政部门会同价格主管部门共同发布的 规定所收取的各项收费。

收支两条线 是指政府对行政事业性收费、罚没收入等财政非税收入的管理方式，即有关部门取得的非税收入与发生的支出脱钩，收入上缴国库或财政专户，支出由财政根据各单位履行职能的需要按标准核定的资金管理模式。

国有土地使用权出让收入 是指政府以出让等方式配置国有土地使用权取得的全部土地价款。具体包括：以招标、拍卖、挂牌和协议方式出让国有土地使用权所取得的总成交价款；转让划拨国有土地使用权或依法利用原划拨土地进行经营性建设应当补缴的土地价款；处置抵押划拨国有土地使用权应当补缴的土地价款；转让房改房、经济适用住房按照规定应当补缴的土地价款，改变出让国有土地使用权土地用途、容积率等土地使用条件应当补缴的土地价款，以及其他和国有土地使用权出让或变更有关的收入。国有资源管理部门依法出租国有土地向承租者收取的土地租金收入；出租划拨土地上的房屋应当上缴的土地收益；土地使用者以划拨方式取得国有土地使用权、依法向市、县人民政府缴纳的土地补偿费、安置补助费、地上附着物和青苗补偿费、拆迁补偿费用等费用一并纳入土地出让收入管理。

农村综合改革 是指农村税费改革取消村提留乡统筹、“两工”和农业税后，为巩固农村税费改革成果和建设社会主义新农村提供体制机制保障。主要内容是推进乡镇机构、农村义务教育和县乡财政管理体制改革；同时统筹推进粮食流通体制、征地制度和农村金融等方面的改革。目标是逐步建立精干高效的农村行政管理体制和运行机制。覆盖城乡的公共财政制度、政府保障的农村义务教育体制，以及农民增收减负的长效机制，促进农村经济社会全面协调可持续发展。

村级公益事业一事一议财政奖补 是农村税费改革取消村提留乡统筹、“两工”和农业税后，建立的村级公益事业建设的一种制度。村级公益事业建设实行通过村民大会或村民代表会议为主要形式的民主议事决策程序，建立“政府资助、村民参与、社会支持”的村级公益事业建设机制，坚持“农民自愿、量力而行、突出重点、注重实效、因地制宜、分类指导、加强管理，规范操作”的原则，推进城乡公共服务均等化，完善乡村治理机制，促进农村基层民主政治建设。

住房公积金 是指国家机关、国有企业、城镇集体企业、外商投资企业、城镇私营企业及其他城镇企业、事业单位、民办非企业单位、社会团体及其在职职工缴存的长期住房储金。

彩票公益金 是从彩票发行收入中按规定比例提取的专项用于社会福利、体育等社会公益事业的资金，按政府性基金管理办法纳入预算，实行“收支两条线”管理，专款专用，结余结转下年继续使用，不得用于平衡一般预算。

廉租住房配租 是指市、县（市、区）人民政府向符合申请廉租住房条件的城镇居民提供廉租住房，满足自住需求，并按照当地廉租住房规定面积和租金标准收取租金的保障方式。

公共租赁住房 是指限定建设标准和租金水平，面向城镇中等偏下收入住房困难家庭、新就业无房职工和外来务工人员出租，满足其自住需求的中小套型住房。

经济适用住房 是指政府组织建设，面向城市低收入住房困难家庭供应，满足其自住需求的小套型住房。

限价商品住房 是指限定套型面积、销售价格、销售对象和竞地价、竞房价的方式开发建设的，面向城市中等收入住房困难家庭供应，满足其自住需求的普通商品住房。

棚户区改造 是指采取“政府主导、群众参与、市场运作”的模式，对破旧、简陋、不具备基本的居住条件、不能保障居住安全的棚户区进行拆迁、改造和安置。

17 会计管理

MANAGEMENT ACCOUNTING

简要说明

本节主要内容及相关说明

会计管理主要内容包括会计科职能、执行的政策依据、财政数据和财政名词解释等。

会计管理工作职能：负责各项会计法规、会计制度的贯彻实施，组织全国会计专业技术资格考试和会计从业资格考试，依法对会计从业人员实施监督管理，对各单位的经济事项进行监督检查。

执行的政策依据：《中华人民共和国会计法》、《会计从业资格管理办法》、《小企业会计准则》、《企业会计准则》、《行政单位财务规则》、《行政事业单位内部控制规范》（试行）、《事业单位财务规则》、《事业单位会计准则》、《事业单位会计制度》等。

本节数据来源：山西省财政厅、山西省人力资源和社会保障厅文件、山西省会计管理信息系统。

表 17-1

晋城市会计专业技术资格考试合格人员统计表(1985-2012年)

单位:人

年 份	初级合格人员	中级合格人员
1985-1991		876
1992	230	40
1993	98	57
1994	234	104
1996	79	58
1997	125	137
1998	157	79
1999	216	92
2000	154	109
2001	180	29
2002	79	126
2003	114	71
2004	101	114
2005	91	120
2006	68	107
2007	59	75
2008	41	87
2009	60	79
2010	32	56
2011	96	41
2012	128	75
合 计	2342	2532

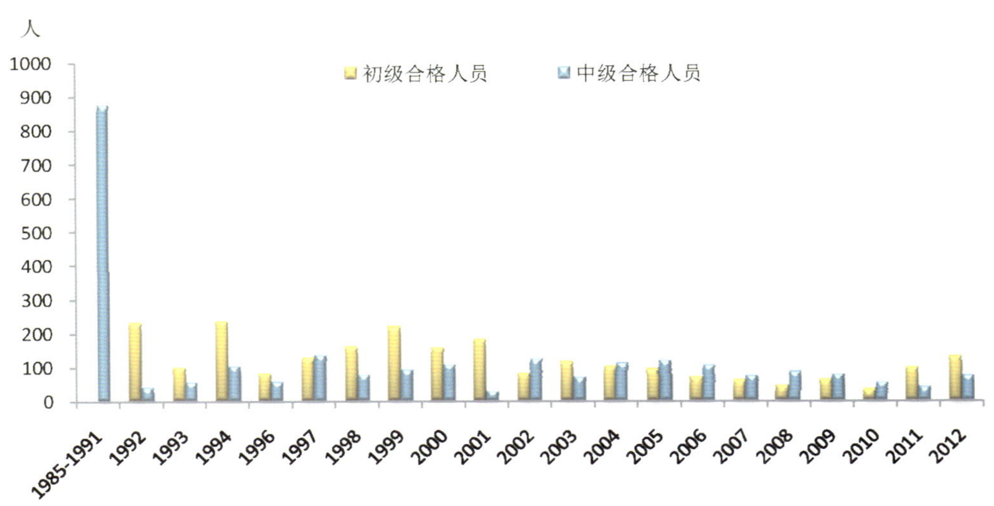

晋城市会计专业技术资格考试合格人员统计图(1985-2012年)

表 17-2

晋城市会计从业资格证统计表(2010-2012年)

单位:人

地 区	截至2010年底换证人数	发证人数		合 计
		2011	2012	
市 直	5848	565	364	6777
城 区	1663	175	262	2100
泽州县	1617	79	107	1803
高平市	2303	81	96	2480
阳城县	2601	174	186	2961
陵川县	798	31	26	855
沁水县	1109	42	40	1191
开发区	278	8	10	296
合 计	16217	1155	1091	18463

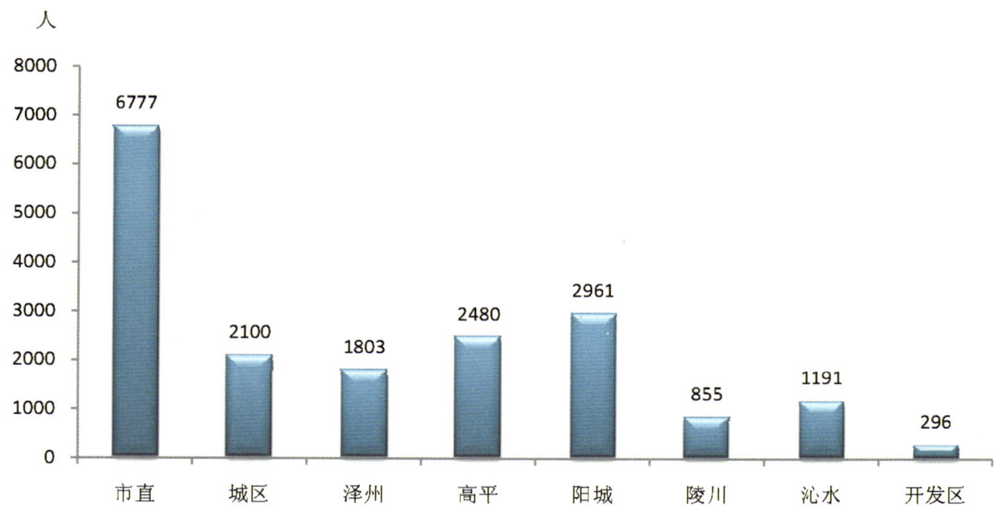

晋城市会计从业资格证统计图(2010-2012年)

财政名词解释

代理记账　是指根据《代理记账管理办法》设立从事会计代理记账业务的中介机构，为不具备记账条件的单位或者个人代理记账。

会计从业资格无纸化考试　是会计从业资格考试制度的一种新方式，即不使用纸张、笔墨，接受试题、答题、提交、阅卷全部在网络环境下运行。

18 国库集中支付

TREASURY CENTRALIZED PAYMENT

简 要 说 明

本节主要内容及相关说明

国库集中支付主要内容包括国库集中支付中心职能、执行的政策依据、重要政策变化情况、财政数据和财政名词解释等。

国库集中支付中心工作职能:负责制定和完善市级国库集中支付操作规程,保障国库集中支付业务的顺利开展,负责管理财政零余额账户,对市直纳入集中支付管理的行政事业单位进行系统账户开设及相关信息的录入,对单位申请的财政性资金内容进行审核,通过财政直接支付、财政授权支付两种方式支付、清算资金,并做好国库集中支付会计核算工作。

执行的政策依据:《晋城市市级财政国库管理制度改革试点方案》、《晋城市级单位财政国库管理制度改革资金支付管理办法》、《晋城市市级财政资金电子收支清算业务管理暂行办法》、《晋城市市级财政电子票据专用空白凭证管理办法》、《晋城市财政局工资统发管理办法》、《晋城市市级财政国库管理制度改革试点会计核算暂行办法》、《国库集中支付业务操作规程》、《晋城市市级预算单位公务卡管理实施办法》。

重要政策变化情况:2001年起推行机关事业单位干部职工工资由财政直接支付到个人工资账户,撤销行政事业单位部分银行账户,实行会计集中结算,选择部分专项支出项目实行报账制管理;2003年启动国库集中支付改革,具有代表性的6家主管部门及下属单位进行试点;2004年继续扩大试点规模,将重点建设项目资金纳入集中支付范围;2005年在144个市直部门一级预算单位实行集中支付;2007年、2008年推行公务卡试点改革;2009年9月初中以上学校纳入集中支付范围;2010年市级行政机关、全额事业单位全部实行集中支付;2011年集中支付系统启动经济科目,非预算单位的财政拨款采取集中支付方式办理;2012年市财政局国库支付科与晋城市财政局市直单位会计结算中心职能整合,成立晋城市国库集中支付中心,10月市级国库集中支付财政直接支付全部实施网上银行电子支付。

本节数据来源:实际业务情况。

表 18-1

晋城市本级国库集中支付预算指标统计数据表(2003-2012 年)

单位:万元

项目 \ 年份	2003	2004	2005	2006	2007	2008	2009	2010	2011	2012
合计	46630	90700	143999	191478	228927	276513	354951	570039	11397	877361
公共财政预算资金	39440	78784	99139	125595	139603	199313	314607	2905	17616	400048
基本支出	38403	43132	53118	72084	103506	153362	8492	21824	40380	81479
项目支出	56007	72477	67519	95807	161244	2551	11438	12297	22380	318569
政府性基金	164504		931	452	548	29	3904	5800	18093	255709
基本支出	17607	24324	25359	26892	42386	53232	72064	146411	46630	121
项目支出	90700	143999	191478	228927	276513	354951	570039	11397	39440	255588
国有资本经营预算资金										3557
基本支出										
项目支出										3557
安排收回单位上年净结余资金										9420
基本支出										
项目支出										9420
财政专户管理资金	20058	33532	32180	22983	259	981	1191	1196	1710	166113
基本支出	12095	11964	11617	2292	10457	11106	21183	18348	21438	1993
项目支出	20216	11366	17607	25255	25811	27440	42415	57136	77864	164120
财政代管资金	15075	14568	27107	42519	40860	46242	45594	67944	1293	42514
基本支出	3476	3057	3750	4684	16211	24083	20636	13781	11092	78
项目支出	24051	38769	36175	30031	21511	47309	15075	14568	27107	42436

表 18-2

晋城市本级国库集中支付累计支付资金统计数据表(2003-2012 年)

单位:万元

项目 \ 年份	2003	2004	2005	2006	2007	2008	2009	2010	2011	2012
合计		31472	60338	105762	127436	148790	192189	230720	428443	712410
公共财政预算资金		8651	27799	60308	71324	91139	108497	144261	254778	343824
基本支出		2583	14603	32622	36452	45802	64220	91429	137708	80860
项目支出		6068	13196	27685	34872	45337	44276	52833	117071	262964
政府性基金		2241	7616	8566	14903	11472	21243	24673	17403	189549
基本支出		189	731	987	890	971	9939	10371	10411	121
项目支出		2052	6885	7579	14013	10501	11304	14302	6992	189428
国有资本经营预算资金										3549
基本支出										
项目支出										3549
安排收回单位上年净结余资金										6968
基本支出										
项目支出										6968
财政专户管理资金		11759	15144	15828	15581	27715	28792	35619	108468	147318
基本支出			480	262	534	7	3083	3176	17408	1980
项目支出		11759	14664	15566	15047	27707	25709	32443	91060	145338
财政代管资金		8821	9778	21060	25628	18464	33657	26167	47793	21202
基本支出		482	1395	1368	1816	1514	10677	14669	10338	65
项目支出		8338	8383	19692	23812	16950	22981	11498	37456	21137

表 18-3

晋城市本级国库集中支付财政直接支付资金统计数据表（2003-2012 年）

单位：万元

项目 \ 年份	2003	2004	2005	2006	2007	2008	2009	2010	2011	2012
合　计		30002	55909	97710	119499	140898	191623	230634	428366	712305
公共财政预算资金		7679	24198	53795	65028	84623	108074	144212	254754	343782
基金预算资金		11710	14982	15312	15013	27274	28747	35605	108438	189509
国有资本经营预算资金										3549
安排收回单位上年净结余资金										6968
财政专户管理资金		2119	7333	8228	14544	11267	21200	24652	17380	147318
其他资金		8494	9396	20375	24915	17734	33602	26166	47793	21179

表 18-4

晋城市本级国库集中支付财政授权支付资金统计数据表（2003-2012 年）

单位：万元

项目 \ 年份	2003	2004	2005	2006	2007	2008	2009	2010	2011	2012
合　计		1470	4428	8052	7937	7892	566	86	77	105
公共财政预算资金		972	3601	6512	6296	6516	423	50	24	42
基金预算资金		49	162	516	568	440	45	14	30	40
国有资本经营预算资金										
安排收回单位上年净结余资金										
财政专户管理资金		122	283	338	359	205	43	21	23	
其他资金		327	382	686	713	731	55	1		23

表 18-5

晋城市本级国库集中支付单位数量统计数据表（2003-2012 年）

单位：万元

项目 \ 年份	2003	2004	2005	2006	2007	2008	2009	2010	2011	2012
合　计	22	40	141	156	185	197	233	291	522	546
预算单位	22	35	104	108	123	131	164	213	300	312
项目单位		5	37	48	62	66	69	78	87	87
非预算单位									135	147

表 18-6

晋城市本级国库集中支付数据统计表（2003-2012 年）

单位：万元

年份 \ 项目	预算指标	支付金额	其中		拒付金额
			财政直接支付	财政授权支付	
2003	12972	7072	6407	665	68
2004	46630	31472	30002	1470	335
2005	90700	60338	55910	4428	671
2006	143999	105762	97710	8052	1403
2007	191478	127436	119499	7937	1102
2008	228927	148790	140898	7892	1259
2009	276513	192189	191623	566	1101
2010	354951	230720	230634	86	4681
2011	570039	428443	428366	77	1754
2012	877361	712410	712305	105	2203

财政名词解释

国库集中支付 是指以国库单一账户体系为基础，以健全的财政支付信息系统和银行间实时清算系统为依托，将资金通过单一账户体系支付给收款人的制度。

国库单一账户 是指财政部门开设在中国人民银行的国库存款账户，用于记录、核算和反映纳入预算管理的公共财政预算资金和基金预算资金的收入和支出活动，并用于与财政零余额账户、单位零余额账户和特设专户进行清算。

财政专户 是指用于存储、核算和反映具有专项用途的财政性资金的财政账户。

财政零余额账户 是指财政部门按资金使用性质在商业银行开设的零余额账户，用于财政预算资金直接支付和与国库单一账户进行清算的财政账户。

单位零余额账户 是指用于预算单位财政授权支付，在用款额度内与国库单一账户、财政专户或财政代管资金账户进行清算的财政账户。

财政代管资金账户 是指用于存储、核算和反映预算单位实行国库集中支付改革取消实有资金账户后，集中纳入市财政代管帐户统一管理的资金。

财政备付金账户 是指用于存储、核算和反映市财政局在代理银行设立的国库集中支付清算备付资金。

特设专户 是指用于记录、核算和反映财政特殊专项资金的收入和支出活动，并用于与国库单一账户进行清算的财政账户。

财政直接支付 是指财政部门开具直接支付令，通过国库单一账户体系，将财政资金直接支付到收款人(即商品和劳务供应者)或用款单位账户。财政直接支付适用于工资性支出、购买性支出和转移支出。

财政授权支付 是指预算单位根据财政授权，自行开具支付令，通过国库单一账户体系，将财政资金直接支付到收款人或用款单位账户。财政授权支付适用于预算单位的零星支出。

公务卡 是指市级预算单位工作人员持有的以“628”开头的银联卡，主要用于日常公务支出和财务报销业务的信用卡。

19 政府采购

GOVERNMENT PROCUREMENT

简 要 说 明

本节主要内容及相关说明

政府采购主要内容包括政府采购管理办公室职能、执行的政策依据、财政数据和财政名词解释等。

晋城市人民政府采购管理办公室于2002年6月份成立，主要职能为负责市级政府采购管理监督工作；宣传、贯彻和执行《中华人民共和国政府采购法》及相关法律法规；拟定晋城市政府采购相关制度及办法，制定市级政府集中采购目录；会同业务科室编制年度政府采购部门预算；受理市级单位政府采购计划并汇总下达；指导全市政府采购业务工作，对市级政府采购活动全程监管；负责市级评标专家库及政府采购信息库的管理；负责采购资金的确认和支付申请的审核；受理本级政府采购投诉事宜；负责全市政府采购信息的统计、汇总、分析和上报。

执行的政策依据有：《中华人民共和国政府采购法》、《中华人民共和国招投标法》、《政府采购货物和服务招标投标管理办法》、《政府采购信息公告管理办法》、《政府采购供应商投诉处理办法》、《政府采购评审专家管理办法》、《晋城市财政局协议供货商管理办法(试行)》。

本节数据来源：晋城市、市本级《政府采购信息统计表》(2002-2012年)。

表 19-1

晋城市政府采购指标总表(2002-2012年)

单位:万元

年份 / 目标任务	2002	2003	2004	2005	2006	2007	2008	2009	2010	2011	2012	合　计
采购预算	9888	11748	22246	31166	34991	46126	54137	66286	69601	78186	134519	558893
采购金额	8750	10066	19530	27616	30310	41502	48734	61098	64153	70523	120908	503189
节约资金	1138	1682	2716	3550	4681	4624	5403	5188	5448	7663	13611	55704
节资率(%)	11.5	14.3	12.2	11.4	13.4	10.0	10.0	7.8	7.8	9.8	10.12	9.97

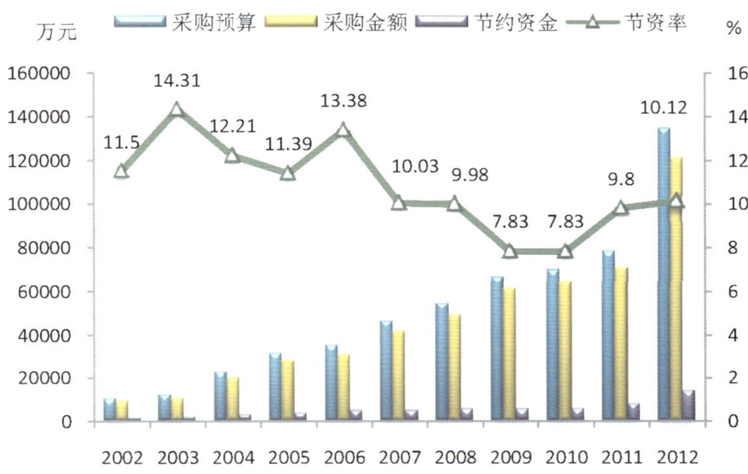

晋城市政府采购节约资金情况图(2002-2012年)

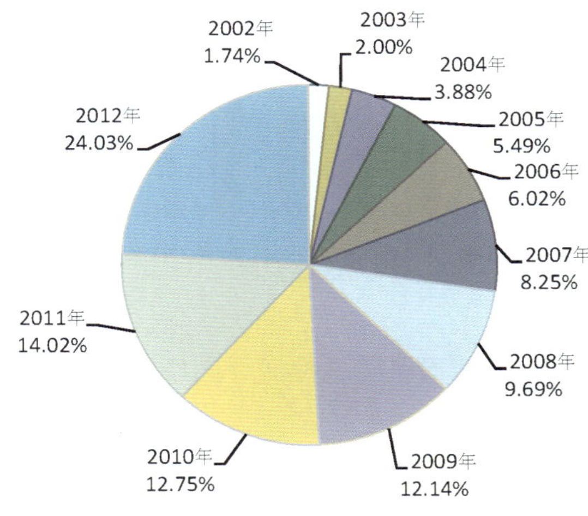

晋城市政府采购金额占比图(2002-2012年)

表19-2

晋城市本级政府采购指标统计表(2002-2012年)

单位:万元

目标任务＼年份	2002	2003	2004	2005	2006	2007	2008	2009	2010	2011	2012	合　计
采购预算	2953	6028	12422	17606	18806	25816	30899	39324	37294	39852	80642	311641
采购金额	2666	5083	10998	15966	17557	23517	27910	36502	34700	36512	72792	284204
节约资金	287	945	1424	1640	1249	2299	2989	2822	2594	3340	7850	27437
节资率(%)	9.72	15.68	11.46	9.31	6.64	8.90	9.67	7.18	6.95	8.38	9.73	8.80

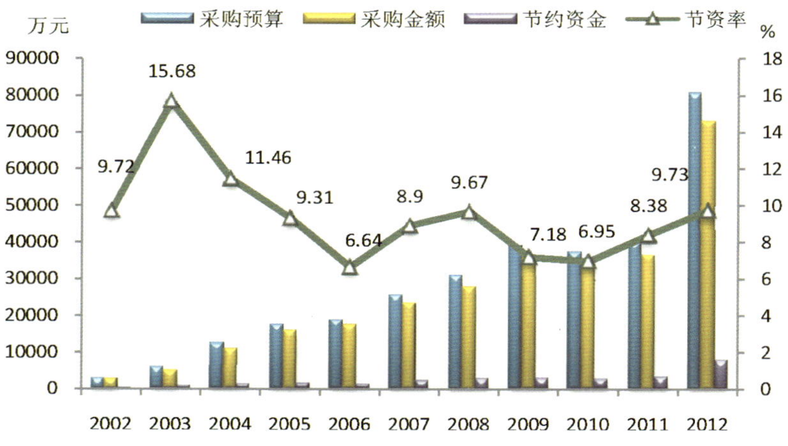

晋城市本级政府采购指标统计图(2002-2012年)

表 19-3

晋城市政府采购明细指标统计表(2002-2012 年)

单位:万元

目标任务 \ 年份		2002	2003	2004	2005	2006	2007	2008	2009	2010	2011	2012	合　计
采购类别	货　物	8664	8089	15624	20770	21823	28601	34268	46614	42855	53067	77809	358184
	工　程	86	1524	3297	5765	7882	12320	13702	13705	17131	15439	38565	129417
	服　务		453	609	1081	604	580	765	778	4166	2017	4534	15589
	合　计	8750	10066	19530	27616	30310	41502	48734	61098	64153	70523	120908	503189
组织形式	集中采购	8750	8550	18919	25675	30127	34555	46304	60200	57423	58038	118513	467054
	部门集中采购		1189	503	1307	183	6259	1900	870	6476	2012	1854	22551
	分散采购		327	109	635		687	530	28	254	10473	541	13583
	合　计	8750	10066	19530	27616	30310	41502	48734	61098	64153	70523	120908	503189
采购方式	公开招标	7232	6242	12818	11924	13730	25744	25409	35666	35842	40645	86974	302226
	邀请招标	104		730	2431	2458	1049	1991	2022	3964	2014	4005	20766
	竞争性谈判	477	1123	1780	4861	2092	3590	4022	4849	4007	2920	4575	34296
	询　价	511	678	639	7149	6822	9327	10206	9672	7785	9696	9676	72161
	单一来源	426	1058	1892	1251	1292	1792	3522	3784	7159	11110	15678	48963
	其　他		965	1671		3916		3584	5105	5397	4138		24776
	合　计	8750	10066	19530	27616	30310	41502	48734	61098	64153	70523	120908	503189

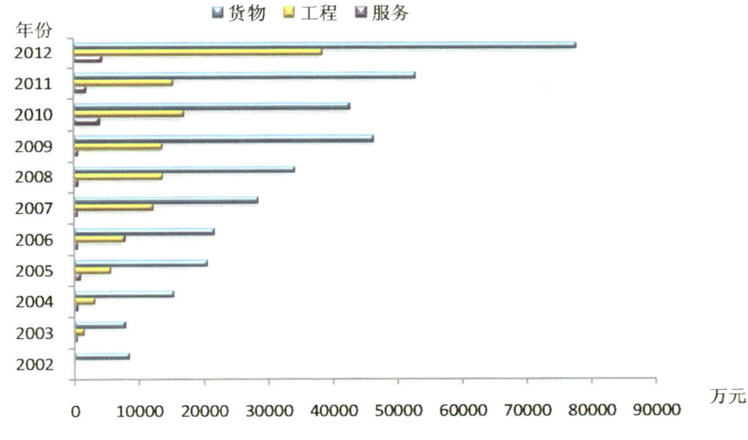

晋城市政府采购类别图(2002-2012 年)

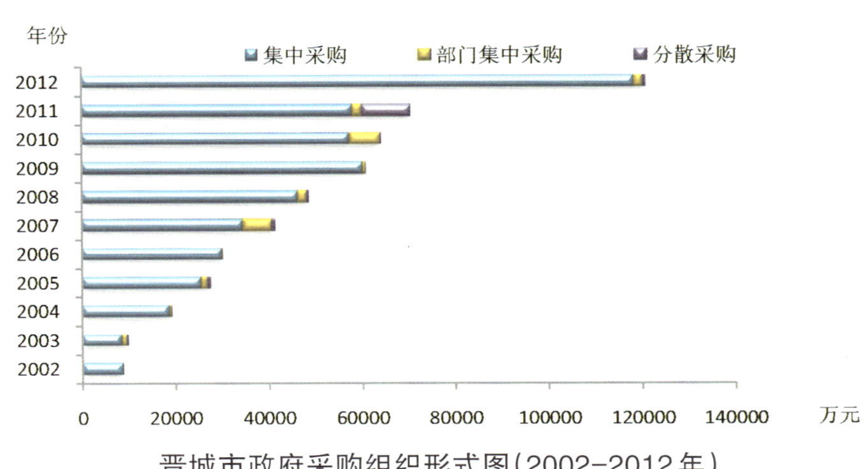

晋城市政府采购组织形式图(2002-2012 年)

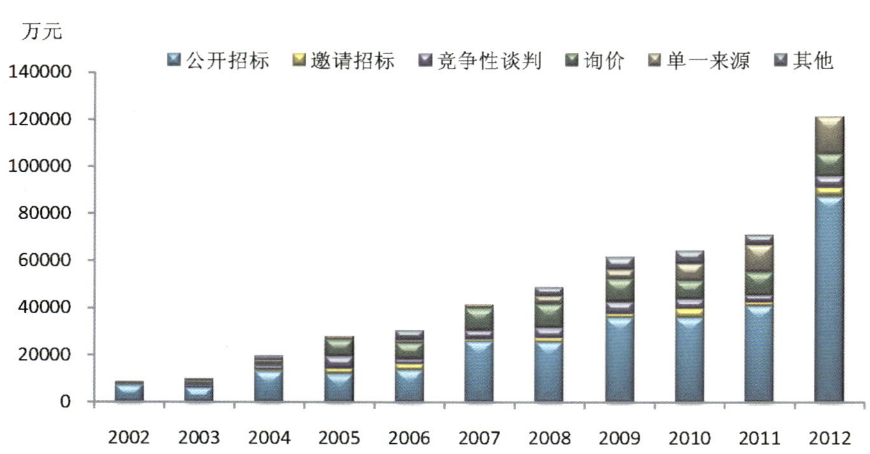

晋城市政府采购方式图（2002–2012年）

表19–4

晋城市本级政府采购明细指标统计表（2002–2012年）

单位：万元

目标任务 \ 年份		2002	2003	2004	2005	2006	2007	2008	2009	2010	2011	2012	合 计
采购类别	货 物	2562	4626	9687	12227	13262	16195	20775	27488	27395	30516	45369	210103
	工 程	104	265	1064	3431	4150	7168	6850	8959	6805	4633	24671	68099
	服 务		192	247	308	145	155	285	55	500	1363	2752	6002
	合 计	2666	5083	10998	15966	17557	23517	27910	36502	34700	36512	72792	284204
组织形式	集中采购	2666	4118	10998	15620	15749	21567	25116	35501	29723	30100	72433	263591
	部门集中采购		837		346	1652	1812	2535	1001	4599	5996		18778
	分散采购		128			156	138	259		379	416	359	1835
	合 计	2666	5083	10998	15966	17557	23517	27910	36502	34700	36512	72792	284204
采购方式	公开招标	1448	2750	4047	9658	10377	17412	17954	24288	20450	22350	55894	186629
	邀请招标	104		730					100			1343	2277
	竞争性谈判	377	608	1628	3822	1049	2354	2463	3362	2550	2114	3271	23597
	询 价	411	425	546	1419	1591	2297	3061	2475	1663	795	2932	17615
	单一来源	326	335	2376	1067	624	1455	848	1172	4640	7115	9351	29310
	其 他		965	1671		3916		3584	5105	5397	4138		24776
	合 计	2666	5083	10998	15966	17557	23517	27910	36502	34700	36512	72792	284204

财政名词解释

政府采购 是指各级国家机关、事业单位和团体组织，使用财政性资金采购依法制定的集中采购目录以内的或者采购限额标准以上的货物、工程和服务的行为。

政府采购制度 是指政府采购政策、采购实体、采购范围、采购管理等具体规定的总称。

政府采购计划 是指财政部门依据政府采购预算，按采购目录或采购品目汇编的反映各采购单位需求情况及实施要求的计划。

政府采购当事人 是指在政府采购活动中享有权利和承担义务的各类主体，包括采购人、供应商和采购代理机构等。采购人是指依法进行政府采购的国家机关、事业单位、团体组织；集中采购机构为采购代理机构，是非营利事业法人，根据采购人的委托办理采购事宜；供应商是指向采购人提供货物、工程或者服务的法人、其他组织或者自然人。

政府采购资金 是指采购机构采购货物、工程和服务时支付给供应商的酬劳或价金。我国有关单位进行政府采购的资金一般包括以下三部分：一是预算资金，即财政预算安排的资金，包括预算执行过程中追加的资金；二是预算外资金，即指按规定缴入财政专户和经财政部门批准留用的未纳入财政预算收入管理的财政性资金；三是采购单位的自筹资金，单位自筹资金是指采购机构按照政府采购拼盘项目要求，按规定用单位自有资金安排的资金。

政府采购模式 政府采购实行集中采购和分散采购相结合的采购模式。纳入集中采购目录的政府采购项目，实行集中采购，集中采购目录之外、采购限额标准以上的项目由采购人委托代理机构分散采购。

政府采购方式 包括公开招标、邀请招标、竞争性谈判，以及单一来源采购、询价、国务院政府采购监督管理部门认定的其他采购方式。

集中采购 是指政府采购的一种组织实施形式，由政府将具有规模包括批量规模的采购项目纳入集中采购目录，统一由集中采购机构开展采购活动，从而获得政府采购的规模效益。

协议供货 是指通过公开招标等方式，确定特定政府采购项目的中标供应商及中标产品的价格和服务条件，并以协议书的形式固定，由采购人在供货有效期内自主选择中标供应商及其中标产品的一种采购形式。定点采购是协议供货的一种特殊形式，主要适用于通用服务类采购项目。

公开招标采购 是指采购中心或委托的政府采购业务机构（统称招标人），以招标公告的形式邀请不特定的供应商（统称投标人）投标的采购方式。

询价采购 是指对三家以上的供应商提供的报价进行比较，以确保价格具有竞争性的采购方式。

合同价 是指根据合同规定卖方在正确地完成履行合同义务后买方应支付给卖方的价格。

20 财政投资评审

FINANCIAL INVESTMENT EVALUATION

简要说明

本节主要内容及相关说明

财政投资评审主要内容包括投资评审中心职能、执行的政策依据、财政数据和财政名词解释等。

财政投资评审中心于2003年11月成立，是直属晋城市财政局管理的自收自支科级事业单位，主要是运用工程经济和财政管理的手段，对财政投资项目的造价进行技术性审核和评价，履行以下职责：组织具有执业资格的专业人员依法开展评审工作，保证评审结论的真实性、准确性、合法性；实行内部复审复查制度；建立严格的项目档案管理制度，完整、准确、真实地反映和记录项目评审情况，认真收集和保管评审资料；未经财政部门批准，评审中心有关人员，不得以任何形式对外提供、泄露或者公开评审项目的有关情况；不得向被评审单位收取任何费用。

执行的政策依据有：《财政投资评审管理规定》、《财政投资项目评审操作规程》、《基本建设财务管理规定》、《中华人民共和国预算法》、《中华人民共和国预算法实施条例》、《中华人民共和国政府采购法》、《中华人民共和国招标投标法》、国家有关基本建设投资项目管理的法律法规和规章、国家主管部门及地方有关部门颁布的建设工程标准、定额和工程技术规范等。

本节数据来源：日常实际评结项目。

表 20-1

晋城市财政投资评审中心项目评审情况总表(2003-2012年)

年份	项目(个)	送审额(万元)	审定额(万元)	审减额(万元)	审减率(%)
2003	6	680	483	197	28.97
2004	54	36642	30231	6411	17.50
2005	149	54771	41674	13097	23.91
2006	180	99672	80212	19460	19.52
2007	222	126753	106359	20394	16.09
2008	240	108828	91191	17637	16.21
2009	318	134534	114836	19698	14.64
2010	335	202488	185349	17139	8.46
2011	283	168443	152047	16396	9.73
2012	334	265684	237428	28256	10.64
合　计	2121	1198495	1039809	158686	13.24

注:评审项目个数为每年评审中心接受局科室委托项目数量,送审额为局科室委托项目评审资金,审定额为评审中心经过审核后最终审定的投资资金,审减额为送审金额与审定金额之差,审减率为审减额占送审额的百分比。

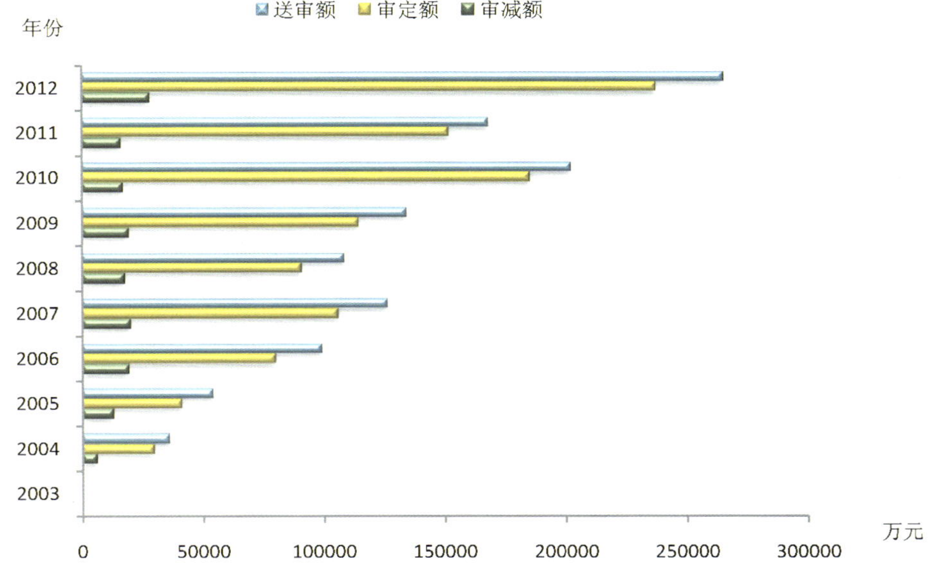

晋城市财政投资评审中心项目评审情况图(2003-2012年)

表20-2

晋城市财政投资评审中心分季度项目评审情况表(2012年)

季　　度	项目 (个)	送审额 (万元)	审定额 (万元)	审减额 (万元)	审减率 (%)
1季度	13	2542	1869	672	26.46
2季度	99	147267	132978	14290	9.70
3季度	111	38530	33962	4568	11.86
4季度	111	77345	68619	8726	11.28
合　　计	334	265684	237428	28256	10.64

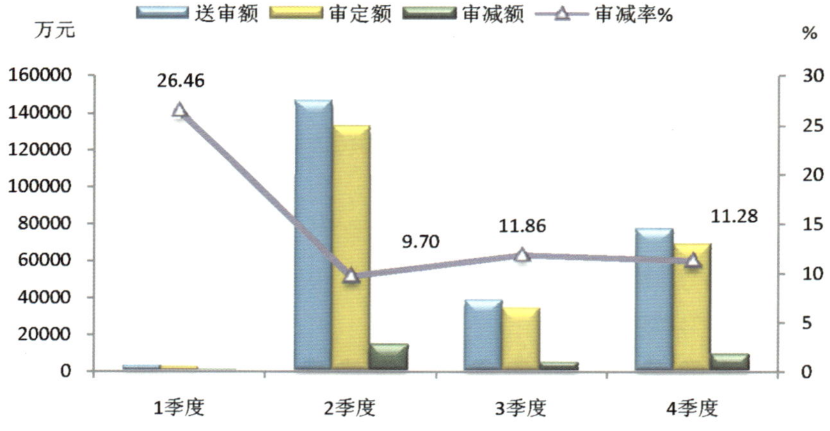

晋城市财政投资评审中心分季度项目评审情况图(2012年)

财政名词解释

财政投资评审 是指通过运用专业技术评审手段,对使用财政资金的基本建设项目和专项支出的必要性、可行性、合理性及资金来源等方面进行评审论证,对不合规行为实施监督,避免财政资金支出的盲目性和随意性,从而提高财政资金使用效益,更好的服务于财政中心工作。财政投资评审是财政职能的重要组成部分,是强化财政支出预算管理的重要环节。

21 企业担保工作

ENTERPRISE GUARANTEE WORK

简要说明

本节主要内容及相关说明

企业担保工作主要内容包括企业担保公司职能、财政数据等。

晋城市中小企业信用担保有限公司是由晋城市财政局、泽州县国有资产管理处、阳城县财政局三方共同出资，于2003年6月3日注册成立的不以营利为目的，专门为中小微企业融资提供信用担保的政策性担保公司。公司服务对象主要是在晋城市辖区内依法设立、正常经营的中小微企业。

本节数据来源：历年担保业务情况及实际业务数据。

表21-1

晋城市担保公司企业贷款担保业务逐年情况表(2003-2012年)

单位:个、万元

年份	项目	合计	城区	泽州县	高平市	阳城县	陵川县	沁水县	开发区
2003	户数	8	7					1	
	笔数	10	9					1	
	金额	1220	920					300	
2004	户数	26	22	3					1
	笔数	63	50	5					8
	金额	9637	7387	940					1310
2005	户数	38	31	3	2			1	1
	笔数	108	64	5	2			1	36
	金额	19045	11265	1200	2400			1190	2990
2006	户数	51	38	6		2		2	3
	笔数	144	82	10		3		3	46
	金额	27092	12595	3920		377		6290	3910
2007	户数	53	41	5	1	1		1	4
	笔数	181	91	7	3	1		28	51
	金额	26391	17962	1530	210	300		993	5396
2008	户数	50	33	5	4	2		1	5
	笔数	131	75	5	4	2		1	44
	金额	29605	19430	1025	1700	1200		300	5950
2009	户数	65	35	7	3	9		2	9
	笔数	131	68	10	7	11		2	33
	金额	44710	20470	4550	3190	5100		1900	9500
2010	户数	85	47	8	3	15	1	3	8
	笔数	145	71	12	6	19	1	5	31
	金额	53652	26102	5750	3100	8890	360	2250	7200
2011	户数	75	33	14	4	12	1	2	9
	笔数	124	51	16	4	18	1	2	32
	金额	59315	18165	8120	3600	9400	400	800	18830
2012	户数	67	28	12	3	14		1	9
	笔数	110	54	14	3	22		1	16
	金额	56835	18200	8650	2500	10600		1000	15885

注:本表"户数"是当年实际进行担保企业户数。以前年度担保贷款企业,当年仍有担保业务的也计入其中。

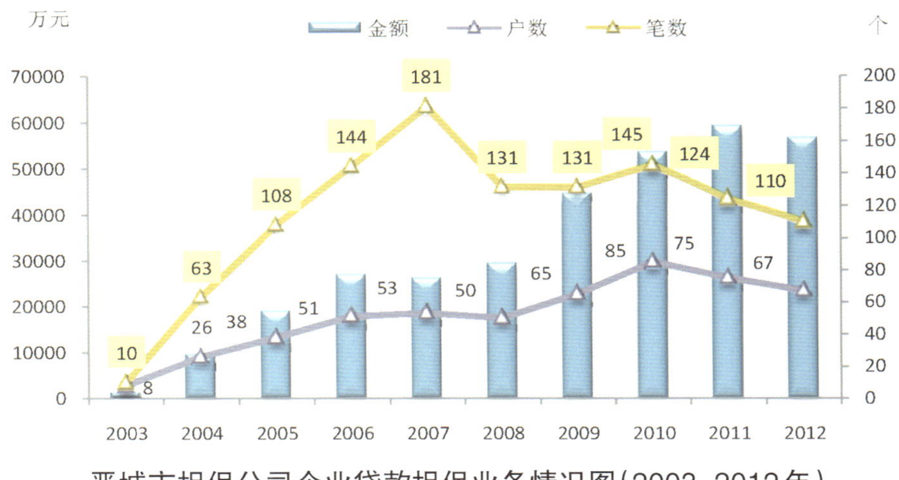

晋城市担保公司企业贷款担保业务情况图(2003-2012年)

表21-2

晋城市担保公司政策性担保业务逐年情况表(2005-2012年)

单位:个、万元

年份		2005		2006		2007		2008		2009			2010			2011				2012				合计			
项目		自主创业	集中安置就业企业	自主创业	集中安置就业企业	自主创业	集中安置就业企业	自主创业	集中安置就业企业	自主创业	集中安置就业企业	大学生村干部	自主创业	集中安置就业企业	大学生村干部	自主创业	集中安置就业企业	大学生村干部	妇女创业	自主创业	集中安置就业企业	大学生村干部	妇女创业	自主创业	集中安置就业企业	大学生村干部	妇女创业
全市合计	笔数	222	2	116	2	168	1	23	2	18		12	14	5	2	24	2	6	42	39	2	17	161	678	16	37	203
	金额	392	200	224	80	335	30	46	150	36		36	67	730	10	118	400	30	259	194.5	200	85	1253	1520.5	1790	161	1512
市本级	笔数	74		34	2	53	1	20		18			14	2		24	1			39	2			312	8		
	金额	147.5		68	80	106	30	40		36			67	320		118	200			194.5	200			849	830		
城区	笔数	6		9		10													10				9	25			19
	金额	12		17		20													71				69	49			140
泽州县	笔数	31		21		36		1											6				10	90			16
	金额	62		42		72		2											33				80	180			113
高平市	笔数	13		13		5						6						6	6			2	16	38		14	22
	金额	26		25.5		9						18						30	36			10	119	74.5		58	155
阳城县	笔数	27		39					1			3		2			1		6			15	7	66	4	18	13
	金额	13.5		71.5					100			9		310			200		33			75	44	85	610	84	77
陵川县	笔数	30				19		2	1			3		1	2				6				69	51	2	5	75
	金额	49				38		4	50			9		100	10				31				547	91	150	19	578
沁水县	笔数	41	2			45													8				49	96	2		57
	金额	82	200			90													55				389	192	200		444
开发区	笔数																						1				1
	金额																						5				5

表21-3

晋城市担保公司企业贷款担保业务累计情况表(2003-2012年)

单位:个、万元

年份	项目	合计	城区	泽州县	高平市	阳城县	陵川县	沁水县	开发区
2003	户数	8	7					1	
	笔数	10	9					1	
	金额	1220	920					300	
2004	户数	29	24	3				1	1
	笔数	73	59	5				1	8
	金额	10857	8307	940				300	1310
2005	户数	53	45	3	2			2	1
	笔数	181	123	10	2			2	44
	金额	29902	19572	2140	2400			1490	4300
2006	户数	83	65	8	2	2		3	3
	笔数	325	205	20	2	3		5	90
	金额	56994	32167	6060	2400	377		7780	8210
2007	户数	101	80	9	3	2		3	4
	笔数	506	296	27	5	4		33	141
	金额	83385	50129	7590	2610	677		8773	13606
2008	户数	126	95	12	6	4		4	5
	笔数	637	371	32	9	6		34	185
	金额	112990	69559	8615	4310	1877		9073	19556
2009	户数	157	110	15	7	12		5	8
	笔数	768	439	42	16	17		36	218
	金额	157700	90029	13165	7500	6977		10973	29056
2010	户数	195	133	18	8	21	1	6	8
	笔数	913	510	54	22	36	1	41	249
	金额	211352	116131	18915	10600	15867	360	13223	36256
2011	户数	212	142	22	9	22	1	7	9
	笔数	1037	561	70	26	54	2	43	281
	金额	270667	134296	27035	14200	25267	760	14023	55086
2012	户数	224	150	24	9	24	1	7	9
	笔数	1147	615	84	29	76	2	44	297
	金额	327502	152496	35685	16700	35867	760	15023	70971

注:本表格中"户数"是累计不重复企业户数。

表21-4

晋城市担保公司实收资本逐年增长情况统计表(2003-2012年)

单位:万元

项目 \ 年份 / 数据		2003	2004	2005	2006	2007	2008	2009	2010	2011	2012
实收资本		1200	3200	3200	5200	10200	10200	13200	13675	20820	20820
其中:	市本级	1000	2000		2000	5000		3000		7000	
	泽州县	100									
	阳城县	100									
	上级拨补								475	145	

财政名词解释

政策性担保机构 是指由政府出资设立，不以盈利为目的，专门从事为中小企业融资服务的担保机构。

22 城区财政工作

CHENG QU FINANCIAL WORK

综　述

【概　况】 2012年城区财政狠抓增收调支，推行科学精细管理，大力构建民生财政，支持经济和社会事业发展，财政工作取得突出成绩。财政总收入完成115926万元，为年初计划的118.29%，比上年增长37.7%，增收31740万元。公共财政收入完成70166万元，为年初计划的116.17%，比上年增长34.93%，增收18165万元。全区财政总收入突破11亿元，财政总收入和公共财政收入增幅位居全市第一。

【收入征管】 为促进财政增收，城区财政加强组织收入协调工作，三管齐下，狠抓征管。一是不断加大综合治税力度。重点落实目标任务、信息报送、项目管理、工程税收征管及属地征收五项措施，管住新上、在建项目58个，新增属地纳税管户162个，清理检查纳税户383个，清理收缴入库税款7116万元。二是不断强化财政收入征管。财政局及时掌握全区经济发展和财政收入趋势，同收入征管各部门密切协调征收，加强个体工商业户定额管理，加强房屋租赁及各类专业市场、专卖店(连锁店)、各居委(办事处)的税收监管，对重点工程项目税收实行台账管理制度，启用非税收入收缴管理系统，加强非税收入征缴力度。三是不断加强财源调查分析。2012年7月份，在全区抽取不同行业、不同规模、不同经济制度的15个代表性企业进行所得税源调查分析，摸清企业所得税底子，掌握组织收入主动权，为财政征收提供决策依据，并对东方玻璃、山西宇光、柏基菌业三个企业进行重点产品国际竞争力调查。

【改善民生】 城区财政在预算安排上进一步加大优化支出结构力度，使全区60%以上财力用于民生。按照“有保、有压、有增”的预算安排原则，正确区分处理全区经济、社会、民生发展等方面的需要，严格落实保基本、保增长、保法定及稳物价资金，大力压缩一般行政性经费和“三公”经费，尽可能增加经济发展引擎项目、社会事业、民生实事项目及重点工程建设的投入，使城区薄弱财政发挥最大物质保障作用。2012年公共财政支出110142万元，用于教育、科技、农业、社会保障、就业、医疗卫生、保障性住房及文化事业等民生项目支出76843万元，占财政总支出的69.8%，比上年增长37.98%，体现出“民生财政”的特色。其中，教育支出32213万元，占财政支出的29.27%，剔除上级教育专项及转移支付7392万元，教育支出为24821万元，占财政支出的24.18%；科技支出1001万元，占财政支出0.9%，比上年增长40.2%；农业支出11463万元，占财政支出10.42%，比同期增长69.75%；确保教育、科技、农业支出的法定增长需要。通过优化支出，各项民生支出大幅增长，全年社会保障支出11045万元，占财政支出10.03%，同口径比上年增长15.1%；医疗卫生支出7042万元，占财政支出6.4%，比上年增长22.34%。与此同时，一般性行政经费支出13169万元，增幅比上年下降14.84%。城区财政不断调整优化支出结构，增加民生投入，办民生实事，加快全区社会事业发展。一是2012年随着全区城乡义务教育经费保障机制的全面落实，全区学校基础设施、教学装备、教学环境明显提升。二是财政投入2842万元为8157名失地农民补缴养老保险金，解决失地农民社会养老保障问题。三是加大基层医疗投入，城乡基层文化、卫生站场所建设和基础设施设备明显改善。四是加大对社区网格化管理投入，一次为780名社区工作者缴付五项保险956万元，并建立起以后年度续保经费保障机制。五是每年投入资金130多万元，专项用于环卫工早晨就餐，被环卫工人称作“贴心早餐”行动。

【保障项目】 城区财政抓住“重点项目”建设主题，把保障全区中心工作和重点工程建设资金需要，作为财政工作的重中之重，主要采取三条措施。一是积极争取上级资金支持重点工程建设；2012年城区支持重点工程各级财政投入33581万元，其中，区级投入2800多万元，比上年增长30%，支持晋城大医院建设、前进路棚户区改造、二院住院楼项目、新建汇仟小学、白马接待中心亮化工程、120急救中心、卫生监督所、职业中学二期工程等重点项目建设。二是为重点工程建设提供优质的资金管理服务；所有重点项目建设资金一律纳入国库集中支付管理，确保资金的及时安全到位。三是加大本级财政对重点工程建设的投入；区本级投入资金2600多万元，加快重点建设。为完成政府12项为民实事工作投入资金6852万元，区本级投入3984万元，保证为民实事项目的及时兑现。四是及时保证拆迁补偿拨付到位。及时核拨兰花置业4478万元，用于晋城市蔬菜公司、四粮店及周围居民拆迁补偿费用。

【财政惠农】 城区财政以推动农业发展、改善农村环境、促进农民增收为主，加大“三农”投入力度，加快实现城乡一体的发展目标。2012年全区投入“三农”资金24297万元，占财政支出的22.1%，比上年增长78%，有力支持新农村建设。一是及时补贴促进农民增收。全年拨付粮食直补、综合直补、良种补贴等种粮补贴，家电

综 述

及汽车摩托下乡补贴，特色养殖种植补贴、保险及农村义务教育困难生寄宿补贴等资金4077万元，收到增收减负效果。二是加大投入，实现社会保障全覆盖。继续提高农村各项社会保障标准，全年投入新农保、新农合、农村低保、医疗救助、救济救灾等资金2702万元，比上年增长15.2%，新农合参保率达到99.06%，新型农村养老保险参保农民35516人，占全区农村人口60091人的59%。三是支持加快农业生产发展。支持农业产业化发展、农产品质量安全体系建设，发展"一村一品"，实施农村改厕改水，加强农田水利建设，开展农村绿化，加强森林防火等，投入农业生产资金1652万元。四是全面落实新"五项全覆盖"政策改善农村环境。为实现全覆盖，共投入农村街巷硬化，万村千乡便民店，职业中学免学费、助学金、住宿费以及农村基层文化、体育活动场所设施建设资金3860万元，较大的改善了农村生产生活环境。五是支持加快农村社会事业建设和发展。加大农村公益事业、基本公共服务投入，落实农村一事一议财政奖补政策，加大农村义务教育经费投入，加强农村薄弱学校改造，实行农村计生家庭奖励和残疾人就业培训政策，投入资金2776万元，促进农村教育、医疗、卫生等公共服务的发展。

【财源建设】 城区财政将促进经济转型作为财源建设重点，积极支持发展新兴产业、现代服务业和商贸物流业发展。一是加强重点企业发展能力。全年投入资金800多万元，以财政贴息方式，为重点清洁环保型工业企业解决信贷资金3000多万元，为商贸物流企业融资6700万元，撬动金融信贷资金近1亿元，支持新华、宇光、恒光等企业完成技术改造，推动国贸、豪德、凤展新时代、晋邦大酒店等一批高端商贸企业按期开业运营。二是改善中小微企业融资环境。加强中小微企业信用担保体系建设，为区政策性担保机构注入资本金1000万元，提高担保能力，为23个小微企业提供担保贷款1500万元，改善小微企业融资环境。拨付建设银行助保贷基金500万元，为11家中小企业争取助保贷款3050万元。三是落实促进扩大内需政策。积极落实"家电下乡"、"汽车摩托车下乡"补贴及"家电以旧换新"政策，扩大农村消费，仅"家电下乡"一项累计发放补贴资金7641万元，其中，2012年发放补贴资金3057万元，居全市之首，拉动消费近3亿元。四是清理返还煤炭资源价款。清理返还2010年以后企业所缴各级财政煤炭资源价款3978万元，帮助煤炭企业盘活资金，实现生产转型。

【财政改革】 城区财政围绕壮大财政实力、强化财政管理、优化财政服务目标，不断引深财政改革，财政管理机制日趋完善。一是全面深化国库集中支付制度改革。2012年以来，成立国库科和国库支付中心管理机构，在原国库集中支付基础上，进一步规范国库单一账户体系和财政资金支付程序流程，并建立严格的内部牵制制度。2012年撤销预算单位银行账户14个，清理财政专户21个，归并资金24458万元，实行集中支付单位118个，覆盖到各级预算单位。二是全面推行公务卡强制结算制度。从3月份起，公务卡强制结算制度在区和镇办两级全面铺开，严格制定公务卡强制消费目录，将公务卡支出列入国库直接支付强制执行，全年发放公务卡5200多张，已激活公务卡3500多张，公务卡刷卡消费364万元，有效堵塞现金结算漏洞，现金支付比同期减少70%。三是强化非税收入收缴管理。启用非税收入收缴管理系统，直接监管执收单位非税收入管理情况，完成非税收入收缴管理改革单位30个，收缴改革资金10571万元。四是政府采购管理制度和监督机制显著改进。城区政府印发《晋城市城区政府采购工作管理办法》和《晋城市城区人民政府办公室关于进一步加强政府采购管理工作的实施意见》，制定《2012-2013年度晋城市城区政府集中采购目录及采购限额标准》，进一步规范政府采购管理。建立由纪检、监察、检察、财政、审计及采购单位共同参与政府采购招标监督机制，严格招标采购监督，并加强对参与政府采购的供应商的事先查询制度。组织红星街10KV开闭所第二电源线路工程、中小学塑胶操场工程、白马接待中心周边绿化提升工程等大型采购项目招标活动。2012年全区累计采购8191万元，节约资金527万元，资金节约率6.05%。

【财政管理】 城区财政坚持改进管理方式、优化管理机制的总思路，以科学技术筑本强基，靠精细管理提升服务，强化财政保障能力。一是加强财政信息化平台管理系统建设。按照财政系统"金财工程"建设标准要求，完成县级机关机房规范化建设、"1+11"财政信息一体化平台系统架构建设和财税库银、部门单位、科目岗位及项目库等基础参数设置工作。部门预算、指标管理、集中支付、非税收入以及公文管理等5个系统上线运行。财政、国库、银行及预算单位实现互联互通，为镇办财政所铺设专用光缆，为财政管理信息化奠定坚实基础。二是完善部门基础信息数据库。建立健全本级行政事业单位机构、编制、人员、资产、经费类型等数据库，建立基础数据动态采集机制，及时更新数据库信息，保证为预算单位和全区社会经济建设提供精确的财政服务。三是进一步细化部门预算编制。印发《晋城市城区财政局关于编制2012年部门预算的通知》，统一预算编制，细化基本支出和项目支出预算。明确定员定额，按照预算单位机构编制、人员、经费类型等基础数据及变化情况测算编制基本支出预算。建立项目库管理，按照真实、精细、准确的要求提前编制项目预算，并对重大项目支出预算实行事前评审机制，提高预算编制的准确性。四是强化行政事业单位资产管理。行政事业单位资产实行信息化管理，纳入资产信息系统管理单位113个，2012年资产总额94813万元，比上年增加15087万元，增长18.92%，固定资产比重为52.64%，为预算编制提供了准确的依据。五是规范财政公文管理。根据《党政机关公文处理工作条例》和《党政机关公文格式》要求，结合财政局实际，印发《关于进一步规范财政公文格式的通知》，规范公文处理程序，严格办理公文，并制定出《文件材料归档范围和文书档案保管期限规定》。六是财政各项基础管理不断走向科学精细化。加强基层财会人员管理培训和继续教育，行政事业单位及各类企业财务管理进一步规范，会计资质管理实行网络信息化管理，会计基础工作逐渐扎实规范。清理取消和规范行政事业性收费项目，加强财政统一收费收款票据管理，促进收入及时入库。继续清理规范公务员津贴补贴，认真搞好津贴补贴执行情况调查，积极稳妥推进事业绩效工资制度改革，落实国家收入分配政策。加强财政投资项目评审，全年评审项目10个，评审预算资金21258万元，核减投资2053万元，核减率9.66%。增强财政监督力度，加强对单位会计信息质量和基层财政财务执行情况专项检查力度，深入开展财政“六五普法”宣传。

【财政建设】 城区财政为加强财政机关建设和财政队伍建设主要抓了以下工作。一是坚持抓好“三项建设”。建立“三项建设”责任制，强化三项建设组织领导。为基层财政所配备电脑、打印机及效能工具，基本制度和基础管理进一步加强，局机关科室、局属单位和财政所面貌焕然一新。严格按照标准完成财政信息一体化平台建设任务，实现财税库银及预算单位互联互通，部分系统上线运行。组织丰富多彩的文化建设活动，开展“财政精神”大提炼活动和“四提活动”，配合“元宵”和“财苑中秋”文艺活动以及“金财杯”财政职工运动会，书画摄影大赛，申报创建省级文明单位活动等，增强干部的集体荣誉感，使干部牢固讲大局、讲责任、讲感恩、讲温暖、讲廉洁意识，为打造学习型、创新型、服务型、廉洁型、高效型机关奠定坚实的思想基础。二是扎实做好“三个公开”。积极公开财政预算：明确预算编制，及时向人民代表大会报告预算执行情况，公开在媒体公开预算及执行情况。实行公开办事制度：落实首办首问负责制、服务承诺制、限时办结制、违法责任追究制等制度，公开财政主要业务程序、办事条件、流程时限，完善行政许可和行政审批制度。及时公开财政信息：向全区各单位印发《财政月报》，逐月将财政收支情况、财政运行分析、民生及社会事业资金落实情况，及时向全区作动态公开，并在办事大厅政务公开显示屏和财政网站，适时发布财政动态信息，接受社会监督。三是引深政风行风评议。组织开展“重承诺、树形象、抓规范、创优质”的政风行风大评议，针对提升财政服务，狠抓机关作风转变，为财政改革和管理注入生机和活力，达到规范财政管理，提高行政效率，增强服务意识，推动依法理财的目的。

【廉政建设】 城区财政坚持标本兼治、综合治理、惩防并举、注重预防的方针，围绕中心抓落实，以干部作风、惩防体系、风险防控和权力监督为抓手，确保“两个安全”重点，不断深化党风廉政建设工作。一是抓政治纪律、重大决策部署和财政监督机制建设“三个重点”，严格教育监督，保障政令决策贯彻落实。二是狠抓党风廉政、民主决策和内部控制“三个制度”建设，坚持一岗双责，认真落实党风廉政建设责任制。建立健全教育防范、资金管理、廉政建设、服务承诺、责任追究等制度，印发《领导干部个人事项报告制度》等制度；在全局开展党务、政务和财务“三公开”活动；组织开展内部科室之间大检查。三是从思想教育、惩防体系建设和风险防控入手，坚持预防为主，努力筑牢“两个安全”防线。开展干部教育，建立惩防体系制度，形成用制度管权、管事、管人的工作格局。四是积极面对群众关注的热点、难点和焦点问题，狠抓牵头工作，扎实搞好专项治理。市区财政体制理顺工作取得历史性成果，实现属地征收入库。控制“三公”经费预算规模效果明显，全区“三公”经费1840万元，比上年减少89万元，降低4.7%；党政机关楼堂馆所建设继续保持零支出。防治“小金库”长效机制进一步健全，扎实组织“回头看”工作，从收入、预算、账户、结算、采购以及管理网络等方面建立防止“小金库”六项措施。公务用车问题治理改革取得较好成

综　述

效，全区清查单位113个，清查公务用车459辆，查出超编车辆12辆，超标车辆3辆，收回违规用车1辆，进一步规范公务用车制度。此外，在全局掀起学准则重行动廉政学习活动，按照全区部署组织开展纯洁性学习教育活动和专项整治吃拿卡要活动，全局党风廉政建设工作责任制落实到各科室，促进财政工作健康开展，确保财政干部和财政资金"两个安全"。

表22-1

晋城市城区公共财政收入决算表(1985-1997年)

单位：万元

科目 \ 年份	1985	1986	1987	1988	1989	1990	1991	1992	1993	1994	1995	1996	1997
公共财政收入	2031	2205	2815	3892	4764	2239	2285	2266	2963	2098	2741	3304	3897
工商税收类	2038	2018	2542	3492	4359	1964	1844	1998	2490	1654	2163	2626	3183
农牧业税和耕地占用税类		32	51	188	100	128	148	119	286	182	192	170	157
国企所得税		122	181	316	419	104	20	22	23	123	166	195	281
国企调节税		8	6	3		3							
国企上缴利润类	16	42	9	16	21								
国企计划亏损补贴类	-33		-70	-61	-28								
专款收入类			38	34	30	37	60	77	94	99	110	110	287
其他收入类	10	28	58	14	45	33	85	50	70	40	110	203	276
社会保险基金收入类							128						
国企承包收入退库				-110	-182	-30							

表22-2

晋城市城区公共财政收入决算表(1998-2012年)

单位：万元

科目 \ 年份	1998	1999	2000	2001	2002	2003	2004	2005	2006	2007	2008	2009	2010	2011	2012
公共财政收入	4747	5277	5618	6807	6177	7198	8957	11743	16211	20936	27636	32510	37492	52001	70166
增值税	979	1089	1155	1245	878	1008	1380	1717	1944	2047	2099	2347	2326	2750	3467
营业税	895	935	1008	1672	1504	2254	2706	3987	5753	7520	12142	13541	16051	20732	30194
企业所得税	335	451	344	436	236	279	451	613	736	1774	1953	1891	2181	2617	4391
个人所得税	867	975	1086	1305	463	334	445	534	603	646	827	827	965	1066	1451
资源税	129	71	73	81	48	59	64	153	107	76	67	78	21	1	9
城市维护建设税	275	289	302	304	635	767	880	1014	1375	1390	1481	1863	2388	2972	4138
房产税	138	185	202	185	358	326	531	565	916	953	1079	1989	1333	1807	2296
印花税	25	25	33	32	37	83	89	132	192	230	240	305	465	697	881
城镇土地使用税	70	72	81	81	76	67	99	233	253	641	1025	1333	1426	1897	3986
土地增值税							10			369	539	394	935	2870	3873
车船税	101	112	115	93	30	20	4	65	41	87	360	1192	2160	2929	3593
耕地占用税	33	38	35	46	101	144	44	60		100	571	217		560	
契税	93	138	67	186	178	181	548	750	1035	1440	2195	2386	2020	1742	1969
其他税收收入	197	248	307	187	385	79	52								
国有资本经营收入									1	145	19	8	8	15	
国有资源(资产)有偿使用收入										39	95	51	106	498	704
行政事业性收费收入	143	138	140	407	308	342	504	769	977	1044	942	508	1085	2895	4101
罚没收入	263	227	370	237	549	817	636	214	1109	821	729	863	371	2853	1050
专项收入	204	281	300	310	392	426	490	910	7559	1614	1273	2717	3651	3100	4063
其他收入		3				12	24	27	50						

表 22-3

晋城市城区财政收支增长表(1985-2012 年)

年　份	财政总收入(万元)	公共财政收入(万元)	公共财政支出(万元)	比上年增长(%)		
				财政总收入	公共财政收入	公共财政支出
1985	2031	2031	988	8.66	8.66	10.40
1986	2205	2205	1132	8.57	8.57	14.57
1987	2815	2815	1241	27.66	27.66	9.63
1988	3892	3892	1921	38.26	38.26	54.79
1989	4764	4764	2715	22.40	22.40	41.33
1990	2239	2239	1566	-53.00	-53.00	-42.32
1991	2285	2285	1730	2.05	2.05	10.47
1992	2266	2266	1899	-0.83	-0.83	9.77
1993	2963	2963	2284	30.76	30.76	20.27
1994	3445	2098	2977	16.27	-29.19	30.34
1995	4777	2741	3892	38.66	30.65	30.74
1996	5669	3304	4385	18.67	20.54	12.67
1997	6883	3897	5511	21.41	17.95	25.68
1998	7741	4747	6796	12.47	21.81	23.32
1999	8598	5277	6789	11.07	11.16	-0.10
2000	9146	5618	6987	6.37	6.46	2.92
2001	10654	6807	8992	16.49	21.16	28.70
2002	13161	6177	11482	23.53	-9.26	27.69
2003	15557	7198	14277	18.21	16.53	24.34
2004	20612	8957	16787	32.49	24.44	17.58
2005	26563	11743	20269	28.87	31.10	20.74
2006	33630	16211	27751	26.60	38.05	36.91
2007	40487	20936	39083	20.39	29.15	40.83
2008	50312	27636	45775	24.27	32.00	17.12
2009	56779	32510	56785	12.85	17.64	24.05
2010	64317	37492	67686	13.28	15.32	19.20
2011	84186	52001	87501	30.89	38.70	29.27
2012	115926	70166	110142	37.70	34.93	25.88

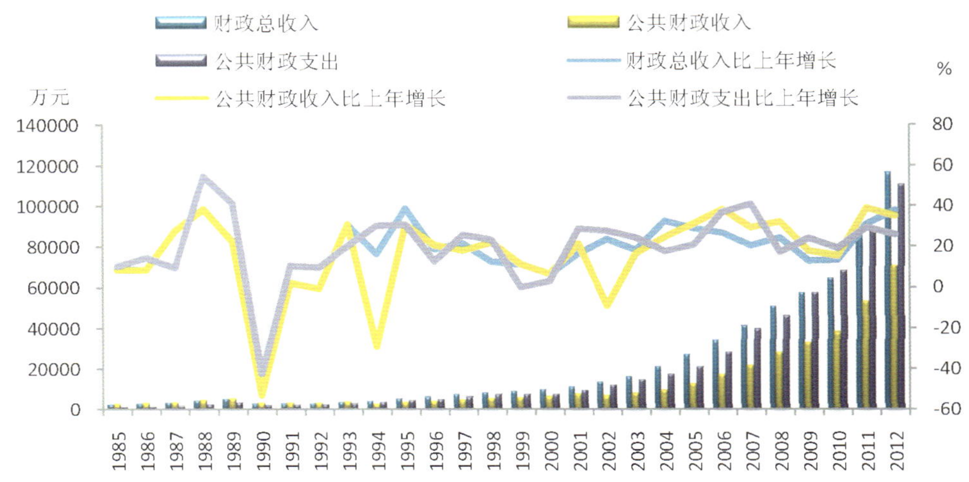

晋城市城区财政收支增长情况图(1985－2012 年)

表22-4

晋城市城区公共财政收入决算表(2012年)

单位:万元

科目	决算数	科目	决算数
公共财政收入	70166	股份制企业城市维护建设税	2067
税收收入	60248	联营企业城市维护建设税	7
增值税	3467	港澳台和外商投资企业城市维护建设税	22
国内增值税	3467	私营企业城市维护建设税	1489
国有企业增值税	498	其他企业城市维护建设税	227
集体企业增值税	37	城市维护建设税税款滞纳金、罚款收入	9
股份制企业增值税	861	房产税	2296
港澳台和外商投资企业增值税	32	国有企业房产税	62
私营企业增值税	1237	集体企业房产税	256
其他增值税	797	股份制企业房产税	1082
增值税税款滞纳金、罚款收入	6	私营企业房产税	509
福利企业增值税退税	-12	其他房产税	382
免抵调增增值税	11	房产税税款滞纳金、罚款收入	5
营业税	30194	印花税	881
金融保险业营业税(地方)	4654	其他印花税	867
其他金融保险业营业税(地方)	4654	印花税税款滞纳金、罚款收入	14
一般营业税	25524	城镇土地使用税	3986
营业税税款滞纳金、罚款收入	16	国有企业城镇土地使用税	49
企业所得税	4391	集体企业城镇土地使用税	175
国有煤炭工业所得税	86	股份制企业城镇土地使用税	971
其他国有企业所得税	160	私营企业城镇土地使用税	2649
集体企业所得税	84	港澳台和外商投资企业城镇土地使用税	4
股份制企业所得税	2224	其他城镇土地使用税	93
其他股份制企业所得税	2224	城镇土地使用税税款滞纳金、罚款收入	45
联营企业所得税	21	土地增值税	3873
私营企业所得税	1746	国有企业土地增值税	28
其他企业所得税	17	股份制企业土地增值税	513
分支机构预缴所得税	45	私营企业土地增值税	3145
股份制企业分支机构预缴所得税	19	其他土地增值税	186
港澳台和外商投资企业分支机构预缴所得税	26	土地增值税税款滞纳金、罚款收入	1
企业所得税税款滞纳金、罚款、加收利息收入	8	车船税(款)	3593
内资企业所得税税款滞纳金、罚款、加收利息收入	8	车船税(项)	3593
个人所得税(款)	1451	契税(款)	1969
个人所得税(项)	1448	契税(项)	1969
储蓄存款利息所得税	4	非税收入	9918
其他个人所得税	1444	专项收入	4063
个人所得税税款滞纳金、罚款收入	3	排污费收入(项)	94
资源税	9	排污费收入	94
其他资源税	8	水资源费收入	2253
资源税税款滞纳金、罚款收入	1	其他水资源费收入	2253
城市维护建设税	4138	教育费附加收入(项)	1716
国有企业城市维护建设税	212	教育费附加收入	1716
集体企业城市维护建设税	105	行政事业性收费收入	4101

续表

单位：万元

科　　目	决算数	科　　目	决算数
公安行政事业性收费收入	74	其他缴入国库的编办行政事业性收费	1
其他缴入国库的公安行政事业性收费	74	其他行政事业性收费收入	20
法院行政事业性收费收入	411	其他缴入国库的行政事业性收费	20
诉讼费	411	罚没收入	1050
人口和计划生育行政事业性收费收入	475	一般罚没收入	1050
社会抚养费	475	法院罚没收入	182
安全生产行政事业性收费收入	153	税务部门罚没收入	71
其他缴入国库的安全生产行政事业性收费	153	卫生罚没收入	20
环保行政事业性收费收入	127	交通罚没收入	16
环境监测服务费	127	审计罚没收入	8
交通运输行政事业性收费收入	14	其他一般罚没收入	753
其他缴入国库的交通运输行政事业性收费	14	国有资源(资产)有偿使用收入	704
林业行政事业性收费收入	20	利息收入	296
绿化费	20	国库存款利息收入	271
水利行政事业性收费收入	2773	财政专户存款利息收入	14
河道工程修建维护管理费	2773	其他利息收入	11
卫生行政事业性收费收入	31	非经营性国有资产收入	177
其他缴入国库的卫生行政事业性收费	31	行政单位国有资产处置收入	125
民政行政事业性收费收入	2	其他非经营性国有资产收入	52
婚姻登记证书工本费	2	其他国有资源(资产)有偿使用收入	231
编办行政事业性收费收入	1		

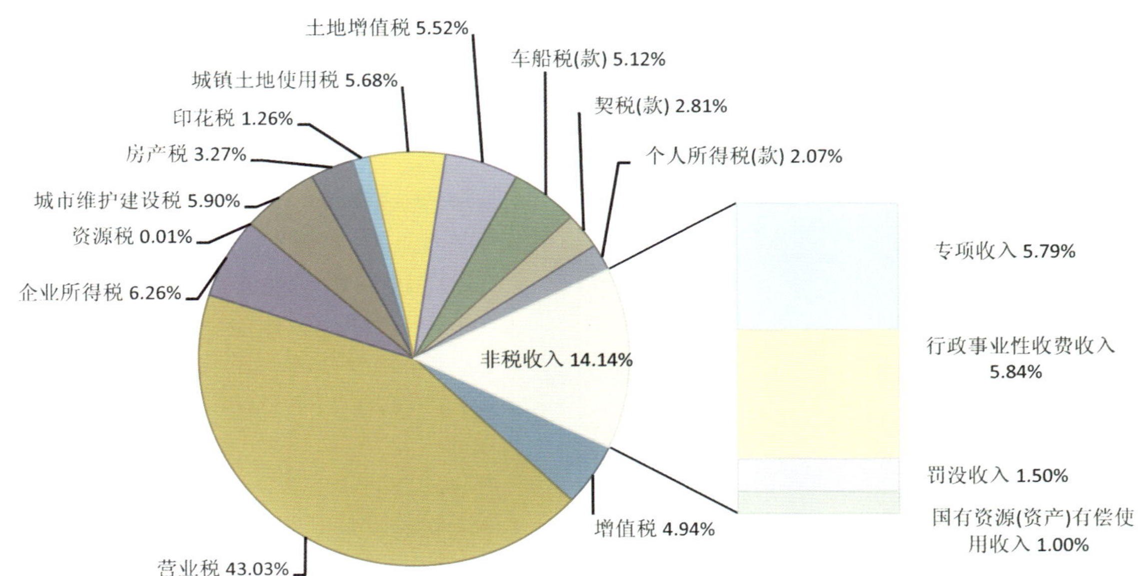

晋城市城区公共财政收入情况图(2012年)

表22-5

晋城市城区公共财政支出决算表(2012年)

单位:万元

科　目	决算数	科　目	决算数
公共财政支出	110142	信息化建设	150
一般公共服务	13169	事业运行	38
人大事务	425	其他财政事务支出	172
行政运行	218	税收事务	1848
一般行政管理事务	24	行政运行	451
人大会议	99	税务宣传	180
代表培训	12	协税护税	220
代表工作	48	信息化建设	9
事业运行	24	事业运行	90
政协事务	356	其他税收事务支出	898
行政运行	227	审计事务	135
一般行政管理事务	10	行政运行	120
政协会议	78	审计业务	15
委员视察	15	人力资源事务	33
事业运行	26	行政运行	33
政府办公厅(室)及相关机构事务	3993	纪检监察事务	288
行政运行	2445	行政运行	288
一般行政管理事务	251	人口与计划生育事务	1758
机关服务	308	行政运行	51
政务公开审批	32	一般行政管理事务	59
信访事务	634	计划生育家庭奖励	428
事业运行	27	人口和计划生育统计及抽样调查	10
其他政府办公厅(室)及相关机构事务支出	296	人口和计划生育信息系统建设	5
发展与改革事务	642	计划生育、生殖健康促进工程	5
行政运行	147	计划生育免费基本技术服务	119
一般行政管理事务	115	人口出生性别比综合治理	7
物价管理	199	人口和计划生育服务网络建设	322
其他发展与改革事务支出	181	计划生育避孕药具经费	5
统计信息事务	302	人口和计划生育宣传教育经费	21
行政运行	156	流动人口计划生育管理和服务	20
一般行政管理事务	4	人口和计划生育目标责任制考核	20
信息事务	26	其他人口与计划生育事务支出	686
专项统计业务	30	商贸事务	419
统计管理	9	行政运行	337
专项普查活动	8	一般行政管理事务	13
事业运行	69	对外贸易管理	13
财政事务	704	招商引资	53
行政运行	182	其他商贸事务支出	3
一般行政管理事务	147	工商行政管理事务	104
财政国库业务	15	机关服务	10

续表

单位:万元

科目	决算数	科目	决算数
消费者权益保护	10	网络运行及维护	17
其他工商行政管理事务支出	84	信息化建设	10
质量技术监督与检验检疫事务	40	其他公安支出	7
其他质量技术监督与检验检疫事务支出	40	检察	829
宗教事务	17	行政运行	363
行政运行	17	一般行政管理事务	365
港澳台侨事务	66	机关服务	101
行政运行	62	法院	1213
一般行政管理事务	4	行政运行	359
档案事务	47	一般行政管理事务	608
行政运行	47	事业运行	142
民主党派及工商联事务	28	其他法院支出	104
行政运行	28	司法	262
群众团体事务	156	行政运行	135
行政运行	151	一般行政管理事务	47
一般行政管理事务	5	基层司法业务	59
党委办公厅(室)及相关机构事务	443	法律援助	6
行政运行	288	事业运行	15
一般行政管理事务	58	国家保密	22
事业运行	54	行政运行	22
其他党委办公厅(室)及相关机构事务支出	43	其他公共安全支出(款)	70
组织事务	405	其他公共安全支出(项)	70
行政运行	327	教育	32213
一般行政管理事务	63	教育管理事务	940
其他组织事务支出	15	行政运行	58
宣传事务	254	其他教育管理事务支出	882
行政运行	243	普通教育	26647
其他宣传事务支出	11	学前教育	1810
统战事务	70	小学教育	11452
行政运行	70	初中教育	6467
其他共产党事务支出(款)	407	高中教育	2147
行政运行	407	化解农村义务教育债务支出	8
其他一般公共服务支出(款)	229	其他普通教育支出	4763
其他一般公共服务支出(项)	229	职业教育	572
公共安全	3040	职业高中教育	572
武装警察	516	成人教育	30
消防	516	其他成人教育支出	30
公安	128	教师进修及干部继续教育	1250
治安管理	91	教师进修	303
禁毒管理	3	干部教育	275

续表

单位:万元

科目	决算数	科目	决算数
其他教师进修及干部继续教育支出	672	电影	9
教育费附加安排的支出	2691	其他广播影视支出	2
农村中小学校舍建设	267	**新闻出版**	236
农村中小学教学设施	5	新闻通讯	236
城市中小学校舍建设	2374	**其他文化体育与传媒支出(款)**	136
中等职业学校教学设施	15	其他文化体育与传媒支出(项)	136
其他教育费附加安排的支出	30	**社会保障和就业**	11045
其他教育支出(款)	83	**人力资源和社会保障管理事务**	678
其他教育支出(项)	83	行政运行	188
科学技术	1001	就业管理事务	216
科学技术管理事务	56	社会保险经办机构	274
行政运行	54	**民政管理事务**	1174
一般行政管理事务	2	行政运行	172
技术研究与开发	870	一般行政管理事务	31
应用技术研究与开发	870	拥军优属	11
社会科学	6	基层政权和社区建设	849
社会科学研究机构	6	其他民政管理事务支出	111
科学技术普及	69	**财政对社会保险基金的补助**	1722
机构运行	25	财政对基本养老保险基金的补助	287
科普活动	10	财政对生育保险基金的补助	127
其他科学技术普及支出	34	财政对新型农村社会养老保险基金的补助	671
文化体育与传媒	1392	财政对城镇居民养老保险基金的补助	637
文化	544	**行政事业单位离退休**	2196
行政运行	34	归口管理的行政单位离退休	329
图书馆	62	事业单位离退休	692
艺术表演团体	21	离退休人员管理机构	46
群众文化	204	未归口管理的行政单位离退休	1115
文化创作与保护	88	其他行政事业单位离退休支出	14
文化市场管理	55	**就业补助**	245
其他文化支出	80	扶持公共就业服务	10
文物	47	小额担保贷款贴息	10
一般行政管理事务	10	其他就业补助支出	225
文物保护	37	**抚恤**	463
体育	149	死亡抚恤	11
行政运行	15	伤残抚恤	38
群众体育	100	在乡复员、退伍军人生活补助	34
其他体育支出	34	优抚事业单位	50
广播影视	280	义务兵优待	18
广播	235	其他优抚支出	312
电视	34	**退役安置**	112

续表

单位：万元

科　　目	决算数	科　　目	决算数
退役士兵安置	15	公共卫生	1933
军队移交政府的离退休人员安置	51	疾病预防控制机构	395
其他退役安置支出	46	卫生监督机构	308
社会福利	222	妇幼保健机构	165
儿童福利	30	应急救治机构	87
社会福利事业单位	192	基本公共卫生服务	858
残疾人事业	41	重大公共卫生专项	98
行政运行	24	突发公共卫生事件应急处理	22
残疾人康复	9	医疗保障	2955
残疾人就业和扶贫	3	行政单位医疗	271
其他残疾人事业支出	5	事业单位医疗	701
城市居民最低生活保障(款)	3153	公务员医疗补助	3
城市居民最低生活保障金支出	3142	优抚对象医疗补助	56
城市居民最低生活保障对象临时补助	11	城市医疗救助	273
其他城市生活救助	52	新型农村合作医疗	1435
其他城市生活救助支出	52	农村医疗救助	65
自然灾害生活救助	540	城镇居民基本医疗保险	151
中央自然灾害生活补助	68	中医药	3
地方自然灾害生活补助	447	中医(民族医)药专项	3
其他自然灾害生活救助支出	25	食品和药品监督管理事务	197
红十字事业	16	行政运行	40
一般行政管理事务	16	食品、药品及医疗器械检验	40
农村最低生活保障	404	食品药品安全	117
农村最低生活保障金支出	402	节能环保	1624
农村最低生活保障对象临时补助	2	环境保护管理事务	158
其他农村生活救助	27	行政运行	20
农村五保供养	23	一般行政管理事务	111
其他农村生活救助支出	4	其他环境保护管理事务支出	27
医疗卫生	7042	环境监测与监察	99
医疗卫生管理事务	231	其他环境监测与监察支出	99
行政运行	45	污染防治	236
一般行政管理事务	55	排污费安排的支出	236
其他医疗卫生管理事务支出	131	能源节约利用(款)	1131
公立医院	883	能源节约利用(项)	1131
综合医院	685	城乡社区事务	11063
中医(民族)医院	198	城乡社区管理事务	1309
基层医疗卫生机构	840	城管执法	628
城市社区卫生机构	512	其他城乡社区管理事务支出	681
乡镇卫生院	120	城乡社区公共设施	1489
其他基层医疗卫生机构支出	208	其他城乡社区公共设施支出	1489

续表

单位:万元

科　目	决算数	科　目	决算数
城乡社区环境卫生(款)	7901	水土保持	46
城乡社区环境卫生(项)	7901	防汛	366
建设市场管理与监督(款)	76	抗旱	7
建设市场管理与监督(项)	76	农田水利	418
其他城乡社区事务支出(款)	288	大中型水库移民后期扶持专项支出	1
其他城乡社区事务支出(项)	288	水资源费安排的支出	3557
农林水事务	11463	农村人畜饮水	11
农业	2226	扶贫	110
行政运行	50	生产发展	91
事业运行	931	扶贫事业机构	3
技术推广与培训	84	其他扶贫支出	16
病虫害控制	40	农业综合开发	22
农产品质量安全	46	产业化经营	22
执法监管	3	农村综合改革	1149
统计监测与信息服务	65	对村级一事一议的补助	789
灾害救助	14	对村民委员会和村党支部的补助	196
农业结构调整补贴	148	对村集体经济组织的补助	164
农业生产资料与技术补贴	478	交通运输	1003
农业生产保险补贴	57	公路水路运输	880
农业组织化与产业化经营	120	行政运行	359
农村公益事业	100	公路改建	38
农业资源保护与利用	16	公路养护	253
农村道路建设	14	公路路政管理	10
对高校毕业生到基层任职补助	40	公路运输管理	160
其他农业支出	20	其他公路水路运输支出	60
林业	884	车辆购置税支出	43
行政运行	18	车辆购置税用于公路等基础设施建设支出	43
林业事业机构	225	其他交通运输支出(款)	80
森林培育	394	其他交通运输支出(项)	80
森林生态效益补偿	36	资源勘探电力信息等事务	4560
动植物保护	1	安全生产监管	1230
森林防火	34	行政运行	1013
林业产业化	3	其他安全生产监管支出	217
林区公共支出	20	支持中小企业发展和管理支出	3113
其他林业支出	153	行政运行	127
水利	7072	中小企业发展专项	1180
行政运行	45	其他支持中小企业发展和管理支出	1806
一般行政管理事务	108	其他资源勘探电力信息等事务支出(款)	217
水利行业业务管理	25	其他资源勘探电力信息等事务支出(项)	217
水利工程运行与维护	2488	商业服务业等事务	4602

续表

单位：万元

科　　目	决算数	科　　目	决算数
商业流通事务	4523	国土资源社会公益服务	50
事业运行	72	矿产资源专项收入安排的支出	3938
其他商业流通事务支出	4451	其他国土资源事务支出	80
旅游业管理与服务支出	75	地震事务	1
一般行政管理事务	6	一般行政管理事务	1
机关服务	49	气象事务	10
其他旅游业管理与服务支出	20	气象服务	10
涉外发展服务支出	4	住房保障支出	838
其他涉外发展服务支出	4	保障性安居工程支出	838
金融监管等事务支出	100	廉租住房	62
其他金融监管等事务支出(款)	100	棚户区改造	776
其他金融监管等事务支出(项)	100	国债还本付息支出	71
援助其他地区支出	98	地方政府债券付息	71
其他支出	98	其他支出(类)	1739
国土资源气象等事务	4079	其他支出(款)	1739
国土资源事务	4068	其他支出(项)	1739

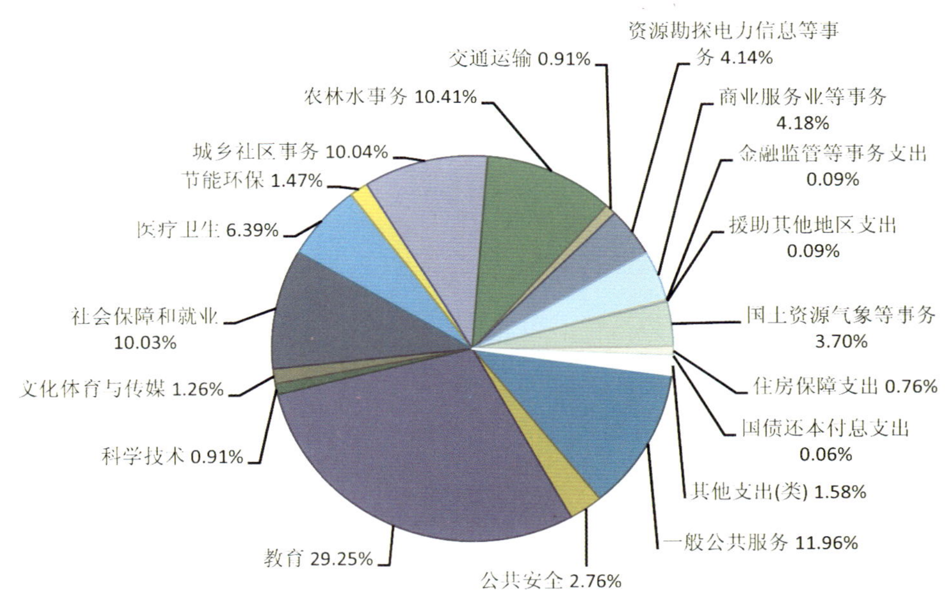

晋城市城区公共财政支出情况图(2012年)

表22-6

晋城市城区政府性基金

科　　目	决算数	上年结余	上级补助收入	其中：地震灾后恢复重建补助收入	省补助计划单列市收入	下级上解收入	计划单列市上解省收入	调入资金
政府性基金收入	1666	3911	4201					
贸促会收费								
证书工本费								
司法部门的涉外、涉港澳台公证书工本费								
地方教育附加收入	806							
核电站乏燃料处理处置基金收入								
体育部门收费								
外国团体来华登山注册费								
车手等级认定费								
文化事业建设费收入								
中央文化事业建设费收入								
地方文化事业建设费收入								
国家电影事业发展专项资金收入								

收支及结余情况表(2012年)

单位:万元

科目	决算数	补助下级支出	其中:地震灾后恢复重建补助支出	省补助计划单列市支出	上解上级支出	计划单列市上解省支出	调出资金	项目	年终结余
政府性基金支出	5487				1		806	**政府性基金**	3484
一般公共服务									
商贸事务									
贸促会收费安排的支出								**贸促会收费**	
								证书工本费	
公共安全									
司法									
涉外、涉港澳台公证书工本费安排的支出								**司法部门的涉外、涉港澳台公证书工本费**	
教育							806		
地方教育附加安排的支出							806	**地方教育附加**	
农村中小学校舍建设									
农村中小学教学设施									
城市中小学校舍建设									
城市中小学教学设施									
中等职业学校教学设施									
其他地方教育附加安排的支出							806		
科学技术									
核电站乏燃料处理处置基金支出								**核电站乏燃料处理处置基金**	
乏燃料运输									
乏燃料离堆贮存									
乏燃料后处理									
高放废物的处理处置									
乏燃料后处理厂的建设、运行、改造和退役									
其他乏燃料处理处置基金支出									
文化体育与传媒									
体育								**体育部门收费**	
外国团体来华登山注册费安排的支出								外国团体来华登山注册费	
车手等级认定费安排的支出								车手等级认定费	
文化事业建设费安排的支出								**文化事业建设费**	
精神文明建设								中央文化事业建设费	
人才培训教学								地方文化事业建设费	
文化创作									
文化事业单位补助									
爱国主义教育基地									
其他文化事业建设费安排的支出									
国家电影事业发展专项资金支出								**国家电影事业发展专项资金**	
资助国产影片放映									
资助城市影院									
资助少数民族电影译制									
其他国家电影事业发展专项资金支出									

续表

科　　目	决算数	上年结余	上级补助收入	其中：地震灾后恢复重建补助收入	省补助计划单列市收入	下级上解收入	计划单列市上解省收入	调入资金
大中型水库移民后期扶持基金收入			3					
小型水库移民扶助基金收入			46					
残疾人就业保障金收入	792	1335	9					
可再生能源电价附加收入								
废弃电器电子产品处理基金收入								
国家税务局征收的废弃电器电子产品处理基金收入								
海关征收的废弃电器电子产品处理基金收入								
政府住房基金收入								
上缴管理费用								
计提廉租住房资金								
廉租住房租金收入								
公共租赁住房租金收入								
其他政府住房基金收入								
国有土地使用权出让收入		2203	2623					
土地出让价款收入								
补缴的土地价款								
划拨土地收入			1782					
教育资金收入								
农田水利建设资金收入								

单位:万元

科目	决算数	补助下级支出	其中:地震灾后恢复重建补助支出	省补助计划单列市支出	上解上级支出	计划单列市上解省支出	调出资金	项目	年终结余
社会保障和就业	178								
大中型水库移民后期扶持基金支出	3							**大中型水库移民后期扶持基金**	
移民补助	2								
基础设施建设和经济发展									
其他大中型水库移民后期扶持基金支出	1								
小型水库移民扶助基金支出	46							**小型水库移民扶助基金**	
移民补助									
基础设施建设和经济发展									
其他小型水库移民扶助基金支出	46								
残疾人就业保障金支出	129							**残疾人就业保障金**	2007
就业和培训	2								
职业康复	24								
扶持农村残疾人生产									
奖励残疾人就业单位									
其他残疾人就业保障金支出	103								
节能环保									
可再生能源电价附加收入安排的支出								**可再生能源电价附加**	
风力发电补助									
太阳能发电补助									
生物质能发电补助									
其他可再生能源电价附加收入安排的支出									
废弃电器电子产品处理基金支出								**废弃电器电子产品处理基金**	
								国家税务局征收的废弃电器电子产品处理基金	
								海关征收的废弃电器电子产品处理基金	
城乡社区事务	4723								
政府住房基金支出								**政府住房基金**	
管理费用支出								上缴管理费用	
廉租住房支出								计提廉租住房资金	
廉租住房维护和管理支出								廉租住房租金	
公共租赁住房支出								公共租赁住房租金	
公共租赁住房租金支出								其他政府住房基金	
其他政府住房基金支出									
国有土地使用权出让收入安排的支出	3772							**国有土地使用权出让**	1054
征地和拆迁补偿支出								土地出让价款	
土地开发支出								补缴的土地价款	
城市建设支出	1782							划拨土地	
农村基础设施建设支出								教育资金	
补助被征地农民支出								农田水利建设资金	

续表

科　　目	决算数	上年结余	上级补助收入	其中：地震灾后恢复重建补助收入	省补助计划单列市收入	下级上解收入	计划单列市上解省收入	调入资金
缴纳新增建设用地土地有偿使用费								
其他土地出让收入		2203	841					
城市公用事业附加收入		31						
国有土地收益基金收入								
农业土地开发资金收入								
新增建设用地土地有偿使用费收入								
中央新增建设用地土地有偿使用费收入								
地方新增建设用地土地有偿使用费收入								
城市基础设施配套费收入			951					
新菜地开发建设基金收入								

单位:万元

科目	决算数	补助下级支出	其中:地震灾后恢复重建补助支出	省补助计划单列市支出	上解上级支出	计划单列市上解省支出	调出资金	项目	年终结余
土地出让业务支出								缴纳新增建设用地土地有偿使用费	
廉租住房支出								其他土地出让	1054
教育资金安排的支出									
支付破产或改制企业职工安置费									
棚户区改造支出									
公共租赁住房支出									
农田水利建设资金安排的支出	106								
其他国有土地使用权出让收入安排的支出	1884								
城市公用事业附加安排的支出								**城市公用事业附加**	31
城市公共设施									
城市环境卫生									
公有房屋									
城市防洪									
其他城市公用事业附加安排的支出									
国有土地收益基金支出								**国有土地收益基金**	
征地和拆迁补偿支出									
土地开发支出									
其他国有土地收益基金支出									
农业土地开发资金支出								**农业土地开发资金**	
新增建设用地土地有偿使用费安排的支出								**新增建设用地土地有偿使用费**	
耕地开发专项支出								中央新增建设用地土地有偿使用费	
基本农田建设和保护支出								地方新增建设用地土地有偿使用费	
土地整理支出									
用于地震灾后恢复重建的支出									
城市基础设施配套费安排的支出	951							**城市基础设施配套费**	
城市公共设施									
城市环境卫生									
公有房屋									
城市防洪									
其他城市基础设施配套费安排的支出	951								
农林水事务	51								
新菜地开发建设基金支出								**新菜地开发建设基金**	
开发新菜地工程									
改造老菜地工程									
设备购置									
技术培训与推广									

续表

科　　目	决算数	上年结余	上级补助收入	其中：地震灾后恢复重建补助收入	省补助计划单列市收入	下级上解收入	计划单列市上解省收入	调入资金
育林基金收入		14						
中央育林基金收入								
地方育林基金收入		14						
森林植被恢复费			9					
中央森林植被恢复费								
地方森林植被恢复费			9					
中央水利建设基金收入			42					
中央水利建设基金划转收入								
中央其他水利建设基金收入			42					
地方水利建设基金收入		29						
地方水利建设基金划转收入								
地方其他水利建设基金收入		29						
大中型水库库区基金收入								
中央大中型水库库区基金收入								
地方大中型水库库区基金收入								
三峡水库库区基金收入								
南水北调工程基金收入								
国家重大水利工程建设基金收入								
南水北调工程建设资金								
三峡工程后续工作资金								
省级重大水利工程建设资金								

单位:万元

科　　目	决算数	补助下级支出	其中:地震灾后恢复重建补助支出	省补助计划单列市支出	上解上级支出	计划单列市上解省支出	调出资金	项　　目	年终结余
其他新菜地开发建设基金支出									
育林基金支出								**育林基金**	14
森林培育								中央育林基金	
林业有害生物防治								地方育林基金	14
森林防火									
森林资源监测									
林业技术推广									
林区公共支出									
其他育林基金支出									
森林植被恢复费安排的支出	9							**森林植被恢复费**	
林地调查规划设计	2							中央森林植被恢复费	
林地整理								地方森林植被恢复费	
森林培育	7								
林业有害生物防治									
森林防火									
森林资源管护									
其他森林植被恢复费安排的支出									
中央水利建设基金支出	42							**中央水利建设基金**	
水利工程建设								中央水利建设基金划转	
水利工程维护								中央其他水利建设基金	
防洪工程含应急度汛									
其他中央水利建设基金支出	42								
地方水利建设基金支出								**地方水利建设基金**	29
水利工程建设								地方水利建设基金划转	
水利工程维护								地方其他水利建设基金	29
水土保持									
城市防洪									
其他地方水利建设基金支出									
大中型水库库区基金支出								**大中型水库库区基金**	
基础设施建设和经济发展								中央大中型水库库区基金	
解决移民遗留问题								地方大中型水库库区基金	
库区防护工程维护									
其他大中型水库库区基金支出									
三峡水库库区基金支出								**三峡水库库区基金**	
基础设施建设和经济发展									
解决移民遗留问题									
库区维护和管理									
其他三峡水库库区基金支出									
南水北调工程基金支出								**南水北调工程基金**	
南水北调工程建设									
偿还南水北调工程贷款本息									
国家重大水利工程建设基金支出								**国家重大水利工程建设基金**	
南水北调工程建设								南水北调工程建设资金	
三峡工程后续工作								三峡工程后续工作资金	
地方重大水利工程建设								省级重大水利工程建设资金	

续表

科　　目	决算数	上年结余	上级补助收入	其中：地震灾后恢复重建补助收入	省补助计划单列市收入	下级上解收入	计划单列市上解省收入	调入资金
船舶港务费								
长江口航道维护收入								
铁路资产变现收入								
海南省高等级公路车辆通行附加费收入								
转让政府还贷道路收费权收入								
转让政府还贷公路收费权收入								
转让政府还贷城市道路收费权收入								
车辆通行费								
港口建设费收入								
铁路建设基金收入								
民航基础设施建设基金收入								
民航机场管理建设费收入								

单位：万元

科　　目	决算数	补助下级支出	其中：地震灾后恢复重建补助支出	省补助计划单列市支出	上解上级支出	计划单列市上解省支出	调出资金	项　　目	年终结余
其他重大水利工程建设基金支出									
交通运输									
公路水路运输									
船舶港务费安排的支出								**船舶港务费**	
长江口航道维护支出								**长江口航道维护**	
铁路运输									
铁路资产变现收入安排的支出								**铁路资产变现**	
海南省高等级公路车辆通行附加费安排的支出								**海南省高等级公路车辆通行附加费**	
公路建设									
公路养护									
公路还贷									
其他海南省高等级公路车辆通行附加费安排的支出									
转让政府还贷道路收费权收入安排的支出								**转让政府还贷道路收费权**	
公路还贷								转让政府还贷公路收费权	
公路建设								转让政府还贷城市道路收费权	
其他转让政府还贷道路收费权收入安排的支出									
车辆通行费安排的支出								**车辆通行费**	
公路还贷									
政府还贷公路养护									
政府还贷公路管理									
其他车辆通行费安排的支出									
港口建设费安排的支出								**港口建设费**	
港口设施									
航道建设和维护									
航运保障系统建设									
其他港口建设费安排的支出									
铁路建设基金支出								**铁路建设基金**	
铁路建设投资									
购置铁路机车车辆									
铁路还贷									
建设项目铺底资金									
勘测设计									
注册资本金									
周转资金									
其他铁路建设基金支出									
民航基础设施建设基金支出								**民航基础设施建设基金**	
民航机场建设									
空管系统建设									
民航安全									
民航科教和信息									
其他民航基础设施建设基金支出									
民航机场管理建设费安排的支出								**民航机场管理建设费**	

续表

科　　目	决算数	上年结余	上级补助收入	其中:地震灾后恢复重建补助收入	省补助计划单列市收入	下级上解收入	计划单列市上解省收入	调入资金
船舶油污损害赔偿基金收入								
民航发展基金收入								
无线电频率占用费								
散装水泥专项资金收入								
新型墙体材料专项基金收入	47							
农网还贷资金收入								
中央农网还贷资金收入								
地方农网还贷资金收入								

单位：万元

科　　目	决算数	补助下级支出	其中：地震灾后恢复重建补助支出	省补助计划单列市支出	上解上级支出	计划单列市上解省支出	调出资金	项　　目	年终结余
民航机场建设									
空管系统建设									
民航安全									
民航科教和信息									
航线和机场补贴									
其他民航机场管理建设费安排的支出									
船舶油污损害赔偿基金支出								**船舶油污损害赔偿基金**	
应急处置费用									
控制清除污染									
损失补偿									
生态恢复									
监视监测									
其他船舶油污损害赔偿基金支出									
民航发展基金支出								**民航发展基金**	
民航机场建设									
空管系统建设									
民航安全									
航线和机场补贴									
民航科教和信息									
民航节能减排									
通用航空发展									
征管经费									
其他民航发展基金支出									
资源勘探电力信息等事务	257				1				
工业和信息产业监管支出									
无线电频率占用费安排的支出								**无线电频率占用费**	
散装水泥专项资金支出								**散装水泥专项资金**	
建设专用设施									
专用设备购置和维修									
贷款贴息									
技术研发与推广									
宣传									
其他散装水泥专项资金支出									
新型墙体材料专项基金支出	47							**新型墙体材料专项基金**	
技改贴息和补助	47								
技术研发和推广									
示范项目补贴									
宣传和培训									
其他新型墙体材料专项基金支出									
农网还贷资金支出								**农网还贷资金**	
中央农网还贷资金支出								中央农网还贷资金	
地方农网还贷资金支出								地方农网还贷资金	
其他农网还贷资金支出									

续表

科　目	决算数	上年结余	上级补助收入	其中:地震灾后恢复重建补助收入	省补助计划单列市收入	下级上解收入	计划单列市上解省收入	调入资金
山西省煤炭可持续发展基金收入	21	299	210					
电力改革预留资产变现收入								
旅游发展基金收入								
中央特别国债经营基金收入								
中央特别国债经营基金财务收入								
彩票公益金收入			223					
福利彩票公益金收入			170					
体育彩票公益金收入			53					
其他政府性基金收入			85					

单位:万元

科　　目	决算数	补助下级支出	其中:地震灾后恢复重建补助支出	省补助计划单列市支出	上解上级支出	计划单列市上解省支出	调出资金	项　　目	年终结余
山西省煤炭可持续发展基金支出	210				1			**山西省煤炭可持续发展基金**	319
生态环境治理									
资源地区转型和接替产业发展									
解决社会问题					1				
其他山西省煤炭可持续发展基金支出	210								
电力改革预留资产变现收入安排的支出								**电力改革预留资产变现**	
920万千瓦变现资产支出									
647万千瓦变现资产支出									
商业服务业等事务									
旅游发展基金支出								**旅游发展基金**	
宣传促销									
行业规划									
旅游事业补助									
地方旅游开发项目补助									
其他旅游发展基金支出									
金融监管等事务支出									
金融调控支出									
中央特别国债经营基金支出								**中央特别国债经营基金**	
中央特别国债经营基金财务支出								**中央特别国债经营基金财务**	
其他支出	278								
彩票公益金安排的支出	223							**彩票公益金**	
用于补充全国社会保障基金的彩票公益金支出								福利彩票公益金	
用于社会福利的彩票公益金支出	170							体育彩票公益金	
用于体育事业的彩票公益金支出	11								
用于教育事业的彩票公益金支出	8								
用于红十字事业的彩票公益金支出									
用于残疾人事业的彩票公益金支出	8								
用于城市医疗救助的彩票公益金支出	22								
用于农村医疗救助的彩票公益金支出	4								
用于文化事业的彩票公益金支出									
用于扶贫的彩票公益金支出									
用于法律援助的彩票公益金支出									
用于其他社会公益事业的彩票公益金支出									
其他政府性基金支出	55							**其他政府性基金**	30

表22-7

晋城市城区相关指标表（2012年）

单位：万元

项　目	数　额	项　目	数　额
上划税收		山西省	
上划中央税收	28827	内蒙古自治区	
上划中央国内增值税	14857	辽宁省	
上划中央国内消费税	1454	辽宁省(不含大连对辽宁其他城市的援助收入)	
上划中央企业所得税	9408	大连市(不含省内其他城市对大连的援助收入)	
上划中央个人所得税	3108	吉林省	
上划省税收	16933	黑龙江省	
增值税	1485	上海市	
营业税	12940	江苏省	
企业所得税	1882	浙江省	
个人所得税	622	浙江省(不含宁波对浙江其他城市的援助收入)	
资源税	4	宁波市(不含省内其他城市对宁波的援助收入)	
固定资产投资方向调节税		安徽省	
城市维护建设税		福建省	
房产税		福建省(不含厦门对福建其他城市的援助收入)	
印花税		厦门市(不含省内其他城市对厦门的援助收入)	
城镇土地使用税		江西省	
土地增值税		山东省	
车船税		山东省(不含青岛对山东其他城市的援助收入)	
耕地占用税		青岛市(不含省内其他城市对青岛的援助收入)	
契税		河南省	
烟叶税		湖北省	
其他税收收入		湖南省	
上划地市税收		广东省	
增值税		广东省(不含深圳对广东其他城市的援助收入)	
营业税		深圳市(不含省内其他城市对深圳的援助收入)	
企业所得税		广西壮族自治区	
个人所得税		海南省	
资源税		重庆市	
固定资产投资方向调节税		四川省	
城市维护建设税		贵州省	
房产税		云南省	
印花税		西藏自治区	
城镇土地使用税		陕西省	
土地增值税		甘肃省	
车船税		青海省	
耕地占用税		宁夏回族自治区	
契税		新疆维吾尔自治区	
烟叶税		23013援助其他地区支出	98
其他税收收入		北京市	
地方政府债券		天津市	
年初地方政府债券	3000	河北省	
本年地方政府债券收入		山西省	
本年地方政府债券转贷收入		内蒙古自治区	
本年地方政府债券转贷支出		辽宁省	
本年地方政府债券还本支出	1000	辽宁省(不含省内其他城市对大连的援助支出)	
本年由上级代还地方政府债券		大连市(不含大连对辽宁其他城市的援助支出)	
年末地方政府债券	2000	吉林省	
地区间援助收支		黑龙江省	
11013接受其他地区援助收入		上海市	
北京市		江苏省	
天津市		浙江省	
河北省		浙江省(不含省内其他城市对宁波的援助支出)	

续表

单位:万元

项目	数额	项目	数额
宁波市(不含宁波对浙江其他城市的援助支出)		财政对社会保险基金的补助	1722
安徽省		收入中其他重复计算的部分	
福建省		收入中其他重复计算的部分情况说明	
福建省(不含省内其他城市对厦门的援助支出)		公共财政支出、政府性基金支出、国有资本经营支出、社会保险基金支出、财政专户管理资金支出中重复计算部分	1722
厦门市(不含厦门对福建其他城市的援助支出)			
江西省		财政对社会保险基金的补助	1722
山东省		支出中其他重复计算的部分	
山东省(不含省内其他城市对青岛的援助支出)		支出中其他重复计算的部分情况说明	
青岛市(不含青岛对山东其他城市的援助支出)		**权责发生制及年初预算**	
河南省		权责发生制核算的资金期初数	52065
湖北省		其中:公共财政预算	45671
湖南省		权责发生制核算的资金期末数	76237
广东省		其中:公共财政预算	76237
广东省(不含省内其他城市对深圳的援助支出)		本年权责发生制核算的资金	64652
深圳市(不含深圳对广东其他城市的援助支出)		其中:公共财政预算	62927
广西壮族自治区		本年国库集中支付结余	64652
海南省		其中:公共财政预算	62927
重庆市		公共财政预算国库集中支付年终结余期初数	45671
四川省		公共财政预算国库集中支付年终结余期末数	76237
贵州省		报人大的全辖公共财政支出年初预算数	72228
云南省		全辖公共财政支出年初预算数	
西藏自治区		人大批准的公共财政支出年初预算(汇总)数	72228
陕西省		**其他统计指标**	
甘肃省		地区生产总值	530000
青海省		总人口(万人)	38
宁夏回族自治区		耕地面积(公顷)	2811
新疆维吾尔自治区	98	人均耕地面积(亩)	
政府收支统计		居民人均可支配收入(元)	22565
公共财政收入、政府性基金收入、国有资本经营收入、社会保险基金收入、财政专户管理资金收入中重复计算部分	1722	农民人均纯收入(元)	9052

表22-8

晋城市城区乡镇基本情况表(2012年)

项目	数额	项目	数额
本年乡镇数	1	**乡镇财政供养人数**	364
其中:实行“乡财县管”的乡镇数		公共预算财政拨款开支人数	19
乡镇财政机构数	1	公共预算财政补助开支人数	345
其中:财税所数	1	其中:教师	295
已建立乡镇国库的乡镇数		**赤字乡镇个数**	
税务所机构数	2	**乡镇年末总人口(万人)**	10
国家税务所数	1	城镇人口(万人)	8
地方税务所数	1	乡村人口(万人)	2
其中:一乡(镇)一所数		**乡镇公共财政收入分档**	
乡镇财政所总人数	2	100万元(不含)以下的乡镇数	
行政编制实有人数	2	100万元(含)-500万元的乡镇数	
事业编制实有人数		500万元(含)-1000万元的乡镇数	
以工代干人数		1000万元(含)以上的乡镇数	1
集体财务人员人数		**村民委员会个数**	62

23 泽州县财政工作

ZE ZHOU COUNTY FINANCIAL WORK

综　述

【概　　况】 2012年，泽州财政采取一系列措施稳增长、调结构、促转型、惠民生，实现经济平稳健康发展，社会建设全面加强，民生福祉持续改善。2012年全县财政总收入完成37.52亿元，占年初预算的95.47%，短收1.78亿元，同比增长9.79%，增收3.35亿元。公共财政收入完成12.49亿元，占年初预算的100.17%，超收212万元，同比增长15.20%，增收1.65亿元。两大收入总量分别位居全市第二、第一位。

【收入征管】 泽州财政面对煤矿开工不足、经济运行缓慢、税收增长空间受限等不利影响，把做大做强做优财政"蛋糕"作为第一要务，采取多项措施，应对挑战，共度难关。一是密切关注经济运行态势，定期召开财税联席会议，理性分析税收发展情况，掌握组织收入的主动权。二是继续实施财税征收激励政策，进一步调动市县征管部门、乡镇组织收入积极性。三是协调山西晋煤集团天安煤业有限公司、山西兰花集团两大企业，征缴国有资本经营收入1.19亿元，弥补收入缺口。通过强有力的征管措施，财政收入实现总量、增量和质量"三提升"。

【财政扶企】 为增加财政收入，泽州财政运用国家积极财政政策，采取"组合拳"，加大财政投入和政策扶持力度，加快财源建设。一是"大""小"共抓，夯实经济发展基础。一方面，抓大项目、大产业、大企业发展。争取中央、省、市财政扶持资金3000余万元，支持天巨重工、清慧汽配等企业发展，促进装备制造、汽车及机械零部件制造两大产业发展。县财政列支3000余万元专项资金，专为重点项目提供贴息贷款、项目扶持等。另一方面，抓中小企业、微小企业发展。出台扶持中小企业发展奖励办法，县财政拿出1000万元作为专项资金激励中小企业发展。二是"增""减"结合，加快企业发展步伐。一方面，增加服务平台，拓宽融资渠道。落实融资性担保机构扶持政策，通过县金诺担保公司这一融资平台，共为14家企业担保资金4200万元。创新融资方式，县政府推出中小企业"助保金"贷款业务，县财政出资1000万元作为"政府风险补偿金"，撬动近亿元贷款资金，为14家企业融资6150万元。另一方面，减轻企业负担，确保轻装上阵。对天泰能源有限公司整合的8家企业进行清产核资，共清查不良资产1.32亿元，此举进一步摸清企业"家底"，解决了历史遗留问题，提高了资产质量和风险防范能力。

【改善民生】 泽州财政把保障改善民生、提升群众幸福指数作为一切工作的出发点和落脚点，继续发挥职能作用，大力促进民生事业发展，让广大群众"学有所教、病有所医、老有所养、才有所用"。支持三农工作。一是支持农业发展。足额拨付粮食直补、农资综合补贴、农机购置补贴等强农惠农资金近亿元，提高农民种粮积极性，促进农业机械化发展。拨付715万元支持规模化设施蔬菜生产基地建设，丰富城乡居民"菜篮子"。拨付7124万元支持"一村一品"、农民专业合作社、畜牧养殖等项目建设，促进农业产业化发展；二是支持农村建设。拨付"一事一议"财政奖补资金1836万元，支持村级道路建设、环境整治等441个项目建设，奖补面达70%，惠及28.5万农民，进一步改善农村人居环境；三是支持农民增收。积极落实家电下乡、摩托车下乡补贴政策，补贴家电产品1.53万台、摩托车583辆，发放补贴466.3万元，激发农民消费潜力，提高生活质量。优先发展文化教育。一是发展教育事业。拨付农村中小学公用经费4265万元，确保全县中小学正常办公教学的需要。积极落实教育补助政策，支持161家非公办幼儿园"民办公助"、5所普通高中学生"两免一补"，至此形成学前教育、义务教育到高中教育的教育助学体系；二是发展文化事业。拨付专项资金540万元，对全县632个行政村实施文化信息共享工程。投入160万元支持县乡村三级文化机构和队伍建设，全县文化事业蓬勃发展。发展医疗卫生。投入800万元完成无公房村卫生所改造、县妇幼院整体维修改造、县人民医院新建门诊楼等工程，筹资1亿元为县人民医院、县妇幼院和26所乡镇卫生院采购医疗设备，提高全县卫生系统服务水平。投入3130万元用于基层医疗机构经常性收支差额补助、基本公共卫生服务经费和村卫生所药品差价补助经费，保证医药卫生体制改革顺利进行。拨付900万元清理化解20个乡镇卫生院债务，占债务总额的88%，基层医疗机构债务化解工作取得阶段性成果。推进社会保障和就业。新型农村合作医疗方面，县财政补助1765万元用于提高新型农村合作医疗补偿标准，补偿标准由人均230元提高到300元，全县参合人数42万人，参合率达99.29%；城乡低保救助方面，提高低保标准，农村低保对象每人每月达到164元，城市低保对象每人每月达到370元。丰富保障内容，发放价格临时补贴、"两节"生活补贴、大病医疗救助等保障资金447万元；城乡居民养老保险方面，新型农村养老保险县财政配套800万元，为6.4万名60岁以上农村老人发放养老金5226万元。城镇居民养老保险县财政配套8万元，为1018名60岁以上城镇居民发放养老金75万元；就业再就业方面，拨付1034万元就业扶持资金，为5100名劳动者提供职业介绍服务，为870名创业者进行创业培训，为2738名企业职工进行技能培训，为163名大学生、51名"4050"人员安排公益性岗位。

【财政管理】 泽州财政严格按照财政改革管理新要求，着重完成三大改革、三项管理、两项建设。深化三大改革：一

综 述

是国库集中支付改革全面覆盖，县级预算单位、非预算单位及乡镇全额预算单位全部纳入支付范围，实现"预算对象全覆盖、财政收支一个口"的改革目标，提高了办事效率，确保了资金安全。全年办理支付业务1.68万笔，支付金额15.82亿元；二是公务卡制度改革纵深推进，采取先行试点、循序渐进、扩大推广、不断深化的方式，改革范围扩展到全县县直预算单位和乡镇全额预算单位；三是政府采购制度改革扩面提质，创新采购方式，实施协议供货"优胜劣汰"机制，确定协议供货商34家。全年政府采购预算8674万元，实际支付金额7816万元，节约资金858万元，节资率9.9%。加强三项管理：一是国有资产管理，做到预算管理与国有资产管理相结合，实现资产从购置到处置全程监控，确保国有资产保值增值。开展国有企业产权登记年检，年检县属国有企业36户，年检资产总额3.56亿元，负债总额2.65亿元，所有者权益总额0.91亿元；二是公务用车专项治理，开展事业单位公务用车清查，清查单位343家，核查车辆340辆；三是政府投资评审，开展泽州一中综合教学楼、五个乡镇垃圾填埋场等41项工程的预算审查，以及市环城高速绿化工程、县牛东公路等52项工程的竣工决算审查，预决算审查核减资金6000万元，批复率均为100%。开展两项建设：一是财政基层基础建设稳步推进，以"夯实财政基础、强化基层职能、壮大基层队伍、规范基层管理"为建设目标，在大阳镇财政所、山河镇财政所两个试点建设基础上，将范围扩大到局机关、17个乡镇财政所。目前，县、乡两级财政建设稳步推进，乡镇财政达到100%先进、15%优秀的验收目标；二是财政信息化建设上档升级，投入300多万元完成局机房改扩建工程，以及县直预算单位和乡镇财政所的财政专网联网，形成市县乡三级财政专网贯通、信息共享的财政综合业务网络，基本实现"财政管理精细、理财工作简化、资金运行透明"的财政管理目标。

【队伍建设】 泽州财政以"建设全市一流、全省先进的财政集体"为奋斗目标，在深化改革、加强管理同时，狠抓机关党建、党风廉政、财政文化等各项工作，展示财政人的精神面貌，树立财政部门的良好形象。一是开展"省级文明和谐单位标兵"创建活动。在连续两届获得"省级文明和谐单位"荣誉的基础上，开展"省级文明和谐单位标兵"创建活动。二是开展"五星级党支部"创建活动。在荣获"全市先进基层党组织"、"全县红旗基层党组织"的基础上，开展"五星级党支部"创建活动。创建活动与整治吃拿卡要创优发展环境、保持党的纯洁性学习教育等活动紧密结合，重点查摆问题，整章建制，在制度、组织、阵地、队伍等方面取得新成就。三是开展"依法治理示范单位"创建活动。根据上级部门依法治理示范单位创建工作的安排部署，实施"六五"普法规划，开展"法律进机关法制下农村"活动、"依法行政宣传月"活动和"12.4"全国法制宣传日活动，累计发展宣传资料3万余份，接受现场咨询120余人次。积极组织参与全国财政"六五"普法法规知识竞赛，全县参赛人数达3.1万人，参赛规模位居全省和全市县区第一。2012年，泽州县财政局先后获得"全省煤炭可持续发展基金征收先进单位"、"全市五一劳动奖状"、"全市结对帮扶先进单位"、"市级依法治理示范单位"、"全县红旗基层党组织"等诸多荣誉。同时，党风廉政、行风评议等工作也得到泽州县委、县政府及上级业务部门的表彰奖励。

表23-1

晋城市泽州县公共财政收入决算表(1985-1997年)

单位:万元

科目 \ 年份	1985	1986	1987	1988	1989	1990	1991	1992	1993	1994	1995	1996	1997
公共财政收入	1600	1869	2008	2408	2993	3008	3799	4380	5888	5578	7330	9531	10925
工商税收类	1590	1506	1672	1881	2375	2503	2941	3586	4765	3237	4628	5975	7200
农牧业税和耕地占用税类		175	178	317	267	285	294	384	477	460	493	657	632
国企所得税		92	111	132	286	284	553	559	623	1660	1631	1849	2482
国企调节税			5										
国企上缴利润类		14		21	27	37	41	35	8		43		
国企计划亏损补贴类		-3	-34	-21	-40	-232	-167	-257	-132		-127	-180	-70
专款收入类	4	27	15	22	42	22	33	36	83	73	266	399	
其他收入类	7	58	61	65	80	141	120	49	95	148	174		
国有企业承包收入退库类				-9	-44	-32	-104	-12	-31				-116
社会保险基金收入							88						
基本建设贷款归还收入费				65									
企业收入	-1												
国有土地使用权收入												227	221
行政性收费罚没收入											222	604	576

表23-2

晋城市泽州县公共财政收入决算表(1998-2012年)

单位:万元

科目 \ 年份	1998	1999	2000	2001	2002	2003	2004	2005	2006	2007	2008	2009	2010	2011	2012
公共财政收入	12805	14114	14275	15494	11096	13327	18034	21200	28667	50232	63557	81168	93427	108388	124862
增值税	2884	3229	3339	3251	2219	2996	4855	6109	6556	12024	14717	20300	22413	24414	23234
营业税	2746	3412	3273	2208	1602	1572	2429	2882	3763	4203	5550	5691	8251	12679	11529
企业所得税	2414	2750	3055	4946	1690	1856	2974	3590	6267	10273	11106	11526	12527	16872	23136
个人所得税	1372	931	553	835	610	547	644	820	910	1250	1296	967	1616	1848	2803
资源税	905	1264	1506	1167	895	709	862	1494	2555	3349	3920	3551	3399	3380	3081
固定资产投资方向调节税															14
城市维护建设税	257	223	215	221	241	438	694	485	919	4120	5364	6096	8066	8832	9598
房产税	106	106	186	187	222	691	343	204	591	830	867	1143	1606	1799	1823
印花税	31	19	36	32	194	67	154	283	401	467	770	704	1370	1513	1200
城镇土地使用税	38	49	77	75	97	86	117	192	400	808	2496	3188	3999	3884	2907
土地增值税								10	39	89	10	77	273	296	798
车船税	62	72	51	11	122	144	1	2	9	197	404	243	446	338	601
耕地占用税	15	27	9	68	47	308	153	290	205	400	1102	41	921	365	691
契税	8	19	26	9	1	1	5	140	253	200	97	933	479	1167	418
其他税收收入	803	632	683	1221	1370	1043	738	6							
国有资本经营收入			246		150					2931	1001	10000	12575	12067	11918
国有资源(资产)有偿使用收入									80	100	179	99	145	501	3404
行政事业性收费收入	133	49	121	208	342	1182	1916	2219	2305	2875	4819	7454	5661	7749	10837
罚没收入	479	702	363	371	536	738	1036	927	931	2065	3167	1645	1505	1823	1853
专项收入	496	545	600	684	758	930	1088	1514	2483	4051	6692	7497	8175	8861	15017
其他收入	56	85	-64			19	25	33				13			

表 23-3

晋城市泽州县财政收支增长表(1985-2012年)

年份	财政总收入(万元)	公共财政收入(万元)	公共财政支出(万元)	比上年增长(%)		
				财政总收入	公共财政收入	公共财政支出
1985	1600	1600	1838			
1986	1869	1869	2301	16.81		25.19
1987	2008	2008	2290	7.44		-0.48
1988	2408	2408	2760	19.92		20.52
1989	2993	2993	3533	24.29		28.01
1990	3008	3008	3964	0.50		12.20
1991	3799	3799	4097	26.30		3.36
1992	4380	4380	4704	15.29		14.82
1993	5888	5888	5867	34.43		24.72
1994	8109	5578	7328	37.72		24.90
1995	11810	7330	8410	45.64	31.41	14.77
1996	15657	9531	10297	32.57	30.03	22.44
1997	18901	10925	13072	20.72	14.63	26.95
1998	21456	12805	13850	13.52	17.21	5.95
1999	23800	14114	15910	10.92	10.22	14.87
2000	24293	14275	17365	2.07	1.14	9.15
2001	25251	15494	21195	3.94	8.54	22.06
2002	28713	11096	25889	13.71	-28.39	22.15
2003	36888	13327	30622	28.47	20.11	18.28
2004	55211	18034	40001	49.67	35.32	30.63
2005	67704	21200	46755	22.63	17.56	16.88
2006	86518	28667	62626	27.79	35.22	33.95
2007	172702	50232	79202	99.61	75.23	26.47
2008	207582	63557	89114	20.20	26.53	12.51
2009	260362	81168	120262	25.43	27.71	34.95
2010	296609	93427	141522	13.92	15.10	17.68
2011	341725	108388	163694	15.21	16.01	15.67
2012	375190	124862	202378	9.79	15.20	23.63

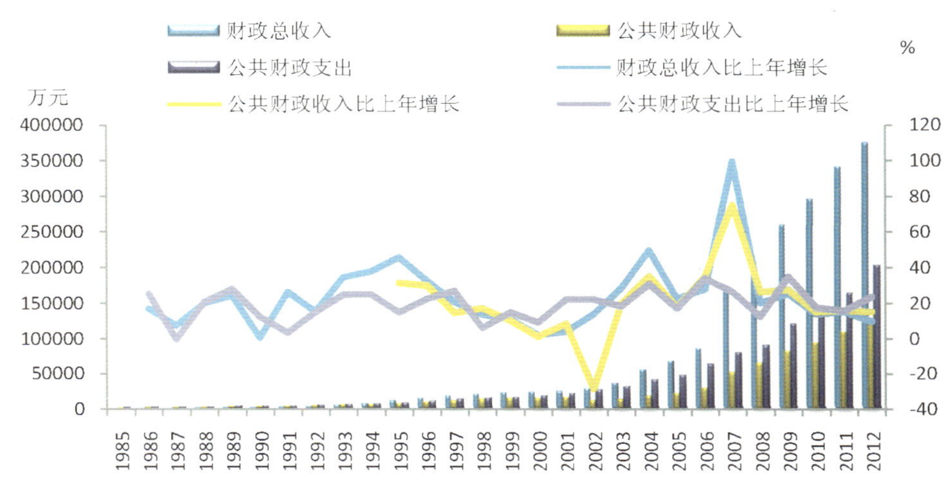

晋城市泽州县财政收支增长情况图(1985－2012年)

表23-4

晋城市泽州县公共财政收入决算表(2012年)

单位:万元

科　目	决算数	科　目	决算数
公共财政收入	124862	成品油价格和税费改革城市维护建设税划出	-185
税收收入	81833	房产税	1823
增值税	23234	国有企业房产税	52
国内增值税	23234	集体企业房产税	93
国有企业增值税	469	股份制企业房产税	1484
集体企业增值税	99	私营企业房产税	17
股份制企业增值税	22404	其他房产税	130
港澳台和外商投资企业增值税	13	房产税税款滞纳金、罚款收入	47
私营企业增值税	512	印花税	1200
其他增值税	99	其他印花税	1193
增值税税款滞纳金、罚款收入	44	印花税税款滞纳金、罚款收入	7
福利企业增值税退税	-24	城镇土地使用税	2907
其他增值税退税	-285	国有企业城镇土地使用税	99
成品油价格和税费改革增值税划出	-97	集体企业城镇土地使用税	72
营业税	11529	股份制企业城镇土地使用税	2166
金融保险业营业税(地方)	283	私营企业城镇土地使用税	418
其他金融保险业营业税(地方)	283	其他城镇土地使用税	103
一般营业税	11245	城镇土地使用税税款滞纳金、罚款收入	49
营业税税款滞纳金、罚款收入	1	土地增值税	798
企业所得税	23136	国有企业土地增值税	17
其他国有企业所得税	20	集体企业土地增值税	90
集体企业所得税	1295	股份制企业土地增值税	164
股份制企业所得税	21569	私营企业土地增值税	337
其他股份制企业所得税	21569	其他土地增值税	190
私营企业所得税	124	车船税(款)	601
其他企业所得税	69	车船税(项)	601
企业所得税税款滞纳金、罚款、加收利息收入	59	耕地占用税(款)	691
内资企业所得税税款滞纳金、罚款、加收利息收入	59	耕地占用税(项)	691
个人所得税(款)	2803	契税(款)	418
个人所得税(项)	2802	契税(项)	418
储蓄存款利息所得税	10	非税收入	43029
其他个人所得税	2792	专项收入	15017
个人所得税税款滞纳金、罚款收入	1	排污费收入(项)	603
资源税	3081	排污费收入	603
其他资源税	3066	水资源费收入	728
资源税税款滞纳金、罚款收入	15	其他水资源费收入	728
固定资产投资方向调节税	14	教育费附加收入(项)	6128
集体企业固定资产投资方向调节税	5	教育费附加收入	6209
固定资产投资方向调节税税款滞纳金、罚款收入	9	成品油价格和税费改革教育费附加收入划出	-81
城市维护建设税	9598	矿产资源专项收入	7558
国有企业城市维护建设税	76	矿产资源补偿费收入	1055
集体企业城市维护建设税	63	探矿权、采矿权使用费收入	3
股份制企业城市维护建设税	9393	探矿权、采矿权价款收入	6500
港澳台和外商投资企业城市维护建设税	1	行政事业性收费收入	10837
私营企业城市维护建设税	95	公安行政事业性收费收入	14
其他企业城市维护建设税	150	户籍管理证件工本费	1
城市维护建设税税款滞纳金、罚款收入	5	居民身份证工本费	13

续表

单位：万元

科　目	决算数	科　目	决算数
法院行政事业性收费收入	40	预防性体检费	31
诉讼费	40	其他缴入国库的卫生行政事业性收费	970
人口和计划生育行政事业性收费收入	633	民政行政事业性收费收入	3
社会抚养费	633	婚姻登记证书工本费	3
安全生产行政事业性收费收入	1383	人力资源和社会保障行政事业性收费收入	35
其他缴入国库的安全生产行政事业性收费	1383	其他缴入国库的人力资源和社会保障行政事业性收费	35
发展与改革(物价)行政事业性收费收入	8	其他行政事业性收费收入	903
其他缴入国库的发展与改革(物价)行政事业性收费	8	其他缴入国库的行政事业性收费	903
国土资源行政事业性收费收入	3056	罚没收入	1853
采矿登记收费	1	一般罚没收入	1853
土地复垦费	170	公安罚没收入	665
土地登记费	24	检察院罚没收入	200
征(土)地管理费	295	法院罚没收入	26
耕地开垦费	1755	税务部门罚没收入	6
其他缴入国库的国土资源行政事业性收费	811	卫生罚没收入	4
建设行政事业性收费收入	2185	交通罚没收入	566
其他缴入国库的建设行政事业性收费	2185	审计罚没收入	48
环保行政事业性收费收入	112	其他一般罚没收入	338
环境监测服务费	112	国有资本经营收入	11918
农业行政事业性收费收入	8	股利、股息收入	11918
农机监理费	8	其他股利、股息收入	11918
林业行政事业性收费收入	25	国有资源(资产)有偿使用收入	3404
绿化费	22	利息收入	2419
其他缴入国库的林业行政事业性收费收入	3	国库存款利息收入	344
水利行政事业性收费收入	1431	财政专户存款利息收入	2075
河道工程修建维护管理费	181	非经营性国有资产收入	985
水土流失防治费	650	行政单位国有资产出租、出借收入	971
其他缴入国库的水利行政事业性收费	600	行政单位国有资产处置收入	14
卫生行政事业性收费收入	1001		

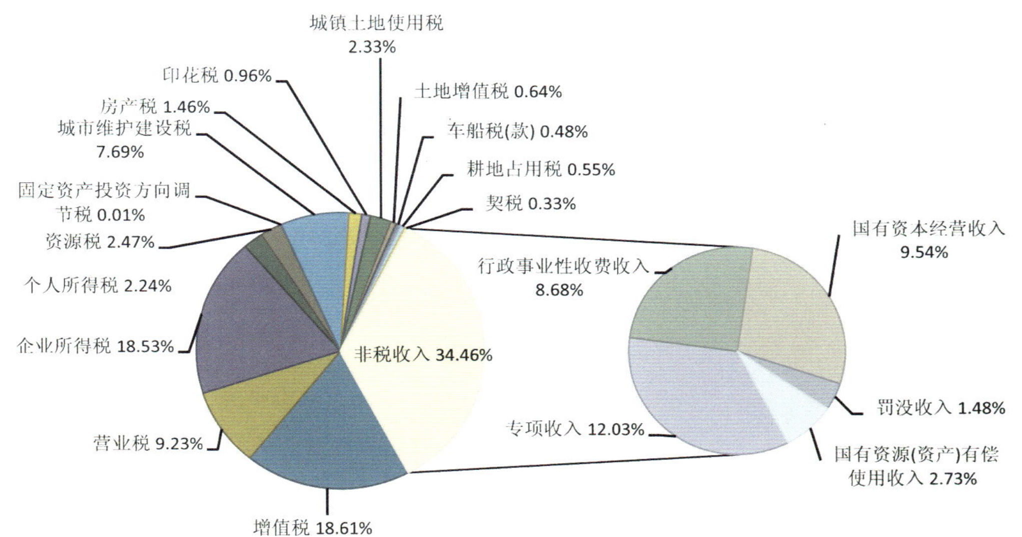

晋城市泽州县公共财政收入情况图(2012年)

表23-5

晋城市泽州县公共财政支出决算表(2012年)

单位:万元

科　目	决算数	科　目	决算数
公共财政支出	202378	行政运行	511
一般公共服务	16566	人口与计划生育事务	3170
人大事务	505	行政运行	333
行政运行	415	一般行政管理事务	35
人大会议	10	计划生育家庭奖励	1657
人大监督	5	人口和计划生育统计及抽样调查	9
代表培训	10	人口和计划生育信息系统建设	30
代表工作	20	计划生育、生殖健康促进工程	28
其他人大事务支出	45	计划生育免费基本技术服务	139
政协事务	369	人口出生性别比综合治理	5
行政运行	240	人口和计划生育服务网络建设	145
政协会议	15	人口和计划生育宣传教育经费	26
委员视察	9	流动人口计划生育管理和服务	16
其他政协事务支出	105	人口和计划生育目标责任制考核	20
政府办公厅(室)及相关机构事务	6634	其他人口与计划生育事务支出	727
行政运行	4114	商贸事务	153
专项业务活动	1584	对外贸易管理	40
政务公开审批	65	其他商贸事务支出	113
信访事务	16	工商行政管理事务	3
其他政府办公厅(室)及相关机构事务支出	855	其他工商行政管理事务支出	3
发展与改革事务	901	质量技术监督与检验检疫事务	35
行政运行	360	质量技术监督行政执法及业务管理	35
经济体制改革研究	75	宗教事务	26
物价管理	466	行政运行	26
统计信息事务	206	港澳台侨事务	63
行政运行	164	行政运行	63
一般行政管理事务	8	档案事务	54
统计抽样调查	34	行政运行	54
财政事务	1095	民主党派及工商联事务	19
行政运行	465	行政运行	19
一般行政管理事务	61	群众团体事务	520
其他财政事务支出	569	行政运行	179
审计事务	238	一般行政管理事务	15
行政运行	166	其他群众团体事务支出	326
一般行政管理事务	2	党委办公厅(室)及相关机构事务	1897
审计业务	70	行政运行	1897
人力资源事务	54	组织事务	113
行政运行	54	其他组织事务支出	113
纪检监察事务	511	国防	228

续表

单位：万元

科　目	决算数
民兵(款)	198
民兵(项)	198
国防动员	30
兵役征集	30
公共安全	7963
武装警察	210
消防	195
其他武装警察支出	15
公安	4784
行政运行	2540
一般行政管理事务	961
机关服务	13
治安管理	430
刑事侦查	200
经济犯罪侦查	23
禁毒管理	30
道路交通管理	431
居民身份证管理	5
拘押收教场所管理	118
其他公安支出	33
检察	1224
行政运行	741
一般行政管理事务	343
机关服务	8
查办和预防职务犯罪	37
公诉和审判监督	5
执行监督	5
控告申诉	35
“两房”建设	50
法院	1194
行政运行	642
一般行政管理事务	276
机关服务	17
案件审判	90
案件执行	102
其他法院支出	67
司法	371
行政运行	266
一般行政管理事务	45
基层司法业务	20
普法宣传	15
法律援助	25
其他公共安全支出(款)	180
其他公共安全支出(项)	180
教育	48437
教育管理事务	326
行政运行	315
其他教育管理事务支出	11
普通教育	38168
学前教育	2289
小学教育	11347
初中教育	6630
高中教育	1593
高等教育	59
化解农村义务教育债务支出	8
其他普通教育支出	16242
职业教育	1219
职业高中教育	1219
成人教育	84
成人中等教育	75
其他成人教育支出	9
特殊教育	58
特殊学校教育	58
教师进修及干部继续教育	540
教师进修	329
干部教育	211
教育费附加安排的支出	6758
农村中小学校舍建设	5100
农村中小学教学设施	774
其他教育费附加安排的支出	884
其他教育支出(款)	1284
其他教育支出(项)	1284
科学技术	2852
科学技术管理事务	192
行政运行	174
一般行政管理事务	18
基础研究	3
机构运行	3

续表

单位：万元

科　　目	决算数
应用研究	15
机构运行	10
社会公益研究	5
技术研究与开发	2622
机构运行	10
应用技术研究与开发	407
产业技术研究与开发	880
科技成果转化与扩散	945
其他技术研究与开发支出	380
科学技术普及	20
科普活动	20
文化体育与传媒	4057
文化	1483
行政运行	413
图书馆	12
艺术表演团体	71
文化活动	10
群众文化	152
文化交流与合作	347
文化创作与保护	369
文化市场管理	10
其他文化支出	99
文物	925
行政运行	226
文物保护	679
其他文物支出	20
体育	207
行政运行	84
体育竞赛	17
群众体育	44
其他体育支出	62
广播影视	722
行政运行	680
电影	40
其他广播影视支出	2
新闻出版	107
行政运行	81
出版发行	26
其他文化体育与传媒支出(款)	613
其他文化体育与传媒支出(项)	613
社会保障和就业	27059
人力资源和社会保障管理事务	1483
行政运行	308
机关服务	91
综合业务管理	217
就业管理事务	200
社会保险经办机构	667
民政管理事务	256
行政运行	171
其他民政管理事务支出	85
财政对社会保险基金的补助	6829
财政对基本养老保险基金的补助	576
财政对失业保险基金的补助	10
财政对工伤保险基金的补助	161
财政对新型农村社会养老保险基金的补助	5998
财政对城镇居民养老保险基金的补助	84
行政事业单位离退休	8914
归口管理的行政单位离退休	1611
事业单位离退休	7025
离退休人员管理机构	278
就业补助	824
其他就业补助支出	824
抚恤	2291
死亡抚恤	205
伤残抚恤	495
在乡复员、退伍军人生活补助	827
优抚事业单位	237
义务兵优待	129
其他优抚支出	398
退役安置	436
退役士兵安置	87
军队移交政府的离退休人员安置	45
军队移交政府离退休干部管理机构	7
其他退役安置支出	297
社会福利	44
儿童福利	44
残疾人事业	314
行政运行	81

续表

单位:万元

科　目	决算数	科　目	决算数
残疾人康复	21	城市医疗救助	126
残疾人就业和扶贫	4	新型农村合作医疗	10489
其他残疾人事业支出	208	农村医疗救助	374
城市居民最低生活保障(款)	801	城镇居民基本医疗保险	43
城市居民最低生活保障金支出	799	食品和药品监督管理事务	134
城市居民最低生活保障对象临时补助	2	行政运行	62
自然灾害生活救助	520	一般行政管理事务	8
中央自然灾害生活补助	352	食品药品安全	64
地方自然灾害生活补助	168	节能环保	4673
红十字事业	16	环境保护管理事务	781
行政运行	15	行政运行	771
其他红十字事业支出	1	环境保护宣传	10
农村最低生活保障	3316	环境监测与监察	661
农村最低生活保障金支出	3302	建设项目环评审查与监督	426
农村最低生活保障对象临时补助	14	其他环境监测与监察支出	235
其他农村生活救助	367	污染防治	1128
农村五保供养	301	水体	25
其他农村生活救助支出	66	排污费安排的支出	953
其他社会保障和就业支出(款)	648	其他污染防治支出	150
其他社会保障和就业支出(项)	648	自然生态保护	890
医疗卫生	21936	农村环境保护	890
医疗卫生管理事务	258	退耕还林	459
行政运行	170	退耕现金	299
其他医疗卫生管理事务支出	88	退耕还林粮食折现补贴	28
公立医院	385	其他退耕还林支出	132
综合医院	385	能源节约利用(款)	354
基层医疗卫生机构	6304	能源节约利用(项)	354
乡镇卫生院	2810	可再生能源(款)	400
其他基层医疗卫生机构支出	3494	可再生能源(项)	400
公共卫生	2628	城乡社区事务	1318
疾病预防控制机构	263	城乡社区管理事务	990
卫生监督机构	347	行政运行	590
妇幼保健机构	180	其他城乡社区管理事务支出	400
基本公共卫生服务	1424	城乡社区规划与管理(款)	170
重大公共卫生专项	414	城乡社区规划与管理(项)	170
医疗保障	12227	城乡社区公共设施	125
行政单位医疗	178	其他城乡社区公共设施支出	125
事业单位医疗	850	建设市场管理与监督(款)	30
优抚对象医疗补助	167	建设市场管理与监督(项)	30

续表

单位:万元

科目	决算数	科目	决算数
其他城乡社区事务支出(款)	3	水土保持	341
其他城乡社区事务支出(项)	3	防汛	501
农林水事务	37835	抗旱	120
农业	11825	农田水利	2833
行政运行	1850	大中型水库移民后期扶持专项支出	62
事业运行	2054	水资源费安排的支出	2158
技术推广与培训	785	农村人畜饮水	221
病虫害控制	99	其他水利支出	83
农产品质量安全	51	扶贫	1178
统计监测与信息服务	5	农村基础设施建设	243
农业行业业务管理	2	生产发展	932
灾害救助	238	其他扶贫支出	3
农业结构调整补贴	562	农业综合开发	1785
农业生产资料与技术补贴	2033	机构运行	30
农业生产保险补贴	636	土地治理	1496
农业组织化与产业化经营	1420	产业化经营	259
农村公益事业	463	农村综合改革	5717
农业资源保护与利用	199	对村级一事一议的补助	2557
农村道路建设	347	对村民委员会和村党支部的补助	3160
其他农业支出	1081	其他农林水事务支出(款)	250
林业	7690	其他农林水事务支出(项)	250
行政运行	32	交通运输	2504
林业事业机构	488	公路水路运输	2200
森林培育	5996	行政运行	829
林业技术推广	10	公路改建	120
森林资源管理	5	公路养护	285
森林生态效益补偿	358	公路路政管理	145
动植物保护	1	公路运输管理	307
森林防火	254	其他公路水路运输支出	514
林业有害生物防治	5	石油价格改革对交通运输的补贴	7
林业产业化	380	对农村道路客运的补贴	7
林业贷款贴息	25	车辆购置税支出	297
石油价格改革对林业的补贴	7	车辆购置税用于公路等基础设施建设支出	104
其他林业支出	129	车辆购置税用于农村公路建设支出	193
水利	9390	资源勘探电力信息等事务	2123
行政运行	584	制造业	280
水利行业业务管理	6	机关服务	280
水利工程建设	2459	安全生产监管	1284
水利工程运行与维护	22	行政运行	1254

科　　目	决算数	科　　目	决算数
其他安全生产监管支出	30	行政运行	2238
支持中小企业发展和管理支出	559	土地资源调查	185
一般行政管理事务	379	土地资源利用与保护	1297
中小企业发展专项	155	地质灾害防治	315
其他支持中小企业发展和管理支出	25	矿产资源专项收入安排的支出	13856
商业服务业等事务	1924	**住房保障支出**	2669
商业流通事务	1535	**保障性安居工程支出**	89
行政运行	1	廉租住房	4
一般行政管理事务	460	农村危房改造	85
事业运行	112	**住房改革支出**	2580
其他商业流通事务支出	962	住房公积金	2580
旅游业管理与服务支出	48	**粮油物资储备事务**	906
旅游宣传	33	**粮油事务**	742
其他旅游业管理与服务支出	15	一般行政管理事务	281
涉外发展服务支出	341	粮食财务挂账利息补贴	126
一般行政管理事务	204	粮食风险基金	300
其他涉外发展服务支出	137	其他粮油事务支出	35
金融监管等事务支出	973	**粮油储备**	164
农村金融发展支出	973	储备粮(油)库建设	164
农村金融机构定向费用补贴支出	973	**国债还本付息支出**	18
援助其他地区支出	214	**地方政府债券付息**	18
其他支出	214	**其他支出(类)**	232
国土资源气象等事务	17891	**其他支出(款)**	232
国土资源事务	17891	其他支出(项)	232

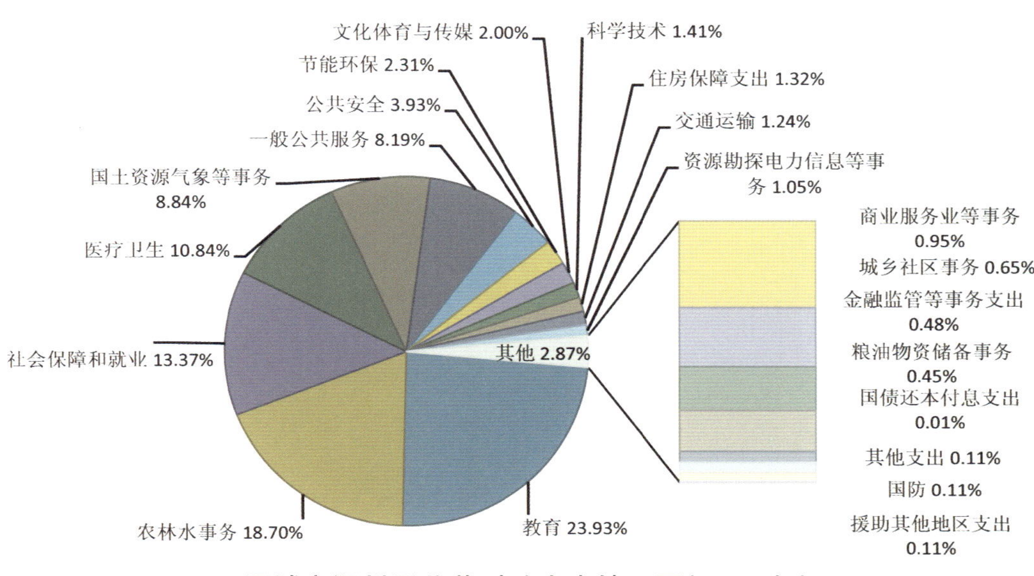

晋城市泽州县公共财政支出情况图（2012年）

表 23-6

晋城市泽州县政府性基金

科目	决算数	上年结余	上级补助收入	其中：地震灾后恢复重建补助收入	省补助计划单列市收入	下级上解收入	计划单列市上解省收入	调入资金
政府性基金收入	20692	32077	6578					360
贸促会收费								
证书工本费								
司法部门的涉外、涉港澳台公证书工本费								
地方教育附加收入	2833	1973						
核电站乏燃料处理处置基金收入								
体育部门收费								
外国团体来华登山注册费								
车手等级认定费								
文化事业建设费收入								
中央文化事业建设费收入								
地方文化事业建设费收入								
国家电影事业发展专项资金收入								
大中型水库移民后期扶持基金收入			196					

收支及结余情况表(2012年)

单位:万元

科　　目	决算数	补助下级支出	其中:地震灾后恢复重建补助支出	省补助计划单列市支出	上解上级支出	计划单列市上解省支出	调出资金	项　　目	年终结余
政府性基金支出	44896				583			政府性基金	14228
一般公共服务									
商贸事务									
贸促会收费安排的支出								贸促会收费	
								证书工本费	
公共安全									
司法									
涉外、涉港澳台公证书工本费安排的支出								司法部门的涉外、涉港澳台公证书工本费	
教育									
地方教育附加安排的支出								地方教育附加	4806
农村中小学校舍建设									
农村中小学教学设施									
城市中小学校舍建设									
城市中小学教学设施									
中等职业学校教学设施									
其他地方教育附加安排的支出									
科学技术									
核电站乏燃料处理处置基金支出								核电站乏燃料处理处置基金	
乏燃料运输									
乏燃料离堆贮存									
乏燃料后处理									
高放废物的处理处置									
乏燃料后处理厂的建设、运行、改造和退役									
其他乏燃料处理处置基金支出									
文化体育与传媒									
体育								体育部门收费	
外国团体来华登山注册费安排的支出								外国团体来华登山注册费	
车手等级认定费安排的支出								车手等级认定费	
文化事业建设费安排的支出								文化事业建设费	
精神文明建设								中央文化事业建设费	
人才培训教学								地方文化事业建设费	
文化创作									
文化事业单位补助									
爱国主义教育基地									
其他文化事业建设费安排的支出									
国家电影事业发展专项资金支出								国家电影事业发展专项资金	
资助国产影片放映									
资助城市影院									
资助少数民族电影译制									
其他国家电影事业发展专项资金支出									
社会保障和就业	1259								
大中型水库移民后期扶持基金支出	196							大中型水库移民后期扶持基金	

续表

科　目	决算数	上年结余	上级补助收入	其中:地震灾后恢复重建补助收入	省补助计划单列市收入	下级上解收入	计划单列市上解省收入	调入资金
小型水库移民扶助基金收入			230					
残疾人就业保障金收入	323	536	14					
可再生能源电价附加收入								
废弃电器电子产品处理基金收入								
国家税务局征收的废弃电器电子产品处理基金收入								
海关征收的废弃电器电子产品处理基金收入								
政府住房基金收入	1000							
上缴管理费用								
计提廉租住房资金								
廉租住房租金收入								
公共租赁住房租金收入								
其他政府住房基金收入	1000							
国有土地使用权出让收入	12635	11897	783					
土地出让价款收入	10583	1843						
补缴的土地价款	1193	1260						
划拨土地收入								
教育资金收入	1448							
农田水利建设资金收入	1448		715					
缴纳新增建设用地土地有偿使用费	-2074							
其他土地出让收入	37	8794	68					

单位：万元

科目	决算数	补助下级支出	其中：地震灾后恢复重建补助支出	省补助计划单列市支出	上解上级支出	计划单列市上解省支出	调出资金	项目	年终结余
移民补助	186								
基础设施建设和经济发展									
其他大中型水库移民后期扶持基金支出	10								
小型水库移民扶助基金支出	230							**小型水库移民扶助基金**	
移民补助									
基础设施建设和经济发展									
其他小型水库移民扶助基金支出	230								
残疾人就业保障金支出	833							**残疾人就业保障金**	40
就业和培训	80								
职业康复	642								
扶持农村残疾人生产									
奖励残疾人就业单位									
其他残疾人就业保障金支出	111								
节能环保									
可再生能源电价附加收入安排的支出								**可再生能源电价附加**	
风力发电补助									
太阳能发电补助									
生物质能发电补助									
其他可再生能源电价附加收入安排的支出									
废弃电器电子产品处理基金支出								**废弃电器电子产品处理基金**	
								国家税务局征收的废弃电器电子产品处理基金	
								海关征收的废弃电器电子产品处理基金	
城乡社区事务	21804								
政府住房基金支出								**政府住房基金**	1000
管理费用支出								上缴管理费用	
廉租住房支出								计提廉租住房资金	
廉租住房维护和管理支出								廉租住房租金	
公共租赁住房支出								公共租赁住房租金	
公共租赁住房租金支出								其他政府住房基金	1000
其他政府住房基金支出									
国有土地使用权出让收入安排的支出	20695							**国有土地使用权出让**	4330
征地和拆迁补偿支出	302							土地出让价款	1724
土地开发支出	326							补缴的土地价款	
城市建设支出	1500							划拨土地	
农村基础设施建设支出	5280							教育资金	1448
补助被征地农民支出								农田水利建设资金	1158
土地出让业务支出	400							缴纳新增建设用地土地有偿使用费	
廉租住房支出								其他土地出让	
教育资金安排的支出									
支付破产或改制企业职工安置费									

续表

科　目	决算数	上年结余	上级补助收入	其中:地震灾后恢复重建补助收入	省补助计划单列市收入	下级上解收入	计划单列市上解省收入	调入资金
城市公用事业附加收入			110					
国有土地收益基金收入								
农业土地开发资金收入	295	399	154					
新增建设用地土地有偿使用费收入			656					
中央新增建设用地土地有偿使用费收入								
地方新增建设用地土地有偿使用费收入			656					
城市基础设施配套费收入			189					
新菜地开发建设基金收入								
育林基金收入	31	324						
中央育林基金收入								
地方育林基金收入	31	324						

单位：万元

科　　目	决算数	补助下级支出	其中：地震灾后恢复重建补助支出	省补助计划单列市支出	上解上级支出	计划单列市上解省支出	调出资金	项　　目	年终结余
棚户区改造支出									
公共租赁住房支出									
农田水利建设资金安排的支出	715				290				
其他国有土地使用权出让收入安排的支出	12172								
城市公用事业附加安排的支出	110							**城市公用事业附加**	
城市公共设施									
城市环境卫生									
公有房屋									
城市防洪									
其他城市公用事业附加安排的支出	110								
国有土地收益基金支出								**国有土地收益基金**	
征地和拆迁补偿支出									
土地开发支出									
其他国有土地收益基金支出									
农业土地开发资金支出	154							**农业土地开发资金**	694
新增建设用地土地有偿使用费安排的支出	656							**新增建设用地土地有偿使用费**	
耕地开发专项支出								中央新增建设用地土地有偿使用费	
基本农田建设和保护支出	543							地方新增建设用地土地有偿使用费	
土地整理支出	113								
用于地震灾后恢复重建的支出									
城市基础设施配套费安排的支出	189							**城市基础设施配套费**	
城市公共设施									
城市环境卫生									
公有房屋									
城市防洪									
其他城市基础设施配套费安排的支出	189								
农林水事务	1879								
新菜地开发建设基金支出								**新菜地开发建设基金**	
开发新菜地工程									
改造老菜地工程									
设备购置									
技术培训与推广									
其他新菜地开发建设基金支出									
育林基金支出	355							**育林基金**	
森林培育	324							中央育林基金	
林业有害生物防治								地方育林基金	
森林防火									
森林资源监测									
林业技术推广									
林区公共支出	31								

续表

科　　目	决算数	上年结余	上级补助收入	其中:地震灾后恢复重建补助收入	省补助计划单列市收入	下级上解收入	计划单列市上解省收入	调入资金
森林植被恢复费			93					
中央森林植被恢复费								
地方森林植被恢复费			93					
中央水利建设基金收入			269					
中央水利建设基金划转收入								
中央其他水利建设基金收入			269					
地方水利建设基金收入		667	69					360
地方水利建设基金划转收入								
地方其他水利建设基金收入		667	69					360
大中型水库库区基金收入			67					
中央大中型水库库区基金收入								
地方大中型水库库区基金收入			67					
三峡水库库区基金收入								
南水北调工程基金收入								
国家重大水利工程建设基金收入								
南水北调工程建设资金								
三峡工程后续工作资金								
省级重大水利工程建设资金								
船舶港务费								

单位：万元

科　　目	决算数	补助下级支出	其中：地震灾后恢复重建补助支出	省补助计划单列市支出	上解上级支出	计划单列市上解省支出	调出资金	项　　目	年终结余
其他育林基金支出									
森林植被恢复费安排的支出	93							**森林植被恢复费**	
林地调查规划设计	2							中央森林植被恢复费	
林地整理								地方森林植被恢复费	
森林培育	78								
林业有害生物防治									
森林防火	10								
森林资源管护	3								
其他森林植被恢复费安排的支出									
中央水利建设基金支出	269							**中央水利建设基金**	
水利工程建设								中央水利建设基金划转	
水利工程维护								中央其他水利建设基金	
防洪工程含应急度汛	30								
其他中央水利建设基金支出	239								
地方水利建设基金支出	1095							**地方水利建设基金**	1
水利工程建设	1086							地方水利建设基金划转	
水利工程维护								地方其他水利建设基金	1
水土保持	9								
城市防洪									
其他地方水利建设基金支出									
大中型水库库区基金支出	67							**大中型水库库区基金**	
基础设施建设和经济发展	67							中央大中型水库库区基金	
解决移民遗留问题								地方大中型水库库区基金	
库区防护工程维护									
其他大中型水库库区基金支出									
三峡水库库区基金支出								**三峡水库库区基金**	
基础设施建设和经济发展									
解决移民遗留问题									
库区维护和管理									
其他三峡水库库区基金支出									
南水北调工程基金支出								**南水北调工程基金**	
南水北调工程建设									
偿还南水北调工程贷款本息									
国家重大水利工程建设基金支出								**国家重大水利工程建设基金**	
南水北调工程建设								南水北调工程建设资金	
三峡工程后续工作								三峡工程后续工作资金	
地方重大水利工程建设								省级重大水利工程建设资金	
其他重大水利工程建设基金支出									
交通运输									
公路水路运输									
船舶港务费安排的支出								**船舶港务费**	

续表

科目	决算数	上年结余	上级补助收入	其中:地震灾后恢复重建补助收入	省补助计划单列市收入	下级上解收入	计划单列市上解省收入	调入资金
长江口航道维护收入								
铁路资产变现收入								
海南省高等级公路车辆通行附加费收入								
转让政府还贷道路收费权收入								
转让政府还贷公路收费权收入								
转让政府还贷城市道路收费权收入								
车辆通行费								
港口建设费收入								
铁路建设基金收入								
民航基础设施建设基金收入								
民航机场管理建设费收入								

单位：万元

科　　目	决算数	补助下级支出	其中：地震灾后恢复重建补助支出	省补助计划单列市支出	上解上级支出	计划单列市上解省支出	调出资金	项　　目	年终结余
长江口航道维护支出								**长江口航道维护**	
铁路运输									
铁路资产变现收入安排的支出								**铁路资产变现**	
海南省高等级公路车辆通行附加费安排的支出								**海南省高等级公路车辆通行附加费**	
公路建设									
公路养护									
公路还贷									
其他海南省高等级公路车辆通行附加费安排的支出									
转让政府还贷道路收费权收入安排的支出								**转让政府还贷道路收费权**	
公路还贷								转让政府还贷公路收费权	
公路建设								转让政府还贷城市道路收费权	
其他转让政府还贷道路收费权收入安排的支出									
车辆通行费安排的支出								**车辆通行费**	
公路还贷									
政府还贷公路养护									
政府还贷公路管理									
其他车辆通行费安排的支出									
港口建设费安排的支出								**港口建设费**	
港口设施									
航道建设和维护									
航运保障系统建设									
其他港口建设费安排的支出									
铁路建设基金支出								**铁路建设基金**	
铁路建设投资									
购置铁路机车车辆									
铁路还贷									
建设项目铺底资金									
勘测设计									
注册资本金									
周转资金									
其他铁路建设基金支出									
民航基础设施建设基金支出								**民航基础设施建设基金**	
民航机场建设									
空管系统建设									
民航安全									
民航科教和信息									
其他民航基础设施建设基金支出									
民航机场管理建设费安排的支出								**民航机场管理建设费**	
民航机场建设									
空管系统建设									
民航安全									
民航科教和信息									

续表

科　　目	决算数	上年结余	上级补助收入	其中:地震灾后恢复重建补助收入	省补助计划单列市收入	下级上解收入	计划单列市上解省收入	调入资金
船舶油污损害赔偿基金收入								
民航发展基金收入								
无线电频率占用费								
散装水泥专项资金收入								
新型墙体材料专项基金收入	8	47						
农网还贷资金收入								
中央农网还贷资金收入								
地方农网还贷资金收入								
山西省煤炭可持续发展基金收入	3567	16226	2818					

单位:万元

科目	决算数	补助下级支出	其中:地震灾后恢复重建补助支出	省补助计划单列市支出	上解上级支出	计划单列市上解省支出	调出资金	项目	年终结余
航线和机场补贴									
其他民航机场管理建设费安排的支出									
船舶油污损害赔偿基金支出								**船舶油污损害赔偿基金**	
应急处置费用									
控制清除污染									
损失补偿									
生态恢复									
监视监测									
其他船舶油污损害赔偿基金支出									
民航发展基金支出								**民航发展基金**	
民航机场建设									
空管系统建设									
民航安全									
航线和机场补贴									
民航科教和信息									
民航节能减排									
通用航空发展									
征管经费									
其他民航发展基金支出									
资源勘探电力信息等事务	19016				293				
工业和信息产业监管支出									
无线电频率占用费安排的支出								**无线电频率占用费**	
散装水泥专项资金支出								**散装水泥专项资金**	
建设专用设施									
专用设备购置和维修									
贷款贴息									
技术研发与推广									
宣传									
其他散装水泥专项资金支出									
新型墙体材料专项基金支出	10							**新型墙体材料专项基金**	45
技改贴息和补助									
技术研发和推广									
示范项目补贴									
宣传和培训									
其他新型墙体材料专项基金支出	10								
农网还贷资金支出								**农网还贷资金**	
中央农网还贷资金支出								中央农网还贷资金	
地方农网还贷资金支出								地方农网还贷资金	
其他农网还贷资金支出									
山西省煤炭可持续发展基金支出	19006				293			**山西省煤炭可持续发展基金**	3312
生态环境治理	4728								

续表

科目	决算数	上年结余	上级补助收入	其中:地震灾后恢复重建补助收入	省补助计划单列市收入	下级上解收入	计划单列市上解省收入	调入资金
电力改革预留资产变现收入								
旅游发展基金收入								
中央特别国债经营基金收入								
中央特别国债经营基金财务收入								
彩票公益金收入		5	580					
福利彩票公益金收入		5	573					
体育彩票公益金收入			7					
其他政府性基金收入		3	350					

单位:万元

科目	决算数	补助下级支出	其中:地震灾后恢复重建补助支出	省补助计划单列市支出	上解上级支出	计划单列市上解省支出	调出资金	项目	年终结余
资源地区转型和接替产业发展	7727								
解决社会问题	6483				293				
其他山西省煤炭可持续发展基金支出	68								
电力改革预留资产变现收入安排的支出								**电力改革预留资产变现**	
920万千瓦变现资产支出									
647万千瓦变现资产支出									
商业服务业等事务									
旅游发展基金支出								**旅游发展基金**	
宣传促销									
行业规划									
旅游事业补助									
地方旅游开发项目补助									
其他旅游发展基金支出									
金融监管等事务支出									
金融调控支出									
中央特别国债经营基金支出								**中央特别国债经营基金**	
中央特别国债经营基金财务支出								**中央特别国债经营基金财务**	
其他支出	938								
彩票公益金安排的支出	585							**彩票公益金**	
用于补充全国社会保障基金的彩票公益金支出								福利彩票公益金	
用于社会福利的彩票公益金支出	437							体育彩票公益金	
用于体育事业的彩票公益金支出	7								
用于教育事业的彩票公益金支出	11								
用于红十字事业的彩票公益金支出									
用于残疾人事业的彩票公益金支出	23								
用于城市医疗救助的彩票公益金支出	10								
用于农村医疗救助的彩票公益金支出	28								
用于文化事业的彩票公益金支出									
用于扶贫的彩票公益金支出									
用于法律援助的彩票公益金支出									
用于其他社会公益事业的彩票公益金支出	69								
其他政府性基金支出	353							**其他政府性基金**	

表23-7

晋城市泽州县相关指标表(2012年)

单位:万元

项　　目	数　　额	项　　目	数　　额
上划税收		山西省	
上划中央税收	198062	内蒙古自治区	
上划中央国内增值税	127258	辽宁省	
上划中央国内消费税	55	辽宁省(不含大连对辽宁其他城市的援助收入)	
上划中央企业所得税	63103	大连市(不含省内其他城市对大连的援助收入)	
上划中央个人所得税	7646	吉林省	
上划省税收	34844	黑龙江省	
增值税	12726	上海市	
营业税	6288	江苏省	
企业所得税	12620	浙江省	
个人所得税	1529	浙江省(不含宁波对浙江其他城市的援助收入)	
资源税	1681	宁波市(不含省内其他城市对宁波的援助收入)	
固定资产投资方向调节税		安徽省	
城市维护建设税		福建省	
房产税		福建省(不含厦门对福建其他城市的援助收入)	
印花税		厦门市(不含省内其他城市对厦门的援助收入)	
城镇土地使用税		江西省	
土地增值税		山东省	
车船税		山东省(不含青岛对山东其他城市的援助收入)	
耕地占用税		青岛市(不含省内其他城市对青岛的援助收入)	
契税		河南省	
烟叶税		湖北省	
其他税收收入		湖南省	
上划地市税收	17422	广东省	
增值税	6363	广东省(不含深圳对广东其他城市的援助收入)	
营业税	3144	深圳市(不含省内其他城市对深圳的援助收入)	
企业所得税	6310	广西壮族自治区	
个人所得税	765	海南省	
资源税	840	重庆市	
固定资产投资方向调节税		四川省	
城市维护建设税		贵州省	
房产税		云南省	
印花税		西藏自治区	
城镇土地使用税		陕西省	
土地增值税		甘肃省	
车船税		青海省	
耕地占用税		宁夏回族自治区	
契税		新疆维吾尔自治区	
烟叶税		23013援助其他地区支出	
其他税收收入		北京市	
地方政府债券		天津市	
年初地方政府债券	1000	河北省	
本年地方政府债券收入		山西省	
本年地方政府债券转贷收入		内蒙古自治区	
本年地方政府债券转贷支出		辽宁省	
本年地方政府债券还本支出	1000	辽宁省(不含省内其他城市对大连的援助支出)	
本年由上级代还地方政府债券		大连市(不含大连对辽宁其他城市的援助支出)	
年末地方政府债券		吉林省	
地区间援助收支		黑龙江省	
11013接受其他地区援助收入		上海市	
北京市		江苏省	
天津市		浙江省	
河北省		浙江省(不含省内其他城市对宁波的援助支出)	

续表

单位:万元

项　　目	数　　额	项　　目	数　　额
宁波市(不含宁波对浙江其他城市的援助支出)		财政对社会保险基金的补助	6829
安徽省		收入中其他重复计算的部分	
福建省		收入中其他重复计算的部分情况说明	
福建省(不含省内其他城市对厦门的援助支出)		公共财政支出、政府性基金支出、国有资本经营支出、社会保险基金支出、财政专户管理资金支出中重复计算部分	6829
厦门市(不含厦门对福建其他城市的援助支出)			
江西省		财政对社会保险基金的补助	6829
山东省		支出中其他重复计算的部分	
山东省(不含省内其他城市对青岛的援助支出)		支出中其他重复计算的部分情况说明	
青岛市(不含青岛对山东其他城市的援助支出)		**权责发生制及年初预算**	
河南省		权责发生制核算的资金期初数	18709
湖北省		其中：公共财政预算	16736
湖南省		权责发生制核算的资金期末数	38322
广东省		其中：公共财政预算	34936
广东省(不含省内其他城市对深圳的援助支出)		本年权责发生制核算的资金	36326
深圳市(不含深圳对广东其他城市的援助支出)		其中：公共财政预算	33550
广西壮族自治区		本年国库集中支付结余	36326
海南省		其中：公共财政预算	33550
重庆市		公共财政预算国库集中支付年终结余期初数	16736
四川省		公共财政预算国库集中支付年终结余期末数	34936
贵州省		报人大的全辖公共财政支出年初预算数	140728
云南省		全辖公共财政支出年初预算数	
西藏自治区		人大批准的公共财政支出年初预算(汇总)数	140728
陕西省		**其他统计指标**	
甘肃省		地区生产总值	2176888
青海省		总人口(万人)	49
宁夏回族自治区		耕地面积(公顷)	51162
新疆维吾尔自治区		人均耕地面积(亩)	2
政府收支统计		居民人均可支配收入(元)	21691
公共财政收入、政府性基金收入、国有资本经营收入、社会保险基金收入、财政专户管理资金收入中重复计算部分	6829	农民人均纯收入(元)	9044

表23-8

晋城市泽州县乡镇基本情况表(2012年)

项　　目	数　额	项　　目	数　额
本年乡镇数	17	**乡镇财政供养人数**	7228
其中:实行“乡财县管”的乡镇数		公共预算财政拨款开支人数	632
乡镇财政机构数	17	公共预算财政补助开支人数	6596
其中:财税所数		其中:教师	4050
已建立乡镇国库的乡镇数		**赤字乡镇个数**	
税务所机构数	15	**乡镇年末总人口(万人)**	49
国家税务所数	6	城镇人口(万人)	20
地方税务所数	9	乡村人口(万人)	29
其中:一乡(镇)一所数	5	**乡镇公共财政收入分档**	
乡镇财政所总人数	62	100万元(不含)以下的乡镇数	5
行政编制实有人数	51	100万元(含)-500万元的乡镇数	3
事业编制实有人数	7	500万元(含)-1000万元的乡镇数	1
以工代干人数	4	1000万元(含)以上的乡镇数	8
集体财务人员人数		**村民委员会个数**	627

24 高平市财政工作

GAO PING CITY FINANCIAL WORK

综　述

【概　　况】 2012年，高平财政综合运用财政政策手段，积极组织财政收入，不断优化支出结构，全面完成各项工作任务，实现保增长、保重点、保民生。全年财政总收入完成42.3亿元，同比增长16.05%；公共财政收入11.9亿元，同比增长16.03%；公共财政支出20.70亿元，同比增长16.11%。财政总收入连续7年在晋城市名列第一，公共财政收入连续两年在晋城市位列第二，两项指标均处于全省领先。

【收入征管】 高平财政统筹全盘、及早谋划，确保财政收入任务圆满完成。一是早部署，落实责任，及时将收入任务层层分解，落实到各征收单位和乡镇、办事处，形成全市上下层层抓征收的合力。二是早预测，增强主动性，及时监控税收入库动态，定期召开国、地、财三家联席会议，分析预测征收趋势，为领导决策提供翔实依据。三是早通报，调动积极性，定期召开收入进度通报会，综合运用日常检查、税务稽查、欠税清缴等措施，提高税收征管、稽查的信息化运用水平，堵塞跑、冒、滴、漏。同时，大力加强非税收入纳入预算管理，不断拓宽非税收入管理范围，建设非税收入信息化系统，实现以计算机网络为依托的"单位开票、银行代收、财政统管"管理制度，确保财政总收入和公共财政收入任务完成。

【服务经济】 高平财政充分发挥财政资金"四两拨千斤"作用，通过以奖代补、技改贴息、项目配套等方式支持全市重点工程和重点项目建设。支持运用高新技术和先进实用技术提升传统产业，促进煤炭、焦炭、冶铸等传统产业走科技含量高、经济效益好、资源消耗低、环境污染少的新型工业化道路；支持推动煤化工、反光材料等依托全市资源优势的新兴产业发展壮大；鼓励以文化旅游业和现代物流业为主的各类服务业加快发展；设立企业改革专项基金，加大企业改革成本投入，支持国有企业和城镇集体企业产权置换和职工身份置换改革；建立中小企业信用担保机构，大力支持小型企业发展，缓解中小企业融资难题；支持招商引资和招才引智，提高全市贸易发展水平；运用财税杠杆，支持粮油肉等农产品生产，促进市场供求平衡和物价基本稳定；引导和带动民间资本、社会资金投资符合国家宏观政策和全市产业规划的重点项目；大力支持市政工程和基础设施建设，改善城市环境，提升城市品味，创优发展环境。

【民生财政】 高平财政继续优化财政支出结构，及时妥善调度资金，逐步压缩"三公"经费开支，将更多财力用于民生服务。一是坚持教育优先发展战略，全面推进教育协调发展。教育重点工程稳步推进，实验高中、高平二职、高平三职、市直示范幼儿园、高平中专等重点工程进展顺利；全市城市义务教育学校实行免课本费和作业本费政策，小学和初中生均公用经费标准分别达到732元和982元，分别高于国家标准192元和242元，全市义务教育阶段学校全面实现全免费，所有普通高中在校生实施免学费、免课本费、补助寄宿生生活费的"两免一补"，继续实施中等职业教育免费全覆盖工程，实现12年教育全免费；发放边远贫困山区农村教师交通费、生活补贴，进一步激发教师长期扎根山区教育积极性和主动性，促进城乡教育均衡发展。二是加快发展医疗卫生事业，提高城镇居民基本医疗保险补贴、新型农村合作医疗补助标准。高平市城镇医疗参保率达98%，新型农村合作医疗参合率达98.57%，在山西省率先实现医疗保障制度全覆盖，在全国率先推进村卫生室"药品零差价"试点，同时，还加快推进公立医院改革进程，将基层医疗机构人员工资和公立医院人员基本工资及医院基础建设、医疗设备购置等纳入专项补助范围；提高城乡居民合作医疗财政补助标准，完善基本药物制度，支持实施基本公共卫生服务和重大疾病防治，巩固和完善公立医院改革成果。三是关心城乡困难群众生产生活，提高城乡居民最低生活保障标准。提高企业退休养老金，完善孤儿、残疾人、流浪乞讨人员社会救助体系，支持开展节假日送温暖活动，社会保障体系更加完善。

【财政惠农】 高平财政多措并举，持续加大三农支出力度，推进城乡统筹发展。一是重点扶持生猪、蔬菜两大主导产业，"一县一业"生猪示范基地和"一村一品"设施农业园区建设扎实推进，农民致富步伐明显加快。二是支持实施农村新一轮"五个全覆盖"工程，深入推进"六村联创"活动，农村生产生活条件得到改善，新农村建设水平和层次明显提高。三是支持水利工程建设，加大病险水库除险加固，深入实施农业保险保费补贴，及时保障防汛抗旱、农作物病虫害防控等经费，农业防治抗灾水平得到提升。四是支持提高农业综合生产能力，夯实农业现代化发展基础，切实加大对农田水利建设和新农村建设的财政支持力度，促进农业生产、生活条件的持续改善。五是落实支农惠农政策，及时足额下发粮食直补、家电下乡、农机购置等补贴资金，减轻农民负担，提高农民经济收入和生活水平。六是全面规范实施村级公益事业一事一议财政奖补，加快农村基础设施建设，均衡城乡基本公共服务水平，促进城乡协调发展。

【财政改革】 高平财政深化改革、精细理财，财政资金使用效益明显提高。一是深化部门预算改革，提前着手编制部门预算，缩短预算编制周期；进一步完善综合预算，统筹预算内外收入，坚决压缩一般性、三公支出，保证部门预算编制的全面性、及时性和完整性；加强基础数据管理，建立财政供养人员、车辆、资产管理动态台账，对各部门、各单位资金结

综 述

余进行核实，提高预算编制的精细化和准确性。二是完善国库集中支付制度改革。对国库支付业务进行整合，国库科与国库支付中心由一个领导分管，国库集中支付安全规范运行，并简化工作流程，提高资金拨付效率。同时，规范国库单一账户体系，清理整顿本级财政专户，减少专户重复设置现象。此外，还启动公务卡改革和非税收入改革，把紧收支关口，提高财政资金运行效率。三是进一步深化政府采购制度改革。规范采购行为，重大招标、谈判活动实行同步录音录像监督，公开招标邀请市纪委、公证处等部门参与全过程监督，提高采购透明度，实现"阳光采购"。

【财政建设】 一是财政基础建设取得突破性进展。以"两基促两化"为支撑，强化目标管理，印发《工作日志》，促进工作条理化、责任明确化；强化基层基础建设和会计基础规范，通过抓硬件夯基础和抓软件促提升，各财政所实现达标进级，合格率达100%，优秀率达90%以上；加快信息化建设，强力推进办公平台及应用支撑平台建设，预算单位和乡镇联网铺设完成，实现省、市、县、乡数据四级联网，为办事人员提供更加方便快捷的服务。二是机关建设全面加强。推进财政文化建设，通过开展党的纯洁性、十八大学习宣传贯彻等活动，财政干部引领发展、争做先锋的积极性被调动起来；重视干部的业务培训，除每周一召开例会学习不动摇外，还组织业务培训，鼓励财政干部进行理财思路、管理方式创新。高度重视干部选拔使用，对部分业务科室骨干进行轮岗交流，使一批富有朝气、德才兼备的干部走上中层领导岗位。推进行政效能建设，实施流程再造，简政放权、简化程序，包括专项资金在内的财政款项，从办公室收文起15个工作日拨付完毕缩减为7个工作日。三是党风廉政建设深入开展。以制止吃拿卡要、优化发展环境为契机，依托财政廉政文化阵地，大力开展党员干部廉洁从政和廉洁自律教育，在全市树立起一面廉政旗帜，增强财政干部廉洁从政、谨慎用权的自律意识。

表 24-1

晋城市高平市公共财政收入决算表(1985-1997 年)

单位:万元

科目 \ 年份	1985	1986	1987	1988	1989	1990	1991	1992	1993	1994	1995	1996	1997
公共财政收入	2243	2391	2036	2292	2971	3022	3737	3353	4191	3638	4829	6253	6972
工商税收类	1545	1651	1460	1667	2239	2487	2552	2493	3296	2395	3219	4064	5111
农牧业税和耕地占用税类	152	173	175	239	305	286	306	359	435	453	479	604	542
国企所得税	495	467	294	318	411	424	648	640	457	688	683	737	672
国企调节税						1							
国企上缴利润类						70	88	26					
国企计划亏损补贴类	-42	-6		-75	-94	-377	-230	-327	-176	-181	-183	-224	-126
专款收入类						29	62	86	103	131	205	273	
其他收入类	93	106	108	143	110	103	312	76	76	152	426	799	773

表 24-2

晋城市高平市公共财政收入决算表(1998-2012 年)

单位:万元

科目 \ 年份	1998	1999	2000	2001	2002	2003	2004	2005	2006	2007	2008	2009	2010	2011	2012
公共财政收入	8055	8578	8387	10429	9331	12404	20260	28772	36762	46972	58624	73457	85810	102639	119094
增值税	2143	2433	2264	2462	2358	3354	5699	6929	9719	11656	17081	25496	24768	29086	30039
营业税	1041	733	847	1116	779	1153	2339	3052	4488	4083	5391	5863	7070	8295	13424
企业所得税	598	1000	1068	2848	1096	1279	2520	5556	6976	10423	10557	11814	15980	16155	25255
个人所得税	1166	1168	1211	768	663	519	670	876	1187	1270	1662	1650	2113	3358	3338
资源税	673	811	813	809	885	1321	1442	2768	2126	2884	2911	2542	3888	4308	3916
城市维护建设税	481	541	528	614	983	1159	1310	1470	2214	3263	4454	6352	7419	9156	7858
房产税	116	162	218	130	156	214	239	367	384	577	622	1322	1093	3209	2324
印花税	14	13	27	22	26	41	63	370	385	461	649	961	1623	1481	1747
城镇土地使用税	64	66	70	67	57	89	97	489	445	878	2693	2983	3591	5785	5073
土地增值税									52	9	109	7	165	241	593
车船税	20	12	10	16	8	36	22	33	27	105	171	200	602	689	884
耕地占用税	11	16	11	22	28	17	193	240	240	150	308	275	421	402	
契税	17	19	19	14	26	110	174	150	290	550	327	485	522	699	2018
其他税收收入	688	715	648	593	522	592	393								
国有资本经营收入									172	357					
国有资源(资产)有偿使用收入	147	175								718	449	211	261	693	1593
行政事业性收费收入	167	91	73	127	151	639	2073	1296	1434	2357	1609	2160	4522	5277	7298
罚没收入	510	681	499	465	904	1024	1644	2960	3335	2877	3312	4497	2736	3711	3139
专项收入	325	344	362	456	689	808	1284	2102	2885	4354	6319	6634	9036	10094	10595
其他收入	-126	-402	-281	-100		49	98	114	403			5			

表24-3

晋城市高平市财政收支增长表(1985—2012年)

年 份	财政总收入(万元)	公共财政收入(万元)	公共财政支出(万元)	比上年增长(%)		
				财政总收入	公共财政收入	公共财政支出
1985	2243	2243	1716	15.14	15.14	25.35
1986	2391	2391	1752	6.60	6.60	2.10
1987	2036	2036	1494	-14.85	-14.85	-14.73
1988	2292	2292	2149	12.57	12.57	43.84
1989	2971	2971	2782	29.62	29.62	29.46
1990	3022	3022	2674	1.72	1.72	-3.88
1991	3737	3737	3367	23.66	23.66	25.92
1992	3353	3353	3410	-10.28	-10.28	1.28
1993	4191	4191	3781	24.99	24.99	10.88
1994	5836	3638	5285	39.25	-13.19	39.78
1995	8226	4829	6424	40.95	32.74	21.55
1996	10696	6253	8228	30.03	29.49	28.08
1997	12845	6972	9186	20.09	11.50	11.64
1998	14484	8055	10453	12.76	15.53	13.79
1999	15876	8578	11363	9.61	6.49	8.71
2000	15181	8387	13471	-4.38	-2.23	18.55
2001	17816	10429	17704	17.36	24.35	31.42
2002	26063	9331	21073	46.29	-10.53	19.03
2003	36188	12404	28188	38.85	32.93	33.76
2004	61518	20260	36088	70.00	63.33	28.03
2005	86188	28772	46167	40.10	42.01	27.93
2006	113888	36762	58972	32.14	27.77	27.74
2007	167248	46972	75486	46.85	27.77	28.00
2008	215888	58624	100688	29.08	24.81	33.39
2009	288000	73457	127688	33.40	25.30	26.82
2010	314288	85810	143688	9.13	16.82	12.53
2011	364588	102639	178266	16.00	19.61	24.06
2012	423115	119094	206979	16.05	16.03	16.11

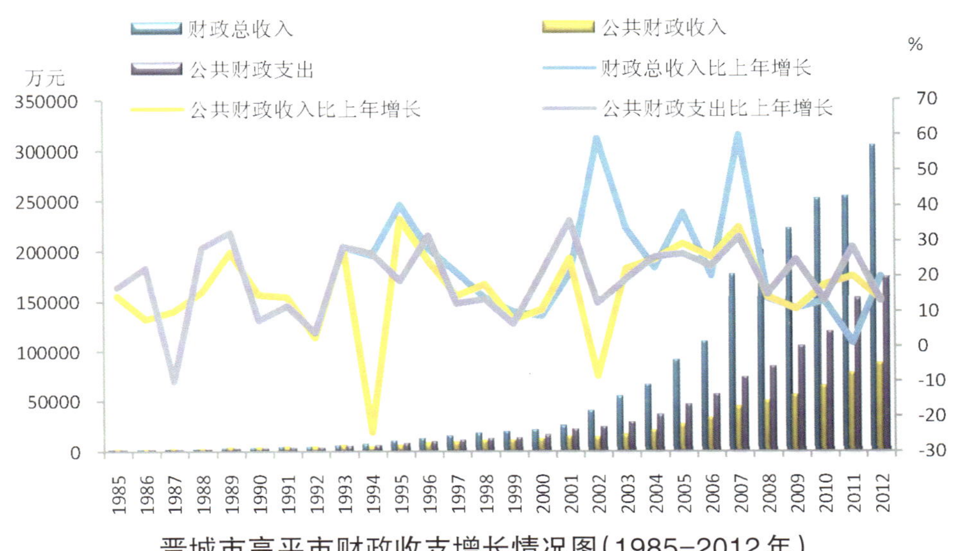

晋城市高平市财政收支增长情况图(1985—2012年)

表 24-4

晋城市高平市公共财政收入决算表(2012年)

单位:万元

科　　目	决算数	科　　目	决算数
公共财政收入	119094	集体企业房产税	157
税收收入	96469	股份制企业房产税	1852
增值税	30039	私营企业房产税	18
国内增值税	30039	其他房产税	92
国有企业增值税	302	房产税税款滞纳金、罚款收入	72
集体企业增值税	48	印花税	1747
股份制企业增值税	28625	其他印花税	1714
联营企业增值税	5	印花税税款滞纳金、罚款收入	33
私营企业增值税	850	城镇土地使用税	5073
其他增值税	158	国有企业城镇土地使用税	288
增值税税款滞纳金、罚款收入	65	集体企业城镇土地使用税	95
福利企业增值税退税	-14	股份制企业城镇土地使用税	4431
营业税	13424	联营企业城镇土地使用税	1
金融保险业营业税(地方)	870	私营企业城镇土地使用税	58
其他金融保险业营业税(地方)	870	其他城镇土地使用税	24
一般营业税	12528	城镇土地使用税税款滞纳金、罚款收入	176
营业税税款滞纳金、罚款收入	26	土地增值税	593
企业所得税	25255	国有企业土地增值税	308
国有煤炭工业所得税	290	股份制企业土地增值税	271
其他国有企业所得税	70	其他土地增值税	14
集体企业所得税	435	车船税(款)	884
股份制企业所得税	24091	车船税(项)	884
其他股份制企业所得税	24091	契税(款)	2018
联营企业所得税	2	契税(项)	2018
私营企业所得税	204	非税收入	22625
其他企业所得税	13	专项收入	10595
企业所得税税款滞纳金、罚款、加收利息收入	150	排污费收入(项)	640
内资企业所得税税款滞纳金、罚款、加收利息收入	150	排污费收入	640
个人所得税(款)	3338	水资源费收入	1027
个人所得税(项)	3329	其他水资源费收入	1027
储蓄存款利息所得税	16	教育费附加收入(项)	7328
其他个人所得税	3313	教育费附加收入	7328
个人所得税税款滞纳金、罚款收入	9	矿产资源专项收入	1329
资源税	3916	矿产资源补偿费收入	1329
其他资源税	3914	其他专项收入(项)	271
资源税税款滞纳金、罚款收入	2	广告收入	271
城市维护建设税	7858	行政事业性收费收入	7298
国有企业城市维护建设税	193	公安行政事业性收费收入	92
集体企业城市维护建设税	77	户籍管理证件工本费	1
股份制企业城市维护建设税	7269	居民身份证工本费	11
联营企业城市维护建设税	3	其他缴入国库的公安行政事业性收费	80
港澳台和外商投资企业城市维护建设税	2	法院行政事业性收费收入	101
私营企业城市维护建设税	155	诉讼费	101
其他企业城市维护建设税	117	司法行政事业性收费收入	52
城市维护建设税税款滞纳金、罚款收入	42	公证费	52
房产税	2324	商贸行政事业性收费收入	150
国有企业房产税	133	其他缴入国库的商贸行政事业性收费	150

续表

单位：万元

科　目	决算数	科　目	决算数
人口和计划生育行政事业性收费收入	420	预防性体检费	333
社会抚养费	420	其他缴入国库的卫生行政事业性收费	157
档案行政事业性收费收入	1	人力资源和社会保障行政事业性收费收入	20
其他缴入国库的档案行政事业性收费	1	人才流动中心收费	6
人防办行政事业性收费收入	216	考试考务费	11
防空地下室易地建设费	216	其他缴入国库的人力资源和社会保障行政事业性收费	3
发展与改革(物价)行政事业性收费收入	2	罚没收入	3139
其他缴入国库的发展与改革(物价)行政事业性收费	2	一般罚没收入	3139
国土资源行政事业性收费收入	1205	公安罚没收入	804
土地复垦费	650	检察院罚没收入	129
土地登记费	11	法院罚没收入	128
耕地开垦费	544	税务部门罚没收入	6
建设行政事业性收费收入	1973	食品药品监督罚没收入	10
房屋所有权登记费	9	卫生罚没收入	22
其他缴入国库的建设行政事业性收费	1964	交通罚没收入	244
环保行政事业性收费收入	151	审计罚没收入	150
环境监测服务费	151	物价罚没收入	641
农业行政事业性收费收入	40	其他一般罚没收入	1005
畜禽及畜禽产品检疫费	38	国有资源(资产)有偿使用收入	1593
农机监理费	2	利息收入	1318
水利行政事业性收费收入	2328	国库存款利息收入	405
水土流失防治费	1000	财政专户存款利息收入	864
水土保持设施补偿费	1261	其他利息收入	49
其他缴入国库的水利行政事业性收费	67	非经营性国有资产收入	275
卫生行政事业性收费收入	547	行政单位国有资产出租、出借收入	63
卫生监测费	49	其他非经营性国有资产收入	212
卫生质量检验费	8		

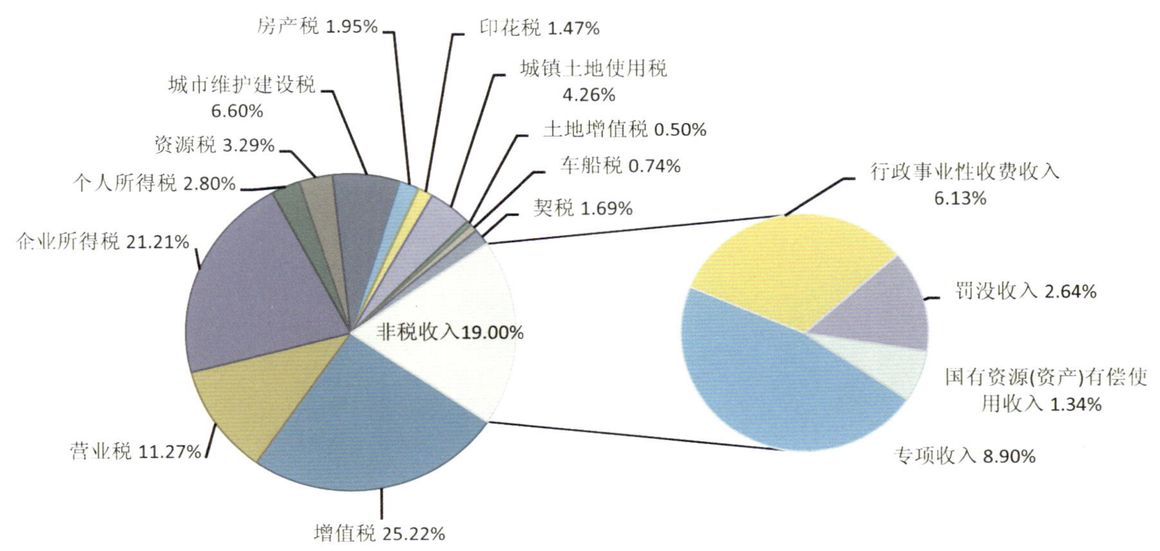

晋城市高平市公共财政收入情况图(2012年)

表 24-5

晋城市高平市公共财政支出决算表(2012年)

单位:万元

科　目	决算数	科　目	决算数
公共财政支出	206979	其他人事事务支出	22
一般公共服务	18560	纪检监察事务	585
人大事务	567	行政运行	405
行政运行	244	其他纪检监察事务支出	180
人大会议	235	人口与计划生育事务	4623
其他人大事务支出	88	行政运行	255
政协事务	362	一般行政管理事务	837
行政运行	143	计划生育家庭奖励	2241
政协会议	136	人口和计划生育统计及抽样调查	65
其他政协事务支出	83	人口和计划生育信息系统建设	61
政府办公厅(室)及相关机构事务	4862	计划生育、生殖健康促进工程	80
行政运行	2262	计划生育免费基本技术服务	350
一般行政管理事务	5	人口和计划生育服务网络建设	400
政务公开审批	946	人口和计划生育宣传教育经费	205
信访事务	333	流动人口计划生育管理和服务	54
其他政府办公厅(室)及相关机构事务支出	1316	人口和计划生育目标责任制考核	25
发展与改革事务	529	其他人口与计划生育事务支出	50
行政运行	61	商贸事务	615
物价管理	292	行政运行	213
其他发展与改革事务支出	176	对外贸易管理	30
统计信息事务	295	其他商贸事务支出	372
行政运行	167	工商行政管理事务	90
一般行政管理事务	8	消费者权益保护	15
事业运行	25	其他工商行政管理事务支出	75
其他统计信息事务支出	95	质量技术监督与检验检疫事务	32
财政事务	971	其他质量技术监督与检验检疫事务支出	32
行政运行	583	宗教事务	5
一般行政管理事务	1	其他宗教事务支出	5
信息化建设	100	港澳台侨事务	27
事业运行	106	行政运行	22
其他财政事务支出	181	其他港澳台侨事务支出	5
税收事务	140	档案事务	72
税务登记证及发票管理	140	行政运行	65
审计事务	221	档案馆	7
行政运行	136	民主党派及工商联事务	52
一般行政管理事务	5	行政运行	52
其他审计事务支出	80	群众团体事务	923
人力资源事务	143	行政运行	196
行政运行	44	其他群众团体事务支出	727
政府特殊津贴	8	党委办公厅(室)及相关机构事务	1279
公务员招考	9	行政运行	483
事业运行	60	其他党委办公厅(室)及相关机构事务支出	796

续表

单位：万元

科　　目	决算数	科　　目	决算数
组织事务	438	其他教育管理事务支出	45
行政运行	101	普通教育	41971
一般行政管理事务	62	学前教育	3081
其他组织事务支出	275	小学教育	14874
宣传事务	188	初中教育	12865
行政运行	93	高中教育	9780
其他宣传事务支出	95	化解农村义务教育债务支出	8
统战事务	188	其他普通教育支出	1363
行政运行	64	职业教育	5217
其他统战事务支出	124	中专教育	2604
其他共产党事务支出(款)	506	技校教育	277
行政运行	193	职业高中教育	2306
其他共产党事务支出(项)	313	其他职业教育支出	30
其他一般公共服务支出(款)	847	特殊教育	133
其他一般公共服务支出(项)	847	特殊学校教育	133
公共安全	8714	教师进修及干部继续教育	532
公安	5654	教师进修	329
行政运行	3071	干部教育	203
一般行政管理事务	997	教育费附加安排的支出	7475
治安管理	40	农村中小学教学设施	147
防范和处理邪教犯罪	29	城市中小学校舍建设	4913
道路交通管理	181	中等职业学校教学设施	1047
拘押收教场所管理	137	其他教育费附加安排的支出	1368
其他公安支出	1199	科学技术	2126
检察	964	科学技术管理事务	62
行政运行	543	行政运行	62
一般行政管理事务	210	技术研究与开发	1983
其他检察支出	211	机构运行	53
法院	1124	应用技术研究与开发	1930
行政运行	598	科学技术普及	71
一般行政管理事务	324	机构运行	60
其他法院支出	202	其他科学技术普及支出	11
司法	529	其他科学技术支出(款)	10
行政运行	159	其他科学技术支出(项)	10
一般行政管理事务	251	文化体育与传媒	4594
基层司法业务	3	文化	2601
法律援助	9	行政运行	69
其他司法支出	107	图书馆	41
其他公共安全支出(款)	443	文化展示及纪念机构	55
其他公共安全支出(项)	443	艺术表演团体	76
教育	55373	群众文化	566
教育管理事务	45	文化创作与保护	313

续表

单位：万元

科　　目	决算数	科　　目	决算数
文化市场管理	33	离退休人员管理机构	82
其他文化支出	1448	未归口管理的行政单位离退休	42
文物	223	其他行政事业单位离退休支出	196
行政运行	116	就业补助	508
文物保护	10	其他就业补助支出	508
博物馆	40	抚恤	1950
其他文物支出	57	死亡抚恤	150
体育	337	伤残抚恤	8
行政运行	38	在乡复员、退伍军人生活补助	104
群众体育	244	优抚事业单位	96
其他体育支出	55	义务兵优待	161
广播影视	792	其他优抚支出	1431
行政运行	242	退役安置	420
电视	458	退役士兵安置	52
电影	32	军队移交政府的离退休人员安置	85
其他广播影视支出	60	军队移交政府离退休干部管理机构	36
新闻出版	164	其他退役安置支出	247
行政运行	114	社会福利	88
新闻通讯	50	儿童福利	88
其他文化体育与传媒支出(款)	477	残疾人事业	180
其他文化体育与传媒支出(项)	477	行政运行	48
社会保障和就业	27762	残疾人康复	16
人力资源和社会保障管理事务	817	残疾人就业和扶贫	15
行政运行	172	其他残疾人事业支出	101
社会保险经办机构	284	城市居民最低生活保障(款)	1903
公共就业服务和职业技能鉴定机构	104	城市居民最低生活保障金支出	1740
其他人力资源和社会保障管理事务支出	257	城市居民最低生活保障对象临时补助	163
民政管理事务	391	其他城市生活救助	23
行政运行	89	流浪乞讨人员救助	23
拥军优属	10	自然灾害生活救助	441
老龄事务	10	中央自然灾害生活补助	313
行政区划和地名管理	5	地方自然灾害生活补助	128
基层政权和社区建设	27	红十字事业	18
其他民政管理事务支出	250	行政运行	18
财政对社会保险基金的补助	5570	农村最低生活保障	3066
财政对基本养老保险基金的补助	398	农村最低生活保障金支出	2693
财政对新型农村社会养老保险基金的补助	4960	农村最低生活保障对象临时补助	373
财政对城镇居民养老保险基金的补助	208	其他农村生活救助	333
财政对其他社会保险基金的补助	4	农村五保供养	281
行政事业单位离退休	11099	其他农村生活救助支出	52
归口管理的行政单位离退休	2499	其他社会保障和就业支出(款)	955
事业单位离退休	8280	其他社会保障和就业支出(项)	955

续表

单位：万元

科　目	决算数
医疗卫生	18979
医疗卫生管理事务	166
行政运行	98
其他医疗卫生管理事务支出	68
公立医院	2155
综合医院	1662
中医(民族)医院	193
其他公立医院支出	300
基层医疗卫生机构	2481
城市社区卫生机构	318
乡镇卫生院	841
其他基层医疗卫生机构支出	1322
公共卫生	3119
疾病预防控制机构	1032
卫生监督机构	256
妇幼保健机构	271
基本公共卫生服务	1224
重大公共卫生专项	312
其他公共卫生支出	24
医疗保障	10870
行政单位医疗	400
事业单位医疗	1139
优抚对象医疗补助	141
城市医疗救助	148
新型农村合作医疗	8171
农村医疗救助	418
城镇居民基本医疗保险	76
其他医疗保障支出	377
中医药	3
中医(民族医)药专项	3
食品和药品监督管理事务	165
行政运行	50
执法办案	10
食品药品安全	30
其他食品和药品监督管理事务支出	75
其他医疗卫生支出(款)	20
其他医疗卫生支出(项)	20
节能环保	2912
环境保护管理事务	470
行政运行	250
其他环境保护管理事务支出	220
环境监测与监察	169
其他环境监测与监察支出	169
污染防治	988
排污费安排的支出	988
退耕还林	315
退耕现金	203
其他退耕还林支出	112
能源节约利用(款)	870
能源节约利用(项)	870
污染减排	100
环境监测与信息	100
城乡社区事务	8629
城乡社区管理事务	814
行政运行	387
城管执法	262
其他城乡社区管理事务支出	165
城乡社区规划与管理(款)	581
城乡社区规划与管理(项)	581
城乡社区公共设施	6124
其他城乡社区公共设施支出	6124
城乡社区环境卫生(款)	884
城乡社区环境卫生(项)	884
建设市场管理与监督(款)	120
建设市场管理与监督(项)	120
其他城乡社区事务支出(款)	106
其他城乡社区事务支出(项)	106
农林水事务	37873
农业	17706
行政运行	421
事业运行	836
技术推广与培训	759
病虫害控制	45
农产品质量安全	30
统计监测与信息服务	12
灾害救助	49
农业结构调整补贴	4974
农业生产资料与技术补贴	1463
农业生产保险补贴	781
农业组织化与产业化经营	749
农村公益事业	1942
农业资源保护与利用	59
农村道路建设	1478
农资综合补贴	60

续表

单位:万元

科　目	决算数	科　目	决算数
对高校毕业生到基层任职补助	881	对村级一事一议的补助	2025
其他农业支出	3167	对村民委员会和村党支部的补助	2225
林业	5062	对村集体经济组织的补助	441
行政运行	4	**其他农林水事务支出(款)**	350
林业事业机构	186	其他农林水事务支出(项)	350
森林培育	2370	**交通运输**	2392
森林资源管理	62	**公路水路运输**	1087
森林生态效益补偿	191	行政运行	317
动植物保护	1	公路养护	189
森林防火	255	其他公路水路运输支出	581
林业工程与项目管理	80	**石油价格改革对交通运输的补贴**	1032
林业产业化	186	对城市公交的补贴	208
林区公共支出	10	对农村道路客运的补贴	334
石油价格改革对林业的补贴	10	对出租车的补贴	487
其他林业支出	1707	石油价格改革补贴其他支出	3
水利	8526	**车辆购置税支出**	273
行政运行	216	车辆购置税用于公路等基础设施建设支出	273
水利行业业务管理	5	**资源勘探电力信息等事务**	2087
水利工程建设	1464	**资源勘探开发和服务支出**	350
水利工程运行与维护	237	行政运行	350
水利前期工作	200	**工业和信息产业监管支出**	143
水土保持	1768	行政运行	127
水资源管理与保护	45	其他工业和信息产业监管支出	16
水质监测	15	**安全生产监管**	1014
防汛	627	行政运行	894
抗旱	55	煤炭安全	120
农田水利	1691	**支持中小企业发展和管理支出**	580
水利技术推广和培训	104	行政运行	235
大中型水库移民后期扶持专项支出	2	中小企业发展专项	165
水利安全监督	35	其他支持中小企业发展和管理支出	180
水资源费安排的支出	1851	**商业服务业等事务**	2328
其他水利支出	211	**商业流通事务**	2053
扶贫	501	行政运行	146
农村基础设施建设	142	其他商业流通事务支出	1907
生产发展	337	**旅游业管理与服务支出**	48
其他扶贫支出	22	旅游宣传	33
农业综合开发	1037	其他旅游业管理与服务支出	15
机构运行	56	**涉外发展服务支出**	227
土地治理	683	其他涉外发展服务支出	227
产业化经营	273	**金融监管等事务支出**	690
其他农业综合开发支出	25	**金融发展支出**	500
农村综合改革	4691	其他金融发展支出	500

续表

单位：万元

科　　目	决算数	科　　目	决算数
农村金融发展支出	150	住房保障支出	1347
农村金融机构定向费用补贴支出	150	保障性安居工程支出	219
其他金融监管等事务支出(款)	40	廉租住房	9
其他金融监管等事务支出(项)	40	农村危房改造	210
援助其他地区支出	208	住房改革支出	1128
其他支出	208	住房公积金	1072
国土资源气象等事务	8672	购房补贴	56
国土资源事务	8607	粮油物资储备事务	211
行政运行	595	粮油事务	207
国土资源规划及管理	460	行政运行	137
土地资源调查	28	一般行政管理事务	5
地质灾害防治	33	其他粮油事务支出	65
地质矿产资源利用与保护	474	物资事务	4
矿产资源专项收入安排的支出	6725	行政运行	4
其他国土资源事务支出	292	国债还本付息支出	77
地震事务	15	地方政府债券付息	77
其他地震事务支出	15	其他支出(类)	3445
气象事务	50	其他支出(款)	3445
其他气象事务支出	50	其他支出(项)	3445

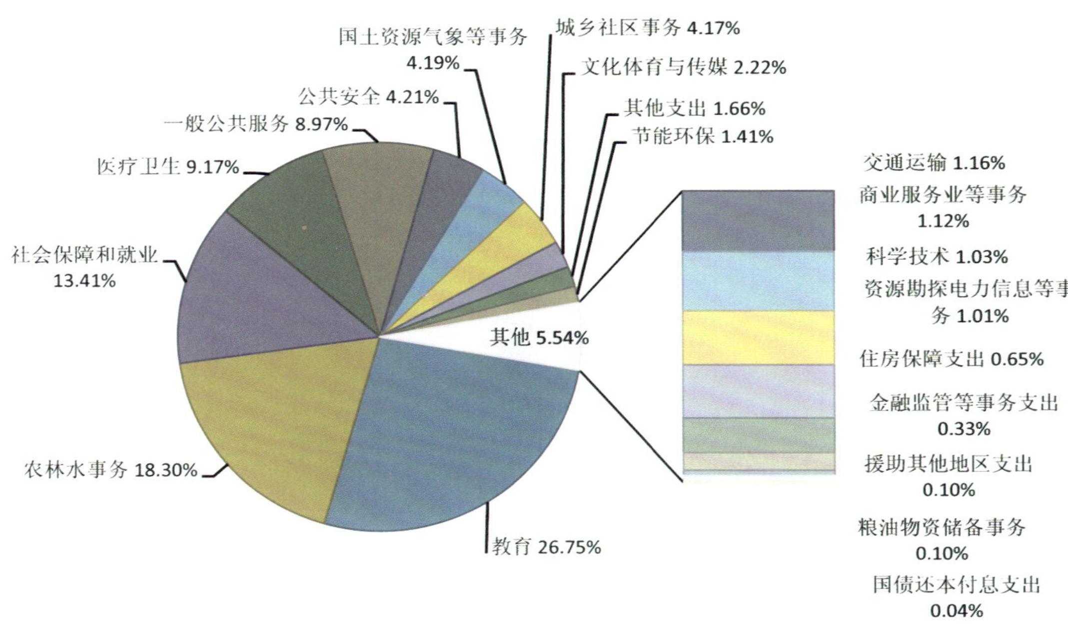

晋城市高平市公共财政支出情况图（2012年）

表24-6

晋城市高平市政府性

科　　目	决算数	上年结余	上级补助收入	其中：地震灾后恢复重建补助收入	省补助计划单列市收入	下级上解收入上解省收入	计划单列市上解省收入	调入资金
政府性基金收入	52438	9028	2498					
贸促会收费								
证书工本费								
司法部门的涉外、涉港澳台公证书工本费								
地方教育附加收入	3370	490						
核电站乏燃料处理处置基金收入								
体育部门收费								
外国团体来华登山注册费								
车手等级认定费								
文化事业建设费收入								
中央文化事业建设费收入								
地方文化事业建设费收入								
国家电影事业发展专项资金收入								

基金收支及结余情况表(2012年)

单位:万元

科目	决算数	补助下级支出	其中:地震灾后恢复重建补助支出	省补助计划单列市支出	上解上级支出	计划单列市上解省支出	调出资金	项目	年终结余
政府性基金支出	38963				1159		3013	**政府性基金**	20829
一般公共服务									
商贸事务									
贸促会收费安排的支出								**贸促会收费**	
								证书工本费	
公共安全									
司法									
涉外、涉港澳台公证书工本费安排的支出								**司法部门的涉外、涉港澳台公证书工本费**	
教育									
地方教育附加安排的支出								**地方教育附加**	3860
农村中小学校舍建设									
农村中小学教学设施									
城市中小学校舍建设									
城市中小学教学设施									
中等职业学校教学设施									
其他地方教育附加安排的支出									
科学技术									
核电站乏燃料处理处置基金支出								**核电站乏燃料处理处置基金**	
乏燃料运输									
乏燃料离堆贮存									
乏燃料后处理									
高放废物的处理处置									
乏燃料后处理厂的建设、运行、改造和退役									
其他乏燃料处理处置基金支出									
文化体育与传媒									
体育								**体育部门收费**	
外国团体来华登山注册费安排的支出								外国团体来华登山注册费	
车手等级认定费安排的支出								车手等级认定费	
文化事业建设费安排的支出								**文化事业建设费**	
精神文明建设								中央文化事业建设费	
人才培训教学								地方文化事业建设费	
文化创作									
文化事业单位补助									
爱国主义教育基地									
其他文化事业建设费安排的支出									
国家电影事业发展专项资金支出								**国家电影事业发展专项资金**	
资助国产影片放映									
资助城市影院									
资助少数民族电影译制									
其他国家电影事业发展专项资金支出									
社会保障和就业	248								

续表

科　　目	决算数	上年结余	上级补助收入	其中：地震灾后恢复重建补助收入	省补助计划单列市收入	下级上解收入上解省收入	计划单列市上解省收入	调入资金
大中型水库移民后期扶持基金收入			6					
小型水库移民扶助基金收入		150	184					
残疾人就业保障金收入	202	64	13					
可再生能源电价附加收入								
废弃电器电子产品处理基金收入								
国家税务局征收的废弃电器电子产品处理基金收入								
海关征收的废弃电器电子产品处理基金收入								
政府住房基金收入	3054							
上缴管理费用	400							
计提廉租住房资金	30							
廉租住房租金收入								
公共租赁住房租金收入								
其他政府住房基金收入	2624							
国有土地使用权出让收入	34418	2305	381					
土地出让价款收入	32591							
补缴的土地价款								
划拨土地收入								
教育资金收入	1624	1075						
农田水利建设资金收入	1624	1075	381					
缴纳新增建设用地土地有偿使用费	-1429							
其他土地出让收入	8	155						

单位：万元

科目	决算数	补助下级支出	其中：地震灾后恢复重建补助支出	省补助计划单列市支出	上解上级支出	计划单列市上解省支出	调出资金	项目	年终结余
大中型水库移民后期扶持基金支出	5							**大中型水库移民后期扶持基金**	1
移民补助	5								
基础设施建设和经济发展									
其他大中型水库移民后期扶持基金支出									
小型水库移民扶助基金支出	150							**小型水库移民扶助基金**	184
移民补助									
基础设施建设和经济发展									
其他小型水库移民扶助基金支出	150								
残疾人就业保障金支出	93							**残疾人就业保障金**	186
就业和培训	2								
职业康复									
扶持农村残疾人生产									
奖励残疾人就业单位									
其他残疾人就业保障金支出	91								
节能环保									
可再生能源电价附加收入安排的支出								**可再生能源电价附加**	
风力发电补助									
太阳能发电补助									
生物质能发电补助									
其他可再生能源电价附加收入安排的支出									
废弃电器电子产品处理基金支出								**废弃电器电子产品处理基金**	
								国家税务局征收的废弃电器电子产品处理基金	
								海关征收的废弃电器电子产品处理基金	
城乡社区事务	28462				325		3013		
政府住房基金支出	35							**政府住房基金**	3019
管理费用支出	35							上缴管理费用	365
廉租住房支出								计提廉租住房资金	30
廉租住房维护和管理支出								廉租住房租金	
公共租赁住房支出								公共租赁住房租金	
公共租赁住房租金支出								其他政府住房基金	2624
其他政府住房基金支出									
国有土地使用权出让收入安排的支出	27896				325		3013	**国有土地使用权出让**	5870
征地和拆迁补偿支出	3379							土地出让价款	797
土地开发支出	550							补缴的土地价款	
城市建设支出	14946							划拨土地	
农村基础设施建设支出	3							教育资金	2699
补助被征地农民支出	235							农田水利建设资金	2374
土地出让业务支出	302							缴纳新增建设用地土地有偿使用费	
廉租住房支出								其他土地出让	
教育资金安排的支出									

续表

科　　目	决算数	上年结余	上级补助收入	其中:地震灾后恢复重建补助收入	省补助计划单列市收入	下级上解收入上解省收入	计划单列市上解省收入	调入资金
城市公用事业附加收入	200	309	50					
国有土地收益基金收入								
农业土地开发资金收入								
新增建设用地土地有偿使用费收入		21	389					
中央新增建设用地土地有偿使用费收入		21						
地方新增建设用地土地有偿使用费收入			389					
城市基础设施配套费收入		5	364					
新菜地开发建设基金收入								
育林基金收入	1	1						
中央育林基金收入								
地方育林基金收入	1	1						

单位：万元

科　目	决算数	补助下级支出	其中：地震灾后恢复重建补助支出	省补助计划单列市支出	上解上级支出	计划单列市上解省支出	调出资金	项　目	年终结余
支付破产或改制企业职工安置费	4500								
棚户区改造支出									
公共租赁住房支出									
农田水利建设资金安排的支出	381				325				
其他国有土地使用权出让收入安排的支出	3600						3013		
城市公用事业附加安排的支出								**城市公用事业附加**	559
城市公共设施									
城市环境卫生									
公有房屋									
城市防洪									
其他城市公用事业附加安排的支出									
国有土地收益基金支出								**国有土地收益基金**	
征地和拆迁补偿支出									
土地开发支出									
其他国有土地收益基金支出									
农业土地开发资金支出								**农业土地开发资金**	
新增建设用地土地有偿使用费安排的支出	389							**新增建设用地土地有偿使用费**	21
耕地开发专项支出								中央新增建设用地土地有偿使用费	21
基本农田建设和保护支出	389							地方新增建设用地土地有偿使用费	
土地整理支出									
用于地震灾后恢复重建的支出									
城市基础设施配套费安排的支出	142							**城市基础设施配套费**	227
城市公共设施									
城市环境卫生									
公有房屋									
城市防洪									
其他城市基础设施配套费安排的支出	142								
农林水事务	521								
新菜地开发建设基金支出								**新菜地开发建设基金**	
开发新菜地工程									
改造老菜地工程									
设备购置									
技术培训与推广									
其他新菜地开发建设基金支出									
育林基金支出								**育林基金**	2
森林培育								中央育林基金	
林业有害生物防治								地方育林基金	2
森林防火									
森林资源监测									

续表

科　　目	决算数	上年结余	上级补助收入	其中：地震灾后恢复重建补助收入	省补助计划单列市收入	下级上解收入上解省收入	计划单列市上解省收入	调入资金
森林植被恢复费	13		105					
中央森林植被恢复费								
地方森林植被恢复费	13		105					
中央水利建设基金收入			209					
中央水利建设基金划转收入								
中央其他水利建设基金收入			209					
地方水利建设基金收入		947	44					
地方水利建设基金划转收入		847						
地方其他水利建设基金收入		100	44					
大中型水库库区基金收入								
中央大中型水库库区基金收入								
地方大中型水库库区基金收入								
三峡水库库区基金收入								
南水北调工程基金收入								
国家重大水利工程建设基金收入								
南水北调工程建设资金								
三峡工程后续工作资金								
省级重大水利工程建设资金								

单位：万元

科　　目	决算数	补助下级支出	其中：地震灾后恢复重建补助支出	省补助计划单列市支出	上解上级支出	计划单列市上解省支出	调出资金	项　　目	年终结余
林业技术推广									
林区公共支出									
其他育林基金支出									
森林植被恢复费安排的支出	98							**森林植被恢复费**	20
林地调查规划设计								中央森林植被恢复费	
林地整理								地方森林植被恢复费	20
森林培育	98								
林业有害生物防治									
森林防火									
森林资源管护									
其他森林植被恢复费安排的支出									
中央水利建设基金支出	209							**中央水利建设基金**	
水利工程建设								中央水利建设基金划转	
水利工程维护								中央其他水利建设基金	
防洪工程含应急度汛									
其他中央水利建设基金支出	209								
地方水利建设基金支出	214							**地方水利建设基金**	777
水利工程建设	20							地方水利建设基金划转	777
水利工程维护								地方其他水利建设基金	
水土保持	24								
城市防洪									
其他地方水利建设基金支出	170								
大中型水库库区基金支出								**大中型水库库区基金**	
基础设施建设和经济发展								中央大中型水库库区基金	
解决移民遗留问题								地方大中型水库库区基金	
库区防护工程维护									
其他大中型水库库区基金支出									
三峡水库库区基金支出								**三峡水库库区基金**	
基础设施建设和经济发展									
解决移民遗留问题									
库区维护和管理									
其他三峡水库库区基金支出									
南水北调工程基金支出								**南水北调工程基金**	
南水北调工程建设									
偿还南水北调工程贷款本息									
国家重大水利工程建设基金支出								**国家重大水利工程建设基金**	
南水北调工程建设								南水北调工程建设资金	
三峡工程后续工作								三峡工程后续工作资金	
地方重大水利工程建设								省级重大水利工程建设资金	
其他重大水利工程建设基金支出									
交通运输									
公路水路运输									

续表

科　　目	决算数	上年结余	上级补助收入	其中：地震灾后恢复重建补助收入	省补助计划单列市收入	下级上解收入上解省收入	计划单列市上解省收入	调入资金
船舶港务费								
长江口航道维护收入								
铁路资产变现收入								
海南省高等级公路车辆通行附加费收入								
转让政府还贷道路收费权收入								
转让政府还贷公路收费权收入								
转让政府还贷城市道路收费权收入								
车辆通行费								
港口建设费收入								
铁路建设基金收入								
民航基础设施建设基金收入								
民航机场管理建设费收入								

单位：万元

科　　目	决算数	补助下级支出	其中：地震灾后恢复重建补助支出	省补助计划单列市支出	上解上级支出	计划单列市上解省支出	调出资金	项　　目	年终结余
船舶港务费安排的支出								**船舶港务费**	
长江口航道维护支出								**长江口航道维护**	
铁路运输									
铁路资产变现收入安排的支出								**铁路资产变现**	
海南省高等级公路车辆通行附加费安排的支出								**海南省高等级公路车辆通行附加费**	
公路建设									
公路养护									
公路还贷									
其他海南省高等级公路车辆通行附加费安排的支出									
转让政府还贷道路收费权收入安排的支出								**转让政府还贷道路收费权**	
公路还贷								转让政府还贷公路收费权	
公路建设								转让政府还贷城市道路收费权	
其他转让政府还贷道路收费权收入安排的支出									
车辆通行费安排的支出								**车辆通行费**	
公路还贷									
政府还贷公路养护									
政府还贷公路管理									
其他车辆通行费安排的支出									
港口建设费安排的支出								**港口建设费**	
港口设施									
航道建设和维护									
航运保障系统建设									
其他港口建设费安排的支出									
铁路建设基金支出								**铁路建设基金**	
铁路建设投资									
购置铁路机车车辆									
铁路还贷									
建设项目铺底资金									
勘测设计									
注册资本金									
周转资金									
其他铁路建设基金支出									
民航基础设施建设基金支出								**民航基础设施建设基金**	
民航机场建设									
空管系统建设									
民航安全									
民航科教和信息									
其他民航基础设施建设基金支出									
民航机场管理建设费安排的支出								**民航机场管理建设费**	
民航机场建设									
空管系统建设									

续表

科　　目	决算数	上年结余	上级补助收入	其中:地震灾后恢复重建补助收入	省补助计划单列市收入	下级上解收入上解省收入	计划单列市上解省收入	调入资金
船舶油污损害赔偿基金收入								
民航发展基金收入								
无线电频率占用费								
散装水泥专项资金收入								
新型墙体材料专项基金收入	4	2						
农网还贷资金收入								
中央农网还贷资金收入								
地方农网还贷资金收入								
山西省煤炭可持续发展基金收入	9128	216	145					

单位:万元

科目	决算数	补助下级支出	其中:地震灾后恢复重建补助支出	省补助计划单列市支出	上解上级支出	计划单列市上解省支出	调出资金	项目	年终结余
民航安全									
民航科教和信息									
航线和机场补贴									
其他民航机场管理建设费安排的支出									
船舶油污损害赔偿基金支出								**船舶油污损害赔偿基金**	
应急处置费用									
控制清除污染									
损失补偿									
生态恢复									
监视监测									
其他船舶油污损害赔偿基金支出									
民航发展基金支出								**民航发展基金**	
民航机场建设									
空管系统建设									
民航安全									
航线和机场补贴									
民航科教和信息									
民航节能减排									
通用航空发展									
征管经费									
其他民航发展基金支出									
资源勘探电力信息等事务	8178				834				
工业和信息产业监管支出									
无线电频率占用费安排的支出								**无线电频率占用费**	
散装水泥专项资金支出								**散装水泥专项资金**	
建设专用设施									
专用设备购置和维修									
贷款贴息									
技术研发与推广									
宣传									
其他散装水泥专项资金支出									
新型墙体材料专项基金支出	4							**新型墙体材料专项基金**	2
技改贴息和补助									
技术研发和推广									
示范项目补贴									
宣传和培训									
其他新型墙体材料专项基金支出	4								
农网还贷资金支出								**农网还贷资金**	
中央农网还贷资金支出								中央农网还贷资金	
地方农网还贷资金支出								地方农网还贷资金	
其他农网还贷资金支出									
山西省煤炭可持续发展基金支出	8174				834			**山西省煤炭可持续发展基金**	481
生态环境治理	4491								

续表

科　目	决算数	上年结余	上级补助收入	其中：地震灾后恢复重建补助收入	省补助计划单列市收入	下级上解收入上解省收入	计划单列市上解省收入	调入资金
电力改革预留资产变现收入								
旅游发展基金收入								
中央特别国债经营基金收入								
中央特别国债经营基金财务收入								
彩票公益金收入		3	252					
福利彩票公益金收入		3	239					
体育彩票公益金收入			13					
其他政府性基金收入	2048	4515	356					

单位：万元

科目	决算数	补助下级支出	其中：地震灾后恢复重建补助支出	省补助计划单列市支出	上解上级支出	计划单列市上解省支出	调出资金	项目	年终结余
资源地区转型和接替产业发展	2790								
解决社会问题	620				834				
其他山西省煤炭可持续发展基金支出	273								
电力改革预留资产变现收入安排的支出								**电力改革预留资产变现**	
920万千瓦变现资产支出									
647万千瓦变现资产支出									
商业服务业等事务									
旅游发展基金支出								**旅游发展基金**	
宣传促销									
行业规划									
旅游事业补助									
地方旅游开发项目补助									
其他旅游发展基金支出									
金融监管等事务支出									
金融调控支出									
中央特别国债经营基金支出								**中央特别国债经营基金**	
中央特别国债经营基金财务支出								**中央特别国债经营基金财务**	
其他支出	1554								
彩票公益金安排的支出	238							**彩票公益金**	17
用于补充全国社会保障基金的彩票公益金支出								福利彩票公益金	17
用于社会福利的彩票公益金支出	28							体育彩票公益金	
用于体育事业的彩票公益金支出	13								
用于教育事业的彩票公益金支出	5								
用于红十字事业的彩票公益金支出									
用于残疾人事业的彩票公益金支出	10								
用于城市医疗救助的彩票公益金支出	13								
用于农村医疗救助的彩票公益金支出	25								
用于文化事业的彩票公益金支出									
用于扶贫的彩票公益金支出									
用于法律援助的彩票公益金支出									
用于其他社会公益事业的彩票公益金支出	144								
其他政府性基金支出	1316							**其他政府性基金**	5603

表24-7

晋城市高平市相关指标表(2012年)

单位:万元

项　　目	数　额	项　　目	数　额
上划税收		山西省	
上划中央税收	241862	内蒙古自治区	
上划中央国内增值税	163847	辽宁省	
上划中央国内消费税	33	辽宁省(不含大连对辽宁其他城市的援助收入)	
上划中央企业所得税	68878	大连市(不含省内其他城市对大连的援助收入)	
上划中央个人所得税	9104	吉林省	
上划省税收	41439	黑龙江省	
增值税	16385	上海市	
营业税	7322	江苏省	
企业所得税	13775	浙江省	
个人所得税	1821	浙江省(不含宁波对浙江其他城市的援助收入)	
资源税	2136	宁波市(不含省内其他城市对宁波的援助收入)	
固定资产投资方向调节税		安徽省	
城市维护建设税		福建省	
房产税		福建省(不含厦门对福建其他城市的援助收入)	
印花税		厦门市(不含省内其他城市对厦门的援助收入)	
城镇土地使用税		江西省	
土地增值税		山东省	
车船税		山东省(不含青岛对山东其他城市的援助收入)	
耕地占用税		青岛市(不含省内其他城市对青岛的援助收入)	
契税		河南省	
烟叶税		湖北省	
其他税收收入		湖南省	
上划地市税收	20720	广东省	
增值税	8192	广东省(不含深圳对广东其他城市的援助收入)	
营业税	3661	深圳市(不含省内其他城市对深圳的援助收入)	
企业所得税	6888	广西壮族自治区	
个人所得税	911	海南省	
资源税	1068	重庆市	
固定资产投资方向调节税		四川省	
城市维护建设税		贵州省	
房产税		云南省	
印花税		西藏自治区	
城镇土地使用税		陕西省	
土地增值税		甘肃省	
车船税		青海省	
耕地占用税		宁夏回族自治区	
契税		新疆维吾尔自治区	
烟叶税		23013援助其他地区支出	
其他税收收入		北京市	
地方政府债券		天津市	
年初地方政府债券	3500	河北省	
本年地方政府债券收入		山西省	
本年地方政府债券转贷收入		内蒙古自治区	
本年地方政府债券转贷支出		辽宁省	
本年地方政府债券还本支出	1500	辽宁省(不含省内其他城市对大连的援助支出)	
本年由上级代还地方政府债券		大连市(不含大连对辽宁其他城市的援助支出)	
年末地方政府债券	2000	吉林省	
地区间援助收支		黑龙江省	
11013接受其他地区援助收入		上海市	
北京市		江苏省	
天津市		浙江省	
河北省		浙江省(不含省内其他城市对宁波的援助支出)	

续表

单位：万元

项　　目	数　额	项　　目	数　额
宁波市(不含宁波对浙江其他城市的援助支出)		财政对社会保险基金的补助	5570
安徽省		收入中其他重复计算的部分	
福建省		收入中其他重复计算的部分情况说明	
福建省(不含省内其他城市对厦门的援助支出)		公共财政支出、政府性基金支出、国有资本经营支出、社会保险基金支出、财政专户管理资金支出中重复计算部分	5570
厦门市(不含厦门对福建其他城市的援助支出)			
江西省		财政对社会保险基金的补助	5570
山东省		支出中其他重复计算的部分	
山东省(不含省内其他城市对青岛的援助支出)		支出中其他重复计算的部分情况说明	
青岛市(不含青岛对山东其他城市的援助支出)		**权责发生制及年初预算**	
河南省		权责发生制核算的资金期初数	19265
湖北省		其中：公共财政预算	13411
湖南省		权责发生制核算的资金期末数	17968
广东省		其中：公共财政预算	15023
广东省(不含省内其他城市对深圳的援助支出)		本年权责发生制核算的资金	17968
深圳市(不含深圳对广东其他城市的援助支出)		其中：公共财政预算	15023
广西壮族自治区		本年国库集中支付结余	17968
海南省		其中：公共财政预算	15023
重庆市		公共财政预算国库集中支付年终结余期初数	13411
四川省		公共财政预算国库集中支付年终结余期末数	15023
贵州省		报人大的全辖公共财政支出年初预算数	156351
云南省		全辖公共财政支出年初预算数	
西藏自治区		人大批准的公共财政支出年初预算(汇总)数	156351
陕西省		**其他统计指标**	
甘肃省		地区生产总值	2347000
青海省		总人口(万人)	49
宁夏回族自治区		耕地面积(公顷)	46420
新疆维吾尔自治区		人均耕地面积(亩)	1.42
政府收支统计		居民人均可支配收入(元)	21324
公共财政收入、政府性基金收入、国有资本经营收入、社会保险基金收入、财政专户管理资金收入中重复计算部分	5570	农民人均纯收入(元)	8647

表24-8

晋城市高平市乡镇基本情况表(2012年)

项　目	数　额	项　目	数　额
本年乡镇数	16	**乡镇财政供养人数**	5828
其中：实行“乡财县管”的乡镇数	16	公共预算财政拨款开支人数	640
乡镇财政机构数	16	公共预算财政补助开支人数	5188
其中：财税所数	16	其中：教师	3253
已建立乡镇国库的乡镇数		**赤字乡镇个数**	
税务所机构数	14	**乡镇年末总人口(万人)**	40
国家税务所数	5	城镇人口(万人)	
地方税务所数	9	乡村人口(万人)	40
其中：一乡(镇)一所数		**乡镇公共财政收入分档**	
乡镇财政所总人数	56	100万元(不含)以下的乡镇数	1
行政编制实有人数	29	100万元(含)—500万元的乡镇数	6
事业编制实有人数	20	500万元(含)—1000万元的乡镇数	3
以工代干人数		1000万元(含)以上的乡镇数	6
集体财务人员人数	7	**村民委员会个数**	445

25 阳城县财政工作

YANG CHENG COUNTY FINANCIAL WORK

综　述

【概　　况】 2012年阳城财政深化财政改革，加强财政监管，经济社会各项事业发展取得新成绩，全县财政预算执行情况良好。全县公共财政收入完成88005万元，为预算的97.78%，比上年增长13.43%，增收10420万元，比预算短收1994万元。主要收入项目完成情况为：增值税19831万元，增长15.83%，完成预算的87.71%；营业税10377万元，增长36.59%，完成预算的116.62%；企业所得税21058万元，增长41.31%，完成预算的108.84%；个人所得税1569万元，下降34.02%，完成预算的73.94%（主要是受去年9月提高个人所得税工薪所得减除费用标准减收影响）；资源税3342万元，增长192.64%，完成预算的174.79%；其他税收9832万元，下降7.25%，完成预算的76.22%；非税收入21996万元，下降7.75%，完成预算的99.04%。

【财政支出】 2012年全县公共财政支出173222万元，同比增长13.03%。主要支出项目执行情况为：一般公共服务支出21274万元，增长14.19%；公共安全支出8035万元，增长24.32%。教育支出42930万元，增长8.74%，其中县本级35159万元，同口径增长19.87%；科学技术支出1650万元，增长18.19%；文化体育与传媒支出1980万元，增长14.19%；社会保障和就业支出24307万元，增长18.86%；医疗卫生支出16337万元，减少11.05%（主要原因是2011年修建人民医院用地方政府债券转贷收入列支工程款6700万元，剔除此项因素同口径增长40.04%）；节能环保支出5109万元，增长8.75%；农林水事务支出24737万元，增长17.66%；交通运输支出3680万元，增长20.30%；资源勘探电力信息等事务支出2786万元，增长2.88%；商业服务业等事务支出2115万元，增长4.55%；国土资源气象等事务支出13603万元，增长354.19%（主要原因是省级专项转移农村街巷硬化资金7399万元及市级专项补助地质灾害治理资金2252万元）。

【财政扶企】 一是抢“抓扩权强县”政策机遇，认真落实“保增长、保民生、保稳定”的各项措施，围绕中央、省、市资金投向，争取中央专项资金5654万元，省煤炭可持续发展基金2440万元，市级资金326万元，为全县产业发展、经济转型、改善民生注入新活力。二是集中财力上项目，积极筹措资金30710万元，确保人民医院迁建、生活垃圾处理工程等53项新建、续建等重点工程(项目)的顺利实施。三是打造企业融资平台。在建设银行注入1000万元助保金，突破国有商业银行为中小企业贷款瓶颈。县中小企业担保公司为78家中小企业累计担保融资19942万元，有效缓解中小企业贷款难的问题。四是扶持企业涵养税源，县财政“十二五”期间每年安排1000万元中小企业发展专项资金，推动中小企业技术革新、项目研发、上档升级，促进中小企业健康发展。

【财政惠农】 阳城财政继续把增加农业投入、促进农民增收、改善农村面貌放在财政工作的重要位置，全年用于支持“三农”支出达52878万元。一是投入6067万元，积极实施新的“五个全覆盖”工程。其中，县财政配套4926万元，重点用于街巷硬化、新型农村养老保险、中等职业教育免学费等。下拨“一事一议”财政奖补资金1030万元，完成村内道路建设项目64个，村级水利设施建设项目55个，环卫设施42个，美化亮化29个，建设公共活动场所3个，桥涵2个，受益人口达8.7万人。二是投入563万元，积极实施次营支沟、赛村、高阳、侯井、周壁五村国家农业综合开发治理，治理面积0.62万亩、修机耕路18公里、培训技术农民1200人次、示范推广0.22万亩。三是投入1607万元支持水利事业，完成实灌面积12.5万亩、新增有效灌溉面积5000亩、节水灌溉面积5000亩，水土保持治理面积2.2万亩。支持农村安全饮水工程建设，保证了65个自然庄、1.7万农村人口，3所学校、3000名师生的饮用水安全。四是投入300万元用于农业生产抗灾救灾。其中补助198万元帮助全县10个乡镇解决7·30特大暴雨和9·19特大冰雹造成的12313亩农田、142公里田间道路、68栋大棚、145亩果园损失的修复整理工程。五是投入280万元，完成17个乡镇200户农村危房改造项目。六是落实惠农补贴政策，下拨粮食直补、农资综补、农作物良种补贴和农机补贴资金5339万元；兑付家电、摩托车下乡补贴资金984万元，实现补贴产品销售7600万元。5月份在山西省经济建设工作会议上，阳城县就粮食补贴工作进行经验交流，受到省政府的表彰和奖励。

【民生财政】 一是推进教育事业均衡发展支出42930万元。其中，完善义务教育经费保障支出5520万元；校舍工程建设支出6720万元；普通高中、职中助学金补助支出618万元；为薄弱学校配套1618万元改善办学条件；高中学生免学费810万元；学前教育幼儿资助68万元；购置31辆校车配套资金422万元；改造县职业高中教学设施建设支出550万元。二是完善社会保障和就业体系建设支出24307万元。其中，城市低保由原来的每人每月283元提高为373元，月提高90元；农村低保由原来的每人每年1424元提高为1688元，年提高264元；共为4513人发放城市低保金1697万元，为15495人发放农村低保金2575万元，有效保障了弱势群体基本生活；城乡居民养老保险支出3679万元，惠及46924人，养老保险基本实现全覆盖；推动社会就业支出1122万元，缓解了就业压力，促进了社会稳定。三是提升医疗卫生保障水平支出16337万元。其中，优化卫生资源配置支出2400万元；

综 述

投入500万元设立医疗卫生事业发展基金;稳步推进医药卫生体制改革和公立医院改革,化解乡镇卫生院债务559万元;扩大大病门诊病种范围,提高新农合住院统筹报销补偿比例,新型农村合作医疗支出9072万元,老百姓"看病难、看病贵"得到有效缓解。

【财政改革】 一是根据上级财政部门要求完成会计集中结算向国库集中支付转轨工作。全县所有财政性资金全部纳入国库集中支付范围。二是政府采购规模不断扩大,采购效益进一步显现。全年共组织实施政府采购6214万元,节约资金764万元,节支率达到10.95%。三是非税收入管理有序。"单位开票、银行收款、财政管理"的收入收缴模式进一步规范,收缴入库资金达441万元。四是农民工工资发放机制形成。出台《政府性投资工程农民工工资财政集中支付暂行办法》,按工程造价的一定比例将农民工工资从工程款中剥离出来,直接转入农民工工资专户。全年为1113人次农民工支付工资1170万元,保障了农民工的合法权益,取得良好的社会效益。五是财政投资评审效益显现。完成25项工程的预、决算评审,审核资金20370万元,审定16579万元,核减3791万元,提高财政性资金使用效益。六是国有资产处置程序规范。实现行政事业单位资产信息动态管理,国有资本经营收益征收管理得到强化。七是会计基础管理不断加强。2200余名财会人员和590名农村会计接受培训,政策水平和业务能力得到提升。八是强化财政监督。开展全县党政机关公务用车专项治理,摸清全县党政机关、行政事业单位、社会团体公务用车情况,为975辆公务用车建立信息档案;完成会计信息质量检查、乡镇预决算检查、专项资金检查、内部监督检查等;组织开展煤矿转产发展资金和矿山环境恢复治理保证金提取使用情况专项检查;清理撤并财政专户15个;对各级财政预算安排用于"三农"的各项资金的使用管理情况进行清查,纠正强农惠农资金使用管理中存在的问题,推进财政绩效监督,提高财政资金使用效益。

【三项建设】 一是以"抓基层 打基础"为重点,继续强化财政基层基础建设,采取多管齐下、多措并举,通过顶层设计、积极争取、典型引导,不断加大财政基层基础建设投入力度。实现县级财政管理制度化、业务流程化、工作法制化、手段信息化,乡(镇)财政有机构、有队伍、有制度、有经费。二是认真做好财政信息化建设,按照"统一组织、统一规划、统一技术标准、统一系统平台和统一组织实施"的原则,充分运用现代信息技术,累计投入400余万元用于财政信息化设备、机房进行更新改造和全县财政信息网络建设,加快推进财政科学化、精细化管理,实现18个乡镇财政、99家预算单位与财政联网办公,为财政国库收缴制度改革及预算执行监管体系建设奠定了基础。三是积极开展财政文化建设,坚持将"依法理财、为民服务"的工作宗旨、"绩效优先、注重公平"的理财原则和"厚德乐学,服务至上,创新求变,公正廉洁"工作理念内化于心、固化于制、外显于行,努力打造法治财政、民生财政、绩效财政、阳光财政、和谐财政、廉洁财政。

【队伍建设】 一是强化制度建设。构建依法遵规履程制度体系,出台《阳城县财政资金对账制度暂行规定》、《阳城县财政资金专户管理暂行办法》、《阳城县财政局内部监督检查实施办法》等多项机关工作制度和财政业务制度,修订《阳城县财政局行政管理制度》,通过实践将行政管理、效能建设、党建工作等以制度形式固定下来,初步建立职责明确、运行合理、方便高效的财政依法办事程序。二是强化廉政建设。采取灵活多样的教育形式,通过撰写个人廉政教育心得等引导全体干部职工进行自我教育;观看《廉政中国》、《忠诚与背叛》等先进典型专题片进行示范教育;强化目标管理,以落实党风廉政建设目标责任制为抓手,与财政局机关各股室、各乡镇财政所签订工作目标责任书,加大目标考核力度,完善考核机制,改进考核方式方法,力争使目标考核手段更科学、结果更准确、评价更客观。三是强化队伍建设。按照财政局机关的学习制度,定期组织机关人员认真学习政治理论和业务知识,学习党和国家新时期的方针政策,采用多种形式学习十八大精神,积极参加市财政局组织的"青年干部业务培训班"、"财政系统干部业务轮训班"等业务培训。四是强化团队建设.大力营造"创先争优"良好氛围,扎实开展创建学习型先进党总支部活动,提高广大党员干部和群众的政治觉悟。

表 25-1

晋城市阳城县公共财政收入决算表(1985-1997 年)

单位:万元

科目 \ 年份	1985	1986	1987	1988	1989	1990	1991	1992	1993	1994	1995	1996	1997
公共财政收入	1916	2062	2267	2616	3313	3796	4326	4429	5683	4284	5837	7247	8283
工商税收类	1912	1746	1923	2230	2816	3343	3540	3912	4824	2812	3622	4674	5718
农牧业税和耕地占用税类		156	142	189	227	274	183	365	412	445	500	594	536
国企所得税		119	133	145	224	380	300	395	247		863	1074	1408
国企调节税		5	3	4	1	1							
国企上缴利润类		-17	12	13	12	7	4	4	2		6		1
国企计划亏损补贴类		-21	-15	-47	-95	-386	-216	-468	-195		-188	-267	-243
专款收入类	23	25	38	61	59	73	70	90	230		314	329	
其他收入类	-19	49	31	21	69	104	445	131	163	1027	720	843	863

表 25-2

晋城市阳城县公共财政收入决算表(1998-2012 年)

单位:万元

科目 \ 年份	1998	1999	2000	2001	2002	2003	2004	2005	2006	2007	2008	2009	2010	2011	2012
公共财政收入	9741	10472	11567	14453	13211	16125	20118	25980	32588	43650	49795	55099	64698	77585	88005
增值税	2650	2991	3192	3695	4135	6050	7069	9243	10619	13148	17476	19154	18190	17121	19831
营业税	1299	1870	2188	2002	2852	2316	3001	2568	3539	3297	5435	6012	6437	7597	10377
企业所得税	1453	1428	1717	3875	1335	1292	1786	4710	6052	9880	7501	9836	16548	14902	21058
个人所得税	965	900	900	843	656	527	717	726	921	992	2254	1626	1904	2378	1569
资源税	990	872	839	1201	759	940	1053	2210	1874	1808	2131	1437	1729	1142	3342
城市维护建设税	359	287	313	539	864	977	825	939	1074	973	1714	1381	1517	2407	3724
房产税	84	100	137	116	163	181	235	193	208	241	331	409	2273	3821	1755
印花税	22	51	36	46	217	310	263	248	321	413	715	825	802	884	1108
城镇土地使用税	32	34	31	30	32	26	44	43	22	32	592	442	558	1477	696
土地增值税										10	11	16	160	501	618
车船税	70	72	73	65	27	31	11	9	10	101	214	303	538	572	731
耕地占用税	6	79	39	26	26	10	19	15	80	150	200	165	561	339	423
契税	17	29	19	14	21	20	76	100	158	250	200	375	239	599	777
其他税收收入	644	525	604	505	474	391	237								
国有资本经营收入		5	61	55	33	150	265	571	17	950	3321	6000	5000	12650	5500
国有资源(资产)有偿使用收入	210	182								193	153	180	222	508	1555
行政事业性收费收入	270	289	544	480	225	924	1039	1135	2318	2428	1010	1587	1020	2381	3266
罚没收入	475	600	579	685	775	1044	2127	1230	2022	2748	2447	1742	2033	2305	2314
专项收入	486	460	636	625	823	975	1285	1932	3231	6036	4090	3609	4959	6001	9266
其他收入	-291	-302	-341	-349	-206	-39	66	108	122				8		95

表 25-3

晋城市阳城县财政收支增长表（1985-2012 年）

年份	财政总收入（万元）	公共财政收入（万元）	公共财政支出（万元）	比上年增长(%)		
				财政总收入	公共财政收入	公共财政支出
1985	1916	1916	1645	14.25	14.25	16.83
1986	2062	2062	2012	7.62	7.62	22.31
1987	2267	2267	1809	9.94	9.94	-10.09
1988	2616	2616	2315	15.39	15.39	27.97
1989	3313	3313	3066	26.64	26.64	32.44
1990	3796	3796	3294	14.58	14.58	7.44
1991	4326	4326	3673	13.96	13.96	11.51
1992	4429	4429	3817	2.38	2.38	3.92
1993	5683	5683	4902	28.31	28.31	28.43
1994	7150	4284	6200	25.81	-24.62	26.48
1995	10035	5837	7356	40.35	36.25	18.65
1996	12827	7247	9679	27.82	24.16	31.58
1997	15538	8283	10861	21.14	14.30	12.21
1998	17692	9741	12324	13.86	17.60	13.47
1999	19447	10472	13120	9.92	7.50	6.46
2000	21145	11567	15852	8.73	10.46	20.82
2001	25538	14453	21536	20.78	24.95	35.86
2002	40616	13211	24211	59.04	-8.59	12.42
2003	54254	16125	28839	33.58	22.06	19.12
2004	66388	20118	36168	22.37	24.76	25.41
2005	91688	25980	45685	38.11	29.14	26.31
2006	110099	32588	56089	20.08	25.43	22.77
2007	176126	43650	73526	59.97	33.95	31.09
2008	200199	49795	84535	13.67	14.08	14.97
2009	221988	55099	105462	10.88	10.65	24.76
2010	250918	64698	119401	13.03	17.42	13.22
2011	253438	77585	153257	1.00	19.92	28.35
2012	303889	88005	173222	19.91	13.43	13.03

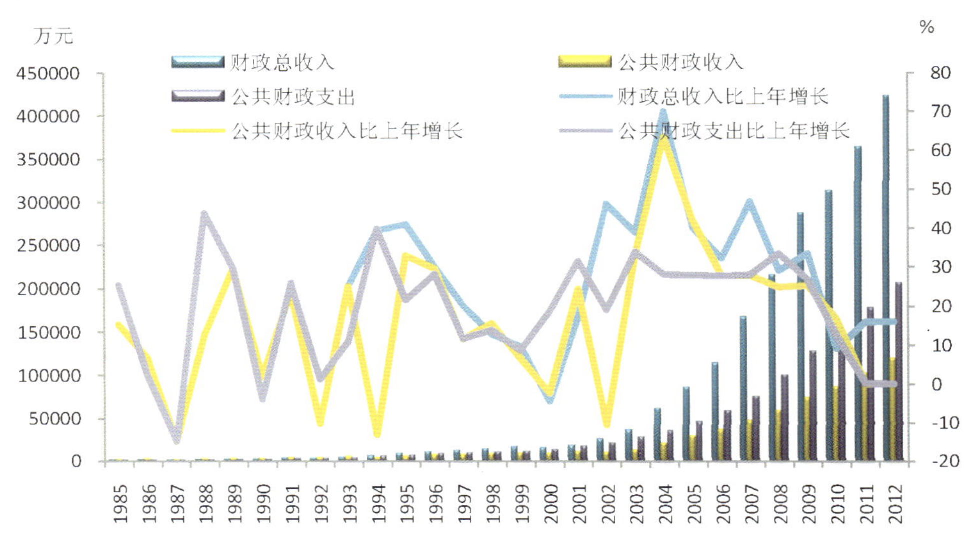

晋城市阳城县财政收支增长情况图（1985-2012 年）

表 25-4

晋城市阳城县公共财政收入决算表(2012 年)

单位:万元

科　目	决算数	科　目	决算数
公共财政收入	88005	股份制企业房产税	716
税收收入	66009	私营企业房产税	22
增值税	19831	其他房产税	875
国内增值税	19831	房产税税款滞纳金、罚款收入	4
国有企业增值税	1193	印花税	1108
集体企业增值税	90	其他印花税	1082
股份制企业增值税	8554	印花税税款滞纳金、罚款收入	26
联营企业增值税	8	城镇土地使用税	696
港澳台和外商投资企业增值税	9713	国有企业城镇土地使用税	51
私营企业增值税	127	集体企业城镇土地使用税	53
其他增值税	118	股份制企业城镇土地使用税	340
增值税税款滞纳金、罚款收入	60	私营企业城镇土地使用税	9
福利企业增值税退税	-32	港澳台和外商投资企业城镇土地使用税	232
营业税	10377	其他城镇土地使用税	1
金融保险业营业税(地方)	521	城镇土地使用税税款滞纳金、罚款收入	10
其他金融保险业营业税(地方)	521	土地增值税	618
一般营业税	9849	国有企业土地增值税	50
营业税税款滞纳金、罚款收入	7	股份制企业土地增值税	568
企业所得税	21058	车船税(款)	731
国有煤炭工业所得税	615	车船税(项)	731
其他国有企业所得税	1121	耕地占用税(款)	423
集体企业所得税	556	耕地占用税(项)	423
股份制企业所得税	8150	契税(款)	777
其他股份制企业所得税	8150	契税(项)	777
联营企业所得税	46	非税收入	21996
港澳台和外商投资企业所得税	10180	专项收入	9266
其他港澳台和外商投资企业所得税	10180	排污费收入(项)	588
私营企业所得税	36	排污费收入	588
其他企业所得税	9	水资源费收入	830
企业所得税税款滞纳金、罚款、加收利息收入	345	其他水资源费收入	830
内资企业所得税税款滞纳金、罚款、加收利息收入	345	教育费附加收入(项)	5011
个人所得税(款)	1569	教育费附加收入	5011
个人所得税(项)	1538	矿产资源专项收入	2837
储蓄存款利息所得税	9	矿产资源补偿费收入	887
其他个人所得税	1529	探矿权、采矿权价款收入	1950
个人所得税税款滞纳金、罚款收入	31	行政事业性收费收入	3266
资源税	3342	法院行政事业性收费收入	40
其他资源税	3135	诉讼费	40
资源税税款滞纳金、罚款收入	207	司法行政事业性收费收入	10
城市维护建设税	3724	公证费	10
国有企业城市维护建设税	352	人口和计划生育行政事业性收费收入	200
集体企业城市维护建设税	95	社会抚养费	200
股份制企业城市维护建设税	1806	档案行政事业性收费收入	1
港澳台和外商投资企业城市维护建设税	1318	档案收费	1
私营企业城市维护建设税	26	人防办行政事业性收费收入	223
其他企业城市维护建设税	115	防空地下室易地建设费	223
城市维护建设税税款滞纳金、罚款收入	12	发展与改革(物价)行政事业性收费收入	10
房产税	1755	其他缴入国库的发展与改革(物价)行政事业性收费	10
国有企业房产税	66	国土资源行政事业性收费收入	155
集体企业房产税	72	土地复垦费	155

续表

单位:万元

科　目	决算数	科　目	决算数
建设行政事业性收费收入	31	检察院罚没收入	153
房屋所有权登记费	7	法院罚没收入	45
城市道路占用挖掘费	24	税务部门罚没收入	14
环保行政事业性收费收入	120	食品药品监督罚没收入	9
环境监测服务费	120	卫生罚没收入	3
农业行政事业性收费收入	13	交通罚没收入	130
畜禽及畜禽产品检疫费	8	审计罚没收入	26
农机监理费	5	物价罚没收入	266
林业行政事业性收费收入	3	其他一般罚没收入	1067
森林植物检疫费	3	国有资本经营收入	5500
卫生行政事业性收费收入	72	其他国有资本经营收入	5500
卫生监测费	8	国有资源(资产)有偿使用收入	1555
预防性体检费	60	利息收入	1341
其他缴入国库的卫生行政事业性收费	4	国库存款利息收入	361
人力资源和社会保障行政事业性收费收入	37	财政专户存款利息收入	852
人才流动中心收费	11	其他利息收入	128
其他缴入国库的人力资源和社会保障行政事业性收费	26	非经营性国有资产收入	214
其他行政事业性收费收入	2351	行政单位国有资产出租、出借收入	209
其他缴入国库的行政事业性收费	2351	行政单位国有资产处置收入	1
罚没收入	2314	事业单位国有资产处置收入	4
一般罚没收入	2314	其他收入(款)	95
公安罚没收入	601	主管部门集中收入	95

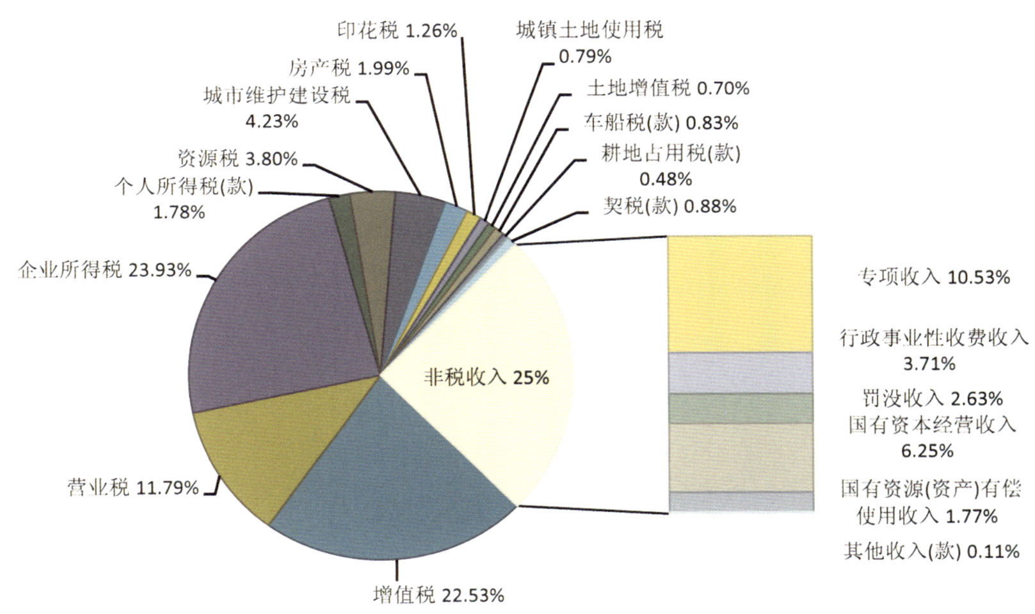

晋城市阳城县公共财政收入情况图(2012年)

表25-5

晋城市阳城县公共财政支出决算表(2012年)

单位:万元

科　目	决算数	科　目	决算数
公共财政支出	173222	其他税收事务支出	2344
一般公共服务	21274	审计事务	367
人大事务	855	行政运行	180
行政运行	640	一般行政管理事务	22
人大会议	149	审计业务	31
代表工作	24	信息化建设	57
事业运行	36	事业运行	77
其他人大事务支出	6	人力资源事务	198
政协事务	393	行政运行	171
行政运行	271	其他人事事务支出	27
政协会议	72	纪检监察事务	1256
委员视察	6	行政运行	552
其他政协事务支出	44	一般行政管理事务	50
政府办公厅(室)及相关机构事务	4401	事业运行	494
行政运行	2713	其他纪检监察事务支出	160
一般行政管理事务	86	人口与计划生育事务	3574
专项服务	5	行政运行	71
信访事务	246	一般行政管理事务	27
事业运行	1263	计划生育家庭奖励	2395
其他政府办公厅(室)及相关机构事务支出	88	人口和计划生育信息系统建设	6
发展与改革事务	393	计划生育、生殖健康促进工程	23
行政运行	113	计划生育免费基本技术服务	98
一般行政管理事务	25	人口和计划生育服务网络建设	384
物价管理	116	人口和计划生育宣传教育经费	52
事业运行	139	流动人口计划生育管理和服务	8
统计信息事务	233	人口和计划生育目标责任制考核	12
行政运行	87	其他人口与计划生育事务支出	498
一般行政管理事务	9	商贸事务	1151
信息事务	4	行政运行	183
专项统计业务	2	一般行政管理事务	5
专项普查活动	25	对外贸易管理	23
统计抽样调查	26	招商引资	606
事业运行	74	事业运行	221
其他统计信息事务支出	6	其他商贸事务支出	113
财政事务	1565	工商行政管理事务	39
行政运行	369	其他工商行政管理事务支出	39
一般行政管理事务	25	港澳台侨事务	38
预算改革业务	24	行政运行	15
财政国库业务	174	华侨事务	19
信息化建设	316	其他港澳台侨事务支出	4
财政委托业务支出	422	档案事务	61
事业运行	217	档案馆	61
其他财政事务支出	18	民主党派及工商联事务	71
税收事务	2344	行政运行	71

续表

单位：万元

科　目	决算数	科　目	决算数
群众团体事务	245	一般行政管理事务	348
行政运行	158	案件执行	10
其他群众团体事务支出	87	“两庭”建设	21
党委办公厅(室)及相关机构事务	2673	事业运行	31
行政运行	2214	其他法院支出	287
一般行政管理事务	50	司法	406
专项业务	300	行政运行	255
事业运行	63	一般行政管理事务	45
其他党委办公厅(室)及相关机构事务支出	46	基层司法业务	3
组织事务	615	普法宣传	38
行政运行	349	律师公证管理	2
一般行政管理事务	70	法律援助	15
其他组织事务支出	196	事业运行	26
宣传事务	449	其他司法支出	22
行政运行	171	其他公共安全支出(款)	90
一般行政管理事务	188	其他公共安全支出(项)	90
其他宣传事务支出	90	教育	42930
统战事务	69	教育管理事务	386
行政运行	69	行政运行	52
其他一般公共服务支出(款)	284	其他教育管理事务支出	334
其他一般公共服务支出(项)	284	普通教育	34206
国防	205	学前教育	1570
民兵(款)	50	小学教育	13138
民兵(项)	50	初中教育	9199
其他国防支出(款)	155	高中教育	3847
其他国防支出(项)	155	高等教育	125
公共安全	8035	化解农村义务教育债务支出	10
公安	5336	其他普通教育支出	6317
行政运行	2302	职业教育	1966
一般行政管理事务	1200	中专教育	221
治安管理	96	职业高中教育	1643
道路交通管理	551	其他职业教育支出	102
网络运行及维护	16	特殊教育	80
拘押收教场所管理	199	特殊学校教育	80
事业运行	88	教师进修及干部继续教育	354
其他公安支出	884	教师进修	65
检察	972	干部教育	289
行政运行	606	教育费附加安排的支出	5271
一般行政管理事务	246	农村中小学校舍建设	3642
“两房”建设	63	农村中小学教学设施	234
事业运行	32	其他教育费附加安排的支出	1395
其他检察支出	25	其他教育支出(款)	667
法院	1231	其他教育支出(项)	667
行政运行	534	科学技术	1650

续表

单位：万元

科　　目	决算数	科　　目	决算数
科学技术管理事务	157	行政运行	82
行政运行	66	老龄事务	62
其他科学技术管理事务支出	91	其他民政管理事务支出	227
技术研究与开发	1379	财政对社会保险基金的补助	4693
应用技术研究与开发	1379	财政对基本养老保险基金的补助	421
科学技术普及	80	财政对新型农村社会养老保险基金的补助	4203
机构运行	47	财政对城镇居民养老保险基金的补助	69
科普活动	10	行政事业单位离退休	8676
其他科学技术普及支出	23	归口管理的行政单位离退休	2198
其他科学技术支出(款)	34	事业单位离退休	5800
其他科学技术支出(项)	34	离退休人员管理机构	84
文化体育与传媒	1980	其他行政事业单位离退休支出	594
文化	1264	企业改革补助	200
行政运行	117	其他企业改革发展补助	200
图书馆	77	就业补助	833
艺术表演团体	42	社会保险补贴	200
文化活动	268	公益性岗位补贴	420
群众文化	210	其他就业补助支出	213
文化创作与保护	142	抚恤	1700
文化市场管理	37	死亡抚恤	230
其他文化支出	371	伤残抚恤	280
文物	81	在乡复员、退伍军人生活补助	280
文物保护	45	优抚事业单位	169
博物馆	36	其他优抚支出	741
体育	111	退役安置	472
体育场馆	50	退役士兵安置	45
其他体育支出	61	军队移交政府的离退休人员安置	140
广播影视	403	军队移交政府离退休干部管理机构	59
广播	290	其他退役安置支出	228
电视	95	社会福利	84
电影	17	儿童福利	52
其他广播影视支出	1	社会福利事业单位	32
新闻出版	4	残疾人事业	225
其他新闻出版支出	4	行政运行	62
其他文化体育与传媒支出(款)	117	残疾人康复	31
其他文化体育与传媒支出(项)	117	残疾人就业和扶贫	117
社会保障和就业	24307	其他残疾人事业支出	15
人力资源和社会保障管理事务	824	城市居民最低生活保障(款)	1687
行政运行	45	城市居民最低生活保障金支出	1682
劳动保障监察	96	城市居民最低生活保障对象临时补助	5
就业管理事务	64	其他城市生活救助	40
社会保险经办机构	550	流浪乞讨人员救助	40
其他人力资源和社会保障管理事务支出	69	自然灾害生活救助	570
民政管理事务	371	中央自然灾害生活补助	380

续表

单位:万元

科目	决算数	科目	决算数
地方自然灾害生活补助	190	其他医疗卫生支出(项)	21
红十字事业	15	节能环保	5109
其他红十字事业支出	15	环境保护管理事务	611
农村最低生活保障	3027	行政运行	130
农村最低生活保障金支出	3017	环境保护宣传	20
农村最低生活保障对象临时补助	10	其他环境保护管理事务支出	461
其他农村生活救助	650	环境监测与监察	50
农村五保供养	354	其他环境监测与监察支出	50
其他农村生活救助支出	296	污染防治	1833
其他社会保障和就业支出(款)	240	大气	22
其他社会保障和就业支出(项)	240	水体	677
医疗卫生	16337	噪声	106
医疗卫生管理事务	353	排污费安排的支出	1028
行政运行	112	天然林保护	230
一般行政管理事务	33	森林管护	211
其他医疗卫生管理事务支出	208	社会保险补助	19
公立医院	1332	退耕还林	399
综合医院	855	退耕现金	310
中医(民族)医院	122	其他退耕还林支出	89
其他专科医院	55	能源节约利用(款)	1878
其他公立医院支出	300	能源节约利用(项)	1878
基层医疗卫生机构	2467	污染减排	108
乡镇卫生院	2467	环境执法监察	50
公共卫生	1878	减排专项支出	58
疾病预防控制机构	203	城乡社区事务	2965
卫生监督机构	84	城乡社区管理事务	1147
妇幼保健机构	255	行政运行	146
基本公共卫生服务	898	其他城乡社区管理事务支出	1001
重大公共卫生专项	438	城乡社区规划与管理(款)	319
医疗保障	10123	城乡社区规划与管理(项)	319
行政单位医疗	690	城乡社区公共设施	520
事业单位医疗	1534	其他城乡社区公共设施支出	520
优抚对象医疗补助	91	城乡社区环境卫生(款)	979
城市医疗救助	131	城乡社区环境卫生(项)	979
新型农村合作医疗	7248	农林水事务	24737
农村医疗救助	329	农业	10679
城镇居民基本医疗保险	100	行政运行	91
中医药	3	事业运行	2665
中医(民族医)药专项	3	技术推广与培训	521
食品和药品监督管理事务	160	病虫害控制	230
行政运行	96	农产品质量安全	102
食品药品安全	42	执法监管	16
其他食品和药品监督管理事务支出	22	统计监测与信息服务	8
其他医疗卫生支出(款)	21	农业行业业务管理	41

续表

单位：万元

科　目	决算数	科　目	决算数
灾害救助	187	产业化经营	176
农业结构调整补贴	767	农村综合改革	6193
农业生产资料与技术补贴	813	对村级一事一议的补助	3812
农业生产保险补贴	604	对村民委员会和村党支部的补助	2381
农业组织化与产业化经营	202	其他农林水事务支出(款)	301
农村公益事业	112	其他农林水事务支出(项)	301
农业资源保护与利用	55	交通运输	3680
农村道路建设	1520	公路水路运输	2560
对高校毕业生到基层任职补助	1058	行政运行	278
其他农业支出	1687	一般行政管理事务	50
林业	2073	公路养护	584
行政运行	52	公路运输管理	40
林业事业机构	498	取消政府还贷二级公路收费专项支出	108
森林培育	680	其他公路水路运输支出	1500
林业技术推广	3	石油价格改革对交通运输的补贴	696
森林资源管理	40	对城市公交的补贴	152
森林生态效益补偿	122	对农村道路客运的补贴	318
动植物保护	1	对出租车的补贴	217
森林防火	83	石油价格改革补贴其他支出	9
林业有害生物防治	7	车辆购置税支出	362
林业产业化	489	车辆购置税用于公路等基础设施建设支出	362
林业贷款贴息	23	其他交通运输支出(款)	62
石油价格改革对林业的补贴	13	公共交通运营补助	62
其他林业支出	62	资源勘探电力信息等事务	2786
水利	3995	工业和信息产业监管支出	218
行政运行	51	其他工业和信息产业监管支出	218
水利行业业务管理	115	安全生产监管	1905
水利工程建设	220	其他安全生产监管支出	1905
水利工程运行与维护	238	支持中小企业发展和管理支出	623
水土保持	304	中小企业发展专项	235
防汛	121	其他支持中小企业发展和管理支出	388
抗旱	101	其他资源勘探电力信息等事务支出(款)	40
农田水利	1153	技术改造支出	40
水利技术推广和培训	394	商业服务业等事务	2115
大中型水库移民后期扶持专项支出	11	商业流通事务	1636
水资源费安排的支出	1162	行政运行	316
其他水利支出	125	民贸网点贷款贴息	20
扶贫	668	其他商业流通事务支出	1300
农村基础设施建设	45	旅游业管理与服务支出	276
生产发展	598	旅游宣传	195
其他扶贫支出	25	旅游行业业务管理	77
农业综合开发	828	其他旅游业管理与服务支出	4
机构运行	79	涉外发展服务支出	203
土地治理	573	其他涉外发展服务支出	203

续表

单位：万元

科目	决算数	科目	决算数
援助其他城区支出	173	保障性安居工程支出	453
其他支出	173	廉租住房	165
国土资源气象等事务	13603	农村危房改造	219
国土资源事务	13469	其他保障性安居工程支出	69
行政运行	137	住房改革支出	89
土地资源调查	100	购房补贴	89
国土资源行业业务管理	300	粮油物资储备事务	205
国土整治	182	粮油事务	190
地质灾害防治	10	行政运行	21
矿产资源专项收入安排的支出	12492	事业运行	154
事业运行	248	其他粮油事务支出	15
地震事务	16	粮油储备	15
地震事业机构	16	储备粮(油)库建设	15
气象事务	118	国债还本付息支出	291
气象事业机构	45	地方政府债券付息	291
气象预报预测	1	其他支出(类)	298
气象服务	32	其他支出(款)	298
气象装备保障维护	40	其他支出(项)	298
住房保障支出	542		

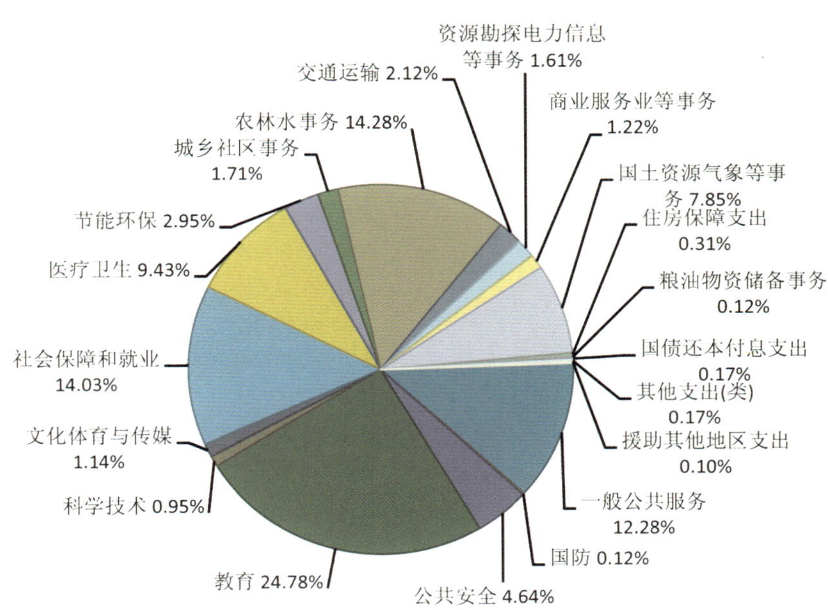

晋城市阳城县公共财政支出情况图(2012年)

表25-6

晋城市阳城县政府性

科　　目	决算数	上年结余	上级补助收入	其中:地震灾后恢复重建补助收入	省补助计划单列市收入	下级上解收入	计划单列市上解省收入	调入资金
政府性基金收入								
贸促会收费								
证书工本费								
司法部门的涉外、涉港澳台公证书工本费								
地方教育附加收入	2272	722						
核电站乏燃料处理处置基金收入								
体育部门收费								
外国团体来华登山注册费								
车手等级认定费								
文化事业建设费收入								
中央文化事业建设费收入								
地方文化事业建设费收入								
国家电影事业发展专项资金收入								

基金收支及结余情况表(2012年)

单位:万元

科目	决算数	补助下级支出	其中:地震灾后恢复重建补助支出	省补助计划单列市支出	上解上级支出	计划单列市上解省支出	调出资金	项目	年终结余
政府性基金支出	22619				372		1504	**政府性基金**	25185
一般公共服务									
商贸事务									
贸促会收费安排的支出								**贸促会收费**	
								证书工本费	
公共安全									
司法									
涉外、涉港澳台公证书工本费安排的支出								**司法部门的涉外、涉港澳台公证书工本费**	
教育							1504		
地方教育附加安排的支出							1504	**地方教育附加**	1488
农村中小学校舍建设									
农村中小学教学设施									
城市中小学校舍建设									
城市中小学教学设施									
中等职业学校教学设施									
其他地方教育附加安排的支出									
科学技术									
核电站乏燃料处理处置基金支出								**核电站乏燃料处理处置基金**	
乏燃料运输									
乏燃料离堆贮存									
乏燃料后处理									
高放废物的处理处置									
乏燃料后处理厂的建设、运行、改造和退役									
其他乏燃料处理处置基金支出									
文化体育与传媒									
体育								**体育部门收费**	
外国团体来华登山注册费安排的支出								外国团体来华登山注册费	
车手等级认定费安排的支出								车手等级认定费	
文化事业建设费安排的支出								**文化事业建设费**	
精神文明建设								中央文化事业建设费	
人才培训教学								地方文化事业建设费	
文化创作									
文化事业单位补助									
爱国主义教育基地									
其他文化事业建设费安排的支出									
国家电影事业发展专项资金支出								**国家电影事业发展专项资金**	
资助国产影片放映									
资助城市影院									
资助少数民族电影译制									
其他国家电影事业发展专项资金支出									
社会保障和就业	160								

续表

科　目	决算数	上年结余	上级补助收入	其中:地震灾后恢复重建补助收入	省补助计划单列市收入	下级上解收入	计划单列市上解省收入	调入资金
大中型水库移民后期扶持基金收入			140					
小型水库移民扶助基金收入			179					
残疾人就业保障金收入	100	157	13					
可再生能源电价附加收入								
废弃电器电子产品处理基金收入								
国家税务局征收的废弃电器电子产品处理基金收入								
海关征收的废弃电器电子产品处理基金收入								
政府住房基金收入	145							
上缴管理费用	138							
计提廉租住房资金	7							
廉租住房租金收入								
公共租赁住房租金收入								
其他政府住房基金收入								
国有土地使用权出让收入	13698	12407	1037					
土地出让价款收入	13007							
补缴的土地价款	3							
划拨土地收入								
教育资金收入	800							
农田水利建设资金收入	800							
缴纳新增建设用地土地有偿使用费	-932							
其他土地出让收入	20							

单位：万元

科目	决算数	补助下级支出	其中：地震灾后恢复重建补助支出	省补助计划单列市支出	上解上级支出	计划单列市上解省支出	调出资金	项目	年终结余
大中型水库移民后期扶持基金支出	17							大中型水库移民后期扶持基金	123
移民补助	16								
基础设施建设和经济发展									
其他大中型水库移民后期扶持基金支出	1								
小型水库移民扶助基金支出	143							小型水库移民扶助基金	179
移民补助	1								
基础设施建设和经济发展									
其他小型水库移民扶助基金支出									
残疾人就业保障金支出								残疾人就业保障金	127
就业和培训									
职业康复									
扶持农村残疾人生产									
奖励残疾人就业单位									
其他残疾人就业保障金支出	142								
节能环保									
可再生能源电价附加收入安排的支出								可再生能源电价附加	
风力发电补助									
太阳能发电补助									
生物质能发电补助									
其他可再生能源电价附加收入安排的支出									
废弃电器电子产品处理基金支出								废弃电器电子产品处理基金	
								国家税务局征收的废弃电器电子产品处理基金	
								海关征收的废弃电器电子产品处理基金	
城乡社区事务	16094				160				
政府住房基金支出	137							政府住房基金	8
管理费用支出	137							上缴管理费用	1
廉租住房支出								计提廉租住房资金	7
廉租住房维护和管理支出								廉租住房租金	
公共租赁住房支出								公共租赁住房租金	
公共租赁住房租金支出								其他政府住房基金	
其他政府住房基金支出									
国有土地使用权出让收入安排的支出	12433				160			国有土地使用权出让	14549
征地和拆迁补偿支出	2871							土地出让价款	1182
土地开发支出	576							补缴的土地价款	
城市建设支出	4642							划拨土地	
农村基础设施建设支出	1926							教育资金	800
补助被征地农民支出								农田水利建设资金	640
土地出让业务支出	604							缴纳新增建设用地土地有偿使用费	
廉租住房支出	641							其他土地出让	11927
教育资金安排的支出									

续表

科　　目	决算数	上年结余	上级补助收入	其中：地震灾后恢复重建补助收入	省补助计划单列市收入	下级上解收入	计划单列市上解省收入	调入资金
城市公用事业附加收入	535	577	330					
国有土地收益基金收入		150						
农业土地开发资金收入			150					
新增建设用地土地有偿使用费收入			1853					
中央新增建设用地土地有偿使用费收入								
地方新增建设用地土地有偿使用费收入								
城市基础设施配套费收入	100	83	326					
新菜地开发建设基金收入								
育林基金收入	71	34	15					
中央育林基金收入								
地方育林基金收入	71	34						

单位:万元

科　　目	决算数	补助下级支出	其中:地震灾后恢复重建补助支出	省补助计划单列市支出	上解上级支出	计划单列市上解省支出	调出资金	项　　目	年终结余
支付破产或改制企业职工安置费									
棚户区改造支出									
公共租赁住房支出									
农田水利建设资金安排的支出	837				160				
其他国有土地使用权出让收入安排的支出	336								
城市公用事业附加安排的支出	1183							**城市公用事业附加**	259
城市公共设施	106								
城市环境卫生	8								
公有房屋									
城市防洪									
其他城市公用事业附加安排的支出	1069								
国有土地收益基金支出								**国有土地收益基金**	150
征地和拆迁补偿支出									
土地开发支出									
其他国有土地收益基金支出									
农业土地开发资金支出	150							**农业土地开发资金**	
新增建设用地土地有偿使用费安排的支出	1853							**新增建设用地土地有偿使用费**	
耕地开发专项支出								中央新增建设用地土地有偿使用费	
基本农田建设和保护支出	396							地方新增建设用地土地有偿使用费	
土地整理支出	1457								
用于地震灾后恢复重建的支出									
城市基础设施配套费安排的支出	338							**城市基础设施配套费**	171
城市公共设施									
城市环境卫生									
公有房屋									
城市防洪									
其他城市基础设施配套费安排的支出	338								
农林水事务	842								
新菜地开发建设基金支出								**新菜地开发建设基金**	
开发新菜地工程									
改造老菜地工程									
设备购置									
技术培训与推广									
其他新菜地开发建设基金支出									
育林基金支出	120							**育林基金**	
森林培育	105							中央育林基金	
林业有害生物防治								地方育林基金	
森林防火									
森林资源监测									
林业技术推广									
林区公共支出									
其他育林基金支出	15								

续表

科　　目	决算数	上年结余	上级补助收入	其中：地震灾后恢复重建补助收入	省补助计划单列市收入	下级上解收入	计划单列市上解省收入	调入资金
森林植被恢复费			52					
中央森林植被恢复费								
地方森林植被恢复费								
中央水利建设基金收入			150					
中央水利建设基金划转收入								
中央其他水利建设基金收入								
地方水利建设基金收入	80	138	97					558
地方水利建设基金划转收入								
地方其他水利建设基金收入	80							
大中型水库库区基金收入			43					
中央大中型水库库区基金收入								
地方大中型水库库区基金收入								
三峡水库库区基金收入								
南水北调工程基金收入								
国家重大水利工程建设基金收入								
南水北调工程建设资金								
三峡工程后续工作资金								
省级重大水利工程建设资金								
船舶港务费								
长江口航道维护收入								

单位：万元

科　　目	决算数	补助下级支出	其中：地震灾后恢复重建补助支出	省补助计划单列市支出	上解上级支出	计划单列市上解省支出	调出资金	项　　目	年终结余
森林植被恢复费安排的支出	52							**森林植被恢复费**	
林地调查规划设计	2							中央森林植被恢复费	
林地整理								地方森林植被恢复费	
森林培育	50								
林业有害生物防治									
森林防火									
森林资源管护									
其他森林植被恢复费安排的支出									
中央水利建设基金支出	150							**中央水利建设基金**	
水利工程建设								中央水利建设基金划转	
水利工程维护								中央其他水利建设基金	
防洪工程含应急度汛									
其他中央水利建设基金支出	150								
地方水利建设基金支出	477							**地方水利建设基金**	396
水利工程建设	197							地方水利建设基金划转	
水利工程维护	200							地方其他水利建设基金	396
水土保持									
城市防洪									
其他地方水利建设基金支出	80								
大中型水库库区基金支出	43							**大中型水库库区基金**	
基础设施建设和经济发展	43							中央大中型水库库区基金	
解决移民遗留问题								地方大中型水库库区基金	
库区防护工程维护									
其他大中型水库库区基金支出									
三峡水库库区基金支出								**三峡水库库区基金**	
基础设施建设和经济发展									
解决移民遗留问题									
库区维护和管理									
其他三峡水库库区基金支出									
南水北调工程基金支出								**南水北调工程基金**	
南水北调工程建设									
偿还南水北调工程贷款本息									
国家重大水利工程建设基金支出								**国家重大水利工程建设基金**	
南水北调工程建设								南水北调工程建设资金	
三峡工程后续工作								三峡工程后续工作资金	
地方重大水利工程建设								省级重大水利工程建设资金	
其他重大水利工程建设基金支出									
交通运输									
公路水路运输									
船舶港务费安排的支出								**船舶港务费**	
长江口航道维护支出								**长江口航道维护**	
铁路运输									

续表

科　　目	决算数	上年结余	上级补助收入	其中:地震灾后恢复重建补助收入	省补助计划单列市收入	下级上解收入	计划单列市上解省收入	调入资金
铁路资产变现收入								
海南省高等级公路车辆通行附加费收入								
转让政府还贷道路收费权收入								
转让政府还贷公路收费权收入								
转让政府还贷城市道路收费权收入								
车辆通行费								
港口建设费收入								
铁路建设基金收入								
民航基础设施建设基金收入								
民航机场管理建设费收入								

单位：万元

科目	决算数	补助下级支出	其中：地震灾后恢复重建补助支出	省补助计划单列市支出	上解上级支出	计划单列市上解省支出	调出资金	项目	年终结余
铁路资产变现收入安排的支出								**铁路资产变现**	
海南省高等级公路车辆通行附加费安排的支出								**海南省高等级公路车辆通行附加费**	
公路建设									
公路养护									
公路还贷									
其他海南省高等级公路车辆通行附加费安排的支出									
转让政府还贷道路收费权收入安排的支出								**转让政府还贷道路收费权**	
公路还贷								转让政府还贷公路收费权	
公路建设								转让政府还贷城市道路收费权	
其他转让政府还贷道路收费权收入安排的支出									
车辆通行费安排的支出								**车辆通行费**	
公路还贷									
政府还贷公路养护									
政府还贷公路管理									
其他车辆通行费安排的支出									
港口建设费安排的支出								**港口建设费**	
港口设施									
航道建设和维护									
航运保障系统建设									
其他港口建设费安排的支出									
铁路建设基金支出								**铁路建设基金**	
铁路建设投资									
购置铁路机车车辆									
铁路还贷									
建设项目铺底资金									
勘测设计									
注册资本金									
周转资金									
其他铁路建设基金支出									
民航基础设施建设基金支出								**民航基础设施建设基金**	
民航机场建设									
空管系统建设									
民航安全									
民航科教和信息									
其他民航基础设施建设基金支出									
民航机场管理建设费安排的支出								**民航机场管理建设费**	
民航机场建设									
空管系统建设									
民航安全									
民航科教和信息									
航线和机场补贴									

续表

科　　目	决算数	上年结余	上级补助收入	其中:地震灾后恢复重建补助收入	省补助计划单列市收入	下级上解收入	计划单列市上解省收入	调入资金
船舶油污损害赔偿基金收入								
民航发展基金收入								
无线电频率占用费								
散装水泥专项资金收入								
新型墙体材料专项基金收入								
农网还贷资金收入								
中央农网还贷资金收入								
地方农网还贷资金收入								
山西省煤炭可持续发展基金收入	3444	6578	390					

单位:万元

科目	决算数	补助下级支出	其中:地震灾后恢复重建补助支出	省补助计划单列市支出	上解上级支出	计划单列市上解省支出	调出资金	项目	年终结余
其他民航机场管理建设费安排的支出									
船舶油污损害赔偿基金支出								**船舶油污损害赔偿基金**	
应急处置费用									
控制清除污染									
损失补偿									
生态恢复									
监视监测									
其他船舶油污损害赔偿基金支出									
民航发展基金支出								**民航发展基金**	
民航机场建设									
空管系统建设									
民航安全									
航线和机场补贴									
民航科教和信息									
民航节能减排									
通用航空发展									
征管经费									
其他民航发展基金支出									
资源勘探电力信息等事务	3667				212				
工业和信息产业监管支出									
无线电频率占用费安排的支出								**无线电频率占用费**	
散装水泥专项资金支出								**散装水泥专项资金**	
建设专用设施									
专用设备购置和维修									
贷款贴息									
技术研发与推广									
宣传									
其他散装水泥专项资金支出									
新型墙体材料专项基金支出								**新型墙体材料专项基金**	
技改贴息和补助									
技术研发和推广									
示范项目补贴									
宣传和培训									
其他新型墙体材料专项基金支出									
农网还贷资金支出								**农网还贷资金**	
中央农网还贷资金支出								中央农网还贷资金	
地方农网还贷资金支出								地方农网还贷资金	
其他农网还贷资金支出									
山西省煤炭可持续发展基金支出	3667				212			**山西省煤炭可持续发展基金**	6533
生态环境治理	1404								
资源地区转型和接替产业发展	1202								
解决社会问题	1007				212				

续表

科目	决算数	上年结余	上级补助收入	其中:地震灾后恢复重建补助收入	省补助计划单列市收入	下级上解收入	计划单列市上解省收入	调入资金
电力改革预留资产变现收入								
旅游发展基金收入								
中央特别国债经营基金收入								
中央特别国债经营基金财务收入								
彩票公益金收入			468					
福利彩票公益金收入								
体育彩票公益金收入								
其他政府性基金收入	1394	998	198					

单位:万元

科　　目	决算数	补助下级支出	其中:地震灾后恢复重建补助支出	省补助计划单列市支出	上解上级支出	计划单列市上解省支出	调出资金	项　　目	年终结余
其他山西省煤炭可持续发展基金支出	54								
电力改革预留资产变现收入安排的支出								**电力改革预留资产变现**	
920万千瓦变现资产支出									
647万千瓦变现资产支出									
商业服务业等事务									
旅游发展基金支出								**旅游发展基金**	
宣传促销									
行业规划									
旅游事业补助									
地方旅游开发项目补助									
其他旅游发展基金支出									
金融监管等事务支出									
金融调控支出									
中央特别国债经营基金支出								**中央特别国债经营基金**	
中央特别国债经营基金财务支出								**中央特别国债经营基金财务**	
其他支出	1856								
彩票公益金安排的支出	468							**彩票公益金**	
用于补充全国社会保障基金的彩票公益金支出								福利彩票公益金	
用于社会福利的彩票公益金支出	241							体育彩票公益金	
用于体育事业的彩票公益金支出	10								
用于教育事业的彩票公益金支出	10								
用于红十字事业的彩票公益金支出									
用于残疾人事业的彩票公益金支出	71								
用于城市医疗救助的彩票公益金支出	12								
用于农村医疗救助的彩票公益金支出	24								
用于文化事业的彩票公益金支出									
用于扶贫的彩票公益金支出									
用于法律援助的彩票公益金支出									
用于其他社会公益事业的彩票公益金支出	100								
其他政府性基金支出	1388							**其他政府性基金**	1202

表25-7

晋城市阳城县相关指标表(2012年)

单位:万元

项　目	数　额	项　目	数　额
上划税收		山西省	
上划中央税收	169922	内蒙古自治区	
上划中央国内增值税	108170	辽宁省	
上划中央国内消费税	43	辽宁省(不含大连对辽宁其他城市的援助收入)	
上划中央企业所得税	57431	大连市(不含省内其他城市对大连的援助收入)	
上划中央个人所得税	4278	吉林省	
上划省税收	30641	黑龙江省	
增值税	10817	上海市	
营业税	5660	江苏省	
企业所得税	11486	浙江省	
个人所得税	855	浙江省(不含宁波对浙江其他城市的援助收入)	
资源税	1823	宁波市(不含省内其他城市对宁波的援助收入)	
固定资产投资方向调节税		安徽省	
城市维护建设税		福建省	
房产税		福建省(不含厦门对福建其他城市的援助收入)	
印花税		厦门市(不含省内其他城市对厦门的援助收入)	
城镇土地使用税		江西省	
土地增值税		山东省	
车船税		山东省(不含青岛对山东其他城市的援助收入)	
耕地占用税		青岛市(不含省内其他城市对青岛的援助收入)	
契税		河南省	
烟叶税		湖北省	
其他税收收入		湖南省	
上划地市税收	15321	广东省	
增值税	5409	广东省(不含深圳对广东其他城市的援助收入)	
营业税	2830	深圳市(不含省内其他城市对深圳的援助收入)	
企业所得税	5743	广西壮族自治区	
个人所得税	428	海南省	
资源税	911	重庆市	
固定资产投资方向调节税		四川省	
城市维护建设税		贵州省	
房产税		云南省	
印花税		西藏自治区	
城镇土地使用税		陕西省	
土地增值税		甘肃省	
车船税		青海省	
耕地占用税		宁夏回族自治区	
契税		新疆维吾尔自治区	
烟叶税		23013援助其他地区支出	
其他税收收入		北京市	
地方政府债券		天津市	
年初地方政府债券	12300	河北省	
本年地方政府债券收入		山西省	
本年地方政府债券转贷收入		内蒙古自治区	
本年地方政府债券转贷支出		辽宁省	
本年地方政府债券还本支出	1000	辽宁省(不含省内其他城市对大连的援助支出)	
本年由上级代还地方政府债券		大连市(不含大连对辽宁其他城市的援助支出)	
年末地方政府债券	11300	吉林省	
地区间援助收支		黑龙江省	
11013接受其他地区援助收入		上海市	
北京市		江苏省	
天津市		浙江省	
河北省		浙江省(不含省内其他城市对宁波的援助支出)	

续表

单位:万元

项目	数额	项目	数额
宁波市(不含宁波对浙江其他城市的援助支出)		财政对社会保险基金的补助	4693
安徽省		收入中其他重复计算的部分	
福建省		收入中其他重复计算的部分情况说明	
福建省(不含省内其他城市对厦门的援助支出)		公共财政支出、政府性基金支出、国有资本经营支出、社会保险基金支出、财政专户管理资金支出中重复计算部分	4693
厦门市(不含厦门对福建其他城市的援助支出)			
江西省		财政对社会保险基金的补助	4693
山东省		支出中其他重复计算的部分	
山东省(不含省内其他城市对青岛的援助支出)		支出中其他重复计算的部分情况说明	
青岛市(不含青岛对山东其他城市的援助支出)		**权责发生制及年初预算**	
河南省		权责发生制核算的资金期初数	14539
湖北省		其中:公共财政预算	7687
湖南省		权责发生制核算的资金期末数	34374
广东省		其中:公共财政预算	27759
广东省(不含省内其他城市对深圳的援助支出)		本年权责发生制核算的资金	33152
深圳市(不含深圳对广东其他城市的援助支出)		其中:公共财政预算	26841
广西壮族自治区		本年国库集中支付结余	33152
海南省		其中:公共财政预算	26841
重庆市		公共财政预算国库集中支付年终结余期初数	7687
四川省		公共财政预算国库集中支付年终结余期末数	27759
贵州省		报人大的全辖公共财政支出年初预算数	123227
云南省		全辖公共财政支出年初预算数	
西藏自治区		人大批准的公共财政支出年初预算(汇总)数	123227
陕西省		**其他统计指标**	
甘肃省		地区生产总值	1600000
青海省		总人口(万人)	39
宁夏回族自治区		耕地面积(公顷)	38788
新疆维吾尔自治区		人均耕地面积(亩)	1
政府收支统计		居民人均可支配收入(元)	19244
公共财政收入、政府性基金收入、国有资本经营收入、社会保险基金收入、财政专户管理资金收入中重复计算部分	4693	农民人均纯收入(元)	8048

表25-8

晋城市阳城县乡镇基本情况表(2012年)

项目	数额	项目	数额
本年乡镇数	18	**乡镇财政供养人数**	967
其中:实行“乡财县管”的乡镇数		公共预算财政拨款开支人数	638
乡镇财政机构数	18	公共预算财政补助开支人数	329
其中:财税所数		其中:教师	
已建立乡镇国库的乡镇数		**赤字乡镇个数**	
税务所机构数	14	**乡镇年末总人口(万人)**	39
国家税务所数	4	城镇人口(万人)	7
地方税务所数	10	乡村人口(万人)	32
其中:一乡(镇)一所数		**乡镇公共财政收入分档**	
乡镇财政所总人数	52	100万元(不含)以下的乡镇数	
行政编制实有人数	21	100万元(含)-500万元的乡镇数	10
事业编制实有人数	31	500万元(含)-1000万元的乡镇数	6
以工代干人数		1000万元(含)以上的乡镇数	2
集体财务人员人数		**村民委员会个数**	467

26 陵川县财政工作

LING CHUAN COUNTY FINANCIAL WORK

【概 况】 2012年，陵川财政深入研究经济发展形势和财税政策，健全增收机制，强化收入措施，财政收入实现大幅增长，总收入完成42787万元，为年度预算的101.6%，比上年增长18%。其中县本级公共财政收入完成15167万元，为年度预算的102.9%，比上年增长20.4%。全县公共财政支出110476万元，为年度预算的105.19%，比上年增长13.58%。

【财政收支】 一是健全组织收入工作机制。密切关注经济运行形势，加强财政收支运行监测，定期分析全县经济形势运行和财政预算执行情况，确保预算执行平稳健康。二是积极争取优惠政策和项目资金。向山西省要基数要点数、向晋城市要政策要补助、向各级报项目争资助，均衡性转移支付90%到位，晋城市转移支付保住了基数，市对县“五税”返还优惠政策确定，争取上级项目资金创历史新高，全县公共财政支出突破11亿元，比上年增长13.56%，绝对额增加13187万元。实现“超上年、超预期、超历史”跨越。三是保障重点支出。在预算安排和执行过程中，切实保障重点支出和法定支出。2012年财政用于科技投入685万元，同比增长19.13%；用于“三农”投入22106万元，同比增长27.4%；用于教育投入24106万元，同比增长21.34%，占当年公共财政支出比例达到23%，超出年初目标7.21个百分点。公教人员工资及津补贴全部到位，卫生、畜牧等基层工作人员待遇全面提高，城乡低保全面提标，重点经费保障机制全面落实，城镇居民人均可支配收入12978元，增长13.1%，达到预期目标。民生支出达到96909万元，占财政总支出的85.78%。积极贯彻“一是吃饭，二要建设”方针，充分发挥财政职能，统筹预算内外和各项基金，积极支持“十件实事”和新的“五个全覆盖”工程，推动社会公益事业发展，累计投入项目建设资金33891万元，县财政配套10554万元，确保各项工程顺利实施。

【民生财政】 一是教育保障不折不扣。2012年财政累计为教育投入24106万元，占财政总支出的21.34%。教育保障经费投入3834万元。为全县28821名中小学生提供免费教育资金2641万元；为2675名中小学生补助寄宿生生活费350万元；为1001名普通高中家庭经济困难学生发放助学金170万余元；为5678名高中学生免学费449万元；为858名职业教育学生免学费160万元；为957人发放国家助学金64万元。投入4337万元，巩固校安工程建设成果，不断改善办学条件。2729万元新建改扩建幼儿园8所，增设幼儿园22所；1552万元为31所中小学改善办学条件；56万元购置校车9辆。二是提高社会保障水平。2012年财政累计投入各种保障和救助资金19744万元，占财政总支出的17.48%。投入10882万元用于各项社会保险事业。为全县2092名机关事业单位离退休人员发放养老金6884万元；为30372名符合领取条件的城乡居民发放基本养老金2544万元；为84112名参保的城乡缴费居民发放养老金缴费补贴366万元；拨付1088万余元，确保全县行政单位人员医疗保险、工伤保险、生育保险政策落实到位。投入4546万元，提高对弱势群体的保障水平；为15967名农村低保对象和4375名城镇低保对象，每月人均增加32元和90元，共计发放生活补助4097万元；为1638名分散五保对象和348名集中供养对象发放生活补助304万元和139万元；投入6万元，为贫困残疾人购买轮椅100辆、拐杖50付、其他辅助器具50件。投入1195万元，积极落实各项抚恤救助政策。为1018名重点优抚对象发放抚恤金859万元；为434名60岁以上的退役士兵发放生活补助13万元；为311名现役军人家属发放优待金211万元；为65名选择自主就业的退役士兵发放一次性生活补助89万元；为71名建国前参加工作的农村老党员和城镇无业党员发放生活补助23万元。投入1631万元，继续支持就业再就业工作。555万元启动创业孵化基地项目第一期工程；937万元兑现783名公益性岗位人员岗位补贴和社保待遇；98万元开展创业培训16期480人；财政贴息41万余元，为自主创业人员提供205万元小额贷款担保。投入1811万元，用于保障性住房建设。1026万元建设棋山花园二期90套廉租住房；479万元用于康复路棚户区改造工程；280万元改造农村危房200户；为3名军队移交政府的离退休干部发放住房补贴26万元。三是支援农村医疗卫生事业。2012年财政用于医疗卫生事业投入11482万元，改善基层医疗条件。550万元启动平城等三个乡镇卫生院病房楼新建项目；790万元对13个医疗机构2009年底以前形成的债务进行化解；175万元为县医院构建了远程医疗会诊平台和配置部分医疗设备；45万元完成六泉乡卫生院门诊楼改扩建工程项目；各项基本公共卫生服务投入650万元。投入5473万元助推医疗改革。387万元有效推进乡村两级医疗机构实施基本药物制度；5086万元保证新农合44.8万人次得到及时补偿。投入842万元，有效改善农村生活环境。742万元启动万户改厕项目；100万元用于全县的环境整治工作。投入655万元，确保农村计划生育家庭奖励政策兑现。全县175户、9196人次享受到计划生育奖励资金。四是统筹兼顾均衡发展。2012年财政对文化、生态、公共安全等民生事业投入11494万元，占财政总支出的10.17%。投入256万元支持农村文化体育发展。165万元用于送戏下乡、盲人曲艺队演出及购置科普图书，惠及农村贫困人口17691人，城镇低保人口4375人；91万元用于开展公益电影下乡活动。投入3153万元保障公共安全，维护全县和

综 述

谐稳定。为政法系统投入办案经费1298万元,“两房”建设资金1004万元,化解债务453万元。为武装部投入260万元,为武警消防事业投入138万元。投入2647万元修复生态,建设美丽陵川。905万元对4个高污染企业的环境保护项目进行补助;425万元对全县退耕还林进行现金补贴;209万元对3个水泥企业淘汰落后产能项目进行补贴;622万元用于城镇污水处理管网设施配套建设;430万元用于磨河供水工程污染防治。

【财政惠农】 全年财政累计投入强农惠农资金30083万元,占财政总支出的26.63%。投入4363万元,推进新农村建设。750万元完成481户1500人的扶贫移民搬出;2000万元用于有产业特色、有发展潜力的20个村实施项目规划,整体推进;844万元用于49个村“一村一品”项目建设;769万元对187个村的“一事一议”公益事业建设进行了财政奖补。投入18114万元,改善农业基础设施。1328万元完成饮水安全工程38处,惠及53个村、2.1万人;734万元完成太行山绿化0.6万亩、旅游公路绿化10.6公里和20个村的村庄绿化工程;850万元对农村公路进行养护;14812万元完成农村街巷硬化,改善百姓生产生活条件。落实直补资金4427万元,兑现各项强农惠农政策。全年兑现粮食直补、良种补贴2310万元,受益农户58940户,补贴面积31.47万亩;能繁母猪补贴109万余元,涉及母猪10864头;养殖保险补贴47万余元,养殖业风险基金配套补贴264万元,惠及农户186个;农机购置补贴482万元,补贴机具742台(套),拉动农民投入675万元,受益农户421户;农业调产农民增收贴息198万元,涉及785户600余个项目;燃油补贴177万元,涉及122辆车;家电汽车摩托车下乡补贴840万元,涉及家电22522台(件),直接拉动社会消费6840万元。积极探索农业发展新机制,为农业产业发展注入活力。对500余家农民专业合作社进行规范建设和星级评定,并联合县担保公司和太行村镇银行对98个星级合作社进行信用额度授信,授信额度为4400万元,最大限度地发挥农民专业合作社在推进农业产业化中的引领作用。为防范农业各种风险,积极探索种植业风险保障体系,出台《陵川县种植业保险保费补贴试点实施方案》,将对全县4995亩小麦、283763亩玉米进行保险保费补贴445万元。

【财政改革】 一是深入推进财政改革。2012年陵川财政部门面对经济下行的巨大压力,深化财政改革,全力推进财政“三项建设”:“金财工程”信息一体化系统正式运行;12个乡镇财政所实现“四有”、“四化”目标,乡镇财政标准化建设走在省市前列;国库集中支付和公务卡改革取得新进展,覆盖面达到100%;落实“六五”普法规划,规范财政执法工作,“制度+科技”的现代监控手段,使法制财政建设迈开新步伐,财政惩治和预防腐败体系建设进一步完善;以构建和谐财政、服务科学发展为主旨的财政文化建设取得实际效果。二是争取资金,支持企业。2012年全县争取上级各类资金67793万元,同比增长37.44%。中央均衡性转移支付省级负担由80%争取到90%,2013年力争100%;紧紧抓住市与县财政体制调整的契机,争取到上划市级“五税”全额返还和项目资金配套最低比例的优惠政策;全年累计为企业争取发展创新改造资金8519万元,同比增长41.34%,同时投入100余万元招商引资前期费用,支持招商引资工作的开展。在晋城市加快发展县域主导产业专项资金竞争性分配中,陵川县以休闲度假及生态旅游项目竞争到最高奖补资金1300万元。发挥中小企业担保公司作用,共为15家企业提供2220万元的担保支持,同时用于中小企业的科技三项经费投入216万元,促进中小企业技术创新,为中小企业发展增添活力。三是加强财政基层管理。扎实开展财政专户清理整顿,为确保财政资金安全奠定基础。出台《陵川政府非税收入收缴管理改革方案》,对执收执罚单位非税收入项目进行全面清理核实,建立非税收入项目库,对全县40个执收单位的133个非税收入项目进行数据维护,实现非税收入收缴信息化、网络化管理。启动财政投资评审和完善政府集中采购制度,为效率财政建设提供保障。2012年共审核各类工程金额13640万元,累计节约资金财政819万元;组织集中采购业务253次,采购预算金额4430万元,实际支付4043万元,节约资金387万元。加大财政监督检查力度,教育和引导干部职工依法行政、依法理财,出台相关制度,最大限度地减少自由裁量权。加大单位内控制度建设,健全会计制度体系,进一步加强会计资格认证管理工作。

表 26-1

晋城市陵川县公共财政收入决算表(1985-1997年)

单位:万元

科目 \ 年份	1985	1986	1987	1988	1989	1990	1991	1992	1993	1994	1995	1996	1997
公共财政收入	626	675	740	840	1025	1053	1280	1282	1686	1209	1789	2617	3004
工商税收类	493	538	584	680	784	898	945	1016	1261	759	986	1347	1675
农牧业税和耕地占用税类	57	82	87	113	137	188	118	227	225	296	309	389	358
国企所得税	44	44	41	44	99	97	113	87	66	41	148	311	256
国企调节税	3												
国企上缴利润类	14	18	6	8	-29	8	11	21	15	5	7	4	
国企计划亏损补贴类	-6	-19		-33	-69	-288	-161	-223	-84	-120	-106	-123	-66
专款收入类					4	31	57	49	60	52	71	91	
其他收入类	21	12	22	28	99	119	197	105	143	176	374	598	781

表 26-2

晋城市陵川县公共财政收入决算表(1998-2012年)

单位:万元

科目 \ 年份	1998	1999	2000	2001	2002	2003	2004	2005	2006	2007	2008	2009	2010	2011	2012
公共财政收入	3426	3320	3439	3514	3525	4524	5777	6857	7193	7227	8270	9063	10339	12596	15167
增值税	708	642	660	700	574	825	1161	1329	1279	1118	1421	1521	1575	2312	2699
营业税	404	448	440	479	332	485	573	577	621	703	1036	1809	2384	2566	2683
企业所得税	61	176	131	350	171	190	501	716	1051	1296	1119	1241	1337	1707	2025
个人所得税	433	383	447	279	212	149	186	218	239	212	245	173	177	218	265
资源税	159	193	174	343	225	425	607	1001	549	291	322	338	256	282	457
城市维护建设税	110	81	104	87	184	429	327	282	365	294	333	385	464	626	907
房产税	62	60	63	67	74	61	73	71	74	73	85	93	105	132	127
印花税	4	6	4	10	6	7	11	18	17	34	27	36	150	165	162
城镇土地使用税	18	16	15	14	19	15	16	84	49	83	231	190	237	334	325
土地增值税			24							3	9	30	39	106	263
车船税	10	15	15	19	13	7	2	2	2	25	45	36	196	170	224
耕地占用税	26	6	1	5	55	1	12	14	70	40	65	108	160	120	110
契税	7	10	10	14	23	21	34	11	40	125	155	160	140	282	391
其他税收收入	409	390	479	308	447	338	223								
专项收入	103	112	129	156	211	284	345	377	426	482	578	669	655	1015	1181
行政事业性收费收入	66	69	164	118	144	257	473	945	798	1027	1175	1261	1091	1509	1567
罚没收入	783	650	579	565	834	1022	1215	1197	1553	1276	1311	932	1259	789	1485
国有资本经营收入											7				
国有资源(资产)有偿使用收入										145	106	81		263	238
其他收入	63	63			1	8	18	15	60				114		58

表 26-3

晋城市陵川县财政收支增长表(1985-2012年)

年份	财政总收入(万元)	公共财政收入(万元)	公共财政支出(万元)	比上年增长(%)		
				财政总收入	公共财政收入	公共财政支出
1985	626	626	1424	19.92	19.92	17.21
1986	675	675	1683	7.83	7.83	18.19
1987	740	740	1403	9.63	9.63	-16.64
1988	840	840	1779	13.51	13.51	26.8
1989	1025	1025	2109	22.02	22.02	18.55
1990	1053	1053	2326	2.73	2.73	10.29
1991	1280	1280	2623	21.56	21.56	12.77
1992	1282	1282	2642	0.16	0.16	0.72
1993	1686	1686	3066	31.51	31.51	16.05
1994	1928	1209	3871	14.35	-28.29	26.26
1995	2806	1789	5704	45.54	47.97	47.35
1996	4067	2617	6385	44.94	46.28	11.94
1997	4948	3004	7211	21.66	14.79	12.94
1998	5548	3426	7290	12.13	14.05	1.1
1999	5248	3320	8186	-5.41	-3.09	12.29
2000	5420	3439	8218	3.28	3.58	0.39
2001	5612	3514	9862	3.54	2.18	20
2002	7589	3525	11552	35.23	0.31	17.14
2003	10239	4524	14903	34.92	28.34	29.01
2004	14364	5777	18870	40.29	27.7	26.62
2005	17259	6857	23571	20.15	18.69	24.91
2006	18113	7193	27741	4.95	4.9	17.69
2007	20411	7227	39547	12.69	0.47	42.56
2008	23132	8270	48728	13.33	14.43	23.22
2009	25377	9063	64844	9.71	9.59	33.07
2010	27747	10339	75004	9.34	14.08	15.67
2011	36256	12596	97265	30.67	21.83	29.68
2012	42787	15167	110476	18.01	20.41	13.58

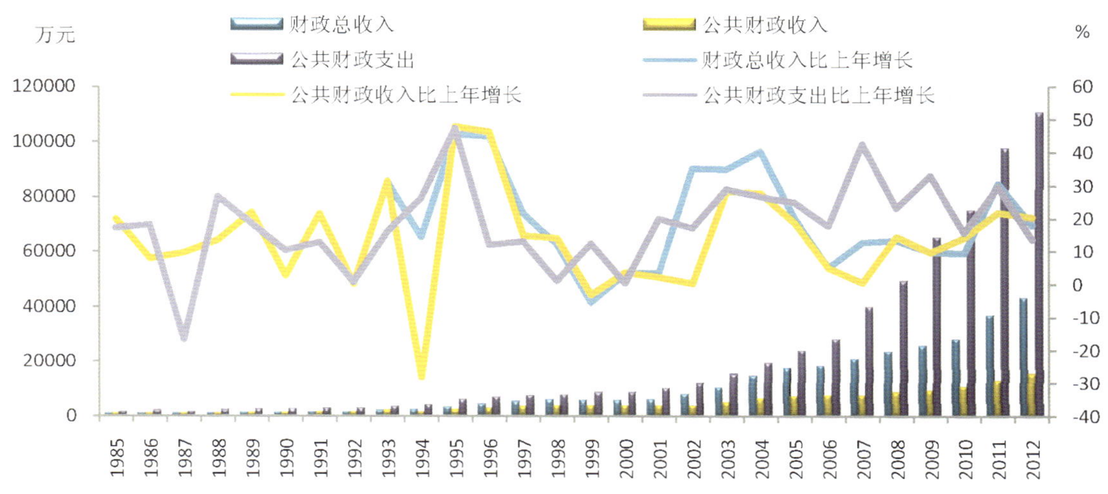

晋城市陵川县财政收支增长情况图(1985-2012年)

表 26-4

晋城市陵川县公共财政收入决算表(2012年)

单位:万元

科目	决算数	科目	决算数
公共财政收入	15167	其他印花税	154
税收收入	10638	印花税税款滞纳金、罚款收入	8
增值税	2699	城镇土地使用税	325
国内增值税	2699	国有企业城镇土地使用税	19
国有企业增值税	154	集体企业城镇土地使用税	4
集体企业增值税	5	股份制企业城镇土地使用税	222
股份制企业增值税	2446	私营企业城镇土地使用税	49
私营企业增值税	49	港澳台和外商投资企业城镇土地使用税	4
其他增值税	69	其他城镇土地使用税	24
增值税税款滞纳金、罚款收入	3	城镇土地使用税税款滞纳金、罚款收入	3
福利企业增值税退税	-27	土地增值税	263
营业税	2683	股份制企业土地增值税	249
金融保险业营业税(地方)	101	私营企业土地增值税	9
其他金融保险业营业税(地方)	101	其他土地增值税	5
一般营业税	2573	车船税(款)	224
营业税税款滞纳金、罚款收入	9	车船税(项)	224
企业所得税	2025	耕地占用税(款)	110
国有煤炭工业所得税	41	耕地占用税(项)	110
其他国有企业所得税	29	契税(款)	391
集体企业所得税	40	契税(项)	391
股份制企业所得税	1884	非税收入	4529
其他股份制企业所得税	1884	专项收入	1181
私营企业所得税	21	排污费收入(项)	184
其他企业所得税	5	排污费收入	184
企业所得税税款滞纳金、罚款、加收利息收入	5	水资源费收入	10
内资企业所得税税款滞纳金、罚款、加收利息收入	5	其他水资源费收入	10
个人所得税(款)	265	教育费附加收入(项)	795
个人所得税(项)	265	教育费附加收入	795
储蓄存款利息所得税	5	矿产资源专项收入	143
其他个人所得税	260	矿产资源补偿费收入	143
资源税	457	其他专项收入(项)	49
其他资源税	456	广告收入	49
资源税税款滞纳金、罚款收入	1	行政事业性收费收入	1567
城市维护建设税	907	公安行政事业性收费收入	6
国有企业城市维护建设税	85	居民身份证工本费	6
集体企业城市维护建设税	11	法院行政事业性收费收入	30
股份制企业城市维护建设税	436	诉讼费	30
港澳台和外商投资企业城市维护建设税	9	司法行政事业性收费收入	8
私营企业城市维护建设税	27	公证费	8
其他企业城市维护建设税	338	财政行政事业性收费收入	4
城市维护建设税税款滞纳金、罚款收入	1	证书工本费	3
房产税	127	其他缴入国库的财政行政事业性收费	1
国有企业房产税	26	人口和计划生育行政事业性收费收入	287
集体企业房产税	6	社会抚养费	287
股份制企业房产税	45	安全生产行政事业性收费收入	975
私营企业房产税	3	其他缴入国库的安全生产行政事业性收费	975
其他房产税	43	发展与改革(物价)行政事业性收费收入	16
房产税税款滞纳金、罚款收入	4	其他缴入国库的发展与改革(物价)行政事业性收费	16
印花税	162	国土资源行政事业性收费收入	95

续表

单位:万元

科　　目	决算数	科　　目	决算数
土地复垦费	27	人力资源和社会保障行政事业性收费收入	27
土地登记费	4	考试考务费	27
耕地开垦费	64	罚没收入	1485
建设行政事业性收费收入	11	一般罚没收入	1485
房屋所有权登记费	6	公安罚没收入	518
城市道路占用挖掘费	1	检察院罚没收入	514
其他缴入国库的建设行政事业性收费	4	法院罚没收入	41
环保行政事业性收费收入	5	税务部门罚没收入	2
环境监测服务费	5	卫生罚没收入	2
农业行政事业性收费收入	32	交通罚没收入	81
畜禽及畜禽产品检疫费	24	审计罚没收入	64
农机监理费	8	物价罚没收入	20
林业行政事业性收费收入	20	其他一般罚没收入	243
绿化费	20	国有资源(资产)有偿使用收入	238
水利行政事业性收费收入	1	利息收入	175
河道采砂管理费	1	国库存款利息收入	175
卫生行政事业性收费收入	46	非经营性国有资产收入	58
卫生监测费	12	其他非经营性国有资产收入	58
预防性体检费	5	其他国有资源(资产)有偿使用收入	5
其他缴入国库的卫生行政事业性收费	29	其他收入(款)	58
民政行政事业性收费收入	4	捐赠收入	58
婚姻登记证书工本费	4	国内捐赠收入	58

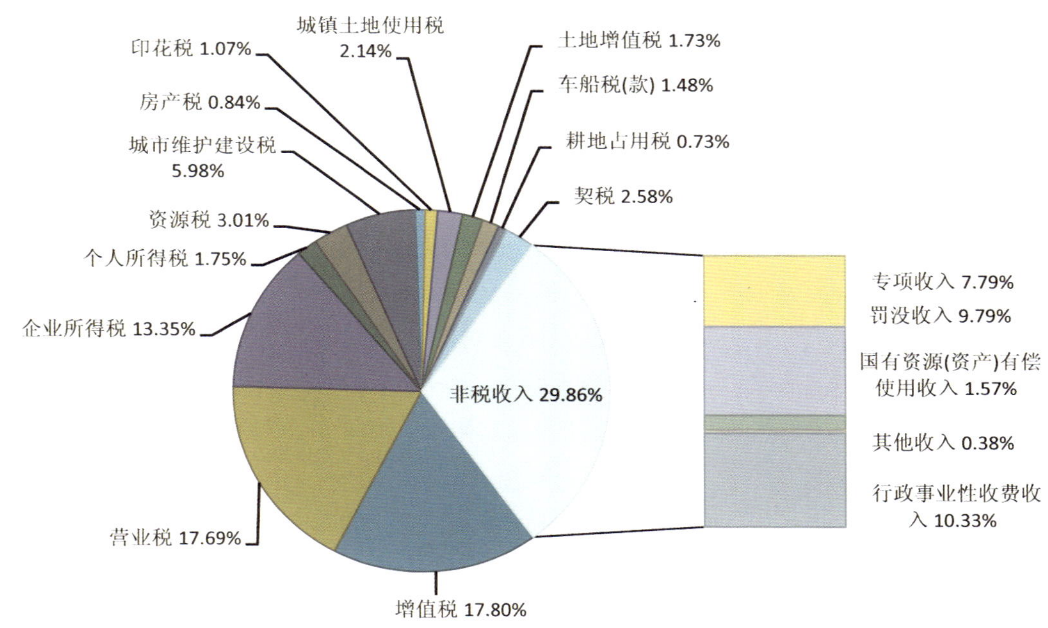

晋城市陵川县公共财政收入情况图(2012年)

表 26-5

晋城市陵川县公共财政支出决算表(2012 年)

单位:万元

科　　目	决算数	科　　目	决算数
公共财政支出	110476	政府特殊津贴	7
一般公共服务	9182	纪检监察事务	292
人大事务	241	行政运行	292
行政运行	241	人口与计划生育事务	1563
政协事务	192	一般行政管理事务	22
行政运行	192	计划生育家庭奖励	638
政府办公厅(室)及相关机构事务	2591	计划生育、生殖健康促进工程	26
行政运行	2101	计划生育免费基本技术服务	53
机关服务	17	人口出生性别比综合治理	2
专项业务活动	178	人口和计划生育服务网络建设	147
信访事务	11	人口和计划生育宣传教育经费	1
其他政府办公厅(室)及相关机构事务支出	284	流动人口计划生育管理和服务	22
发展与改革事务	577	其他人口与计划生育事务支出	652
行政运行	310	商贸事务	138
物价管理	39	行政运行	29
事业运行	48	对外贸易管理	16
其他发展与改革事务支出	180	其他商贸事务支出	93
统计信息事务	161	工商行政管理事务	15
行政运行	52	行政运行	15
一般行政管理事务	8	民族事务	18
事业运行	101	其他民族事务支出	18
财政事务	613	档案事务	34
行政运行	408	档案馆	34
一般行政管理事务	1	民主党派及工商联事务	32
信息化建设	110	行政运行	32
事业运行	81	群众团体事务	254
其他财政事务支出	13	行政运行	107
税收事务	570	其他群众团体事务支出	147
其他税收事务支出	570	党委办公厅(室)及相关机构事务	1030
审计事务	120	行政运行	1030
行政运行	45	组织事务	261
一般行政管理事务	7	行政运行	192
信息化建设	5	一般行政管理事务	69
事业运行	63	宣传事务	166
人力资源事务	54	行政运行	166
行政运行	47	统战事务	60

续表

单位：万元

科　　目	决算数	科　　目	决算数
行政运行	60	学前教育	987
其他一般公共服务支出(款)	200	小学教育	6510
其他一般公共服务支出(项)	200	初中教育	5488
公共安全	5277	高中教育	1479
武装警察	138	高等教育	26
内卫	10	化解农村义务教育债务支出	8
消防	128	其他普通教育支出	5883
公安	3234	职业教育	442
行政运行	1495	职业高中教育	411
一般行政管理事务	780	其他职业教育支出	31
道路交通管理	461	教师进修及干部继续教育	292
拘押收教场所管理	67	教师进修	154
其他公安支出	431	干部教育	138
检察	947	教育费附加安排的支出	1427
行政运行	230	农村中小学校舍建设	190
一般行政管理事务	191	农村中小学教学设施	442
“两房”建设	514	其他教育费附加安排的支出	795
其他检察支出	12	其他教育支出(款)	1110
法院	614	其他教育支出(项)	1110
行政运行	341	科学技术	685
一般行政管理事务	253	科学技术管理事务	31
其他法院支出	20	行政运行	31
司法	225	技术研究与开发	566
行政运行	130	机构运行	16
一般行政管理事务	57	其他技术研究与开发支出	550
基层司法业务	18	科学技术普及	88
普法宣传	7	机构运行	78
律师公证管理	6	科普活动	10
法律援助	7	文化体育与传媒	1556
其他公共安全支出(款)	119	文化	502
其他公共安全支出(项)	119	行政运行	33
教育	24106	图书馆	14
教育管理事务	454	群众文化	160
行政运行	34	文化创作与保护	140
其他教育管理事务支出	420	其他文化支出	155
普通教育	20381	文物	103

续表

单位:万元

科　　目	决算数	科　　目	决算数
文物保护	30	其他就业补助支出	325
博物馆	73	**抚恤**	1219
体育	34	死亡抚恤	42
行政运行	11	伤残抚恤	186
体育场馆	8	在乡复员、退伍军人生活补助	284
群众体育	5	优抚事业单位	262
其他体育支出	10	义务兵优待	211
广播影视	368	其他优抚支出	234
广播	324	**退役安置**	153
其他广播影视支出	44	退役士兵安置	24
新闻出版	144	军队移交政府的离退休人员安置	39
行政运行	82	军队移交政府离退休干部管理机构	2
其他新闻出版支出	62	其他退役安置支出	88
其他文化体育与传媒支出(款)	405	**社会福利**	29
其他文化体育与传媒支出(项)	405	儿童福利	29
社会保障和就业	19744	**残疾人事业**	82
人力资源和社会保障管理事务	548	残疾人康复	16
行政运行	275	残疾人就业和扶贫	10
社会保险经办机构	267	其他残疾人事业支出	56
其他人力资源和社会保障管理事务支出	6	**城市居民最低生活保障(款)**	1273
民政管理事务	242	城市居民最低生活保障金支出	1273
行政运行	50	**其他城市生活救助**	20
拥军优属	8	流浪乞讨人员救助	20
其他民政管理事务支出	184	**自然灾害生活救助**	377
财政对社会保险基金的补助	3131	中央自然灾害生活补助	222
财政对基本养老保险基金的补助	221	地方自然灾害生活补助	155
财政对新型农村社会养老保险基金的补助	2696	**红十字事业**	84
财政对城镇居民养老保险基金的补助	214	其他红十字事业支出	84
行政事业单位离退休	8097	**农村最低生活保障**	2411
归口管理的行政单位离退休	2088	农村最低生活保障金支出	2411
事业单位离退休	5960	**其他农村生活救助**	560
离退休人员管理机构	49	农村五保供养	472
企业改革补助	574	其他农村生活救助支出	88
企业关闭破产补助	574	**其他社会保障和就业支出(款)**	553
就业补助	391	其他社会保障和就业支出(项)	553
小额担保贷款贴息	66	**医疗卫生**	11482

续表

单位:万元

科目	决算数	科目	决算数
医疗卫生管理事务	224	退耕还林	425
行政运行	77	退耕现金	287
其他医疗卫生管理事务支出	147	其他退耕还林支出	138
公立医院	395	能源节约利用(款)	265
综合医院	344	能源节约利用(项)	265
中医(民族)医院	51	污染减排	1052
基层医疗卫生机构	1842	减排专项支出	1052
乡镇卫生院	671	城乡社区事务	2338
其他基层医疗卫生机构支出	1171	城乡社区管理事务	175
公共卫生	1943	其他城乡社区管理事务支出	175
疾病预防控制机构	110	城乡社区公共设施	907
卫生监督机构	83	小城镇基础设施建设	907
妇幼保健机构	133	城乡社区环境卫生(款)	1256
其他专业公共卫生机构	7	城乡社区环境卫生(项)	1256
基本公共卫生服务	660	农林水事务	20561
重大公共卫生专项	947	农业	4708
其他公共卫生支出	3	行政运行	44
医疗保障	7024	事业运行	969
行政单位医疗	536	技术推广与培训	542
事业单位医疗	712	病虫害控制	81
优抚对象医疗补助	87	农产品质量安全	30
城市医疗救助	118	执法监管	8
新型农村合作医疗	5128	统计监测与信息服务	5
农村医疗救助	409	灾害救助	3
城镇居民基本医疗保险	28	农业结构调整补贴	587
其他医疗保障支出	6	农业生产资料与技术补贴	607
中医药	3	农业生产保险补贴	47
中医(民族医)药专项	3	农业组织化与产业化经营	312
食品和药品监督管理事务	51	农产品加工与促销	30
行政运行	31	农村公益事业	13
食品药品安全	20	农业资源保护与利用	83
节能环保	2790	农村道路建设	84
环境保护管理事务	143	对高校毕业生到基层任职补助	606
其他环境保护管理事务支出	143	其他农业支出	657
污染防治	905	林业	2392
排污费安排的支出	905	行政运行	43

续表

单位：万元

科　　目	决算数	科　　目	决算数
林业事业机构	221	**其他农林水事务支出(款)**	250
森林培育	663	其他农林水事务支出(项)	250
林业技术推广	10	**交通运输**	1263
森林资源管理	5	**公路水路运输**	466
森林生态效益补偿	230	行政运行	62
动植物保护	3	公路养护	178
森林防火	136	其他公路水路运输支出	226
林业有害生物防治	10	**石油价格改革对交通运输的补贴**	300
林业产业化	578	对城市公交的补贴	69
石油价格改革对林业的补贴	27	对农村道路客运的补贴	178
其他林业支出	466	对出租车的补贴	51
水利	4840	石油价格改革补贴其他支出	2
行政运行	50	**车辆购置税支出**	497
水利行业业务管理	394	车辆购置税用于公路等基础设施建设支出	105
水利工程建设	665	车辆购置税用于农村公路建设支出	392
水利工程运行与维护	10	**资源勘探电力信息等事务**	1464
水土保持	2245	**安全生产监管**	1035
防汛	177	其他安全生产监管支出	1035
抗旱	51	**支持中小企业发展和管理支出**	429
农田水利	397	行政运行	69
大中型水库移民后期扶持专项支出	20	中小企业发展专项	360
水资源费安排的支出	741	**商业服务业等事务**	789
其他水利支出	90	**商业流通事务**	554
扶贫	2865	事业运行	109
农村基础设施建设	1072	其他商业流通事务支出	445
生产发展	1604	**旅游业管理与服务支出**	232
扶贫事业机构	19	旅游宣传	85
其他扶贫支出	170	旅游行业业务管理	47
农业综合开发	785	其他旅游业管理与服务支出	100
机构运行	69	**涉外发展服务支出**	3
土地治理	554	其他涉外发展服务支出	3
产业化经营	162	**金融监管等事务支出**	13
农村综合改革	4721	**其他金融监管等事务支出(款)**	13
对村级一事一议的补助	2988	其他金融监管等事务支出(项)	13
对村民委员会和村党支部的补助	27	**援助其他地区支出**	24
对村集体经济组织的补助	1706	**其他支出**	24

续表

单位：万元

科　　目	决算数	科　　目	决算数
国土资源气象等事务	7184	农村危房改造	563
国土资源事务	7120	住房改革支出	220
行政运行	47	住房公积金	194
土地资源调查	3	购房补贴	26
土地资源利用与保护	4	粮油物资储备事务	245
地质灾害防治	800	粮油事务	233
矿产资源专项收入安排的支出	6002	行政运行	30
事业运行	147	事业运行	62
其他国土资源事务支出	117	其他粮油事务支出	141
地震事务	28	物资事务	2
地震事业机构	28	其他物资事务支出	2
气象事务	36	粮油储备	10
气象事业机构	24	储备粮(油)库建设	10
气象服务	12	国债还本付息支出	169
住房保障支出	1137	地方政府债券付息	169
保障性安居工程支出	917	其他支出(类)	467
廉租住房	75	其他支出(款)	467
棚户区改造	279	其他支出(项)	467

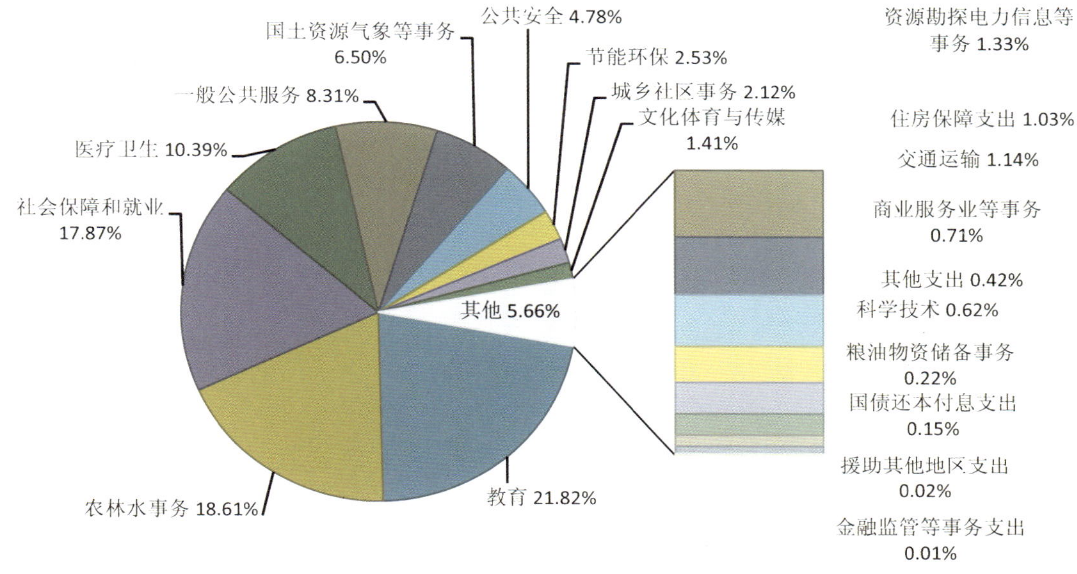

晋城市陵川县公共财政支出情况图(2012年)

表 26-6

晋城市陵川县政府性

科　　目	决算数	上年结余	上级补助收入	其中:地震灾后恢复重建补助收入	省补助计划单列市收入	下级上解收入	计划单列市上解省收入	调入资金
政府性基金收入	3608	8679	3907					
贸促会收费								
证书工本费								
司法部门的涉外、涉港澳台公证书工本费								
地方教育附加收入	236	245	746					
核电站乏燃料处理处置基金收入								
体育部门收费								
外国团体来华登山注册费								
车手等级认定费								
文化事业建设费收入								
中央文化事业建设费收入								
地方文化事业建设费收入								
国家电影事业发展专项资金收入								

基金收支及结余情况表(2012年)

单位:万元

科目	决算数	补助下级支出	其中:地震灾后恢复重建补助支出	省补助计划单列市支出	上解上级支出	计划单列市上解省支出	调出资金	项目	年终结余
政府性基金支出	5755				65			**政府性基金**	10374
一般公共服务									
商贸事务									
贸促会收费安排的支出								**贸促会收费**	
								证书工本费	
公共安全									
司法									
涉外、涉港澳台公证书工本费安排的支出								**司法部门的涉外、涉港澳台公证书工本费**	
教育	746								
地方教育附加安排的支出	746							**地方教育附加**	481
农村中小学校舍建设									
农村中小学教学设施									
城市中小学校舍建设									
城市中小学教学设施									
中等职业学校教学设施									
其他地方教育附加安排的支出	746								
科学技术									
核电站乏燃料处理处置基金支出								**核电站乏燃料处理处置基金**	
乏燃料运输									
乏燃料离堆贮存									
乏燃料后处理									
高放废物的处理处置									
乏燃料后处理厂的建设、运行、改造和退役									
其他乏燃料处理处置基金支出									
文化体育与传媒									
体育								**体育部门收费**	
外国团体来华登山注册费安排的支出								外国团体来华登山注册费	
车手等级认定费安排的支出								车手等级认定费	
文化事业建设费安排的支出								**文化事业建设费**	
精神文明建设								中央文化事业建设费	
人才培训教学								地方文化事业建设费	
文化创作									
文化事业单位补助									
爱国主义教育基地									
其他文化事业建设费安排的支出									
国家电影事业发展专项资金支出								**国家电影事业发展专项资金**	
资助国产影片放映									
资助城市影院									
资助少数民族电影译制									
其他国家电影事业发展专项资金支出									

续表

科　　目	决算数	上年结余	上级补助收入	其中：地震灾后恢复重建补助收入	省补助计划单列市收入	下级上解收入	计划单列市上解省收入	调入资金
大中型水库移民后期扶持基金收入		24	289					
小型水库移民扶助基金收入		56	268					
残疾人就业保障金收入	100	23	10					
可再生能源电价附加收入								
废弃电器电子产品处理基金收入								
国家税务局征收的废弃电器电子产品处理基金收入								
海关征收的废弃电器电子产品处理基金收入								
政府住房基金收入	78							
上缴管理费用								
计提廉租住房资金	4							
廉租住房租金收入	37							
公共租赁住房租金收入	37							
其他政府住房基金收入								
国有土地使用权出让收入	1650	3952	468					
土地出让价款收入	1729	3952						
补缴的土地价款								
划拨土地收入								
教育资金收入	30							
农田水利建设资金收入	37		368					
缴纳新增建设用地土地有偿使用费	-146							
其他土地出让收入			100					

单位：万元

科目	决算数	补助下级支出	其中：地震灾后恢复重建补助支出	省补助计划单列市支出	上解上级支出	计划单列市上解省支出	调出资金	项目	年终结余
社会保障和就业	350								
大中型水库移民后期扶持基金支出	189							**大中型水库移民后期扶持基金**	124
移民补助	79								
基础设施建设和经济发展	110								
其他大中型水库移民后期扶持基金支出									
小型水库移民扶助基金支出	56							**小型水库移民扶助基金**	268
移民补助									
基础设施建设和经济发展									
其他小型水库移民扶助基金支出	56								
残疾人就业保障金支出	105							**残疾人就业保障金**	28
就业和培训	2								
职业康复									
扶持农村残疾人生产									
奖励残疾人就业单位									
其他残疾人就业保障金支出	103								
节能环保									
可再生能源电价附加收入安排的支出								**可再生能源电价附加**	
风力发电补助									
太阳能发电补助									
生物质能发电补助									
其他可再生能源电价附加收入安排的支出									
废弃电器电子产品处理基金支出								**废弃电器电子产品处理基金**	
								国家税务局征收的废弃电器电子产品处理基金	
								海关征收的废弃电器电子产品处理基金	
城乡社区事务	3263								
政府住房基金支出								**政府住房基金**	78
管理费用支出								上缴管理费用	
廉租住房支出								计提廉租住房资金	4
廉租住房维护和管理支出								廉租住房租金	37
公共租赁住房支出								公共租赁住房租金	37
公共租赁住房租金支出								其他政府住房基金	
其他政府住房基金支出									
国有土地使用权出让收入安排的支出	1942							**国有土地使用权出让**	4128
征地和拆迁补偿支出	645							土地出让价款	4061
土地开发支出								补缴的土地价款	
城市建设支出	670							划拨土地	
农村基础设施建设支出	70							教育资金	30
补助被征地农民支出								农田水利建设资金	37
土地出让业务支出	143							缴纳新增建设用地土地有偿使用费	
廉租住房支出								其他土地出让	

续表

科　　目	决算数	上年结余	上级补助收入	其中:地震灾后恢复重建补助收入	省补助计划单列市收入	下级上解收入	计划单列市上解省收入	调入资金
城市公用事业附加收入	190	311	545					
国有土地收益基金收入								
农业土地开发资金收入	11							
新增建设用地土地有偿使用费收入		337	308					
中央新增建设用地土地有偿使用费收入								
地方新增建设用地土地有偿使用费收入		337	308					
城市基础设施配套费收入	513		13					
新菜地开发建设基金收入								
育林基金收入	24	36						
中央育林基金收入								
地方育林基金收入	24	36						

单位：万元

科　　目	决算数	补助下级支出	其中：地震灾后恢复重建补助支出	省补助计划单列市支出	上解上级支出	计划单列市上解省支出	调出资金	项　　目	年终结余
教育资金安排的支出									
支付破产或改制企业职工安置费									
棚户区改造支出									
公共租赁住房支出									
农田水利建设资金安排的支出	368				7				
其他国有土地使用权出让收入安排的支出	46								
城市公用事业附加安排的支出	371							**城市公用事业附加**	675
城市公共设施									
城市环境卫生									
公有房屋									
城市防洪									
其他城市公用事业附加安排的支出	371								
国有土地收益基金支出								**国有土地收益基金**	
征地和拆迁补偿支出									
土地开发支出									
其他国有土地收益基金支出									
农业土地开发资金支出								**农业土地开发资金**	11
新增建设用地土地有偿使用费安排的支出	645							**新增建设用地土地有偿使用费**	
耕地开发专项支出								中央新增建设用地土地有偿使用费	
基本农田建设和保护支出	308							地方新增建设用地土地有偿使用费	
土地整理支出	337								
用于地震灾后恢复重建的支出									
城市基础设施配套费安排的支出	305							**城市基础设施配套费**	221
城市公共设施									
城市环境卫生									
公有房屋									
城市防洪									
其他城市基础设施配套费安排的支出	305								
农林水事务	593								
新菜地开发建设基金支出								**新菜地开发建设基金**	
开发新菜地工程									
改造老菜地工程									
设备购置									
技术培训与推广									
其他新菜地开发建设基金支出									
育林基金支出	19							**育林基金**	41
森林培育								中央育林基金	
林业有害生物防治								地方育林基金	41
森林防火	14								

续表

科　目	决算数	上年结余	上级补助收入	其中：地震灾后恢复重建补助收入	省补助计划单列市收入	下级上解收入	计划单列市上解省收入	调入资金
森林植被恢复费	13	7	71					
中央森林植被恢复费								
地方森林植被恢复费	13	7	71					
中央水利建设基金收入			312					
中央水利建设基金划转收入								
中央其他水利建设基金收入			312					
地方水利建设基金收入		22	126					
地方水利建设基金划转收入								
地方其他水利建设基金收入		22	126					
大中型水库库区基金收入			52					
中央大中型水库库区基金收入								
地方大中型水库库区基金收入			52					
三峡水库库区基金收入								
南水北调工程基金收入								
国家重大水利工程建设基金收入								
南水北调工程建设资金								
三峡工程后续工作资金								
省级重大水利工程建设资金								

单位：万元

科　　目	决算数	补助下级支出	其中：地震灾后恢复重建补助支出	省补助计划单列市支出	上解上级支出	计划单列市上解省支出	调出资金	项　　目	年终结余
森林资源监测									
林业技术推广									
林区公共支出									
其他育林基金支出	5								
森林植被恢复费安排的支出	84							**森林植被恢复费**	7
林地调查规划设计	14							中央森林植被恢复费	
林地整理								地方森林植被恢复费	7
森林培育	33								
林业有害生物防治									
森林防火	17								
森林资源管护	10								
其他森林植被恢复费安排的支出	10								
中央水利建设基金支出	312							**中央水利建设基金**	
水利工程建设								中央水利建设基金划转	
水利工程维护								中央其他水利建设基金	
防洪工程含应急度汛	40								
其他中央水利建设基金支出	272								
地方水利建设基金支出	126							**地方水利建设基金**	22
水利工程建设	54							地方水利建设基金划转	
水利工程维护								地方其他水利建设基金	22
水土保持	72								
城市防洪									
其他地方水利建设基金支出									
大中型水库库区基金支出	52							**大中型水库库区基金**	
基础设施建设和经济发展	52							中央大中型水库库区基金	
解决移民遗留问题								地方大中型水库库区基金	
库区防护工程维护									
其他大中型水库库区基金支出									
三峡水库库区基金支出								**三峡水库库区基金**	
基础设施建设和经济发展									
解决移民遗留问题									
库区维护和管理									
其他三峡水库库区基金支出									
南水北调工程基金支出								**南水北调工程基金**	
南水北调工程建设									
偿还南水北调工程贷款本息									
国家重大水利工程建设基金支出								**国家重大水利工程建设基金**	
南水北调工程建设								南水北调工程建设资金	
三峡工程后续工作								三峡工程后续工作资金	
地方重大水利工程建设								省级重大水利工程建设资金	
其他重大水利工程建设基金支出									
交通运输									
公路水路运输									

续表

科　　目	决算数	上年结余	上级补助收入	其中:地震灾后恢复重建补助收入	省补助计划单列市收入	下级上解收入	计划单列市上解省收入	调入资金
船舶港务费								
长江口航道维护收入								
铁路资产变现收入								
海南省高等级公路车辆通行附加费收入								
转让政府还贷道路收费权收入								
转让政府还贷公路收费权收入								
转让政府还贷城市道路收费权收入								
车辆通行费								
港口建设费收入								
铁路建设基金收入								
民航基础设施建设基金收入								
民航机场管理建设费收入								

单位:万元

科目	决算数	补助下级支出	其中:地震灾后恢复重建补助支出	省补助计划单列市支出	上解上级支出	计划单列市上解省支出	调出资金	项目	年终结余
船舶港务费安排的支出								**船舶港务费**	
长江口航道维护支出								**长江口航道维护**	
铁路运输									
铁路资产变现收入安排的支出								**铁路资产变现**	
海南省高等级公路车辆通行附加费安排的支出								**海南省高等级公路车辆通行附加费**	
公路建设									
公路养护									
公路还贷									
其他海南省高等级公路车辆通行附加费安排的支出									
转让政府还贷道路收费权收入安排的支出								**转让政府还贷道路收费权**	
公路还贷								转让政府还贷公路收费权	
公路建设								转让政府还贷城市道路收费权	
其他转让政府还贷道路收费权收入安排的支出									
车辆通行费安排的支出								**车辆通行费**	
公路还贷									
政府还贷公路养护									
政府还贷公路管理									
其他车辆通行费安排的支出									
港口建设费安排的支出								**港口建设费**	
港口设施									
航道建设和维护									
航运保障系统建设									
其他港口建设费安排的支出									
铁路建设基金支出								**铁路建设基金**	
铁路建设投资									
购置铁路机车车辆									
铁路还贷									
建设项目铺底资金									
勘测设计									
注册资本金									
周转资金									
其他铁路建设基金支出									
民航基础设施建设基金支出								**民航基础设施建设基金**	
民航机场建设									
空管系统建设									
民航安全									
民航科教和信息									
其他民航基础设施建设基金支出									
民航机场管理建设费安排的支出								**民航机场管理建设费**	
民航机场建设									

续表

科　　目	决算数	上年结余	上级补助收入	其中：地震灾后恢复重建补助收入	省补助计划单列市收入	下级上解收入	计划单列市上解省收入	调入资金
船舶油污损害赔偿基金收入								
民航发展基金收入								
无线电频率占用费								
散装水泥专项资金收入								
新型墙体材料专项基金收入		20						
农网还贷资金收入								
中央农网还贷资金收入								
地方农网还贷资金收入								

单位:万元

科　　目	决算数	补助下级支出	其中:地震灾后恢复重建补助支出	省补助计划单列市支出	上解上级支出	计划单列市上解省支出	调出资金	项　　目	年终结余
空管系统建设									
民航安全									
民航科教和信息									
航线和机场补贴									
其他民航机场管理建设费安排的支出									
船舶油污损害赔偿基金支出								**船舶油污损害赔偿基金**	
应急处置费用									
控制清除污染									
损失补偿									
生态恢复									
监视监测									
其他船舶油污损害赔偿基金支出									
民航发展基金支出								**民航发展基金**	
民航机场建设									
空管系统建设									
民航安全									
航线和机场补贴									
民航科教和信息									
民航节能减排									
通用航空发展									
征管经费									
其他民航发展基金支出									
资源勘探电力信息等事务	207				58				
工业和信息产业监管支出									
无线电频率占用费安排的支出								**无线电频率占用费**	
散装水泥专项资金支出								**散装水泥专项资金**	
建设专用设施									
专用设备购置和维修									
贷款贴息									
技术研发与推广									
宣传									
其他散装水泥专项资金支出									
新型墙体材料专项基金支出	20							**新型墙体材料专项基金**	
技改贴息和补助									
技术研发和推广									
示范项目补贴									
宣传和培训									
其他新型墙体材料专项基金支出	20								
农网还贷资金支出								**农网还贷资金**	
中央农网还贷资金支出								中央农网还贷资金	
地方农网还贷资金支出								地方农网还贷资金	
其他农网还贷资金支出									

续表

科　　目	决算数	上年结余	上级补助收入	其中:地震灾后恢复重建补助收入	省补助计划单列市收入	下级上解收入	计划单列市上解省收入	调入资金
山西省煤炭可持续发展基金收入	512	2735	248					
电力改革预留资产变现收入								
旅游发展基金收入			100					
中央特别国债经营基金收入								
中央特别国债经营基金财务收入								
彩票公益金收入		93	227					
福利彩票公益金收入		93	207					
体育彩票公益金收入			20					
其他政府性基金收入	281	818	124					

单位：万元

科目	决算数	补助下级支出	其中：地震灾后恢复重建补助支出	省补助计划单列市支出	上解上级支出	计划单列市上解省支出	调出资金	项目	年终结余
山西省煤炭可持续发展基金支出	187				58			**山西省煤炭可持续发展基金**	3250
生态环境治理	100								
资源地区转型和接替产业发展	19								
解决社会问题					58				
其他山西省煤炭可持续发展基金支出	68								
电力改革预留资产变现收入安排的支出								**电力改革预留资产变现**	
920万千瓦变现资产支出									
647万千瓦变现资产支出									
商业服务业等事务	100								
旅游发展基金支出	100							**旅游发展基金**	
宣传促销									
行业规划									
旅游事业补助									
地方旅游开发项目补助	100								
其他旅游发展基金支出									
金融监管等事务支出									
金融调控支出									
中央特别国债经营基金支出								**中央特别国债经营基金**	
中央特别国债经营基金财务支出								**中央特别国债经营基金财务**	
其他支出	496								
彩票公益金安排的支出	320							**彩票公益金**	
用于补充全国社会保障基金的彩票公益金支出								福利彩票公益金	
用于社会福利的彩票公益金支出	168							体育彩票公益金	
用于体育事业的彩票公益金支出	20								
用于教育事业的彩票公益金支出									
用于红十字事业的彩票公益金支出									
用于残疾人事业的彩票公益金支出	14								
用于城市医疗救助的彩票公益金支出	13								
用于农村医疗救助的彩票公益金支出	29								
用于文化事业的彩票公益金支出									
用于扶贫的彩票公益金支出									
用于法律援助的彩票公益金支出									
用于其他社会公益事业的彩票公益金支出	76								
其他政府性基金支出	176							**其他政府性基金**	1047

表26-7

晋城市陵川县相关指标表(2012年)

单位:万元

项　目	数　额	项　目	数　额
上划税收		山西省	
上划中央税收	20969	内蒙古自治区	
上划中央国内增值税	14720	辽宁省	
上划中央国内消费税	2	辽宁省(不含大连对辽宁其他城市的援助收入)	
上划中央企业所得税	5523	大连市(不含省内其他城市对大连的援助收入)	
上划中央个人所得税	724	吉林省	
上划省税收	4434	黑龙江省	
增值税	1472	上海市	
营业税	1463	江苏省	
企业所得税	1105	浙江省	
个人所得税	145	浙江省(不含宁波对浙江其他城市的援助收入)	
资源税	249	宁波市(不含省内其他城市对宁波的援助收入)	
固定资产投资方向调节税		安徽省	
城市维护建设税		福建省	
房产税		福建省(不含厦门对福建其他城市的援助收入)	
印花税		厦门市(不含省内其他城市对厦门的援助收入)	
城镇土地使用税		江西省	
土地增值税		山东省	
车船税		山东省(不含青岛对山东其他城市的援助收入)	
耕地占用税		青岛市(不含省内其他城市对青岛的援助收入)	
契税		河南省	
烟叶税		湖北省	
其他税收收入		湖南省	
上划地市税收	2217	广东省	
增值税	736	广东省(不含深圳对广东其他城市的援助收入)	
营业税	732	深圳市(不含省内其他城市对深圳的援助收入)	
企业所得税	552	广西壮族自治区	
个人所得税	72	海南省	
资源税	125	重庆市	
固定资产投资方向调节税		四川省	
城市维护建设税		贵州省	
房产税		云南省	
印花税		西藏自治区	
城镇土地使用税		陕西省	
土地增值税		甘肃省	
车船税		青海省	
耕地占用税		宁夏回族自治区	
契税		新疆维吾尔自治区	
烟叶税		23013援助其他地区支出	
其他税收收入		北京市	
地方政府债券		天津市	
年初地方政府债券	7500	河北省	
本年地方政府债券收入		山西省	
本年地方政府债券转贷收入		内蒙古自治区	
本年地方政府债券转贷支出		辽宁省	
本年地方政府债券还本支出	2500	辽宁省(不含省内其他城市对大连的援助支出)	
本年由上级代还地方政府债券		大连市(不含大连对辽宁其他城市的援助支出)	
年末地方政府债券	5000	吉林省	
地区间援助收支		黑龙江省	
11013接受其他地区援助收入		上海市	
北京市		江苏省	
天津市		浙江省	
河北省		浙江省(不含省内其他城市对宁波的援助支出)	

续表

单位:万元

项　　目	数　额	项　　目	数　额
宁波市(不含宁波对浙江其他城市的援助支出)		财政对社会保险基金的补助	3131
安徽省		收入中其他重复计算的部分	
福建省		收入中其他重复计算的部分情况说明	
福建省(不含省内其他城市对厦门的援助支出)		公共财政支出、政府性基金支出、国有资本经营支出、社会保险基金支出、财政专户管理资金支出中重复计算部分	3131
厦门市(不含厦门对福建其他城市的援助支出)			
江西省		财政对社会保险基金的补助	3131
山东省		支出中其他重复计算的部分	
山东省(不含省内其他城市对青岛的援助支出)		支出中其他重复计算的部分情况说明	
青岛市(不含青岛对山东其他城市的援助支出)		**权责发生制及年初预算**	
河南省		权责发生制核算的资金期初数	7269
湖北省		其中:公共财政预算	6331
湖南省		权责发生制核算的资金期末数	36528
广东省		其中:公共财政预算	32795
广东省(不含省内其他城市对深圳的援助支出)		本年权责发生制核算的资金	36528
深圳市(不含深圳对广东其他城市的援助支出)		其中:公共财政预算	32795
广西壮族自治区		本年国库集中支付结余	36528
海南省		其中:公共财政预算	32795
重庆市		公共财政预算国库集中支付年终结余期初数	6331
四川省		公共财政预算国库集中支付年终结余期末数	32795
贵州省		报人大的全辖公共财政支出年初预算数	52630
云南省		全辖公共财政支出年初预算数	
西藏自治区		人大批准的公共财政支出年初预算(汇总)数	52630
陕西省		**其他统计指标**	
甘肃省		地区生产总值	304000
青海省		总人口(万人)	27
宁夏回族自治区		耕地面积(公顷)	31152
新疆维吾尔自治区		人均耕地面积(亩)	2
政府收支统计		居民人均可支配收入(元)	11476
公共财政收入、政府性基金收入、国有资本经营收入、社会保险基金收入、财政专户管理资金收入中重复计算部分	3131	农民人均纯收入(元)	4780

表 26-8

晋城市陵川县乡镇基本情况表(2012年)

项　　目	数　额	项　　目	数　额
本年乡镇数	12	**乡镇财政供养人数**	2464
其中:实行“乡财县管”的乡镇数	12	公共预算财政拨款开支人数	252
乡镇财政机构数	12	公共预算财政补助开支人数	2212
其中:财税所数		其中:教师	1798
已建立乡镇国库的乡镇数		**赤字乡镇个数**	
税务所机构数	12	**乡镇年末总人口(万人)**	26
国家税务所数	5	城镇人口(万人)	2
地方税务所数	7	乡村人口(万人)	24
其中:一乡(镇)一所数	7	**乡镇公共财政收入分档**	
乡镇财政所总人数	25	100万元(不含)以下的乡镇数	6
行政编制实有人数	9	100万元(含)-500万元的乡镇数	4
事业编制实有人数	16	500万元(含)-1000万元的乡镇数	2
以工代干人数		1000万元(含)以上的乡镇数	
集体财务人员人数		**村民委员会个数**	378

27 沁水县财政工作

QIN SHUI COUNTY FINANCIAL WORK

综　述

【概　　况】 2012年沁水县财政总收入完成32.63亿元，占年预算的101.53%，同比增长25.18%，增收6.56亿元，总收入规模首次突破30亿元大关；公共财政收入完成90532万元，占年预算的100%，同比增长25.21%，增收18230万元。财政总收入和公共财政收入圆满完成年初预定目标任务。财政总收入规模位列全市第三，增速位列全市第三；公共财政收入规模位列全市第三，增速位列全市第三。全县公共财政支出完成14.07亿元，同比增长21.99%，增支25188万元。公共财政支出规模位列全市第四，增速位列全市第三。

【收入征管】 采取积极有效措施，确保财政收入任务完成。严格目标责任制管理，实行财政局领导负责制，做到任务分解、措施到位、责任到人；深入调研。多次深入税务部门了解税收动态，督促税收进度，深入重点企业了解经营状况，解决企业困难；强化征管。加强税务征管，依法治税，堵塞漏洞，规范非税收入管理，加大监督检查力度，做到应收尽收；夯实基础。本着实事求是原则，做实收入，为全县财政收入可持续增长奠定基础。

【服务经济】 2012年共争取各类专项资金和财力性补助1.84亿元，积极扶持工业制造、商贸物流、现代服务、特色城镇和农业科技创新等项目建设，为全县经济和社会事业转型跨越发展提供动力。大力支持招商引资项目建设。对沁水县引资建设的力宇装备制造、大象农牧、上海枫彩、嘉沁食用菌、博大灵芝北虫草等一批支撑经济转型的标杆项目给予资金扶持，一批新的经济增长点加速形成。

【财政扶企】 充分发挥财政资金“四两拨千斤”的杠杆作用，设立中小企业发展专项基金1000万元，撬动社会资金上亿元，增强企业科技创新能力和发展后劲，推动中小企业转型跨越发展。加强信用担保。充分利用中小企业信用担保融资平台，竭诚帮助企业解决资金瓶颈难题，全年共为中小企业和小型创业担保贷款6批次，担保金额1045万元，有效地支持全县中小企业持续快速发展。

【城乡统筹】 2012年，农林水事务支出20023万元，其中，本级农业支出9648万元，比上年增长30.2%，高于经常性财政收入增幅1.6个百分点。全面贯彻落实中央一号文件精神，加大对水利基础设施建设、农业产业化、农村基础设施和各项惠农补贴及畜牧、林果、蚕桑、蔬菜、新农村建设等投入力度。在落实中央、省、市、县各项强农惠农富农政策的基础上，通过支持龙头带动、园区引领、基地支撑、扶贫攻坚等多项途径，积极构建多元化的农民增收格局。村级公益事业“一事一议”财政奖补工作项目全面铺开，共申报项目116个，兑现奖补资金844万元。2012年农民人均纯收入达到7051元，增幅全市第一。

【改善民生】 免除全县高中阶段6149名学生学杂费、为1010名经济困难家庭高中生发放助学金，缓解贫困学生“上学贵”问题；支持“农家书屋”、“文化低保”、农村公益电影和送戏下乡活动，对县城数字化电视实施整体转换，群众精神文化生活日益丰富；支持完成县医院综合住院楼建设；对县城进行环境整治；对全县已婚妇女进行健康普查，全民健康水平不断提高；大力支持职业技能培训和创业就业培训，城镇新增就业5941人，转移和消化农村剩余劳动力8220人；提高城镇居民基本医疗保险和新型农村合作医疗财政补助标准，为24645名60周岁以上老人和2859名企业离退休人员发放养老金，为13011名城乡低保对象发放低保金和节日临时性价格补贴，促进全县经济社会协调发展；全力支持廉租住房、教师周转房、农村和农村残疾人危房改造建设。

【财政改革】 推进部门预算管理和预算公开试点工作，利用部门预算软件编制涵盖单位所有收支的部门预算。政府非税收入收缴制度改革试点工作进展顺利。将全县的非税收入全部纳入预算统筹使用，统一管理。国库集中支付改革实现全覆盖。将自收自支单位和非预算单位的财政补助性资金全部纳入国库集中支付改革范围，实现所有预算单位和所有财政性资金全覆盖。在123个县级预算单位和14个乡镇启动公务卡制度改革工作。

【财政管理】 强化内部监督，对全局12个股室、局属中心和5个乡镇财政所资金管理情况进行年度内部检查。建立“小金库”专项治理的长效机制。完成会计人员的继续教育培训工作，其中行政事业单位会计人员439人，企业会计人员471人，农村财会人员331人。配合相关部门开展公务用车专项治理工作。组织开展年度会计信息质量专项检查。组织会计人员参加全国“六五”普法知识竞赛活动。对发电厂、武安水电站、医药公司和房地产公司四户国有企业担保和抵押贷款的1413.33万元不良资产进行回购，有效防止国有资产流失，减少国有企业改革成本。完成160户行政事业单位资产数据录入，实现全县行政事业单位国有资产动态管理。

【三项建设】 按照全市乡镇财政所规范化建设标准，全县14个乡镇财政所实现规范化管理；积极推进财政信息管理一体化步伐，建成覆盖全县预算单位的财政城域网，实现财政网络涵盖和同时运行多个财政业务的支撑体系，将全县所有预算单位纳入网内，确保财政业务工作、资料数据

综　述

高效安全运行；把财政文化建设作为塑造新型财政干部队伍的有效途径，积极参与市局组织的书画大赛、公文大赛、“财政精神”凝炼、职工运动会等文体活动，在办公楼道，新开辟“文化走廊”，制作图文并茂、内容新颖的特色电子宣传版面，彰显出财政干部高尚的思想情操和多彩的文化生活。

【信息宣传】 2012年荣获“全市财政信息工作先进集体”称号。共编写财政信息189篇，编发《沁水财政信息》138期。全年被各类媒体和刊物采用稿件303篇(次)，其中：《财政部山西新闻联播》采用55篇；山西省财政厅财政信息采用5篇；《晋城在线》采用8篇；《太行日报》采用15篇；《沁水政府网》采用107篇；《今日沁水》采用46篇。信息工作在全省县级财政信息直报点排名第二。

表 27-1

晋城市沁水县公共财政收入决算表（1985–1997 年）

单位：万元

收入 \ 年份	1985	1986	1987	1988	1989	1990	1991	1992	1993	1994	1995	1996	1997
公共财政收入										1898	2443	3095	3261
工商税收类	349	370	423	524	720	904	1122	1405	1713	1405	1584	1929	2449
农牧业税和耕地占用税类	50	75	84	99	124	169	190	247	240	309	392	497	340
国企所得税	163	126	124	160	207	134	101	88	76	89	129	187	192
国企调节税		30	13	21	17		-1						
国企上缴利润类		10	14	13	18	112	85	80	91	41	42	62	44
国企计划亏损补贴类		-20	-6	-7	-83	-222	-115	-252	-108	-119	-90	-126	-80
专款收入类			2	2	2	5	27	48	40	36	64	92	
其他收入类	14	14	2	43	6	17	326	109	143	137	126	175	108
罚没收入及行政事业收费		9	10		79	102					196	279	208
国营企业承包收入退库类				-30	-26	-30	-4						

表 27-2

晋城市沁水县公共财政收入决算表（1998–2012 年）

单位：万元

科目 \ 年份	1998	1999	2000	2001	2002	2003	2004	2005	2006	2007	2008	2009	2010	2011	2012
公共财政收入	4022	4542	4789	5904	5216	6645	11181	15967	21118	32720	41000	52703	62286	72302	90532
增值税	638	728	812	1047	1250	1989	2844	3624	3430	8638	12121	17722	19796	23428	25441
营业税	1010	1087	1300	912	783	1044	1390	1626	2763	3141	5633	6091	8719	8457	8942
企业所得税	270	279	302	1815	595	610	2669	5002	6200	5079	4577	6173	5513	7225	16909
个人所得税	622	748	834	626	328	253	321	406	526	953	590	519	1984	1776	1809
资源税	259	288	356	383	413	334	424	860	1173	2836	3158	2913	2587	3124	3023
城市维护建设税	122	195	50	188	319	458	585	970	976	3334	4764	6458	6044	9945	10406
房产税	48	46	61	63	82	100	101	154	162	547	743	796	1418	1106	1439
印花税	22	21	4	23	30	61	69	85	142	239	499	633	565	639	709
城镇土地使用税	12	13	14	23	41	21	31	86	86	419	1147	1161	1073	1290	1648
土地增值税										3	29	21	56	109	195
车船税	36	31	29	27	29	8	14	3	6	70	83	85	249	252	367
耕地占用税	13	16	30	37	32	10	10	10	90	150	251	205	88	303	190
契税	8	19	52	24	26	20	20	40	80	110	194	317	679	606	878
其他税收收入	471	466	413	296	324	248	2538								
国有资本经营收入															
国有资源(资产)有偿使用收入										224	225	100	132	1441	592
行政事业性收费收入	92	110	100		110	304	842	1163	2511	2421	1482	2396	2763	2412	2424
罚没收入	224	232	292	220	391	588	779	806	1187	1461	1530	1532	2291	1417	2356
专项收入	137	150	192	223	463	571	899	1100	1666	3095	3974	5564	8329	8772	13204
其他收入	38	113	-52	-3		26	183	32	120			17			

表 27-3

晋城市沁水县财政收支增长表(1985-2012 年)

年 份	财政总收入(万元)	公共财政收入(万元)	公共财政支出(万元)	比上年增长(%)		
				财政总收入	公共财政收入	公共财政支出
1985	576		1385	29.41		22.59
1986	614		1555	6.60		12.27
1987	666		1529	8.47		-1.67
1988	825		2030	23.87		32.77
1989	1064		2337	28.97		15.12
1990	1191		2489	11.94		6.50
1991	1731		3291	45.34		32.22
1992	1725		2878	-0.35		-12.55
1993	2195		3213	27.25		11.64
1994	2595	1898	3693	18.22		14.94
1995	3442	2443	4542	32.64	28.71	22.99
1996	4319	3095	5889	25.48	26.69	29.66
1997	5048	3261	6581	16.88	5.36	11.75
1998	5935	4022	7041	17.57	23.34	6.99
1999	6726	4542	8415	13.33	12.93	19.51
2000	7225	4789	8932	7.42	5.44	6.14
2001	9043	5904	11503	25.16	23.28	28.78
2002	14243	5216	14704	57.50	-11.65	27.83
2003	20104	6645	18248	41.15	27.40	24.10
2004	35498	11181	26248	76.57	68.26	43.84
2005	51425	15967	32272	44.87	42.80	22.95
2006	60110	21118	40913	16.89	32.26	26.78
2007	113184	32720	52009	88.29	54.94	27.12
2008	142540	41000	62749	25.94	25.31	20.65
2009	194966	52703	79868	36.78	28.54	27.28
2010	222276	62286	100327	14.01	18.18	25.62
2011	260651	72302	115322	17.26	16.08	14.95
2012	326275	90532	140676	25.18	25.21	21.99

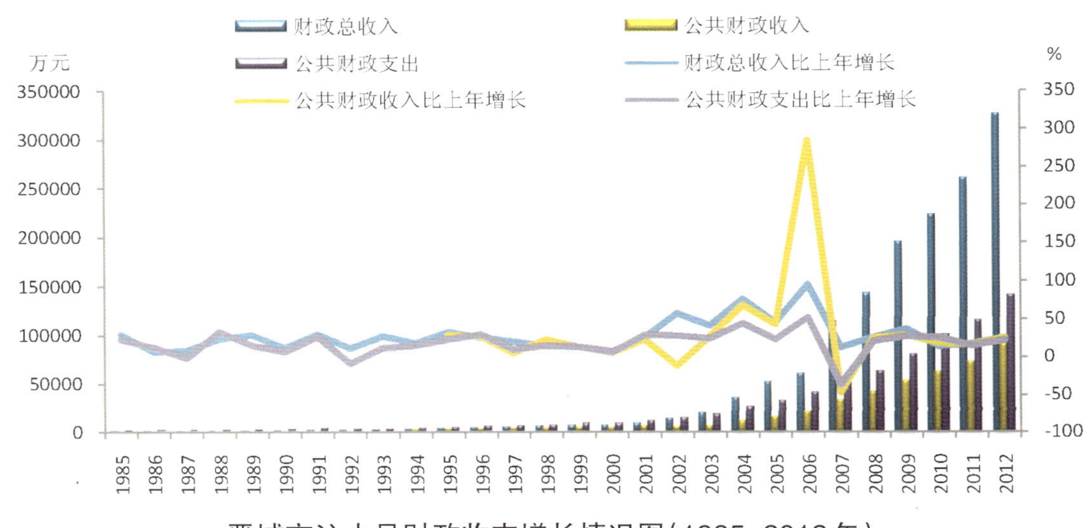

晋城市沁水县财政收支增长情况图(1985-2012 年)

表 27-4

晋城市沁水县公共财政收入决算表(2012年)

单位:万元

科　　目	决算数	科　　目	决算数
公共财政收入	90532	股份制企业房产税	991
税收收入	71956	私营企业房产税	16
增值税	25441	其他房产税	327
国内增值税	25441	房产税税款滞纳金、罚款收入	6
国有企业增值税	623	印花税	709
集体企业增值税	34	其他印花税	698
股份制企业增值税	19280	印花税税款滞纳金、罚款收入	11
港澳台和外商投资企业增值税	6360	城镇土地使用税	1648
私营企业增值税	47	国有企业城镇土地使用税	170
其他增值税	163	集体企业城镇土地使用税	5
增值税税款滞纳金、罚款收入	9	股份制企业城镇土地使用税	1198
福利企业增值税退税	-24	私营企业城镇土地使用税	9
其他增值税退税	-1051	港澳台和外商投资企业城镇土地使用税	210
营业税	8942	城镇土地使用税税款滞纳金、罚款收入	56
金融保险业营业税(地方)	212	土地增值税	195
其他金融保险业营业税(地方)	212	股份制企业土地增值税	195
一般营业税	8729	车船税(款)	367
营业税税款滞纳金、罚款收入	1	车船税(项)	367
企业所得税	16909	耕地占用税(款)	190
国有煤炭工业所得税	3	耕地占用税(项)	190
国有交通企业所得税	3	契税(款)	878
其他国有企业所得税	304	契税(项)	878
集体企业所得税	45	非税收入	18576
股份制企业所得税	6470	专项收入	13204
其他股份制企业所得税	6470	排污费收入(项)	1329
港澳台和外商投资企业所得税	9943	排污费收入	1329
其他港澳台和外商投资企业所得税	9943	水资源费收入	345
私营企业所得税	86	其他水资源费收入	345
其他企业所得税	40	教育费附加收入(项)	6290
企业所得税税款滞纳金、罚款、加收利息收入	15	教育费附加收入	6290
内资企业所得税税款滞纳金、罚款、加收利息收入	15	矿产资源专项收入	5130
个人所得税(款)	1809	矿产资源补偿费收入	1403
个人所得税(项)	1809	探矿权、采矿权价款收入	3727
储蓄存款利息所得税	3	其他专项收入(项)	110
其他个人所得税	1806	广告收入	110
资源税	3023	行政事业性收费收入	2424
其他资源税	3023	公安行政事业性收费收入	9
城市维护建设税	10406	居民身份证工本费	9
国有企业城市维护建设税	310	法院行政事业性收费收入	102
集体企业城市维护建设税	25	诉讼费	102
股份制企业城市维护建设税	8919	人口和计划生育行政事业性收费收入	196
港澳台和外商投资企业城市维护建设税	1013	社会抚养费	196
私营企业城市维护建设税	45	安全生产行政事业性收费收入	507
其他企业城市维护建设税	94	其他缴入国库的安全生产行政事业性收费	507
房产税	1439	档案行政事业性收费收入	1
国有企业房产税	83	档案收费	1
集体企业房产税	16	人防办行政事业性收费收入	103

续表

单位：万元

科目	决算数	科目	决算数
防空地下室易地建设费	103	预防性体检费	41
发展与改革(物价)行政事业性收费收入	102	预防接种劳务费	1
其他缴入国库的发展与改革(物价)行政事业性收费	102	委托性卫生防疫服务费	27
国土资源行政事业性收费收入	303	其他缴入国库的卫生行政事业性收费	5
土地复垦费	127	民政行政事业性收费收入	2
土地登记费	3	婚姻登记证书工本费	2
征(土)地管理费	43	编办行政事业性收费收入	1
耕地开垦费	130	其他缴入国库的编办行政事业性收费	1
建设行政事业性收费收入	137	罚没收入	2356
房屋所有权登记费	2	一般罚没收入	2356
其他缴入国库的建设行政事业性收费	135	公安罚没收入	969
环保行政事业性收费收入	75	检察院罚没收入	132
环境监测服务费	75	法院罚没收入	40
交通运输行政事业性收费收入	54	税务部门罚没收入	5
其他缴入国库的交通运输行政事业性收费	54	食品药品监督罚没收入	6
农业行政事业性收费收入	13	卫生罚没收入	2
畜禽及畜禽产品检疫费	12	交通罚没收入	163
农机监理费	1	审计罚没收入	57
林业行政事业性收费收入	5	物价罚没收入	10
绿化费	5	其他一般罚没收入	972
水利行政事业性收费收入	726	国有资源(资产)有偿使用收入	592
河道工程修建维护管理费	726	利息收入	592
卫生行政事业性收费收入	88	国库存款利息收入	186
卫生监测费	14	其他利息收入	406

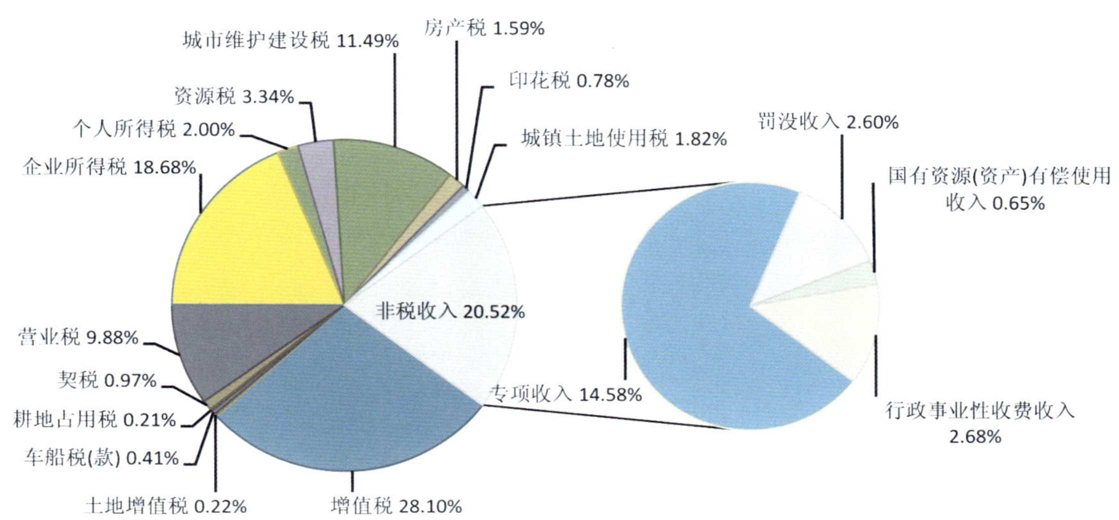

晋城市沁水县公共财政收入情况图(2012年)

表27-5

晋城市沁水县公共财政支出决算表(2012年)

单位:万元

科目	决算数	科目	决算数
公共财政支出	140676	信息化建设	3
一般公共服务	15033	其他审计事务支出	4
人大事务	447	纪检监察事务	767
行政运行	239	行政运行	333
人大会议	100	其他纪检监察事务支出	434
代表培训	56	人口与计划生育事务	1615
其他人大事务支出	52	行政运行	398
政协事务	371	一般行政管理事务	61
行政运行	201	计划生育家庭奖励	792
政协会议	85	计划生育、生殖健康促进工程	15
委员视察	20	计划生育免费基本技术服务	28
其他政协事务支出	65	人口出生性别比综合治理	2
政府办公厅(室)及相关机构事务	3856	人口和计划生育服务网络建设	10
行政运行	2058	其他人口与计划生育事务支出	309
机关服务	660	商贸事务	521
法制建设	4	对外贸易管理	10
信访事务	170	招商引资	302
其他政府办公厅(室)及相关机构事务支出	964	事业运行	85
发展与改革事务	390	其他商贸事务支出	124
行政运行	249	工商行政管理事务	150
物价管理	138	工商行政管理专项	40
其他发展与改革事务支出	3	消费者权益保护	15
统计信息事务	248	其他工商行政管理事务支出	95
行政运行	98	质量技术监督与检验检疫事务	59
一般行政管理事务	7	质量技术监督行政执法及业务管理	20
统计管理	5	其他质量技术监督与检验检疫事务支出	39
专项普查活动	43	港澳台侨事务	16
统计抽样调查	3	行政运行	16
其他统计信息事务支出	92	档案事务	72
财政事务	999	其他档案事务支出	72
行政运行	216	民主党派及工商联事务	41
一般行政管理事务	1	行政运行	29
预算改革业务	20	其他民主党派及工商联事务支出	12
财政国库业务	142	群众团体事务	249
信息化建设	20	行政运行	101
其他财政事务支出	600	其他群众团体事务支出	148
税收事务	1160	党委办公厅(室)及相关机构事务	1449
其他税收事务支出	1160	行政运行	832
审计事务	378	专项业务	399
行政运行	258	其他党委办公厅(室)及相关机构事务支出	218
一般行政管理事务	7	组织事务	314
审计业务	106	行政运行	231

续表

单位:万元

科　　目	决算数	科　　目	决算数
一般行政管理事务	57	教育	32498
其他组织事务支出	26	教育管理事务	563
宣传事务	306	行政运行	107
行政运行	102	其他教育管理事务支出	456
其他宣传事务支出	204	普通教育	20376
统战事务	75	学前教育	1493
行政运行	75	小学教育	8233
对外联络事务	30	初中教育	4242
行政运行	30	高中教育	3597
其他共产党事务支出(款)	715	高等教育	54
行政运行	567	化解农村义务教育债务支出	8
其他共产党事务支出(项)	148	其他普通教育支出	2749
其他一般公共服务支出(款)	805	职业教育	795
其他一般公共服务支出(项)	805	职业高中教育	753
公共安全	7435	其他职业教育支出	42
武装警察	815	教师进修及干部继续教育	336
消防	765	教师进修	96
其他武装警察支出	50	干部教育	240
公安	4175	教育费附加安排的支出	6597
行政运行	1793	农村中小学校舍建设	719
一般行政管理事务	870	农村中小学教学设施	351
治安管理	20	其他教育费附加安排的支出	5527
道路交通管理	709	其他教育支出(款)	3831
拘押收教场所管理	105	其他教育支出(项)	3831
其他公安支出	678	科学技术	1771
检察	890	科学技术管理事务	76
行政运行	571	行政运行	76
一般行政管理事务	169	技术研究与开发	1680
“两房”建设	150	其他技术研究与开发支出	1680
法院	1147	科学技术普及	15
行政运行	590	科普活动	8
一般行政管理事务	305	其他科学技术普及支出	7
其他法院支出	252	文化体育与传媒	1977
司法	338	文化	526
行政运行	233	行政运行	63
一般行政管理事务	47	图书馆	5
基层司法业务	3	艺术表演团体	15
律师公证管理	5	文化活动	93
法律援助	45	群众文化	68
其他司法支出	5	文化创作与保护	34
其他公共安全支出(款)	70	文化市场管理	3
其他公共安全支出(项)	70	其他文化支出	245

续表

单位：万元

科目	决算数	科目	决算数
文物	166	义务兵优待	9
文物保护	105	其他优抚支出	985
博物馆	61	退役安置	209
体育	74	退役士兵安置	57
其他体育支出	74	军队移交政府的离退休人员安置	29
广播影视	778	军队移交政府离退休干部管理机构	3
广播	277	其他退役安置支出	120
电视	253	社会福利	31
电影	4	儿童福利	21
其他广播影视支出	244	社会福利事业单位	10
新闻出版	149	残疾人事业	148
新闻通讯	116	行政运行	2
其他新闻出版支出	33	残疾人康复	9
其他文化体育与传媒支出(款)	284	残疾人就业和扶贫	37
其他文化体育与传媒支出(项)	284	其他残疾人事业支出	100
社会保障和就业	18995	城市居民最低生活保障(款)	1115
人力资源和社会保障管理事务	1141	城市居民最低生活保障金支出	1111
行政运行	211	城市居民最低生活保障对象临时补助	4
就业管理事务	30	其他城市生活救助	25
社会保险经办机构	392	流浪乞讨人员救助	20
劳动关系和维权	7	其他城市生活救助支出	5
其他人力资源和社会保障管理事务支出	501	自然灾害生活救助	300
民政管理事务	457	中央自然灾害生活补助	202
行政运行	104	地方自然灾害生活补助	98
拥军优属	26	红十字事业	4
其他民政管理事务支出	327	其他红十字事业支出	4
财政对社会保险基金的补助	3127	农村最低生活保障	1673
财政对基本养老保险基金的补助	217	农村最低生活保障金支出	1666
财政对失业保险基金的补助	14	农村最低生活保障对象临时补助	7
财政对新型农村社会养老保险基金的补助	2308	其他农村生活救助	273
财政对城镇居民养老保险基金的补助	117	农村五保供养	247
财政对其他社会保险基金的补助	471	其他农村生活救助支出	26
行政事业单位离退休	7844	其他社会保障和就业支出(款)	736
归口管理的行政单位离退休	1902	其他社会保障和就业支出(项)	736
事业单位离退休	5942	医疗卫生	9449
就业补助	420	医疗卫生管理事务	240
小额担保贷款贴息	77	行政运行	83
其他就业补助支出	343	一般行政管理事务	7
抚恤	1492	其他医疗卫生管理事务支出	150
死亡抚恤	13	公立医院	1157
在乡复员、退伍军人生活补助	26	综合医院	687
优抚事业单位	459	中医(民族)医院	170

续表

单位：万元

科　　目	决算数	科　　目	决算数
其他公立医院支出	300	退耕还林粮食折现补贴	42
基层医疗卫生机构	1582	其他退耕还林支出	266
乡镇卫生院	954	能源节约利用(款)	259
其他基层医疗卫生机构支出	628	能源节约利用(项)	259
公共卫生	1650	污染减排	23
疾病预防控制机构	209	减排专项支出	23
卫生监督机构	133	可再生能源(款)	1363
妇幼保健机构	144	可再生能源(项)	1363
基本公共卫生服务	543	其他节能环保支出(款)	260
重大公共卫生专项	302	其他节能环保支出(项)	260
突发公共卫生事件应急处理	15	城乡社区事务	7215
其他公共卫生支出	304	城乡社区管理事务	1005
医疗保障	4524	行政运行	324
优抚对象医疗补助	94	其他城乡社区管理事务支出	681
城市医疗救助	113	城乡社区规划与管理(款)	40
新型农村合作医疗	3751	城乡社区规划与管理(项)	40
农村医疗救助	313	城乡社区公共设施	2154
城镇居民基本医疗保险	55	其他城乡社区公共设施支出	2154
其他医疗保障支出	198	城乡社区环境卫生(款)	458
中医药	5	城乡社区环境卫生(项)	458
其他中医药支出	5	建设市场管理与监督(款)	182
食品和药品监督管理事务	83	建设市场管理与监督(项)	182
行政运行	75	其他城乡社区事务支出(款)	3376
一般行政管理事务	8	其他城乡社区事务支出(项)	3376
其他医疗卫生支出(款)	208	农林水事务	20046
其他医疗卫生支出(项)	208	农业	6704
节能环保	5199	行政运行	92
环境保护管理事务	404	事业运行	3105
行政运行	45	技术推广与培训	388
其他环境保护管理事务支出	359	病虫害控制	111
环境监测与监察	40	农产品质量安全	37
其他环境监测与监察支出	40	执法监管	3
污染防治	1539	统计监测与信息服务	4
排污费安排的支出	1539	农业行业业务管理	3
自然生态保护	28	灾害救助	63
农村环境保护	28	农业结构调整补贴	342
天然林保护	602	农业生产资料与技术补贴	638
森林管护	438	农业生产保险补贴	442
社会保险补助	33	农业组织化与产业化经营	373
其他天然林保护支出	131	农村公益事业	10
退耕还林	681	农业资源保护与利用	68
退耕现金	373	其他农业支出	1025

续表

单位：万元

科　　目	决算数	科　　目	决算数
林业	2840	交通运输	3701
行政运行	75	公路水路运输	2519
林业事业机构	605	行政运行	142
森林培育	484	公路新建	1109
林业技术推广	10	公路养护	365
森林生态效益补偿	429	公路运输管理	20
动植物保护	1	海事管理	44
森林防火	55	其他公路水路运输支出	839
林业产业化	568	石油价格改革对交通运输的补贴	522
林业贷款贴息	30	对城市公交的补贴	92
石油价格改革对林业的补贴	35	对农村道路客运的补贴	315
其他林业支出	548	对出租车的补贴	113
水利	3734	石油价格改革补贴其他支出	2
行政运行	51	车辆购置税支出	660
水利行业业务管理	267	车辆购置税用于公路等基础设施建设支出	105
水利工程建设	137	车辆购置税用于农村公路建设支出	555
水利工程运行与维护	135	资源勘探电力信息等事务	1713
水土保持	379	安全生产监管	1118
防汛	391	其他安全生产监管支出	1118
抗旱	50	支持中小企业发展和管理支出	580
农田水利	1368	中小企业发展专项	270
大中型水库移民后期扶持专项支出	46	其他支持中小企业发展和管理支出	310
水资源费安排的支出	632	其他资源勘探电力信息等事务支出(款)	15
农村人畜饮水	140	其他资源勘探电力信息等事务支出(项)	15
其他水利支出	138	商业服务业等事务	1860
扶贫	1006	商业流通事务	691
行政运行	3	其他商业流通事务支出	691
农村基础设施建设	230	旅游业管理与服务支出	896
生产发展	645	其他旅游业管理与服务支出	896
扶贫事业机构	20	其他商业服务业等事务支出(款)	273
其他扶贫支出	108	其他商业服务业等事务支出(项)	273
农业综合开发	1294	金融监管等事务支出	27
机构运行	63	其他金融监管等事务支出(款)	27
土地治理	595	其他金融监管等事务支出(项)	27
产业化经营	84	援助其他地区支出	136
科技示范	15	其他支出	136
其他农业综合开发支出	537	国土资源气象等事务	11819
农村综合改革	2710	国土资源事务	11692
对村级一事一议的补助	1509	行政运行	77
对村民委员会和村党支部的补助	1201	国土资源调查	100
其他农林水事务支出(款)	1758	国土整治	4
其他农林水事务支出(项)	1758	矿产资源专项收入安排的支出	10983

续表

单位：万元

科　　目	决算数	科　　目	决算数
事业运行	528	粮油物资储备事务	460
测绘事务	60	粮油事务	318
基础测绘	60	行政运行	131
地震事务	31	粮食信息统计	5
地震事业机构	31	粮食财务挂账利息补贴	131
气象事务	36	其他粮油事务支出	51
行政运行	21	物资事务	18
气象事业机构	15	其他物资事务支出	18
住房保障支出	946	粮油储备	124
保障性安居工程支出	921	储备粮油补贴支出	124
廉租住房	30	国债还本付息支出	92
农村危房改造	150	地方政府债券付息	92
公共租赁住房	741	其他支出(类)	304
住房改革支出	25	其他支出(款)	304
购房补贴	25	其他支出(项)	304

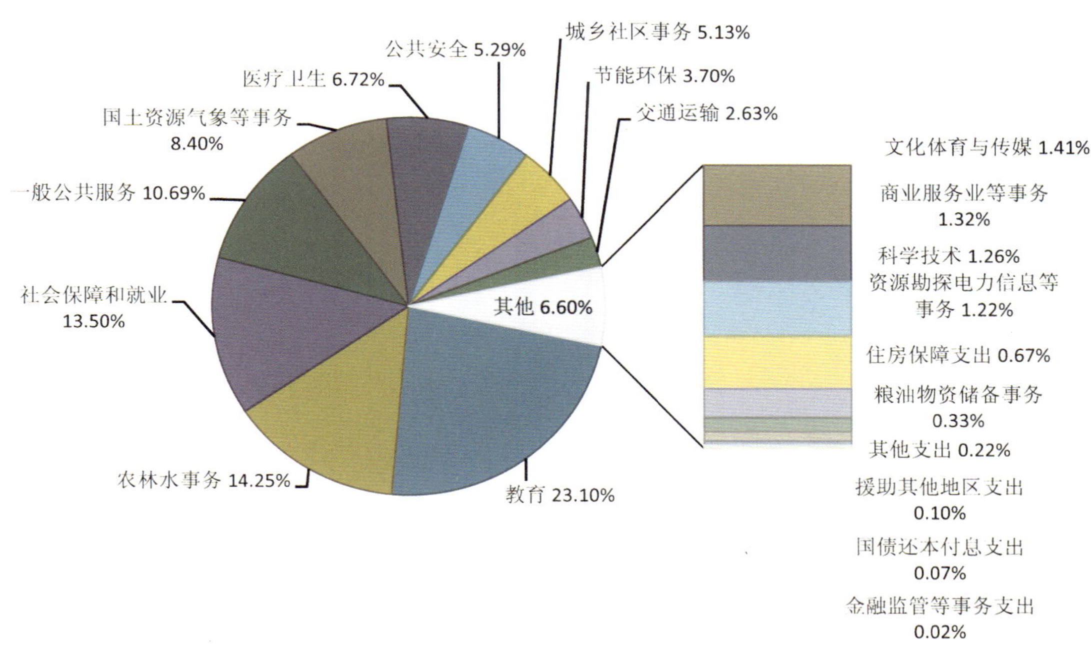

晋城市沁水县公共财政支出情况图(2012年)

表27-6

晋城市沁水县政府性基金

科目	决算数	上年结余	上级补助收入	其中:地震灾后恢复重建补助收入	省补助计划单列市收入	下级上解收入	计划单列市上解省收入	调入资金
政府性基金收入	21079	14939	6494					
贸促会收费								
证书工本费								
司法部门的涉外、涉港澳台公证书工本费								
地方教育附加收入	2958	1171						
核电站乏燃料处理处置基金收入								
体育部门收费								
外国团体来华登山注册费								
车手等级认定费								
文化事业建设费收入								
中央文化事业建设费收入								
地方文化事业建设费收入								
国家电影事业发展专项资金收入								

收支及结余情况表(2012年)

单位:万元

科目	决算数	补助下级支出	其中:地震灾后恢复重建补助支出	省补助计划单列市支出	上解上级支出	计划单列市上解省支出	调出资金	项目	年终结余
政府性基金支出	23020				295		3996	**政府性基金**	15201
一般公共服务									
商贸事务									
贸促会收费安排的支出								**贸促会收费**	
								证书工本费	
公共安全									
司法									
涉外、涉港澳台公证书工本费安排的支出								**司法部门的涉外、涉港澳台公证书工本费**	
教育							3996		
地方教育附加安排的支出							3996	**地方教育附加**	133
农村中小学校舍建设									
农村中小学教学设施									
城市中小学校舍建设									
城市中小学教学设施									
中等职业学校教学设施									
其他地方教育附加安排的支出							3996		
科学技术									
核电站乏燃料处理处置基金支出								**核电站乏燃料处理处置基金**	
乏燃料运输									
乏燃料离堆贮存									
乏燃料后处理									
高放废物的处理处置									
乏燃料后处理厂的建设、运行、改造和退役									
其他乏燃料处理处置基金支出									
文化体育与传媒									
体育								**体育部门收费**	
外国团体来华登山注册费安排的支出								外国团体来华登山注册费	
车手等级认定费安排的支出								车手等级认定费	
文化事业建设费安排的支出								**文化事业建设费**	
精神文明建设								中央文化事业建设费	
人才培训教学								地方文化事业建设费	
文化创作									
文化事业单位补助									
爱国主义教育基地									
其他文化事业建设费安排的支出									
国家电影事业发展专项资金支出								**国家电影事业发展专项资金**	
资助国产影片放映									
资助城市影院									
资助少数民族电影译制									
其他国家电影事业发展专项资金支出									

续表

科　目	决算数	上年结余	上级补助收入	其中:地震灾后恢复重建补助收入	省补助计划单列市收入	下级上解收入	计划单列市上解省收入	调入资金
大中型水库移民后期扶持基金收入			242					
小型水库移民扶助基金收入			59					
残疾人就业保障金收入	534	298	11					
可再生能源电价附加收入								
废弃电器电子产品处理基金收入								
国家税务局征收的废弃电器电子产品处理基金收入								
海关征收的废弃电器电子产品处理基金收入								
政府住房基金收入	1654							
上缴管理费用								
计提廉租住房资金								
廉租住房租金收入								
公共租赁住房租金收入								
其他政府住房基金收入	1654							
国有土地使用权出让收入	8890	649	465					
土地出让价款收入	7827							
补缴的土地价款	7							
划拨土地收入	524							
教育资金收入	502							
农田水利建设资金收入	502		465					
缴纳新增建设用地土地有偿使用费	−475							

单位：万元

科目	决算数	补助下级支出	其中：地震灾后恢复重建补助支出	省补助计划单列市支出	上解上级支出	计划单列市上解省支出	调出资金	项目	年终结余
社会保障和就业	933								
大中型水库移民后期扶持基金支出	242							大中型水库移民后期扶持基金	
移民补助	139								
基础设施建设和经济发展	102								
其他大中型水库移民后期扶持基金支出	1								
小型水库移民扶助基金支出	59							小型水库移民扶助基金	
移民补助									
基础设施建设和经济发展									
其他小型水库移民扶助基金支出	59								
残疾人就业保障金支出	632							残疾人就业保障金	211
就业和培训	37								
职业康复	15								
扶持农村残疾人生产									
奖励残疾人就业单位									
其他残疾人就业保障金支出	580								
节能环保									
可再生能源电价附加收入安排的支出								可再生能源电价附加	
风力发电补助									
太阳能发电补助									
生物质能发电补助									
其他可再生能源电价附加收入安排的支出									
废弃电器电子产品处理基金支出								废弃电器电子产品处理基金	
								国家税务局征收的废弃电器电子产品处理基金	
								海关征收的废弃电器电子产品处理基金	
城乡社区事务	10742								
政府住房基金支出								政府住房基金	1654
管理费用支出								上缴管理费用	
廉租住房支出								计提廉租住房资金	
廉租住房维护和管理支出								廉租住房租金	
公共租赁住房支出								公共租赁住房租金	
公共租赁住房租金支出								其他政府住房基金	1654
其他政府住房基金支出									
国有土地使用权出让收入安排的支出	8990							国有土地使用权出让	1014
征地和拆迁补偿支出	3942							土地出让价款	
土地开发支出								补缴的土地价款	
城市建设支出								划拨土地	
农村基础设施建设支出								教育资金	502
补助被征地农民支出								农田水利建设资金	502
土地出让业务支出	752							缴纳新增建设用地土地有偿使用费	

续表

科　　目	决算数	上年结余	上级补助收入	其中:地震灾后恢复重建补助收入	省补助计划单列市收入	下级上解收入	计划单列市上解省收入	调入资金
其他土地出让收入	3	649						
城市公用事业附加收入	115	66	130					
国有土地收益基金收入	1200	5326						
农业土地开发资金收入	214	1545						
新增建设用地土地有偿使用费收入			665					
中央新增建设用地土地有偿使用费收入								
地方新增建设用地土地有偿使用费收入			665					
城市基础设施配套费收入			169					
新菜地开发建设基金收入								
育林基金收入	3							
中央育林基金收入								

单位：万元

科目	决算数	补助下级支出	其中：地震灾后恢复重建补助支出	省补助计划单列市支出	上解上级支出	计划单列市上解省支出	调出资金	项目	年终结余
廉租住房支出								其他土地出让	10
教育资金安排的支出									
支付破产或改制企业职工安置费									
棚户区改造支出									
公共租赁住房支出									
农田水利建设资金安排的支出	465								
其他国有土地使用权出让收入安排的支出	3831								
城市公用事业附加安排的支出	160							**城市公用事业附加**	151
城市公共设施									
城市环境卫生									
公有房屋									
城市防洪									
其他城市公用事业附加安排的支出	160								
国有土地收益基金支出	758							**国有土地收益基金**	5768
征地和拆迁补偿支出	360								
土地开发支出									
其他国有土地收益基金支出	398								
农业土地开发资金支出								**农业土地开发资金**	1759
新增建设用地土地有偿使用费安排的支出	665							**新增建设用地土地有偿使用费**	
耕地开发专项支出								中央新增建设用地土地有偿使用费	
基本农田建设和保护支出	236							地方新增建设用地土地有偿使用费	
土地整理支出	429								
用于地震灾后恢复重建的支出									
城市基础设施配套费安排的支出	169							**城市基础设施配套费**	
城市公共设施									
城市环境卫生									
公有房屋									
城市防洪									
其他城市基础设施配套费安排的支出	169								
农林水事务	1217								
新菜地开发建设基金支出								**新菜地开发建设基金**	
开发新菜地工程									
改造老菜地工程									
设备购置									
技术培训与推广									
其他新菜地开发建设基金支出									
育林基金支出								**育林基金**	3
森林培育								中央育林基金	

续表

科　　目	决算数	上年结余	上级补助收入	其中:地震灾后恢复重建补助收入	省补助计划单列市收入	下级上解收入	计划单列市上解省收入	调入资金
地方育林基金收入	3							
森林植被恢复费	427	182	544					
中央森林植被恢复费								
地方森林植被恢复费	427	182	544					
中央水利建设基金收入			153					
中央水利建设基金划转收入								
中央其他水利建设基金收入			153					
地方水利建设基金收入			426					
地方水利建设基金划转收入								
地方其他水利建设基金收入			426					
大中型水库库区基金收入			94					
中央大中型水库库区基金收入								
地方大中型水库库区基金收入			94					
三峡水库库区基金收入								
南水北调工程基金收入								
国家重大水利工程建设基金收入								
南水北调工程建设资金								
三峡工程后续工作资金								
省级重大水利工程建设资金								

单位：万元

科目	决算数	补助下级支出	其中：地震灾后恢复重建补助支出	省补助计划单列市支出	上解上级支出	计划单列市上解省支出	调出资金	项目	年终结余
林业有害生物防治								地方育林基金	3
森林防火									
森林资源监测									
林业技术推广									
林区公共支出									
其他育林基金支出									
森林植被恢复费安排的支出	544							**森林植被恢复费**	609
林地调查规划设计	2							中央森林植被恢复费	
林地整理								地方森林植被恢复费	609
森林培育	532								
林业有害生物防治									
森林防火	10								
森林资源管护									
其他森林植被恢复费安排的支出									
中央水利建设基金支出	153							**中央水利建设基金**	
水利工程建设								中央水利建设基金划转	
水利工程维护								中央其他水利建设基金	
防洪工程含应急度汛									
其他中央水利建设基金支出	153								
地方水利建设基金支出	426							**地方水利建设基金**	
水利工程建设	409							地方水利建设基金划转	
水利工程维护								地方其他水利建设基金	
水土保持	17								
城市防洪									
其他地方水利建设基金支出									
大中型水库库区基金支出	94							**大中型水库库区基金**	
基础设施建设和经济发展	94							中央大中型水库库区基金	
解决移民遗留问题								地方大中型水库库区基金	
库区防护工程维护									
其他大中型水库库区基金支出									
三峡水库库区基金支出								**三峡水库库区基金**	
基础设施建设和经济发展									
解决移民遗留问题									
库区维护和管理									
其他三峡水库库区基金支出									
南水北调工程基金支出								**南水北调工程基金**	
南水北调工程建设									
偿还南水北调工程贷款本息									
国家重大水利工程建设基金支出								**国家重大水利工程建设基金**	
南水北调工程建设								南水北调工程建设资金	
三峡工程后续工作								三峡工程后续工作资金	
地方重大水利工程建设								省级重大水利工程建设资金	
其他重大水利工程建设基金支出									

续表

科　　目	决算数	上年结余	上级补助收入	其中:地震灾后恢复重建补助收入	省补助计划单列市收入	下级上解收入	计划单列市上解省收入	调入资金
船舶港务费								
长江口航道维护收入								
铁路资产变现收入								
海南省高等级公路车辆通行附加费收入								
转让政府还贷道路收费权收入								
转让政府还贷公路收费权收入								
转让政府还贷城市道路收费权收入								
车辆通行费								
港口建设费收入								
铁路建设基金收入								
民航基础设施建设基金收入								
民航机场管理建设费收入								

单位：万元

科目	决算数	补助下级支出	其中：地震灾后恢复重建补助支出	省补助计划单列市支出	上解上级支出	计划单列市上解省支出	调出资金	项目	年终结余
交通运输									
公路水路运输									
船舶港务费安排的支出								**船舶港务费**	
长江口航道维护支出								**长江口航道维护**	
铁路运输									
铁路资产变现收入安排的支出								**铁路资产变现**	
海南省高等级公路车辆通行附加费安排的支出								**海南省高等级公路车辆通行附加费**	
公路建设									
公路养护									
公路还贷									
其他海南省高等级公路车辆通行附加费安排的支出									
转让政府还贷道路收费权收入安排的支出								**转让政府还贷道路收费权**	
公路还贷								转让政府还贷公路收费权	
公路建设								转让政府还贷城市道路收费权	
其他转让政府还贷道路收费权收入安排的支出									
车辆通行费安排的支出								**车辆通行费**	
公路还贷									
政府还贷公路养护									
政府还贷公路管理									
其他车辆通行费安排的支出									
港口建设费安排的支出								**港口建设费**	
港口设施									
航道建设和维护									
航运保障系统建设									
其他港口建设费安排的支出									
铁路建设基金支出								**铁路建设基金**	
铁路建设投资									
购置铁路机车车辆									
铁路还贷									
建设项目铺底资金									
勘测设计									
注册资本金									
周转资金									
其他铁路建设基金支出									
民航基础设施建设基金支出								**民航基础设施建设基金**	
民航机场建设									
空管系统建设									
民航安全									
民航科教和信息									
其他民航基础设施建设基金支出									
民航机场管理建设费安排的支出								**民航机场管理建设费**	

续表

科　　目	决算数	上年结余	上级补助收入	其中:地震灾后恢复重建补助收入	省补助计划单列市收入	下级上解收入	计划单列市上解省收入	调入资金
船舶油污损害赔偿基金收入								
民航发展基金收入								
无线电频率占用费								
散装水泥专项资金收入								
新型墙体材料专项基金收入		2						
农网还贷资金收入								
中央农网还贷资金收入								
地方农网还贷资金收入								

单位:万元

科　　目	决算数	补助下级支出	其中:地震灾后恢复重建补助支出	省补助计划单列市支出	上解上级支出	计划单列市上解省支出	调出资金	项　　目	年终结余
民航机场建设									
空管系统建设									
民航安全									
民航科教和信息									
航线和机场补贴									
其他民航机场管理建设费安排的支出									
船舶油污损害赔偿基金支出								**船舶油污损害赔偿基金**	
应急处置费用									
控制清除污染									
损失补偿									
生态恢复									
监视监测									
其他船舶油污损害赔偿基金支出									
民航发展基金支出								**民航发展基金**	
民航机场建设									
空管系统建设									
民航安全									
航线和机场补贴									
民航科教和信息									
民航节能减排									
通用航空发展									
征管经费									
其他民航发展基金支出									
资源勘探电力信息等事务	8655				295				
工业和信息产业监管支出									
无线电频率占用费安排的支出								**无线电频率占用费**	
散装水泥专项资金支出								**散装水泥专项资金**	
建设专用设施									
专用设备购置和维修									
贷款贴息									
技术研发与推广									
宣传									
其他散装水泥专项资金支出									
新型墙体材料专项基金支出								**新型墙体材料专项基金**	2
技改贴息和补助									
技术研发和推广									
示范项目补贴									
宣传和培训									
其他新型墙体材料专项基金支出									
农网还贷资金支出								**农网还贷资金**	
中央农网还贷资金支出								中央农网还贷资金	
地方农网还贷资金支出								地方农网还贷资金	
其他农网还贷资金支出									

续表

科　　目	决算数	上年结余	上级补助收入	其中:地震灾后恢复重建补助收入	省补助计划单列市收入	下级上解收入	计划单列市上解省收入	调入资金
山西省煤炭可持续发展基金收入	2601	3685	2784					
电力改革预留资产变现收入								
旅游发展基金收入			100					
中央特别国债经营基金收入								
中央特别国债经营基金财务收入								
彩票公益金收入			479					
福利彩票公益金收入			473					
体育彩票公益金收入			6					
其他政府性基金收入	2483	2015	173					

单位：万元

科　　目	决算数	补助下级支出	其中：地震灾后恢复重建补助支出	省补助计划单列市支出	上解上级支出	计划单列市上解省支出	调出资金	项　　目	年终结余
山西省煤炭可持续发展基金支出	8655				295			**山西省煤炭可持续发展基金**	120
生态环境治理	2780								
资源地区转型和接替产业发展	1875								
解决社会问题	1277				295				
其他山西省煤炭可持续发展基金支出	2723								
电力改革预留资产变现收入安排的支出								**电力改革预留资产变现**	
920万千瓦变现资产支出									
647万千瓦变现资产支出									
商业服务业等事务	100								
旅游发展基金支出	100							**旅游发展基金**	
宣传促销									
行业规划									
旅游事业补助									
地方旅游开发项目补助	100								
其他旅游发展基金支出									
金融监管等事务支出									
金融调控支出									
中央特别国债经营基金支出								**中央特别国债经营基金**	
中央特别国债经营基金财务支出								**中央特别国债经营基金财务**	
其他支出	1373								
彩票公益金安排的支出	479							**彩票公益金**	
用于补充全国社会保障基金的彩票公益金支出								福利彩票公益金	
用于社会福利的彩票公益金支出	322							体育彩票公益金	
用于体育事业的彩票公益金支出	6								
用于教育事业的彩票公益金支出	15								
用于红十字事业的彩票公益金支出									
用于残疾人事业的彩票公益金支出	69								
用于城市医疗救助的彩票公益金支出	9								
用于农村医疗救助的彩票公益金支出	17								
用于文化事业的彩票公益金支出									
用于扶贫的彩票公益金支出									
用于法律援助的彩票公益金支出									
用于其他社会公益事业的彩票公益金支出	41								
其他政府性基金支出	894							**其他政府性基金**	3777

表 27-7

晋城市沁水县相关指标表(2012年)

单位:万元

项目	数额	项目	数额
上划税收		山西省	
上划中央税收	189823	内蒙古自治区	
上划中央国内增值税	138770	辽宁省	
上划中央国内消费税	2	辽宁省(不含大连对辽宁其他城市的援助收入)	
上划中央企业所得税	46116	大连市(不含省内其他城市对大连的援助收入)	
上划中央个人所得税	4935	吉林省	
上划省税收	30613	黑龙江省	
增值税	13877	上海市	
营业税	4877	江苏省	
企业所得税	9223	浙江省	
个人所得税	987	浙江省(不含宁波对浙江其他城市的援助收入)	
资源税	1649	宁波市(不含省内其他城市对宁波的援助收入)	
固定资产投资方向调节税		安徽省	
城市维护建设税		福建省	
房产税		福建省(不含厦门对福建其他城市的援助收入)	
印花税		厦门市(不含省内其他城市对厦门的援助收入)	
城镇土地使用税		江西省	
土地增值税		山东省	
车船税		山东省(不含青岛对山东其他城市的援助收入)	
耕地占用税		青岛市(不含省内其他城市对青岛的援助收入)	
契税		河南省	
烟叶税		湖北省	
其他税收收入		湖南省	
上划地市税收	15307	广东省	
增值税	6938	广东省(不含深圳对广东其他城市的援助收入)	
营业税	2439	深圳市(不含省内其他城市对深圳的援助收入)	
企业所得税	4612	广西壮族自治区	
个人所得税	493	海南省	
资源税	825	重庆市	
固定资产投资方向调节税		四川省	
城市维护建设税		贵州省	
房产税		云南省	
印花税		西藏自治区	
城镇土地使用税		陕西省	
土地增值税		甘肃省	
车船税		青海省	
耕地占用税		宁夏回族自治区	
契税		新疆维吾尔自治区	
烟叶税		23013援助其他地区支出	
其他税收收入		北京市	
地方政府债券		天津市	
年初地方政府债券	4000	河北省	
本年地方政府债券收入		山西省	
本年地方政府债券转贷收入		内蒙古自治区	
本年地方政府债券转贷支出		辽宁省	
本年地方政府债券还本支出	1000	辽宁省(不含省内其他城市对大连的援助支出)	
本年由上级代还地方政府债券		大连市(不含大连对辽宁其他城市的援助支出)	
年末地方政府债券	3000	吉林省	
地区间援助收支		黑龙江省	
11013接受其他地区援助收入		上海市	
北京市		江苏省	
天津市		浙江省	
河北省		浙江省(不含省内其他城市对宁波的援助支出)	

续表

单位:万元

项　　目	数　额	项　　目	数　额
宁波市(不含宁波对浙江其他城市的援助支出)		财政对社会保险基金的补助	3127
安徽省		收入中其他重复计算的部分	
福建省		收入中其他重复计算的部分情况说明	
福建省(不含省内其他城市对厦门的援助支出)		公共财政支出、政府性基金支出、国有资本经营支出、社会保险基金支出、财政专户管理资金支出中重复计算部分	3127
厦门市(不含厦门对福建其他城市的援助支出)			
江西省		财政对社会保险基金的补助	3127
山东省		支出中其他重复计算的部分	
山东省(不含省内其他城市对青岛的援助支出)		支出中其他重复计算的部分情况说明	
青岛市(不含青岛对山东其他城市的援助支出)		**权责发生制及年初预算**	
河南省		权责发生制核算的资金期初数	30914
湖北省		其中:公共财政预算	22388
湖南省		权责发生制核算的资金期末数	51513
广东省		其中:公共财政预算	40858
广东省(不含省内其他城市对深圳的援助支出)		本年权责发生制核算的资金	38261
深圳市(不含深圳对广东其他城市的援助支出)		其中:公共财政预算	33546
广西壮族自治区		本年国库集中支付结余	38261
海南省		其中:公共财政预算	33546
重庆市		公共财政预算国库集中支付年终结余期初数	22388
四川省		公共财政预算国库集中支付年终结余期末数	40858
贵州省		报人大的全辖公共财政支出年初预算数	97893
云南省		全辖公共财政支出年初预算数	
西藏自治区		人大批准的公共财政支出年初预算(汇总)数	97893
陕西省		**其他统计指标**	
甘肃省		地区生产总值	1627000
青海省		总人口(万人)	21
宁夏回族自治区		耕地面积(公顷)	32380
新疆维吾尔自治区		人均耕地面积(亩)	2.3
政府收支统计		居民人均可支配收入(元)	18371
公共财政收入、政府性基金收入、国有资本经营收入、社会保险基金收入、财政专户管理资金收入中重复计算部分	3127	农民人均纯收入(元)	7051

表 27-8

晋城市沁水县乡镇基本情况表(2012年)

单位:万元

项　　目	数　额	项　　目	数　额
本年乡镇数	14	**乡镇财政供养人数**	3412
其中:实行“乡财县管”的乡镇数	14	公共预算财政拨款开支人数	714
乡镇财政机构数	14	公共预算财政补助开支人数	2698
其中:财税所数	14	其中:教师	2627
已建立乡镇国库的乡镇数		**赤字乡镇个数**	
税务所机构数	9	**乡镇年末总人口(万人)**	17
国家税务所数	2	城镇人口(万人)	3
地方税务所数	7	乡村人口(万人)	14
其中:一乡(镇)一所数	2	**乡镇公共财政收入分档**	
乡镇财政所总人数	24	100万元(不含)以下的乡镇数	9
行政编制实有人数	11	100万元(含)-500万元的乡镇数	1
事业编制实有人数	13	500万元(含)-1000万元的乡镇数	
以工代干人数		1000万元(含)以上的乡镇数	4
集体财务人员人数		**村民委员会个数**	239

28 开发区财政工作

KAI FA QU
FINANCIAL WORK

综 述

【概　况】 2012年,开发区财政局坚持以转型发展、跨越发展为主线,充分发挥财政职能作用,克服经济持续下行不利影响,大力组织财政收入,强化财政监管,加强队伍建设,全力保障各项重点支出需要,促进开发区经济和社会各项事业平稳较快发展。2012年全区财政总收入完成57138万元,比上年增长30.33%,其中,公共财政收入完成26930万元,比上年增长33.81%。

【收入征管】 开发区以外向型经济和加工制造业为主导的产业结构,2012年在全球经济形势持续下行的影响下,财税部门紧密配合,多措并举,狠抓财政增收。一是加强税源监管,将年纳税额100万元以上企业纳入重点监控范围,对其生产经营和财务状况进行跟踪监控,适时掌握税收基本信息和增减变化情况,实现动态化管理。二是适时出台《关于进一步加强地方税收管理的意见》,加强财税联动,定期召开财税分析会,分析存在的问题及原因,协调解决遇到的新情况、新问题,有针对性地解决收入组织工作中存在的问题。三是加大税收稽查和监管,防止跑冒滴漏现象,重点加强对零申报、负申报税户的检查,做到应收尽收,保证财政收入持续稳定增长。四是加大企业帮扶力度,积极争取申报国家扶持资金,组织19家企业申报各类扶持项目37项,争取国家扶持资金7686万元,增强企业"软实力",推动企业做大做强。以富士康项目为重点,安排园区项目扶持资金3000万元。加快富士康A区建设,新建10栋厂房,新增产值17亿元。

【财政支出】 大力支持"三农"建设,安排下庄社区河道治理专项资金30万元;耿窑社区环境整治及文化活动场所建设资金50万元;发放能繁母猪补贴资金5万元;发放粮食直补和农资综合补贴4万元,补贴面积480亩;"一喷三防"补助资金3万元;造林占地补偿资金28万元;街巷硬化工程资金82万元,完成街巷硬化5公里。各项惠农政策落到实处,农民生产生活条件得到改善。累计发放城乡居民养老保险97万元,实现城乡居民养老全覆盖。完善医疗保障,安排资金198万元,不断加大对全区城乡职工和居民参加医疗保险的保障力度,加强基层医疗卫生机构建设,优化公共卫生服务、落实药品零差率改革制度。推动教育事业发展,教育支出1658万元,其中,安排城市免杂费及生均公用经费61万元,继续落实义务教育保障机制;拨付资金75万元,为金匠小学和茶元小学配备校车;投入资金96万元,进行校舍加固及维修,加强校园安全和综合治理。启动颐翠小学建设工程,安排前期费用320万元。此外,安排造林绿化补助资金14万元,改善农村生态环境。加大基础设施建设投入,创优投资环境,安排区间路道路工程资金1200万元,在晋城市财政的大力支持下,金匠工业园"三通一平"建设资金4.4亿元已全部筹集到位,采空区治理及场地平整工作已完成。加快保障性住房建设,拨付棚户区改造资金23052万元,公租房建设资金741万元。

【财政改革】 2012年,开发区财政部门不断深化财政改革,建立健全财政体制机制。按照"规范、统一、高效、精简"的原则,开展财政专户和预算单位银行账户清理工作。对不符合规定的账户进行撤并,将所有资金纳入法定账户进行核算,撤并工作已全部结束,开发区保留财政专户3个。规范国库账户管理,制定《财政专户管理办法》和《预算单位银行账户管理办法》,大力推进非税收入收缴管理改革,建立健全统一的非税收入收缴管理体系。大力推行公务卡改革,在前期出台《山西晋城经济开发区公务卡管理暂行办法》、《关于建立区级预算单位公务卡结算目录的通知》的基础上,2012年制定《公务卡管理实施细则》,预算单位现金流量明显下降,公务支出呈下降趋势,取得良好效果。不断深化政府采购及投资评审体制改革,开发区采购评审中心自6月份成立后,完成采购预算227万元,实际采购金额216万元。共节约资金11万元,节约率为4.86%;评审21个项目,送审金额5395万元,审定金额4899万元,审减金额262万元,审减率4.87%;加强基本建设管理,制定并出台《开发区基本建设资金管理办法》,基本建设工程项目财务管理统一由区财政局进行管理,确保财政资金高效安全运行。深入开展政府债务清查,并针对性提出切实可行的化解办法,进一步提升政府债务管理水平。不断完善公开制度,按季公示处级以上领导职务消费,切实规范领导干部职务消费行为,从制度层面保证全区财政财务阳光运行。

【队伍建设】 开发区财政狠抓队伍建设,增强财政"软实力",以开展创先争优和党的纯洁性教育为契机,不断提高干部队伍政治素质。按照管委会统一部署,组织广大干部职工学习《领导干部廉洁从政教育读本》、观看《忠诚与背叛》、《苏联亡党亡国20周年祭》等警示教育片,参加"建党91周年开发区红歌赛"等系列活动。结合整治"吃拿卡要"、创优发展环境活动,加强机关内部管理,提高机关运转效率,在全局上下掀起政治思想大提高、作风纪律大提升、工作主动性大提速的新高潮,进一步强化服务意识,大大推动财政工作的顺利开展。加大培训和知识更新力度,提高干部职工业务素质。组织2012年度会计继续教育培训工作,区直各单位、各村(居)委、驻区各企业等60多家单位,共计240多人参加培训,组织干部职工参加晋城市财政局组织的

综　述

系统业务培训和考试；组织干部职工参加“六五”普法知识竞赛，参加人数约2300人；动员和支持年轻干部参加开发区公开选拔科级领导干部竞聘，并有两位同志走上科级领导岗位。实行人员定岗定责，完善岗位责任制。5月份，开发区管委会对各单位人员进行调整充实，针对调整的人员情况，重新进行定岗定责，进一步明确目标和责任。组织全局干部职工开展“财政精神”提炼活动，努力使提炼过程，成为自我教育、自我提高的过程。

表 28-1

晋城市经济开发区公共财政收入决算表(2002-2012年)

单位:万元

科目 \ 年份	2002	2003	2004	2005	2006	2007	2008	2009	2010	2011	2012
公共财政收入	756	1627	2910	3177	3331	4979	9560	11386	14736	20125	26930
增值税	125	227	519	546	926	1071	1488	2333	2497	2289	2854
营业税	202	557	690	573	700	1545	2932	2588	3739	4616	6952
企业所得税	43	38	111	525	434	621	603	403	1119	3420	4559
个人所得税	10	42	54	52	75	173	243	493	583	837	796
资源税	1	1		6							
城市维护建设税	62	127	183	136	218	329	515	470	591	1341	1171
房产税	21	54	46	102	177	206	660	886	1265	1126	651
印花税	3	12	14	20	66	83	133	276	444	654	687
城镇土地使用税	14	8	10	131	133	221	1618	2549	2627	2350	2302
土地增值税				29		153	173			1339	1732
车船税	5	5	4	10	7	10	5	105	771	495	867
耕地占用税	79	120	83	50	154	27	307				974
契税	111	201	446	600	246	230	632	640	764	960	2682
其他税收收入	8	4									
国有资本经营收入											
国有资源(资产)有偿使用收入						10	24	13	9	50	105
行政事业性收费收入	61	200	682	337	95	156		391		24	
罚没收入					3	3	8	67	26	70	97
专项收入	11	29	65	56	94	141	219	172	301	554	501
其他收入		2	3	4	3						

表 28-2

晋城市经济开发区财政收支增长表(2002-2012年)

年份 \ 科目	财政总收入(万元)	公共财政收入(万元)	公共财政支出(万元)	比上年增长(%)		
				财政总收入	公共财政收入	公共财政支出
2002	1627	756	503			
2003	3331	1627	4763	104.73	115.21	846.92
2004	6605	2910	3727	98.29	78.86	-21.75
2005	8015	3177	2342	21.35	9.18	-37.16
2006	10002	3331	3427	24.79	4.85	46.33
2007	12733	4979	3653	27.30	49.47	6.59
2008	20007	9560	7468	57.13	92.01	104.43
2009	25797	11386	8776	28.94	19.10	17.51
2010	32487	14736	11541	25.93	29.42	31.51
2011	43842	20125	48847	34.95	36.57	323.25
2012	57138	26930	22610	30.33	33.81	-53.71

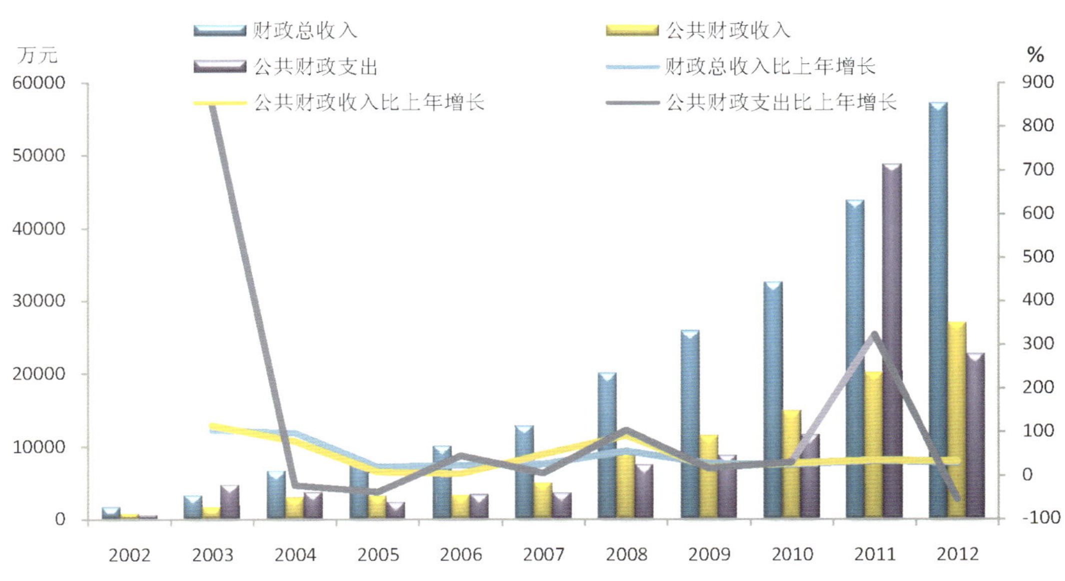

晋城市经济开发区财政收支增长情况图(2002-2012年)

表28-3

晋城市经济开发区公共财政收入决算表(2012年)

单位:万元

科　　目	决算数	科　　目	决算数
公共财政收入	26930	港澳台和外商投资企业所得税	3215
税收收入	26227	其他港澳台和外商投资企业所得税	3215
增值税	2854	私营企业所得税	68
国内增值税	2854	其他企业所得税	30
国有企业增值税	413	总机构预缴所得税	6
集体企业增值税	3	股份制企业总机构预缴所得税	6
股份制企业增值税	1447	跨市县分支机构预缴所得税	1
港澳台和外商投资企业增值税	30	港澳台和外商投资企业分支机构预缴所得税	1
私营企业增值税	198	企业所得税税款滞纳金、罚款、加收利息收入	4
其他增值税	17	内资企业所得税税款滞纳金、罚款、加收利息收入	4
增值税税款滞纳金、罚款收入	5	个人所得税(款)	796
免抵调增增值税	741	个人所得税(项)	795
营业税	6952	储蓄存款利息所得税	1
金融保险业营业税(地方)	171	其他个人所得税	794
其他金融保险业营业税(地方)	171	个人所得税税款滞纳金、罚款收入	1
一般营业税	6775	城市维护建设税	1171
营业税税款滞纳金、罚款收入	6	国有企业城市维护建设税	57
企业所得税	4559	集体企业城市维护建设税	5
其他国有企业所得税	5	股份制企业城市维护建设税	962
集体企业所得税	3	港澳台和外商投资企业城市维护建设税	45
股份制企业所得税	1227	私营企业城市维护建设税	78
其他股份制企业所得税	1227	其他企业城市维护建设税	23

续表

单位：万元

科目	决算数	科目	决算数
城市维护建设税税款滞纳金、罚款收入	1	私营企业土地增值税	280
房产税	651	车船税(款)	867
国有企业房产税	50	车船税(项)	867
集体企业房产税	8	耕地占用税(款)	974
股份制企业房产税	398	耕地占用税(项)	974
私营企业房产税	6	契税(款)	2682
其他房产税	187	契税(项)	2682
房产税税款滞纳金、罚款收入	2	非税收入	703
印花税	687	专项收入	501
其他印花税	668	教育费附加收入(项)	501
印花税税款滞纳金、罚款收入	19	教育费附加收入	501
城镇土地使用税	2302	罚没收入	97
国有企业城镇土地使用税	24	一般罚没收入	97
股份制企业城镇土地使用税	1189	税务部门罚没收入	4
私营企业城镇土地使用税	251	其他一般罚没收入	93
港澳台和外商投资企业城镇土地使用税	730	国有资源(资产)有偿使用收入	105
其他城镇土地使用税	48	利息收入	100
城镇土地使用税税款滞纳金、罚款收入	60	国库存款利息收入	100
土地增值税	1732	非经营性国有资产收入	5
股份制企业土地增值税	1411	其他非经营性国有资产收入	5
港澳台和外商投资企业土地增值税	41		

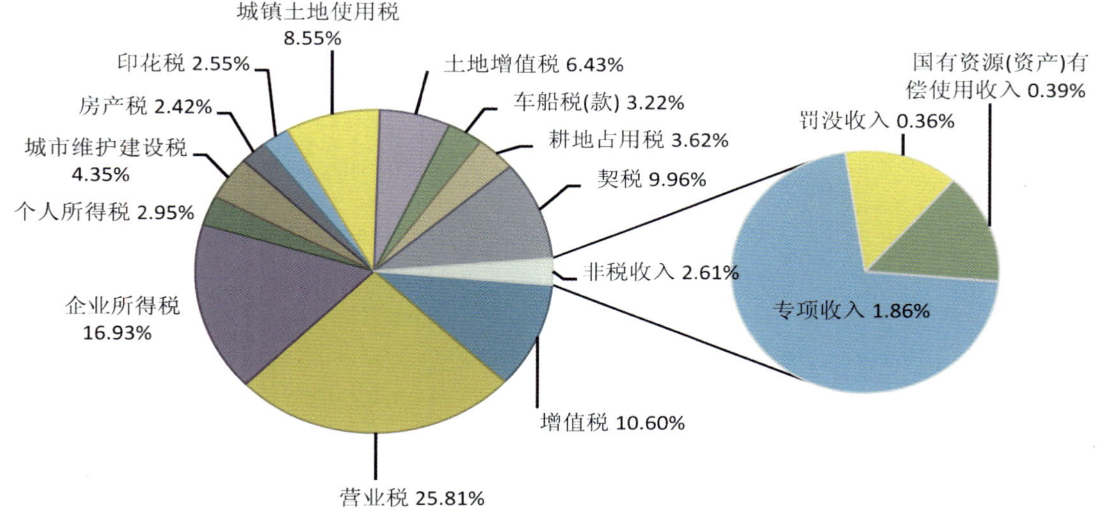

晋城市经济开发区公共财政收入情况图（2012年）

表 28-4

晋城市经济开发区公共财政支出决算表(2012 年)

单位:万元

科　　目	决算数	科　　目	决算数
公共财政支出	22610	宣传事务	44
一般公共服务	5900	其他宣传事务支出	44
政府办公厅(室)及相关机构事务	3094	其他一般公共服务支出(款)	18
行政运行	1798	其他一般公共服务支出(项)	18
机关服务	218	公共安全	289
信访事务	300	武装警察	44
其他政府办公厅(室)及相关机构事务支出	778	消防	44
发展与改革事务	78	公安	245
社会事业发展规划	78	其他公安支出	245
统计信息事务	8	教育	1981
一般行政管理事务	8	普通教育	1430
财政事务	404	学前教育	88
信息化建设	374	小学教育	1313
财政委托业务支出	30	其他普通教育支出	29
税收事务	550	教育费附加安排的支出	551
其他税收事务支出	550	农村中小学教学设施	50
纪检监察事务	7	城市中小学校舍建设	426
其他纪检监察事务支出	7	其他教育费附加安排的支出	75
人口与计划生育事务	161	科学技术	1139
一般行政管理事务	2	其他科学技术支出(款)	1139
计划生育家庭奖励	76	其他科学技术支出(项)	1139
计划生育免费基本技术服务	8	文化体育与传媒	289
人口和计划生育宣传教育经费	48	文化	289
流动人口计划生育管理和服务	8	文化活动	289
其他人口与计划生育事务支出	19	社会保障和就业	343
商贸事务	1283	人力资源和社会保障管理事务	197
对外贸易管理	23	社会保险经办机构	16
招商引资	595	其他人力资源和社会保障管理事务支出	181
其他商贸事务支出	665	民政管理事务	41
工商行政管理事务	70	拥军优属	34
其他工商行政管理事务支出	70	其他民政管理事务支出	7
质量技术监督与检验检疫事务	38	抚恤	12
其他质量技术监督与检验检疫事务支出	38	死亡抚恤	3
群众团体事务	44	在乡复员、退伍军人生活补助	3
其他群众团体事务支出	44	义务兵优待	2
组织事务	101	其他优抚支出	4
其他组织事务支出	101	退役安置	5

续表

单位:万元

科目	决算数	科目	决算数
退役士兵安置	5	城乡社区事务	4185
社会福利	7	城乡社区管理事务	435
儿童福利	2	行政运行	84
老年福利	5	城管执法	74
城市居民最低生活保障(款)	12	其他城乡社区管理事务支出	277
城市居民最低生活保障金支出	12	城乡社区规划与管理(款)	5
自然灾害生活救助	9	城乡社区规划与管理(项)	5
中央自然灾害生活补助	3	城乡社区公共设施	1973
地方自然灾害生活补助	5	其他城乡社区公共设施支出	1973
其他自然灾害生活救助支出	1	城乡社区环境卫生(款)	378
农村最低生活保障	40	城乡社区环境卫生(项)	378
农村最低生活保障金支出	40	其他城乡社区事务支出(款)	1394
其他农村生活救助	20	其他城乡社区事务支出(项)	1394
其他农村生活救助支出	20	农林水事务	471
医疗卫生	286	农业	263
基层医疗卫生机构	6	病虫害控制	4
其他基层医疗卫生机构支出	6	灾害救助	13
公共卫生	31	农业结构调整补贴	24
基本公共卫生服务	24	农业生产资料与技术补贴	31
重大公共卫生专项	7	农业组织化与产业化经营	42
医疗保障	196	其他农业支出	149
行政单位医疗	21	林业	42
事业单位医疗	78	森林防火	4
公务员医疗补助	26	其他林业支出	38
新型农村合作医疗	67	水利	64
城镇居民基本医疗保险	4	防汛	59
食品和药品监督管理事务	25	其他水利支出	5
其他食品和药品监督管理事务支出	25	扶贫	60
其他医疗卫生支出(款)	28	农村基础设施建设	30
其他医疗卫生支出(项)	28	生产发展	30
节能环保	769	农村综合改革	42
环境保护管理事务	7	对村集体经济组织的补助	42
其他环境保护管理事务支出	7	资源勘探电力信息等事务	3282
能源节约利用(款)	362	安全生产监管	55
能源节约利用(项)	362	应急救援支出	30
可再生能源(款)	400	其他安全生产监管支出	25
可再生能源(项)	400	支持中小企业发展和管理支出	567

续表

单位：万元

科目	决算数	科目	决算数
中小企业发展专项	545	国土资源气象等事务	32
其他支持中小企业发展和管理支出	22	国土资源事务	32
其他资源勘探电力信息等事务支出(款)	2660	矿产资源专项收入安排的支出	32
技术改造支出	60	住房保障支出	1762
其他资源勘探电力信息等事务支出(项)	2600	保障性安居工程支出	1693
商业服务业等事务	604	棚户区改造	952
涉外发展服务支出	604	公共租赁住房	741
其他涉外发展服务支出	604	住房改革支出	69
金融监管等事务支出	10	住房公积金	69
其他金融监管等事务支出(款)	10	其他支出(类)	1231
其他金融监管等事务支出(项)	10	其他支出(款)	1231
援助其他地区支出	37	其他支出(项)	1231
其他支出	37		

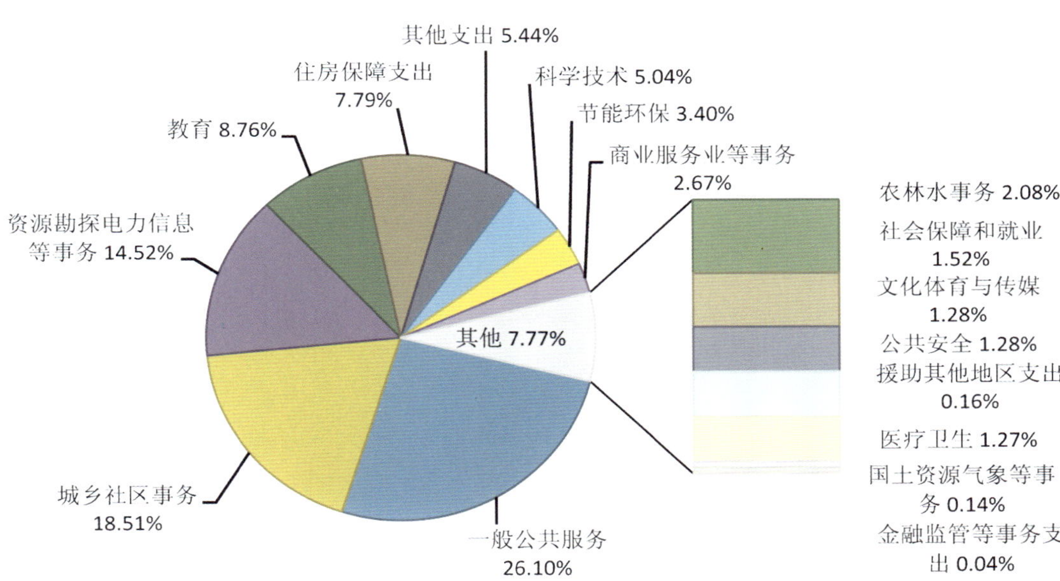

晋城市开发区公共财政支出情况图（2012年）

表 28-5

晋城市经济开发区政府性

科目	决算数	上年结余	上级补助收入	其中：地震灾后恢复重建补助收入	省补助计划单列市收入	下级上解收入	计划单列市上解省收入	调入资金
政府性基金收入	31159	4410	908					
贸促会收费								
证书工本费								
司法部门的涉外、涉港澳台公证书工本费								
地方教育附加收入	252	129						
核电站乏燃料处理处置基金收入								
体育部门收费								
外国团体来华登山注册费								
车手等级认定费								
文化事业建设费收入								
中央文化事业建设费收入								
地方文化事业建设费收入								
国家电影事业发展专项资金收入								

基金收支及结余情况表（2012年）

单位：万元

科目	决算数	补助下级支出	其中：地震灾后恢复重建补助支出	省补助计划单列市支出	上解上级支出	计划单列市上解省支出	调出资金	项目	年终结余
政府性基金支出	28126							政府性基金	8351
一般公共服务									
商贸事务									
贸促会收费安排的支出								贸促会收费	
								证书工本费	
公共安全									
司法									
涉外、涉港澳台公证书工本费安排的支出								司法部门的涉外、涉港澳台公证书工本费	
教育									
地方教育附加安排的支出								地方教育附加	381
农村中小学校舍建设									
农村中小学教学设施									
城市中小学校舍建设									
城市中小学教学设施									
中等职业学校教学设施									
其他地方教育附加安排的支出									
科学技术									
核电站乏燃料处理处置基金支出								核电站乏燃料处理处置基金	
乏燃料运输									
乏燃料离堆贮存									
乏燃料后处理									
高放废物的处理处置									
乏燃料后处理厂的建设、运行、改造和退役									
其他乏燃料处理处置基金支出									
文化体育与传媒									
体育								体育部门收费	
外国团体来华登山注册费安排的支出								外国团体来华登山注册费	
车手等级认定费安排的支出								车手等级认定费	
文化事业建设费安排的支出								文化事业建设费	
精神文明建设								中央文化事业建设费	
人才培训教学								地方文化事业建设费	
文化创作									
文化事业单位补助									
爱国主义教育基地									
其他文化事业建设费安排的支出									
国家电影事业发展专项资金支出								国家电影事业发展专项资金	
资助国产影片放映									
资助城市影院									
资助少数民族电影译制									
其他国家电影事业发展专项资金支出									

续表

科目	决算数	上年结余	上级补助收入	其中：地震灾后恢复重建补助收入	省补助计划单列市收入	下级上解收入	计划单列市上解省收入	调入资金
大中型水库移民后期扶持基金收入								
小型水库移民扶助基金收入								
残疾人就业保障金收入								
可再生能源电价附加收入								
废弃电器电子产品处理基金收入								
国家税务局征收的废弃电器电子产品处理基金收入								
海关征收的废弃电器电子产品处理基金收入								
政府住房基金收入								
上缴管理费用								
计提廉租住房资金								
廉租住房租金收入								
公共租赁住房租金收入								
其他政府住房基金收入								
国有土地使用权出让收入	30907	3933						
土地出让价款收入	30262	3933						
补缴的土地价款	1872							
划拨土地收入	3237							
教育资金收入								
农田水利建设资金收入								
缴纳新增建设用地土地有偿使用费	-4479							

单位：万元

科目	决算数	补助下级支出	其中：地震灾后恢复重建补助支出	省补助计划单列市支出	上解上级支出	计划单列市上解省支出	调出资金	项目	年终结余
社会保障和就业									
大中型水库移民后期扶持基金支出								**大中型水库移民后期扶持基金**	
移民补助									
基础设施建设和经济发展									
其他大中型水库移民后期扶持基金支出									
小型水库移民扶助基金支出								**小型水库移民扶助基金**	
移民补助									
基础设施建设和经济发展									
其他小型水库移民扶助基金支出									
残疾人就业保障金支出								**残疾人就业保障金**	
就业和培训									
职业康复									
扶持农村残疾人生产									
奖励残疾人就业单位									
其他残疾人就业保障金支出									
节能环保									
可再生能源电价附加收入安排的支出								**可再生能源电价附加**	
风力发电补助									
太阳能发电补助									
生物质能发电补助									
其他可再生能源电价附加收入安排的支出									
废弃电器电子产品处理基金支出								**废弃电器电子产品处理基金**	
								国家税务局征收的废弃电器电子产品处理基金	
								海关征收的废弃电器电子产品处理基金	
城乡社区事务	28055								
政府住房基金支出								**政府住房基金**	
管理费用支出								上缴管理费用	
廉租住房支出								计提廉租住房资金	
廉租住房维护和管理支出								廉租住房租金	
公共租赁住房支出								公共租赁住房租金	
公共租赁住房租金支出								其他政府住房基金	
其他政府住房基金支出									
国有土地使用权出让收入安排的支出	27179							**国有土地使用权出让**	7661
征地和拆迁补偿支出	3083							土地出让价款	7661
土地开发支出								补缴的土地价款	
城市建设支出								划拨土地	
农村基础设施建设支出	60							教育资金	
补助被征地农民支出								农田水利建设资金	
土地出让业务支出	1530							缴纳新增建设用地土地有偿使用费	

续表

科目	决算数	上年结余	上级补助收入	其中:地震灾后恢复重建补助收入	省补助计划单列市收入	下级上解收入	计划单列市上解省收入	调入资金
其他土地出让收入	15							
城市公用事业附加收入			620					
国有土地收益基金收入								
农业土地开发资金收入								
新增建设用地土地有偿使用费收入			25					
中央新增建设用地土地有偿使用费收入								
地方新增建设用地土地有偿使用费收入			25					
城市基础设施配套费收入			231					
新菜地开发建设基金收入								
育林基金收入								
中央育林基金收入								
地方育林基金收入								

单位:万元

科目	决算数	补助下级支出	其中:地震灾后恢复重建补助支出	省补助计划单列市支出	上解上级支出	计划单列市上解省支出	调出资金	项目	年终结余
廉租住房支出								其他土地出让	
教育资金安排的支出									
支付破产或改制企业职工安置费									
棚户区改造支出	22100								
公共租赁住房支出									
农田水利建设资金安排的支出									
其他国有土地使用权出让收入安排的支出	406								
城市公用事业附加安排的支出	620							**城市公用事业附加**	
城市公共设施									
城市环境卫生									
公有房屋									
城市防洪									
其他城市公用事业附加安排的支出	620								
国有土地收益基金支出								**国有土地收益基金**	
征地和拆迁补偿支出									
土地开发支出									
其他国有土地收益基金支出									
农业土地开发资金支出								**农业土地开发资金**	
新增建设用地土地有偿使用费安排的支出	25							**新增建设用地土地有偿使用费**	
耕地开发专项支出								中央新增建设用地土地有偿使用费	
基本农田建设和保护支出	25							地方新增建设用地土地有偿使用费	
土地整理支出									
用于地震灾后恢复重建的支出									
城市基础设施配套费安排的支出	231							**城市基础设施配套费**	
城市公共设施									
城市环境卫生									
公有房屋									
城市防洪									
其他城市基础设施配套费安排的支出	231								
农林水事务									
新菜地开发建设基金支出								**新菜地开发建设基金**	
开发新菜地工程									
改造老菜地工程									
设备购置									
技术培训与推广									
其他新菜地开发建设基金支出									
育林基金支出								**育林基金**	
森林培育								中央育林基金	
林业有害生物防治								地方育林基金	

续表

科目	决算数	上年结余	上级补助收入	其中:地震灾后恢复重建补助收入	省补助计划单列市收入	下级上解收入	计划单列市上解省收入	调入资金
森林植被恢复费								
中央森林植被恢复费								
地方森林植被恢复费								
中央水利建设基金收入								
中央水利建设基金划转收入								
中央其他水利建设基金收入								
地方水利建设基金收入								
地方水利建设基金划转收入								
地方其他水利建设基金收入								
大中型水库库区基金收入								
中央大中型水库库区基金收入								
地方大中型水库库区基金收入								
三峡水库库区基金收入								
南水北调工程基金收入								
国家重大水利工程建设基金收入								
南水北调工程建设资金								
三峡工程后续工作资金								
省级重大水利工程建设资金								

单位：万元

科目	决算数	补助下级支出	其中：地震灾后恢复重建补助支出	省补助计划单列市支出	上解上级支出	计划单列市上解省支出	调出资金	项目	年终结余
森林防火									
森林资源监测									
林业技术推广									
林区公共支出									
其他育林基金支出									
森林植被恢复费安排的支出								**森林植被恢复费**	
林地调查规划设计								中央森林植被恢复费	
林地整理								地方森林植被恢复费	
森林培育									
林业有害生物防治									
森林防火									
森林资源管护									
其他森林植被恢复费安排的支出									
中央水利建设基金支出								**中央水利建设基金**	
水利工程建设								中央水利建设基金划转	
水利工程维护								中央其他水利建设基金	
防洪工程含应急度汛									
其他中央水利建设基金支出									
地方水利建设基金支出								**地方水利建设基金**	
水利工程建设								地方水利建设基金划转	
水利工程维护								地方其他水利建设基金	
水土保持									
城市防洪									
其他地方水利建设基金支出									
大中型水库库区基金支出								**大中型水库库区基金**	
基础设施建设和经济发展								中央大中型水库库区基金	
解决移民遗留问题								地方大中型水库库区基金	
库区防护工程维护									
其他大中型水库库区基金支出									
三峡水库库区基金支出								**三峡水库库区基金**	
基础设施建设和经济发展									
解决移民遗留问题									
库区维护和管理									
其他三峡水库库区基金支出									
南水北调工程基金支出								**南水北调工程基金**	
南水北调工程建设									
偿还南水北调工程贷款本息									
国家重大水利工程建设基金支出								**国家重大水利工程建设基金**	
南水北调工程建设								南水北调工程建设资金	
三峡工程后续工作								三峡工程后续工作资金	
地方重大水利工程建设								省级重大水利工程建设资金	
其他重大水利工程建设基金支出									
交通运输									

续表

科　　目	决算数	上年结余	上级补助收入	其中:地震灾后恢复重建补助收入	省补助计划单列市收入	下级上解收入	计划单列市上解省收入	调入资金
船舶港务费								
长江口航道维护收入								
铁路资产变现收入								
海南省高等级公路车辆通行附加费收入								
转让政府还贷道路收费权收入								
转让政府还贷公路收费权收入								
转让政府还贷城市道路收费权收入								
车辆通行费								
港口建设费收入								
铁路建设基金收入								
民航基础设施建设基金收入								
民航机场管理建设费收入								

单位：万元

科目	决算数	补助下级支出	其中：地震灾后恢复重建补助支出	省补助计划单列市支出	上解上级支出	计划单列市上解省支出	调出资金	项目	年终结余
公路水路运输									
船舶港务费安排的支出								**船舶港务费**	
长江口航道维护支出								**长江口航道维护**	
铁路运输									
铁路资产变现收入安排的支出								**铁路资产变现**	
海南省高等级公路车辆通行附加费安排的支出								**海南省高等级公路车辆通行附加费**	
公路建设									
公路养护									
公路还贷									
其他海南省高等级公路车辆通行附加费安排的支出									
转让政府还贷道路收费权收入安排的支出								**转让政府还贷道路收费权**	
公路还贷								转让政府还贷公路收费权	
公路建设								转让政府还贷城市道路收费权	
其他转让政府还贷道路收费权收入安排的支出									
车辆通行费安排的支出								**车辆通行费**	
公路还贷									
政府还贷公路养护									
政府还贷公路管理									
其他车辆通行费安排的支出									
港口建设费安排的支出								**港口建设费**	
港口设施									
航道建设和维护									
航运保障系统建设									
其他港口建设费安排的支出									
铁路建设基金支出								**铁路建设基金**	
铁路建设投资									
购置铁路机车车辆									
铁路还贷									
建设项目铺底资金									
勘测设计									
注册资本金									
周转资金									
其他铁路建设基金支出									
民航基础设施建设基金支出								**民航基础设施建设基金**	
民航机场建设									
空管系统建设									
民航安全									
民航科教和信息									
其他民航基础设施建设基金支出									
民航机场管理建设费安排的支出								**民航机场管理建设费**	

续表

科目	决算数	上年结余	上级补助收入	其中:地震灾后恢复重建补助收入	省补助计划单列市收入	下级上解收入	计划单列市上解省收入	调入资金
船舶油污损害赔偿基金收入								
民航发展基金收入								
无线电频率占用费								
散装水泥专项资金收入								
新型墙体材料专项基金收入								
农网还贷资金收入								
中央农网还贷资金收入								
地方农网还贷资金收入								

单位:万元

科　　目	决算数	补助下级支出	其中:地震灾后恢复重建补助支出	省补助计划单列市支出	上解上级支出	计划单列市上解省支出	调出资金	项　　目	年终结余
民航机场建设									
空管系统建设									
民航安全									
民航科教和信息									
航线和机场补贴									
其他民航机场管理建设费安排的支出									
船舶油污损害赔偿基金支出								**船舶油污损害赔偿基金**	
应急处置费用									
控制清除污染									
损失补偿									
生态恢复									
监视监测									
其他船舶油污损害赔偿基金支出									
民航发展基金支出								**民航发展基金**	
民航机场建设									
空管系统建设									
民航安全									
航线和机场补贴									
民航科教和信息									
民航节能减排									
通用航空发展									
征管经费									
其他民航发展基金支出									
资源勘探电力信息等事务	71								
工业和信息产业监管支出									
无线电频率占用费安排的支出								**无线电频率占用费**	
散装水泥专项资金支出								**散装水泥专项资金**	
建设专用设施									
专用设备购置和维修									
贷款贴息									
技术研发与推广									
宣传									
其他散装水泥专项资金支出									
新型墙体材料专项基金支出								**新型墙体材料专项基金**	
技改贴息和补助									
技术研发和推广									
示范项目补贴									
宣传和培训									
其他新型墙体材料专项基金支出									
农网还贷资金支出								**农网还贷资金**	
中央农网还贷资金支出								中央农网还贷资金	
地方农网还贷资金支出								地方农网还贷资金	
其他农网还贷资金支出									

续表

科　　目	决算数	上年结余	上级补助收入	其中：地震灾后恢复重建补助收入	省补助计划单列市收入	下级上解收入	计划单列市上解省收入	调入资金
山西省煤炭可持续发展基金收入		322	32					
电力改革预留资产变现收入								
旅游发展基金收入								
中央特别国债经营基金收入								
中央特别国债经营基金财务收入								
彩票公益金收入								
福利彩票公益金收入								
体育彩票公益金收入								
其他政府性基金收入		26						

单位：万元

科 目	决算数	补助下级支出	其中：地震灾后恢复重建补助支出	省补助计划单列市支出	上解上级支出	计划单列市上解省支出	调出资金	项 目	年终结余
山西省煤炭可持续发展基金支出	71							**山西省煤炭可持续发展基金**	283
生态环境治理									
资源地区转型和接替产业发展									
解决社会问题	67								
其他山西省煤炭可持续发展基金支出	4								
电力改革预留资产变现收入安排的支出								**电力改革预留资产变现**	
920万千瓦变现资产支出									
647万千瓦变现资产支出									
商业服务业等事务									
旅游发展基金支出								**旅游发展基金**	
宣传促销									
行业规划									
旅游事业补助									
地方旅游开发项目补助									
其他旅游发展基金支出									
金融监管等事务支出									
金融调控支出									
中央特别国债经营基金支出								**中央特别国债经营基金**	
中央特别国债经营基金财务支出								**中央特别国债经营基金财务**	
其他支出									
彩票公益金安排的支出								**彩票公益金**	
用于补充全国社会保障基金的彩票公益金支出								福利彩票公益金	
用于社会福利的彩票公益金支出								体育彩票公益金	
用于体育事业的彩票公益金支出									
用于教育事业的彩票公益金支出									
用于红十字事业的彩票公益金支出									
用于残疾人事业的彩票公益金支出									
用于城市医疗救助的彩票公益金支出									
用于农村医疗救助的彩票公益金支出									
用于文化事业的彩票公益金支出									
用于扶贫的彩票公益金支出									
用于法律援助的彩票公益金支出									
用于其他社会公益事业的彩票公益金支出									
其他政府性基金支出								**其他政府性基金**	26

表28-6

晋城市经济开发区相关指标表(2012年)

单位:万元

项　　目	数　额	项　　目	数　额
上划税收		年初地方政府债券	30000
上划中央税收	23713	本年地方政府债券收入	
上划中央国内增值税	12233	本年地方政府债券转贷收入	
上划中央国内消费税		本年地方政府债券转贷支出	
上划中央企业所得税	9774	本年地方政府债券还本支出	
上划中央个人所得税	1706	本年由上级代还地方政府债券	
上划省税收	6495	年末地方政府债券	30000
增值税	1224	**地区间援助收支**	
营业税	2979	11013接受其他地区援助收入	
企业所得税	1951	北京市	
个人所得税	341	天津市	
资源税		河北省	
固定资产投资方向调节税		山西省	
城市维护建设税		内蒙古自治区	
房产税		辽宁省	
印花税		辽宁省(不含大连对辽宁其他城市的援助收入)	
城镇土地使用税		大连市(不含省内其他城市对大连的援助收入)	
土地增值税		吉林省	
车船税		黑龙江省	
耕地占用税		上海市	
契税		江苏省	
烟叶税		浙江省	
其他税收收入		浙江省(不含宁波对浙江其他城市的援助收入)	
上划地市税收		宁波市(不含省内其他城市对宁波的援助收入)	
增值税		安徽省	
营业税		福建省	
企业所得税		福建省(不含厦门对福建其他城市的援助收入)	
个人所得税		厦门市(不含省内其他城市对厦门的援助收入)	
资源税		江西省	
固定资产投资方向调节税		山东省	
城市维护建设税		山东省(不含青岛对山东其他城市的援助收入)	
房产税		青岛市(不含省内其他城市对青岛的援助收入)	
印花税		河南省	
城镇土地使用税		湖北省	
土地增值税		湖南省	
车船税		广东省	
耕地占用税		广东省(不含深圳对广东其他城市的援助收入)	
契税		深圳市(不含省内其他城市对深圳的援助收入)	
烟叶税		广西壮族自治区	
其他税收收入		海南省	
地方政府债券		重庆市	

项目	数额	项目	数额
四川省		重庆市	
贵州省		四川省	
云南省		贵州省	
西藏自治区		云南省	
陕西省		西藏自治区	
甘肃省		陕西省	
青海省		甘肃省	
宁夏回族自治区		青海省	
新疆维吾尔自治区		宁夏回族自治区	
23013援助其他地区支出		新疆维吾尔自治区	
北京市		**政府收支统计**	
天津市		公共财政收入、政府性基金收入、国有资本经营收入、社会保险基金收入、财政专户管理资金收入中重复计算部分	
河北省		财政对社会保险基金的补助	
山西省		收入中其他重复计算的部分	
内蒙古自治区		收入中其他重复计算的部分情况说明	
辽宁省		公共财政支出、政府性基金支出、国有资本经营支出、社会保险基金支出、财政专户管理资金支出中重复计算部分	
辽宁省(不含省内其他城市对大连的援助支出)		财政对社会保险基金的补助	
大连市(不含大连对辽宁其他城市的援助支出)		支出中其他重复计算的部分	
吉林省		支出中其他重复计算的部分情况说明	
黑龙江省		**权责发生制及年初预算**	
上海市		权责发生制核算的资金期初数	
江苏省		其中:公共财政预算	
浙江省		权责发生制核算的资金期末数	
浙江省(不含省内其他城市对宁波的援助支出)		其中:公共财政预算	
宁波市(不含宁波对浙江其他城市的援助支出)		本年权责发生制核算的资金	
安徽省		其中:公共财政预算	
福建省		本年国库集中支付结余	
福建省(不含省内其他城市对厦门的援助支出)		其中:公共财政预算	
厦门市(不含厦门对福建其他城市的援助支出)		公共财政预算国库集中支付年终结余期初数	
江西省		公共财政预算国库集中支付年终结余期末数	
山东省		报人大的全辖公共财政支出年初预算数	17442
山东省(不含省内其他城市对青岛的援助支出)		全辖公共财政支出年初预算数	
青岛市(不含青岛对山东其他城市的援助支出)		人大批准的公共财政支出年初预算(汇总)数	17442
河南省		**其他统计指标**	
湖北省		地区生产总值	502800
湖南省		总人口(万人)	1
广东省		耕地面积(公顷)	49
广东省(不含省内其他城市对深圳的援助支出)		人均耕地面积(亩)	0.07
深圳市(不含深圳对广东其他城市的援助支出)		居民人均可支配收入(元)	22565
广西壮族自治区		农民人均纯收入(元)	8037
海南省			

JINCHENG FINANCE YEARBOOK 2013

第四部分　财政建设

1 财政队伍建设

FINANCE TEAM CONSTRUCTION

【机构设置】 1949年以后，各县人民政府都设立财政科。1957年改为财政局。1962年精简机构，财政局又改为财政科。1963年恢复财政局。1967年改为财税组。1970年恢复为财政局。1984年财政税务再次分设，县财政局一般设5股1室，即预算股、企业股、农财股、综合股、计会股、办公室。

1985年市管县体制改革后，成立晋城市财政局，内设预算科、企业科、税政科、农财科、综合科、计会科、办公室。

1988年7月27日，经晋城市编制委员会批准，晋城市财政局内设9个科室：办公室、人事教育科、预算科、行财科、企业科、农财科、农村税收科、综合科、财政驻厂员科。1988年10月24日，增设控制社会集团购买力办公室。1989年3月9日，增设税收财务物价大检查办公室。1990年4月10日，增设商贸科，原企业科改为工交科。1992年8月7日，增设监察科。

1996年11月18日，经晋城市编制委员会批准，晋城市财政局重新设置为11个科室：办公室、预算科、控制社会集团购买力办公室、综合与改革科、社会保障科、农业科、文教行政科、财政监督科、工业交通科、商贸金融科、人事教育科。1998年9月1日，增设会计管理科。

2002年机构改革，经晋城市编制委员会批准晋城市财政局为正处级建制，主管全市财政收支、财税政策、国有资本金管理等，内设13个职能科（室）：办公室、综合科、预算科、行政事业科、基建投资科、农业科、社会保障科、企业科、会计科、监督科、晋城市政府采购管理办公室、人事教育科，纪检、监察机构按晋办发[2001]35号文件执行。2006年7月22日，增设法制税政科。2007年4月29日，统计评价科更名为资产管理科，同时增设经济建设科。2008年7月11日，增设地方金融科。2009年11月13日，增设国库科。

2010年机构改革，经晋城市编制委员会批准，晋城市财政局为正处级建制，内设19个科室：办公室、人事教育科、综合科、法制税政科、预算科（晋城市财税工作领导组办公室）、国库科、行政政法科、教科文科、基建投资科、经济建设科、农业科、社会保障科、企业科、地方金融科、会计科、政法采购管理办公室、资产管理科、监督科、国库支付科，纪检、监察机构按有关规定执行。2012年2月28日，国库支付科更名为绩效评价科，行政政法科更名为行政科，同时增设政法科。至此，晋城市财政局机构职责基本符合财政改革发展需要。

局属机构：随着经济社会发展需要，晋城市财政局直属机构不断增加：

1988年7月成立会计事务所。

1992年2月20日，成立晋城市国有资产管理局，级别副县级，归口财政局，编制20名，内设办公室、工业交通建筑科、商业经贸金融科、农业文教行政科等4个科室，县（区）不设专门机构，具体工作由同级财政部门承担。1992年8月7日，增设综合科，1994年4月14日局下属资产评估公司列入事业单位，实行企业化管理。1994年12月28日，设市产权交易中心（2006年更名为晋城市产权交易市场）。2001年撤销市国有资产管理局，人员分流。

1997年3月28日，成立晋城市预算外资金管理处。

2001年9月3日，成立晋城市财政局市直单位会计结算中心。

2002年4月16日，成立晋城市政府采购中心。

2003年8月20日，成立晋城市财政投资评审中心。

2004年3月24日，成立晋城市会计服务中心。

2004年10月12日，成立晋城市财税监察大队。

2004年12月28日，成立晋城市财政局后勤服务中心。

2005年9月6日，成立晋城市财政科研所。

2007年1月18日，成立晋城市财政局信息网络中心。

2008年12月25日，成立晋城市外债资金管理中心。

2010年事业单位清理规范，清理规范后晋城市财政局保留事业单位10个：晋城市预算外资金管理处、晋城市财政驻厂员管理中心、晋城市财税监察大队、晋城市财政科研所、晋城市财政局信息网络中心、晋城市外债资金管理中心、晋城市会计服务中心、晋城市财政局后勤服务中心、晋城市财政投资评审中心、晋城市财政局市直单位会计结算中心。

2011年4月代管晋城市产权交易市场。

2012年2月5日，晋城市财政局市直单位会计结算中心更名为晋城市国库集中支付中心。

【人员编制】 1988年7月27日，经晋城市编制管理委员会核定晋城市财政局机关行政编制10人。

1996年11月18日，经晋城市编制管理委员会核定行政编制40名。其中局长1名，副局长3名，正副科长16名。

2002年机构改革后，经晋城市编制管理委员会核定局机关行政编制为34名；其中：局长1名，副局长4名，总会计师1名；科级职数20名，工勤编制3名，离退休管理人员编制3名。

2010年机构改革后，经晋城市编制管理委员会核定行政编制46名，工勤人员编制3名。其中局长1名、副局长4名、总会计师1名；科级领导职数32名。

2011年底，全市共有财政干部713人（不含晋城市中小企业信用担保有限公司），其中，市级财政系统干部144人，县级财政系统干部363人，乡镇财政系统干部206人。全市35岁以下干部274人，占38.43%；36-45岁干部240人，占33.66%；46-54岁干部145人，占20.34%。在这些干部中，研究生学历3人，本科学历259人，大专学历312人，中专学历83人，高中及以下学历56人，其中取得大专以上学历的占总人数的80.51%，取得本科以上学历的占总人数的36.75%。

2012年底，全市共有财政干部738人(不含晋城市中小企业信用担保有限公司)，其中，市级财政系统干部168人，县级财政系统干部361人，乡镇财政系统干部209人。全市35岁以下干部266人，占36.04%；36-45岁干部280人，占37.94%；

46-54岁干部145人，占19.65%。研究生学历4人，本科学历289人，大专学历317人，中专学历76人，高中及以下学历52人，其中取得大专以上学历的占总人数的82.66%，取得本科以上学历的占总人数的39.70%。

【干部队伍建设】 全局从培训、提拔、使用等多方面入手培养专业技术人才，通过专业技术人才引领广大干部讲学习，钻业务，提素质。一是以学习培训为切入点，不断提高专业技术人才素养。以培训强学：先后举办“青年干部业务培训班”、“财政系统干部业务轮训班”等各类培训班7期，组织30余名专业技术干部先后到广东省财政厅、江西省财政厅、杭州市财政局等外省市财政部门观摩学习，选派优秀高级会计师、会计师、经济师到中央财经学院、浙江大学等国内知名高校脱产学习，组织35岁以下年轻干部52人赴清华大学进行培训，累计调训干部达800余人次；以制度促学：先后建立《晋城市财政局干部教育培训管理办法》、《晋城市财政局专业技术干部培训规划》、《晋城市财政局干部教育年度培训计划》等学习制度。为每位干部建立学习档案，干部学习培训实行学分制管理，学习培训与个人年度考核及科室、单位评先挂钩，对干部参加继续教育、学历教育以及注册会计师、高级会计师、注册评估师等与工作相关的各级各类执业资格考试进行物质奖励并报销相关费用等，促进学习走向制度化、规范化；以文化引学。局党组先后为干部职工发放《财政学》、《请给我结果》、《幸福的方法》等书籍，对干部在学习过程中撰写的优秀体会文章汇编成书，印发《心得》一书，收录广大干部学习的所思所想。对《财政学》学习进行统一考试检验效果。创办刊物交流学习，先后创办《晋城财政》杂志、《晋城财政报告》（内刊）、《晋城财政运行监测》（内刊）、“晋城财政信息”（简报），为干部学习交流提供良好平台。整理汇编《财政专题讲座》。二是以营造氛围（软环境建设）为突破点，不断增强专业技术人才的主人翁意识。逢有重大节日干部加班，班子成员也全员到岗，加班工作；每月为同月出生的干部集中过生日；为晚上加班的干部送牛奶，强制干部休假，局领导定期找技术骨干谈心等。局党组从细微处着眼，处处关心干部。同时，局党组在工作上尊重专业技术人才，全局建立由20名专家组成的“晋城市财政改革与发展专家咨询组”，50余名专家组成的工程造价、土建、安装类“财政投资评审专家库”，13名专家组成的“财会知识培训师资库”。全局共出台修订各类财政监督管理制度65个。三是以合理使用为落脚点，不断激发专业技术人才的工作动力。局党组把专业化品质作为使用干部的一条重要标准来考虑，对取得中级以上职称和相关执业资质的专业人才，破格使用，大胆提拔。2011年提拔的7名副科级干部中全部具有高级会计、会计师或经济师职称。2012年6月对具有国家注册税务师、注册会计师、一级建造师、造价工程师的5名专业人才进行提拔。2012年8月对22名干部进行轮岗交流，轮岗后全局30名科室和下属单位负责人中，具有高级会计师任职资格的3名，会计师、经济师资格的26名。全局树立重用专业技术人才的用人导向，这种导向也正在影响全局的年轻干部。2012年7月，统计填报2012年拟报考中级技术职务资格、英语模块、职称英语的人员达37人。

2 财政信息化建设

FINANCIAL INFORMATIZATION CONSTRUCTION

【机构设置】 2007年1月18日，根据财政部和山西省财政厅《关于加快金财工程建设实施意见》，使全市金财工程建设与管理工作达到全省要求，适应全市财政改革与发展，成立晋城市财政局信息网络中心。

【机构职能】 负责制定全市金财工程建设规划；指导全市财政系统信息网络建设；负责全市财政广域网建设和管理机关局域网；承担财政业务应用计算机系统的开发及各科室的软件开发和数据处理；承担信息资源开发、数据库建设和信息服务；负责局机关办公自动化建设和计算机网络、财政业务应用系统的安全及保密工作；负责市财政局门户网站建立和门户网站宣传工作；负责制定本部门(单位)信息网络管理的相关制度、管理办法；完成局领导交办的其他事项。

【信息化建设】 一是实现财政一体化业务系统上线运行。经晋城市财政局信息网络中心和相关业务科室及软件公司协调配合，圆满完成财政一体化平台的建设任务。建设完成统一门户单点登录、公文管理、预算指标管理、预算指标对账管理、账户管理、结余资金管理、国库集中支付、电子清算、公务卡、工资统发、单位自有资金管理等一体化财政应用与管理系统。系统囊括财政所有资金，覆盖全市所有预算单位，实现了财政部门在编制部门预算后支出管理的现代化。工资管理系统在每月5日前就可以把财政供养人员工资发放到银行卡上，电子清算系统实现当天支出，当天到账功能，公文管理系统实现通过指标账务系统直接形成指标文件，公务卡管理实现对持卡人的方便结算功能，各项资金管理也实现规范方式管理。二是实现所有办理财政业务人员的身份认证。按照《晋城市市级政府财政管理信息系统用户名及密码管理办法(暂行)》，和业务科室、预算单位、代理银行签订《晋城市市级政府财政管理信息系统用户名及登录密码、数字证书存储介质安全管理责任书》，业务科室、预算单位、代理银行填制《晋城市财政预算单位用户证书申请表》后，财政局机关所有人员、预算单位人员、代理银行办理财政支付业务人员全部发放CA认证卡，并对全体人员进行培训。三是非税收入收缴系统顺利开展。2012年，山西省财政厅统一安排市、县两级财政部门开展非税收入收缴系统建设，按照省厅建设方案，结合实际情况，实现非税收入收缴部门通过财政城域网络办理非税收入收缴工作，财政部门实现对非税收入收缴的实时管理。同时也实现与办理非税业务银行的联网，全市有九家银行可以办理非税收入业务。四是网络建设有新突破。完成省、市、县、乡四级广域和局域网络，建设县级用于预算单位办理财政业务的城域网，市级增加预算单位和非税收入单位的城域网络结点，实现财政部要求的下联到乡，横联到全部预算单位的要求。五是按年初工作目标完成楼层布线项目建设。针对楼层布线工作，进行方案论证、评审、招标等工作，在施工期间，积极做好和其他两项工程的配合和协调工作，保证施工按正常进度开展。六是完成《晋城财政数据字典》建设及电子展厅(财经分析室)的显示屏和触控一体机的选型、安装工作。《晋城财政数据字典》主要包括以下功能模块：经济运行监测、财政运行监测、财政收支与经济、部门预算执行、财政项目库、财源建设、专题分析、自定义分析、定制服务、系统管理，现在已经投入使用。为保证《晋城财政数据字典》能按设计要求完整展现，建设了功能先进的"财经分析室"，配置了高清晰显示屏和触摸屏。七是积极引导县级开展县级财政信息化建设。为调动县级信息建设的积极性，出台《信息化建设实施意见》和《晋城市支持县级财政信息化建设专项资金竞争性分配办法》，县级财政加大信息化建设投入力度，加快开展信息化建设。相继成立信息化专门机构，出台信息化建设方案，开展包括机房建设、网络建设、数据中心建设等基础设施建设，县级机房改造工程和数据中心工程已全部完工。县级全部完成县到乡财政联网和到预算单位联网工作。县级应用支撑平台全部上线。制定县级平台上线方案，协调符合条件的阳城县、陵川县平台上线，督促其他县区尽快满足县级平台上线条件，现所属县级已完成县级平台上线任务。积极开展县级CA建设。按山西省财政厅要求填报《县级CA建设征求意见表》，积极争取省厅把晋城市作为县级CA建设试点市，按要求完成县级CA建设。八是继续完善机房的后续服务和制度建设工作。在2011年机房建设完成的基础上，针对机房存在的问题，积极开展机房的整改工作。制发《关于做好财政城域网运行维护管理的通知》和《晋城市财政业务应用支撑平台管理办法》，用于规范财政业务系统使用，保证财政业务稳定运行。继续做好省、市、县三级网络检查和维护工作，加强网络监管力度，确保网络信息安全。继续做好网络设备和集中支付数据的存储备份和管理工作。除做好日常维护检查工作外，参加省厅组织的灾备数据的恢复演练。

【网站建设】 在2011年建设的财政门户网站"晋城财政信息网"的基础上，2012年按照电子政务建设规划和政务公开的各项要求，结合财政局工作动态，"晋城财政信息网"发布和转载各类信息6000余条，"在线咨询" 栏目回答网友咨询70余条，在线访问人数达21万多人/次。为配合好财政业务系统上线工作，重新制作内网网站。经过充分征求意见，5月份正式上线。网站内容包括：业务平台和业务系统的办理窗口，晋城财政数据、财政信息、公告，全国财政要闻、财政法规、财政动态等，增加音乐室、荣誉室等。

【资金投入】 2012年，全局共投入各项信息化建设600余万元，用于《晋城财政数据字典》、财政信息网络建设、办公设备更新、业务平台建设、设备和软件维护等项目，所有项目均采取项目审批、投资评审、政府采购等环节。2012年各县(市、区)财政部门共投入1400余万元，用于县区机房改造、数据和应用中心建设、县级平台上线、非税收入收缴系统建设等项目。

3 财政监督

FINANCIAL SUPERVISION

【机构设置】 为更好的发挥财政监督工作在财政工作中的牵头组织作用和对业务管理机构的日常监督作用，提高财政监督工作效率，建立健全预算编制、执行和监督相互制约、相互协调的机制，推进财政部门依法行政、依法理财。1992年8月，根据《关于晋城市财政局增加科室的通知》(泽编字〔1992〕33号)成立监督科。

【机构职能】 负责拟定全市财政监督检查的规章和制度；监督财税法规、政策的执行情况；承担监督检查会计信息质量有关工作，依法查处有关违法行为；检查反映财政收支管理中的重大问题，提出加强财政管理的政策建议；监督局内各业务科室在预算编制和执行过程中执行财政法规、政策和制度的情况；监督局属单位财务收支管理情况。

【财政监督】 2012年，财政监督检查工作立足“服务财政管理、加强制度建设、突出监督重点，提高执法质量”的工作思路，围绕年度工作目标，更新观念，把握重点，扎实工作，力求使财政监督工作更好地为财政改革与管理服务，圆满完成各项工作任务。一是以落实《财政部门监督办法》为契机，努力构建“大监督”工作机制。为进一步落实监管责任，建立和完善覆盖所有政府性资金和财政运行全过程的监督机制，确保财政资金安全运行与合理有效使用，根据财政部《财政部门监督办法》，结合工作实际，出台《关于构建综合财政监管工作机制的意见》和《晋城市财政局综合财政监管职责分工办法(试行)》，对财政监管职责进行明确分工，将局内各科室(单位)分为综合管理科室、部门预算管理科室和其他业务管理科室。对预算编制环节、预算执行环节、决算编报环节、项目绩效管理环节及其他财政管理环节的监管进行明确分工，力求从资金分配、使用、绩效评价到内部控制各个环节都有财政监督做保障。二是修订完善《晋城市县级财政部门目标管理绩效考核办法》。在2011年出台《晋城市县级财政部门目标管理绩效考核办法》的基础上，2012年对部分考核内容、指标、分值进行补充调整。三是组织开展全市政府非税收入征收管理专项检查。下发《关于开展政府非税收入征缴管理情况专项检查的通知》，对全市部分执收、执罚行政事业单位和部分煤炭企业2009—2011年行政事业性收费、政府性基金、国有资源有偿使用收入、国有资产有偿使用收入、国有资本经营收益、彩票公益金、罚没收入及其它非税收入进行专项检查。对晋城市非税收入征管情况进行专题调研。全市共检查168户，其中：行政事业单位119户，煤炭企业49户，查出违规资金39367.46万元(行政事业单位29392.23万元、煤炭企业9975.23万元)。四是组织开展会计信息质量检查。重点对7户全民所有制综合医院、6所中职学校、1所高职学校、7户民政优抚事业单位2011年度会计信息质量进行专项检查。发现存在违规问题单位17户，违规金额372.85万元，并依照有关程序和权限做出处理。五是简化办事程序，提升工作效率，全力助推重点工程项目建设。为规范政府投资项目审价工作，2011年出台《公开选聘中介审价机构审查工程竣工决(结)算管理办法》，选择符合条件的16家中介审价机构，建立工程审价机构备选库。2012年通过审核相关资质、资料，将2家符合条件的中介机构纳入备选库管理。同时为规范评估、拍卖行为，建立评估、拍卖中介机构备选库。凡涉及重点工程项目，需中介机构审价的，在确保公开、公平、公正的前提下，简化工作流程。2012年先后为秀水苑爱物学校、汇迁小学、街巷硬化等21个重点工程、民生工程项目，1个超编、超标公务用车拍卖项目选定评估、拍卖中介机构，现场抽签均在接到工作指令半个工作日内完成。为确保按时、按质完成审价工作，召开两次审价机构代表座谈会，对审价工作提出明确要求，对中介机构出具的审价报告进行绩效评价考核，以实际行动践行“重点工程项目不因财政干部懈怠不作为而影响进度”的承诺。六是建立健全“小金库”长效机制，实现“小金库”治理工作制度化、规范化、常态化。2012年3月，对全市2009—2011年“小金库”专项治理情况进行通报，全市纳入治理范围的1787家党政机关、事业单位、国有及国有控股企业、社会团体开展专项治理工作，共发现“小金库”38个，涉及金额1774.79万元，处罚单位24个，责任追究7人；出台《晋城市防治“小金库”常态化监管实施意见》，对“小金库”实行常态化管理，从制度上防止“小金库”现象。

4 财政监察

FINANCIAL BUDGET MANAGEMENT

【机构设置】 1998年，晋城市财政局根据《关于市直有关部门设置纪检、监察派驻机构有关问题的通知》（晋市编字〔1998〕第6号）文件要求，成立监察室，纪检组和监察实行合署办公，一个机构两种名称，承担两种职能。

【机构职能】 按晋城市纪检监察机构有关规定执行；完成局领导交办的其他事项。

【财政监察】 2012年，晋城市财政局在积极推进财政中心工作的同时，始终坚持"标本兼治、综合治理、惩防并举、注重预防"的方针，努力做到"四个坚持"、构建"两个体系"，为扎实开展各项财政工作打下良好基础。一是坚持落实廉政建设责任制，全面推进党风廉政建设。把山西省财政厅、晋城市纪委反腐倡廉建设会议精神及时形成会议精神传达提纲，由财政局领导分赴各县（市、区）传达学习，并把传达提纲下发至各科室，使全体财政干部职工能够准确掌握各级党风廉政工作的目标要求，领会其精神实质；紧密结合财政工作实际，制定印发2012年反腐倡廉建设工作计划，从履行财政监督检查职能、强化党风廉政宣传教育、推进财政惩治和预防腐败体系建设、加强廉政风险防控机制和加强对领导干部的监督管理五个方面作出工作安排，明确工作任务和目标要求；认真落实党风廉政建设责任制规定，层层签订廉政目标责任书，明确科室廉政建设和承担源头治理工作责任制目标，并把责任制目标考核纳入目标管理绩效考核中；制作《加强财政党风廉政建设推动财政事业健康发展》专题片，于9月22日在晋城市广播电视台"党风廉政建设、助推转型跨越"栏目展播。短片从强化廉政教育、建立健全制度、推进财政改革、开展预警防控、加强干部队伍建设五个方面向人民群众介绍了财政局稳步推进党风廉政工作的情况。6月，晋城市农村党风廉政建设领导组办公室对2012年以来各级部门维护阳光农廉网栏目情况进行通报，在市直16家涉农部门中，市财政局排名第二。11月份，根据《2012年工作目标责任制分解》和《关于下达2012年县级财政部门目标管理绩效考核指标的通知》要求，完成三公消费专项检查和对县（市、区）财政局的廉政建设及行评工作的考评。二是坚持强化干部队伍建设，筑牢党员干部廉政思想防线，首先是注重选人用人。2012年4月份，晋城市财政局面向社会公开招聘14名工程造价、财经等专业技术人员，为财政干部队伍注入新鲜血液。7月中旬，对重点岗位、关键环节和岗位时间工作较长的23名干部进行轮岗交流，1/3的科级干部进行岗位调整。其次是加强学习教育。为财政局机关干部发放《幸福的方法》、《请给我结果》、《党政机关公文写作指导》、《公务员法》、《财政学》等书籍，组织机关干部观看《和谐拯救危机》、《弟子规》、《忠诚与背叛》等专题片；按照"大规模培训干部、大幅度提高干部素质"工作要求，开展干部培训：举办"局机关青年干部业务培训班"、"县乡财政干部业务培训班"、"局机关干部复旦大学培训班"、"局中层干部能力素质提升清华大学培训班"等；组织干部职工参观廉政教育基地，撰写心得体会100余篇。三是坚持"崇尚服务、追求卓越"的工作理念，扎实开展整治"吃拿卡要"的专项整治活动。从四个方面入手，扎实有效推进活动的开展。积极组织动员教育：5月15日，晋城市财政局召开整治"吃拿卡要"问题、创优发展环境动员大会，成立由主要领导担任组长、分管局领导担任副组长的整治领导组，明确专项整治的总体目标、整治的内容、方法步骤。各科室（单位）开展整治"吃拿卡要"教育活动；认真开展自查自纠：各科室（单位）对公共权力行使情况深入排查，查找是否存在应办不办、拖着不办、推诿扯皮、敷衍塞责，以及变相刁难、吃拿卡要的行为。开展交心谈心活动，以分管领导为单元组织所分管科室，对照专项整治内容召开民主生活会，认真开展批评与自我批评；努力推进服务提升：全体财政干部职工一致践行"崇尚服务、追求卓越"的工作理念，积极营造行为规范、运转协调、公正透明、勤政高效的服务环境，努力实现审批项目数量最少、环节最简、流程最优、时限最短、服务最好的工作目标；积极构建长效机制：在全面征求各方面意见的基础上，出台《晋城市财政局创优发展环境、提升服务水平实施办法》，对实行首办负责制、主管负责制、限时办结制、一次性告知、超时默认制、岗位责任制、勤政廉政和监督管理等方面作出12条规定，以制度机制为抓手，着力提高行政效能和服务水平。四是坚持抓民主评议政风行风工作，促进财政系统作风建设。认真落实省、市民主评议政风行风工作的安排部署，出台《晋城市财政局2012年民主评议政风行风实施方案》，要求全市财政部门积极转变职能，推进依法行政。组织开展以"向人民承诺、请人民监督"为主题的"民主评议政风行风主题宣传月"活动。在宣传活动现场，通过布置宣传版面和展台、公开2012年政风行风承诺、发放财政宣传资料、设立投诉举报台、现场解答提问等形式，同群众进行交流沟通；组织参加政风行风热线、行风大家谈活动。5月14日，组织收听由山西省行评办、纠风办、山西综合广播联合播出的政风行风热线栏目，安排专人对节目内容进行记录，并召集相关科室负责人，随时解答群众提出的问题。11月21日，参加行风大家谈栏目，郭治琛局长作的题为《崇尚服务、追求卓越，打造以民生为主导的现代财政》的工作汇报获得评议代表的50张"笑脸"牌；继续开展目标管理绩效考评工作，促进行政效能和服务水平的提高。从日常考勤、工作业绩和综合评价三个方面对所属人员进行衡量，科学考评财政工作人员的德才表现和工作实绩，促进财政管理工作稳步推进。五是开展廉政风险防控工作，努力构建廉政风险预警防控体系。2012年7月，晋城市财政局开展廉政风险排查工作，共排查出295个廉政风险点，10个高风险岗位，初步建立"以岗位为点、以权力流程为线、以制度建设为面"的廉政风险防控模式。在排查过程中，财政干部认真对照自身岗位，采取自下而上查找和自上而下逐级审核的方式，从思想道德、岗位职责、业务流程、制度机制和外部环境五个方面进行排查，并结合工作实际对廉政风险确定等级，制定防范措施，填写《廉政风险排查表》。同时，在全市财政系统建立网上业务平台、网上办公平台和财政数据库，实现预算编制、集中支付、收入收缴、工资统发、电子清算、办公自动化、文件传输、预算指标管理、预算单位资金管理等业务办理，从而加强对廉政风险的防控。六是深化财政改革，构建科学的源头控腐体系。深化部门预算改革。完善基本支出定员定额标准体系，规范“两上两下”预算编制程序，细化预算编制内容，建立预算编制与预算执行、结余结转资金管理、行政事业单位资产管理相结合的工作机制和预算支出执行进度通报制度。加强国库集中支付改革。出台《关于简化国库集中支付手续提高财政资金支付效率的通知》，采取措施简化国库集中支付手续，提高资金支付效率。坚持依法遵规履程，实行限时办结制。按照能简尽简的原则，对部分国库集中支付支出取消提供原始单据及附件的要求。实现市级财政资金支付清算业务信息化、网络化。6月份，对市级财政资金电子支付进行电子清算试运行，通过网上发包、校验、收包，实现电子清算财政资金，改变过去代理银行人工取票据、送回单、再清算的慢节奏。财政资金的支付、清算全面实现网络传输，支付速度和效率迅速提高。财政投资评审取得明显成效。健全完善“先评审、后编制，先评审、后招标，先评审、后采购，先评审、后拨款，先评审、后决算”的科学投资决策和财政精细化管理运作机制，节约了大量政府资金。政府采购纳入规范化管理。市县两级政府采购紧紧围绕贯彻落实《中华人民共和国政府采购法》和国家政府采购的有关规定，进一步健全机制，完善制度，强化监管，政府采购工作迈向法制化、规范化发展的轨道。

第五部分　重要文献

关于2012年全市和市本级预算执行情况与2013年全市和市本级预算草案的报告

——2013年3月27日在晋城市第六届人民代表大会第四次会议上

晋城市财政局局长　郭治琛

各位代表：

受市人民政府委托，现向大会报告2012年全市和市本级预算执行情况与2013年全市和市本级预算草案，请予审议，并请政协委员和各位列席人员提出意见。

一、2012年全市和市本级预算执行情况

2012年，在市委正确领导下，全市各级各部门按照稳中求进、好中求快的工作基调，深化财政改革，服务科学发展，圆满完成了各项预算收支任务。

（一）全市公共财政预算执行情况

2012年全市公共财政预算收入完成82.9亿元，为预算的105%，比2011年（下同）增长22.1%，其中市本级29.4亿元，县级53.5亿元。各县（市、区）公共财政预算收入按规模排序：泽州县12.5亿元、高平市11.9亿元、沁水县9.1亿元、阳城县8.8亿元、城区7亿元、开发区2.7亿元、陵川县1.5亿元；按增速排序：城区34.9%、开发区33.8%、沁水县25.2%、陵川县20.4%、高平市16%、泽州县15.2%、阳城县13.4%。

2012年支出预算，在年度执行过程中根据省财政厅追加专项指标及《中华人民共和国预算法》有关规定作了相应变动：一是将省追加专项指标按照规定顺加到了有关科目；二是将办理省、市、县（市、区）财政结算事项所增加财力按规定作了相应安排；三是市、县两级根据各自情况和省财政厅有关规定安排超收收入和调入资金，对年度预算作出了相应变动。全市公共财政支出预算由106.6亿元变动为133.7亿元，全年执行129.7亿元，为变动预算的97%，增长14.5%，其中市本级33.1亿元，县级96.6亿元。各县（市、区）公共财政预算支出按规模排序：高平市20.7亿元、泽州县20.2亿元、阳城县17.3亿元、沁水县14.1亿元、陵川县11亿元、城区11亿元、开发区2.3亿元；按增速排序：城区25.8%、泽州县23.5%、沁水县21.9%、高平市16%、陵川县13.6%、阳城县12.9%、开发区-53.8%。开发区支出负增长主要是2011年将转贷地方政府债券收入3亿元用于保障房建设，2012年没有该项支出。

全市公共财政预算收入82.9亿元，加上级补助收入46.8亿元，转贷地方政府债券收入1亿元，使用预算稳定调节基金1.4亿元，调入资金2.3亿元，上年结余4.5亿元，可使用的收入总量138.9亿元。全市公共财政预算支出129.7亿元，加上解上级支出0.5亿元，建立预算稳定调节基金2.3亿元，援疆支出0.1亿元，地方政府债券还本支出2亿元，调出资金0.2亿元，支出总计134.8亿元。收支相抵，公共财政预算滚存结余40508万元，其中净结余275万元，40233万元有专项用途资金结转下年使用。

在上述公共财政预算收入之外，2012年全市完成上划中央收入109.5亿元，增长13.6%；上划省级收入21.1亿元，增长20.6%；全市行政区域内组织财政总收入213.5亿元，增长17.4%，其中市本级49.1亿元，县级164.4亿元。各县(市、区)财政总收入按规模排序：高平市42.3亿元、泽州县37.5亿元、沁水县32.6亿元、阳城县30.4亿元、城区11.6亿元、开发区5.7亿元、陵川县4.3亿元；按增速排序：城区37.7%、开发区30.3%、沁水县25.2%、阳城县19.9%、陵川县18%、高平市16.1%、泽州县9.8%。

2012年全市财政总收入增速超出省考核目标1.4个百分点，总收入规模排名由上年的全省第5位前移至第4位，增速排名由上年的全省第8位前移至第7位；公共财政预算收入增幅超出省考核目标6个百分点。支出方面，我市以民生为主导的现代财政建设取得新进展，公共财政预算市县两级财力中用于教育支出同比增长33.2%、社会保障与就业支出增长34.8%、医疗卫生支出增长20.3%、住房保障支出增长1.7倍、农林水事务支出增长18.7%，上述几项加上文化体育传媒、交通运输、城乡社区事务和节能环保等与人民群众生活直接或密切相关的支出总计78.1亿元，占公共财政预算市县两级财力支出的70.8%，比上年提高1.5个百分点，增长24.2%，高出全市公共财政预算支出增幅9.7个百分点。

（二）市本级公共财政预算执行情况

2012年市本级公共财政预算收入完成29.4亿元，为预算的108.5%，增长26%。加上级补助收入46.8亿元，下级上解收入1

亿元，转贷地方政府债券收入1亿元，使用预算稳定调节基金1.4亿元，调入资金1.3亿元，上年结余1.9亿元，可使用的收入总量82.8亿元。市本级公共财政预算支出33.1亿元，为变动预算的94.4%，增长14.9%。加上解上级支出0.5亿元，补助下级支出43.6亿元，安排预算稳定调节基金2.3亿元，地方政府债券还本支出1.2亿元，调出资金0.1亿元，支出总计80.8亿元。收支相抵，公共财政预算滚存结余19743万元，其中净结余205万元，19538万元有专项用途资金结转下年使用。

1. 市本级公共财政预算收入完成及超收使用情况

市本级主要收入项目完成情况为：增值税46656万元，完成预算的81.1%。营业税35070万元，完成预算的100.7%。企业所得税78908万元，完成预算的102.1%。个人所得税9972万元，完成预算的92.8%。其他税收31012万元，完成预算的94.4%。非税收入92682万元，完成预算的159.7%。

市本级超收收入23055万元，按照省财政厅有关文件精神，全部用于建立预算稳定调节基金，留待下年度安排使用，已向市人大财经委报告。

2. 市本级公共财政预算支出执行情况

2012年市本级预算支出坚持统筹兼顾、突出重点的原则，进一步调整和优化支出结构，集中财力向民生领域倾斜，各项重点支出得到较好保障，主要支出项目执行情况为：

（1）教育支出63946万元，为变动预算的99.8%。支持了爱物学校、汇仟小学、市中等专业学校、凤城中学4所学校建设。支持我市在全省率先实现普通高中免学费教育。实施教育“双百工程”，为100所农村义务教育学校购置艺体器材，为100所学校配备饮水设施。支持全市32所农村义务教育薄弱学校购置仪器设备、图书、多媒体设备及改善学校附属生活设施。对39所新建和改扩建公办幼儿园予以补助。支持了29所义务教育学校标准化建设。增拨100人以下农村中小学公用经费。对边远山区乡村学校8200名在岗教师补助交通费及帮助改善生活条件。资助了543名困难大学生。

（2）科学技术支出7961万元，为变动预算的100%。支持了19项国家及省科技计划配套项目、60项工业科技攻关计划及火炬计划项目、81项农业技术攻关及星火计划项目、2项基础平台建设项目、42项社会发展类项目、44项成果示范推广类项目、16项食用菌产业链项目、25项科技特派员创业项目实施。

（3）文化体育与传媒支出13992万元，为变动预算的100%。扶持了35个文化产业项目。支持各县（市、区）建设了15个百姓大舞台，对134个村进行文化惠民演出，对17个基层公共文化特色项目予以补助。支持了农村文化信息资源共享工程、农家书屋工程、农村文艺演出活动、农村体育活动、农村电影放映工程五项文化建设和基层文化站建设。

（4）医疗卫生支出16381万元，为变动预算的99.8%。提高新型农村合作医疗和城镇居民基本医疗保险的财政补助标准，由每人每年200元增加到240元，医疗费用报销水平进一步提高。支持未参保的关闭破产国有企业退休人员、困难企业职工参加城镇职工基本医疗保险。启动实施城乡医疗救助“一站式”即时结算，救助困难群众12.7万人。支持实施了市县两级医院远程医疗会诊系统健康工程。支持了贫困偏远山区乡镇卫生院建设、基层医疗卫生机构债务化解、实施国家基本药物制度和乡村医生参加新农保。

（5）社会保障和就业支出33319万元，为变动预算的100%。实现新型农村和城镇居民社会养老保险制度的全覆盖。将我市60岁以上城乡居民社会养老保险基础养老金标准由每人每月55元上调为65元。支持做实企业养老保险个人账户，将企业退休人员基本养老金月人均标准提高到1827元。支持城市低保每人每月提高90元，农村低保每人每月提高22元，并为城市低保对象发放“中秋”、“国庆”两节一次性生活补贴500元。按人均600元标准建立了散居孤儿基本生活保障制度，全市650名孤儿生活费实现了社会化发放。

（6）住房保障支出6258万元，为变动预算的37%。未完成预算主要原因是公租房未开工建设，不具备支付条件，1亿元计划用于该项目的地方政府债券资金结转下年使用。

（7）节能环保支出26060万元，为变动预算的94.9%。支持了全市20个区域环境污染综合治理项目、集中式饮用水源地污染防治项目、农村环境污染治理项目和环保新技术新工艺推广项目建设。加快重点节能工程建设，完成居住建筑供热计量与节能改造38.5万平方米。支持了包括PM2.5在内的空气、噪声、水质监测设备采购和监察标准化建设。支持了泽州县巴公镇13个行政村农村环境连片整治示范项目建设。

（8）城乡社区事务支出27758万元，为变动预算的100%。支持了城市道路、综合管沟、桥涵、人行道、路沿石、路灯等市政设施维护，排水清淤和污水处理，市区公园、街心花园、游园及道路两侧2万余亩绿地日常养护，区域性规划和城市规划编制、泽州路和凤台街风貌特色提升设计，农村危房改造等项目实施。

（9）农林水事务支出13278万元，为变动预算的95.4%。扶持了175个贫困村发展种植养殖项目和农村基础设施建设项目。对新建5000亩日光温室大棚和5000亩春秋大棚进行奖补。扶持178个专业村“一村一品”产业项目发展。对16个玉米高产创建示范区技术推广项目进行奖补。对19个加工龙头企业及11个食用菌工厂化生产企业进行贷款贴息。对798户畜牧养殖户和专业合作社进行了扶持。对300个生态园林村建设项目进行奖补。扶持3万亩干果经济林建设。对新发展的10万亩连翘经济林建设和2000亩连翘育苗进行了补助。

(10)交通运输支出9416万元,为变动预算的100%。对城市公交、出租车、农村客运等公益性行业给予油价补贴。支持了农村公路养护。

(11)公共安全支出32213万元,为变动预算的100%。落实国家政法经费保障政策,保障政法机关正常运转,支持政法部门装备配置、提升执法办案水平。支持武警部队和消防部队建设,购置隧道排烟照明车、消防水罐车以及反恐、救援装备等。

(三)政府性基金预算执行情况

2012年全市政府性基金收入27.9亿元,完成预算的124.6%,比上年下降28.6%。加上级补助收入1.8亿元、上年结转28.5亿元、调入资金0.1亿元,可使用的收入总量58.3亿元。政府性基金支出37.6亿元,为预算的73.7%,比上年增长10.7%,加上解上级支出0.5亿元、调出资金2.2亿元,支出总计40.3亿元。收支相抵,结转下年支出18亿元。

2012年市本级政府性基金收入12.7亿元,完成预算的113.5%,比上年下降52.2%。加上级补助收入1.8亿元、上年结转19亿元、下级上解收入0.1亿元,可使用的基金收入总量33.6亿元。市本级政府性基金支出20.7亿元,为预算的68.2%,比上年增长23.7%,加上解上级支出0.5亿元、补助下级支出3亿元、调出资金1.2亿元,支出总计25.4亿元。收支相抵,结转下年支出8.2亿元。

(四)国有资本经营预算执行情况

2012年市本级国有资本经营收入4800万元,完成预算的100%。其中:利润收入200万元,股利、股息收入4600万元。市本级国有资本经营支出3545万元。其中:科学技术支出1000万元,资源勘探电力信息等事务支出1745万元,商业服务业等事务支出800万元。调入公共预算1000万元。当年结余255万元。

2012年各县(市、区)未建立国有资本经营预算,预算执行中沁水县组织国有资本经营预算收入4000万元,支出1000万元,当年结余3000万元。

(五)社保基金预算执行情况

2012年全市社会保险基金总收入44.8亿元,完成预算的131.2%。加上年滚存结余65.5亿元,收入总计110.3亿元。2012年全市社会保险基金总支出24.8亿元,完成预算的114.9%。收支相抵,滚存结余85.5亿元。

2012年市本级社会保险基金总收入27.1亿元,完成预算的141.2%。加上年滚存结余44.3亿元,收入总计71.4亿元。2012年市本级社会保险基金总支出13.3亿元,完成预算的122%。收支相抵,滚存结余58.1亿元。

(六)落实市人大预算决议及财政主要工作情况

按照市六届人大二次会议的有关决议,以及市人大财经委的审查意见,全市各级财政部门紧紧围绕市委提出的"两个坚定不移",继续实施积极财政政策,稳步推进财政改革,着力提升资金绩效,切实加强财政管理,努力打造以民生为主导的现代财政。

1. 积极推进财政改革。一是创新财政专项资金分配方式。对非资源类县域主导产业6000万元专项资金、33项科技项目资金、10项文化项目资金和节能项目资金实行了竞争性分配,积极探索推动政府性扶持资金科学、高效分配的新办法。二是调整规范市县财政体制。建立新的增收奖励机制,加大对各县(市、区)财力转移力度,鼓励多收多得,调动加快发展的积极性,做强做大县域经济。对城区、开发区实行"属地入库、比例分享"的财政收入征收分成办法,在全市范围内实现财政体制政策统一、规范,打破按企业隶属关系划分政府间收入办法,创造了有利于企业兼并、重组等改革推进的发展环境。三是建立绩效评价机制。出台"晋城市财政支出绩效评价管理办法"等4项制度规定,选择城市亮化工程、村庄园林绿化等六个项目资金进行绩效评价,探索提高财政管理水平的新途径。四是深化国库集中收付制度改革。市县两级全面完成了会计集中核算转轨工作,将所有预算单位所有财政性资金全部纳入国库集中支付管理。扩大公务卡结算范围,将结算项目由8项扩大到13项,市级公务卡制度改革覆盖市本级所有预算单位,各县(市、区)全部启动公务卡制度改革,部分县(区)将改革沿至乡级。市级非税收入收缴管理信息系统全面上线运行,县级非税收入收缴管理改革正在进行,全市国库收付制度改革取得突破性进展。

2. 切实加强财政管理。面对经济下行,我市主导产业煤炭价格下跌以及国家实行结构性减税的收入严峻形势,各级财税部门狠抓收入征管,国税部门紧盯亚美大宁外方股权转让,经多方努力争取国家税务总局协调,一次性征收非居民股权转让企业所得税4.03亿元。地税部门积极探索增加地方可用财力的新途径,组织地方公共预算收入增长17.6%。财政部门加强非税收入征收及检查力度,非税收入比上年增长35.2%,经过共同努力,圆满完成了收入预算任务。与此同时,按照新出台的《市级部门(单位)财政拨款结余资金管理办法》,加大清理预算单位历年滚存结余资金力度,共收回历年沉淀于部门(单位)的各类财政资金1亿元,及时组织清理当年预算安排因各种原因未能执行的预算资金,2012年公共财政预算结转比上年减少4000万元,政府性基金结转比上年减少10.4亿元。规范政府采购工作,全年完成政府采购预算13.5亿元,实际采购额12.1亿元,节资率10.1%。推进财政投资评审工作，全年评审项目334个，评审资金26.6亿元，审定投资23.7亿元，审减率达到10.6%。

3. 努力促进经济发展。积极探索财政服务科学发展的新途径，对各类扶持经济发展资金效果进行评估，开展市级财政借出款项清理，暂停或整合了一批风险资金、结余资金、闲置资金以及使用率低的资金，完善专项资金管理办法，建立相关使用监督机制。在固定资产投资方面，市级安排基本建设投资9.8亿元，是上年的1.5倍。在支持农业方面，安排生产性支农资金2.7亿元，同比增长33.4%。在支持工业方面，安排1.3亿元专项资金用于支持中小企业发展、节能技改和产业转型。在支持科技项目方面，安排资金3900万元支持289项科技项目。在支持招商引资方面，安排2281万元工作经费用于"四个千亿"项目对接、233项重点工程和100项工业转型项目建设。在支持服务业方面，安排1434万元支持服务业限上企业和商贸物流业项目建设。在支持创业方面，安排3868万元，重点支持创业人才项目孵化基地建设、创业库建设、创业培训、创业贷款等工作。在扶持社团组织方面，通过申报、审核、公示等程序，下达扶持资金340万元，对62个符合条件的社团组织进行了政府资助。在融资担保方面，市级担保公司常规性融资担保5.7亿元，政策性贷款担保1732万元。在争取上级资金方面，加强了与省直部门沟通联系，及时了解资金补助的最新动态，足额安排项目前期费用，对争取到补助资金的项目，优先落实配套资金。

在看到成绩的同时，我们也清醒地认识到，财政运行和预算执行中还存在一些需进一步研究解决的问题：受宏观政策调控、市场环境变化等因素影响，传统税源增长乏力，新的财税增长点还不够明显，财政持续增长面临较大压力；农业、教育、社会保障、事业发展等政策性支出和重点项目增支压力较大，收支矛盾仍然比较突出；财政科学化、精细化管理水平还有待提高等。对此，我们将高度重视，认真研究对策措施，逐步加以克服和解决。

二、2013年全市和市本级预算草案

（一）2013年财政工作指导思想和预算安排基本原则

根据市委六届三次全会和全市经济工作会议确定的2013年我市经济社会发展总体要求，结合全国全省财政工作会议精神和当前经济财政形势，综合确定2013年我市财政工作及预算安排总的指导思想是：全面贯彻落实党的十八大精神，以邓小平理论、"三个代表"重要思想、科学发展观为指导，围绕主题主线，把握稳中求进总基调，按照市委"一争三快两率先"战略要求，继续贯彻积极的财政政策，深化财政制度改革，进一步优化财政支出结构，切实保障和改善民生，厉行节约，严格控制一般性支出，坚持统筹兼顾原则，加强财政科学管理，提高财政资金使用效益，促进经济持续健康发展和社会和谐稳定。

贯彻以上指导思想，在预算编制中我们坚持以下几项基本原则：一是坚持"统筹兼顾"原则，确保"五位一体"建设协调推进。二是坚持"保运转"原则，优先安排个人部分支出，确保日常运转。三是坚持"保民生"原则，确保农业、教育、科技等法定支出和社会保障、就业、医疗卫生、保障性住房、文化等民生事业的支出。四是坚持"集中财力办大事"原则，确保市委、市政府为民办实事兑现，确保省市重点工程建设。五是坚持"转方式"原则，发挥支持经济发展的积极作用，推动新兴产业发展、非资源类产业创新、以及传统产业的优化升级。六是坚持"深化改革"原则，大力支持各项改革，确保财政体制等改革顺利进行。七是坚持"过紧日子"原则，从严控制一般性行政经费支出，倡导节俭办事，反对铺张浪费。八是坚持"绩效优先"原则，更加注重存量调整和效率优先，把精细管理和绩效考评融入预算编制、执行、监督的全过程。

（二）公共财政预算安排情况

根据以上原则，2013年全市公共财政预算收入安排94.5亿元，比上年增长14%，加税收返还和一般转移支付收入，减去上解上级支出、援疆支出、地方政府债券还本支出、调出资金，全市当年留成财力为112.4亿元，比2012年预算增长16.2%。加上年滚存结余、上级预分配专项转移支付以及使用预算稳定调节基金等，2013年全市安排公共财政预算支出126.3亿元，增长18.5%。全市安排财政总收入243.5亿元，增长14%。

2013年市本级公共财政预算收入安排33.5亿元，比上年增长14%，加税收返还、一般转移支付收入和县级上解收入，减去援疆支出、地方债券还本支出，市本级当年留成财力为35.2亿元，比2012年预算增长12.5%；加上级预分配专项转移支付收入、上年滚存结余以及使用预算稳定调节基金、调入资金等，市本级安排公共财政预算支出42.3亿元，增长20.4%。

1. 市本级公共财政预算收入主要项目安排情况

增值税53546万元，增长14.8%。营业税67137万元，增长91.4%。企业所得税88148万元，增长11.7%。个人所得税11406万元，增长14.4%。其他税收21819万元，下降29.6%。非税收入93402万元，增长1%。我市新的财政体制从2013年开始执行，受体制调整引起的收入上下划影响，部分税种收入增减幅度较大。

2. 市本级公共财政预算支出主要项目安排情况

（1）教育支出62646万元，比上年预算（下同）增长11.4%。保持财政教育投入持续稳定增长，加强教育经费使用管理，提高资金绩效。进一步提高农村义务教育经费保障水平，支持农村义务教育薄弱学校改造计划及教育"双百工程"实施。支持普通高中、中职免学费教育。对中职教育学生实施免住宿费及发放高中职助学金。落实家庭经济困难学生生活费补助政策，促进教育公平。支持学前教育加快发展，支持农村闲置校舍改建幼儿园和农村学校附设幼儿园，支持新建、改扩建标准化幼儿园

50所。继续支持义务教育学校标准化建设,为偏远山区教师发放交通及生活补助,为100人以下的学校补助公用经费。

(2)科学技术支出9279万元,增长13.9%。主要用于支持科技平台建设,资助申请专利,支持科技创新、工业攻关、科技惠农、科技园区建设,推动科技成果向现实生产力转化。

(3)文化体育与传媒支出16087万元,增长17%。深入推进文化馆、艺术馆等公益性文化设施免费开放。加强基层公共文化服务体系建设。支持电视新闻直播高清演播厅建设和600平米演播厅改造项目,进一步提升我市新闻媒体传播能力。支持图书馆图书及设备购置,文化产业发展,市级文化艺术演出单位改革,重点文物保护及全民健身活动开展。

(4)医疗卫生支出23640万元,增长25.8%。提高新型农村合作医疗和城镇居民基本医疗保险财政补助标准,由每人每年240元提高到280元。扩大城乡医疗救助范围,加强对特殊困难人员的医疗救助。帮助解决政策性关闭破产国有企业职工、重点优抚对象、离休干部和困难企业军转干医疗保障问题。支持艾滋病防治、农村妇女两癌检查和农村改厕等重大公共卫生专项实施。将城乡居民基本公共卫生服务经费标准由每人每年25元提高到30元。支持市级医疗机构购置医疗设备和医用设备。加强食品药品安全监管能力建设,保护群众合法权益。

(5)社会保障和就业支出37825万元,增长38.7%。按照10%左右的标准继续提高企业退休人员基本养老金水平。巩固新型农村和城镇居民社会养老保险制度全覆盖成果。按照月人均30元和24元标准,适当提高城乡居民最低生活保障水平。调整优抚对象等人员抚恤和生活补助标准。支持农村敬老院、社区日间照料中心和农村互助养老服务中心建设。进一步完善社会救助体系,保障受灾群众生活救助和救灾物资储备。支持残疾人家庭危房改造、贫困残疾人家庭无障碍改造、阳光家园计划、残疾人康复和退役士兵安置培训等事业发展。加大就业政策扶持力度,支持做好重点群体就业工作。

(6)住房保障支出18002万元,增长346.4%。增长幅度较大原因主要是将上年结转的1亿元地方政府债券资金用于公租房建设。

(7)节能环保支出14718万元,增长20.7%。加大对大气污染治理的支持力度,创新综合治理机制,支持化工行业燃煤锅炉炉外脱硫设施、水泥及电力行业烟气脱硝设施、钢铁行业烧结机脱硫等污染减排项目实施。支持高平河西镇、阳城演礼乡农村环境连片整治示范项目建设。支持城市污水处理和中水回用、环境优美乡镇和生态村建设。开展空气、水、噪声等污染监测、固体废物处理及标准化建设。

(8)城乡社区事务支出37923万元,增长14.2%。支持城镇化建设、农村危房改造、市政设施维护、路灯节能改造、排水清淤、污水处理、绿地养护、区域性规划和城市规划编制等项目实施。

(9)农林水事务支出36704万元,增长16.1%。健全农资综合补贴政策,稳定农作物良种补贴政策,增加农机购置补贴规模。支持一村一品、设施蔬菜建设、农业产业化龙头企业贷款贴息、蚕桑基地建设、粮食丰收工程、畜牧业规模化健康养殖、干果经济林、连翘基地项目实施。提高小型农田水利建设水平,加强中小河流治理、小型病险水库除险加固和末级渠系工程建设。增加农业综合开发投入,继续改造中低产田,建设高标准农田,加快中型灌区节水配套改造。推进农村环境改善,实施农村清洁工程。推动贫困地区加快发展,支持扶贫解困及移民搬迁项目实施。

(10)交通运输支出4492万元,增长14%。支持公交车辆更新、出租车招呼站、城市客运管理、交通质检、路政管理、超限治理及农村公路养护等项目实施。

(11)公共安全支出37390万元,增长12.2%。主要用于公检法司等政法部门的正常运转、办案经费、装备配置、安防设施维护以及消防、武警部队装备购置、器材维护等支出。

(三)政府性基金预算安排情况

2013年全市政府性基金预算收入安排21.5亿元,下降23.1%。加上年结转收入18亿元,可安排基金财力为39.5亿元。按照收支平衡和对应安排的原则,相应安排基金预算支出39.5亿元。

2013年市本级政府性基金预算收入安排11.9亿元,下降5.9%。加上年结转收入8.2亿元,安排基金预算支出20.1亿元。

(四)国有资本经营预算安排情况

2013年全市国有资本经营预算收入安排66200万元,其中:国有企业利润收入46500万元,国有控(参)股企业股利、股息收入19700万元。加上年结余3255万元,安排国有资本经营预算支出69455万元。

2013年市本级国有资本经营预算收入安排49000万元,其中:国有企业利润收入45000万元,国有控(参)股企业股利、股息收入4000万元。国有企业利润收入为我市山西煤炭运销集团晋城有限公司、兰花集团公司、山煤国际能源集团晋城有限公司、晋城市国新能源运销公司等4个煤炭运销企业煤炭经销利润分成。加上年结余255万元,安排国有资本经营预算支出49255万元。

(五)社保基金预算安排情况

2013年全市社会保险基金预算总收入安排46.4亿元,增长3.5%。2013年全市社保基金预算总支出安排28.4亿元,增长

14.8%。2013年末社保基金滚存结余103.5亿元。

2013年市本级社会保险基金预算总收入安排28.8亿元，增长6.3%。2013年市本级社保基金预算总支出安排16.4亿元，增长23%。2013年末社保基金滚存结余70.5亿元。

三、2013年财政主要工作

（一）继续深化财政改革

一是要认真做好调整规范市与县（市、区）财政管理体制改革工作，放权强区，扩权强县，从财力分配上支持提升县域经济社会发展能力，调动各县（市、区）加快发展的积极性。二是要抓好国有资本经营预算工作，切实提高政府复式预算体系管理水平。三是要深化部门预算制度改革、国库集中收付制度改革和公务卡制度改革，覆盖到县、乡政府及所属预算单位。四是要支持深化综改试验改革、事业单位分类改革、地方金融机构改革、人才科技机制改革和公共资源有偿使用制度改革等其他改革。五是要进行财政资金分配改革，引入竞争机制，集中财力重点保障民生改善、城镇化建设、“三农”工作和招商引资等事关晋城经济社会持续健康发展的大事要事。

（二）全力支持经济转型

一是要实施积极的财政政策。落实好结构性减税和其他各项税费减免政策，切实减轻企业和社会负担。二是要支持扩大内需。支持增加城乡居民收入，落实消费惠民政策措施，促进消费能力提升。支持商贸流通体系建设，改善居民消费环境。三是要支持实体经济发展。支持扩大中小微企业的融资性担保业务规模，支持金融机构加大对中小微企业的信贷支持，着力解决中小微企业贷款成本高、融资难的问题。四是要促进产业结构优化。进一步发挥财税政策体系的引导调节作用，推动焦化、冶铸、电力、建材等传统产业通过总量控制、产能置换、上大关小、淘汰落后等方式，加快整合重组进程。推动新兴产业和现代服务业发展。五是要支持科技创新。加大科技投入，保障科技重大专项顺利实施，支持重点学科建设、科学技术研究开发、科技成果转化应用，切实增强创新发展新动力。六是要支持生态文明建设。充分发挥财政奖补、税费调节、政府采购等财税政策功能，推进重点行业、重点企业、重点领域节能工作，促进资源综合利用和经济循环发展，努力改善环境质量。支持地质灾害治理、矿山环境治理及土地治理。完善森林生态效益补偿制度并提高补偿标准，巩固退耕还林成果。七是要支持推进城镇化建设。加强财政促进城镇化政策措施的探索研究，把促进县域经济发展与加快城镇化步伐结合起来，把提高基本公共服务水平与推进城镇化建设结合起来，把支持城乡一体化与促进城镇化发展结合起来，选好财政支点，努力激发城镇化带动内需扩大的潜力。

（三）努力建设民生财政

重点对全民社保、安居工程、医疗卫生、基础教育、文化体育、扶贫解困、公共安全、社会关爱、环境优化、公共服务均等化等民生工程，加大投入力度，提高保障水平，以民生事业发展促社会转型，以社会转型促经济转型；要围绕民生事业发展，不断提高财政支出的科学性，确保财政增量优先向民生倾斜，为社会提供更多、更好的公共产品和公共服务，让“民生财政”在保障基本公共服务供给中解决新阶段的返贫问题，在基本公共服务均等化中缩小城乡差距，在保障基本公共服务中缩小群体收入差距；要健全政策公开机制，结合预算公开，形成政府主导、财政负责的多层次民生支出公开机制，完善民生财政支出绩效评价体系，进一步提高民生支出透明度和民生投入效益。

（四）不断强化财政管理

一是要严格预算编制。坚定不移地贯彻落实中央、省和我市关于党政机关厉行节约的一系列政策要求，牢固树立“过紧日子”的思想，严格控制一般性支出和“三公经费”，加强会议费、差旅费和车辆管理，严格控制修建装修办公楼等楼堂馆所，进一步清理规范庆典、研讨会、论坛等活动，努力降低行政成本。二是要强化预算执行管理。全力加快预算执行进度，强化各部门（单位）的预算支出主体责任，定期对各部门（单位）支出执行情况进行通报，督促相关职能部门及时上报支出计划，及时下达本级支出和对下转移支付资金，切实提高支付执行效率。探索建立预算安排与支出进度挂钩机制，对支出进度快，使用绩效好的部门，在预算资金安排上给与倾斜；对支出进度慢，使用绩效差的部门，压缩经费安排规模。三是深入推进预算信息公开工作。按照国家、省和市有关“三公”经费公开的要求，主动公开经同级人大或其常委会审查批准的政府财政总预算、总决算。大力推进县、乡财政专项支出预算信息公开工作和“三公经费”公开工作。各部门要承担好本部门预决算公开的主体责任，按要求主动公开本部门预决算。认真落实财政部“行政事业单位内部控制规范”等相关制度，提升行政事业单位内部管理水平。四是建立绩效评价机制。严格按照财政部、省财政厅要求做好财政绩效评价工作，对重点项目和关系民生资金进行绩效评价，将资金安排与评价结果相挂钩。充分利用财政一体化信息平台，实现数据信息管理，用现代信息技术规范财政行为。

（五）大力推进“三项建设”

进一步加强财政基层基础建设，强基固本，提升基层财政管理水平。扎实推进财政信息化建设，加快健全完善财政业务管理系统和财政数据分析系统等财政核心应用系统，建立完整准确的财政数据库；加快县乡财政信息化建设，推动县、乡级财政信息化建设完成既定目标。继续强化财政文化建设，进一步把"平等的意识、民主的精神、科学的方法、务实的作风"融入规章制度和工作实践，切实加强党的建设和勤政廉政善政建设，大力营造遵章守纪、奋发向上、崇尚服务、清正廉洁、依法理财的氛围。

2013年，我们要在市委的正确领导下，全面贯彻落实党的十八大精神，自觉接受市人大的监督，虚心听取市政协的意见和建议，求真务实，开拓进取，确保圆满完成预算，为促进晋城经济社会又好又快发展作出新贡献。

关于晋城市市本级2012年财政决算(草案)的报告

——2013年8月27日在市六届人大常委会第十九次会议上

晋城市财政局局长　郭治琛

主任、各位副主任、秘书长、各位委员：

晋城市第六届人民代表大会第四次会议审查批准了《关于2012年全市和市本级预算执行情况与2013年全市和市本级预算草案的报告》。现在,2012年晋城市市本级决算(草案)已经汇编完成。按照《中华人民共和国预算法》等法律规定和市人大常委会的安排,受市人民政府委托,我向市人大常委会提出2012年晋城市市本级财政决算(草案),请予审查。

2012年,在市委坚强领导下,各级各部门深入贯彻科学发展观,认真落实市六届人大二次会议和市六届人大常委会第八次会议的有关决议以及市六届人大财政经济委员会审查意见的要求,开拓进取、扎实工作,全市呈现出经济较快增长、民生持续改善、社会和谐稳定的良好局面。在此基础上,财政发展和改革取得新进展,市本级决算(草案)情况较好。

一、2012年市本级决算(草案)情况

(一)市本级公共财政收支决算(草案)情况

2012年,市本级公共财政收入29.4亿元,完成预算的108.5%,比2011年(下同)增长26%。加上级补助收入46.7亿元,下级上解收入1亿元,转贷财政部代理发行地方债券收入1亿元,上年结余收入1.9亿元,使用预算稳定调节基金1.4亿元,调入资金1.3亿元,使用的收入总量为82.7亿元。市本级公共财政支出33.1亿元,为变动预算的94.4%,增长14.9%。加补助下级支出43.7亿元,上解上级支出0.5亿元,地方政府债券还本支出1.2亿元,安排预算稳定调节基金2.3亿元,调出资金0.1亿元,支出总量为80.9亿元。与向市六届人大四次会议报告的预算执行数相比,市本级公共财政收支及各科目数额没有变化,根据2012年省与地市财政结算办法,一些新结算项目的列入和结算政策的进一步明确等原因,使上级补助收入减少0.1亿元,补助下级支出增加0.1亿元,收支相抵,市本级年终滚存结余为1.8亿元,结转下年使用。

从收入决算(草案)的具体情况看,主要收入项目完成情况:增值税46656万元,完成预算的81.1%,主要是受国内外宏观经济形势的影响,我市国内生产总值及工业增加值增速减缓。营业税35070万元,完成预算的100.7%。企业所得税78908万元,完成预算的102.1%。个人所得税9972万元,完成预算的92.8%,主要是受2011年9月起个人所得税起征点由2000元提高到3500元结构性减税翘尾因素影响。其他税收31012万元,完成预算的94.4%。非税收入92682万元,完成预算的159.7%,主要是财政部门加强非税收入征管以及以前年度煤焦领域违法行为罚没收入集中缴库等因素影响。

2012年市本级公共财政收入比预算超收23055万元,按照省财政厅有关文件精神,全部用于建立预算稳定调节基金,留待下年度统筹使用。

市本级支出预算在执行过程中,根据省财政厅追加的补助收入及预算法的有关规定,将省追加的专项拨款顺加到了有关科目;将办理省、市、县(市、区)财政结算事项所增加财力按规定作了相应安排;按规定将预备费安排的支出,增加到了有关科目,市本级公共财政支出预算由351546万元变动为351036万元。从支出决算(草案)的具体情况看,各项重点支出得到较好保障,主要支出项目完成情况:教育支出63946万元,为变动预算的99.8%。科学技术支出7961万元,为变动预算的100%。文化体育与传媒支出13992万元,为变动预算的100%。社会保障和就业支出33319万元,为变动预算的100%。医疗卫生支出16381万元,为变动预算的99.8%。节能环保支出26060万元,为变动预算的94.9%。城乡社区事务支出27758万元,为变动预算的100%。农林水事务支出13278万元,为变动预算的95.4%。交通运输支出9416万元,为变动预算的100%。资源勘探电力信息等事务支出8799万元,为变动预算的100%。商业服务业等事务支出4522万元,为变动预算的83.6%。金融监管等事务支出1470万元,为变动预算的100%。国土资源气象等事务支出8767万元,为变动预算的73.8%,低于预算主要是部分矿产资源补偿费当年未形成支出,结转下年使用。住房保障支出6258万元,为变动预算的37%,低于预算主要是公租房未开工建设,不具备支付条件,1亿元计划用于该项目的地方政府债券资金结转下年使用。粮油物资储备事务支出7951万元,为变动预算的100%。公共安全支出32213万元,为变动预算的100%。一般公共服务支出46152万元,为变动预算的99.9%。国债付息支出476万元,为变动预算的100%。其他支出1521万元,为变动预算的34.8%,低于预算主要是省专项指标当年未形成支出,结转下年使用。

市本级预备费预算1亿元，实际支出1亿元，已列入相关支出科目决算数。具体情况是：教育支出1433万元，社会保障和就业支出5045万元，医疗卫生支出402万元，农林水事务支出311万元，其他支出2809万元。

汇总各项支出，2012年市本级公共财政用于与人民群众生活直接或密切相关的教育、医疗卫生、社会保障和就业、住房保障、文化体育与传媒、交通运输、节能环保、城乡社区事务、农林水事务等方面的支出合计21亿元，比上年增长18.6%，比公共财政支出增幅高出近4个百分点。

（二）市本级政府性基金收支决算（草案）情况

市本级政府性基金收入12.7亿元，完成预算的113.5%。加上级补助收入1.8亿元，下级上解收入0.2亿元，上年结余收入19亿元，2012年政府性基金收入总量为33.7亿元。市本级政府性基金支出20.7亿元，为变动预算的72.1%，增长23.7%。加补助下级支出3亿元，上解上级支出0.8亿元，调出资金1.2亿元，2012年政府性基金支出总量为25.7亿元。收支相抵，年终滚存结余为8亿元，按规定用途结转下年使用。与向市六届人大四次会议报告的预算执行数相比，市本级政府性基金收支没有变化，结余减少0.2亿元，主要是在办理上下级结算中，增加了下级上解收入0.1亿元，增加上解上级支出0.3亿元。

（三）市本级国有资本经营收支决算（草案）情况

市本级国有资本经营收入4800万元，完成预算的100%。其中：利润收入200万元，股利、股息收入4600万元。市本级国有资本经营支出3545万元，为预算的93.3%，其中：科学技术支出1000万元，资源勘探电力信息等事务支出1745万元，商业服务业等事务支出800万元。调入公共预算1000万元。当年结余255万元。与向市六届人大四次会议报告的收支及结余数一致。

（四）市本级社保基金收支决算（草案）情况

市本级社会保险基金总收入27.1亿元，完成预算的141.2%。加上年滚存结余44.3亿元，收入总量71.4亿元。市本级社会保险基金总支出13.3亿元，为预算的122%。收支相抵，滚存结余58.1亿元。与向市六届人大四次会议报告的收支及结余数一致。

按照上级预算信息公开的相关要求及我市的部署，从2013年起市财政将公开市本级财政拨款开支"三公经费"总体情况，各部门公开本部门财政拨款开支"三公经费"情况。经汇总，2012年市本级行政事业单位财政拨款开支的"三公经费"支出合计13153万元。其中：因公出国（境）费468万元，公务用车购置及运行费7825万元，公务接待费4860万元。

总的看，2012年市本级财政运行情况较好，积极的财政政策得到较好落实，财政预算管理进一步规范，财政在稳增长、调结构、惠民生、促改革中发挥了重要作用。一是促进经济平稳增长。积极探索财政服务科学发展的新途径，对各类扶持经济发展资金效果进行评估，开展市级财政借出款项清理，暂停或整合了一批风险资金、结余资金、闲置资金以及使用率低的资金，完善专项资金管理办法，建立相关使用监督机制。在固定资产投资方面，市级安排基本建设投资9.8亿元，是上年的1.5倍。清理取消了9项涉企收费项目。增加财政补助规模，提高低收入群体的收入，扩大了居民消费。二是推动经济结构调整和发展方式转变。支持了19项国家、省科技计划配套项目、60项工业科技攻关计划及火炬计划项目、81项农业技术攻关及星火计划项目、42项社会发展类计划项目、44项成果示范推广类项目。重点节能环保工程建设加快，扩大了惠民工程实施范围。扶持了工业节能项目。保障了全市20个区域环境污染综合治理项目、环保新技术新工艺推广项目建设。支持了现代农业发展。三是保障和改善民生。学前教育加快发展，对39所新建和改扩建公办幼儿园予以补助。在全省率先实现普通高中免学费教育。免除了中职学生学费和住宿费。进一步健全了对家庭经济困难学生的资助政策体系。城镇居民基本医疗保险财政补助标准提高到每人每年246元，全市参保人数达到20.25万人。实现新型农村和城镇居民社会养老保险制度的全覆盖，企业退休人员基本养老金月人均水平达到1827元。按人均5元的补助标准支持在政府举办的基层医疗卫生机构实施国家基本药物制度，保证了基层医疗卫生机构的正常运转，群众就医更加方便。对公益性岗位和下岗人员进行了生活补贴和社会保险补助，对创业就业实训基地、创业项目和创业孵化基地建设进行了扶持，支持实施更加积极的就业政策，鼓励企业吸纳下岗失业人员，促进高校毕业生就业。四是推进财税体制改革。创新财政专项资金分配方式。对非资源类县域主导产业6000万元专项资金、33项科技项目资金、10项文化项目资金和节能项目资金实行了竞争性分配，积极探索推动政府性扶持资金科学、高效分配的新办法。调整规范市县财政体制。建立新的增收奖励机制，加大对各县（市、区）财力转移力度，鼓励多收多得，调动加快发展的积极性，做强做大县域经济。对城区、开发区实行"属地入库、比例分享"的财政收入征收分成办法，在全市范围内实现财政体制政策统一、规范，打破按企业隶属关系划分政府间收入办法，创造了有利于企业兼并、重组等改革推进的发展环境。

同时，我们也清醒地认识到财政运行和预算执行中还存在一些需进一步研究解决的问题：受宏观政策调控、市场环境变化等因素影响，传统税源增长乏力，新的财税增长点还不够明显，财政持续增长面临较大压力；农业、教育、社会保障、事业发展等政策性支出和重点项目增支压力较大，收支矛盾仍然比较突出；预算约束力有待增强，财政资金使用绩效需进一步提高等。对此，我们将高度重视，认真研究对策，努力加以解决。

二、2013年上半年预算执行情况及下半年工作重点

上半年，全市财政总收入完成139.6亿元，同比增长5.0%；公共财政收入完成56.6亿元，同比增长14.7%，其中：市本级完成20.9亿元，同比增长10.3%。全市公共财政支出56.2亿元，同比增长11.1%，其中：市本级完成10.6亿元，同比下降0.7%，主要是部分项目前期工作准备不足，资金支付资料不充分，影响支出。

从上半年财政收支情况看，一是财政收入超额完成"双过半"目标。全市财政总收入完成预算的57.2%，超序时进度7.2个百分点，公共财政收入完成预算的60.5%，超序时进度10.5个百分点。二是财政收入总体保持平稳增长。上半年财政总收入总体表现为一季度出现回落、二季度逐步企稳态势；公共财政收入各月末累计增速始终保持在两位数以上的平稳较快增长区间。三是在全省各市中排位总体靠前。在全省财政收入增速低位徘徊的情况下，上半年我市财政总收入规模和增速均位居全省第4位，公共财政收入规模排第6位，增速排第5位，各项排位总体靠前。四是煤炭生产行业税收继续下降。全市煤炭生产行业税收上半年完成77.8亿元，比上年同期下降9.6%，同比减收6.8亿元，影响财政总收入增速下降5.2个百分点。五是各县（市、区）收入增长不均衡。三个县（区）财政总收入增速超过全市平均增速；四个县（市）公共财政收入增速超过全市平均增速。六是民生等重点支出保持较快增长。上半年，全市教育支出增长12.7%、社会保障和就业支出增长25.5%、医疗卫生支出增长35.5%、农林水事务支出增长20.4%、住房保障支出增长97.8%，均高于公共财政支出11.1%的平均增速，继续保持了平稳较快的增长态势。

总的看，上半年全市经济运行总体平稳，财政收支有序进行，但财政经济运行中也存在一些突出问题：一是煤炭行业收入下降对财政增收构成影响。二是电力、化工、装备制造等传统产业增长缓慢，难以发挥主导作用。三是新上项目尚未成为经济增长点。四是预算支出执行进度缓慢。

下半年，我们要进一步把思想和行动统一到市委、市政府的各项决策部署上来，加快建立公开、透明、规范、完整的预算体制，切实加强财政规范化、科学化和信息化管理，进一步提高预算管理水平和财政资金使用效益。重点抓好以下四个方面工作：

*一是牢固树立"过紧日子"的思想，严格支出管理。*按照中央厉行节约的要求，坚持勤俭办一切事业，严格控制一般性支出。认真贯彻落实中央八项规定及其实施细则的各项要求，建立健全相关管理制度，严肃财经纪律。严控"三公经费"支出，强化"三公经费"预算执行管理。落实国务院提出的"本届政府任期内，政府性的楼堂馆所一律不得新建"的要求，严格控制修建装修办公楼等楼堂馆所。同时，按照守住底线、突出重点、完善制度的要求，补充短板、健全机制，保障好教育、科技、医疗卫生、社会保障等各项重点支出需求。

*二是依法规范收入管理，确保财政收入质量。*推进"营改增"等税制改革，减轻中小企业特别是小微企业负担。支持税务部门依法征管，应收尽收，坚决遏制收"过头税（费）"和向企业违规收取税费等行为。全面清理各种不规范的税费减免政策。依法严厉打击偷漏税和骗退税等违法行为。努力提高财政收入质量，严禁为完成收入任务而虚增财政收入。

*三是着力推进预算绩效管理，努力提高财政资金使用效益。*逐步建立"预算编制有目标、预算执行有监控、项目完成有评价、评价结果有反馈、反馈结果有应用"的预算绩效管理模式。扩大预算支出绩效评价范围，将民生项目和具有较大经济社会影响的重大项目作为绩效评价的重点。建立绩效评价结果反馈制度，研究绩效评价结果与预算资金安排有机结合的机制，逐步实行绩效问责和评价结果公开，促进部门改善预算管理，提高资金使用效益。

*四是发挥积极财政政策效应，促进经济平稳较快发展。*加快民生财政建设，重点加大对全民社保、住房保障、教育、医疗卫生、就业创业、文化体育等民生事业的投入力度，提高保障水平，以民生事业发展促进经济社会转型。集中财力办大事，坚决压缩一般性支出，将有限的财力集中用在市委市政府重大决策部署上，用于稳增长、调结构、惠民生的重点领域和关键环节，真正使财政资金发挥打基础、利长远的积极作用。切实加快支出进度。对预算安排的支出项目和执行中的支出环节认真排查，发现存在问题，分析形成原因，针对性地提出解决措施，促使财政资金更好更快地发挥应有效益。

主任、各位副主任、秘书长、各位委员：

加强和改进财政预算管理，对于促进经济持续健康发展和社会和谐稳定意义重大。我们将按照市委的要求开展各项工作，并诚恳接受市人大常委会的指导和监督，大力推进财政发展改革，切实完善财政科学管理，充分发挥财政职能作用，为"一争三快两率先"战略实施作出积极贡献！

晋城市人民政府办公厅关于印发《晋城市转型综改试验行动方案（2012年）》的通　知

晋市政办〔2012〕53号

（2012年5月22日）

各县（市、区）人民政府，开发区管委会，市直及驻市各有关单位：

《晋城市转型综改试验行动方案（2012年）》已经山西省国家资源型经济转型综合配套改革试验区工作领导组办公室以晋综改办生态发〔2012〕16号文批复同意，现印发你们，请按照批复方案中提出的行动任务，结合责任分工表，落实工作责任，细化工作措施，确保各项任务的顺利完成，市政府将对各项工作任务进行年终考核。责任分工表中各项任务的牵头部门每月月底前要将任务的推进情况以文字形式报市转型综改办。市转型综改办要加强工作协调，做好日常督察和年度考核工作，推动转型综改试验工作的顺利开展。

晋城市转型综改试验行动方案（2012年）

按照省委、省政府关于启动市县转型综改试验先行试点工作的安排部署，为推进晋城市资源型经济转型综合配套改革试验区建设，结合全省转型综改试验的主要任务和晋城市实际情况，特制定本行动方案。

一、指导思想

按照全省转型综改试验区建设的总体要求，立足晋城的资源、区位、生态三大优势，以深化改革、扩大开放为突破口，以招商引资为着力点，以产业转型为核心，突出产业转型这个重点，突显"对接上海、融入中原"这个亮点，同步推进生态修复、城乡统筹、民生改善，加快体制机制创新，建设转型综改试验先行区示范区，争当全省转型跨越发展排头兵。

二、行动目标

到2012年底，在产业转型、生态修复、城乡统筹、民生改善四大领域实现整体突进、重点突破，首批标杆项目全部开工。煤炭资源就地转化率达到35%以上；研究与试验发展经费支出占GDP的比重达到1.38%；GDP综合能耗下降3.5个百分点，二氧化硫和化学需氧量排放量分别下降2%和1.3%；森林覆盖率达到39.2%；城镇化率提高3个百分点，城市燃气普及率和集中供热普及率分别达到95%和83.4%；九年义务教育巩固率达到93.8%，公益文化设施达标率达到62.84%，新型农村合作医疗参合率达到98.1%，农民收入增长15%以上。"对接上海、融入中原"战略深入推进，招商引资取得重大突破。在增强转型推动能力、"四化"联动机制、建设"区域金融中心"、缓解"项目瓶颈"、完善以煤补农机制、理顺煤层气开发体制等机制创新上取得积极成效。

三、行动任务

（一）紧紧围绕四大任务，以产业转型为重点，以"对接上海、融入中原"为亮点，走出资源型经济转型的"晋城路径"

1. 产业转型方面。一是以先进适用技术应用为基本路径，改造提升"四大资源类传统产业"。煤炭行业，加快整合重组矿井复工复产和建设改造进度，确保2012年竣工验收投产或联合试运转矿井14座。大力推广先进技术，提升煤炭行业规模化、机械化、现代化发展水平，到2012年底，矿井采煤机械化程度达到100%，掘进机械化程度达到82%，煤炭资源采区回采率达到70%。煤层气行业，加快煤层气开发利用，2012年，华凯、天煜一期等煤层气液化项目建成投产，全市煤层气抽采能力达到40亿立方米，煤层气日液化能力突破200万立方米。电力行业，构建以燃煤发电为主体，煤层气、煤矸石等多元发电为支撑的电力产业格局，到2012年底，阳城晋煤能源煤矸石热电、中电明秀瓦斯发电项目建成投产。煤化工行业，加快淘汰落后化肥产能，2012年，兰花化肥分公司搬迁改造工程和已内酰胺项目完成前期工作，晋煤百万吨煤制油项目开工建设。二是以实施“对接上海、融入中原”战略为亮点，培育壮大“四大非资源类新兴产业”。以全省“项目落地年”活动为契机，通过深入实施“对接上海、融入中原”战略，培育壮大装备制造、高新技术、文化旅游、商贸物流等非资源类新兴产业。2012年，制定并下达转型项目的策划、储备、落地实施意见，细化招商引资目标及任务分解。装备制造业，以煤机制造和汽车配件、机械配件等基础零部件产业为重点，积极引进大型整机装备制造项目落户晋城，建成清慧汽配、天巨重工煤机制造等项目，开工建设金鼎煤机金匠园区、纽威信精密数控机床、路宝铝轮毂二期、兴达拖拉机变速箱等项目。高新技术产业，进一步吸引富士康等高新技术企业加大在晋城的投资力度，加快项目建设进度，完成富士康A区、硕阳光电太阳能单晶硅、唐一新能源锂离子动力电池一期工程等项目建设，全面开工建设富士康金匠新区、中道能源锂离子电池等项目。文化旅游业，依托丰富的自然和人文资源优势，推进文化旅游业与中原经济区的对接，共同打造“太行山文化旅游”精品，编制完成《晋城与中原区域旅游战略合作规划》，推进陵川休闲旅游健康度假目的地建设，努力建设晋东南及中原经济区的生态旅游文化中心和休闲娱乐健康度假中心。商贸物流业，依托地处三省通衢的区位优势，瞄准周边6000万人口开拓消费市场，加快以商贸物流为主的生产性服务业发展，引进锦江之星、沃尔玛等一批国内外知名的商贸物流品牌企业落户晋城，建成国贸中心、凤展新时代广场并投入运行，全面开工建设太行明珠娱乐城、豪德二期工程等项目，全面提升商贸物流的水平和档次，力争建设晋豫区域的中原购物首选地；依托财富集中效应和宜居城市环境优势，引进国内外创意策划、信息网络、职业教育等机构，积极推进金村现代服务业集聚区和职业技能培训产业园规划建设，编制完成《金村现代服务业集聚区规划》和《职业技能培训产业园区总体方案》，着力打造面向周边的高端服务中心。

2. 生态修复方面。一是大力推进节能减排。制定固定资产投资项目节能评估和审查实施意见，强化对新上项目能评的审查。全面推进建筑和公共机构节能，完成70万平方米建筑节能改造任务。全面开展城市高污染燃料禁燃区违法建设锅炉的整治工作，到2012年底，彻底取缔集中供热区域内的分散燃煤锅炉。大力开展丹、沁“两河”流域环境综合整治，到2012年底，丹河人工湿地二期工程实现通水运行、三期工程全面开工建设，新开工建设沁河生态综合治理工程。以脱硝、脱硫为重点，强力推进工业污染减排，到2012年底，阳城电厂完成1台机组的脱硝工程，福盛钢铁、鑫源冶炼公司完成烧结机脱硫主体工程，全市所有煤化工企业全部完成燃煤锅炉脱硫改造。实施污水处理厂和污水深度处理工程，2012年，确保全市已建成的污水处理厂全部实现稳定正常运行，高平、陵川污水处理厂完成污水收集管网建设，高平、阳城、沁水污水处理厂完成提标升级改造工程，晋煤污水处理厂完成中水回用工程。二是加大生态建设力度。以创建国家森林城市为目标，加快推进造林绿化、森林资源管护和林业产业开发。2012年，完成营造林20万亩，提升城郊森林公园10个，建设名优干果经济林乡镇10个，新建苗木基地1万亩。按照“五环”、“五片”、“20条线”、70个乡镇所在地的总体规划布局，高标准推动村庄绿化工程，2012年先期完成300个村庄的绿化工程。启动申报国家生态园林城市工作，加快推进高平市、阳城县、陵川县、沁水县创建国家级、省级园林城市（县城）工作。围绕国家生态园林城市目标，完成白马寺沉陷区综合治理（新植物园）建设工程并向市民开放，开工建设赵树理公园改造提升工程。

3. 城乡统筹方面。一是加强中心城市建设。把城市建设与产业发展结合起来，进一步强化城市设计工作，编制完成《晋城市一城两翼城镇群发展规划》。拓展城市空间，优化城市布局，加强城市基础设施建设，2012年，兰花路、红星东街、红星西街建成通车，完成凤台街人行道和20条背街小巷改造工程，开工建设文昌西街、金村大道，启动市汽车客运南站和苗匠公交场站建设工程。加强水系建设，大幅度增加市区水域面积，2012年，全面开工建设城东花园头河景观水系工程，其中完成滨河南路工程。二是推进特色城镇化建设。协调推进主城区、北石店、金村、南村、巴公和高都六个功能区建设，进一步完善基础设施，2012年底，巴公、南村集中供热和供水工程投入使用。抓好沁河流域、丹河流域、环城高速周边的城乡一体化示范片区建设，特别是加快润城、北留城乡一体化和巴公园镇一体化工程建设，2012年，完成润城镇环境整治、连片供气主管网、端润路提升改造、润湖公园、泊水新城和北留镇区旧村改造、安保工程、刘秀岭公园和等项目建设。巴公园镇一体化工程完成巴公中学等项目建设，进一步完善供气供热工程，新增煤层气用户2000户、新增供热面积10万平方米。

4. 民生改善方面。一是进一步扩大社会就业。完善全民创业的政策和服务体系，创建国家级创业型城市，2012年，确保全市城镇新增就业2.38万人、下岗失业人员再就业5500人、就业困难人员就业1400人。大规模开展职业技能培训，2012年，全市完成城镇失业人员再就业培训5000人、农村劳动力技能培训1万人。二是加强社会保障体系。进一步扩大社会保障覆盖面，提高社会保险统筹层次和待遇水平，实现城乡养老保险制度全覆盖。进一步巩固城镇医疗保险和新农合参保率。逐步完善住房保障政策体系，加快续建和新开工各类保障性住房建设，2012年新开工建设各类保障性住房1.4万套。三是加快社会事业发展。启动实施全市普通高中免学费工程，提前实现全市12年免费教育目标。加快晋城本科院校、市中等专业学校、凤城中学、汇仟小学、秀水苑学校建设。深化医药卫生体制综合改革，建立新的医疗卫生服务机制，完成市、县两级医院远程会诊系统建设。加快晋城大医院筹建工作并力争开工建设。加快公共文化基础设施建设，2012年，完成美术馆、图书馆、档案馆“三馆合一”主体工程，开工建设晋城大剧院。四是着力提高农民收入。继续实行倒推倒逼、分工负责的办法，把农民增收作为改善民生的重要抓手，全面提高农民工资性收入、经营性收入、财产性收入和转移性收入。加强农村基础设施建设，全面完成新的“五个全覆盖”工程。充分发挥生态农业对农业发展、农民增收的带动作用，加快发展集绿色生态、农业园林景观、现代农业、休闲观光为一体的现代化农业示范园，2012年建成乡村美景现代都市农业示范园。

（二）体制机制创新

5. 在增强转型推动能力上先行先试。充分利用市掌握的各类资源，着力推进转型发展。一是编制完成《晋城市转型综改试验实施方案》并开展相关课题研究；二是实施转型综改试验“十百千”工程计划，即培育10个上市企业，培养100个转型领军人物，推进1000个转型项目，2012年，制定并出台“十百千”实施方案，完成企业及项目的筛选、确定、命名及相关培训等；三是制定并出台《晋城市培育和发展战略性新兴产业实施方案》，选择一批前期工作成熟的重点项目进行资金扶持；四是制定并出台全市服务业指标分解考核办法，鼓励各级各部门支持服务业发展。

6. 在“四化”联动机制上先行先试。理清“四化”之间的内在关系，抓住园区、社区、中心镇、重点村四个最重要的节点，环环紧扣、协同推进。一是建立社区与园区建设的联动机制，把园区布局和建设与保障性住房、就业培训、户籍制度改革、社会保障结合起来；二是建立园区、社区与中心镇、重点村建设的联动机制，通过解决农民的社会保障问题，引导农民有偿自愿流转土地，为土地规模化利用创造条件，在农民入城的同时，加快剩余人口向中心镇、重点村集中；三是建立生态环境建设与城镇化和新农村建设的联动机制。2012年，开展对在城镇有合法稳定住所和稳定职业人员，在自愿的基础上转为城镇户口，其在农村原有宅基地使用权、土地承包经营权和集体收益分配权不变，义务教育、社会保障等政策不再与户口性质挂钩的试点工作。

7. 在建设“区域金融中心”上先行先试。加强与发达地区的金融对接，利用各种金融手段，把资源优势转化为资本优势。一是完成“晋城市金融工作办公室”的组建，强化对金融工作的统一组织协调；二是制定出台金融机构支持转型跨越的指导意见和支持小微企业发展的指导意见，引导银行将资金投向转型重点建设项目和薄弱环节；三是强化政银合作机制，完成与国家开发银行、中国建设银行等战略合作协议的签订及资金落实，为地方转型发展提供强有力的金融保障；四是制定出台财政资金扶持农村新型金融机构发展的有关措施，对新设立的村镇银行、小额贷款公司、农村资金互助社等农村新型金融机构给予适度的财政补助。

8. 在缓解“项目瓶颈”上先行先试。一是在保障转型项目用地上积极探索，在继续稳妥推进城乡建设用地增减挂钩和矿业存量土地整合利用的同时，积极开展工矿废弃地复垦调整使用试点，缓解用地供需矛盾；启动申报土地“征转分离”试点工作，实行征转分离，加快土地审批时间；实施节约集约用地指标考核制度，提高土地使用效率。二是在环境容量上积极探索，建立完善排污权市场交易机制体制，淘汰落后产能产生的环境容量优先向转型项目倾斜。

9. 在以煤补农上先行先试。贯彻落实省委、省政府《关于进一步加快县域经济发展的若干意见》中建立以煤补农长效机制的要求，完善以煤补农机制，探索建立“以煤补农专项资金”，补偿由于煤炭开采造成的地下水资源破坏、土地塌陷、房屋裂缝、环境污染等问题，发展农业生产和农村公益事业。

10. 在理顺煤层气开发体制上先行先试。发挥属地管理职能，推广与中石油华北油田公司的合作模式，在现有体制框架下共同推进煤层气开发。争取煤层气综合利用项目的审批权下放，加快煤层气加气站的核准，力争2012年汽车加装煤层气工作覆盖各县（市、区）中心乡镇。建立开发利用安全发展机制，以国家煤层气质检中心建设为契机，制定煤层气安全生产的标准和规范。积极探索开征煤层气资源税工作。

四、保障措施

（一）加强上下协调配合

各县（市、区）、各部门要结合实际，将相关任务落实到具体单位和责任人。加大与国家有关部委和省政府有关部门的对接力度，及时掌握综改试验相关信息，积极争取上级在政策、资金、技术、人才等方面的支持。

（二）建立考核评价体系和“倒查倒逼机制”

制定转型综改试验目标责任制度和绩效考评制度，并与现有干部考核体系进行衔接。将各项目标和部门责任尽可能量化，便于年终考核。加强日常督促检查，对本行动方案的实施情况跟踪分析，确保转型综改试验任务的完成。建立“倒查倒逼”的工作机制，明确奖惩措施，对考核名列前两名的县和部门，要通报表扬，对主要负责人优先使用，对年度考核名列倒数第一的县和部门要进行通报，并对主要负责人进行诫勉谈话。

晋城市人民政府
关于调整规范市与县(市、区)财政管理体制的通知

晋市政发〔2012〕34号

(2012年11月27日)

各县(市、区)人民政府、开发区管委会,市财政局、市国税局、市地税局、市人行中心支行:

为进一步调动各县(市、区)加快发展的积极性,做大做强县域经济,理顺财政分配关系,根据《国务院批转财政部关于完善省以下财政管理体制有关问题意见的通知》(国发〔2002〕26号)和《山西省人民政府关于调整规范省市县财政体制和在35个国家级重点扶贫开发县实行"省直管县"财政改革试点的通知》(晋政发〔2006〕45号)精神,市人民政府决定从2013年1月1日起,调整规范市与县(市、区)财政管理体制,现将有关事项通知如下:

一、调整规范财政体制的指导思想

(一)促进发展

按照充实和增强县(市、区)级财政实力,增强县域经济发展和组织收入积极性的原则,下放市级财力,在对各县(市)已实行按税种划分收入的基础上,对城区和开发区调整实施"属地入库、比例分享"的财政收入征收分成办法。同时,取消县级对市的上解递增,建立新的增收奖励机制,鼓励各县(市、区)多收多得。

(二)统一规范

适应社会主义市场经济体制和公共财政的发展要求,坚持分税制的改革方向,实行收入按税种比例分享的规范办法,合理划分收支范围,实现全市范围内各县(市、区)之间财政体制政策统一、规范。

(三)调整增量

保证各级财政的既得利益,通过增量调节调整各级财政的利益关系,增强各级财政保障能力,提升基本公共服务均等化水平,促进我市经济和社会事业全面协调发展。

二、调整规范财政体制的主要内容

(一)市与县(市)税收分享范围、分享比例、体制基数、共同增长机制

市与泽州县、高平市、阳城县、沁水县仍按晋城市人民政府《关于调整规范市对县(市)财政体制的通知》(晋市政发〔2007〕43号)文件执行,市与陵川县仍按晋城市人民政府《关于调整规范市对县(市)财政体制的通知》(晋市政发〔2007〕44号)文件执行。

(二)取消原体制上解递增

城区、泽州县、高平市、阳城县对市级原体制上解不再递增,以2012年上解数为基数以后年度定额上解。

(三)建立增收奖励机制

市级按照城区、泽州县、高平市、阳城县、沁水县公共财政预算收入中上解市级税收收入比上年增加额的50%予以返还作为县(市、区)发展资金;为支持开发区加快发展,从2013年开始5年内,将开发区公共财政预算收入中上解市级分成收入比上年增加额全额返还开发区,5年后按上解市级税收收入比上年增加额的50%予以返还;为支持陵川县加快发展,从2013年开始5年内,将陵川县每年上解市级税收收入全额返还,用于发展教育、公共卫生、社会保障等民生事业,5年后按上解市级税收收入比上年增加额的50%予以返还。

(四)市与城区、开发区的财政体制按以下办法进行调整

1. 确定分享范围。改变过去市与区按企业隶属关系确定收入范围的办法,实行增值税、营业税、企业所得税、个人所得税、资源税、城市维护建设税、房产税七项税种,教育费附加、地方教育附加两项非税收入共享。原市级城镇土地使用税、印花税、土地增值税、车船使用税、耕地占用税、契税等税种按属地原则全部下划为区级固定收入。除教育费附加、地方教育附加外,其他非税收入维持原征缴渠道不变。

2. 统一分享比例。增值税、营业税、企业所得税、个人所得税、资源税五个共享税种地方留成部分按省、市、区30:55:15的

比例分享，城市维护建设税、房产税两个税种和教育费附加按市、区6:4比例分享，地方教育附加按省、市、区30:42:28比例分享。

3. 体制基数。市与区以2011年各项收入实际完成数和分享比例，计算市级下划区级收入和区级上划市级收入，下划收入超过上划收入的部分，由区财政定额上解市财政，上划收入超过下划收入的部分，由市财政定额返还区财政，以此确定基数，每年返还或上解。原市对城区社区居委会办公经费补助、社区公共卫生补助、环卫及垃圾处理厂运行补助、社区工作者工资及五险一金补助、中小学教育经费补助等相对固定的转移支付补助，并入上下划基数，以后年度不再单独下达。

4. 建立共同增长机制。5年内市与区办理财政结算时，按照核定上下划基数及公共财政预算中市区共享收入环比增幅的0.8系数确定市与区上解或返还收入的增长额。

三、进一步明确县(市、区)事权及其相应的支出责任

这次市与县(市、区)体制调整规范后，应根据《国务院批转财政部关于完善省以下财政管理体制有关问题意见的通知》(国发〔2002〕26号)和《山西省人民政府关于调整规范省市县财政体制和在35个国家级重点扶贫开发县实行“省直管县”财政改革试点的通知》(晋政发〔2006〕45号)文件要求，遵循财权与事权相统一原则，进一步明确县(市、区)事权及其相应的支出责任。县(市、区)政府主要事权及其相应的支出责任为：(1)负责县(市、区)政权机关运转；(2)管理本行政区域产业和经济发展事务；(3)承担本行政区域内的教育、农业、林业、水利、科技、文化、卫生、体育、环境和资源保护、城乡建设、交通、民政、公安安全、民族事务、计划生育等社会事业发展；(4)负责本行政区域其他一般公共服务提供。市县共同承担事权及其相应的支出责任由市级与县(市、区)财政根据要求分别承担。

四、关于财政体制调整后有关预算管理、上下划基数核定和收入征缴及入库等具体问题由市财政等有关部门予以明确。

晋城市财政局
印发《关于贯彻扩权强县试点有关财政工作的实施方案》的通知

晋市财发〔2012〕2号

（2012年1月10日）

各县（市、区）财政局：

现将《关于贯彻扩权强县试点有关财政工作的实施方案》印发给你们，请认真贯彻执行。

关于贯彻扩权强县试点有关财政工作的实施方案

为认真贯彻落实山西省委办公厅、山西省人民政府办公厅《关于开展扩权强县试点工作的意见》（晋办发〔2011〕35号）和山西省财政厅《关于进一步完善省直管县财政体制改革试点的通知》（晋财预［2010］25号），做好扩权强县试点中有关财政工作，特制定本方案。

一、指导思想和基本原则

指导思想：以邓小平理论和“三个代表”重要思想为指导，深入贯彻落实科学发展观，按照加快推进转型跨越发展和国家资源型经济综合配套改革试验区建设要求，通过扩大试点县（市）的财政管理权限和政策措施，理顺事权划分及财政分配关系，指导扩权强县试点县（市）进一步提高财政管理水平和财政保障能力，探索全市财政工作更好更快发展的经验，增强县域自主发展能力，促进县域经济又好又快发展，带动和提升全市整体综合实力。

基本原则：坚持“依法合规、能放尽放、重心下移、责权统一”的原则，对试点县（市）尽可能下放财政管理权限；对下放到试点县（市）的管理事项，建立严格的管理制度和责任机制，做到权责一致。坚持与推进转型跨越发展、综改试验区建设相结合，与市域城镇化发展战略相结合，与财税体制改革相结合，与转变政府职能相结合，全面提升县域经济社会自主发展和财政管理的能力。

二、扩权强县有关财政工作的内容

按照省委办公厅、省政府办公厅《关于开展扩权强县试点工作的意见》（晋办发［2011］35号）和省财政厅《关于进一步完善省直管县财政体制改革试点的通知》（晋财预［2010］25号）的有关精神，扩权内容主要包括：

（一）试点县（市）财政体制、转移支付、财政预决算、资金调度、财政结算、债务管理、资产管理等方面由省直接管理到县。确需调整市对试点县财政体制，要经省财政厅报省政府同意。

（二）对试点县一般预算收入中税收收入比上年增长部分，市财政按上缴市级收入增加额的50%奖励给试点县作为发展资金。

（三）试点县要求上级专项资金支持，直接向省主管部门和省财政厅申报，同时抄报市财政局。

（四）省级专项补助资金和转移支付直接由省按照规范的办法直接下达到试点县（市），试点县（市）同时承担相应的责任。

（五）财政预决算报表、债务管理报表、资产管理报表、社保资金预决算等财政报表，由试点县直接向省财政厅报送，同时抄报市财政局。

（六）会计从业资格证书申领、会计职称考试报名审核工作，由试点县（市）按省财政厅规定直接受理，并向市财政局备案。

（七）除上述事项以外涉及扩权强县试点的其他有关财政管理工作，按省财政厅的有关规定办理。

三、组织领导

为加强扩权强县财政工作的组织协调，保证扩权强县工作的积极、稳妥、规范地推进，市财政局决定成立开展扩权强县试点财政工作领导小组，负责对扩权试点财政工作的领导和监督。

组　长：郭治琛　市财政局局长

副组长：王祥生　市财政局副局长

　　　　李建英　市财政局副局长

　　　　田树明　市财政局副局长

　　　　董海顺　市财政局副局长

　　　　李英杰　市财政局总会计师

　　　　段志坚　市财政局副调研员

领导组下设办公室，办公室主任由董海顺副局长担任，办公室成员由各科室负责人组成。办公室具体职责是：研究制定对试点县(市)财政管理的权力和责任划分，建立健全对试点县(市)财政工作的目标责任体系；加强监督、指导和考核；协调解决扩权试点中出现的新情况、新问题，建立与财政管理权限相适应的工作机制，并及时向各有关部门反馈；承担领导组安排的其他工作。

四、工作要求

(一)局内各科室要高度重视扩权强县试点工作，要进一步解放思想，创新工作思路，转变工作方式，按照现行财政管理体制的要求，积极探索有利于试点县(市)财政发展的管理模式和工作方式，搞好协调配合，同时还要继续担负起对试点县(市)财政管理工作的领导和督查责任，确保工作落到实处，更好地为县域经济的发展壮大服务。

(二)各试点县(市)财政部门要增强工作的主动性和责任感，着力完善和创新工作机制，强化财政基础管理和能力建设，要积极与省财政厅做好衔接和沟通工作，以适应管理权限和管理关系调整对财政工作提出的新要求。

(三)全市各级财政部门要加强调查研究，加强信息交流和问题反馈，密切关注试点工作中可能出现的新情况、新问题，并及时向市扩权强县试点财政工作领导小组办公室报告，确保改革试点工作扎实稳步推进。

晋城市财政局
关于印发《晋城市财政支出绩效评价管理办法》的通知

晋市财发〔2012〕117号

（2012年10月10日）

各县（市、区）财政局、市直各相关单位：

现将《晋城市财政支出绩效评价管理办法》印发给你们，请遵照执行。

晋城市财政支出绩效评价管理办法

第一章　总　则

第一条　为进一步加强我市财政支出预算管理，全面实施以目标和结果为导向的预算管理模式，建立科学、合理的财政支出绩效管理体系，提高财政资金使用效益，根据《中华人民共和国预算法》、财政部《财政支出绩效评价管理暂行办法》等有关规定，制定本办法。

第二条　财政支出绩效评价是指财政部门和预算部门（单位）根据设定的绩效目标，运用科学、合理的绩效评价指标、评价标准和评价办法，对财政支出的经济性、效率性和效益性进行客观、公正的评价。

第三条　本办法适用于全市财政性资金安排支出的绩效评价及相关管理活动。

第四条　绩效评价的主体是全市各级财政部门和各预算部门（单位）。预算部门（单位）是指与财政部门有预算缴拨款关系的国家机关、政党组织、事业单位、社会团体和其他独立核算的法人组织。

第五条　绩效评价遵循的原则

（一）科学规范原则。绩效评价应以财政支出的经济性、效率性和有效性为出发点，严格按照规定的程序，采用定量与定性分析相结合的方法，清晰反映支出与产出绩效之间的紧密对应关系。

（二）客观公正公开原则。绩效评价应当符合标准统一、真实可靠、客观公正的要求，依法公开，接受监督。

（三）分级分类原则。绩效评价以部门（单位）自我评价为基础，以财政部门组织评价为重点，根据评价对象的不同分类组织实施。

第六条　绩效评价的基本依据

（一）国家相关法律、法规和规章制度；

（二）本地区国民经济与社会发展规划及有关政策；

（三）相关行业政策、行业标准及专业技术规范；

（四）预算管理制度、财务会计制度和资金管理办法；

（五）预算部门（单位）的职责、经市委、市政府批准的中长期发展规划及年度工作计划、项目绩效目标及相关要求；

（六）预算分配和预算执行相关文件，包括预算批复、项目或财政资金申请书、立项评估报告及批复等文件；

（七）预算执行和决算报告、项目完成情况报告、竣工验收报告、审计报告以及相关信息、报表；

（八）其他相关资料。

第二章　绩效评价的对象和内容

第七条　绩效评价的对象包括部门预算安排的资金和上级政府对下级政府的转移支付资金。

第八条　部门预算支出绩效评价包括基本支出绩效评价、项目支出绩效评价和部门整体支出绩效评价。绩效评价工作要以项目支出为重点，重点评价100万元(含100万元)以上的支出项目以及与本部门(单位)职能密切相关，或具有明显经济和社会影响的其他项目。具备条件的可对部门(单位)整体支出进行综合评价。

第九条　上级政府对下级政府的转移支付资金，原则上应当重点对享受资金较多的地区进行绩效评价；专项转移支付支出，原则上应当以社会、经济发展有重大影响的支出为重点，进行绩效评价。

第十条　绩效评价一般以预算年度为周期实施年度绩效评价，对跨年度执行的项目可根据项目完成情况实施阶段性评价或整体项目评价。

第三章　绩效目标

第十一条　绩效目标是绩效评价对象计划在一定期限内达到的产出和效果，由各预算部门(单位)在申报预算时填报。预算部门(单位)年初申报预算时，应当按照本办法规定的要求将绩效目标编入年度预算；执行中申请调整预算的，应该随调整预算一并上报绩效目标。

第十二条　绩效目标包括的内容：

(一)预期产出，包括提供的公共产品和服务的数量、质量和时效；

(二)预期效果，包括经济效益、社会效益、环境效益和可持续影响等；

(三)服务对象(含财政支出受益人，下同)满意程度；

(四)达到预期产出所需要的成本资源；

(五)衡量预期产出、预期效果和服务对象满意程度的绩效指标；

(六)其他。

第十三条　绩效目标应当符合以下要求：

(一)指向明确。绩效目标要符合国民经济和社会发展规划、部门职能及事业发展规划，并与相应的财政支出范围、方向、效果紧密相关。

(二)具体细化。绩效目标应当从数量、质量、成本和时效等方面进行细化，尽量进行定量表述，不能以量化形式表述的，可以采用定性的分级分档形式表述。

(三)合理可行。制定绩效目标时要经过调查研究和科学论证，目标要符合客观实际。

(四)结果导向。绩效目标的制定应该以结果为导向，具有明确的效果或效益要求。

(五)目标时效。绩效目标的设定应有明确完成时限。

第十四条　预算部门(单位)在编制部门预算或申请追加预算时，应按照市财政局有关文件规定，提供项目可行性方案，明确提出项目资金使用的绩效目标。市级预算部门(单位)编报绩效目标要按照《晋城市市级项目支出绩效目标管理办法》执行。

第十五条　财政部门应当对预算部门(单位)申报的绩效目标进行审核，符合相关要求的方可进入预算安排环节，安排预算资金时以绩效目标为依据，不符合相关要求的，财政部门可以要求其调整、修改。

第十六条　绩效目标审核确认后，随同年初预算或追加预算一并批复，作为预算部门(单位)执行和项目绩效评价的依据。为了确保事前评价的顺利实施，财政部门在部门预算基本确定但尚未批复前，将绩效目标审核结果提前下达给预算部门(单位)。

第十七条　绩效目标一经确定一般不予调整，确需调整的，按照有关程序进行。

第四章　绩效评价指标、标准和方法

第十八条　绩效评价应按照一定的分类标准，对财政支出内容和评价对象进行科学合理、层次清晰、实用可行的分级和量化，设定相应的绩效评价指标。

第十九条　绩效评价指标是指衡量绩效目标实现程度的考核工具，绩效评价指标的设定要遵循相关性、重要性、可比性、系统性和经济性原则，既要客观、准确地对项目进展情况和执行结果进行评价，又要便于评价工作的实际操作。

第二十条 绩效评价指标包括定量指标和定性指标。

定量指标是指直接可以通过数据计算分析评价内容、反映评价结果的指标，根据评价内容和设置要求，定量指标分为共性指标和个性指标。共性指标是适用于所有评价对象的指标，主要包括预算执行情况、财务管理状况、资产配置、使用、处置及其收益管理情况以及社会效益、经济效益等衡量绩效目标完成程度的指标。个性指标是针对各预算部门(单位)或项目特点设定的，适用于不同预算部门(单位)或项目的业绩评价指标。

定性指标是指无法直接通过数据计算分析评价内容，需对评价对象进行客观描述和分析来反映评价结果的指标。定性指标由财政支出项目预定目标规划与执行情况、项目单位管理人员素质、支出项目的管理水平、项目的发展创新能力与战略、服务硬环境与服务满意度、综合社会贡献等指标构成。

第二十一条 绩效评价共性指标由财政部门统一制定，个性指标由财政部门商有关部门制定。

第二十二条 绩效评价标准是用来衡量财政支出绩效目标完成程度的尺度，应依据先期设定的评价对象和评价指标，按照对象的特点，采取适当方法和权重，设定合适的评价标准。设定的评价标准应保持一定的连续性。

绩效评价标准包括计划标准、行业标准、历史标准和其他经财政部门确认的标准。

第二十三条 绩效评价方法一般采用成本效益分析法、比较法、因素分析法、最低成本法、公众(专家)评判法等。

第二十四条 绩效评价方法的选用应当坚持简便有效的原则。根据评价对象的具体情况，可采用一种或多种方法进行绩效评价。

第五章 绩效评价组织实施

第二十五条 财政部门是财政支出绩效评价工作的主管部门，负责制订绩效评价规章制度和相应的技术规范；审核、批复预算部门(单位)申报的绩效目标；组织监督本级预算部门、下级财政部门的绩效评价工作；根据需要对预算部门(单位)支出绩效实施重点评价和再评价；提出改进预算支出管理意见并督促落实。

第二十六条 各预算部门(单位)负责制定本部门的绩效评价制度；具体组织实施本部门(单位)绩效评价工作；向本级财政部门报送本部门(单位)的绩效目标和绩效评价报告；接受财政部门组织的绩效评价工作；落实财政部门整改意见；根据绩效评价结果改进预算支出管理。

第二十七条 绩效评价一般实行预算部门(单位)评价和财政部门重点评价相结合。财政部门在一定范围内直接组织实施绩效评价，也可以抽调相关部门(单位)的业务人员、专家组成绩效评价组或者委托具备资质的第三方中介机构实施绩效评价，在委托中介机构开展项目考评工作时，委托方与受托方应签订委托协议。

必要时可邀请同级审计、监察、人事等部门以及同级人大专门委员会、人大代表、政协委员等参加。

第二十八条 财政部门和预算部门(单位)开展绩效评价所需经费(包括绩效评价业务费、委托费、专家咨询费以及其他相关费用等)，由同级财政部门根据绩效评价工作安排在每年的年度预算中予以安排。委托业务付费标准参照省财政厅有关规定执行。

第二十九条 财政部门和预算部门(单位)要严格按照准备——实施——报告的工作程序认真组织实施绩效评价。市级财政部门组织的绩效评价工作程序按照《晋城市市级财政绩效评价工作流程》执行。

第三十条 财政部门和预算部门(单位)根据不同情况和类型实行事前、事中、事后和综合评价。

(一)事前评价。项目实施前，通过投资风险分析、成本效益分析以及项目支出相关因素的综合分析，对项目的可行性、预期实现目标作出基本评价。评价结果作为专项资金分配和项目遴选的重要判断标准。

(二)事中评价。在项目实施阶段，结合项目资金拨付、使用以及绩效目标设定、完成情况，对项目实施绩效管理，跟踪问效，及时发现项目实施过程中存在的问题，督促部门(单位)及时整改。

(三)事后评价。项目完成后，通过对项目实施结果进行评价，衡量部门(单位)完成绩效目标的情况，对资金使用未达到预期目标的部门(单位)进行责任追究，建立长效管理机制。

第三十一条 财政部门和预算部门(单位)要及时按规定、要求撰写绩效评价报告，绩效评价报告要确保依据充分、真实完整、数据准确、分析透彻、逻辑清晰、客观公正。

第三十二条 绩效评价报告分为财政部门组织绩效评价报告和预算部门(单位)绩效自评报告两类，绩效评价报告的格式由财政部门统一制定。

第三十三条 预算部门(单位)自行组织评价的，要在规定时间内向财政部门提交绩效评价报告，财政部门对提交的报告进行审核，提出相关意见。

第六章 绩效评价结果应用

第三十四条 绩效评价结果作为财政部门优化预算编制、规范财政支出、加强财务管理、合理配置资源的重要依据。

第三十五条 财政部门和预算部门（单位）应当及时整理、归纳、分析、反馈绩效评价结果，并根据评价报告或评价过程中反映的有关问题，采取相应措施，不断加强财政资金管理，提高资金效益。

第三十六条 财政部门应逐步建立财政支出绩效激励与约束机制，对资金使用效果较好的，予以继续支持；对资金管理和使用较差的，予以通报批评，并责令其限期整改，整改不到位或不进行整改的，根据情况调整项目或调减项目预算，情况严重的暂缓或停止项目执行。

第三十七条 部门（单位）自评结果是财政部门组织评价的重要参考，也是预算部门（单位）编制和申报部门预算、争取财政资金支持的依据，预算部门（单位）在向财政部门申报项目支出预算时必须附有该项目的绩效评价报告。

第三十八条 财政部门应将重大支出项目绩效评价结果向本级政府报告，按照政府信息公开有关规定在一定范围内公开，接受监督。

第七章 监督管理

第三十九条 被评价部门和单位要对其提供的用于绩效评价的有关基础数据资料负责。

第四十条 组织实施绩效评价的部门（单位）及其工作人员要对绩效评价工作程序的规范性和评价报告质量负责。

第四十一条 参与绩效评价的社会中介机构和相关受聘人员应对其采集、审核、整理的有关数据资料的准确性、完整性，以及相关评价方法的科学性、合理性承担相应责任。

第四十二条 绩效评价工作人员及专家组成员，应严守职业道德规范，保持清正廉洁，严格遵守保密纪律。未经财政部门批准同意，参与人员不得擅自对外透露评价结果。

第四十三条 在财政支出绩效评价工作中发现的财政违法行为，依照《财政违法行为处罚处分条例》等国家有关规定追究责任。

第八章 附 则

第四十四条 本办法自发布之日起施行。本办法施行前出台的制度办法与本办法有不同规定的，适用本办法规定。

第四十五条 本办法由市财政局负责解释。

晋城市财政局　晋城市中小企业局
关于印发《晋城市中小企业发展专项资金管理办法》的
通　　知

晋市财发〔2012〕129号

（2012年10月9日）

各县（市、区）财政局、中小企业局，市直相关企业：

为促进中小企业健康发展，推进经济发展方式转变，规范专项资金管理，市财政局、市中小企业局联合制定了《晋城市中小企业发展专项资金管理办法》。现印发给你们，请遵照执行。

晋城市中小企业发展专项资金管理办法

第一章　总　则

第一条　为促进中小企业健康发展，规范中小企业发展专项资金的管理，提高资金使用效率，根据《中华人民共和国预算法》、《中华人民共和国中小企业促进法》、《山西省财政厅、山西省中小企业局关于印发〈山西省中小企业专项资金管理办法〉的通知》和财政预算管理的有关规定，制定本办法。

第二条　晋城市中小企业发展专项资金（以下简称专项资金），是由财政预算安排，主要用于我市支持中小企业技术进步、结构调整、转变发展方式、扩大创业就业，以及改善服务环境等方面的专项资金。

第三条　专项资金的使用和管理应当符合国家宏观政策、产业政策、本市的产业发展规划，遵循公开透明、定向使用、科学管理、加强监督的原则，强化对社会资金的引导，扩大政策受惠面，确保资金使用规范、安全和高效。

第四条　本办法所称中型、小型、微型企业的划分标准，按照国家规定执行。

第五条　专项资金由市财政局、市中小企业局共同管理。市财政局负责专项资金的预算管理和资金拨付，会同市中小企业局制定资金分配方案，并对资金的使用情况进行监督检查。市中小企业局会同市财政局按照全市中小企业发展目标及年度工作重点确定专项资金年度支持方向，联合印发年度项目申报工作通知，建立专项资金项目管理系统，并对项目实施情况进行评价和监督。

第二章　支持内容及方式

第六条　专项资金主要用于以下方面：

（一）促进中小企业结构调整和优化。

1. 技术进步和技术改造项目。重点支持中小企业技术进步和技术改造，保护自主知识产权及加强品牌建设，提升老字号、驰名、著名品牌连锁经营水平项目；提升“专精特新”发展能力，支持采用新产品、新技术、新工艺项目；开发和申请专利项目；购置研发设备、仪器、软件，改造相关场地及设施，提升研发能力项目。

2. 专业化发展项目。重点支持中小企业增强与装备、汽车、船泊、钢铁、有色金属、石化和军工等大企业的协作配套能力，提高专业化发展水平的技术改造项目。

3. 节能减排和安全生产项目。重点支持中小微企业应用、生产节能减排产品，或者为改善安全生产条件而进行的技术改造项目。

4. 增加就业岗位项目。重点支持产品有市场的劳动密集型企业增加就业岗位的填平补齐技术改造项目；增加就业岗位的农产品深加工项目；承接东部地区产业转移项目；挖掘和保护民族特色传统工艺和产品项目。

5. 战略性新兴产业项目。重点支持中小企业围绕节能环保、新一代信息技术、生物技术、高端装备制造、新能源、新材料和新能源汽车等，发展新兴产业及其配套企业的建设项目。

6. 提升企业管理水平项目。支持中小企业在日常办公、财务、库存、生产过程控制、销售等方面应用宽带和信息技术，提高企业管理水平。

（二）改善中小微企业服务环境。

重点支持为中小微企业提供政策、法律、技术、创业、管理、融资、质量、运行监测、信息、集中治污减排等专业服务企业机构的业务补助、服务设施、工作环境的改造升级；支持高新技术企业、商贸服务业、现代物流业、文化创意业、软件和信息业等服务业企业；支持主要为中小企业提供服务的物流企业仓储条件改造和物流信息平台建设。

第七条 专项资金采取无偿资助、贷款贴息方式进行支持，每个企业或单位（以下简称项目单位）只能选择其中一种支持方式。

第八条 专项资金无偿资助的额度，每个项目补助额度一般不超过40万元。专项资金贷款贴息的额度，按照项目贷款额度及人民银行公布的同期贷款基准利率确定，每个项目贴息额度一般不超过40万元。对改善中小企业服务环境项目的支持额度不超过100万元。

1. 对符合支持重点的项目，可选择贷款贴息或无偿资助两种方式中的一种申请支持，不得同时以两种方式申请支持。

2. 对投资以银行贷款为主的固定资产建设类项目采取贷款贴息方式，根据企业与承贷银行签订的项目合同，按照银行贷款实际到位金额和现行银行贷款基准利率，给予银行贷款贴息补助。

3.对投资以自有资金为主的固定资产建设项目，采取无偿资助的方式，补助额不超过该项目固定资产投资额的10%和企业已投入自有资金总额的30%。

第九条 专项资金要不断创新支持方式，适时建立中小企业发展引导基金，扩大财政资金倍数。具体办法将依据上级相关政策另行制定。

第十条 同一年度，每个项目单位只能申请一个项目，已通过其他渠道获取市级财政资金支持的项目，专项资金不再重复支持。

第三章 申请条件及申报材料

第十一条 项目单位必须同时具备下列资格条件：

（一）在我市境内注册，具有独立企业法人资格；

（二）成立1年以上（含1年）；

（三）财务管理制度健全、规范；

（四）生产经营或业务开展情况良好；

（五）会计信用、纳税信用和银行信用良好；

（六）近3年没有因财政、财务及其他违法、违规行为受到县级以上财政部门及相关监管部门的处理处罚；

（七）申请项目符合专项资金年度支持重点；

（八）应当具备的其他条件。

第十二条 项目单位应同时提供下列资料：

（一）有效的企业法人营业执照正本、副本及章程（复印件加盖公章，以下资料照此办理）；

（二）经会计师事务所审计的年度会计报表和审计报告（复印件）；

（三）项目可行性研究报告和项目申请说明；

（四）项目单位对申报资料和附属文件真实性负责的声明；

（五）企业所在地国、地税部门出具的企业上年度完税证明，或经具有资质的中介机构出具的完税清单，或企业全年完税税票复印件及完税清单；

（六）其他需提供的资料。

第十三条 项目单位应按要求将项目信息及时录入专项资金项目管理系统。

第四章 组织申报、审核及资金拨付

第十四条 县级财政部门和中小企业主管部门按照本办法及年度工作通知，建立项目库，落实备案制度，提出本地年度实施方案，在每年2月底前上报市财政局、市中小企业局。

第十五条 市中小企业局会同市财政局按照本办法和年度工作通知等要求，在全市范围内公开组织项目申报工作，并纳入专项资金项目管理系统进行管理。在项目组织申报文件中公布廉政信息反馈专线电话和电子邮箱，接受全社会监督。

第十六条 项目申报单位根据市中小企业局和市财政局有关项目申报工作通知，向同级中小企业管理部门和财政部门提出项目申请，并按要求提供相关资料。

第十七条 各县(市、区)中小企业局会同财政局对本辖区范围内申报的项目认真筛选、严格审核，对项目的申报质量和真实性负责。市中小企业局和市财政局要对各县(市、区)推荐项目的申报资料进行复审，对市级中小企业申报的项目资料严格审核，必要时组织人员对项目进行现场察看。

第十八条 市中小企业局会同市财政局对有必要论证的项目聘请有关专家和专业机构对申请项目进行评审，并出具评审意见书。项目评审费用在专项资金中列支。

第十九条 市中小企业局会同市财政局根据最终结果向社会公示，接受监督，公示期不少于7个工作日。

第二十条 公示期结束后，对公示无异议的项目，市财政局按照预算管理的有关规定拨付资金。

第二十一条 项目单位收到专项资金后，应按规定将资金到位时间和额度、项目实施情况以及账务处理等信息向市财政局报送。

第五章 监督检查

第二十二条 市财政局和市中小企业局对专项资金组织申报、项目评审、资金使用和管理等工作进行不定期抽查。县(市、区)财政局和中小企业局对专项资金的使用情况及项目实施情况进行不定期的监督检查。

项目单位应在项目建成后两个月内向当地中小企业主管部门和财政部门报送项目建设及专项资金使用情况，不能按时完成或未达到预定建设目标的项目，需在原定项目建成期到期前书面说明原因和预计完成日期。

第二十三条 市财政局建立专项资金使用情况绩效评价制度，市中小企业局建立项目实施情况绩效评价制度，分别对专项资金使用情况、项目实施情况及效果进行考核评价，适时向社会公布评价结果。

第二十四条 各县(市、区)财政部门和中小企业主管部门按照规定要求，对本地专项资金使用和项目实施情况进行绩效评价，并将专项资金实施效果、存在问题及政策建议等，于次年2月底前上报市财政局、市中小企业局。

第二十五条 专项资金必须用于规定的支持方向和重点，对违反本办法规定使用、骗取资金的行为，依照《财政违法行为处罚处分条例》(国务院令第427号)的规定进行处理。

第六章 附 则

第二十六条 本办法由市财政局会同市中小企业局负责解释。

第二十七条 本办法自印发之日起施行。本市原有与此相关管理办法同时废止。

ISBN 978-7-5095-4868-4